Friedrich Ueberweg

Grundriss der Geschichte der Philosophie

Friedrich Ueberweg

Grundriss der Geschichte der Philosophie

ISBN/EAN: 9783741168789

Hergestellt in Europa, USA, Kanada, Australien, Japan

Cover: Foto ©Klaus-Uwe Gerhardt /pixelio.de

Manufactured and distributed by brebook publishing software (www.brebook.com)

Friedrich Ueberweg

Grundriss der Geschichte der Philosophie

Grundriss
der
Geschichte der Philosophie.

Dritter Theil.
Die Neuzeit.

Von

Dr. Friedrich Ueberweg,
ordentl. Professor der Philosophie an der Universität zu Königsberg.

Dritte, verbesserte und ergänzte, mit einem Philosophen- und Litteratoren-Register versehene Auflage.

Berlin 1872.
Ernst Siegfried Mittler und Sohn.
Königliche Hofbuchhandlung.
(Kochstrasse 69.)

Grundriss

der

Geschichte der Philosophie

der Neuzeit,
von dem Aufblühen der Alterthumsstudien
bis auf die Gegenwart.

Von

Dr. Friedrich Ueberweg,
ordentl. Professor der Philosophie an der Universität zu Königsberg.

Dritte, verbesserte und ergänzte, mit einem Philosophen- und
Litteratoren-Register versehene Auflage.

Berlin 1872.
Ernst Siegfried Mittler und Sohn.
Königliche Hofbuchhandlung.
(Kochstrasse 69.)

Vorwort.

Die Grundsätze, nach denen die früheren Theile dieses Grundrisses ausgearbeitet worden sind, sind auch bei dem vorliegenden, das Ganze abschliessenden Theile maassgebend geblieben.

Insbesondere die Doctrinen der unserer Gegenwart bereits nahe stehenden Philosophen habe ich um des Bedürfnisses des Lernenden willen in möglichst engem Anschluss an deren eigene Darstellung wiedergegeben. Ich erkenne in vollem Maasse den Werth freierer Reproductionen an, welche die philosophischen Systeme von neuen Seiten her in eigenthümlicher Weise dem Verständniss nahe zu bringen suchen; aber für diesen Grundriss erschien mir als zweckmässig und geboten, mich in der Darstellung der Lehren auf die abkürzende Mittheilung des Gegebenen einzuschränken. Die charakteristischen Grundgedanken suche ich zu einem übersichtlichen Ganzen so zu verknüpfen, dass dadurch ein treues und klares Gesammtbild der darzustellenden Doctrinen gewonnen werde.

In dem Maasse, wie die Theoreme eines jeden Philosophen noch gegenwärtig unmittelbar die Weltanschauung Vieler bestimmen (demnach zumeist bei Spinoza und bei Kant), schien mir eine Kritik angemessen zu sein, welche dieselben nicht als blosse Momente des Entwicklungsganges der Philosophie nach ihrem Verhältniss zu den nächstvorangegangenen und nächstfolgenden Systemen betrachtet, sondern sie auch, gleich wie Sätze von Zeitgenossen, unmittelbar auf ihre bleibende Wahrheit und Gültigkeit für unser gegenwärtiges philosophisches Bewusstsein prüft. Doch habe ich mir angelegen sein lassen, mehr die Argumente, als den Inhalt der Lehren in dieser Weise der Prüfung zu unterwerfen. Zu der blass formalen, nur an dem eigenen Princip des Systems die einzelnen Sätze und das Princip selbst an seiner Durchführbarkeit messenden Kritik, wie auch zu der blossen Wiedergabe der bereits im Laufe der Geschichte selbst von nachfolgenden Philosophen (explicite oder implicite) vollzogenen Kritik bildet die direct vom Standpunkte des Historikers aus geübte Beurtheilung eine nothwendige und unabweisbare Ergänzung; nur die Einseitigkeit ist tadelhaft, mit welcher, besonders bei manchen Historikern im achtzehnten und am Anfange des gegen-

wärtigen Jahrhunderts, diese directe Kritik sich überall vordrängt
und auch da erscheint, wo die blosse Einreihung einer Doctrin in
den Gesammtentwicklungsgang hätte genügen können und sollen.
Aber sofern ich unmittelbar von meinem Standpunkte aus Kritik
übe, will diese, bei aller Festigkeit der subjectiven Ueberzeugung
doch eben auch ihrer eigenen Subjectivität sich bewusst, vor Allem
zur Anregung des Denkens dienen. Indem der historisch mitgetheil-
ten Doctrin eine mögliche und auf einem bestimmten Standpunkte
nothwendige entgegengesetzte Auffassung sofort gegenübertritt, so
soll hierdurch jeder passiven Hinnahme des Gegebenen kräftig ge-
wehrt und selbständige Gedankenbildung gefördert werden.

Zum Behuf der zweiten und dritten Auflage habe ich diesen
Theil des Grundrisses von Neuem durchgearbeitet, berichtigt und
sachlich und bibliographisch ergänzt, in welchem letzteren Betracht
ich mich wiederum der freundschaftlichen bibliothekarischen Mitwirkung des Herrn Dr. Reicke zu erfreuen hatte. Einen schätzbaren
Zusatz hat das Buch seit der zweiten Auflage durch Herrn Paul
Janet's übersichtliche Darstellung der französischen Philosophie der
jüngsten Zeit erhalten (die jetzt in deutscher Uebersetzung in § 29
aufgenommen ist); gleichartige Ergänzungen haben die Herren T.
Collyns Simon und Prof. Bonatelli geliefert (in der Zeitschr. f. Philos.,
Bd. 53 u. 54, 1868 und 1869); auch Herrn Prof. Delboeuf in Lüttich
und Prof. Borelius in Lund habe ich für gefällige Mittheilungen zu
danken. Das Register ist von Herrn Cand. phil. R. Schultz ausgearbeitet worden.

Königsberg, im Mai 1871.

F. Ueberweg.

Mit Recht glaubt der Unterzeichnete, der auf den Wunsch des
verewigten Freundes die Correcturbogen dieser neuen Auflage revidirte, noch hervorheben zu müssen, dass in ihr im Vergleich zu den
vorhergebenden Auflagen und in Uebereinstimmung mit dem in vierter
Auflage erschieneuen ersten Theile durchweg eine grössere Conformität zwischen den einzelnen Abschnitten hinsichtlich der Specialdarstellungen und den diesen vorausgehenden Literaturnachweisen
herrscht, und dass der Verf. seine eigenen kritischen Bemerkungen
sämmtlich unter den Text gewiesen hat. Was die literarischen Ergänzungen betrifft, so sind diese theils noch während des Druckes
an betreffender Stelle eingetragen, theils in die Berichtigungen und
Zusätze gebracht.

Königsberg im December 1871.

R. Reicke.

Zur Erinnerung an den Verfasser.

Die vorliegende Auflage, an deren Redaction der Verfasser noch rüstig gearbeitet, deren erste Correcturbogen er noch auf dem Krankenbette durchgesehen hatte, erscheint nun als erstes Werk, welches seine Wirksamkeit über die kurze Lebenszeit, die ihm vergönnt war, hinausträgt. Eine stark empfundene und theure Pflicht verlangt es, des Dahingeschiedenen hier in diesem Werke zu gedenken, an welchem er viele Jahre hindurch mit Liebe und Freude gearbeitet, und mit dem er auf die weitesten Kreise nutzbringend gewirkt hat. — Ein solcher Rückblick enthüllt zugleich ein Bild seines edlen Characters. Seine wissenschaftliche Bedeutung haben bereits berufene Freunde, Professor Lange in der altpreussischen Monatsschrift sowie in besonders erschienener Characteristik und Professor Dilthey im Septemberheft der preussischen Jahrbücher eingehend gewürdigt und zumal der erstere auch sein Lebensbild in seinen feinen, ruhigen Zügen treu und wahr uns gezeichnet.*) Was aber mir in Erinnerung an ihn zu bezeugen zukommt, ist, dass die Güte und Reinheit seines Wesens selbst einen ursprünglich geschäftlichen Verkehr in einen freundschaftlichen verwandelt hatten, den schönsten und erfreuendsten, welchen die auf vertrauensvolles Einverständniss zu einander hingewiesenen Verleger und Autoren erreichen können. Freilich lag es ja in seinem einfachen, offenen, gesinnungsfesten Wesen, dass er Allen, auch denen, zu welchen nur äusserliche Beziehungen ihn stellten, sein Inneres treu und ehrlich zeigte. Seine Ansprüche ans Leben waren zu gering, der Kreis der Interessen für ihn so fest gezeichnet und unverlierbar, dass selbst die Nähe einer ihm fremden Individualität ihn nicht schmerzen oder schädigen konnte. Wessen Seele aber diese

---

*) Soeben geht mir von Ueberwegs Freunde, Adolf Lasson, noch zu: Zum Andenken an Friedrich Ueberweg. Separatabdruck aus Dr. Bergmann's Philosophischen Monatsheften, Bd. VII, Heft 7.

selbstlose Natur, dieses stille gewissenhafte Forscherleben verstand und schätzte, der musste ihm in treuer Achtung immer nahe zu bleiben wünschen. Solche reine und einfache Naturen wirken in wunderbar doppelter Weise auf ihre Umgebung, sie erquicken, veredeln durch die Ruhe ihrer Selbstgewissheit und fordern zugleich unwillkürlich dazu auf, in treuer Obhut ihnen die Störungen aus dem ihnen unverständlichen Weltgetriebe abzuwehren.

Am 29. Oktober 1860, bald nach meiner Promotion und dem Eintritt in die Buchhandlung meines Grossvaters, hatte ich Ueberweg, den zu einer solchen Aufgabe seine drei Jahre zuvor erschienene Logik besonders empfahl, den Plan eines, in exacter wissenschaftlicher Darstellung, unter Trennung der für verschiedene Standpunkte wesentlichen Specialmaterien abgefassten Grundrisses der Geschichte der Philosophie brieflich angedeutet, wie ich ein solches Werk bei der Vorbereitung zur Promotion selbst vermisst hatte. Am 9. November antwortete er, dass ein solcher Plan seiner Neigung entspräche und er ihn näher entwickelt zu sehen wünsche; darauf am 19. December, dass er mancherlei Pläne, denen er zuerst noch Vorrechte zugesprochen hatte, einer solchen Aufgabe zu Liebe schon zurückgesetzt habe: „Um für die Ausarbeitung der von Ihnen projectirten Geschichte der Philosophie im Grundriss die nöthige Zeit zu gewinnen, habe ich das Colleg über die Ethik für den Winter nächsten Jahres hinausgeschoben; auf die Bearbeitung der Utrechter Preisaufgabe — über den Hegelianismus seit 1831 — muss ich ohnedies verzichten und F. H. Jacobi (— dessen Nachlass, drei Kisten voll, ihm zu freier Verfügung anvertraut worden war —) mag warten wie er schon ein Jahr lang gewartet hat." Sogleich ging er dann in das Einzelne der Unternehmung ein, erörterte die Einstreuung der loci classici, die Behandlung der Bibliographie, die Anordnung bei den wichtigsten, ausführlicher vorzutragenden Systemen. Ich erlaubte mir nur in Einem Punkte besondere Wünsche auszusprechen, in der Behandlung des Mittelalters. Es lag mir viel daran, diese im Allgemeinen vernachlässigte und mit hergebrachten Gesammturtheilen abgefertigte Periode in der Wandlung und Mannichfaltigkeit ihrer philosophischen Doctrinen ans Licht zu heben; ich hatte kurz vorher noch mich bemüht, dem Ritter-Preller'schen Werke eine Fortsetzung für diese weltgeschichtliche Periode zu erwirken, und hat daher eingehend, diese Epoche und den Eigenwerth ihrer Philosopheme ausführlich auszuarbeiten. Als Ueberweg die Sache zuerst durchdachte, hatte er noch geglaubt, das Ganze auf einen Band in mässiger Stärke, 30 Bogen, zusammendrängen zu können — aber erst am 1. Juni 1861 sandte er die ersten Bogen probeweise ein, und erst im Februar 1862 war das Manuscript so weit abgeschlossen, dass im März 1862 der Druck begann. Seitdem hat seine Arbeit am Grundriss nie geruht. Welchen Erfolg derselbe hatte, ist bekannt. Ueberweg selbst hat mit rührendem Ernst beim Tode seiner Mutter verzeichnet: „Sie hat noch miterlebt, — dass vom Grundriss der Geschichte der Philosophie der erste Theil in dritter Auflage, der zweite in dritter, der dritte in zweiter Auflage erschienen ist." Als er nur zu früh der geliebten Mutter folgte, waren vom ersten Bande 4500 Exemplare in vier Auflagen, vom zweiten, zuerst im Jahre 1864 erschienenen ebensoviel in drei Auflagen, vom dritten, im October 1866 ausgegebenen 3500 in zwei Auflagen verbreitet. Besonders freute er sich über den Beifall, welchen sein Buch ausserhalb Deutschlands fand, dass von Italien, Schottland, Frankreich, Belgien und Amerika ihm ehrendste Anerkennungen und Beiträge zugingen. Im letzten Jahre reifte auch endlich eine Uebersetzung in Amerika, an welcher Ueberweg das eifrigste, uneigennützigste Interesse nahm, für welche er die wahrlich nicht leichte, selbst den Ausdruck verschärfende und berichtigende Correctur las, der er sogar die Nachträge, die für die nächste deutsche Auflage gesammelt waren, im Voraus überwies.

Zugleich war schon über eine Erweiterung des Grundrisses verhandelt worden, der Art, dass ein „Ergänzungsband" die wichtigsten Probleme der philosophischen Speculation discursiv behandeln und so den Grundriss selbst von jeder in ihm noch eingefügten kritischen Erörterung und von einer Einmischung der eigenen Ansicht entlasten sollte. Die Grundlage dafür sollten die zerstreuten Abhandlungen Ueberwegs bilden, denen er jedoch zur Vervollständigung eine Anzahl neuer Aufsätze zufügen, und in denen er dem systematischdidactischen Zweck zu Diensten mancherlei Aenderungen vornehmen wollte. Vorerst war folgende Anordnung in Aussicht genommen: (Brief v. 20. Februar 1868.)

Abhandlungen
zur
Geschichte der Philosophie.

Erläuternde Aufsätze zum „Grundriss der Geschichte der Philosophie"

von

Friedrich Ueberweg.

1. Ueber den Begriff der Philosophie (zu I. §. 1; in Fichtes Zeitschrift 1863 Bd. 42, Heft 2, S. 185—199.)
2. Ueber die Bedeutung des Sokrates im Entwicklungsgang der Philosophie (zu I. §. 33; aus Philologus XXI, 1864, S. 20—30: über den Entwicklungsgang

des historischen Sokrates; und aus Gelzers protestantischen Monatsblättern Juli 1860, S. 39—66: über die Bedeutung des Sokrates in der Bildungsgeschichte der Menschheit. (Vortrag, gehalten in Düsseldorf.)

3. Ueber die platonische Weltseele (zu I. §. 40 ff. aus d. rhein. Museum N. F. IX, 1853, S. 37—84 und: der Dialog Parmenides, Jahns Jahrb. f. class. Philol. 1864, Heft 2, S. 97—126.)

4. Ueber den gegenwärtigen Stand der platonischen Forschung (zu I, §. 40 neu auszuarbeiten.*)

5. Ueber die Aristotelische Kunstlehre (zu I. §. 50, Fichtes Zeitschrift 1867, Bd. 50, Heft 1, S. 16—39: die Lehre des Aristoteles von dem Wesen und der Wirkung der Kunst).**)

6. Ueber den Entwickelungsgang der neueren Philosophie (zu III, § 6, neu auszuarbeiten.)

7. Ueber Kants Allgemeine Naturgeschichte und Theorie des Himmels (zu II, §. 15; Festrede; Altpr. Monatsschrift 1865, Bd. 2, Heft 4, S. 339—358).

8. Ueber das Verhältniss der 2. Bearbeitung der Kant'schen Vernunftkritik zur ersten (zu III. §. 16).***)

9. Zur Kritik der Kant'schen Erkenntnisslehre (zu III, §. 16), und zwar:
   1) Ueber die Berechtigung einer Vernunftkritik. („Ueber Idealismus, Realismus, Ideal-Realismus" in Fichtes Zeitschrift Bd. 34, 1859, S. 63—80.)
   2) Die Principien der Geometrie und das a priori: Die Principien der Geometrie wissenschaftlich dargestellt in Jahns Archiv f. Philol. und Pädag., Bd. 17, Heft 1, 1851, S. 20—54; ins Französische übersetzt von J. Delboeuf als Anhang zu seinen Prolégomènes philosophiques de la géométrie, Liège 1860.
   3) Der Raum und die Wahrnehmung (zur Theorie der Richtung des Sehens; aus Henle's und Pfeuffer's Zeitschrift für rationelle Medicin, 3. Reihe Bd. V. 1859, S. 268—282, und: Zur logischen Theorie der Wahrnehmung; in Fichtes Zeitschrift 30. Bd. 1857, S. 191—225.)

Ursprünglich gedachte er auch aufzunehmen:

Ueber die culturgesch. Bedeutung F. H. Jacobi's, Vortrag (Gelzers protestantische Monatsbl., Juli 1858, S. 54—70).

---

*) Wohl unter Benutzung der Arbeiten: Ueber den historischen Werth der Schrift de Melisso, Zenone, Gorgia (zu I. §. 17, aus dem Philologus VIII, 1853, S. 104—112). Ueber den Gegensatz zwischen Methodikern und Genetikern und dessen Vermittelung bei dem Problem der Ordnung der Schriften Plato's. (Fichtes Zeitschrift Bd. 57, Heft 1, 1870, S. 55—85.) Kritisches und Exegetisches zu Plato. Philol. XX, 1863, S. 512, 513, 616. Anzeige von Schaarschmidts Sammlung der Platonischen Schriften (Lit. Centralblatt 1867, Nr. 39, 21. September) und der von Grotes Schriftchen: Plato's doctrine resp. the rotation of the Earth etc., Fichtes Zeitschrift 1863, Bd. 42, Heft 1, S. 177—182.

**) Ursprünglich beabsichtigte Ueberweg einen besonderen Aufsatz über Lessings Deutung der aristotelischen Kunstlehre in der Hamburger Dramaturgie zu schreiben. Zur Benutzung lag ihm ferner seine in Fichtes Zeitschrift 38, Heft 2 gegebene Anzeige über Schriften zu Aristoteles Katharsislehre nahe. Zu Aristoteles schrieb er ausserdem Kritisches in Philol. XXI, 349—350, XXVI, 709—711.

***) Vgl. seine Königsberger Habilitationsschrift: de priore et posteriore forma Kantianae criticae rationis purae, Berolini 1862.

Die Schicksalsidee in Schillers Dichtung und Reflexion, Vortrag, gehalten in Düsseldorf (Gelzers protestantische Monatsbl., März 1864, S. 154—169).
Das Aristotelische, Kantische und Herbartische Moralprincip (Fichtes Zeitschrift XXIV, 1854, S. 71—104).
Und neu auszuarbeiten: Ueber Schillers philosophische Jugendarbeiten und über Schillers Kantianismus.

Ueberblickt man die Reihe aller in Ueberwegs Nachlass vorhandenen Abhandlungen, deren Verzeichniss Herr Dr. Czolbe mir freundlichst vervollständigte, so schloss er also — soweit sie nicht in andere Aufsätze eingearbeitet werden sollten, nur folgende Arbeiten von der Aufnahme aus:

Der Grundgedanke des Kantischen Kriticismus nach seiner Entstehungsart und seinem wissenschaftlichen Werth (Vortrag in der Kant-Gesellschaft, Altpreussische Monatsschrift 1869, VI, 3, S. 215—224).
Ist Berkeley's Lehre wissenschaftlich unwiderlegbar? (Fichtes Zeitschrift 55. Band 1869, S. 63—84).*)
Aus dem Leben A. v. Humboldt's. (Korodi's Vierteljahrschrift für die Seelenlehre, Kronstadt 1860. Verbessert, gedruckt in Neussers Buchdruckerei in Bonn.)
De carmine Horat. I, 34, quonam tempore sit compositum. Philol. VI, 1851, S. 806—828.
Ueber die sogenannte „Logik der Thatsachen" in naturwissenschaftlicher und insbesondere in pharmacodynamischer Forschung. Virchow's Archiv für pathologische Anat. XVI, 1859, S. 400—407.)
Anzeige von Friedrichs Logik (Altpreussische Monatsschrift 1864, S. 636—639).
Anzeige von Prantl Logik III. (Augsb. Allg. Z. 1867, No. 39, 40).
Anzeige von Delboeuf's Proleg. und Hoffmanns Abriss der Logik in Fichtes Zeitschrift 37, 1860, S. 146—167 u. 283—306.

Der Character dieses Bandes wäre eigenthümlich und ungewöhnlich gewesen: für sich, wenigstens im allgemeinen, betrachtet, eine Sammlung von Abhandlungen, wie deren Wiederdruck, in leichter Ueberarbeitung, jetzt seitens der Gelehrten beliebt ist. Aber Ueberweg wollte ausdrücklich darüber hinausgehen; er hätte in dieser Reihe von Abhandlungen Erläuterungen zu einem andern Werke gegeben, es also einerseits in Abhängigkeit von demselben gesetzt und doch zugleich, indem er die wichtigsten Probleme aus der philosophischen Gedankenwelt darin zu behandeln suchte, seine eigene Stellung zu ihnen klargelegt, also in einem solchen Buche der Darstellung seiner eigenen philosophischen Ansicht, auf deren Ausprägung ihn Professor Lange's Aufsatz mehr und mehr bedacht zeigt, direct vorgearbeitet. Bezeichnend, wenn nicht bestimmend ist es dabei für Ueberwegs Eigenthümlichkeit, dass er aus einer solchen geschichtlichen Umschau, aus der Auseinandersetzung mit den früheren

---

*) Diese beiden sollten vielleicht Material für Aufsatz 6 des Sammelbandes bilden.

Lehren den Uebergang zu selbständiger Gedanken-Entwickelung nehmen wollte.

Von den literarischen Plänen, die er später mit mir besprochen, verdient hier sein Vorschlag Erwähnung, die im Grundriss befolgte Methode auch auf eine Geschichte der Pädagogik zu übertragen. Als ich ihn selbst aber zu einem solchen Werke aufforderte, erklärte er mir nach längerem Schwanken, dass er sich nur zu einer Geschichte der philosophischen Behandlung der Pädagogik würde entschliessen können.

Ueberwegs offenherziges und vertrauensvolles Wesen hatte unsern Verkehr sehr bald in ein weit über den geschäftlichen Bedarf hinausgehendes, ja, denselben völlig in sich aufnehmendes Freundschaftsverhältniss hinübergeleitet. Als Autor war er der gewissenhafteste und vorsorglichste: rechtzeitig, ja frühzeitig kamen während jedes Semesters seine Anfrage nach dem Absatz der drei Bände und genaue Mittheilung über die fortdauernde Ergänzung derselben, die er in sein durchschossenes Exemplar nachtrug. So bunt beschrieben diese Seiten waren, so grosse Ordnung herrschte auf ihnen durch Verweisungen und Anschlusszeichen. Seine Correctur, umständlich und peinlich, war tadellos; mit Virtuosität wusste er bei Streichungen den ausfallenden Raum durch sachgemässe Einfügungen von genau gleicher Ausdehnung wieder zu füllen.

Seine zahlreichen Briefe an mich, während unseres zehnjährigen Verkehrs, geben mir allenthalben dasselbe freundliche seelenklare Bild: es ist wahr, er disputirt, wie es Professor Lange schildert, gewissermassen auch in ihnen. Probleme, denen er augenblicklich nachdachte, entwickelte er auch in den Briefen, wenn er dafür bei dem Empfänger irgend Theilnahme voraussetzte, allseitig, mit Ernst und Feinheit erwägend, ja mit einem Anflug gemüthvoller Theilnahme, wie sie aus der Behutsamkeit seiner Denkweise einfloss. In derselben Art begründete und beleuchtete er brieflich sogar die Entschliessung seines privaten, die Fragen des alltäglichen Lebens: einer treuen Theilnahme des Lesenden gewiss und dennoch zunächst um seiner eigenen Befriedigung willen. Ausserhalb des wissenschaftlichen Meinungsaustausches, der zwischen uns am regelmässigsten den neu erscheinenden philosophischen Büchern galt, gab er mir daher auch von jedem Familienereigniss gewissenhaft Nachricht. Und gern sprach er von den grossen politischen Ereignissen unserer Tage — lebhaft bewegt von ihrer Grösse, aber auch hier über Zusammenhang und Fortentwickelung leicht etwas abstract folgernd. In jeder Aeusserung seines Innern lag eben sein ganzes einheitliches Wesen: Gedankenstrenge, Besonnenheit, Gewissenhaftigkeit; Treue der Wissenschaft, Treue den Menschen; ein Wesen ohne Arg, nie zerstreut und aufgestört durch die Aeusserlichkeit der Welt. Er hat wahrlich, eine in ihrer edlen Einfachheit geschlossene und starke Natur, seine Stelle im Leben ausgefüllt. Wenn Viele seine wissenschaftlichen Leistungen dankbar anerkennen, so haben die Wenigen, die ihm als Menschen nahe standen, es laut zu bezeugen, wie theuer er ihnen als reiner Character war, Alle aber, wie schmerzlich sie seinen frühen Verlust betrauern.

Theodor Toeche.
(F. S. Mittler & Sohn.)

Dritte Periode der Philosophie der christlichen Zeit.

Die Philosophie der Neuzeit.

§ 1. Die Philosophie der Neuzeit ist die Philosophie seit der Aufhebung des (die Scholastik charakterisirenden) Dienstverhältnisses gegen die Theologie, in ihrem stufenweisen Fortgange zur freien, durch die vorangegangenen Bildungsformen bereicherten und vertieften, mit der gleichzeitigen positiv-wissenschaftlichen Forschung und dem socialen Leben in Wechselwirkung stehenden Erkenntniss des Wesens und der Gesetze der Natur und des Geistes. Ihre Hauptabschnitte sind: 1. die Uebergangszeit seit der Erneuerung des Platonismus, 2. die Zeit des Empirismus, Dogmatismus und Skepticismus von Baco und Descartes bis auf die Encyclopädisten und Hume, 3. die Zeit des Kantischen Kriticismus und der aus demselben hervorgegangenen Systeme, von Kant bis zur Gegenwart.

Ueber die Philosophie der Neuzeit handeln ausser den Verfassern der umfassenden, Theil I, § 4 (4. Aufl. S. 8 ff.) citirten Geschichtswerke (Brucker, Tiedemann, Buhle in seinem Lehrbuch der Gesch. der Philosophie, Tennemann, Ernst Reinhold, Ritter, Hegel u. A.) insbesondere Folgende:

Joh. Gottl. Buhle, Geschichte der neueren Philosophie seit der Epoche der Wiederherstellung der Wissenschaften, Göttingen 1800—1805. Bildet die sechste Abtheilung der „Geschichte der Künste und Wissenschaften seit der Wiederherstellung derselben bis an's Ende des achtzehnten Jahrhunderts", Göttingen 1796—1819.)

Immanuel Hermann Fichte, Beiträge zur Charakteristik der neuern Philosophie, Sulzbach 1830, 2. Aufl. ebd. 1841.

Joh. Ed. Erdmann, Versuch einer wissenschaftlichen Darstellung der Geschichte der neuern Philosophie, Riga und Leipzig 1834—53; vergl. den zweiten Band von Erdmann's Grundriss der Geschichte der Philosophie, Berlin 1866, 2. Aufl. ebd. 1870.

Histoire de la philosophie allemande depuis Leibniz jusqu'à nos jours par le baron Barchou de Penhoën, Paris 1836.

Hermann Ulrici, Geschichte und Kritik der Principien der neuern Philosophie, Leipzig 1845.

J. N. P. Oischinger, speculative Entwickelung der Hauptsysteme der neuern Philosophie, von Descartes bis Hegel, Schaffhausen 1853—54.

Kuno Fischer, Geschichte der neuern Philosophie, Mannheim und Heidelberg 1854 ff.; 2. Aufl. ebd. 1865 ff.

§ 1. Die Philosophie der Neuzeit und ihre drei Hauptabschnitte.

Carl Schaarschmidt, der Entwickelungsgang der neuern Speculation, als Einleitung in die Philosophie der Geschichte kritisch dargestellt, Bonn 1857.
Ed. Zeller, Gesch. der deutschen Philos. seit Leibniz (in der Gesch. der Wiss. in Deutschland).
Von der Geschichte der Naturphilosophie seit Bacon handelt insbesondere Julius Schaller, Leipzig 1841—44. Ueber die Lehren von Raum, Zeit und Mathematik in der neuern Philos. handelt Jul. Baumann, Berlin 1868—69; vgl. auch August Tabulski, über den Einfluss der Mathem. auf die gesch. Entw. d. Philos. bis auf Kant, Jenenser Inaug.-Diss., Leipzig 1868. Ueber die christlichen Mystiker seit dem Reformations-zeitalter handelt Ludwig Noack, Königsberg 1853; über die englischen, französischen und deutschen Freidenker handelt derselbe, Bern 1853—55. Ueber die rationalistische Denkart in Europa handelt Will. Edw. Hartpole Lecky, history of the rise and influence of the spirit of rationalism in Europe. 1. a, 2. Aufl., London 1865, 3. Aufl. ebd. 1866 (deutsch: Gesch. d. Aufklärung etc. von Helnr. Jolowicz, 2 Bde., Leipz. 1867—68. 2. Aufl. 1870—71). Vgl. H. Dean, the history of civilisation, New-York and London 1869. Ueber die Geschichte der Ethik in der Neuzeit handeln insbesondere: J. Matter, hist. des doctrines morales et politiques des trois derniers siècles, Paris 1836; II. F. W. Hinrichs, Gesch. der Rechts- und Staatsprincipien seit der Reformation, Leipz. 1849—52; I. Herm. Fichte, die philos. Lehren von Recht, Staat und Sitte seit der Mitte des 18. Jahrhunderts, Leipz. 1850; F. Vorländer, Gesch. der philos. Moral, Rechts- und Staatslehre der Engländer und Franzosen mit Einschluss des Macchiavell, Marburg 1855; Simon S. Laurie, notes expository and critical on certain british theories of morals, Edinburgh 1868. Auch auf die philosophische Staatslehre geht Robert von Mohl ein in seiner Gesch. u. Lit. d. Staatswissenschaften, in Monographien dargestellt, Bd. I—III, Erlangen 1855—58, und auch J. C. Bluntschli, Gesch. d. allgem. Staatsrechts und der Politik seit dem 16. Jahrhundert bis zur Gegenwart, München 1864 (Gesch. der Wiss. in Deutschland ist der neuern Zeit, Bd. I.). Die Gesch. der Aesthetik in Deutschland stellt Herm. Lotze dar im VII. Bande der Gesch. d. Wiss. in Deutschland, München 1868.
Wesentliche Beiträge zur Geschichte der Philosophie enthalten auch mehrere litteraturgeschichtliche Werke, wie die Geschichte der poetischen Nationalliteratur der Deutschen von Gervinus, Hillebrand's Geschichte der deutschen Nationalliteratur seit Lessing, Julian Schmidt's Geschichte des geistigen Lebens in Deutschland von Leibniz bis auf Lessing's Tod, Gesch. der deutschen Lit. seit Lessing's Tode, Geschichte der franz. Literatur seit der Revolution im Jahre 1789, Aug. Koberstein's Grundriss der Gesch. der deutschen Nationalliteratur, Herm. Hettner's Litteraturgesch. des 18. Jahrhunderts, ferner Werke über die Geschichte der Pädagogik, wie von Karl v. Raumer, Karl Schmidt u. A., der Staats- und Rechtslehre (s. o.), der Theologie und der Naturwissenschaften. Reichhaltige litterarische Nachweise findet man besonders bei Gumposch, die philos. Lit. der Deutschen von 1400 bis 1850, Regensburg 1851, wie auch in den anderen oben, Theil I, § 4 citirten Schriften. Die bloss auf einzelne Zeitabschnitte, insbesondere auf die neueste Philosophie seit Kant bezüglichen Schriften werden unten Erwähnung finden.

Einheit, Dienstbarkeit, Freiheit sind die drei Verhältnisse, in welche nacheinander die Philosophie der christlichen Zeit zu der kirchlichen Theologie getreten ist. Das Verhältniss der Freiheit entspricht dem allgemeinen Charakter der Neuzeit, welcher in der aus dem mittelalterlichen Gegensätzen wiederherzustellenden harmonischen Einheit liegt (vgl. Grdr. I, § 5, und II, § 2). Die Freiheit des Gedankens nach Form und Inhalt wurde von der Philosophie der Neuzeit stufenweise errungen, zuerst unvollkommen mittelst des blossen Wechsels der Autorität durch Anlehnung an Systeme der Alterthums ohne die Umbildung, welche die Scholastik mit dem Aristotelischen vollzogen hatte, dann vollständiger mittelst eigener Erforschung der Natur und endlich auch des geistigen Lebens. Die Uebergangszeit ist die Periode des Aufstrebens zur Selbständigkeit. Die Zeit des Empirismus und Dogmatismus charakterisirt sich durch methodische Forschungen und umfassende Systeme, die auf dem Vertrauen beruhen, mittelst der Erfahrung und des Denkens selbständig zur Erkenntniss der natürlichen und geistigen Wirklichkeit gelangen zu können. Der dritte Abschnitt wird angebahnt durch den Skepticismus und begründet durch den Kriticismus, der die Erforschung

§ 1. Die Philosophie der Neuzeit und ihre drei Hauptabschnitte.

der Erkenntnisskraft des Subjectes für die nothwendige Basis alles streng wissenschaftlichen Philosophirens hält und zu dem Resultate gelangt, dass das Denken die Wirklichkeit, wie sie an sich selbst sei, nicht zu erkennen vermöge, sondern auf die Erscheinungswelt beschränkt bleibe, über welche nur das moralische Bewusstsein hinausführe; dieses Resultat wird von den folgenden Systemen negirt, doch sind diese sämmtlich dem Kantischen Gedankenkreise entstammt, der auch noch für die Philosophie unserer Gegenwart von einer unmittelbaren (nicht bloss von historischer) Bedeutung ist*).

Erster Abschnitt der Philosophie der Neuzeit.
Die Zeit des Uebergangs zu selbständiger Forschung.

---

§ 2. Den ersten Abschnitt der Philosophie der Neuzeit charakterisirt der Uebergang von der mittelalterlichen Gebundenheit an die Autorität der Kirche und des Aristoteles erst zu

---

*) Zwischen dem Entwickelungsgange der Philosophie des Alterthums und der Neuzeit haben Einige einen durchgängigen Parallelismus aufzufinden gesucht, gestützt auf den Grundgedanken, dass wesentlich dieselben philosophischen Probleme stets wiederkehren und dass auch die Folge der Lösungsversuche bei naturgemässer Entwickelung im Wesentlichen die gleiche sei. Diese beiden Voraussetzungen gelten jedoch nur in beschränktem Maasse. Durch die fortschreitende Entwickelung der Philosophie selbst und durch die verschiedene Gestaltung der mit ihr in Wechselbeziehung stehenden Mächte, insbesondere der Religion, der Staatsformen und der Künste und positiven Wissenschaften, sind neue philosophische Probleme hervorgetreten, die sich zwar zugleich mit den anfänglichen unter allgemeine Bezeichnungen bringen lassen, aber doch dem Ganzen der Systeme ein sehr wesentlich verschiedenes Gepräge geben. (Ueber die Analogie zwischen den unmittelbar vor und neben der jedesmaligen Zeitphilosophie betriebenen Studien und dieser selbst handelt insbesondere A. Helfferich, die Analogien in der Philosophie, ein Gedenkblatt auf Fichte's Grab, Berlin 1862.) Noch mehr aber, als der Charakter der einzelnen Systeme, ist die Folge ihres Auftretens durch das Bestehen oder Nichtbestehen älterer Philosophien und durch äussere Einflüsse bedingt, so dass zwar mitunter in der Succession einzelner Systeme, aber nur in geringem Maasse in dem Ganzen des Entwickelungsganges eine wesentliche Uebereinstimmung sich bekundet. Während die alte Philosophie erst die Kosmologie, dann neben der Physik vorzugsweise die Logik und Ethik durcharbeitet, endlich alles wesentliche Interesse sich auf die Theologie concentrirt, findet die neuere Philosophie gleich zu Anfang alle diese Disciplinen schon vor und entwickelt sich unter dem Einfluss derselben und der Formen des Staates und der Kirche, die ihrerseits nicht ohne einen wesentlichen Mitabfluss der alten Philosophie sich gestaltet haben; ihr Fortschritt liegt in der stufenweisen Befreiung und Vertiefung des philosophirenden Geistes. Der moderne Geist sucht (wie Kuno Fischer, Gesch. der neueren Philos. 2. Aufl. I. 1, Mannheim 1865, der für das Uebergangszeitalter einen Parallelismus mit dem Entwickelungsgange der alten Philosophie in umgekehrter Richtung annimmt, S. 82 mit Recht bemerkt) „aus der theologischen Weltanschauung, die ihn erfüllt, den Weg zu den kosmologischen Problemen". Das theologische Interesse bedingt (obschon meist nicht in specifisch kirchlicher Form) die neuere Philosophie von Anfang an in weitaus höherem Maasse, als vor der Zeit des Neuplatonismus die antike. Doch kann mit Recht gesagt werden, dass die selbständige philosophische Forschung sich in der neueren Zeit gleich wie im Alterthum anfangs zumeist auf die äussere Natur, dann daneben auch auf den Menschen als solchen in seiner Beziehung zur Natur und zur Gottheit, endlich

§ 2. Der erste Abschnitt der Philosophie der Neuzeit.

selbständiger Wahl der Autoritäten, dann zu Anfängen eigener, autoritätsfreier Forschung, jedoch noch ohne völlige Befreiung der neuen philosophischen Versuche von der Herrschaft des mittelalterlichen Cicistes und ohne streng methodische Ausbildung selbständiger Systeme.

Ueber die geistige Bewegung in der Uebergangszeit handelt Jules Joly, histoire du mouvement intellectuel au 16me siècle et pendant la première partie du 17me, Paris 1860. Albert Desjardins, les moralistes français du XVIe siècle, Paris 1870. Vgl. die zu §§ 3, 4 und 5 citirten Schriften.

(besondern in Spinoza, Schelling und Hegel) zumeist auf das Absolute gerichtet hat. In Conrad Hermann's Schrift: der pragmatische Zusammenhang in der Geschichte der Philosophie, Dresden 1863, die übrigens noch manche willkürliche Zusammenstellungen enthält, ist besonders die Parallelisirung beachtenswerth: Sokrates, Plato, Aristoteles; — Kant, Hegel, Empirismus der Gegenwart. Die (auch früher bereits vielfach von Anderen behauptete) Analogie zwischen Sokrates und Kant beruht darauf, dass jedem dieser beiden Denker der Mensch, aber nicht der einzelne Mensch nach seiner individuellen Eigenthümlichkeit, sondern der Mensch vermöge der allgemeinen und bleibenden Momente seines Wesens das theoretische und praktische Maass der Dinge ist; die Analogie besteht unverkennbar, obschon jene gemeinsame Formel, unter welche man die Lehre beider Philosophen bringen kann, von beiden in sehr verschiedenem Sinne gilt. Die Zusammenstellung Hegels mit Plato ist zwar in Bezug auf den Inhalt der beiderseitigen Doctrinen nur theilweise zutreffend, sofern beide dem Gedanken objective Gültigkeit zuerkennen, andererseits unzutreffend, sofern Plato der Idee eine transscendente, Hegel eine der Erscheinungswelt immanente Existenz zuerkennt (wonach die im Kreise der Hegelianer beliebte Auffassung Hegels als des modernen Aristoteles als die passendere erscheint), ist aber in methodischer Betracht allerdings in sofern gerechtfertigt, als die Hegel'sche Dialektik gleich der Platonischen Lehre und noch mehr, als diese, die Erkenntniss der Ideen zur Empirie in ein dualistisches Verhältniss setzt, wogegen die nachhegelsche wissenschaftliche Empirie diesen Dualismus zu überwinden und durch empirisch basirte exacte Forschung die vernunftgemässe Gesetzmässigkeit in Natur und Geist zu erkennen strebt. Knuo von Reichlin-Meldegg unterscheidet (in der Abhandlung: der Parallelismus der alten und neuen Philosophie, akadem. Habilitationsschrift, Leipzig und Heidelberg 1865) „drei nothwendige, aus der Natur des menschlichen Erkenntnissvermögens sich ergebende, im Alterthum, wie in der Neuzeit gleich bleibende Standpunkte: den objectiven, den subjectiven und den Identitätsstandpunkt", die jedesmal, so oft ein Volk (oder Völkerkreis) philosophire, in dem „Kreislaufe des Denkens" als „Anfangs-, Entwickelungs- und Ausgleichungsstadium" auf einander folgen müssen; er findet in der griechischen Philosophie den ersten durch die Naturphilosophen von Thales bis auf Demokrit vertreten, den zweiten durch die Sophisten, Sokrates und die Sokratiker, durch Plato, Aristoteles, die Stoiker, Epikurer und Skeptiker, den dritten durch die Neuplatoniker; in der neueren Philosophie aber laufe in der ersten, bis auf die letzten Philosophen vor Hume und Kant heraufreichenden Periode der objectiven die subjective Richtung her; ihr zweite Periode, welcher namentlich Hume, Kant und Fichte angehören, charakterisire sich durch den Subjectivismus, die dritte, durch Schelling und Hegel begründete, durch den Identitätsstandpunkt. Da der Identitätsstandpunkt, der die Grenze der menschlichen Erkenntniss überschreite, ein wissenschaftlich unmöglicher sei, so liege das Höchste in dem Subjectivismus; die Kantische Philosophie sei der Abschluss und die Vollendung der germanischen Geistesphilosophie. Bei diesem Versuch einer durchgängigen Parallelisirung wird aber entweder unter dem „objectiven Standpunkt" nur die vorwiegende Richtung der philosophischen Forschung auf die Aussenwelt und unter dem „subjectiven Standpunkt" die vorwiegende Richtung der Forschung auf den Geist verstanden, oder andererseits unter jenem die Doctrin, dass das Subject im Object, unter diesem die Doctrin, dass das Object im Subject seine Quelle habe, welche Doctrinen wiederum mancherlei Modificationen zulassen und sich bis zu den extremen Behauptungen steigern kön-

§ 3. Unter den Ereignissen, welche den Uebergang vom Mittelalter zur Neuzeit herbeigeführt haben, ist das früheste das Aufblühen der classischen Studien, negativ veranlasst durch die Einseitigkeit und immer grössere Dürre der Scholastik, positiv durch die Reste antiker Kunst und Litteratur in Italien, die mehr und mehr bei wachsendem Wohlstande einen empfänglichen Sinn fanden, und durch die engere Berührung des Abendlandes, besonders Italiens, mit Griechenland, zumeist seit der Flucht vieler gelehrten Griechen nach Italien zur Zeit der von den Türken drohenden Gefahr und der Einnahme Konstantinopels. Die Erfindung der Buchdruckerkunst erleichterte die Verbreitung litterarischer Bildung. Die Bekämpfung des scholastischen Aristotelismus durch die wiederbekanntgewordene und mit enthusiastischem Interesse aufgenommene platonische und neuplatonische Doctrin war auf dem Gebiete der Philosophie das erste wesentliche Resultat der erneuten Beziehung zu Griechenland. Gemistus Pletho, der leidenschaftliche Bestreiter der Aristotelischen Lehre, der gemässigtere Platoniker Bessarion und der verdienstvolle Uebersetzer des Plato und des Plotin Marsilius Ficinus sind die bedeutendsten unter den Erneuerern des Platonismus. Die Aristotelische Doctrin wurde durch Rückgang auf den Urtext und durch Bevorzugung griechischer Commentatoren vor arabischen in grösserer Reinheit, als durch die Scholastiker, von classisch gebildeten Aristotelikern vorgetragen; insbesondere wurde in Oberitalien, wo seit dem vierzehnten Jahrhundert die Deutung des Aristoteles im Sinne des Averroes üblich war, das Ansehen dieses Commentators von einem Theile der Aristoteliker zu Gunsten griechischer Interpreten, namentlich des Alexander von Aphrodisias,

---

nen: es ist nichts als Geist, — es ist nur Materie; von beiden Doctrinen ist ausser dem „Identitätsstandpunkt" auch mindestens noch der Dualismus zu unterscheiden. An diesen Doppelsinn knüpft sich eine wesentliche Discrepanz. Kant und Fichte und in gewisser Art auch Hume vertreten den (vollen oder vorwiegenden) Subjectivismus im Sinne einer bestimmten Doctrin; der mittleren Periode der griechischen Philosophie aber kann nicht eine hiermit gleichartige Doctrin, sondern nur eine vorwiegende Richtung des philosophischen Interesses auf das Subject zugeschrieben werden, die zudem gerade bei den hervorragenden Philosophen, Plato und Aristoteles, welche auch die bei den Sophisten und Sokrates zurücktretende Physik wieder aufgenommen und selbständig fortgebildet haben, am wenigsten exclusiv war; zu dem „Subjectivismus" im Sinne der Kantischen Doctrin steht Aristoteles vielmehr im Verhältnisse des Gegensatzes, als der Analogie. Derartige Parallelisirungen involviren nothwendig, wie geschickt man sie auch durchführen mag, vieles bloss Halbwahre, und zwar um so mehr, je specieller sie durchgeführt werden. Die Vergleichungen jedoch, zu denen die parallelisirende Zusammenstellung Anlass giebt, können, sofern sie mit gleicher Sorgfalt das Differirende, wie das Gleichartige hervorheben, einen hohen wissenschaftlichen Werth haben, gehören aber bereits mehr dem Uebergange von der geschichtlichen Auffassung der Systeme zur kritischen Reflexion über dieselben, als der geschichtlichen Auffassung selbst an.

bekämpft; er behauptete sich, aber in beschränkterem Maasse, besonders zu Padua bis gegen die Mitte des siebenzehnten Jahrhunderts. Die averroistische Doctrin, dass nur die Eine dem ganzen Menschengeschlechte gemeinsame Vernunft unsterblich sei, kam mit der alexandristischen, welche nur den weltordnenden göttlichen Geist als die active unsterbliche Vernunft anerkannte, in der Aufhebung der individuellen Unsterblichkeit überein; doch wussten die meisten Vertreter des Averroismus, besonders in der späteren Zeit, denselben der Orthodoxie in dem Maasse anzunähern, dass sie nicht mit der Kirche in Widerstreit geriethen. Die Alexandristen, unter denen Pomponatius der bedeutendste ist, neigten sich zum Deismus und Naturalismus hin, unterschieden aber von der philosophischen Wahrheit die theologische Wahrheit, welche von der Kirche gelehrt werde, der sie sich zu unterwerfen erklärten; die Kirche jedoch verwarf die Lehre von einer zweifachen Wahrheit. Ausser der platonischen und aristotelischen Doctrin wurden auch andere Philosophien des Alterthums erneut; auf die selbständigere Naturforschung des Telesius und Anderer hat die ältere griechische Naturphilosophie einen beträchtlichen Einfluss geübt; den Stoicismus haben Lipsius u. A., den Epikureismus Gassendi, den Skepticismus Montaigne, Charron, Sanchez, Le Vayer und Andere erneut und fortgebildet.

Eine quellenmässige Darstellung der Erneuerung der classischen Litteratur in Italien enthalten die betreffenden Abschnitte des Werkes von Girolamo Tiraboschi, Storia della letteratura italiana. 13 Bde., Modena 1772—82; Ausgabe in 16 Bdo., Mailand 1822—26; besonders in Tom. VI, 1 und VII, 2 (Vol. VII. und XI. der Mailänder Ausgabe); ferner handeln darüber Arnold Herm. Ludw. Heeren, Gesch. des Studiums der class. Litteratur seit dem Wiederaufleben der Wissenschaften, 2 Dde., Gött. 1797—1802 (vergl. dessen Gesch. der class. Litt. im Mittelalter); Ernst Aug. Erhard, Gesch. der Wiederaufblühens wiss. Bildung, vornehmlich in Deutschland, Magdeburg 1824—32; Karl Hagen, Deutschlands litterarische und religiöse Verhältnisse im Reformationszeitalter, Erlangen 1841—44, neu herausg. von seinem Sohne Herm. Hagen, 3 Bde., Frankfurt a. M. 1868; Ernesto Renan, Averroès et l'Averroïsme, Paris 1852, S. 255 ff.; Guillaume Favre, Mélanges d'hist. litt., Genève 1856; Georg Voigt, die Wiederbelebung des classischen Alterthums, Berlin 1859; Jacob Burckhardt, die Cultur der Renaissance in Italien (besonders Abschn. III.; die Wiedererweckung des Alterthums), Basel 1860, 2. Aufl. ebd. 1869; Job. Friedr. Schröder, das Wiederaufblühen der class. Studien in Deutschland im 15. und zu Anfang des 16. Jahrhunderts, Halle 1864.
Ueber die Lehre von der zweifachen Wahrheit handelt Max Maywald, Berlin 1871.
Ueber Dante's Weltanschauung handeln Ozanam, Wegele u. A. (s. Grundr. II, § 31, 3. Aufl., S. 201), auch Hugo Delff, Dante Allgh., Leipzig 1869 (der Beziehungen Dante's zum Platonismus und zur Mystik nachzuweisen sucht). J. A. Scartazzini, Dante Al., s. Zeit, s. Leben u. s. Werke, Berlin 1869.
Ueber Petrarca vgl. J. Bouifas, de Petrarcha philosopho, Par. 1863; Maggiolo, de la philos. morale de Pétrarque, Nancy 1864.
Ueber die Florentinische Akademie handelt R. Sieveking, Gött. 1812; über Pletho handeln: Leo Allatius, de Georgiis diatriba, in: Script. Byzant. Par. XIV, 1651, p. 363—392, wiederabg. in Fabric. Bibl. Gr. X, Hamburg 1721 (de Georgiis S. 549—817; S. 739—758, ed. nov., curante Gottlieb Christ. Harless, XII. Hamb. 1809 (de Georgiis S. 1—136; S. 85—102; Boivin, querelle des philosophes du XV. siècle, in: Mémoires de littérature tirés des Registres de l'Acad. R. des Inscriptions et belles lettres, tome II, p. 715 ff., deutsch in Hissmann's Magazin, Bd. I, Gött. u. Lemgo

§ 8. Die Erneuerung des Platonismus und anderer Doctrinen des Alterthums. 7

1778, S. 215—242; W. Gass, Gennadius und Pletho, Aristotelismus und Platonismus in der griechischen Kirche, nebst einer Abh. über die Bestreitung des Islam im Mittelalter; 2. Abth.: Gennadii et Plethonis scripta quaedam edita et inedita, Breslau 1844; ferner: *Πλήθωνος νόμων συγγραφῆς τὰ σωζόμενα*, Plethon, traité des lois, ou recueil des fragments, en partie inédits, de cet ouvrage, par C. Alexandre, traduction par A. Pellisier, Paris 1858, und A. Ellissen, Ansichten der mittel- und neugriech. Litt. IV, 2: Plethon's Denkschriften über den Peloponnes, Leipz. 1860.

Ueber Bessarion handeln: Al. Bandini, Rom 1777; Hacke, Haarlem 1840; O. Raggi, Rom 1844; vgl. auch Boissonade, Anecd. gr. V, p. 454 ff. Des Marsilius Ficinus Uebersetzung des Plato ist Flor. 1483—84, des Plotin 1492 zuerst erschienen, seine Schrift: Theologia Platonica Flor. 1482, seine sämmtlichen Schriften mit Ausnahme der Uebersetzung des Plato und des Plotin Basil. 1576. Die Schriften des Johann Pico von Mirandola sind zu Bononia 1496, die des Johann und seines Neffen Johann Franz zusammen zu Basel 1572—73 und 1601 erschienen. Vgl. Georg Dreydorff, das System des Joh. Pico von Mirandola und Concordia, Marburg 1858. Ueber Reuchlin handelt Meyerhoff, Berlin 1830; L. Geiger, Leipz. 1871. Ueber Hutten handelt D. F. Strauss, Leipzig 1858—60; die beste Ausg. s. Schriften hat Böcking besorgt, Leipz. 1858—69, nebst Index bibliographicus Huttenianus, Leipz. 1858. Die Schrift des Agrippa von Nettesheim de occulta philos. ist Colon. 1510; 1531—33, und die Schrift de incertitudine et vanitate scientiarum Col. 1527 und 1534, Par. 1529, Antw. 1530 erschienen, seine Werke sind zu Lyon 1550, auch 1600 und deutsch zu Stuttgart 1856 gedruckt worden. Eine Lebensbeschreibung des Agrippa ist enthalten im ersten Theile von F. J. v. Bianco, die alte Universität Köln, Köln 1858. Des Laurentius Valla Werke sind Bas. 1540—43, einzelne Schriften schon früher gedruckt worden. Vgl. über ihn Joh. Vahlen, Lorenzo Valla, ein Vortrag (gehalten 1864), 2. Abdr., Berlin 1870. Ueber Valla's dialectische disputationem referirt Prantl, Gesch. d. Log. IV, Lps. 1870, S. 161—167. Die Werke des Agricola sind cura Alardi Col. 1539 erschienen. Ueber Angelus Politianus handelt Jacob Mähly, Angelus Politianus, ein Culturbild aus der Renaissance, Leipzig 1864. Ueber Ramus handeln Ch. Waddington, Ramus, sa vie, ses écrits et ses opinions, Paris 1855, und Charles Desmaze, P. R., professeur au Collège de France, sa vie, ses écrits, sa mort, Paris 1864, ferner M. Cantor, Petrus Ramus, ein wiss. Märtyrer des 16. Jahrh., in: Gelzer's prot. Monatsbl. Bd. 30, Heft 2, August 1867. W. Schmitz, P. R. als Schulmann, in: N. Jahrb. f. Philol. u. Päd. Bd. 98, 1868, S. 567—574. Benj. Chagnard, Ramus et ses opinions religieuses, Strassburg 1869.

Pomponatii de immort. animae, Bonon. 1516, Ven. 1525, Basil. 1534, ed. Chr. G. Bardili, Tub. 1791; de fato, libero arbitrio, praedest., provid. Dei libri quinque, Basil. 1525, 1556, 1567; de naturalium effectuum admirandorum causis s. de incantationibus liber, verfasst 1520, Basil. 1556, 1567; über ihn handelt Francesco Fiorentino, Pietro Pomponazzi, Florenz 1868; G. Spicker, Inaug.-Diss., München 1868, Ludw. Muggenthaler, Inaug.-Diss., München 1868, B. Podestà, Bologna 1868.

Gassendi, Exercitationum paradoxicarum adv. Aristotelicos l. I. Gratianopol. 1624, l. II. Hag. Com. 1659; de vita, moribus et doctr. Epicuri, Lugd. Bat, 1647, Hag. Com. 1656; animadversiones in Diog. L. de vita et philos. Epic., Lugd. Bar. 1649; syntagma philos. Epicuri, Hag. Com. 1655; 1659; Petri Gassendi opera, Lugd. 1658 und Flor. 1727. Vgl. über ihn Ph. Damiron in seiner hist. de la philos. au XVII. siècle, Paris 1840. Montaigne, Essais, Bordeaux 1580 und seitdem bis auf die Gegenwart sehr häufig; neuerdings avec les notes de tous les commentateurs choisies et complétées par M. J. V. Le Clerc, et une nouvelle étude sur M. par Prevost-Paradol, Paris 1865; ferner L. Montaigne, Essais. Texte original de 1580, avec les variantes des éditions de 1582 et 1587, publ. par R. Dezeimeris et H. Barkhausen. Tome I. Bordeaux 1870; über ihn handeln u. A.: Eugène Bimbenet, les Essais de M. dans leurs rapports avec la législation moderne, Orléans 1864. A. Leveau, Étude sur les essais de Montaigne. Paris 1870. Charron, de la sagesse, Bordeaux 1601 u. ö., hrsg. von Renouard, Dijon 1801 (das skeptische Hauptwerk Charrons; die frühere Schrift: trois vérités contre tous athées, idolâtres, juifs, Mahomedans, hérétiques et schismatiques, Paris 1594, ist dogmatischer gehalten). Sacchis, tractatus de multum nobili et prima universali scientia, quod nihil scitur, Lugd. 1581 u. ö.; tractatus philosophici, Rotterdam 1649; über ihn handelt Ludwig Gerkrath, Wien 1860. Le Vayer, cinq dialogues faits à l'imitation des anciens par Horatius Tubero, Mons 1673 u. ö.; Oeuvres (ohne jene Dialoge, Par. 1654—56 u. ö.). Simon Foucher, histoire des Académiciens, Paris 1690; de philos. Academica, Paris

8 § 3. Die Erneuerung des Platonismus und anderer Doctrinen des Alterthums.

1692, über ihn handelt F. Rabbe, l'abbé Simon Foucher, chanoine de la Sainte Chapelle de Dijon, Dijon 1867.
Ueber die Geschichte des Skepticismus der neueren Zeit handelt: H. Was, geschiedenis van het Scepticisme der zeventiende eeuw in de voornaamste Europeesche Staaten. 1. afl. Geschiedenis van het Scepticisme in England. Utrecht 1870.

In dem Maasse, wie durch Gewerbfleiss und Handel der Wohlstand zunahm, Städte entstanden und ein freier Bürgerstand aufkam, der Staat sich consolidirte und an den Höfen, bei dem Adel und unter den Bürgern neben den Kriegen und Fehden auch für die Ausschmückung des Lebens durch die Künste des Friedens Musse blieb, erwuchs eine weltliche Bildung neben der geistlichen. Dichter priesen Kraft und Schönheit; der Mannesmuth, der sich in hartem Kampfe bewährt, die Zartheit des Gefühls in der Minne Wonne und Leid, die Innigkeit der Liebe, die Gluth des Hasses, der Adel der Treue, die Schmach des Verraths, jedes natürliche und sittliche Gefühl, das sich in der Gemeinschaft des Menschen mit dem Menschen entwickelt, fand in weltlicher Dichtung einen tief das Gemüth ergreifenden Ausdruck. Diese humane Bildung erschloss auch den Sinn für antike Dichtung und Weltanschauung. Am frühesten erwachte in Italien wiederum die niemals ganz erloschene Liebe zu der alten Kunst und Litteratur; an die politischen Parteikämpfe knüpfte sich Verständniss und Interesse für die altrömische Geschichte; das sociale Leben des emporblühenden Bürgerstandes und der zu Reichthum und Macht gelangten edlen Geschlechter gab Musse und Sinn für eine Wiederbelebung der erhaltenen Reste antiker Cultur. Die Beschäftigung mit der römischen Litteratur rief das Bedürfniss nach Kenntniss der griechischen hervor, die in Griechenland selbst sich noch grossentheils erhalten hatte; man begann dieselbe dort aufzusuchen schon lange, bevor das Herannahen der Türken und die Einnahme Constantinopels (1453) gelehrte Griechen zur Auswanderung nach Italien bestimmte; man würde, sagt Heeren (Gesch. des Studiums der class. Litt. seit dem Wiederaufleben der Wissenschaften, Bd. I, S. 268), die griechischen Musen nach Italien geholt haben, wenn sie sich nicht dahin geflüchtet hätten.

Dante Alighieri (1265—1321), dessen kühner Dichtung vom Weltgericht die scholastische Verflechtung der christlichen Theologie mit der aristotelischen Weltansicht zur theoretischen Grundlage dient, hat seinen Sinn für poetische Form besonders an Virgil gebildet. Francesco Petrarca (20. Juli 1304 bis 18. Juli 1374), der Sänger der Liebe, hegte die mächtigste Begeisterung für die alte Litteratur; er war mit der römischen innig vertraut und hat sich durch eigene Sammlung von Manuscripten und durch den Eifer zur Aufsuchung und zum Studium der Werke der Alten, womit er Andere zu erfüllen wusste, ein unschätzbares Verdienst um die Erhaltung und Verbreitung derselben erworben. Petrarca liebte den Aristoteles nicht; Plato sprach ihn an; doch kannte er Beide nur wenig. Er hasste den ungläubigen Averroismus. Ein populäres und paränetisches Philosophiren in der Weise des Cicero und des Seneca zog er der Aristotelischen Schulphilosophie vor. In der griechischen Sprache hat ihn Bernhard Barlaam (gest. 1348) unterrichtet, den die Liebe zu der Sprache und den Werken des Homer, Plato und Euklid aus Calabrien, in dessen Klöstern die griechische Sprache niemals unbekannt geworden war, nach Griechenland geführt hatte, von wo aus er als Gesandter des Kaisers Andronicus des Jüngeren an den Papst Benedict XII. nach Avignon kam; der Unterricht, den er hier im Jahr 1339 dem Petrarca ertheilte, blieb zwar wegen der Kurze der Zeit unzureichend, ist aber dennoch durch die Anregung, die Petrarca empfing und verbreitete, höchst einflussreich geworden. Mit Petrarca war Giovanni Boccaccio (Johann von Certaldo, 1313—1375) befreundet, der von Barlaam's Schüler Leontius Pilatus in

§ 3. Die Erneuerung des Platonismus und anderer Doctrinen des Alterthums. 9

den Jahren 1360—63 gründlicher das Griechische erlernte. Bei Boccaccio verband sich bereits mit dem Interesse am Alterthum die Gleichsetzung des Christenthums als einer nur relativ wahren Religion mit anderen Religionen; sein (sittlich höchst frivoles) Decamerone enthält (I, Nov. 3) die (später von Lessing im Nathan erneute und modificirte) Geschichte von den drei Ringen, deren Grundgedanke bereits in der Philosophie des Averroës liegt. Auf Boccaccio's Empfehlung wurde Leontius von den Florentinern an ihrer Universität als öffentlicher Lehrer der griechischen Sprache mit einem festen Gehalte angestellt; seine Leistungen entsprachen zwar nicht ganz den Erwartungen, aber das Beispiel war gegeben, und fand auch an anderen Universitäten Nacheiferung. Mit grossem Erfolg lehrte Johannes Malpighi aus Ravenna, ein Zögling des Petrarca, die lateinische Litteratur zu Padua und seit 1397 zu Florenz. Sammlung von Handschriften ward mehr und mehr den Reichen und Mächtigen zur Ehrensache und die Liebe zu Alterthumsstudien entzündete sich in immer weiteren Kreisen an der Lectüre der classischen Werke. Manuel Chrysoloras aus Constantinopel, gest. 1415 zu Konitz, ein Schüler Pletho's, war der erste geborene Grieche, der als öffentlicher Lehrer der griechischen Sprache und Litteratur in Italien (zu Venedig, dann zu Florenz) auftrat. Durch ihn haben sein Neffe, der (zu Constantinopel und auch in Italien lehrende) Joh. Chrysoloras, Leonardus Aretinus, Franciscus Barbarus, Guarinus von Verona u. A., durch Johannes Chrysoloras Franz Philelphus (1398—1481), der Vater des (zu Constantinopel 1426 geborenen, zu Mantua 1480 gestorbenen) Marius Philelphus (über den Guillaume Favre u. a. O. S. 7 ff. ausführlich handelt) u. A. ihre Bildung erhalten. Leonardus Aretinus (L. Bruni aus Arezzo, gest. 1444) hat in den Jahren 1397 und 98 zu Florenz, Rom und Venedig zuerst ein dauerndes Interesse für das Studium der griechischen Sprache begründet. Er hat Aristotelische Schriften, insbesondere die Nikomachische Ethik und die Politik (die letztere nach Oncken's Vermuthung, die Staatsl. des Arist., Lpz. 1870, S. 79, nach einer 1429 von Francesco Filelfo aus Constantinopel mitgebrachten Handschrift) in's Lateinische übersetzt, wodurch Moerbecke's durch Thomas von Aquino veranlasste crass wörtliche, geschmack- und verständnissloso Uebersetzung verdrängt ward. In seiner Schrift de disputationum usu (hrsg. von Feuerlin, Nürnberg 1734) bekämpft er die scholastische Barbarei, und empfiehlt neben Aristoteles (dessen Text er für sehr corrumpirt hält) besonders Varro und Cicero. Mit ihm war gleichgesinnt Aeneas Sylvius Piccolomini (Papst Pius II, gest. 1464; über ihn handelt Georg Voigt, Berlin 1856—63). Zu Mailand und an anderen Orten lehrte Constantinus Lascaris aus Constantinopel die griechische Sprache. Sein Sohn Johannes Lascaris (1445—1535) hat als Gesandter des Lorenz von Medici (geb. 1448, gest. 1492) an Bajesid II. den Ankauf vieler Manuscripte für die Mediceische Bibliothek vermittelt. An der Aldinischen Ausgabe griechischer Classiker hat sich besonders sein Schüler Marcus Musurus eifrig betheiligt.

Am Hofe des Cosmus von Medici (geb. 1389, gest. 1464) lebte eine Zeitlang (seit 1438) Georgius Gemistus Pletho aus Constantinopel (geb. um 1355, gest. im Peloponnes 1452), der einflussreichste Erneuerer des Studiums der platonischen und neuplatonischen Philosophie im Occidente. Er änderte seinen Namen Γεμιστός in den gleichbedeutenden, attischeren und an Πλάτων anklingenden Namen Πλήθων um. Obwohl er zu der Isagoge des Porphyrius und den Kategorien und der Analytik des Aristoteles Erläuterungen schrieb, so verwarf er doch mit grösster Entschiedenheit die aristotelische Lehre, dass die Individuen die ersten Substanzen seien, das Allgemeine aber ein Secundäres, fand die Einwürfe gegen die platonische Ideenlehre unzutreffend, und bekämpfte die aristotelische Theologie, Psychologie und Moral; er setzte in seinem Compendium der Dogmen

§ 3. Die Erneuerung des Platonismus und anderer Doctrinen des Alterthums.

des Zoroaster und des Plato, welches vielleicht ein integrirender Theil seines umfassenden Werkes: νόμων συγγραφή war (das in Folge der Verdammung durch den Patriarchen Gennadius nur bruchstückweise auf uns gekommen ist), auch in seiner um 1440 zu Florenz verfassten Abhandlung über den Unterschied zwischen der platonischen und aristotelischen Philosophie (περὶ ὧν Ἀριστοτέλης πρὸς Πλάτωνα διαφέρεται, gedruckt Par. 1541, lat. Bas. 1574) und in anderen Schriften der aristotelischen Hinneigung zum Naturalismus die theosophische Richtung des Platonismus lobpreisend entgegen, ohne freilich Plato's Lehre von der neuplatonischen zu unterscheiden und ohne die Abweichung einzelner platonischer Philosopheme von den entsprechenden christlichen Dogmen (insbesondere der platonischen Lehren über die Präexistenz der menschlichen Seelen vor dem irdischen Leben, über die Weltseele und die Gestirnseelen, mancher ethisch-politischen Lehren, auch der neuplatonischen Annahme der Ewigkeit der Welt) sonderlich in Anschlag zu bringen. Durch Pletho's Vorträge ist Cosmus von Medici für den Platonismus mit warmer Liebe erfüllt und zur Gründung der platonischen Akademie zu Florenz veranlasst worden, deren erster Vorsteher Marsilius Ficinus war.

Bessarion aus Trapezunt, geb. 1389, Erzbischof von Nicaea 1436, später Patriarch von Constantinopel, in welcher Stellung er jedoch bei seiner Hinneigung zur Vereinigung der griechischen Kirche mit der lateinischen sich nicht zu behaupten vermochte, vom Papst Eugen IV. zum Cardinal erhoben, gest. 19. Novbr. 1472, war ein Schüler des Gemistus Pletho und vertheidigte gleich diesem, jedoch mit grösserer Mässigung und Unpartheilichkeit den Platonismus. Seine bekannteste Schrift: „adversus calumniatorem Platonis", Rom (1469), Venet. 1503 und 1516, ist gegen des Aristotelikers Georg von Trapezunt Comparatio Aristotelis et Platonis gerichtet, der, durch Pletho's Angriff auf den Aristotelismus gereizt, in leidenschaftlicher Weise den Platonismus bekämpft hatte. In einem Briefe vom 19. Mai 1462 an Michael Apostolius, einen noch jungen und leidenschaftlichen Vertheidiger des Platonismus, der den Aristoteles und den Aristoteliker Theodor Gaza, einen Bekämpfer des Pletho, geschmäht hatte, sagt Bessarion: ἐμὲ δὲ φιλοῦντα μὲν ἴσθι Πλάτωνα, φιλοῦντα δ' Ἀριστοτέλη καὶ ὡς σοφώτατον ἀμφοτέρων ἑκάτερον, er tadelt selbst an dem von ihm hochgeachteten Pletho die Heftigkeit der Bekämpfung des Aristoteles; den Michael aber ermahnt er, mit Achtung zu jenen grossen Philosophen des Alterthums aufzuschauen, jeden Kampf aber nach dem Vorbilde des Aristoteles mit Mässigung, nicht durch Schmähungen, sondern durch Argumente zu führen. Bessarion's Uebersetzung der Xenophontischen Memorabilien, der Metaphysik des Aristoteles und des erhaltenen Fragments der Theophrastischen Metaphysik sind durch strenge Wörtlichkeit oft unlateinisch (obwohn nicht mehr in dem Maasse, wie frühere, von den Scholastikern benutzte Uebersetzungen), haben aber bessere Leistungen Späterer vorbereitet.

Marsilius Ficinus, geb. zu Florenz 1433, durch Cosmus von Medici als Lehrer der Philosophie an der Akademie zu Florenz angestellt, gest. daselbst 1499, hat sich besonders durch seine, soweit es damals möglich war, zugleich treue und elegante Uebersetzung der Werke des Plato und des Plotin, auch einiger Schriften des Porphyrius und anderer Neuplatoniker, ein bleibendes Verdienst erworben.

Johann Pico von Mirandola (1463—94) hat mit dem Neuplatonismus kabbalistische Doctrinen verschmolzen. Er stellte 900 Thesen auf, über die er in Rom zu disputiren gedachte (gedr. Rom 1486, Colon. 1619), doch ward die Disputation untersagt. Seine Richtung theilte sein Neffe Johann Franz Pico von Mirandola (gest. 1533).

Durch Ficin und Pico ist Johann Reuchlin (1455—1522) für den Neuplatonismus und die Kabbala gewonnen worden. Er schrieb Capnion sive de verbo

§ 3. Die Erneuerung des Platonismus und anderer Doctrinen des Alterthums.

mirifico (Das. 1494, Tüb. 1514, eine Unterredung zwischen einem Heiden, Juden und Christen) und de arte cabbalistica (Hagenau 1517; 1530); in der letzteren Schrift sagt er: in mente dutur coincidere contraria et contradictoria, quae in ratione longissime separantur. Beschäftigung mit Mathematik und Physik tritt ein, nachdem die Seele des Sturms der Leidenschaften Herr geworden und zur Gemüthsruhe gekommen ist. Mit dem Studium der classischen Sprachen verband Reuchlin das der hebräischen; gegen den Fanatismus kölnischer Dominicaner, welche die Verbrennung der ausserkanonischen jüdischen Litteratur beabsichtigten, hat er diese gerettet. Sein Kampf gegen die „Dunkelmänner", an dem sich namentlich auch Ulrich von Hutten (1488—1523) betheiligte, hat der Reformation vorgearbeitet.

Heinrich Cornelius Agrippa von Nettesheim (1486—1535), der an Reuchlin und an Raymund Lull sich anschloss, verband den Mysticismus und die Magie mit Skepticismus.

Unter den Aristotelikern des fünfzehnten und sechszehnten Jahrhunderts ist Georgius Scholarius mit dem Beinamen (den er, wie es scheint, als Mönch annahm) Gennadius, geb. zu Constantinopel, eine Zeitlang (seit 1453) unter dem Sultan Mohammed Patriarch, gest. um 1464, als Gegner des Pletho aufgetreten, den er besonders auf Grund der Schrift: νόμων συγγραφή (die er zur Vernichtung verurtheilte) des Ethnicismus beschuldigte, nachdem er schon früher seinen Platonismus bekämpft und den Aristotelismus vertheidigt hatte. Ausser Pletho's Abweichungen von christlichen Dogmen mussten seine Angriffe gegen das entartete Mönchthum, seine (der Platonischen Polemik gegen orphische Sühnpriester nachgebildeten) Aeusserungen gegen solche Opfer und Gebete, durch welche Gott zu einem nicht gerechten Verhalten bestimmt werden solle, gegen ihn reizen. Des Gennadius Schrift: κατὰ τῶν Πλήθωνος ἀποριῶν ἐπ' Ἀριστοτέλει ist durch M. Minas Par. 1858 edirt worden. Gennadius hat einen Commentar zu des Porphyrius Isagoge und zu logischen Schriften des Aristoteles verfasst, und scholastische Schriften, insbesondere des Thomas von Aquino und u. a. auch den Tractat des Gilbertus Porretanus de sex principiis (s. Grdr. II, 3. Aufl., § 24, S. 146), der als Ergänzung der aristotelischen Schrift über die Kategorien galt, in's Griechische übersetzt. Auch wird ihm in mehreren Handschriften eine Uebersetzung des (grössten Theiles des) logischen Compendiums des Petrus Hispanus zugeschrieben, die jedoch nach Anderen bereits Maximus Planudes (um 1350) angefertigt haben soll, wogegen derselbe griechische Text in einer Münchener Handschrift und hiernach auch in der Ausgabe von Ehinger, Wittenberg 1597, als eine Schrift des (im 11. Jahrh. lebenden) griechischen Philosophen Psellus bezeichnet wird, aus welcher demnach das Compendium des Petrus Hispanus übersetzt sein müsste (s. Grdr. II, § 25).

Georg von Trapezunt, geb. 1396, gest. 1486, gegen den Bessarions oben erwähnte Schrift gerichtet ist, lehrte zu Venedig und Rom die Rhetorik und Philosophie. Er tadelt in seiner Comparatio Platonis et Aristotelis (gedr. Venet. 1523) die Richtung des Pletho als unchristlich, wirft ihm vor, er habe eine neue Religion zu gründen beabsichtigt, die weder die christliche, noch die mohammedanische, sondern die neuplatonisch-heidnische sei, und behandelt ihn wie einen neuen und gefährlicheren Mohammed; nicht bei Plato, sondern nur bei Aristoteles findet Georg von Trapezunt bestimmte und haltbare philosophische Sätze in lehrhafter systematischer Form. Mehrere Aristotelische Schriften sind von ihm übersetzt und commentirt worden. Seine Schrift de re dialectica (gedr. Lugdun. 1559 u. ö.) bekundet bei der Reproduction der aristotelischen Schultradition den Miteinfluss des Cicero.

§ 3. Die Erneuerung des Platonismus und anderer Doctrinen des Alterthums.

Theodorus Gaza, geb. zu Thessalonich, gest. 1478, kam um 1430 nach Italien und lehrte griechische Sprache und Litteratur. Er war ein gelehrter Aristoteliker, Gegner Pletho's, jedoch mit Bessarion befreundet. Er hat besonders naturwissenschaftliche Schriften des Aristoteles und des Theophrast übersetzt.

Laurentius Valla, geb. zu Rom 1407, gest. ebendaselbst am 1. August 1457, der Uebersetzer der Ilias, des Herodot und des Thucydides, hat die Unkritik auf dem Gebiete der Geschichte und die geschmacklose Subtilität auf dem Gebiete der Philosophie scharf und erfolgreich bekämpft. Aus Cicero und Quintilian entnimmt er logische und rhetorische Normen.

Rudolph Agricola (1442—85) studirte zu Löwen scholastische Philosophie, genoss aber später in Italien den Unterricht classisch gebildeter Griechen, besonders des Theodor Gaza. Er hat, wie Valla, die scholastische Geschmacklosigkeit bekämpft, um den Schriften des Aristoteles einen reineren Aristotelismus entnommen, und in reinerem Latein philosophirt. Seine logisch-rhetorische Schrift de dialectica inventione, worin er auf Aristoteles, Cicero und Quintilian fusst, ist (1480), Loven. 1515, Argent. 1521, Colon. 1527, Par. 1538, Colon. 1570, im Auszug Colon. 1532 gedruckt worden; Melanchthon sagt über dieselbe: nec vero ulla extant recentia scripta de locis et usu dialecticae meliora et locupletiora Rudolphi libris; auch Ramus hat günstig über diese Schrift geurtheilt.

Johannes Argyropulus aus Constantinopel, gest. zu Rom 1486, lebte am Hofe des Cosmus von Medici, dessen Sohn Peter und Enkel Lorenz er im Griechischen unterrichtete, und war dann noch bis 1479 Lehrer der griechischen Sprache an der Akademie zu Florenz, in welchem Amt ihm Demetrius Chalcocondylas (1424—1511), ein Schüler des Theodor Gaza, folgte. Von den Schriften des Aristoteles hat Johannes Argyropulus das Organon, die Auscultationes phys., die Bücher de coelo, de anima und die Ethica Nicom. in's Lateinische übersetzt oder doch ältere Uebersetzungen revidirt.

Angelus Politianus (Angelo Poliziano, 1454—94), ein Schüler des Christoph Landinus in der römischen und des Argyropulus in der griechischen Litteratur, hielt zu Florenz Vorlesungen über Schriften des Aristoteles, übersetzte auch das Enchiridion des Epiktet und Plato's Charmides, war aber mehr Philolog und Dichter, als Philosoph.

Hermolaus Barbarus (Ermolao Barbaro) aus Venedig, geb. 1454, gest. 1493, ein Neffe des Franz Barbarus und Schüler des Guarinus, hat Schriften des Aristoteles und Commentare des Themistius übersetzt, auch ein Compendium scientiae naturalis ex Aristotele verfasst (gedruckt 1547). Er gehört zu den hellenistischen Antischolastikern; ihm gelten Albert und Thomas gleich wie Averroës als „barbari philosophi".

Einen quellenmässigen Aristotelismus hat **Jacob Faber** (Jacques Lefèvre aus Etaples in der Picardie, Faber Stapulensis, in hohem Alter gest. 1537 an der pariser Universität mit vielem Beifall gelehrt. Er hat Aristotelische Schriften durch lateinische Paraphrasen erläutert. Reuchlin sagt: Gallis Aristotelem Faber Stapulensis restauravit. Zugleich aber war derselbe ein eifriger Mathematiker und Verehrer und Herausgeber der Schriften des Nicolaus Cusanus, dessen Richtung noch grösseren Einfluss auf Fabers Schüler Bovillus (s. unten § 5) gewonnen hat.

Desiderius Erasmus (1467—1536) hat durch Bekämpfung scholastischer Barbarei und positiv theils durch die von ihm mitbesorgte Ausgabe des Aristoteles, theils und besonders durch Begründung der Patrologie mittelst seiner Ausgaben des Hieronymus, Hilarius, Ambrosius, Augustinus auch für die Geschichte der Philosophie Bedeutung.

§ 3. Die Erneuerung des Platonismus und anderer Doctrinen des Alterthums.

Als Antischolastiker hat Joh. Ludovicus Vives, geb. zu Valencia 1492, gest. zu Brügge gegen 1540, ein jüngerer Zeitgenosse und Freund des Erasmus, besonders durch seine Schrift de causis corruptarum artium (Antw. 1531 und in den Opera, Bas. 1555; Valenc. 1782) kräftig gewirkt. Die echten Schüler des Aristoteles, lehrt Vives, befragen die Natur selbst, wie auch die Alten dies gethan haben; nur durch directe Untersuchung auf dem Wege des Experimentes ist die Natur zu erkennen.

Marius Nizolius aus Bersello, geb. 1498, gest. 1576, hat die Scholastik bekämpft in seinem Thesaurus Ciceronianus und besonders in seinem Antibarbarus sive de veris principiis et vera ratione philosophandi contra pseudo-philosophos, Parm. 1553 (den G. W. Leibniz Francof. 1670, auch 1674 wiederherausgegeben hat). Nizolius vertritt die nominalistische Doctrin, dass nur die Individuen wirkliche Substanzen, die Arten und Gattungen aber subjective Zusammenfassungen seien und dass alle Erkenntniss von der Wahrnehmung, die allein unmittelbare Gewissheit habe, ausgehen müsse.

Nicht bloss die Scholastik, sondern auch die dialektische Doctrin des Aristoteles selbst ist von Petrus Ramus (Pierre de la Ramée, geb. 1515, ermordet in der Bartholomäusnacht 1572 auf Anstiften seines scholastischen Gegners Charpentier) bekämpft worden in den Animadversiones in dialecticam Aristotelis, Paris 1534 u. ö., woran sich der wenig bedeutende positive Versuch einer verbesserten Logik in den Institutiones dial. l'ur. 1543 anschloss. Er sucht, an Cicero (und Quintilian) anknüpfend, die Logik mit der Rhetorik zu verschmelzen.

Die Humanisten hassten den scholastischen Aristotelismus und zumeist den in Oberitalien, besonders zu Padua und Venedig herrschenden Averroismus als barbarisch. Viele von ihnen, namentlich die Platoniker, bekämpften den Averroismus auch als den Feind religiöser Gläubigkeit. Bald aber kamen andere Gegner des Averroismus auf, die auf den Text des Aristoteles und auf die Schriften griechischer Commentatoren, insbesondere des Alexander von Aphrodisias zurückgingen, um an die Stelle der mystisch-pantheistischen Interpretation eine deistisch-naturalistische zu setzen, welche übrigens in der Negation der Wunder und der individuellen Unsterblichkeit mit dem Averroismus übereinkam, der die Einheit des unsterblichen Intellects in dem ganzen Menschengeschlechte behauptete, weshalb die Vertheidiger des christlichen Glaubens und der platonischen Lehren, wie Marsilius Ficinus, J. A. Maria, Casp. Contarini, später Anton Sirmond, beide zugleich bekämpften und ein Lateranconcil (in der Sitzung vom 19. Dec. 1512) beide verdammte und den Professoren die Pflicht auferlegte, Irrthümer, wenn sie dieselben in den zu interpretirenden Schriften vorfänden, nicht ohne Widerlegung zu lassen, indem es zugleich die Unterscheidung einer zweifachen Wahrheit verwarf und alles, was der Offenbarung widerstreite, für falsch erklärte. Es gab auch zu Padua reine Aristoteliker, die nicht Alexandristen waren, sondern die Unsterblichkeit der Seele annahmen, wie Nicolaus Leonicus Thomaeus (geb. 1456), der daselbst seit 1497 lehrte. Aber vorherrschend war doch zu jener Zeit in Oberitalien der Averroismus und bei den peripatetischen Bekämpfern desselben der Naturalismus, der sich an Alexanders Deutung des Aristoteles hielt. Marsilius Ficinus sagt in der Vorrede zu seiner Uebersetzung des Plotin, freilich nicht ohne rhetorische Ueberspannung: Totus ferre terrarum orbis a Peripateticis occupatus in duas plurimum sectas divisus est, Alexandrinam et Averroicam. Illi quidem intellectum nostrum esse mortalem existimant, hi vero unicum esse contendunt, utrique religionem omnem funditus aeque tollunt, praesertim quia divinam circa homines providentiam negare videntur et utrobique a suo etiam Aristotele defecisse.

14   § 3. Die Erneuerung des Platonismus und anderer Doctrinen des Alterthums.

In der Schule zu Padua hat von der ersten Hälfte des 14. Jahrhunderts an bis gegen die Mitte des 17. Jahrhunderts der Averroismus geherrscht, freilich zu den verschiedenen Zeiten in sehr verschiedenem Sinne; die heterodoxen Elemente der averroistischen Doctrin wurden zwar von einzelnen Averroisten hervorgekehrt, von andern aber gemildert; Im Anfange des 16. Jahrhunderts erschien der Averroismus im Vergleich mit dem Alexandrinismus als der kirchlichen Lehre verwandter; in der Zeit der kirchlichen Reaction reducirte sich derselbe auf sorgsame Benützung der Commentare des Averroës zur Erklärung der Aristotelischen Schriften unter mildernder Umdeutung der von dem kirchlichen Glauben abweichenden Sätze; Viele deuteten die Einheit des Intellects auf die Identität der obersten Vernunftsätze (des Satzes vom Widerspruch etc.). Die Averroisten dieser späteren Zeit wollten zugleich gute Katholiken sein. Der Averroismus war zur Sache der Gelehrsamkeit geworden und trug nicht mehr einen offensiven Charakter. Zahlreiche Abdrücke averroistischer Commentare bekunden das andauernde Interesse. Die erste Ausgabe des Averroës, welche zu Padua 1472 erschien, reproducirte die alten, im 13. Jahrhundert entstandenen, lateinischen Uebersetzungen; später wurden auf Grund hebräischer Uebersetzungen neue lateinische veranstaltet, die zu der Ausgabe von 1552--53, welche jedoch auch einzelne ältere Uebersetzungen enthält, verwendet wurden.

Die averroistische Lehre von der Einheit der unsterblichen Vernunft in dem gesammten Menschengeschlechte trug in den letzten Jahrzehnten des 15. Jahrhunderts Nicoletto Vernias vor, der den Lehrstuhl zu Padua von 1471 bis 1499 einnahm; in seinem Alter aber bekehrte er sich zu der Anerkennung der Unsterblichkeit jeder einzelnen Seele. Seit 1495 trat neben ihm als Lehrer der Philosophie Petrus Pomponatius (gest. 1525) auf, der in seinen Vorträgen und in seinen Schriften die averroistische Doctrin verwarf, die thomistischen Argumente gegen dieselbe als widerlegungskräftig anerkannte, keineswegs aber mit Thomas in der Vielheit unsterblicher Intellecte, sondern in der Sterblichkeit der menschlichen Seele mit Einschluss ihrer Vernunftkraft die wahre Meinung des Aristoteles fand und sich für diese Deutung auf Alexander von Aphrodisias berief, der den activen unsterblichen Intellect mit dem göttlichen Geiste identificirt, die individuelle Vernunft eines jeden Menschen aber für sterblich erklärt. Der menschliche Verstand erkennt das Allgemeine nur im Besondern, das Denken kann niemals ohne das Vorstellungsbild ($\varphi\acute{\alpha}\nu\tau\alpha\sigma\mu\alpha$) sein, das in der Wahrnehmung wurzelt und niemals raumlos und zeitlos, daher auch stets an das leibliche Organ gebunden ist und mit diesem vergeht. Die Tugend ist von dem Glauben an Unsterblichkeit unabhängig; sie ist am reinsten, wenn sie ohne Rücksicht auf Lohn und Strafe geübt wird. Die Freiheit, diese Lehre vorzutragen, suchte sich Pomponatius durch die Unterscheidung einer zweifachen Wahrheit, der philosophischen und der theologischen, zu sichern (wodurch er gleich andern Denkern des Mittelalters und der Uebergangszeit auf eine für das nächste Bedürfniss zureichende, aber philosophisch noch unentwickelte Weise die moderne Unterscheidung zwischen symbolischen Vorstellen und speculativem Denken anticipirte). In der Consequenz des philosophischen Gedankens liegt nach ihm die Sterblichkeit der menschlichen Seelen; aber in den Kreis der theologischen Glaubenssätze passt nur die Unsterblichkeit. In gleicher Art behandelte Pomponatius die Lehre vom Wunder und von der Willensfreiheit.

Zu Padua und seit 1509 zu Bologna kämpfte mit Pomponatius Alexander Achillini (gest. 1518), der an der averroistischen Lehrform im Allgemeinen festhielt, ohne freilich die Einheit des Intellects im antikirchlichen Sinne behaupten zu wollen.

§ 8. Die Erneuerung des Platonismus und anderer Doctrinen des Alterthums.

Ein Schüler des Veroise, Augustinus Niphus (Agostino Nifo, 1473—1546; er schrieb Commentare zu Aristoteles in 14 Foliobänden und Opuscula moralia et politica, Par. 1654), der sich anfangs zu der averroistischen Doctrin von der Einheit des Intellects bekannte, später aber seinen Averroismus zu mildern und mit der Kirchenlehre in Einklang zu setzen wusste, 1495—97 die Schriften des Averroës, jedoch nicht ohne widerlegende Bemerkungen an manchen Stellen beizufügen, herausgab, verfasste im Auftrage des Papstes Leo X. eine Widerlegungsschrift gegen das Buch des Pomponatius de immortalitate animae; da man sich aber am römischen Hofe für diese Verhandlungen lebhaft interessirte, so konnte Pomponatius unter dem Schutze des Cardinals Bembo (und mittelbar des Papstes selbst) sein Defensorium contra Niphum verfassen. Das philosophische Interesse führte damals den römischen Hof über die Grenzen seines kirchlich-politischen Interesses hinaus; der am Hofe des Papstes herrschende „Unglaube", der mit Sittenlosigkeit gepaart war, gereichte Luther und anderen Gläubigen zum Anstoss und ward zur Mitursache der Kirchentrennung, welche durch die bald von Seiten späterer Päpste erfolgende Reaction im Sinne strengster kirchlicher Gläubigkeit nicht rückgängig gemacht werden konnte.

Simon Porta aus Neapel (gest. 1555, zu unterscheiden von dem um die Physik verdienten Giambattista Porta aus Neapel, der von 1540—1615 lebte und besonders durch die Schrift: Magia naturalis, Neapel 1589 u. ö., berühmt ist), ein Schüler des Pomponatius, schrieb gleich diesem selbst im alexandristischen Sinne über die Unsterblichkeitsfrage (de rerum naturalibus principiis, de anima et mente humana, Flor. 1551). Gasparo Contarini (1483—1542) gleichfalls ein Schüler des Pomponatius, bekämpfte dessen Doctrin. Um die Erläuterung des Textes des Aristoteles und des Averroës machte sich der gelehrte Zimara aus Neapel (gest. 1532) verdient; seine Noten sind in die späteren Ausgaben des Averroës aufgenommen worden. Jacob Zabarella (geb. zu Padua 1532, Lehrer der Philosophie ebendaselbst von 1564 bis zu seinem Tode 1589) folgte in der Deutung des Aristoteles grösstentheils dem Averroës, schloss sich in der psychologischen Doctrin dem Alexander an, hielt aber dafür, dass der individuelle Intellect, obwohl seiner Natur nach vergänglich, indem die göttliche Erleuchtung ihn vervollkommne, der Unsterblichkeit theilhaftig werde. Zabarella wurde von Franz Piccolomini (1520—1604), einem Anhänger des Zimara, bekämpft. Andreas Caesalpinus (1509—1603, Leibarzt des Papstes Clemens VIII.) vollzog die nahehegende Umbildung des Averroismus zum Pantheismus; sein Gott ist „anima universalis" (quaestiones perip., Venet. 1571; daemonum investigatio peripat., ib. 1580). Zabarella's Nachfolger auf dem Lehrstuhle zu Padua, Cesare Cremonini (geb. 1552, gest. 1631) war der letzte bedeutende Repräsentant des mit alexandristischer Psychologie versetzten averroistischen Aristotelismus.

Den Stoicismus hat namentlich Justus Lipsius (1547—1606) zu erneuern gesucht in seiner Manuductio ad Stoicam philosophiam, Physiologia Stoicorum und anderen Schriften. Auch Casp. Schoppe (Scioppius), Thomas Gataker und Daniel Heinsius haben sich um Erläuterung der stoischen Doctrin bemüht.

Den Epikureismus hat Gassendi (1592—1655) gegen ungerechtfertigte Vorwürfe zu vertheidigen und in Bezug auf die Naturlehre als die vorzüglichste Doctrin zu erweisen, jedoch die christliche Theologie damit zu vereinigen gesucht. Sein Atomismus ist ein lebensvollerer, als der des Epikur. Die Atome besitzen nach Gassendi Kraft und selbst Empfindung: wie den Knaben das Bild eines Apfels bewegt von seinem Wege abzubiegen und sich dem Baume zu nähern, so bewegt den geworfenen Stein die zu ihm hingelangende Einwirkung der Erde, von der geraden Linie abzubiegen und sich der Erde zu nähern. Durch die An-

§ 3. Die Erneuerung des Platonismus und anderer Doctrinen des Alterthums.

knüpfung an die neuere Naturforschung hat die Gassendische Erneuerung des Epikureismus eine ungleich grössere Bedeutung gewonnen, als die Erneuerung irgend eines andern antiken Systems; nicht mit Unrecht betrachtet F. A. Lange (Gesch. des Materialismus und Kritik seiner Bedeutung in der Gegenwart, Iserlohn 1866, S. 118 ff.) Gassendi als den eigentlichen Erneuerer einer ausgebildeten materialistischen Weltanschauung in der Neuzeit.

Der Skepticismus der Alten wurde erneut und zum Theil in eigenthümlicher Weise fortgebildet, mehr oder minder auch auf christliche Lehren mitbezogen, schliesslich jedoch in der Regel durch eine — sei es ehrliche oder kluge — Anerkennung der gerade um der Schwäche der Vernunft willen dem Menschen unentbehrlichen Offenbarung mit der Theologie in Einklang gebracht durch den geistreichen Weltmann Michel de Montaigne (1532—92), den auf das Suchen der Wahrheit, die in Gottes Schoosse wohne, den Menschen beschränkenden Geistlichen Pierre Charron (1541—1603), den Lehrer der Medicin und Philosophie Franz Sanchez (Sanctius, geb. 1562, gest. zu Toulouse 1632), den die Zweifelsgründe der alten Skeptiker insbesondere auf die Theologie anwendenden und diese auf den blossen Glauben einschränkenden François de la Mothe le Vayer (1586—1672), seine Schüler Sam. Sorbière (1615—1670), welcher des Sextus Empir. hypotyposes Pyrrhoneae übersetzte, und Simon Foucher, Canonicus von Dijon (1644—1696), der in akademische Skepsis empfahl und des Malebranche Recherche de la vérité einer skeptischen Kritik unterwarf, ferner durch Joseph Glanville (gest. 1680), Hieronymus Hirnhaym (gest. zu Prag 1679), Pierre Daniel Huet (1633—1721) und seinen jüngeren Zeitgenossen Pierre Bayle (1647—1706), von denen in dem zweiten Hauptabschnitte zu handeln ist.

§ 4. Dem Rückgang der gelehrten Bildung vom Scholasticismus auf die altrömische und griechische Litteratur steht der Rückgang des religiösen Bewusstseins von der Kirchenlehre auf die biblischen Schriften als Analogon zur Seite. Indem mit der Tradition gebrochen wird, erscheint das Ursprüngliche als das Reine, Echte und Wahre, der Fortgang aber nicht als Fortgang zum Höheren, sondern als Abschwächung und Entartung; doch wird thatsächlich über die Repristination der älteren Form zu einer neuen reformatorischen Entwicklung hinausgegangen; für welche die Negation der zunächst vorausgegangenen Bildungsform den freien Raum schafft. An den biblischen Urkunden und an den Dogmen der ältesten Kirche principiell festhaltend, verwirft der Protestantismus die mittelalterliche Hierarchie und die scholastische Rationalisirung des Dogmas. Das Gewissen des Subjectes findet sich im Widerstreit mit dem von der Kirche vorgezeichneten Wege zum Heil, auf dem es nicht zum inneren Frieden und nicht zur Versöhnung mit Gott gelangt, nicht zur Ueberwindung des Gegensatzes zwischen Gesetz und Sünde, den die in den Mönchsgelübden culminirende Moral, welche die sittliche Bedeutung der Arbeit, der Ehe, der Selbständigkeit, aller natürlichen Grundlagen des geistigen Lebens unterschätzte, unlösbar gemacht hatte und den der Ablass und andere Sühnmittel verdeckten,

§ 4. Der Protestantismus und die Philosophie. 17

nicht hoben, und seine religiöse Ueberzeugung findet sich nicht gekräftigt, sondern geschädigt durch die Schulvernunft. Nicht das kirchliche Werk, sondern der persönliche Glaube beseligt; die menschliche Vernunft widerstreitet dem Glauben, den der heilige Geist wirkt. In der ersten Hitze des Kampfes erscheint dem Reformator das Oberhaupt der katholischen Kirche als Antichrist, und Aristoteles, das Haupt der katholischen Schulphilosophie, als eine „gottlose Wehr der Papisten". In der Consequenz dieser Anschauungen lag die Aufhebung aller Philosophie zu Gunsten der Unmittelbarkeit des Glaubens; in dem Maasse aber, wie der Protestantismus Bestand gewann, trat mit der Nothwendigkeit einer neuen kirchlichen Ordnung zugleich die Nothwendigkeit einer festen Lehrordnung hervor; Luthers Genosse Melanchthon erkannte die Unentbehrlichkeit des Aristoteles als des Meisters der wissenschaftlichen Form, und Luther gestand den Gebrauch des Textes aristotelischer Schriften zu, sofern dieselben nicht durch scholastische Commentare beschwert seien. So kam auf den protestantischen Universitäten zunächst ein neuer Aristotelismus auf, der sich durch Einfachheit und Freiheit von leeren Subtilitäten von der Scholastik unterschied, durch die Nothwendigkeit aber, die naturalistischen Elemente der aristotelischen Doctrin, insbesondere der aristotelischen Psychologie, in einem dem religiösen Glauben conformen Sinne umzubilden, derselben wiederum annäherte. Die Bildung einer neuen, selbständigen Philosophie auf Grund des verallgemeinerten protestantischen Princips blieb einer späteren Zeit vorbehalten.

Luther's Werke sind im Ganzen sechsmal gedruckt worden: 1. zu Wittenberg, 19 voll. fol. 1539—1558, 2. zu Jena, 12 voll. fol. 1555—68, 3. zu Altenburg, 10 voll. fol. 1661—64, 4. zu Leipzig, 23 voll. fol. 1729—40, 5. zu Halle (Walch'sche Ausgabe) 24 voll. 4°, 1740—53, 6. zu Erlangen (bei Carl Heyder, später bei Heyder und Zimmer in Frankfurt a. M.), 1826 ff., auch nicht ganz vollendet, berechnet auf ca. 105 Bde. in 8°. Unter den zahlreichen Schriften über ihn mag hier aus der philosophischen Beziehungen willen Chr. H. Weisse, Mart. Luth., Lips. 1845. und: die Christologie Luther's, Leipz. 1852, erwähnt werden, ferner Moritz Carrière, über die philosophische Weltanschauung der Reformationszeit, Stuttg. und Tüb. 1847, daneben noch die ältere Abhandlung: J. H. Stuss, de Luthero philosopho eclectico, Gotha 1730. Luther's Philosophie von Theophilos, Hannover 1870. Melanchthon's Werke, von seinem Schwiegersohn Peucer Wittenberg 1562—64 hrsg., haben neuerdings Bretschneider und Bindseil im: Corpus reformatorum, Halle und Braunschweig 1834 ff. in 28 Bänden veröffentlicht, woran sich Annales vitae et indices, Brunsvigae 1860, schliessen; Bd. XIII. enthält die philosophischen Schriften mit Ausnahme der ethischen, die in Bd. XVI. stehen; auch in Bd XI. findet sich unter den Reden und in Bd. XX. unter den Scripta varii argumenti einzelnes Philosophische. Ueber Melanchthon handeln u. A.: Joachim Camerarius, de vita Mel. narratio, 1566, von Georg Theod. Strobel 1777 und von August 1819 neu herausgegeben. Buhle, Gesch. d. n. Philos. II, 2, Gött. 1801, S. 478 ff. Friedr. Galle, Charakteristik M.'s als Theologen, Halle 1840. Karl Matthes, Ph. M., sein Leben und Wirken. Altenburg 1841. Ledderhose, M. nach s. äussern und innern Leben, Heidelb. 1847. Adolf Planck, Mel. praeceptor Germaniae, Nördlingen 1860. Constantin Schlottmann, de Philippo Melanchthone resp. litterariae reformatore comm., Bonnae 1860. Bernhardt, Phil. Melanchthon als Mathematiker und Physiker, Wittenberg

Ueberweg, Grundriss III. 3. Aufl. 2

18   § 4. Der Protestantismus und die Philosophie.

1865. Pansch, Mel. als Schulmann, Eutin 1866. Arthur Richter, M.'s Verdienste um den philos. Unterricht, Leipzig 1870.
Ueber die Beschaffenheit der Logik und Metaphysik bei den sogen. reinen Peripatetikern handelt W. L. G. v. Eberstein, Halle 1800, und insbesondere über den Aristotelismus unter den Protestanten J. H. ab Elswich, de varia Aristotelis in scholis Protestantium fortuna schediasma, bei der von ihm Viteb. 1720 neu herausg. Schrift von Launoy, de varia Arist. fortuna in Acad. Parhisensi (s. o. Grdr II, 3. Aufl. §. 19, S. 102).

Auch die Philosophie hielt Luther (10. Nov. 1483 bis 18. Febr. 1546) der Reformation für bedürftig. Er sagt 1518 (Epist. t. I, 64 ed. de Wette, vgl. F. X. Schmid, Nic. Taurellus, S. 4): Credo, quod impossibile sit ecclesiam reformari, nisi funditus canones, decretales, scholastica theologia, philosophia, logica, ut nunc habentur, eradicentur et alia instituantur. Diese Philosophie soll nicht massgebend für die Theologie sein. Luther sagt: „die Sorbonna hat die höchst verwerfliche Lehre aufgestallt, dass das, was in der Philosophie ausgemachte Wahrheit sei, auch in der Theologie als Wahrheit gelten müsse". Er hält dafür, dass keineswegs der Rückgang von dem scholastischen Aristoteles auf den wirklichen Aristoteles genüge; jener sei eine Wehr der Papisten, dieser aber naturalistisch gesinnt, leugne die Unsterblichkeit der Seele; seine Ethik sei pessima gratiae inimica, nicht einmal zur Naturerkenntniss können seine Subtilitäten dienen; Luther erwartet von Aristoteles nicht nur keine Hülfe, sondern perhorrescirt ihn in dem Maasse, dass er urtheilt: Aristoteles ad theologiam est tenebra ad lucem. Auch Melanchthon (16. Febr. 1497 bis 19. April 1560) wurde eine Zeitlang einigermaassen in Luther's Stimmung hineingezogen. Aber auf die Dauer konnte die Reformation nicht ohne Philosophie bestehen; man machte die Erfahrung, dass man ihrer bedürfe. Mit der blossen Berufung auf die frühesten Urkunden des Christenthums hatte man zwar eine dem religiösen Bewusstsein adäquate Autorität für die Negation der späteren kirchlichen Entwickelung gewonnen; da aber die wirkliche Herstellung vergangener Formen nur bei einer (dem Karäerthum analogen) Erstarrung möglich gewesen wäre, wovon grade die Reformation in ihrem ersten Stadium am allerweitesten entfernt war, so liess sich mit dem blossen Rückgang auf den Keimzustand keine Kirche bauen; wurde mit der Forderung Ernst gemacht, so entstanden schwärmerische Secten, wie die Bilderstürmer und die Anabaptisten. Ein entwickeltes theologisches Lehrgebäude und ein geordneter Lehrgang war auch für eine protestantische Kirche eine Lebensbedingung, blieb aber ohne Hülfe philosophischer Begriffe und Normen unerreichbar. Eine neue Philosophie liess sich nicht leicht schaffen; Luther war ein religiöses, nicht ein philosophisches Genie, und Melanchthon eine reproductive und ordnende, nicht eine productive Natur. Also musste man, da man der Philosophie nicht entbehren konnte, unter den Philosophen des Alterthums wählen. Melanchthon sagt (in einer 1536 gehaltenen Rede, in: Corp. Ref. XI, S. 282): unum quoddam philosophiae genus eligendum esse, quod quam minimum habeat sophistices et justam methodum retineat: talis est Aristotelis doctrina. Er fand die Epikureer zu gottlos, die Stoiker zu fatalistisch in ihrer Gotteslehre und zu überspannt in ihrer Ethik, Plato und die Neuplatoniker theils zu unbestimmt, theils zu häretisch, die (mittleren) Akademiker zu skeptisch; der einzige Aristoteles entsprach dem Bedürfniss der jungen Kirche, wie er dem der alten entsprochen hatte, als Lehrer der Form, der „justa docendi et discendi ratio". Somit erkannte Melanchthon: „carere monumentis Aristotelis non possumus". „Ego plane ita sentio, magnam doctrinarum confusionem secuturam esse, si Aristotelis neglectus fuerit, qui unus ac solus est methodi artifex." „Quamquam is, qui ducem Aristotelem praecipue sequitur et unam quandam simplicem ac minimo sophisticam doctrinam expetit,

§ 4. Der Protestantismus und die Philosophie.

interdum et ab aliis auctoribus sumere aliquid potest." Die Ethik des Aristoteles hielt Melanchthon sehr hoch, weil sie gemässigte Meinungen liebe und die Wahrheit erforsche, nicht auf Zänkereien ausgehe. Auch Luther lenkte ein. Schon im Jahre 1520 giebt er zu, dass die Bücher des Aristoteles über die Logik, Rhetorik und Poetik, falls sie ohne scholastische Zuthaten gelesen werden, nützlich sein können, „junge Leut zu üben wohl reden und predigen": In dem (Luther's und Melanchthon's gemeinsame Ansichten enthaltenden, von dem Letzteren niedergeschriebenen) „Unterricht der Visitatoren an die Pfarrherrn im Kurfürstenthum zu Sachsen" 1527 und dem „Unterricht der Visitatoren an die Pfarrherrn in Herzog Heinrich's zu Sachsen Fürstenthum" 1539 (bei Walch im X. Bde.; vgl. Trendelenburg, Erläut. zu den Elementen der aristot. Logik, Vorwort) wird gefordert, dass dem grammatischen Unterricht der dialektische und rhetorische folge. Der dialektische Unterricht aber konnte nur auf Aristoteles fussen. Melanchthon verfasste Lehrbücher. Classisch gebildet, schon in früher Jugend von Erasmus Roterodamus öffentlich gepriesen, mit Reuchlin verwandt und befreundet, auch an seinem Kampf gegen die Dominicaner bereits mitbetheiligt, konnte er nicht an der geschmacklosen Subtilität der Scholastiker Gefallen finden; er ging nach dem Beispiele des Valla und des Rud. Agricola auf den Text des Aristoteles zurück, schwächte freilich auch die aristotelischen Gedanken ab; seine Darstellung ist mehr elegant, als tief. Im Jahre 1520 erschien zu Leipzig seine erste Bearbeitung der Logik: Compendiaria dialectices ratio (1522 die erste Ausgabe der Loci theologici, die in den specifisch reformatorischen Dogmen, insbesondere der Lehre von der Erbsünde und Prädestination, strenger, in der Trinitätslehre und andern aus der katholischen Kirche überkommenen Dogmen minder streng ist, als die späteren Ausgaben), 1527 die Dialectica Ph. M. ob auctore adaucta et recognita, nach Hag. 1528 und in dritter Ausgabe 1529: de dialectica libri quatuor, auch 1533 u. ö., endlich 1547 zu Wittenberg die Erotemata dialectices, auch 1550, 1552 u. ö. Melanchthon definirt (Dial. l. I. init.) die Dialektik als ars et via docendi; nicht auf die Methode der Forschung (da das Wesentlichste theils durch angeborene Principien, theils durch Offenbarung gegeben ist), als vielmehr auf die des Unterrichts fällt ihm das Hauptgewicht. Er handelt (gemäss der Folge: Isagoge des Porphyrius; Categ., de interpret., Analyt., Top. im Organon des Aristoteles) zuerst von den fünf Praedicabilia: species, genus, differentia, proprium, accidens, dann von den zehn Kategorien oder Praedicamenta: substantia, quantitas, qualitas, relatio, actio, passio, quando, ubi, situs, habitus, dann (im zweiten Buch) von den Arten der Sätze, demnächst von der Argumentation (Buch III) und endet mit der Topik (Buch IV.). Das Hauptgewicht legt er auf die Lehre von der Definition, von der Eintheilung und von der Argumentation. Melanchthon huldigt entschieden dem nominalistischen Grundsatz: omne quod est, eo ipso quod est, singulare est. Er definirt die species als nomen commune proximum individuis, de quibus praedicatur in quaestione quid sit, das genus als nomen commune multis speciebus etc. Er preist die Dialektik als eine edle Gottesgabe. Erotemata dialectices, epist. dedicatoria p. VII.: „ut numerorum notitia et donum Dei ingens est et valde necessaria hominum vitae, ita veram docendi et ratiocinandi viam scimus Dei donum esse et in exponenda doctrina coelesti et in inquisitione veritatis et in aliis rebus necessariam". Mel. de rhetor. libri tres erschienen Wittenberg 1519, die Schrift: Philosophiae moralis Epitome erschien zu Wittenberg 1537. nachdem Melanchthon schon früher zur Aristotelischen Ethik (Witt. 1529) und zu einzelnen Büchern der Pol. (ebd. 1530) einen Commentar veröffentlicht hatte; später (Witt. 1550) erschien die Schrift: Ethicae doctrinae elementa et enarratio libri quinti Ethicorum (Aristotelis); Melanchthon schliesst sich auch in

§ 4. Der Protestantismus und die Philosophie.

der Ethik meist an Aristoteles an, giebt aber besonders in der letztgenannten Schrift derselben eine mehr theologische Wendung, indem ihm der Wille Gottes als das oberste Moralgesetz gilt. In dem Commentarius de anima, Wittenberg 1540, ebend. 1542, 1548, 1558, 1560 u. ö., wie auch den Initia doctrinae physicae, dicta in academia Witebergensi, ebend. 1549, legt Melanchthon die aristotelischen Begriffe zu Grunde. Melanchthon hält an der Arist.-ptolemäischen Lehre vom Weltgebäude fest, auch nach dem Hervortreten der Copernicanischen; er hält die letztere für eine „böse und gottlose Meinung", und erklärt die Obrigkeit für verpflichtet, dieselbe zu unterdrücken. (Auch Luther betrachtete die Copernicauische Doctrin als eine eitle Neuerung, die der Bibel widerstreite, welche ihm nicht bloss für „christliche Heilswahrheiten", sondern nach ihrem gesammten Inhalt als Norm galt. Der protestantische Theolog Osiander, der sich mit der Doctrin des Copernicus befreundete, half sich, wie später die Jesuiten in Rom, durch Abschwächung derselben zur blossen Rechnungshypothese mittelst des die materiale Wahrheit hinter die formelle Exactheit hintansetzenden Satzes: „neque enim necesse est eas hypotheses esse veras, immo ne verisimiles quidem, sed sufficit hoc unum, si calculum observationibus congruentem exhibeant".) Den Gestirnen schreibt Melanchthon Einfluss nicht nur auf die jedesmalige Temperatur (ortus Pleiadum ac Hyadum regulariter pluvias affert etc.), sondern auch auf die menschlichen Geschicke zu. Die Naturursachen wirken mit Nothwendigkeit, sofern nicht Gott den modus agendi ordinarius unterbricht (interrumpit). In der Definition der Seele vertheidigt Melanchthon die falsche Lesart ἐνδελέχεια gegen Amerbach (1503—57, l. quatuor d. anima, Arg. 1542), den der Kampf um ἐντελέχεια schliesslich zum Weggang von Wittenberg und zum Katholischwerden veranlasst hat. Das Seelenleben theilt Melanchthon nach den drei aristotelischen Hauptstufen in das vegetative (das θρεπτικόν des Aristoteles), sensitive mit Einschluss der vis appetitiva und locomotiva (αἰσθητικόν, ὀρεκτικόν, κινητικόν κατὰ τόπον) und rationale (νοητικόν); der anima rationalis gehört der intellectus und die voluntas an; Melanchthon rechnet zu den Actionen des Intellectus (hierin von Aristoteles abweichend) auch die memoria, wodurch er auch dieser an der (von Aristoteles dem νοῦς ποιητικός zugesprochenen) Unsterblichkeit Antheil vindicirt. Die Annahme, dass Begriffe, wie die von Zahl und Ordnung, auch von den geometrischen, physischen und moralischen Principien, angeboren seien, bestreitet er nicht falles lassen, hält aber dafür, dass durch die Sinne der Intellect zur Bethätigung angeregt werde, und dass die meisten Begriffe uns den Sinnen stammen. Von den philosophischen Beweisen des Plato, Xenophon und Cicero für die Unsterblichkeit sagt er: haec argumenta cogitare prodest, sed tamen sciamus, patefactiones divinas intuendas esse. Zu der sinnlichen Erfahrung, den Principien des Intellects und der Schlussfolgerung tritt als viertes und oberstes Kriterium die göttliche Offenbarung in den biblischen Schriften hinzu. Philosophischen Umdeutungen theologischer Begriffe war Melanchthon nicht hold; die Beziehung der drei Personen in Gott auf mens, cogitatio und voluntas (in eas sunt laetitia et amor) lässt er nur als einen einigermassen zutreffenden Vergleich gelten. Der Mitarbeiter der Reformation hat die Hinrichtung von Häretikern gebilligt; er nennt die Verbrennung des Antitrinitariers Servet durch die Calvinisten in Genf „pium et memorabile ad omnem posteritatem exemplum".

Die peripatetische Doctrin herrschte auf den protestantischen Schulen, vertreten von zahlreichen Docenten, wie Joachim Camerarius (1500—1574), Jacob Schegk, Philipp Scherbius etc., nur wenig beschränkt durch den Ramismus (dem Einzelne, wie Rudolf Goclenius, Concessionen machten), bis zum Aufkommen der Cartesianischen und Leibnitzischen Philosophie. Doch gab es einzelne Oppo-

§ 5. Anfänge selbständiger philos. Forschung.

deuten, die Luther's anfängliche Polemik wieder aufnahmen, wie namentlich Nicolaus Taurellus (siehe unten § 5). Sollte aber das Motiv der Befreiung des Geistes von jeder äusseren, ungeistigen Macht und seiner positiven Erfüllung mit dem höchsten Wahrheitsgehalte auf allen Gebieten seines Lebens zur vollen Geltung gelangen, so bedurfte es einer Verallgemeinerung und Vertiefung des protestantischen Princips, die dasselbe über die bloss religiöse Sphäre hinausführte und auch innerhalb dieser selbst die ihm hier noch anhaftenden Schranken, die je länger je mehr die reformatorische Bewegung hemmten und fälschten, aufhob, und dieser Fortgang konnte sich nicht durch eine blosse immanente Entwickelung der historischen Anfänge des kirchlichen Protestantismus, sondern nur durch das Mithinzutreten anderer Momente vollziehen.

§. 5. Nicht nur auf die classische Litteratur des vorchristlichen Alterthums und auf die biblischen Offenbarungsschriften ging der von der Scholastik unbefriedigte Geist der Neuzeit zurück, sondern wandte sich auch, an die Wissenschaften des Alterthums anknüpfend, mehr und mehr einer selbständigen Erforschung der natürlichen und geistigen Wirklichkeit, wie auch einer von äusseren Normen unabhängigen sittlichen Selbstbestimmung zu. Auf den Gebieten der Mathematik und Mechanik, der Geographie und Astronomie wurde die Wissenschaft der Alten zunächst wiederhergestellt, dann aber auch, theils in allmählichem Fortschritt, theils durch rasche und kühne Entdeckungen und Theorien wesentlich erweitert; an die gesicherten Ergebnisse der Forschung schlossen sich mannigfache, grossentheils tumultuarische Versuche einer auf dem Grunde der neuen Wissenschaft ruhenden Gottes- und Welt-Anschauung, welche die Keime zu späteren, gereifteren Doctrinen enthielten. Mehr oder minder war die Naturphilosophie der Uebergangsperiode mit einer Theosophie verschmolzen, die sich zunächst an den Neuplatonismus und an die Kabbala anlehnte, allmählich aber, besonders auf dem Boden des Protestantismus, zu selbständigerer Gestaltung gelangte. Noch mit der Scholastik verflochten, der kirchlichen Lehre nicht widerstreitend, aber auf der neuen Basis mathematischer und astronomischer Studien ruhend, erscheint die mit Theosophie verflochtene Naturphilosophie um die Mitte des 15. Jahrhunderts in Nicolaus Cusanus, der an den Platonismus und Pythagoreismus und auch an die Mystik Meister Eckhart's anknüpft und aus dem später Giordano Bruno die Grundzüge seiner kühneren und freieren Doctrin entnimmt. Im sechzehnten und demnächst noch im siebenzehnten Jahrhundert wurde die mit Theosophie verschmolzene Naturphilosophie ausgebildet durch den Arzt Paracelsus, den Mathematiker und Astrologen Cardanus, durch den Gründer der naturforschenden Academia Cosentina Bernardinus Telesius und seine Anhänger, durch den platonisirenden Bekämpfer des Aristoteles

§ 5. Anfänge selbständiger philos. Forschung.

Franciscus Patritius, durch den averroistischen Aristoteliker Andreas Caesalpinus, durch dessen Gegner, den selbständigen deutschen Denker Nicolaus Taurellus, durch den kirchlich gesinnten Anhänger des Nicolaus Cusanus, Carolus Bovillus, durch die antikirchlichen Freidenker Giordano Bruno und Lucilio Vanini und durch den gelehrten, kirchlich gesinnten Antiaristoteliker Thomas Campanella. Das religiöse Element prävalirt bei den protestantischen Theologen Schwenckfeldt und Valentin Weigel und bei dem Theosophen Jakob Böhme, zu dessen Anhängern H. More, John Pordage, Pierre Poiret, und in neuerer Zeit St. Martin gehören, und an dessen Principien Baader und auch Schelling bei seinem Uebergang von der Naturphilosophie zur Theosophie sich angeschlossen haben. Die Lehre vom Rechte und vom Staate haben in einer selbständigen, von der aristotelischen und kirchlichen Autorität unabhängigen und mehr den veränderten politischen Verhältnissen der Neuzeit entsprechenden Weise entwickelt: der einseitig die politische Macht hochschätzende und ihrer Erlangung und Aufrechterhaltung alle anderen Lebenszwecke unterordnende Macchiavelli, der auf Verminderung der socialen Ungleichheit und Milderung der Härten der Gesetzgebung abzielende Utopist Thomas Morus, der Vertheidiger der Toleranz Jean Bodin, der liberale Naturrechtslehrer Gentilis, und der Begründer der Theorie des Völkerrechts Hugo Grotius.

Ueber mehrere Naturphilosophen der Uebergangsperiode handeln Thadd. Ans. Rixner und Thadd. Siber in ihren Beiträgen zur Geschichte der Physiologie im weiteren und engeren Sinne (Leben und Meinungen berühmter Physiker im 16. und 17. Jahrh.), 7 Hefte, Sulzbach 1819—26. Vgl. die Schriften über die Gesch. der Naturwissenschaften. Ueber Rechtsphilosophen und Politiker der Uebergangsperiode handelt insbesondere C. v. Kaltenborn, die Vorläufer des Hugo Grotius, Leipzig 1848. Vgl. auch Joh. Jac. Schmauss, neues Systema des Rechts der Natur, Buch I., S. 1—370: Historie des Rechts der Natur (von besonderem Werth für die Zeit vor Grotius), und die betreffenden Abschnitte bei L. A. Warnkönig, Rechtsphilosophie als Naturlehre des Rechts, Freiburg im Breisgau 1839 (mit neuem Titelblatt ebend. 1854), bei H. F. W. Hinrichs, Gesch. der Rechts- und Staatsprincipien seit der Reformation, Leipz. 1848—52, bei Rob. von Mohl, Geschichte und Litteratur der Staatswissenschaften, Erlangen 1855—1858, ferner in Wheaton's Geschichte des Völkerrechts und in andern die Geschichte des Rechts und der Rechtsphilosophie und der Politik betreffenden Schriften.

Die Werke des Nicolaus Cusanus sind schon im fünfzehnten Jahrhundert, vermuthlich zu Basel, dann durch Jacob Faber Stapulensis Par. 1514, ferner Bas. 1565 herausgegeben worden; eine deutsche Uebersetzung seiner wichtigsten Schriften hat F. A. Scharpff Freiburg 1862 veröffentlicht. Ueber ihn handeln: Harzheim, vita N. de C., Trevir. 1730. F. A. Scharpff, der Card. N. v. C., Mainz 1843. Fr. J. Clemens, Giordano Bruno und Nic. Cus., Bonn 1846. Joh. Martin Düx, der deutsche Card. N. v. C., u. d. Kirche s. Zeit, Regensburg 1848. Rob. Zimmermann, der Card. Nic. Cusanus als Vorläufer Leibnizens, aus den Sitzungsber. der Wiener Akad. d. W., von 1852 bes. abg., Wien 1852, auch in Z.'s Stud. u. Kr., I, S. 61—83 wieder abgedr. Jäger, der Streit des Cardinals N. C. mit dem Herzoge Siegmund von Oesterreich, Innsbruck 1861. T. Stumpf, die polit. Ideen des Nik. von Cues, Köln 1865. Vgl. Martini, das Hospital Cues und dessen Stifter, Trier 1841. Kraus, Verzeichniss der Handschriften, die N. C. besass, in Naumann's Serapeum 1864, Heft 23 und 24. u. 1865, Heft 2—7. Jos. Klein, über eine Handschrift des Nic. v. Cues,

§ 5. Anfänge selbständiger philos. Forschung. 23

Berlin 1866. Clem. Frid. Broekhaus, Nicolai Cusani de concilii universalis potestate sententia, diss. inaug., Lips. 1867.

Die Werke des Paracelsus sind Bas. 1589, Strassb. 1616–18, Genf 1658 erschienen; über ihn handeln: J. J. Loos im 1. Bande der von Daub und Creuzer hrg. Studien; Kurt Sprengel im 3. Theile seiner Gesch. der Arzneikunde; Rixner und Siber im 1. Hefte der Beiträge zur Gesch. der Physiol., Sulzbach 1819; M. B. Lessing, Par., sein Leben und Denken, Berlin 1839; Emil Schmelzser, die Medicin des Paracelsus im Zsbg. mit s. Philos. dargestellt, Inaug.-Diss., Berlin 1869. Rob. Fludd, hist. macro- et microcosmi metaph., physica et technica, Oppenheim 1617. Philos. Mosaica, Gudae 1638. Bapt. Helmont, opera, Amst. 1648 u. ö. Franc. Merc. Helm. opusc. philos. Amst. 1690. Vgl. über J. B. v. Helmont Rixner und Siber's Beitr. Heft VII. Spiess, B.'s System der Medicin, Frankf. 1840. M. Hommelaere, études sur J. B. Helmont, Broxelles 1868. Joh. Marc. Marci a Kronland, idearum operatricum idea s. hypothesis et detectio illius occultae virtutis, quae semina foecundat et ex iisdem corpora organica producit, Prag 1631; philosophia vetus restituta: de mutationibus, quae in universo fiunt, de partium universi constitutione, de statu hominis secundum naturam et practer naturam, de curatione morborum, Prag 1662; über Marcus Marci handelt Guhrauer im XXI. Bde. der Fichte'schen Zeitschr. f. Ph., Halle 1852, S. 241–259.

Cardan's Schrift de subtilitate erschien zuerst 1552. de varietate rerum 1556, die Arcana aeternitatis erst nach seinem Tode in der Sammlung seiner Werke: Hieronymi Cardani Mediolanensis opera omnia cura Caroli Sponii, Lugduni 1663. Die Cardanische Regel zur Auflösung von Gleichungen des dritten Grades findet sich in der 1543 erschienenen Schrift: Ars magna s. de regulis algebraicis. Cardan hat eine Selbstbiographie verfasst, welche schon Bas. 1542, dann fortgeführt ebd. 1576 erschienen ist; seine Naturphilosophie wird ausführlich dargestellt in den oben citirten Beitr. zur Gesch. der Physiol. von Rixner und Siber, Heft II. Scaliger's gegen Cardan's Schrift de subtilitate gerichtete Exercitationes exotericae erschienen Par., 1557; Cardan hat dagegen eine Apologia verfasst, die den späteren Ausgaben seiner Schrift de subtilitate beigefügt ist.

Von den Telesius Hauptwerken de natura juxta propria principia sind die beiden ersten Bücher zu Rom 1565 erschienen, die ganze aus neun Büchern bestehende Schrift zu Neapel 1586, dann auch zu Genf 1588 zugleich mit Audr. Caesalpin's Quaestiones peripateticae, einzelne Abhandlungen des Telesius sind in einer Sammlung zu Venedig 1590 erschienen. Eine ausführliche Uebersicht über seine Naturphilosophie enthält das dritte Heft der oben citirten Beiträge von Rixner und Siber.

Franciscus Patritius hat den Commentar des Philoponus über die Metaphysik des Aristoteles übersetzt, auch den Hermes trismegistus und die Orakel des Zoroaster; seine eigene Doctrin entwickelt er in der Schrift: Nova de universis philosophia, in qua Aristotelica methodo non per motum, sed per lucem et lumina ad primam causam ascenditur, deinde propria Patritii methodo tota in contemplationem venit divinitas, postremo methodo Platonica rerum universitas a conditore Deo deducitur, Ferrar. 1591, Ven. 1593, Lond. 1611. Ueber ihn handeln Rixner und Siber im vierten Heft der oben citirten Beiträge.

Sebastian Basso, philos. natur. adv. Arist. libri duodecim, Par. 1621, auch ebd. 1649. C. G. Berigardus, Circuli Pisani seu de veterum et peripat. philosophia dialogi, Udin. 1643–47; Pat. 1661. Sennerti physica, Vitteb. 1618, opera omnia Venet. 1641 u. ö.; Joh. Chrysostomi Magneni Democritus reviviscens, Ticini 1646 u. ö.; Maignani cursus philosophicus, Tolosae 1652 und Lugd. 1673.

Den Triumph der von dem Aristotelismus befreiten, mit der Theologie harmonirenden Philosophie feiert Taurellus in der Schrift: philosophiae triumphus, hoc est, metaphysica philosophandi methodus, qua divinus indite menti notitiis humanae rationes eo deducuntur, ut firmissimis inde constructis demonstrationibus aperte rei veritas elucescat et quae diu philosophorum sepulta fuit authoritate philosophia victrix erumpat; quaestionibus enim rei sexcentis ex, quibus cum revelata nobis veritate philosophia pugnare videbatur, adeo vere conciliantur, ut non fidei solum servire dicenda sit, sed ejus esse fundamentum, Basil. 1573; gegen Caesalpin ist seine Schrift gerichtet: Alpes caesae, hoc est, Andreae Caesalpini Itali monstrosa et superba dogmata discussa et excussa, Francof. 1597, eine polemische Synopsis Arist. Metaph., Hanoviae 1596, de mundo, Ambergae 1603; Uranologia, Amb. 1603, de rerum aeternitate: metaph. universalis partes quatuor, in quibus placita Aristotelis, Valesii, Piccolominei, Caesalpini, societatis Coimbricensis aliorumque discu-

§ 5. Anfänge selbständiger philos. Forschung.

tluntur, examinantur et refutantur, Marpurgi 1604 etc. Ueber Taurellus handeln insbesondere: Jac. Wilh. Feuerlin, diss. apologetica pro Nic. Taurello philosopho Altdorfino atheismi et deismi injuste accusato et ipsius Taurelli Synopsis Arist. metaphysices rernsa cum ginol editoris, Norimbergae 1734; F. X. Schmid aus Schwarzenberg, Nic. Taur., der erste deutsche Philosoph, aus den Quellen dargestellt, Erlangen 1860, neue Ansg. ebd. 1864.

Ueber Bovillus handelt insbesondere Joseph Dippel, Versuch einer syst. Darstellung der Philosophie des C. B. nebst einem kurzen Lebensabriss, Würzburg 1865.

Unter den Schriften Giordano Bruno's sind die, in welchen er zumeist sein System entwickelt, in italienischer Sprache verfasst: unter denselben ist die bedeutendste della causa, principio ed uno, Venet. (oder London) 1584, woraus F. H. Jacobi einen Auszug seiner Schrift über die Lehre des Spinoza (Werke, Bd. IV, Abth. 1) beigefügt hat; in demselben Jahre erschien dell' infinito universo e mondi. Unter den lateinischen Schriften sind hervorzuheben: Jordani Bruni de compendiosa architectura et complemento artis Lullii, Venet. 1850; Par. 1582. De triplici minimo (d. h. über das mathematische, physikalische und metaphysische Minimum) et mensura ad trium speculativarum scientiarum et multarum artium principia libri quinque, Francof. 1591. De monade, numero et figura liber, item de innumerabilibus, immenso et infigurabili seu de universo et mundis libri octo, Francof. 1591. Die italienischen Schriften hat Ad. Wagner, Leipzig 1829 herausgegeben, die lateinischen theilweise (insbesondere die logischen) A. F. Gfrörer, Stuttg. 1834. Jord. Br. de umbris idearum ed. nov. cur. Salvator Tugini, Berl. 1868.

Ueber Bruno handeln ausser F. H. Jacobi a. a. O. und Schelling in seinem Gespräch: Bruno oder über das natürliche und göttliche Princip der Dinge, Berlin 1802, insbesondere: Rixner und Siber in den oben angef. Beiträgen, Heft 5, Sulzbach 1824. Steffens in den nachgel. Schriften, Berlin 1846, S. 43—76. Falkson, G. Bruno (in der Form eines Romans verfasst), Hamburg 1846. Chr. Bartholmess, Jordano Bruno, Paris 1846—47. F. J. Clemens, Giordano Bruno und Nicolaus von Cusa, Bonn 1847. M. Carrière, die philos. Weltanschauung der Reformationszeit, Stuttg. 1847, S. 366 ff. und in der Zeitschr. f. Philos. N. F. 54. 1, Halle 1869, S. 128—134. Schaarschmidt, Descartes und Spinoza, Bonn 1850, S. 181 ff. Joh. Audr. Scartazzini, Giordano Bruno, ein Blutzeuge des Wissens, Vortrag, Biel 1867. Domenico Berti, vita di G. Bruno da Nola, Turin 1868.

Ueber Galileo Galilei handeln u. A.: Max Parchappe, Galilée, Paris 1866. Emil Wohlwill, der Inquisitionsprocess des G. G., Berlin 1870.

Campanella hat in Paris eine (unvollendet gebliebene) Gesammtausgabe seiner Werke veranstaltet: neuerdings sind die Opere di Tommaso Campanella, Torino 1854, von Alessandro d'Ancona mit einer vorangeschickten Abhandlung über C.'s Leben und Lehre herausgegeben worden. Ueber ihn handeln: Rixner und Siber im 6. Hefte der oben angef. Beiträge. Baldachini, vita e filosofia di Tommaso Campanella, Neapel 1840—43. Mamiani in seinen Dialoghi di scienza prima, Par. 1846. Spaventa, in: Carattere e sviluppo della filos. ital. dal secolo XVI. sino al nostro tempo, Modena 1860. Sträter, Briefe über ital. Philos. in der Zeitschr. d. der Gedanke, Berlin 1864—65. Silv. Centofanti im Archivio stor. Italiano, Ser. 8. T. IV, Parte I, p. 1, 1866. Sigwart, Thomas Camp. u. seine politischen Ideen, in: Preuss. Jahrb. 1866, Heft 11.

Vanini's Amphitheatrum aeternae providentiae erschien Lugd. 1615; de admirandis naturae reginae deaeque mortalium arcanis libri quatuor, Par. 1616. Ueber ihn handeln Wilh. Diav. F(uhrmann), Leben und Schicksale, Charakter und Meinungen des L. V., eines Atheisten im 17. Jahrh., Leips. 1800; ferner: Emile Vaisse, L. V., sa vie, sa doctrine, sa mort, Extrait des Mémoires de l'Acad. Impériale des sc. de Toulouse; J. Toulan, étude sur Lucilio Vanini condamné et exécuté à Toulouse le 9. Février 1619 comme coupable d'athéisme, Strassburg 1869.

* Jak. Böhme's 1612 verfasste Hauptschrift ist unter dem Titel: „Aurora oder die Morgenröthe im Aufgang" zuerst 1634 (im Auszuge), vollständiger Ausg. 1656 u. ö. gedruckt worden. Alle anderen Schriften hat Böhme 1619—24 verfasst. Zuerst ist, noch zu B.'s Lebzeiten, der „Weg zu Christo", Görlitz 1624, erschienen. Böhme's Schriften sind grösstentheils zu Amsterdam einzeln gedruckt worden, gesammelt durch Gichtel, ebd. 1682, wiederabg. Hamburg 1715 und a. l. 1730, neuerdings herausgegeben durch K. W. Schiebler, Leipzig 1831—47, 2. Aufl., 1861 ff. Mehrere Schriften Böhme's sind durch Louis Claude St. Martin, der von 1743—1804 lebte, in's Franz. übersetzt worden: l'aurore naissante, les trois principes de l'essence divine, de la triple vie de l'homme, auch quarante questions sur l'âme, avec une au-

§ 5. Anfänge selbständiger philos. Forschung.

Über J. B., Paris 1800. (Ueber St. Martin, dessen Dichtungen F. Beck, München 1863, übersetzt und erläutert hat, handelt Franz von Baader im 12. Bde. seiner sämmtl. Werke, hrsg. v. Frhr. von Osten-Sacken, Leipzig 1860, ferner Matter, St. Martin, le philosophe inconnu, Par. 1862, 2. éd. 1864.) — Ueber Jacob Böhme handeln: Abr. Calov, Anti-Böhmius, Witt. 1684. Erasmus Francisci, Gegensatz bei der Morgenröthe, Nürnberg 1685. Adelung in seiner Gesch. der menschl. Narrheit, II, S. 210. J. G. Hätze, Blumenlese aus B.'s Schriften, Leipz. 1819. A. E. Umbreit, J. B., Heidelberg 1835. W. L. Wullen, J. B.'s Leben und Lehre, Stuttg. 1836; Blüthen aus B.'s Mystik, Stuttg. 1838. Franz von Baader, Vorles. über B.'s Theologumena und Philosopheme, in Baader's sämmtl. Werke, III., S. 357—436; Vorl. u. Erläut. über J. B.'s Lehre, hrsg. von Hamberger, in B.'s sämmtl. W. XIII. Hamberger, die Lehre des deutschen Philosophen J. B., München 1844 (im Anschluss an Baader verfasst). Mor. Carrière, die philos. Weltansch. der Reformationszeit, S. 607—725. Chrstn. Ferd. Baur, zur Gesch. d. prot. Mystik, in: Theol. Jahrb. 1848, S. 453 ff., 1849, S. 85 ff., 11. A. Fechner, J. B., s. Leben u. s. Schriften, Görlitz 1857. Albert Peip, J. B., der deutsche Philosoph, der Vorläufer christlicher Wiss., Leipz. 1860. Adolf von Harless, J. B. u. die Alchymisten, nebst einem Anhang über J. G. Gichtel's Leben und Irrthümer, Berlin 1870.

Macchiavelli's Werke, zuerst zu Rom 1531—32 veröffentlicht, sind bis auf die neueste Zeit sehr häufig gedruckt, auch öfters in's Französische und Englische übersetzt worden, in's Deutsche von Ziegler, Karlsruhe 1832—41. Das Buch vom Fürsten hat neuerdings Alfred Eberhard übersetzt und erläutert, Berlin 1868, auch W. Grünmacher in der hist.-pol. Bibl. (worin auch Friedrich's II. Antimacchiavell, übers. von L. B. Förster, nebst zwei kleineren polit. Aufs. F.'s aufgenommen ist), Berlin 1870. Die Litteratur über M. stellt Robert von Mohl, Gesch. u. Litt. der Staatswissenschaften, Bd. III, Erlangen 1858, S. 519—591 zusammen und giebt mit grossem Organisationstalent über die mannigfachen Ansichten der verschiedenen Autoren eine lichtvolle Uebersicht. Besonders bemerkenswerth ist unter den Widerlegungsversuchen Friedrichs des Grossen Jugendschrift: Anti-Macchiavelli, u. darüber ausser Mohl (der hier einseitig urtheilt, indem er an eine Schrift, die als historische Würdigung und Widerlegung M.'s, wofür freilich Friedrich selbst sie ansah, sehr schwach, als ethisch-politische Reflexion über das Verhalten, das einem Fürsten bei schon gesicherter Herrschaft zieme, und Selbstorientirung über die künftig einzuhaltenden Regierungsmaximen aber sehr achtungswerth ist, ausschliesslich den ersteren Maassstab anlegt, was durch Friedrich's eigene Nichtunterscheidung beider Aufgaben nicht gerechtfertigt wird) besonders Trendelenburg, M. und A.-M., Vortrag zum Gedächtniss F.'s d. Gr., gehalten am 25. Jan. 1855 in der k. Akad. der Wiss., Berlin 1855, und Theod. Bernhardt. Macchiavelli's Buch vom Fürsten und F.'s d. Gr. Anti-Macchiavelli, Braunschweig 1864. Vgl. ferner Karl Twesten, M., in der 3. Serie der Sammlung gemeinverst. Vortr. u. Abhandl., Berlin 1868, und die Schrift von C. Giambelli über M., Turin 1869.

Ueber Thomas Morus handeln: Rudhart, Nürnberg 1829, 2. Aufl. 1853. Mackintosh, Life of Sir Th. M., London 1830, 2. ed. ebd. 1844. W. Jos. Walter, Th. Morus et son époque, trad. de l'anglais par Aug. Savagner, 5. éd. Tours 1868.

Von dem Colloquium heptaplomeres des Joh. Bodinus hat Guhrauer einen Auszug in deutscher Sprache (nebst partiellem Abdruck des lateinischen Textes) Berl. 1841 veröffentlicht; vollständig ist der Originaltext aus einem Manuscript der Bibliothek zu Giessen durch Ludw. Noack, Schwerin 1857, edirt worden. Eine Notiz zur Geschichte des Werkes hat auch schon E. G. Vogel im Serapeum 1840, Nr. 8—10, gegeben. Ausführlich handelt über Bodin H. Baudrillart, J. B. et son temps, tableau des théories politiques et des idées économiques du seizième siècle, Paris 1853, und N. Planchenault (président du tribunal civil d'Angers), études sur Jean Bodin, magistrat et publiciste, Angers 1858.

Des Hugo Grotius Hauptwerk: de jure belli et pacis, ist Paris 1625, 1632 u. ö. erschienen. Seine ausgedehnten biblischen Studien sind besonders in den Annot. in N. T., Amst. 1641—46 u. ö., und Annot. in V. T., Par. 1644 u. ö. enthalten. Der Kanzler Samuel Coccejus gab 1751 in 5 Quartbänden seinen und seines Vaters Commentar zu Grot. de jure belli ac pacis heraus. Ueber Grotius handelt in neuerer Zeit namentlich H. Luden, H. G. nach seinen Schicksalen und Schriften, Berlin 1806; Charles Butler, Life of H. Gr., London 1826; Friedr. Creuzer, Luther und Grotius oder Glaube und Wissenschaft, Heidelberg 1846; vgl. auch Ompteda, Litt. des Völkerrechts, Bd. 1, S. 174 ff., Stahl, Gesch. d. Rechtsphilosophie, S. 158 ff., v. Kaltenborn, Kritik des Völkerrechts, S. 37 ff., Robert von Mohl, die Gesch. und

§ 5. Anfänge selbständiger philos. Forschung.

Litt. der Staatswiss., I, S. 229 f., Hertenstein, In: Abh. der sächs. Gesellsch. der Wiss. 1, 1860, auch in H.'s hist.-philos. Abh., Leipz. 1870, Ad. Franck, du droit de la guerre et de la paix par Grotius, im Journal des Sav. 1867, Juillet, p. 428—441. Das Hauptwerk des Grotius „vom Recht des Kriegs und Friedens" hat v. Kirchmann übersetzt und erläutert, in der philos. Bibl., Bd. 16, Berlin 1869.

Nicolaus der Cusaner (Nicol. Chrypffn oder Krebs), geb. 1401 zu Kues an der Mosel im Trier'schen, erhielt seine Jugendbildung zu Deventer bei den Brüdern des gemeinsamen Lebens, studirte zu Padua die Rechte und die Mathematik, wandte sich dann aber der Theologie zu, bekleidete geistliche Aemter, nahm am Concil zu Basel Theil, ward 1448 Cardinal, 1450 Bischof von Brixen, starb 1464 zu Todi in Umbrien. Er nimmt eine Mittelstellung zwischen der Scholastik und der Philosophie der Neuzeit ein. Mit der Scholastik vertraut, jedoch auch voll regen Antheils an dem neuaufkommenden Studium des classischen Alterthums, insbesondere des Platonismus, steht er, wie grossentheils schon die Nominalisten, nicht mehr in der Ueberzeugung der Beweisbarkeit theologischer Fundamentalsätze durch die schulmässig ausgebildete Vernunft; seine Weisheit ist die Erkenntniss des Nichtwissens, die er in der (1440 verfassten) Schrift de docta ignorantia darlegt; in der sich an dieselbe anschliessenden Schrift de conjecturis erklärt er alles menschliche Erkennen für ein blosses Vermuthen. Mit den Mystikern geht er über den Zweifel und über das Umälqnale menschlicher Begriffe in der Gotteslehre hinaus durch die Annahme einer unmittelbaren Erkenntniss oder Anschauung Gottes (intuitio, speculatio, visio sine comprehensione, comprehensio incomprehensibilis), indem er sich an die neuplatonische Doctrin von der Erhebung über die Endlichkeit durch Ekstase (raptus) anschliesst. Er lehrt, dass die intellectuelle Anschauung (intuitio intellectualis) auf die Einheit des Entgegengesetzten (coincidentia oppositorum, coincidentia contradictoriorum) gehe (welches in der pseudo-dionysischen Mystik angelegte Princip schon in Eckhart's Schule hervortritt und später auch von Bruno wieder aufgenommen wird). Aber mit der skeptischen und mystischen Richtung verbindet sich bei Nicolaus die auf Beobachtung und Mathematik basirte mechanische und astronomische Forschung; in ihrem Einfluss auf seine philosophische Gedankenbildung ist die wesentliche Gemeinschaft seiner Doctrin mit der Philosophie der Neuzeit begründet. Schon 1436 hat Nicolaus eine Schrift de reparatione Calendarii verfasst, worin er eine der gregorianischen analoge Kalenderreform vorschlägt; seine astronomische Doctrin enthält den Gedanken einer Axendrehung der Erde, durch den er ein Vorläufer des Copernicus geworden ist (dessen Schrift über die Bahnen der Himmelskörper 1543 erschien; vgl. über ihn u. A. Franz Hipler, Nic. Cop. u. Martin Luther. Braunsberg 1868). Im Zusammenhang mit der Doctrin der Erdbewegung gelangte der Cusaner zu der Annahme einer zeitlichen und räumlichen Unbegrenztheit des Universums, wodurch er die mittelalterliche Gebundenheit der Weltanschauung an die Grenze des anscheinenden Fixsterngewölbes überschritt. In der philosophischen Ausführung seiner Gottes- und Weltlehre schliesst sich Nicolaus Cusanus zumeist an die pythagoreische Zahlenspeculation und an die platonische Naturphilosophie an. Die Zahl ist ihm die ratio explicata. Er sagt: rationalis fabricae naturale quoddam pullulans principium numerus est. Nicolaus Cusanus erklärt Gott als die Einheit, die ohne Anderheit sei (das ἕν, das πάντα ohne das ἕτερον) und hält (mit Plato) die Welt für das Beste unter dem Gewordenen. Die Welt ist ein beseeltes gegliedertes Ganzes. Jedes Ding spiegelt an seiner Stelle das Universum. Ein jedes Wesen bewahrt sein Dasein vermöge der Gemeinschaft mit den anderen. Die ethische Aufgabe ist, ein Jegliches nach seiner Stelle in der Stufenordnung des Ganzen zu lieben. Gott ist dreieinig, da

§ 5. Anfänge selbstständiger philos. Forschung.   27

er zugleich denkendes Subject, Denkobject und Denken (intelligens, intelligibile, intelligere) ist; er ist als unitas, aequalitas und connexio Vater, Sohn und Geist. Ab unitate gignitur unitatis aequalitas; connexio vero ab unitate procedit et ab unitatis aequalitate. Gott ist das absolute Maximum, die Welt das entfaltete Maximum, das Abbild der Vollkommenheit Gottes. Liebe zu Gott ist Eins werden mit Gott. In dem Gottmenschen ist der Gegensatz des Unendlichen und Endlichen vermittelt.

Bei den Platonikern der nächstfolgenden Zeit, namentlich bei denen, die auch die Cabbala hochhielten, wie bei Picus von Mirandula und Reuchlin und besonders bei Agrippa von Nettesheim, auch bei Franciscus Georgius Venetus (F. G. Zorzi aus Venedig), dem Verfasser einer Schrift: de harmonia mundi totius cantica (Ven. 1525) giebt sich ein Miteinfluss der neuaufkommenden Mathematik und Naturforschung kund, obschon die durch Naturkenntniss vermittelte Einwirkung auf die Natur sich meist (namentlich bei Agrippa) in die Form der Magie kleidet. Auch dem damals sich weitverbreitenden astrologischen Glauben (den auch Melanchthon theilte) lag das in mystische Form sich kleidende Bewusstsein einer von Gott in die Dinge gelegten Naturcausalität zum Grunde. Die Verbindung von selbstständiger Naturbetrachtung und Theosophie erscheint aber zu jener Zeit am ausgeprägtesten bei Philippus Theophrastus (Bombast) Höhener oder von Hohenheim, der sich (den Namen Höhener oder von Hoheuhoim übertragend) Aureolus Theophrastus Paracelsus nennt (geb. 1493 zu Einsiedeln in der Schweiz, gest. 1541 zu Salzburg). Er beabsichtigte die Medicin zu reformiren; Krankheiten sollen vielmehr durch Anregung und Kräftigung des Lebensprincips (Archeus) in seinem Kampfe gegen das Krankheitsprincip und Entfernung der Hindernisse, als durch directe chemische Gegenwirkungen geheilt werden. Es soll nicht das Kalte durch das Warme, das Trockene durch das Feuchte bekämpft, sondern die schädliche Wirkung eines Princips durch seine wohlthätige verrichtet werden (eine Anticipation der homöopathischen Doctrin). Chemie und Theosophie mischen sich bei Paracelsus auf abenteuerliche Weise. Die Paracelsische Richtung theilt u. A. Robert Fludd (de Fluctibus), geb. 1574, gest. 1637, ferner Joh. Baptista van Helmont (1577—1644) und dessen Sohn Franc. Mercurius van Helmont (1618—99), auch Marcus Marci von Kronland (gest. 1656), der die platonisch-stoische Doctrin der Ideae operatrices erneuerte.

Hieronymus Cardanus (1501—1576), Mathematiker, Arzt und Philosoph, schliesst sich in der Verschmelzung der Theologie mit der Zahlenlehre an Nicolaus Cusanus an. Er schreibt der Welt eine Seele zu, die er mit Licht und Wärme identificirt. Ihm gilt die Wahrheit als nur Wenigen zugänglich. Die Menschen theilt er in drei Classen ein: bloss Betrogene, betrogene Betrüger und nichtbetrogene Nichtbetrüger. Dogmen, die ethisch-politischen Zwecken dienen, soll der Staat durch strenge Gesetze und harte Strafen aufrecht erhalten; denkt das Volk über die Religion nach, so entstehen daraus nur Tumulte. (Nur die Offenheit des Bekenntnisses zu dieser Doctrin ist dem Cardanus eigenthümlich; thatsächlich hat jede ideell überwundene, äusserlich aber noch herrschende Macht dieselbe befolgt.) Den Welsen freilich hindern diese Gesetze nicht; für sich selbst folgt Cardanus dem Grundsatz: veritas omnibus anteponenda neque impium duxerim propter illam adversari legibus. Uebrigens war Cardanus ein Visionär und voll kindischen Aberglaubens. Sein Gegner Julius Caesar Scaliger (1484—1558), ein Schüler des Pomponatius, urtheilt über ihn: cum in quibusdam interdum plus homine sapere, in plurimis minus quovis puero intelligere.

Bernardinus Telesius, geb. zu Cosenza 1508, gest. ebend. 1588, ist einer der Begründer der Philosophie der Neuzeit geworden durch sein Unternehmen,

§ 5. Anfänge selbständiger philos. Forschung.

die Aristotelische Philosophie nicht zu Gunsten des Platonismus oder eines andern antiken Systems, sondern eigener Naturforschung zu bekämpfen; jedoch lehnte er sich bei derselben an die vorsokratische, besonders an die von Parmenides (freilich nur als Lehre vom Schein) aufgestellte Naturphilosophie an. Das Erkennen durch Schlüsse gilt ihm als ein unvollkommener Ersatz der Empfindung. Er gründete zu Neapel eine naturforschende Gesellschaft, die Academia Telesiana oder Consentina, nach deren Muster später viele andere gelehrte Gesellschaften sich gebildet haben.

Franciscus Patritius, geb. zu Clissa in Dalmatien 1529, 1576—93 Lehrer der platonischen Philosophie zu Ferrara, gest. zu Rom 1597, hat den Neuplatonismus mit Telesianischen Ansichten verschmolzen. In seinen Discussiones peripateticae, quibus Aristotelicae philosophiae universae historia atque dogmata cum veterum placitis collata eleganter et erudite declarantur, pars I — IV, Venet. 1571—81, Basil. 1581, erklärt und bekämpft er zugleich die aristotelische Doctrin. Viele als Aristotelisch überlieferte Schriften hält er für unecht. Er hegte den Wunsch, dass der Papst durch seine Autorität den Aristotelismus unterdrücken und den modificirten Platonismus, die Lichtemanationsdoctrin, die Patritius ausgebildet hatte, begünstigen möge.

In der Bekämpfung der Aristotelischen Physik und Metaphysik und dem Versuch einer Reformation dieser Doctrinen kommen mit Telesius und Patritius unter Andern, auch überein: Petrus Ramus, der schon oben (§ 3, S. 12) erwähnte Gegner der Logik des Aristoteles, der (nachdem sein Antagonist Jac. Carpentarius eine descriptio universae naturae ex Aristotele, Par. 1562 hatte erscheinen lassen) scholarum phys. libr. octo, Par. 1565, und scholarum metaphys. libr. quatuordecim, Par. 1566, veröffentlichte, ferner Sebastian Basso, Claude Guillermet de Berigard (oder Beauregard, der noch um 1667 eine Professur zu Padua bekleidete), wie Gassendi (s. o. § 3, S. 15) an Epikur, so schlossen sich Sennert und Magnenus in ihren Reformbestrebungen auf dem Gebiete der Physik an Demokrit, Maignan an Empedokles an.

Unter den oben (§ 3, S. 11 — 14) genannten Aristotelikern ist hier als selbständiger philosophischer Forscher, dem namentlich auch die Thier- und Pflanzenphysiologie wesentliche Bereicherungen verdankt, der den averroistischen Aristotelismus zum Pantheismus fortbildende Andreas Caesalpinus (1519—1603) von Neuem zu erwähnen.

In protestantisch-kirchlichem Sinne hat Nicolaus Taurellus (geb. 1547 zu Mömpelgard, gest. zu Altdorf 1606) nicht nur den averroistischen Aristotelismus und Pantheismus des Caesalpin, sondern den Aristotelismus überhaupt und jegliche menschliche Autorität in der Philosophie bekämpft („maximam philosophiae maculam inussit authoritas") und ein neues Lehrgebäude aufzuführen unternommen, in welchem zwischen der philosophischen und theologischen Wahrheit kein Widerstreit sein soll. Taurellus will nicht, während er christlich glaubt, heidnisch denken, nicht Christo des Glaubens, dem Aristoteles aber die Einsicht verdanken. Er hält dafür, ohne den Sündenfall würde die Philosophie genügen (dicam non verbo quod res est: si peccatum non esset, sola viguisset philosophia), in Folge des Sündenfalls aber ward die Offenbarung erforderlich, welche unsere philosophische Erkenntniss durch das, was den Stand der Gnade betrifft, ergänzt. Die Lehre von der zeitlichen Entstehung der (in Atome gegliederten) Welt (im Gegensatz zu der Annahme einer Schöpfung der Welt von Ewigkeit her), wie auch das Dogma der Trinität sieht Taurellus nicht (mit den Aristotelikern) als bloss offenbarte und theologische, sondern (mit Platonikern) als auch philosophisch begründbare Sätze an. Aber sein Christenthum knüpft sich an die Fundamentaldogmen:

§ 5. Anfänge selbständiger philos. Forschung.

er will nicht Lutheraner, noch Calvinist, sondern Christ heissen. Die Ergreifung des Heils in Christo ist ihm Sache der menschlichen Freiheit. Die sich überzeugen, dass Christus für sie gestorben sei, werden selig, die Uebrigen auf ewig verdammt werden. Die Altdorfer Aristoteliker Schegk und dessen Schüler und Nachfolger Scherbius haben die peripatetische Doctrin gegen Taurellus, wie gegen Ramus, vertheidigt; der Marburger Professor Goclenius aber, der auch Ramistische Sätze in die Logik aufnahm, war ihm günstig gesinnt. Im Allgemeinen fand Taurellus bei seinen Zeitgenossen wenig Anklang. Leibniz hat ihn als geistvollen Denker hochgeschätzt und mit Scaliger, dem scharfsinnigen Bestreiter des Cardanus verglichen.

Im katholisch-kirchlichen Sinne hat, an Nicolaus Cusanus anknüpfend, der auch als Mathematiker nicht unbedeutende Carolus Bovillus (Charles Bouillé, geb. um 1470 oder 1475 zu Saucourt in der Nähe von Amiens, gest. um 1553, ein unmittelbarer Schüler des Faber Stapulensis, s. o. § 3, S. 12) eine philosophisch-theologische Doctrin entwickelt.

Giordano Bruno, geb. 1548 zu Nola im Neapolitanischen, hat die Doctrin des Cusaners in einem antikirchlichen Sinne fortgebildet. In Neapel erhielt er den Jugendunterricht in den Humanitätsstudien, und in der Dialektik. In den Dominicanerorden eingetreten, verliess er denselben, als er zu einer dem Dogma widerstreitenden Ueberzeugung gelangt war, 1576, begab sich in's Genuesische, dann nach Venedig, bald darauf nach Genf, dessen reformirte Orthodoxie ihm jedoch eben so wenig, wie die katholische, zusagte, dann über Lyon nach Toulouse, Paris, Oxford und London. Ein von ihm während seines Aufenthalts in London, der von 1583—86 dauerte, verfasstes Lustspiel „il Candelajo" und vielleicht auch andere Schriften Bruno's hat nach der Annahme von Falkson, (G. Bruno, S. 283) und von Benno Tschischwitz, Sh.'s Hamlet, Halle 1868, Shakespeare kennen gelernt und einzelne Gedanken Bruno's, wie über Unzerstörbarkeit der Elementartheile und über die Relativität des Uebels, dem dänischen Prinzen in den Mund gelegt. Bruno reiste darnach über Paris nach Wittenberg, von dort nach Prag, Helmstädt, Frankfurt am Main, wo er bis 1591 blieb, Zürich und Venedig; hier am 23. Mai 1592 auf die Denunciation des Verräthers Mocenigo hin von der Inquisition verhaftet, ward er 1593 nach Rom ausgeliefert, erduldete hier noch eine mehrjährige Gefangenschaft im Kerker der Inquisition, und wurde, da seine Ueberzeugung ungebrochen blieb und er eine heuchlerische Unterwerfung mit edler Wahrheitstreue verschmähte, zum Scheiterhaufen verurtheilt (mit der gewöhnlichen jesuitischen Formel, er werde der weltlichen Obrigkeit übergeben mit der Bitte, ihn so gelinde wie möglich und ohne Blutvergiessen zu strafen). Bruno erwiderte seinen Richtern: Ihr mögt mit grösserer Furcht das Urtheil fällen, als ich es empfange. Er ward zu Rom auf dem Campofiore am 17. Februar 1600 verbrannt, ein Märtyrer seiner wissenschaftlichen Ueberzeugung, die auf der freien Forschung der Neuzeit ruhte. Das befreite Italien hat ihn durch eine Statue in Neapel geehrt, vor welcher am 7. Januar 1865 Studenten die päpstliche Encyclica vom 8. Dec. 1864 verbrannten. Mit dem Copernicanischen Weltsystem, dessen Wahrheit ihm zur Gewissheit geworden war, fand er das Dogma in dessen kirchlicher Fassung unverträglich, wie auch andererseits bald hernach (am 5. März 1616) durch die Index-Congregation die Copernicanische Doctrin (die anfangs von Seiten der kirchlichen Autorität nicht mit Ungunst aufgenommen worden war) bezeichnet wurde als eine Meinung, die sich zu verbreiten beginne „in perniciem catholicae veritatis" und als „falsa illa doctrina Pythagorica, Divinaeque Scripturae omnino adversans". Bruno erweitert die Copernicanische Doctrin. Ihm ist das Universum unendlich in der Zeit und im Raum, unser Sonnensystem eine Welt

§ 5. Anfänge selbständiger philos. Forschung.

neben unzähligen (für welche Lehre er sich auch auf Epikur und Lucretius beruft), Gott die dem Universum immanente erste Ursache; Macht, Weisheit, Liebe sind seine Attribute. Die Gestirne werden nicht durch einen primus motor, sondern durch die ihnen selbst innewohnende Seele bewegt. Bruno bekämpft den Dualismus von Materie und Form; nach ihm fallen im Organismus nicht nur Form, bewegende Ursache und Zweck unter einander, sondern auch mit der Materie in Eins zusammen: die Materie trägt in ihrem Schoosse die Formen und bringt aus sich dieselben hervor. Die elementaren Theile alles Existirenden, die nicht entstehen und nicht vergehen, sondern sich nur mannigfach verbinden und trennen, sind die Minima oder Monaden, die sich Bruno als punctuell und doch nicht schlechthin unausgedehnt, sondern sphärisch vorstellt; sie sind psychisch und materiell zugleich. Die Seele ist eine Monade; sie ist unsterblich, wie auch die Körper ihrer Substanz nach unvergänglich sind; sie ist nie ganz ohne einen Körper. Gott ist die Monade der Monaden; er ist das Minimum, weil alles aus ihm, und zugleich das Maximum, weil alles in ihm ist. Die drei „Personen" reducirt Bruno auf die drei Attribute Macht, Weisheit, Liebe; das Dogma, dass die zweite Person menschliches Fleisch angenommen habe, gilt ihm als philosophisch unverständlich; aber er nimmt eine Gegenwart göttlichen Wesens in dem Stifter des Christenthums an, wofür mehr, als die Wunder, das Sittengesetz des Evangeliums zeuge. Die Welten hat Gott nicht durch einen Act der Willkür, sondern mit innerer Nothwendigkeit, eben darum aber auch ohne Zwang, also mit Freiheit, aus sich hervorgehen lassen; sie sind die gewordene Natur (natura naturata), Gott ist die wirkende Natur (natura naturans). Gott ist den Dingen so gegenwärtig, wie das Sein dem Seienden, die Schönheit den schönen Objecten. Jede der Welten ist in ihrer und jedes Wesen in seiner Art vollkommen; es giebt kein absolutes Uebel; nur in Bezug auf Anderes besteht der Unterschied zwischen gut und übel. Alle Einzelwesen sind dem Wechsel unterworfen, das Universum aber bleibt in seiner absoluten Vollkommenheit stets sich selbst gleich. — Dem Scholasticismus feindlich gesinnt, hielt Bruno die Versuche zu neuer Gedankenbildung hoch, die er bei Raimund Lull und bei Nicolaus dem Cusaner vorfand. Er trug oft die Raimundsche Kunst vor, wenn die Möglichkeit des Docirens an das Betreten eines neutralen Bodens geknüpft war. Von Nicolaus Cusanus, von dem er das principium coincidentiae oppositorum angenommen hat, redet er mit hoher Achtung, ohne jedoch zu verschweigen, dass auch ihn der Priesterrock beengt habe. Er freut sich der neuen von Telesius eröffneten Bahn, hat jedoch dieselbe nicht durch eigene Einzelforschung verfolgt. Er will, dass wir von dem Untersten, Bedingtesten aufsteigend uns stufenweise bis zum Höchsten erheben, ohne jedoch selbst diesen methodischen Gang streng einzuhalten. Seine Virtuosität liegt in der phantasievollen Ergänzung der ersten naturwissenschaftlichen Errungenschaften der Neuzeit zu einem dem Geiste der modernen Wissenschaft gemässen Gesammtbilde des Universums.

Der Physiker Galileo Galilei (1564—1641) hat durch die Erforschung der Fallgesetze sich nicht nur um die positive Naturwissenschaft, sondern mittelbar auch um die Naturphilosophie ein bleibendes Verdienst erworben. Beachtenswerth sind auch seine methodologischen Anforderungen: Verwerfung der Autorität in Fragen der Wissenschaft, Zweifel, Basirung der Schlüsse auf Beobachtungen und Experimente.

Thomas Campanella, geb. zu Stilo in Calabrien 1568, gest. zu Paris 1639, war ein streng kirchlich gesinnter Dominicaner und Schwärmer für eine katholische Universalmonarchie, entging jedoch, weil er als Neuerer auftrat, nicht dem Verdacht und der Verfolgung. Von 1599—1626 wurde er, einer Conspiration gegen

§ 5. Anfänge selbständiger philos. Forschung.

die spanische Regierung angeklagt, in strenger Haft gehalten, danach kam er drei Jahre lang in die Gefängnisse der römischen Inquisition; endlich freigegeben, brachte er seine letzten Lebensjahre (seit 1634) in Paris zu, wo er eine ehrenvolle Aufnahme fand. Campanella erkennt eine zweifache göttliche Offenbarung an, in der Bibel und in der Natur. Die Welt, sagt er in einer (von Herder übersetzten) Canzone, ist das zweite Buch, darin ewiger Verstand selbsteigens Gedanken schrieb, der lebendige Spiegel, der aus Gottes Antlitz im Reflexe zeigt; menschliche Bücher sind nur todte Copien des Lebens, voll Irrthum und Trug. Er polemisirt insbesondere gegen das Studium der Natur aus den Schriften des Aristoteles und verlangt, dass wir (mit Telesius) selbst die Natur erforschen (de gentilismo non retinendo: utrum liceat novam post gentiles condere philosophiam; utrum liceat Aristoteli contradicere; utrum liceat jurare in verba magistri, Par. 1636). Die Grundlage aller Erkenntniss ist die Wahrnehmung und der Glaube; aus diesem erwächst die Theologie, aus jener die Philosophie durch wissenschaftliche Verarbeitung. Campanella geht (wie Augustin und mehrere Scholastiker, besonders Nominalisten, und wie später Descartes) von der Gewissheit der eigenen Existenz aus, um daraus zunächst auf das Dasein Gottes zu schliessen. Aus unserer Gottesvorstellung sucht er Gottes Existenz zu erweisen, aber nicht ontologisch (mit Anselm), sondern psychologisch: als endliches Wesen, meint er, kann ich nicht die Idee eines menschlichen, die Welt überragenden Wesens selbst erzeugt, sondern nur durch eben dieses Wesen, dass daran wirklich sein muss, dieselbe erhalten haben. Campanella erkennt auch eine unmittelbare Erfassung des Göttlichen durch einen „tactus intrinsecus" an und preist diese als die wahre, lebendige und bestvolle Erkenntniss. Das unendliche Wesen oder die Gottheit, deren „Primalitäten" Macht, Weisheit und Liebe sind, hat die Ideen, die Engel, die unsterblichen Menschenseelen, den Raum und die vergänglichen Dinge producirt, indem mit seinem reinen Sein immer mehr das Nichtsein sich mischt. Diese Wesen alle sind beseelt; es giebt nichts Empfindungsloses. Der Raum ist beseelt: denn er scheut die Leerheit und begehrt nach Erfüllung; die Pflanzen trauern, wenn sie welken und empfinden Freude nach erquickendem Regen; auf Sympathie und Antipathie beruhen alle freien Bewegungen der Naturobjecte. Die Planeten kreisen um die Sonne, diese selbst aber um die Erde. Mundus est Dei viva statua. Alle Vorgänge sind durch die Wechselwirkung zwischen allen Theilen der Welt bedingt. Unsere Erkenntniss ist eine sehr eingeschränkte. Campanella's Staatslehre ruht (in der Civitas Solis) auf der Platonischen Rep.; doch werden von ihm die zur Herrschaft berufenen Philosophen als Priester betrachtet, und so schliesst sich ihm an diese platonische Doctrin (in seinen späteren Schriften) der Gedanke einer universellen Herrschaft des Papstes an; er fordert Unterordnung des Staates unter die Kirche und Verfolgung der Ketzer in dem Sinne, wie Philipp II. von Spanien sie geübt hat.

An den Alexandrismus des Pomponatius anknüpfend, hat der Neapolitaner Lucilio Vanini (geb. um 1585, verbrannt zu Toulouse 1619) eine naturalistische Doctrin entwickelt. Dass er der Kirche sich zu unterwerfen erklärte, hat ihn nicht vor einer — mehr grauenhaften, als tragischen — Verurtheilung geschützt.

In England hat den Kampf gegen die Scholastik vor Allen Baco von Verulam (1561—1626) erfolgreich geführt. Baco steht auf der Grenze der Uebergangsperiode, mag jedoch, theils weil er das theosophische Element abstreift und eine Methodologie für reine Naturforschung sucht, theils weil mit ihm eine neue, wesentlich moderne Entwicklungsreihe, die in Locke culminirt, in wesentlichem Zusammenhange steht, unten (§ 7) die angemessenere Stelle finden.

In der Naturphilosophie aller bisher genannten Denker liegen mehr oder minder auch theosophische Elemente. Prävalirend aber ist die Theosophie be-

§ 5. Anfänge selbständiger philos. Forschung.

sondern bei Valentin Weigel und Jacob Böhme. Valentin Weigel (geb. 1533 in Hayna bei Dresden, gest. nach 1594; vgl. über ihn Jul. Otto Opel, Leipzig 1864), hat sich an Nicolaus Cusanus und an Paracelsus, zum Theil auch an den eine Vergeistigung des Lutheranismus anstrebenden Caspar Schwenckfeld aus Ossing (1490–1561) angeschlossen. Durch die Bibel und durch die dogmatische Theologie seiner Zeit, durch Paracelsus und Weigel und durch astrologische Schriften ist der Görlitzer Schuster Jacob Böhme (1575–1624) angeregt worden, der durch den ihm inmitten des dogmatischen Streits über die Erbsünde, das Böse und den freien Willen auftauchenden Gedanken eines (ewig in's Licht verklärt werdenden) finstern, negativen Princips in Gott (worein ihm die Eckhart'sche Lehre von dem an sich unoffenbaren Absoluten umschlug) eine philosophische Bedeutung gewonnen und insbesondere auch der Speculation Baader's, Schelling's und Hegel's, welche eben diesen Gedanken wieder aufnahm, einen willkommenen Anknüpfungspunkt geboten hat, übrigens aber in der Durchführung seiner Theosophie theils nur religiös-erbaulich verfährt (wobei er, nach Harless' Urtheil, „den Christus für uns strich und nur den Christus in uns stehen liess"), theils, sofern er philosophiren will, in Phantasterei verfällt, unverstandene chemische Termini psychologisch und theosophisch deutet, Mineralien mit menschlichen Gefühlen und göttlichen Persönlichkeiten identificirt. Gott ist, sagt Böhme im Mysterium magnum, keine Person, als nur in Christo. Der Vater ist der Wille des Ungrunds, des Nichts, das nach dem Etwas hungert, der Wille zum Ichts (Etwas), der fasset sich in eine Lust zu seiner Selbstoffenbarung. Und die Lust ist des Willens gefasste Kraft, und ist sein Sohn, Herz und Sitz, der erste ewige Anfang im Willen; der Wille spricht sich durch das Fassen aus sich aus, als ein Aushauchen oder Offenbarung, als der Geist der Gottheit. Der Ungrund führt sich durch seine eigene Lust in eine Imagination ein, in welcher das Nichts zum Etwas wird. Es ist in allen Dingen Böses und Gutes; ohne Gift und Bosheit wäre kein Leben noch Beweglichkeit, auch wäre weder Farbe, Tugend, Dickes oder Dünnes oder einigerlei Empfindniss, sondern es wäre Alles ein Nichts. Ohne Gegenwurf ist keine Bewegung. Das Böse gehört zur Bildung und Beweglichkeit, das Gute zur Liebe, und das Strenge oder Widerwillige zur Freude. Das Böse ursachet das Gute als den Willen, dass er wieder nach seinem Urstand als nach Gott dringe und das Gute als der gute Wille begehrend werde; denn ein Ding, das nur gut ist und keine Qual hat, begehrt nichts, denn es weiss nichts Besseres in sich oder vor sich, darnach es könne lüstern. Das Gute wird in dem Bösen empfindlich, wollend und wirkend. Sofern die Kreatur im Lichte Gottes ist, so macht das Zornige oder Widerwillige die aufsteigende ewige Freude; so aber das Licht Gottes erlischt, macht es die ewige aufsteigende peinliche Qual und das höllische Feuer. Die zwei Welten des Licht und Finsterniss sind in einander als eine.

Auf dem Gebiete der Rechts- und Staatslehre hat zuerst Nicolo Macchiavelli (geb. zu Florenz 1469, gest. 1527), der Verfasser der Istorie Florentine 1215 bis 1494 (Florenz 1532, deutsch von Reumont, Leipzig 1846, vgl. darüber u. A. Ranke, zur Kritik neuerer Geschichtsschreiber, Berl. und Leipzig 1824) ein wesentlich modernes Princip zur Geltung gebracht, indem ihm, zunächst im Hinblick auf Italien, die nationale Selbständigkeit und Macht und, soweit sie jedesmal mit derselben vereinbar ist, die bürgerliche Freiheit als das Ideal gilt, welches die Politiker durch die zweckentsprechendsten Mittel zu erstreben habe. In einseitiger Begeisterung für dieses Ideal misst Macchiavell den Werth der Mittel ausschliesslich an ihrer Zweckdienlichkeit ab mit Unterschätzung der moralischen Würdigung des Charakters, den dieselben an und für sich selbst und im Hinblick auf andere sittliche Güter betrachtet tragen. Macchiavell's Fehler

§ 5. Anfänge selbständiger philos. Forschung. 33

liegt nicht in der Ueberzeugung (auf welcher unter anderm jede sittliche Rechtfertigung des Krieges allein beruhen kann), dass ein Mittel, an welches sinnliche und sittliche Uebel unvermeidlich sich knüpfen, dennoch aus sittlichen Gründen gewollt werden müsse, wenn der allein durch eben dieses Mittel erreichbare Zweck durch die in ihm liegenden sinnlichen und sittlichen Güter jene Uebel aufwiegt und überwiegt, sondern nur in der Einseitigkeit der Abschätzung, die, durch den Einen Zweck bestimmt, alles Uebrige bloss in seiner Beziehung zu diesem würdigt. Diese Einseitigkeit ist das relativ nothwendige entgegengesetzte Extrem zu derjenigen, die von Vertretern des kirchlichen Princips geübt wurde, der Würdigung aller menschlichen Verhältnisse ausschliesslich aus dem Gesichtspunkte der Beziehung zu der mit der absoluten Wahrheit identificirten kirchlichen Lehre und zu der mit dem Reiche Gottes gleichgesetzten kirchlichen Gemeinschaft. Macchiavell befeindet die Kirche als das Hinderniss der Einheit und Freiheit seines Vaterlandes; er zieht der christlichen Religion, die den Blick von den politischen Interessen ablenke und zur Passivität verleite, die altrömische vor, welche die Mannhaftigkeit und politische Activität begünstige. Macchiavell's Weise, jedesmal gegen den einen Zweck, den er verfolgt, alles Uebrige hintanzusetzen, hat seinen verschiedenen Schriften einen verschiedenen Charakter aufgeprägt; von den beiden Seiten seines politischen Ideals, nämlich der bürgerlichen Freiheit und der Unabhängigkeit, Grösse und Macht des Staates, wird in den Discorsi sopra la prima decade di Tito Livio jene, in der Schrift „Il Principe" aber diese hervorgehoben, und zwar so, dass im „Principe" die republikanische Freiheit der absoluten Fürstenmacht mindestens zeitweilig geopfert wird. Doch mildert Macchiavell die Discrepanz durch die Unterscheidung verdorbener Zustände, welche despotischer Heilmittel bedürfen, und echten Gemeinsinnes, der die Freiheit bedinge. „Wer mit Grausen M.'s Buch vom Fürsten liest, darf nicht vergessen, dass M. vorher lange Jahre hindurch sein heissgeliebtes Vaterland unter den Söldnerschaaren aller Nationen bluten sah und vergeblich in einem besonderen Buch die Einführung von Milizheeren aus Landeskindern empfahl" (Karl Knies, das moderne Kriegswesen, ein Vortrag, Berlin 1867, S. 19).

Plato's Idealstaat frei nachbildend, hat Thomas Morus, geb. zu London 1480, enthauptet 1535, in seiner Schrift: de optimo reip. statu deque nova insula Utopia (Lovan. 1516, dann sehr oft lat. und in engl. Uebersetzung gedruckt, deutsch von Oettinger, Leipzig 1846) philosophische Gedanken über Entstehung und Aufgabe des Staates in phantastischer Form geäussert. Er fordert u. A. Gleichheit des Besitzes und religiöse Toleranz.

Die philosophische Rechts- und Staatslehre ist zu jener Zeit bei Katholiken und Protestanten im Wesentlichen die aristotelische, bei jenen durch die Scholastik und das kanonische Recht, bei diesen besonders durch biblische Sätze modificirt. Luther hat nur das Criminalrecht im Auge, indem er sagt (in einem Schreiben an den Herzog Johann von Sachsen): „Wenn alle Welt rechte Christen wären, so wäre kein Fürst, König, Herr, Schwerdt, noch Recht nöthig oder nütze. Denn wozu sollte es dienen? Der Gerechte thut von sich selbst alles und mehr, denn alle Rechte fordern. Aber die Ungerechten thun nichts recht, darum bedürfen sie des Rechts, das sie lehre, zwinge und dränge, wohl zu thun." Die Grundzüge des jus naturale finden Melanchthon (im zweiten Buch seiner Schrift: philosophiae moralis libri duo, 1538), Joh. Oldendorp (εἰσαγωγή, sive elementaris introductio juris naturalis, gentium et civilis, Colon. Agr. 1539), Nic. Hemming (de lege naturae methodus apodictica 1562 u. ö.), Benedict Winkler (principiorum juris libri quinque, Lips. 1615) u. A. im Decalog. Hemming insbesondern in der zweiten Gesetzestafel, wogegen die erste ethischer Art sei und die vita spiritualis betreffe. (Oldendorp's, Hemming's und Winkler's naturrechtliche Schriften sind im Auszuge wiederabgedr. in v. Kaltenborn's oben citirtem Werke.) Wie in der Ethik, so betonen auch in der Rechts- und Staatslehre Protestanten die göttliche Ordnung, Katholiken und zumeist Jesuiten (wie Ferd. Vasques, Lud. Molina, Mariana, Bellarmin, auch Suarez u. A.) den Mitantheil menschlicher Freiheit. Der Staat ist (gleich wie die Sprache) nach scholastisch-jesuitischer Doctrin von menschlichem Ursprung. Luther nennt die Obrigkeit ein Zeichen der göttlichen Gnade, denn ohne Regiment würden die Völker mit Morden und Würgen sich unter einander selbst hinwegrichten. Die Obrigkeit kann in ihrem Amt und weltlichen Regiment ohne Sünde nicht sein, aber Luther billigt weder Selbsthülfe der Verletzten, noch kennt er constitutionelle Garantien, sondern will, dass man Gott für die Obrigkeit bitte. Die altprotestantische Doctrin begünstigt einen (durch das Bewusstsein der Verantwortlichkeit gegen Gott zu Gerechtigkeit und Milde geneigten) politischen Absolutismus, ist aber der socialen und religiösen Freiheit des Individuums förderlich.

Das Verdienst, den verschiedenen Confessionen im Staate die Gleichberechtigung vindicirt und Naturrecht und Politik auf die Völkerkunde und Geschichtsbetrachtung gegründet zu haben, hat vor Allen Jean Bodin (geb. zu Angers 1530, gest. 1596 oder 1597) sich erworben durch seine (zuerst Paris 1577 erschienenen) six livres de la république (vom Verfasser lateinisch bearbeitet 1584), wie auch durch seine Schrift: juris universi distributio, und durch das (erst in neuester Zeit vollständig veröffentlichte) Colloquium heptaplomeres de abditis rerum sublimium arcanis, ein unparteiisch gehaltenes Gespräch über die verschiedenen Religionen und Confessionen, welches durch die Anerkennung relativer Wahrheit in einer jeden derselben die Forderung der Toleranz begründet. Bodins Moral ruht auf deistischem Grunde.

Albericus Gentilis (geb. 1551 in der Mark Ancona, gest. als Professor zu Oxford 1611) ist besonders durch seine Schriften: de legationibus libri tres, Lond. 1585 u. ö., de jure belli libri tres, Lugd. Bat. 1588 u. ö., de justitia bellica 1590, worin er aus der Natur, insbesondere der menschlichen, das Recht ableitet, mit Morus und Bodinus für Toleranz eintritt und u. a. auch Freiheit des Verkehrs zur See fordert, ein Vorläufer des Hugo Grotius geworden.

Hugo Grotius (Huig de Groot, geb. zu Delft 1583, gest. 1645 zu Rostock) hat sich theils durch die Schrift: Mare liberum seu de jure, quod Batavis competit ad Indica commercia, Lugd. Bat. 1609, worin er, um den Niederländern die Freiheit des Handels nach Ostindien zu vindiciren, die Grundzüge des Seerechts philosophisch entwickelt, theils durch sein rechtswissenschaftliches Hauptwerk: de jure belli et pacis, Paris 1625, 1632 u. ö., ein bleibendes Verdienst um das Naturrecht erworben und das internationale oder Völkerrecht wissenschaftlich begründet. Wie bei dem Rechte der Personen, so unterscheidet Grotius auch bei dem der Völker oder dem internationalen Rechte das jus naturale und das jus voluntarium (oder civile); das letztere beruht auf positiven Bestimmungen, das erstere aber fliesst mit Nothwendigkeit aus der menschlichen Natur. Unter dem jus divinum versteht Grotius die Vorschriften im alten und neuen Testament; er unterscheidet davon das Naturrecht als ein jus humanum. Der Mensch ist mit Vernunft und Sprache begabt, daher zum Leben in der Gemeinschaft bestimmt; was zum Bestehen der Gemeinschaft erforderlich ist, ist natürliches Recht (und auch was die Annehmlichkeit des socialen Lebens fördert, gehört als jus naturale laxius zum Naturrecht im weiteren Sinne); aus diesem Geselligkeitsprincip ergiebt sich die vernunftgemässe Entscheidung, mit deren Resultat das Herkommen bei gesitteten

§ 6. Der zweite Abschnitt der Philosophie der Neuzeit.

Völkern zusammen zu treffen pflegt, welches in diesem Sinne ein empirisches Kriterium des natürlichen Rechtes ist. Die Staatsgemeinschaft beruht auf freier Einwilligung der Betheiligten, also auf Vertrag. Das Strafrecht steht dem Staate nur in soweit zu, als das Princip der custodia societatis es fordert, also nicht als Vergeltung (quia peccatum est), sondern nur zur Verhütung der Gesetzes-Uebertretungen durch Abschreckung und Besserung (ne peccetur). Grotius fordert Toleranz gegen alle positiven Religionen, Intoleranz aber gegen die Leugner der auch von dem blossen Deismus anerkannten Sätze von Gott und Unsterblichkeit. Doch vertheidigt er in seiner (1619 erschienenen) Schrift de veritate religionis christianae auch die den Confessionen gemeinsamen christlichen Dogmen.

Zweiter Abschnitt der Philosophie der Neuzeit.
Die neuere Philosophie oder die Zeit des ausgebildeten Gegensatzes zwischen Empirismus, Dogmatismus und Skepticismus.

§ 6. Den zweiten Abschnitt der Philosophie der Neuzeit charakterisirt der ausgebildete Gegensatz zwischen Empirismus und Dogmatismus, neben welchen Richtungen auch der Skepticismus zu selbständigerer Entwicklung, als in der Uebergangsperiode, gelangt. Der Empirismus ist die Einschränkung der Methode der philosophischen Forschung auf Erfahrung und Combination von Erfahrungsthatsachen und des Bereichs der philosophischen Erkenntniss auf die durch diese Methode erkennbaren Objecte, ohne die philosophischen Specialdoctrinen auf eine philosophische Erkenntniss des absoluten Princips zu basiren. Der Dogmatismus ist diejenige philosophische Richtung, welche durch das Denken den gesammten Kreis der Erfahrung und der Analoga der Erfahrung überschreiten und zur Erkenntniss des absoluten Princips gelangen zu können glaubt, und auf die Erkenntniss des Absoluten alle andere philosophische Erkenntniss gründet. Der Skepticismus ist der principielle Zweifel an jeder Gewissheit, mindestens an der Gültigkeit aller den Erfahrungskreis überschreitenden Sätze (ohne, dass von ihm, wie es durch den Kantischen „Kriticismus" geschieht, vermittelst einer Kritik der menschlichen Erkenntnisskraft ein unserer Vernunfterkenntniss unzugängliches Gebiet methodisch abgegrenzt wird).

Ueber die Philosophie dieses Zeitabschnittes vgl. ausser den betreffenden Abschnitten der oben (S. 1—2) angeführten umfassenderen Geschichtswerke, wie auch der Gesch. des 18. Jahrhunderts von Schlosser und anderen historischen Schriften, insbesondere noch Ludw. Feuerbach, Gesch. der neueren Philosophie von Baco bis Spinoza, Ansbach 1833, 2. Aufl. Leipzig 1844, nebst dessen Specialschriften über Leibniz und Bayle; Damiron, Essai sur l'hist. de la philos. au XVIIme siècle, Par.

§ 6. Der zweite Abschnitt der Philosophie der Neuzeit.

1846; au XVIIIme siècle, Par. 1858–64; G. N. Roggero, storia della filosofia da Cartesio a Kant, Torino 1869 (67).

Die vorstehenden Begriffsbestimmungen sind die Kantischen. Die Charakteristik, welche Kant von den seiner eigenen Philosophie zunächst vorangegangenen philosophischen Richtungen gegeben hat, erweist sich auch dann noch als historisch zutreffend, wenn der philosophische Standpunkt Kant's nur als relativ (den nächst vorangegangenen Richtungen gegenüber) berechtigt und nicht als die absolute philosophische Wahrheit und als der absolute Maassstab der Würdigung philosophischer Richtungen gilt. — Kant's Kriticismus schränkt nicht die Erkenntnissmittel der Philosophie auf Empirie, aber ihre Erkenntnissobjecte auf den Erfahrungskreis ein.

Allerdings verfährt auch der Empirismus „dogmatisch" in dem allgemeineren Sinne, dass er auf der Zuversicht beruht, die Objecte seien unserer Erkenntniss nicht schlechthin unzugänglich, sie seien vielmehr eben in soweit erkennbar, als die Erfahrung (nebst den Analogien der Erfahrung) reiche. Aber darum fällt doch nicht der Empirismus unter den Begriff des Dogmatismus in dem oben näher bezeichneten Sinne, den mit diesem Worte zu verknüpfen soll Kant üblich ist. Ebensowenig trifft gegen die obige Bezeichnung der Einwurf zu, der Begriff des Empirismus sei zu enge, weil er nur auf die Richtung passe, welche von Baco bis auf Locke herrsche; denn auch der Condillac'sche Sensualismus und der Holbach'sche Materialismus schränken die philosophische Erkenntniss nach Form und Inhalt auf Empirisches ein. „Realismus" und „Idealismus" aber sind Bezeichnungen, die zur Bezeichnung der Unterschiede in dieser Periode sich nicht in irgend einem klar und scharf bestimmbaren Sinne verwenden lassen (weshalb auch v. Kirchmann, pb. Bibl., Bd. 32, S. VI mit Recht sagt, dass „die Principien des Descartes und Baco nicht in dem Gegensatze von Idealismus und Realismus stehen").

Der empiristischen Richtung gehören an: Baco und Hobbes und mehrere ihrer Zeitgenossen, Locke und die an ihn mehr oder weniger, sei es zustimmend oder auch polemisch, anknüpfenden englischen und schottischen Philosophen, der französische Sensualismus und Materialismus des achtzehnten Jahrhunderts und zum Theil auch die deutsche Aufklärung. Die Koryphäen der dogmatistischen Richtung sind: Cartesius, Spinoza und Leibniz. Der Skepticismus erreicht seinen Höhepunkt in Hume. (Dass auch Spinoza der dogmatistischen Richtung zugerechnet werden müsse, nimmt mit Recht Kant an, indem er in einer Note zu seiner Abhandlung: „Was heisst sich im Denken orientiren?" bemerkt, Spinoza sei in Ansehung der Erkenntniss übersinnlicher Gegenstände so dogmatistisch, dass er sogar mit dem Mathematiker in der Strenge der Beweisführung wetteifere.) Vgl. unten § 14.

Da die Philosophen der verschiedenen Richtungen einen wechselseitigen wesentlichen Einfluss auf einander geübt haben, so kann nicht wohl eine Jede der Hauptrichtungen in ununterbrochener Folge vollständig für sich dargestellt werden, sondern die chronologische Ordnung ist, sofern sie dem genetischen Verhältniss entspricht, die angemessenere.

§ 7. Durch Abstreifung des theosophischen Charakters, den die Naturphilosophie in der Uebergangsperiode an sich trug, durch Einschränkung ihrer Methode auf Erfahrung und Induction und durch die Erhebung der Grundzüge dieser Methode zum philosophischen, von der Gebundenheit an irgend einen einzelnen naturwissenschaftlichen Forschungskreis befreiten Bewusstsein ist Baco von Verulam (1561—1626) der Begründer — zwar nicht der empirisch-methodischen Naturforschung, wohl aber — der empiristischen Entwickelungsreihe der neueren Philosophie geworden. Baco's höchstes Ziel ist die Erweiterung der Macht des Menschen vermittelst des Wissens. Wie die Buchdruckerkunst, das Pulver und der Compass das Culturleben umgestaltet haben und den Vorzug der Neuzeit vor jedem früheren Zeitalter begründen, so soll durch immer neue und fruchtreiche Erfindungen die betretene Bahn mit Bewusstsein weiter verfolgt, was diesem Ziele dient, gefördert, was von ihm ablenkt, gemieden werden. Religionsstreitigkeiten schaden. Die Religion soll unangetastet gelassen, aber nicht (nach der Weise der Scholastiker) mit der Wissenschaft vermengt werden; die Einmischung der Wissenschaft in die Religion führt zum Unglauben, die Einmischung der Religion in die Wissenschaft zur Phantasterei. Vom Aberglauben und von Vorurtheilen jeder Art muss der Geist befreit sein, um als reiner Spiegel die Dinge so, wie sie sind, aufzufassen. Mit der Erfahrung muss die Erkenntniss anheben, von Beobachtungen und Experimenten ausgehen, dann stufenweise mittelst der Induction erst zu Sätzen von geringerer, dann zu Sätzen von höherer Allgemeinheit methodisch fortgehen, um endlich von diesen aus zu dem Einzelnen wiederherabzusteigen und zu Erfindungen zu gelangen, welche die Macht des Menschen über die Natur erhöben. In der Bezeichnung wesentlicher Ziele und Mittel der Neuzeit, in der kräftigen (obschon einseitigen) Hervorhebung des Werthes echter, selbsterrungener Naturerkenntniss, in der Beseitigung des scholastischen Ausgebens von vermeintlich unmittelbar in der Vernunft liegenden Begriffen und Sätzen und der darauf basirten, empirielosen Streitwissenschaft, und in der Bezeichnung der Grundzüge der Methode empirisch basirter inductiver Forschung liegt Baco's historische Bedeutung; die nähere Ausführung der methodischen Grundsätze hat neben einzelnem Bedeutendem vieles Verfehlte, und die von Baco unternommenen Versuche, durch eigene Naturforschung die von ihm auf ihren allgemeinsten philosophischen Ausdruck gebrachte Methode zur praktischen Anwendung zu bringen, sind grösstentheils sehr unvollkommen und halten nicht den Vergleich mit den Leistungen älterer und gleichzeitiger Naturforscher aus. An Baco hat sich die Einseitigkeit der Hochschätzung der materiellen Culturmittel, die blosse Unterwerfung unter traditionelle, ihm selbst äusserlich bleibende Dogmen und das ehrgeizige, um den Werth der Mittel wenig bekümmerte Streben nach Macht durch Mangel an sittlicher Kraft und Würde gerächt. Im Anschluss an

§ 7. Baco, Hobbes und andere englische Philosophen.

Baco's Principien lehrt der mit ihm befreundete Politiker Hobbes (1588--1679), der Staat beruhe auf unbedingter Unterwerfung der Handlungen und selbst der Gesinnungen unter den Willen eines absoluten Monarchen; in der Gewaltherrschaft desselben findet Hobbes, unter Verkennung der Kraft des politischen Gemeinsinnes, der die Vereinigung von Freiheit und Einheit ermöglicht, das einzige Mittel zum Heraustreten aus dem Naturzustande, dem Kampfe Aller gegen Alle. Des Hobbes älterer Zeitgenosse Herbert von Cherbury begründet einen aus den positiven Religionen eine allgemeine oder Naturreligion abstrahirenden und in dieser allein das Wesentliche der Religion erkennenden Rationalismus. In der nächstfolgenden Zeit herrscht unter den englischen Philosophen ein erneuter Platonismus vor, der sich von der aristotelischen Scholastik eben sowohl, wie von dem Hobbes'schen Naturalismus entfernt, dem Mysticismus aber und zum Theil auch dem Cartesianismus befreundet ist. Einzelne, wie Joseph Glanville, huldigen in der Wissenschaft dem Skepticismus, um den religiösen Glauben gegen jeden Angriff zu sichern.

Baco's Schrift: de dignitate et augmentis scientiarum ist in englischer Sprache unter dem Titel: the two books of Francis Bacon on the proficience and advancement of learning divine and human, Lond. 1605, lateinisch (vollständiger ausgeführt) ebend. 1623, ferner Lugd. Bat. 1652, Argent. 1654 u. ö. erschienen, in's Deutsche übersetzt von Joh. Herm. Pfingsten, Pesth 1783. Im Jahre 1612 erschien die Schrift: Cogitata et visa, welche später zu dem Novum Organum scientiarum umgearbeitet wurde, das zuerst Lond. 1620, dann sehr häufig erschienen ist, neuerdings auch Leipzig 1837 und 1839, in's Deutsche übersetzt von G. W. Bartholdy (unvollendet\, Berlin 1793, von Brück, Leipz. 1830, und von J. H. v. Kirchmann, mit Erläut., „ph. Bibl." Bd. 32, Berlin 1870. Die Essays moral, economical and political, zuerst 1597 erschienen, haben neuerdings unter Anderen W. A. Wright, Lond. 1862, Rich. Whately, 6. edit., London 1864 edirt; in lateinischer Uebersetzung tragen sie den Titel Sermones fideles. Die Werke Baco's sind, gesammelt durch William Rawley, mit beigefügter Lebensbeschreibung des Baco Amst. 1663 herausgegeben worden, auch abgedruckt zu Frankf. a. M 1645, vollständiger von Mallet, gleichfalls mit einer Biographie des Baco, London 1740 und 1765. Lateinische Ausgaben der Werke sind Francof. 1666, Amst. 1684, Lips. 1694, Lugd. Bat. 1696, Amst. 1780 erschienen, eine französische von F. Riaux, Oeuvres de Bacon, Paris 1852. In neuester Zeit haben die Werke edirt: Montagne, London 1825 - 34, Henry G. Bohn, London 1846, und R. L. Ellis, J. Spedding und D. D. Heath, London 1857-59, wozu als Ergänzung (voll. VIII.—XII. der Werke) gehört: Letters and Life of Francis Bacon, including all his occasional Works, newly collected, revised and set out in chronological order, with a commentary biographical and historical, by James Spedding, I.-V., London 1862—70.

Von den zahlreichen Schriften über Baco sind hervorzuheben: Analyse de la philosophie du chancelier François Bacon, avec sa vie, Leyden 1756 und 1778, J. B. de Vauzelles, histoire de la vie et des ouvrages de Fr. Bacon, Paris 1833, Jos. de Maistre, examen de la philosophie de Bacon, Par. 1836, 7. éd., Lyon et Paris 1865, 8. éd. ebend. 1868. Macaulay, in: Edinb. Review. 1837, deutsch von Bülau, Leipzig 1850. John Campbell, the lives of the Lord Chancellors of England, vol. II, London 1845, chap. 51. M. Napier, Lord Bacon and Sir Walter Raleigh, Cambridge 1853. Charles de Rémusat, Bacon, sa vie, son temps, sa philosophie et son influence jusqu'à nos jours, Paris 1854, auch ebd. 1858 und 1868. Kuno Fischer, Franz Baco von Verulam, die Realphilosophie und ihr Zeitalter, Leipz. 1856, in's Englische übersetzt von John Oxenford, London 1857; vgl. J. B.

§ 7. Baco, Hobbes und andere englische Philosophen.

Meyer, B.'s Utilismus nach K. Fischer, Whewell und Ch. de Rémusat, in: Ztschr. f. Ph. u. ph. Krit., N. F., Bd. 36, 1860. S. 242-247. K. F. H. Marx, Franz B. und das letzte Ziel der ärztlichen Kunst, in: Abh. der k. Ges. der Wiss. zu Göttingen, Bd. IX, 1860. C. L. Craik, Lord Bacon, his writings and his philosophy, new edition, London 1860. H. Dixon, the personal history of Lord Bacon, from unpublished letters and documents, London 1861, ein Versuch der Vertheidigung des Charakters Bacon's, worauf entgegnet wird in der Schrift: Lord Bacons life and writings, an answer to Mr. H. Dixons pers. hist. of L. B., London 1861. Adolf Lasson, Montaigne und Bacon, in: Archiv f. neuere Spr. u. Litt., XXXI, S. 259–276; über B.'s wissenschaftliche Principien, Programm der Louisenst. Realschule zu Berlin, Herbst 1860. Justus von Liebig, über Francis Bacon von Verulam und die Methode der Naturforschung, München 1863. Lasson und Liebig bekämpfen (zum Theil nach dem Vorgange von Brewster, Whewell u. A.) die Ansicht, als habe Baco die Methode der modernen Naturforschung begründet, geübt oder auch nur zutreffend bezeichnet. Was Beide an Baco tadeln, wird fast durchgängig mit Recht von ihnen getadelt, aber das Werthvolle, Baco's Bekämpfung der Scholastik, Hervorhebung der Bedeutung der Naturwissenschaft für das gesammte Culturleben und seine Beziehung der Grundzüge inductiver Forschung ist mit gleichem Recht von Andern betont worden. C. Sigwart, ein Philosoph und ein Naturforscher über B., in den von Haym brsg. preuss. Jahrb. Bd. XII, Heft 2, August 1863: vgl. dessen Antwort auf eine in der Augsb. Allg. Zeitung enthaltene Entgegnung Liebigs, in den preuss. Jahrb. XIII, Heft 1, Jan. 1864. Heinr. Böhmer, über B. und die Verbindung der Philosophie mit der Naturwiss., Erlangen 1864 (1863). E. Wohlwill, B. v. V. und die Geschichte der Naturwissenschaft, in: D. Jahrb. f. Pol. u. Litt., Bd. IX, Heft 3, Dec. 1863, und Bd. X, Heft 2, Febr. 1864. Georg Henry Lewes sagt in seiner Schrift über Aristoteles (London 1864, deutsch von J. V. Carus, Leipzig 1865, S. 115): „so grossartig Baco die verschiedenen Ströme des Irrthums bis zu ihren Quellen verfolgt, so wird er doch von denselben Strömen mit fortgezogen, sobald er die Stellung eines Kritikers verlässt und die Ordnung der Natur selbst zu untersuchen unternimmt". Alb. Desjardins, de jure apud Franciscum B., Par. 1862. Const. Schlottmann, B's Lehre von den Idolen und ihre Bedeutung für die Gegenwart, in Gelzer's prot. Monatsbl., Bd. 21, Febr. 1863. Th. Merz, B.'s Stellung in der Culturgeschichte, in Gelzer's prot. Monatsbl., Bd 24, Heft 3, Sept. 1864. H. v. Bamberger, über B. v. V. bes. vom medicin. Standp., Gratulationsschrift zum 500jähr. Jubiläum d. Univ. zu Wien, Würzburg 1865. Ed. Chaignet et Ch. Sedail, l'influence des travaux de B. d. V. et de Descartes sur la marche de l'esprit humain, Bordeaux 1866. Karl Grüninger, Liebig wider Baco, G.-Pr., Basel 1866. Aug. Dorner, de Baconis philosophia, diss. inaug., Berolini 1867. Pensées de Bacon, Kepler, Newton et Euler sur la relig et la morale, rec. par Emery, Tours 1870. J. H. v. Kirchmann, B's Leben und Schriften, in: philos. Bibl. Bd. 32, Berlin 1870, S. 1–28. P. Stapfer, qualis sapientiae antiquae laudator, qualis interpres Fr. B. exstiterit, thesis Paris, 1870.

Die Schriften des Hobbes sind lateinisch in einer durch ihn selbst veranstalteten Sammlung Amst. 1668 erschienen; die erste englische Gesammtausgabe seiner moralischen und politischen Werke Lond. 1750. Notizen über das Leben des Hobbes finden sich theils in seinen eigenen Schriften, insbesondere in seiner Selbstbiographie (the life of Thomas Hobbes, written by himself in a latin poem and translated into english, Lond. 1680, theils in dem von Rudolph Bathurst herausgegebenen Sammelwerk: Th. H. Angli Malmesburiensis vita, Carolopoli apud Eleutherium Anglicum 1681; über Hobbes' Leben und Schriften und Lehre handeln besonders Buhle, Gesch. der neueren Philosophie, Bd. III. Gött. 1802. S. 223-525 u. Charles de Rémusat in der Revue des deux mondes, T. 68, p. 162–187. Eine Monographie über seine Staatstheorie, verfasst von Heinr. Nüscheler, hat Kym, Zürich 1865, herausgegeben.

Geboren am 22. Januar 1561 zu London als der zweite und jüngste Sohn des Grossiegelbewahrers von England Nicolaus Bacon, durch Studien in Cambridge und durch einen zweijährigen Aufenthalt in Paris als Begleiter des englischen Gesandten vorgebildet, widmete sich Franz Baco der juristischen Praxis, ward ausserordentlicher Kron-Advocat, trat 1593 in das Parlament, ward 1604 ordentlicher und besoldeter Rechtsbeistand der Krone, 1617 Grossiegelbewahrer, 1618 Lordkanzler und Baron von Verulam, 1620 Vicegraf von St. Albans, verlor aber 1621, durch das Parlament wegen empfangener Bestechungen verurtheilt, seine

40 § 7. Baco, Hobbes und andere englische Philosophen.

sämmtlichen Aemter und lebte dann in der Zurückgezogenheit; er starb zu Highgate, dem Schloss des Grafen Arundel, bei London, am 9. April 1626. Baco war von wirklicher Liebe zur Wissenschaft erfüllt; aber noch mächtiger war in ihm der politische Ehrgeiz und die Prachtliebe. Er war kein grosser und reiner Charakter; doch sind oft die Anschuldigungen gegen ihn überspannt worden. Die Anklage gegen den Grafen Essex, seinen früheren Gönner, zu erheben, nachdem dieser sich in verrätherische Verhandlungen mit König Jakob von Schottland gegen Elisabeth eingelassen hatte, war er als Kronadvocat amtlich verpflichtet. Es ist nicht zu rechtfertigen, dass Baco als Oberrichter Geschenke seitens der Parteien und als Lord-Kanzler seitens der Bewerber um Patente und Licenzen angenommen hat; Baco hat sich in seiner schriftlichen Antwort auf die ihm vom Oberhause im April 1621 zugestellte Anklageacte bei sämmtlichen 28 Punkten derselben als schuldig bekannt, jedoch nur in dem Sinn, dass er die Geschenke stets erst nach entschiedener Sache erhalten habe (was durchgängig wahr zu sein scheint) und dass er (was freilich bezweifelt werden mag) durch die Erwartung derselben sich niemals zu einer partelischen Entscheidung habe verleiten lassen, und die Annahme solcher Geschenke fand damals so häufig statt, dass durch den herrschenden Missbrauch die Schuld des Einzelnen zwar keineswegs aufgehoben wird, aber doch als gemindert erscheint; denn ein gerechtes sittliches Urtheil wird nur gewonnen, wenn nicht bloss die absolute Norm, sondern auch das Durchschnittsmaass des sittlichen Verhaltens der Zeitgenossen in Betracht gezogen wird.

Baco's Plan einer Neugestaltung der Wissenschaften umfasst zuvörderst die allgemeine Umschreibung des Gebietes der Wissenschaften (den globus intellectualis), dann die Methodenlehre, endlich die Darstellung der Wissenschaften selbst und ihrer Anwendung zu Erfindungen. Demgemäss beginnt das Gesammtwerk, dem Baco den Titel Instauratio magna gegeben hat, mit der Schrift de dignitate et augmentis scientiarum; daran schliesst sich als zweiter Haupttheil das Novum Organon; zu der Darstellung der Naturgeschichte aber (die dem Baco als vera inductionis appellus sive sylva gilt) und zu der Naturerklärung, wie auch zu einem Verzeichniss der schon gemachten Erfindungen und einer Anleitung zu neuen, hat Baco nur einzelne Beiträge geliefert; zur Naturgeschichte gehört insbesondere die erst nach seinem Tode veröffentlichte Sylva sylvarum (Sammlung mehrerer Materialiensammlungen) sive historia naturalis, zur Naturerklärung seine Theorie der Wärme, die eine Art der Bewegung sei (nämlich expansive Bewegung, aufwärts strebend, durch die kleineren Theile des Körpers sich erstreckend, gehemmt und zurückgetrieben, mit einer gewissen Schnelligkeit erfolgend).

Auf das Gedächtniss gründet sich nach Baco's Ansicht die Geschichtskunde, auf die Einbildungskraft die Poesie, auf den Verstand die Philosophie oder die eigentliche Wissenschaft. Die Geschichtskunde theilt Baco in die historia civilis und naturalis ein; bei jener bezeichnet er namentlich die Litteraturgeschichte und die Geschichte der Philosophie als Desiderata. Die Poesie theilt er in die epische, dramatische und allegorisch-didaktische ein. Die Philosophie geht auf Gott, den Menschen und die Natur. Philosophiae objectum triplex: Deus natura et homo; percellit autem naturam intellectum nostrum radio directo, Deum autem propter medium inaequale radio tantum refracto, ipse vero homo sibimet ipsi monstratur et exhibetur radio reflexo. Sofern die Erkenntniss Gottes aus der Offenbarung fliesst, ist sie nicht ein Wissen, sondern ein Glauben; die natürliche oder philosophische Theologie aber kann keine affirmative Erkenntniss begründen, reicht jedoch zur Widerlegung des Atheismus aus, da die Erklärung aus physischen Ursachen der Ergänzung durch die Zuflucht zur göttlichen Vorsehung bedarf. Baco sagt (de augm. sc. I. 5): leves gustus in philosophia movere fortasse ad atheismum, sed

§ 7. Baco, Hobbes und andere englische Philosophen.

plenioros haustus ad religionem reducere. Ebenso, wie Gott, ist nach Baco auch der von Gott dem Menschen eingehauchte Geist (spiraculum) wissenschaftlich nicht erkennbar; nur die physische Seele, die ein dünner, warmer Körper ist, ist ein Object wissenschaftlicher Erkenntniss. Die Begriffe und Sätze, welche allen Theilen der Philosophie gleichmässig zum Grunde liegen, wie die Begriffe Sein und Nichtsein, Aehnlichkeit und Verschiedenheit, das Axiom von der Gleichheit zweier Grössen, die einer dritten gleich sind, entwickelt die philosophia prima oder scientia universalis. Die Naturphilosophie geht theils auf die Erkenntniss, theils auf die Anwendung der Naturgesetze, ist demnach theils speculativ, theils operativ. Die speculative Naturphilosophie ist Physik, sofern sie die wirkenden Ursachen, Metaphysik, sofern sie die Zwecke betrachtet, die operative ist als Anwendung der Physik Mechanik, als Anwendung der Metaphysik natürliche Magie. Die Mathematik ist eine Hülfswissenschaft der Physik. Die Astronomie soll nicht bloss die Erscheinungen und Gesetze mathematisch construiren, sondern auch physikalisch erklären. (Zur Erfüllung der letzten Forderung verschloss ihr freilich Baco durch Verwerfung des Copernicanischen Systems, das er für einen abenteuerlichen Einfall hielt, und durch Unterschätzung der Mathematik den Weg.) Die philosophische Lehre vom Menschen betrachtet denselben theils als Einzelnen, theils als Glied der Gesellschaft; sie ist demnach theils Anthropologie (philosophia humana), theils Politik (philosophia civilis). Die Anthropologie geht theils auf den menschlichen Leib, theils auf die menschliche Seele. Die Seelenlehre betrachtet zunächst die Empfindungen und Bewegungen und ihr gegenseitiges Verhältniss. Baco schreibt allen Körperelementen Perceptionen zu, die sich durch Anziehungen und Abstossungen bekunden; die (bewussten) Empfindungen der Seele unterscheiden sich von den blossen Perceptionen; Baco will, dass die Natur und der Grund dieses Unterschieds genauer untersucht werde. Hieran schliesst sich die Logik als die Lehre von der auf die Wahrheit gerichteten Erkenntniss und die Ethik als die Lehre von dem auf das Gute (das Individuelle und das Gemeinwohl) gerichteten Willen. Logica ad illuminationis puritatem, ethica ad liberae voluntatis directionem servit.— Ut manus instrumentum instrumentorum, et anima humana forma est formarum, sic istae duae scientiae reliquarum omnium sunt claves. Die Ethik geht auf die bonitas interna, die Politik (philosophia civilis) auf die bonitas externa in conversationibus, negotiis et regimine sive imperio. Baco will die Politik von Staatsmännern, nicht von blossen Schulphilosophen, noch auch von einseitigen Juristen behandelt wissen.

Die Methodenlehre entwickelt Baco in dem Novum Organon. Er will zeigen, wie zur Erkenntniss der Naturgesetze zu gelangen sei, deren Anwendung die Macht des Menschen über die Natur erweitere. Ambitio (sapientis) reliqua sanior atque augustior est: humani generis ipsius potentiam et imperium in rerum universitatem instaurare et amplificare conari artibus et scientia, cujus quidem potentiae et imperii usum sana deinde religio gubernet. — Physici est, non disputando adversarium, sed naturam operando vincere. Die Wissenschaft ist das Abbild der Wirklichkeit. Scientia nihil aliud est, quam veritatis imago; nam veritas essendi et veritas cognoscendi idem sunt, nec plus a se invicem differunt, quam radius directus et radius reflexus. — Ea demum est vera philosophia, quae mundi ipsius voces quam fidelissime reddit et veluti dictante mundo conscripta est, nec quidquam de proprio addit, sed tantum iterat et resonat.

Um die Natur getreu zu interpretiren, muss der Mensch sich zuvörderst der Idole (Trugbilder) entledigen, d. h. der falschen Vorstellungen, die nicht aus der Natur der zu erkennenden Objecte, sondern nur aus seiner eigenen geflossen sind. Die in der Natur eines jeden Menschen begründeten trügerischen Vorstellungs-

§ 7. Baco, Hobbes und andere englische Philosophen.

weisen (insbesondere die Anthropomorphismen), z. B. die Ersetzung der causae efficientes durch causae finales in der Physik, nennt Baco Idola tribus, die in der Eigenthümlichkeit Einzelner wurzelnden Idola specus, die durch den menschlichen Verkehr mittelst der Sprache verursachten Idola fori, die auf Ueberlieferung beruhenden Idola theatri. Die Lehre von den Idolen hat in Baco's neuem Organon eine ähnliche Bedeutung, wie bei Aristoteles die Lehre von den Trugschlüssen; die Lehre von den „Idola tribus" anticipirt in gewissem Maasse den Grundgedanken von Kant's Vernunftkritik.

Der von den Idolen gereinigte Verstand muss, um zur Naturerkenntniss zu gelangen, auf Erfahrung fussen, aber nicht auf blosse Erfahrungen sich einschränken, sondern methodisch dieselben combiniren. Wir sollen weder, wie die Spinnen ihre Fäden aus sich ziehen, bloss aus uns unsere Gedanken schöpfen, noch, wie die Ameisen, bloss sammeln, sondern, wie die Bienen, sammeln und verarbeiten. Es sind zuerst durch Beobachtungen und Versuche Thatsachen zu constatiren, dann sind diese übersichtlich zu ordnen, endlich ist mittelst gesetzmässiger und wahrer Induction von den Experimenten zu Axiomen, von der Erkenntniss der Thatsachen zu der Erkenntniss der Gesetze fortzuschreiten. Diejenige Induction, welche Aristoteles und die Scholastiker lehrten, bezeichnet Baco als inductio per enumerationem simplicem; ihr fehlt der methodische Charakter (den freilich auch Baco mehr erstrebt, als wirklich erreicht). Neben den positiven Instanzen sind die negativen zu berücksichtigen, ferner die Gradunterschiede zu bestimmen; die Fälle von entscheidender Bedeutung sind als prärogative Instanzen vorzugsweise zu beachten; von dem Einzelnen ist nicht sofort zum Allgemeinsten gleichsam im Fluge hinzueilen, sondern erst zu den mittleren Sätzen, den Sätzen von geringerer Allgemeinheit, aufzusteigen, die gerade die fruchtbarsten sind. Obwohl Baco auch den Rückweg von den Axiomen zu neuen Experimenten, insbesondere zu Erfindungen, fordert, so hält er doch den Syllogismus (in welchem Aristoteles das methodische Mittel der Deduction erkannt hat) nicht hoch; derselbe reiche, meint Baco, an die Feinheit der Natur nicht heran und diene mehr den Disputationen, als der Wissenschaft. Diese Verkennung des wissenschaftlichen Werthes des Syllogismus hängt mit Baco's Unterschätzung der Mathematik auf's Engste zusammen. Die Theorie der Induction hat Baco wesentlich gefördert, obschon nicht vollständig und rein durchgeführt; die Lehre von der Deduction aber ist bei ihm nicht zu ihrem Rechte gelangt. In der Hochschätzung des Experiments ist Baco besonders dem Telesius gefolgt.

Baco hält dafür, dass auch seiner Methode nicht nur die Naturwissenschaft, sondern auch die Moral und Politik zu begründen sei, ist jedoch auf diese letztere Aufgabe nicht in zusammenhängender Lehrentwicklung, sondern nur durch geistreiche Aphorismen eingegangen, in denen er häufig an Montaigne sich anschliesst. Einen Versuch naturgesetzlicher Auffassung des Staates hat Baco's jüngerer Zeitgenosse und Freund Thomas Hobbes gemacht.

Geboren am 5. April 1588 zu Malmesbury als Sohn eines Landgeistlichen, studirte Thomas Hobbes in Oxford insbesondere die aristotelische Logik und Physik und eignete sich die nominalistische Doctrin an. In seinem zwanzigsten Lebensjahre ward er Erzieher und Gesellschafter in dem Hause des Lord Cavendish, nachmaligen Grafen von Devonshire, nahm an Reisen nach Frankreich und Italien theil; nach der Rückkehr hatte er mit Bacon Verkehr. Im Jahr 1628 übersetzte er den Thucydides in's Englische, in der ausgesprochenen Absicht, von der Demokratie abzuschrecken. Bald hernach studirte er in Paris Mathematik und Naturwissenschaften, worin er später den nachmaligen König Karl II. unterrichtete; in Paris stand er mit Gassendi und mit dem Franziscanermönche Mersenne

§ 7. Baco, Hobbes und andere englische Philosophen. 43

In beständigem Verkehr. Hobbes hat die Lehren des Copernicus und Keppler, des Galilei und des Harvey nach ihrem vollen Werthe zu schätzen gewusst. Kurze Zeit vor dem Beginn des langen Parlaments (1640) verfasste er in England die Schriften: On human nature und De corpore politico, ohne jedoch dieselben sofort zu veröffentlichen; in Paris entstanden die Hauptwerke: Elementa philos. de cive, zuerst Par. 1642, dann erweitert 1647 zu Amsterdam gedruckt (in's Französische durch Sorhiere übersetzt 1649), und Leviathan or the matter, form and authority of government, Lond. 1651, lateinisch Amst. 1668, deutsch Halle 1794 und 1795. Nach England kehrte Hobbes, durch den Leviathan mit Katholiken und Protestanten verfeindet, 1652 zurück. In London erschienen die Schriften: Human nature or the fundamental elements of policy, 1650; de corpore politico or the elements of law moral and political, 1650; quaestiones de libertate, necessitate et casu, 1656; ferner: Elementorum philosophiae sectio prima: de corpore, englisch London 1655, Sectio secunda: de homine, englisch London 1658, beide Sectionen lateinisch Amst. 1668 (in der von Hobbes selbst veranstalteten Sammlung seiner Schriften); die Sectio tertia ist das Werk de cive. Hobbes starb zu Hardwicke am 4. December 1679.

Hobbes definirt die Philosophie als die Erkenntniss der Wirkungen oder der Phänomene aus den Ursachen und andererseits der Ursachen aus den beobachteten Wirkungen vermittelst richtiger Schlüsse; ihr Ziel liegt darin, dass wir die Wirkungen voraussehen und von dieser Voraussicht Gebrauch im Leben machen können. Hobbes kommt demnach mit Baco in der Annahme einer praktischen Abzweckung der Philosophie überein, hat aber mehr die politische Anwendung, als technische Erfindungen im Auge; er theilt Baco's mechanistische Weltansicht; das Schliessen fasst er als ein Addiren und Subtrahiren auf, will aber im Unterschiede von Baco ebensowohl, wie die methodus resolutiva sive analytica, auch die methodus compositiva sive synthetica, deren Werth er besonders durch seine mathematischen Studien erkannt hatte, in der Philosophie zur Anwendung gebracht wissen. Gegenstand der Philosophie ist jeder Körper; den Begriff des Körpers aber fasst Hobbes als identisch mit dem der Substanz; eine unkörperliche Substanz ist ihm ein Unding. Die Körper sind natürliche oder künstliche, unter den letzteren ist der Staatskörper (Staatsorganismus) der wichtigste. Die Philosophie ist hiernach theils natural, theils civil philosophy. Den Ausgang nimmt Hobbes von der philosophia prima, die sich ihm auf einen Inbegriff von Definitionen der Fundamentalbegriffe, wie Raum und Zeit, Ding und Qualität, Ursache und Wirkung, reducirt. Hieran schliesst sich die Physik und Anthropologie an. Die Körper bestehen aus kleinen Theilen, die jedoch nicht als schlechthin untheilbar zu denken sind. Es giebt nicht eine schlechthin unbestimmte Materie; der allgemeine Begriff der Materie ist eine blosse Abstraction von den bestimmten Körpern. Hobbes reducirt alle realen Vorgänge auf Bewegungen. Was Anderes bewegt, muss auch selbst bewegt sein, mindestens in seinen kleinen Theilen, deren Bewegung sich zu entfernten Körpern nur durch Medien fortpflanzen kann, eine unmittelbare Wirkung in die Ferne giebt es nicht. Die Sinne der Thiere und Menschen werden durch Bewegungen afficirt, die sich nach Innen zum Gehirn, von da zum Herzen fortpflanzen; vom Herzen geht dann eine Rückwirkung aus, welche Rückbewegung und Empfindung ist. Die Empfindungsqualitäten (Farben, Tonempfindungen etc.) sind demnach als solche nur in den empfindenden Wesen; in den Körpern, welche durch ihre Bewegungen diese Empfindungen in uns bewirken, sind nicht die gleichen Qualitäten, doch trägt alle Materie die Anlage zu Empfindungen in sich. Aus den Empfindungen erwächst alle Erkenntniss. Von der Empfindung bleibt die Erinnerung zurück, die wieder hervortreten kann. Die

44 § 7. Baco, Hobbes und andere englische Philosophen.

Erinnerung an Wahrgenommenes wird unterstützt und die Mittheilung an Andere möglich gemacht durch Zeichen, die wir mit den Vorstellungen der Objecte verknüpfen; hierzu dienen uns insbesondere die Worte. Das nämliche Wort dient als Zeichen für viele einander ähnliche Objecte und gewinnt hierdurch den Charakter der Allgemeinheit, welcher immer nur Worten, niemals Dingen zukommt. Es steht bei uns, welche Objecte wir jedesmal durch das nämliche Wort bezeichnen wollen; wir erklären uns darüber mittelst der Definition. Alles Denken ist ein Verbinden und Trennen, Addiren und Subtrahiren von Vorstellungen; Denken ist Rechnen.

Hobbes hält den Menschen nicht (gleich der Biene, Ameise etc.) für ein schon durch Naturinstinct geselliges Wesen (ζῶον πολιτικόν), sondern setzt den Naturzustand der Menschen in einen Krieg Aller gegen Alle. Da aber dieser Zustand keine Befriedigung gewährt, so ist aus demselben herauszutreten vermöge vertragsmässiger Unterwerfung Aller unter die Ohmacht eines absoluten Herrschers, dem Alle unbedingten Gehorsam leisten, um dagegen von ihm Schutz zu erhalten und eben dadurch erst die Möglichkeit eines wahrhaft humanen Lebens zu gewinnen. Ausserhalb des Staates findet sich nur Herrschaft der Affecte, Krieg, Furcht, Armuth, Schmutz, Vereinsamung, Barbarei, Unwissenheit, Wildheit, im Staate aber Herrschaft der Vernunft, Friede, Sicherheit, Reichthum Schmuck, Geselligkeit, Zierlichkeit, Wissenschaft, Wohlwollen. (Hiernach ist die Behauptung falsch, dass der Staat des Hobbes „ohne allen idealen und ethischen Inhalt" sei und nur Sicherheit des Lebens und sinnliches Wohlsein bezwecke.) Der Herrscher kann ein Monarch oder auch eine Versammlung sein; die Monarchie aber ist als die strengere Einheit die vollkommnere Form. Der Krieg ist ein Rest des Urzustandes. An das Zusammenleben im Staate knüpft sich der Unterschied von Recht und Unrecht, Tugend und Laster, Gutem und Bösem. Was die absolute Macht im Staate sanctionirt, ist gut, das Gegentheil verwerflich. Es soll nicht um des vergangenen Bösen, sondern um des zukünftigen Guten willen gestraft werden; die Furcht vor der Strafe soll die Lust, die Jemand von der durch den Staat verbotenen That erwartet, aufzuwiegen vermögen; nach diesem Princip ist das Strafmaass zu bestimmen. Religion und Aberglaube kommen darin überein, dass sie Furcht vor erdichteten oder traditionsmässig angenommenen unsichtbaren Mächten sind; die Furcht vor denjenigen unsichtbaren Mächten, welche der Staat anerkennt, ist Religion, die Furcht vor solchen, welche dieselbe nicht anerkennt, ist Aberglaube. Religiöse Privatüberzeugung dem sanctionirten Glauben entgegensetzen, ist ein revolutionäres Treiben, welches den Staatsverband auflöst. Die Gewissenhaftigkeit besteht in dem Gehorsam gegen den Herrscher.

Die Vertragstheorie (die freilich nicht sowohl den historischen Entstehungsgrund des Staates bezeichnet, als vielmehr eine ideale Norm zur Messung bestehender Zustände aufstellt) konnte mit gleicher und grösserer Consequenz zu entgegengesetzten Resultaten führen, die später von Spinoza, Locke, Rousseau und Anderen vertreten wurden.

Nicht bis zu der (Hobbes'schen) Negation der inneren Berechtigung aller Religion gingen andere Denker in jener und der nachfolgenden Zeit fort, sondern hielten sich an eine bloss auf Vernunft zu gründende Religion, namentlich schon Hobbes' älterer Zeitgenosse, Lord Eduard Herbert of Cherbury (1581—1648), der als Politiker auf der Seite der parlamentarischen Opposition stand. Sein Hauptwerk ist: Tractatus de veritate prout distinguitur a revelatione, a verisimili, a possibili et a falso, Paris 1624 u. ö.; auch schrieb er: de religione gentilium errorumque apud eos causis, Theil I, Lond. 1645, vollständig Lond. 1663 und Amst. 1670, ferner de religione laici und historische Schriften. Er nimmt an, dass

§ 7. Baco, Hobbes und andere englische Philosophen.   45

alle Menschen in gewissen communes notitiae einstimmig seien, und will, dass diese als Kriterien bei allen Religionsstreitigkeiten dienen. Seine Doctrin, sowie die mehr oder minder durch dieselbe bedingte Lehre späterer Freidenker (worüber besonders Victor Lechler, Gesch. des engl. Deismus, Stuttg. u. Tüb. 1841, eingehend handelt) ist jedoch mehr für die Geschichte der Religion, als der Philosophie von Wichtigkeit. Vgl. Charles de Rémusat, Lord Herbert de Cherbury, Revue des deux mondes VII, livr. 4, 1854.

Bis auf die Zeit Locke's gewann an den englischen Schulen der Empirismus nicht die Herrschaft; die Scholastik ward beschränkt, aber zunächst zu Gunsten theils des Skepticismus, theils eines erneuten Platonismus, Neuplatonismus und Mysticismus. Dem Skepticismus huldigte Joseph Glanville (Karls II. Hofkaplan, gest. 1680), der in seinen Schriften (Scepsis scientifica or confest ignorance, the way to science, an Essay of the vanity of dogmatizing and confident opinion, London 1655, und de incrementis scientiarum, London 1670) besonders den Aristotelischen und Cartesianischen Dogmatismus bekämpft; er bemerkt, dass wir die Causalität nicht erfahren, sondern erschliessen, aber nicht mit Sicherheit: nam non sequitur necessario, hoc est post illud, ergo propter illud. Der bedeutendste Platoniker unter den englischen Philosophen jener Zeit ist Ralph (Rudolph) Cudworth (1617—1688), der den durch die Lehre des Hobbes begünstigten Atheismus bekämpfte, die Zweckursachen auch der Physik vindicirte und zur Erklärung des Organismus (gemäss der aus der platonischen Ideenlehre hervorgegangenen aristotelischen Lehre von den Entelechien und stoischen Lehre von der λόγοι σπερματικοί) eine bildende Kraft, eine plastische Natur annahm; sein Hauptwerk ist: the true intellectual system of the universe, wherein all the reason and the philosophy of atheism is confuted, London 1678, auch 1743, in's Lat übers. von Joh. Laur. Mosheim, Jen. 1733, auch Lugd. Bat. 1773. Auch Sam. Parker (gest. 1688) bekämpfte die atomistische Physik und gründete (in seinen Tentamina physico-theologica, Lond. 1669, 1673, und anderen Schriften) den Glauben an das Dasein Gottes hauptsächlich auf die in dem Bau der Naturobjecte sich bekundende Zweckmässigkeit. Mit dem Cabbalismus verschmolz Henry More (1614—87; opera philosophica, London 1679) den Platonismus. Theophilus Gale (1628—77; philosophia universalis und Aula deorum gentilium, Lond. 1676) leitete alle Gotteserkenntniss aus der Offenbarung ab und sein Sohn Thomas Gale (opuscula mythologica etc., Cambridge 1682) edirte Documente theologischer Dichtung und Philosophie. Der Richtung Jacob Böhme's huldigten John Pordage (1625—98), sein Schüler Thomas Bromley (gest. 1691) und Andere.

§ 8. An der Spitze der dogmatistischen (oder rationalistischen) Entwicklungsreihe der neueren Philosophie steht die Cartesianische Doctrin. René Descartes (1596—1650), in einer Jesuitenschule gebildet, kam durch Vergleichung der verschiedenen Anschauungen und Sitten unter verschiedenen Nationen und Parteien und durch allgemeine philosophische Betrachtungen, insbesondere durch die Erkenntniss des weiten Abstandes aller Demonstrationen in der Philosophie und anderen Doctrinen von der mathematischen Gewissheit, zum Zweifel an der Wahrheit aller überlieferten Sätze und fasste den Entschluss, durch eigenes voraussetzungsloses Denken zu gesicherten Ueberzeugungen zu gelangen. Das Einzige, woran sich, wenn alles Uebrige bezweifelt wird, nicht zweifeln lässt, ist das Zweifeln selbst und überhaupt das Denken im weitesten Sinne als die Gesammtheit aller bewussten psychischen Processe. Mein Denken aber hat meine Existenz zur Voraussetzung: cogito, ergo sum. Ich finde in mir die Gottesvorstellung, die ich nicht aus eigener Kraft gebildet haben kann, da sie eine vollere Realität involvirt, als ich in mir selbst trage; sie muss Gott selbst zum Urheber haben, der sie mir einprägte, wie der Architekt seinem Werke seinen Stempel aufdrückt. Auch folgt schon aus dem Gottesbegriff Gottes Existenz, da das Wesen Gottes die Existenz und zwar die ewige und nothwendige Existenz involvirt. Zu den Eigenschaften Gottes gehört die Wahrhaftigkeit (veracitas): Gott kann mich nicht täuschen wollen; daher muss alles, was ich klar und bestimmt erkenne, wahr sein. Aller Irrthum beruht auf dem Missbrauch der Willensfreiheit zu einem vorschnellen Urtheil über solches, was ich noch nicht klar und bestimmt erkannt habe. Ich kann die Seele als denkende Substanz klar und bestimmt auffassen, ohne sie als ausgedehnt vorzustellen; das Denken involvirt keine an die Ausdehnung geknüpften Prädicate. Ich muss andererseits den Körper als ausgedehnte Substanz denken und als solche für real halten, weil ich durch die Mathematik eine klare und bestimmte Erkenntniss von der Ausdehnung gewinnen kann und mir zugleich der Bedingtheit meiner Sinnesempfindungen durch äussere, körperliche Ursachen klar bewusst bin. Figur, Grösse, Bewegung kommen als Modi der Ausdehnung den Aussendingen zu; die Empfindungen der Farben, der Töne, der Wärme etc. aber existiren ebensowohl, wie Lust und Schmerz, nur in der Seele und nicht in den körperlichen Objecten. Nur durch Druck und Stoss werden die Körper bewegt. Die Seele steht mit dem Körper in unmittelbarer Beziehung und Wechselwirkung nur an einem einzigen Punkte inmitten des Gehirns, und zwar in der Zirbeldrüse. Bei dem dualistischen Verhältniss, welches Descartes zwischen Leib und Seele annahm, indem er beide für völlig heterogen ansah und keine Mittelstufen anerkannte, ward die von ihm behauptete, obschon durch Gottes Assistenz gestützte Wechselwirkung zwischen beiden undenkbar, wesshalb der Cartesianer Geulinx den Occasionalismus ausbildete oder die Lehre, dass bei Gelegenheit des seelischen Vorgangs Gott den entsprechenden leiblichen und bei Gelegenheit des leiblichen den psychischen bewirke, und Malebranche die mystische Lehre aufstellte, dass wir alle Dinge in Gott schauen, der der Ort der Geister sei.

Von den Schriften, die Descartes veröffentlicht hat, ist die früheste der Discours de la méthode, pour bien conduire sa raison et chercher la vérité dans les sciences, der zugleich mit der Dioptrique, den Météores und der Géométrie unter

§ 8. Descartes, Geulinx, Malebranche und gleichzeitige Philosophen. 47

dem Titel Essays philosophiques, Leyden 1637 erschien, in lateinischer, vom Abbé
Etienne de Courcelles angefertigter, von Descartes durchgesehener Uebersetzung,
Specimina philosophica, Amst. 1644. (Die hierin nicht mitenthaltene Geom. hat van
Schooten übersetzt, Lugduni Bat. 1649.) In lateinischer Sprache hat Descartes die
Meditationes de prima philosophia, ubi de Dei existentia et animae immortalitate;
his adjunctae sunt variae objectiones doctorum virorum in ipsas de Deo et anima
demonstrationes (nämlich 1 von Caterus in Antwerpen, 2. von Pariser Gelehrten,
gesammelt von Mersenne, 3. von Hobbes, 4. von Arnauld, 5. von Gassendi, 6. von
verschiedenen Theologen und Philosophen) cum responsionibus auctoris, Paris 1641
veröffentlicht; die zweite Ausgabe ist zu Amsterdam 1642 unter dem Titel: Meditationes de prima philosophia, in quibus Dei existentia et animae humanae a corpore distinctio demonstratur, erschienen; zu den objectiones und responsiones der
ersten Auflage sind hier noch als objectiones septimae die Einwürfe des Jesuiten
Bourdin nebst den Antworten des Descartes hinzugekommen; eine französische
Uebersetzung der Meditationen durch den Herzog von Luynes und der Einwürfe
und Antworten durch Clerselier, von Descartes durchgesehen, erschien 1647, auch
1661, eine andere, von René Fedé ausgearbeitete Uebersetzung 1673 und 1724. Die
systematische Darstellung der gesammten Doctrin erschien unter dem Titel: Renati
Descartes principia philosophiae zu Amsterdam 1644 u. ö., die französische Ueber-
setzung von Picot, Paris 1647, 1651, 1658, 1681. Die Streitschrift: Epistola Renati
Descartes ad Gisbertum Voetium erschien Amst. 1648, die psychologische Monographie: les passions de l'âme Amst. 1650. Mehrere Abhandlungen und Briefe
wurden nach Descartes' Tode aus seinem Nachlass herausgegeben, namentlich durch
Claude de Clerselier Fragmente der von Descartes selbst wegen der Verurtheilung
Galilei's nicht veröffentlichten Schrift: Le monde ou traité de la lumière, zuerst
Paris 1664, dann ebenda Paris 1677; ferner, gleichfalls durch Clerselier, traité de
l'homme et de la formation du foemus, Par. 1664, lateinisch mit Noten von Louis
de la Forge, 1677, Briefe, Par 1657—67, lat. Amst. 1668 und 1692; später wurden
auch die Regulae ad directionem ingenii (Règles pour la direction de l'esprit) und:
Inquisitio veritatis per lumen naturale (Recherche de la vérité par les lumières naturelles), zuerst in den Opera posthuma Cartesii, Amstel. 1701, veröffentlicht. (Die
Entstehung der auch im 11. Bande der Cousinschen Ausgabe der Werke des Descartes abgedr. „Regeln für die Leitung des Geistes" setzt Baumann in der Zeitschr.
f. Philos. N. F. Bd. 53, 1868, S. 189—205, in die Zeit von 23. bis 32. Lebensjahre
Descartes' und betrachtet sie als ein Document des Entwicklungsganges des Philosophen.) Lateinische Gesammtausgaben der philos. Werke des Descartes sind Amst.
1650 u. ö. erschienen; in französischer Sprache sind die Werke Par. 1701, ebend.
1724 und durch Victor Cousin ebend. 1824—26 herausgegeben worden, die philosophischen Werke durch Garnier, Paris 1835; einigen früher Unveröffentlichtes hat
Foucher de Careil herausgegeben: oeuvres inédites de Descartes, précédées d'une
préface et publiées par le comte F. d. C., Paris 1859—60. Desc., lettres inéd. préc.
d'une introd. par E. de Budé, Paris 1868. Sehr häufig sind bis auf die neueste
Zeit einzelne Schriften und Sammlungen der philosophischen Hauptwerke erschienen, u. a. der Discours sur la méthode, hrsg. von Em. Lefranc, Paris 1866, G. Va-
pereau, die Meditationen, hrsg. von S. Barsch, Wien 1866. Oeuvres de Desc., nouv.
édit., collationnée sur les meilleurs textes et précédée d'une introd. par Jules Simon,
Paris 1868 ff. In's Deutsche hat Kuno Fischer den Disc., die Med. und den ersten
Theil der Princ. philos. des Descartes übertragen und mit einem Vorwort begleitet,
Mannheim 1863, v. Kirchmann (in der „philos. Bibl.") die sämmtlichen philos. Schriften (nämlich ausser Dissert., Med. und den vollständigen Princ. philos. auch noch die
pass. animae) übersetzt und commentirt, Berlin 1870.

Die Hauptzüge aus dem Leben und Entwicklungsgange des Descartes
hat er selbst besonders in seinem Discours sur la méthode mitgetheilt. Kurze Biographien erschienen schon bald nach seinem Tode, eine ausführliche, von A. Baillet
verfasst, unter dem Titel: la vie de Mr. des Cartes, Paris 1691, im Auszuge ebend.
1693. Éloge de René Descartes, par Thomas, Par. 1765 (von der Pariser Akademie
mit dem Preise gekrönt). Éloge de René Descartes par Gaillard, Par. 1765; par
Mercier, Genève et Paris 1765. In den Werken über die Geschichte der neueren
Philosophie und in manchen Ausgaben von Schriften des Descartes findet man Skizzen seines Lebens- und Entwicklungsganges, u. a. auch im ersten Bande der Hist.
de la philos. Cartésienne par Francisque Bouillier, Par. 1854, in den Oeuvres morales et philosophiques de Descartes, précédées d'une notice sur sa vie et ses ouvrages par Amédée Prevost, Paris 1855 etc. Eine anziehende Schilderung seines

§ 8. Descartes, Geulinx, Malebranche und gleichzeitige Philosophen.

Lebensganges giebt Kuno Fischer, Gesch. d. neuer. Philos. I, 1, 2. Aufl., Mannheim 1865, S. 121—276. J. Millet, Descartes, sa vie, ses travaux, ses découvertes avant 1637, Paris 1867 u. Desc., son hist. depuis 1637, sa phil., son rôle dans le mouvement général de l'esprit humain, Par. 1870. Paul Janet, Descartes, in: Révue des deux mondes, t. 73, 1868, S. 315—369. Ch. Jul. Jeannel, Desc. et la princesse palatine, Paris 1869. W. Ernst, Desc., sein Leben u. Denken. Skizze. Böhm. Leipa 1821.

Ueber die Geschichte des Cartesianismus ist das Hauptwerk: Histoire de la philosophie Cartésienne par Francisque Bouillier, Paris 1854, 3. éd. 1868 (eine Erweiterung der bereits 1843 veröffentlichten, von der Académie des sciences morales et politiques gekrönten Preisschrift; Histoire et critique de la révolution cartésienne); vgl. die betreffenden Abschnitte bei Damiron, Histoire de la philosophie du XVII. siècle, auch E. Saisset, précurseurs et disciples de Desc., Paris 1867.

Zu den zahlreichen neueren Abhandlungen und Schriften über den Cartesianismus gehören folgende: Heinr. Ritter, über den Einfluss des Cart. auf die Ausbildung des Spinozismus, Leipz. 1816. H. C. W. Sigwart, über den Zusammenhang des Spitozismus mit der Cartesianischen Philosophie, Tübingen 1816. H. G. Rothe, de philos. Cart. diss., Berol. 1826. P. Knoodt, de Cartesii sententia: cogito ergo sum, diss., Breslau 1845. Carl Schaarschmidt, Des Cartes und Spinoza, urkundliche Darstellung der Philosophie Beider, Bonn 1850. J. N. Huber, die Cartesian. Beweise vom Dasein Gottes, Augsb. 1854. Joh. Heinr. Löwe, das speculative System des René Descartes, seine Vorzüge und Mängel, Wien 1855 (aus den Ber. der Akad., phil.-hist. Cl., Bd. XIV, 1854). N. Schmid aus Schwarrenberg, René Descartes und seine Reform der Philosophie, Nördlingen 1859. Chr. A. Thilo, die Religionsphilosophie des Descartes, in: Zeitschr. f. ex. Ph. III, Lps. 1862, S. 121—162. E. Saisset, précurseurs et disciples de Descartes, Paris 1862. Jul. Baumann, doctrina Cartesiana de vero et falso explicata atque examinata, diss. inaug., Berol. 1863. Ludw. Gerkrath, de connexione, quae intercedit inter Cart. et Pascallum, Progr. des Lyceum Hos., Braunsberg 1863. Gust. Theod. Schedin, är Occasionalismen en konsequent utveckling af Cartesianismen? Akademisk Afhandl., Upsala 1864. Jac. Guttmann, de Cartesii Spinozaeque philosophii et quae inter eas intercedat ratio, diss. inaug., Vratisl. 1868. P. J. Elsenich, die Beweise für das Dasein Gottes nach Cartesius, Breslau 1868. Charles Waddington, Desc. et le spiritualisme, Paris 1868. F. Volkmer, das Verhältniss von Geist und Körper im Menschen nach Cart., Breslau 1869. E. Bose, Montesquieu und Cartesius, in: ph. Monatsh. IV, Heft 1, Berlin 1869, S. 1—38. Bertrand de St. Germain, Desc. considéré comme physiologiste et comme médecin, Paris 1870. Ludovic Carrau, expos. crit. de la théorie des passions dans Desc., Malebranche et Spinoza, thèse, Strassburg 1870. Vgl. die Darstellungen der Doctrin des Cartesius in den Geschichtswerken von Buhle, Tennemann, Ritter, Feuerbach, Erdmann, Fischer, Turbiglio und Anderen.

Pascal, lettres provinciales, Cologne 1657 u. ö., deutsch von J. J. G. Hartmann, Berlin 1830; Pensées sur la religion, 1669, Amst. 1697, Par. 1720 u. ö., herausg. von Faugère, Par. 1844; mit Vorrede von J. F. Astié, Paris et Lausanne 1857, deutsch von Friedr. Meerschmann, Halle 1865; Oeuvres, à la Haye 1779, hrsg. von Bossut in 6 Bänden, Par. 1819; Opuscules philos. Par. 1864, 65, 66. Ueber ihn handeln u. A. Herrn. Reuchlin, P.'s Leben und der Geist seiner Schriften, Stuttgart u. Tüb. 1840; A. Neander (in N.'s wiss. Abh, hrsg. v. J. L. Jacobi, Berl. 1851, S. 58 ff.), Cousin. Études sur P., 5. éd. Par. 1857, Havet (Pensées publ. dans leur texte authentique avec une introduction, des notes et des remarques), par M. E. Havet, Par. 1866), Maynard, Pascal, sa vie et son caractère, Paris 1850; Th. Lorriaux, études sur les pensées de Pascal, Strassburg 1862; Märcker in der Zeitschr.: der Gedanke, Bd. IV, Berlin 1863, S. 149—160; Oscar Ulbrich, de Pascalis vita, diss. inaug., Donaue 1866; J. Tissot, Pascal, réfl. sur ses Pensées, Dijon et Paris 1869. Joh. Georg Dreydorff, Pascal, s. Leben u. s. Kämpfe, Leipzig 1870 (69). Theophil Wilh. Ecklin, Bl. Pascal, ein Zeuge der Wahrheit, Basel 1870.

Poiret, cogitationes rationales de Deo, anima et malo, Amst. 1677 u. ö.; Oecon. div., Amst. 1687; de eruditione triplici; solida, superficiaria et falsa, Amst. 1692 u. ö.; fides et ratio collatae ac suo utraque loco redditae adversus principia Jo. Lockii, Amst. 1707; Opera posthuma, Amst. 1721.

Ueber Huet handeln: C. Bartholmèss, Huet, évêque d'Avranches ou le scepticisme théologique, Paris 1850, A. Flottes, Études sur Dan. Huet, Montpellier 1857, Karl Sigmund Barach, Pierre Dan. Huet als Philosoph, Wien u. Leipzig 1862.

Ueber Bayle handeln: Des Maizeaux, la vie de P. B., Amst. 1730 n. ö.; L. Feuerbach, P. B. nach seinen für die Gesch. der Philos. und Menschheit interessan-

§ 8. Descartes, Geulinx, Malebranche und gleichzeitige Philosophen. 49

testen Momenten, Ansbach 1838, 2 Aufl., Lpz. 1844; Emile Jeanmaire, essai sur la critique relig. de Pierre Bayle, Strassb. 1862.
Arnoldi Geulincx Logica fondamentis suis, a quibus hactenus collapsa fuerat, restituta, Lugd. Bat. 1662, Amst. 1698; Metaphysica vera et ad mentem Peripateticorum, Amst. 1691; Γνῶθι σεαυτόν, s. Ethica, Amst. 1665 (unvollständig) Lugd. Bat. 1675, Amst. 1709; Physica vera. 1698; ausserdem Annotata (praecurrentia und majora) zu Descartes' Prinzipien der Philosophie, Dordraci 1690 und 1691.
Nic. Malebranche, de la recherche de la vérité où l'on traite de la nature, de l'esprit de l'homme et de l'usage qu'il doit faire pour éviter l'erreur dans les sciences Par. 1675 u. ö., am vollständigsten 1712; Conversations métaphysiques et chrétiennes, 1677; traité de la nature et de la grâce, Amst. 1680; traité de morale, Rotterd. 1684; Méditations métaph. et chrétiennes, 1684; Entretiens sur la métaphysique et sur la religion (eine compendiarische Darstellung seiner Doctrin) 1688; traité de l'amour de Dieu, 1697; Entretiens d'un philosophe chrétien et d'un philosophe chinois sur la nature de Dieu, Par. 1708; Oeuvres, Par. 1712; vgl. den betreffenden Abschnitt bei Bouillier, hist. de la philos. Cartésienne und in anderen Geschichtswerken, ferner Blampignon, étude sur Mal. d'après des documents manuscrits, suivie d'une correspondance inédite, Paris 1862; Ch. A. Thilo, über M's religions-philos. Ansichten, in: Zeitschr. f. ex. Ph. IV, 1863, S. 181 — 198 und S. 209 bis 224; Aug Damien, étude sur la Bruyère et Malebranche, Paris 1866; D. Bouleau, expenditur Malebranchii sententia de causis occasionalibus, diss. Lugdunensi lit. fac. propos., Clermont 1846.

Geboren am 31. März 1596 zu Lahaye in Touraine, erhielt René Descartes (aus der früheren Form: de Quartis; Renatus Cartesius) in der Jesuitenschule zu Laflèche in Anjou seine Jugendbildung (1604—12), lebte dann meist in Paris, hauptsächlich mit mathematischen Studien beschäftigt, diente (1617—21) als Freiwilliger erst unter Moritz von Nassau, dem Sohne des Prinzen Wilhelm von Oranien, dann (seit 1619) unter Tilly und Boucquoi und war bei dem Heere, das die Schlacht bei Prag gegen den König von Böhmen, Friedrich V. von der Pfalz gewann, dessen Tochter Elisabeth später Descartes' Schülerin ward. Die nächsten Jahre brachte Descartes auf Reisen zu, führte 1624 eine Wallfahrt nach Loretto aus, die er vier Jahre zuvor für eine Lösung seiner Zweifel gelobt hatte, nahm auch an der Belagerung von la Rochelle (1628) theil. Mit der Ausbildung seines Systems und der Abfassung seiner Schriften beschäftigt, lebte Descartes 1629—49 an verschiedenen Orten der Niederlande, bis er, einem Rufe der Königin von Schweden folgend, nach Stockholm übersiedelte, wo er der Königin Unterricht ertheilte, auch eine Akademie der Wissenschaften begründen sollte, aber bereits am 11. Februar 1650 dem für ihn zu rauhen Klima erlag.

Descartes ist der Sohn einer Zeit, in welcher die confessionellen Interessen zwar bei der Menge des Volkes und bei einem Theile der Gebildeten noch ihre alte Macht behaupteten, aber nicht nur von Fürsten und Staatsmännern fast durchgängig politischen Zwecken entschieden untergesetzt wurden, sondern auch bereits bei Vielen hinter die Macht der freien wissenschaftlichen Erkenntnis zurücktraten. Die Unterscheidungslehren waren das Product der vorangegangenen Generationen, die sich in ihrer Ausbildung einer neuen Geistesfreiheit erfreut hatten; in der damaligen Zeit aber waren bereits die überkommenen Resultate scholastisch fixirt, der Kampf wurde schon längst nicht mehr mit der ursprünglichen Frische, aber mit um so grösserer Bitterkeit geführt und hatte sich mehr und mehr in Subtilitäten verloren, der Riss war klaffend und unheilbar geworden, und zugleich musste mehr als in der früheren Zeit das Leid der Spaltung in unablässigen, den Wohlstand und die Freiheit der Länder vernichtenden, Rohheit und Laster aller Art begünstigenden Kriegen empfunden werden. So bildete sich eine Richtung aus, welche zwar mit scheuer Ehrfurcht zu der Kirche aufschaute, Collisionen mit ihren Vertretern fürchtete und nach Möglichkeit mied, aber ohne positives Interesse

§ 8. Descartes, Geulinx, Malebranche und gleichzeitige Philosophen.

für die kirchlichen Dogmen war und Befriedigung für Geist und Gemüth nicht in ihnen, sondern nur theils in allgemeinen Sätzen der rationalen Theologie, theils in der Mathematik, Naturforschung und psychologisch-ethischen Betrachtung des Menschenlebens fand. Auf diesem Standpunkte war die Verschiedenheit der durch Geburt und äussere Verhältnisse bedingten Confession kein Hinderniss inniger persönlicher Freundschaft, die sich an die Gemeinschaft der wesentlichen Lebensinteressen, des Studiums und der Erweiterung der Wissenschaften knüpfte. Ob Kriegsdienste bei Katholiken oder bei Protestanten genommen wurden, hing weniger von der Confession, als von äusseren politischen und specifisch militärischen Rücksichten ab. Die gewohnten religiösen Gebräuche hafteten fester als die Dogmen; aber sie bestimmten nur die Aussenseite des Lebens, dessen geistiger Gehalt ein wesentlich neuer ward. Die Philosophie des Descartes ist nicht eine katholische und nicht eine protestantische Philosophie, sondern ein selbständiges Streben nach Wahrheit auf dem Grunde und nach dem Vorbilde der apodiktischen Gewissheit der mathematischen und mathematisch-naturwissenschaftlichen Erkenntniss. Den „vérités révélées" macht er seine Reverenz, aber hütet sich sorgsam vor jeder näheren Berührung. Bossuet sagt: „M. Descartes a toujours craint d'être noté par l'Eglise et on lui voit prendre sur cela des précautions qui allaient jusqu'à l'excès." Der Uebertritt der Tochter Gustav Adolf's zum Katholicismus soll seinen ersten Anlass in dem Umgang dieser Fürstin mit Descartes gehabt haben; dass nicht ein directer Einfluss im Sinne einer „Proselytenmacherei" stattgefunden habe, ist selbstverständlich; aber im Sinne einer Vergleichgültigung der confessionellen Unterscheidungslehren, welche die natürliche Folge der neuen Erkenntniss war, und etwa noch positiv durch Descartes' Betonung der menschlichen Freiheit, die besser zum katholischen, als zum protestantischen Dogma stimmte, kann ein wesentlicher Einfluss des Descartes allerdings mit Grund angenommen werden.

Descartes ist nicht nur als Philosoph, sondern auch als Mathematiker und Physiker von hervorragender Bedeutung. Sein mathematisches Hauptverdienst ist die Begründung der analytischen Geometrie, welche die räumlichen Verhältnisse durch Bestimmung der Entfernungen aller Punkte von festen Linien (Coordinaten) auf arithmetische zurückführt und mittelst der (algebraischen) Rechnung mit Gleichungen geometrische Aufgaben löst und Lehrsätze beweist. Auch die Bezeichnung der Potenzen durch Exponenten wird ihm verdankt. Als Physiker hat er sich um die Lehre von der Refraction des Lichtes, um die Erklärung des Regenbogens, um die Bestimmung der Schwere der Luft verdient gemacht. Der fundamentale Irrthum des Descartes, die Materie nur durch Druck und Stoss und nicht durch innere Kräfte bewegt zu denken, ist durch die Newton'sche Gravitationslehre berichtigt worden; andererseits enthält die Lehre des Descartes vom Licht und von der Entstehung der Weltkörper manche Ahnungen des Richtigen, welche von den Newtonianern verkannt worden, aber durch die von Huygens und Euler vertretene Undulationstheorie und durch die von Kant und Laplace aufgestellte Lehre von der Entstehung des Weltgebäudes wieder zu Ehren gekommen sind. Auch auf dem Gebiete der Anatomie hat Descartes mit Erfolg gearbeitet.

Der Discours de la méthode zerfällt in sechs Abschnitte: 1. considérations touchant les sciences, 2. principales règles de la méthode, 3. quelques règles de la morale, tirées de cette méthode, 4. raisons qui prouvent l'existence de Dieu et de l'âme humaine, ou fondement de la métaphysique, 5. ordre des questions de physique, 6. quelles choses sont requises pour aller plus avant en la recherche de la nature. In dem ersten Abschnitt erzählt Descartes, wie ihn in seiner Jugend alle Wissenschaften ausser der Mathematik unbefriedigt gelassen haben. Von der Philosophie, die er in dem Jesuitencollegium gelernt hat, weiss er nur zu rühmen,

§ 2. Descartes, Geulinx, Malebranche und gleichzeitige Philosophen.

dass sie „donne moyen de parler vraisemblablement de toutes choses et se faire admirer des moins savants"; er hält alles in ihr für zweifelhaft. Er ist darüber erstaunt, dass man auf die so feste Basis der Mathematik nichts Höheres als die mechanischen Künste gebaut habe. Die überlieferten Wissenschaften, sagt Descartes in der zweiten Abhandlung, sind grösstentheils nur Conglomerate von Meinungen, eben so unförmlich, wie Städte, die nach keinem einheitlichen Plane gebaut sind. Was ein Einzelner planmässig schafft, wird in der Regel weit besser, als was sich ohne Plan und Ordnung historisch gestaltet hat. Es wäre zwar nicht wohlgethan, den Staat von Grund aus umzubilden „en le renversant pour le redresser", denn die Gewohnheit lässt die Uebelstände leichter ertragen, der Umsturz wäre gewaltsam und der Neubau schwierig; aber die eigenen Meinungen sämmtlich aufzuheben, um methodisch ein wohlbegründetes Wissen zu gewinnen, dies setzt Descartes sich zur Lebensaufgabe. Die Methode, welche Descartes befolgen will, ist durch das Vorbild der Mathematik bedingt. Er stellt vier methodische Grundsätze auf, die, wie er glaubt, vor der aristotelischen Logik, insbesondere der Syllogistik, welche mehr dem Unterricht, als der Forschung diene, und noch viel mehr vor der Lullischen Kunst zu schwatzen, den Vorzug verdienen. Diese vier methodischen Grundsätze sind: 1. Nichts für wahr zu halten, was nicht mit Evidenz als wahr erkannt sei, indem es sich mit einer jeden Zweifel ausschliessenden Klarheit und Bestimmtheit dem Geiste darstellt (si clairement et si distinctement, que je n'eusse aucune occasion de le mettre en doute). 2. Jedes schwierige Problem möglichst in seine Theile zu zerlegen. 3. Ordnungsmässig zu denken, indem vom Einfacheren und Leichteren successiv zum Complicirteren und Schwierigeren fortgegangen und selbst da, wo nicht durch die Natur des Objects eine bestimmte Ordnung gegeben ist, um des geordneten Fortschritts der Untersuchung willen eine solche angenommen wird. 4. Durch Vollständigkeit in den Aufzählungen und Allgemeinheit in den Uebersichten sich zu vergewissern, dass nichts übersehen werde*). In dem dritten Abschnitt des Discours de la méthode theilt Descartes einige moralische Regeln mit, die er provisorisch (so lange nicht eine befriedigende Moralphilosophie begründet sei) zu seinem eigenen Gebrauch sich gebildet habe. Die erste ist, die Gesetze und Gewohnheiten seines Landes zu befolgen, an der Religion, in der er erzogen sei, festzuhalten und im praktischen Leben durchweg die gemässigtsten und verbreitetsten Maximen zu befolgen; die zweite geht auf Consequenz im Handeln, die dritte auf Mässigung der Ansprüche an das äussere Leben; die vierte ist der Entschluss, sein Leben der Ausbildung seiner Vernunft und der Entdeckung wissenschaftlicher Wahrheiten zu widmen. In dem vierten und fünften Abschnitt giebt Descartes die Grundzüge der Doctrin, die er später

---

*) Diese Regeln betreffen das subjective Verhalten des Denkenden als solches, nicht die durch das Verhältniss des Denkens zur Objectivität bedingten Denkformen und Denkgesetze, welche die aristotelische Logik durch Analyse des Denkens zu verstehen sucht; sie sind daher, so zweckmässig sie in ihrer Art sein mögen, doch nicht im Mindesten dazu geeignet, die aristotelische Logik zu ersetzen; schon die aus der Schule des Descartes hervorgegangene Schrift: La logique ou l'art de penser, Paris 1662 u. ö., hat vielmehr diese Cartesianischen Regeln mit einer modificirten aristotelischen Logik verbunden. Auf den Gang des Denkens im Verhältniss zur Objectivität bezieht sich die von Descartes der aristotelischen Schule entnommene Unterscheidung der analytischen Methode, die von dem Bedingten zum Bedingenden, und der synthetischen Methode, die umgekehrt von dem Bedingenden zum Bedingten fortgeht; doch hat Descartes auch dieser Unterscheidung eine subjectivere Wendung gegeben, indem er die analytische Methode als die der Erfindung, die synthetische als die der didaktischen Darstellung bezeichnet, was höchstens a potiori, aber keineswegs durchgängig zutrifft.

§ 8. Descartes, Geulinx, Malebranche und gleichzeitige Philosophen.

(In den Medit. und den Princip. philos.) entwickelt hat, und verbreitet sich im sechsten über das zur Förderung der Physik und erweiterten Anwendung derselben auf die Heilkunde einzuhaltende Verfahren.

In den Meditationes de prima philosophia sucht Descartes das Dasein Gottes und die selbstständige, vom Leibe trennbare Existenz der menschlichen Seele darzuthun. In der ersten Meditation zeigt Descartes, dass sich an allem zweifeln lasse, nur nicht daran, dass wir zweifeln, also, da das Zweifeln ein Denken ist, nicht daran, dass wir denken. Von meiner Jugendzeit an, sagt der Verfasser (zum Theil im Anschluss an Charron und andere Skeptiker), habe ich eine Menge überlieferter Ansichten als wahr angenommen und darauf weiter gebaut; was aber auf so unsicherem Grunde ruht, kann nur sehr ungewiss sein; es thut daher noth, mich irgend einmal im Leben von allen überkommenen Meinungen loszumachen und vom Fundament an einen Neubau aufzuführen. Die Sinne täuschen oft; ich darf ihnen daher in keinem Falle unbedingt trauen. Der Traum täuscht mich durch falsche Bilder; ich finde aber kein sicheres Kriterium, um zu entscheiden, ob ich in diesem Augenblick schlafe oder wache. Vielleicht ist unser Körper nicht so, wie er sich unsern Sinnen darstellt. Dass es überhaupt Ausdehnung gebe, scheint sich freilich nicht wohl bezweifeln zu lassen; jedoch weiss ich nicht, ob nicht vielleicht ein allmächtiges Wesen bewirkt habe, dass zwar in der That keine Erde, kein Himmel, kein ausgedehntes Object, keine Figur, keine Grösse, kein Ort existirt und dass ich nichtsdestoweniger die sinnlichen Vorstellungen habe, die mir die Existenz aller dieser Objecte vorspiegeln, dass ich sogar in der Addition von zwei und drei, in der Zählung der Seiten eines Quadrats, in den leichtesten Schlüssen mich täusche. Meine Unvollkommenheit kann so gross sein, dass ich mich immer täusche. Wie Archimedes, sagt Descartes in der zweiten Meditation, nur einen festen Punkt forderte, um die Erde bewegen zu können, so werde ich grosse Hoffnungen fassen dürfen, wenn ich glücklich genug bin auch nur einen Satz zu finden, der völlig gewiss und unzweifelhaft ist. In der That ist Eins gewiss, während mir Alles als ungewiss erscheint, nämlich eben mein Zweifeln und Denken selbst und daher meine Existenz. Gäbe es auch ein mächtiges Wesen, welches es darauf angelegt hätte, mich zu täuschen, so muss ich doch existiren, um getäuscht werden zu können. Indem ich denke, dass ich sei, so beweist eben dieses Denken, dass ich wirklich bin. Der Satz: ich bin, ich existire, ist allemal, da ich ihn ausspreche oder denke, nothwendigerweise wahr. Cogito, ergo sum. Nur das Denken ist mir gewiss, ich bin eine res cogitans, id est mens sive animus sive intellectus sive ratio. Die res cogitans ist eine res dubitans, intelligens, affirmans, negans, volens, nolens, imaginans quoque et sentiens. (Nämlich als „cogitandi modos" habe ich gewiss auch sinnliche Empfindungen, obschon die Beziehung zu äusseren Objecten und Affection der Sinne zweifelhaft sein mag.) Nonne ego ipse sum qui jam dubito fere de omnibus, qui nonnihil tamen intelligo, qui hoc unum verum esse affirmo, nego caetera, cupio plura nosse, nolo decipi, multa vel invitus imaginor, multa etiam tamquam a sensibus venientia animadverto! Ich kenne mich selbst als denkendes Wesen besser, als ich die Aussendinge kenne*). In der dritten Meditation geht

---

*) Die Aehnlichkeit mit dem Ausgangspunkte des Augustin'schen Philosophirens und mit Sätzen des Ocam (Cirdr. II. § 16 u. § 36) und des Campanella (s. o. § 6. S. 31) ist augenfällig. Descartes führt die res cogitans, also die Anwendbarkeit des Substanzbegriffs, und das ego, also die Individualität, die Einheit des Bewusstseins in sich und Verschiedenheit von anderm, ohne Ableitung mit in seinen Fundamentalsatz ein. Lichtenberg hat geurtheilt, Descartes habe nur schliessen

Descartes zur Gotteserkenntniss fort. Ich bin, sagt er, dessen gewiss, dass ich ein denkendes Wesen bin; aber weiss ich nicht auch, was dazu gehört, irgend einer Sache gewiss zu sein? In der ersten Erkenntniss, die ich gewonnen habe, hat nichts anderes mich der Wahrheit vergewissert, als die klare und bestimmte Perception dessen, was ich behaupte, und diese würde mich nicht der Wahrheit haben gewiss machen können, wenn es geschehen könnte, dass irgend etwas, das ich mit solcher Klarheit und Bestimmtheit auffasse, falsch wäre; hiernach darf ich wohl als allgemeine Regel annehmen, alles sei wahr, was ich sehr klar und bestimmt percipire (jam videor pro regula generali posse statuere, illud omne esse verum, quod valde clare et distincte percipio). Nur die Möglichkeit, dass ein Wesen, welches über mich Macht habe, mich in allem täusche, könnte die Gültigkeit dieser Regel einschränken. Ich habe daher Anlass zunächst das Dasein Gottes zum Gegenstand meiner Untersuchung zu machen*). Meine Gedanken, sagt Descartes, indem er sich zur Untersuchung über das Dasein Gottes wendet, sind theils Vorstellungen (Ideen, d. h. in meine Seele aufgenommene Formen, *εἴδη*, von Dingen), theils Willensacte und Gefühle, theils Urtheile. Wahrheit und Irrthum ist nur in den Urtheilen. Das Urtheil, dass eine Vorstellung einem Object ausser mir conform sei, kann irrthümlich sein; die Vorstellung für sich allein ist es nicht. Unter meinen Vorstellungen erscheinen mir die einen angeboren, andere von aussen gekommen, andere durch mich selbst gebildet zu sein (ideae aliae innatae, aliae adventitiae, aliae a me ipso factae mihi videntur). Zu der ersten Classe bin ich

dürfen: Cogitat, ergo est. Ferner kann mit Kant in Frage gestellt werden, ob das Bewusstsein, das wir von unserm Denken, Wollen, Empfinden, überhaupt von unsern psychischen Functionen haben, diese Functionen selbst so, wie sie an sich sind, auffasse oder mit einer Form behaftet sei, die nur der Selbstauffassung und nicht dem Aufzufassenden an sich zukomme, in welchem Falle die durch den „innern Sinn" vermittelte Selbsterscheinung ebenso, wie durch die äussern Sinne vermittelte Erscheinung räumlicher Objecte, von dem, was eben diese Erscheinungen veranlasst, z. B. unser Bewusstsein über unser Zweifeln, Denken, Wollen von dem wirklichen innern Vorgang beim Zweifeln, Denken, Wollen, verschieden und mit demselben ungleichartig sein würde. (Doch wird diese letztere Frage zu Gunsten der Descartes'schen Ansicht entschieden werden müssen, s. mein Syst. der Log. § 40, 3. Aufl., Bonn 1868, S. 71 ff.; S. 76.)

*) Descartes überblickt hierbei, indem er in der Klarheit der Erkenntniss das Kriterium ihrer Wahrheit findet, die Relativität dieses Begriffs. Ich muss allerdings jedesmal dasjenige, was ich klar und bestimmt, so erkennen überzeugt bin, als wahr annehmen; aber ich soll auch eingedenk bleiben, dass eine anscheinend klare Erkenntniss bei einer vertieften Betrachtung sich als ungenügend oder irrthümlich erweisen kann, wie die Wahrheit der klaren sinnlichen Anschauung, z. B. vom Himmelsgewölbe, durch eine klare wissenschaftliche Einsicht eingeschränkt und aufgehoben werden kann, so kann wiederum die Gültigkeit einer Stufe des Denkens, durch eine höhere, insbesondere die Gültigkeit des unmittelbar auf die Objecte gerichteten Denkens durch ein erkenntnisstheoretisches Denken eingeschränkt und aufgehoben werden. Es ist falsch, die „vollere Wahrheit" die der bekannte Satz meint, einer niederen; die, zu lange noch keine höhere erreicht ist, in natürlicher Selbsttäuschung für die höchste gehalten wird, zu vindiciren, und, falls sie sich dort nicht findet, von muthiger Täuschung, von verwerflichem Trug zu reden. — In formellem Betracht involvirt das Cartesianische Kriterium eine Zweideutigkeit, indem es entweder auf die Deutlichkeit der Vorstellung als solche oder auf die Deutlichkeit des Urtheils, dass gewissen Vorstellungen oder Vorstellungsverhältnissen objective Gültigkeit zukomme, bezogen werden kann. Im ersten Fall ist das Kriterium falsch; im zweiten Fall aber schiebt es die Frage zurück, indem unentschieden bleibt, worauf die Deutlichkeit der Ueberzeugung von der objectiven Bedeutung des Vorgestellten beruhe, welcher Mangel dem Kriterium selten den nachtheiligsten Einfluss auf die Lösung einzelner Probleme (s. die Verhältnisse von Leib und Seele, s. unten).

§ 8. Descartes, Geulinx, Malebranche und gleichzeitige Philosophen.

geneigt die Vorstellungen des Dinges, der Wahrheit, des Denkens zu rechnen, die ich aus meinem eigenen Wesen schöpfe (ab ipsomet mea natura, wobei freilich von Descartes kein Unterschied zwischen dem Angeborensein einer Vorstellung als solcher und dem durch Abstraction vermittelten Ursprung einer Vorstellung aus der Innern Wahrnehmung der psychischen Functionen, zu denen die Fähigkeit uns angeboren ist, gemacht wird). Der zweiten Classe scheinen die sinnlichen Wahrnehmungen, der dritten aber Fictionen, wie die einer Sirene, eines Flügelrosses etc. anzugehören. Es giebt einen Weg, aus dem psychischen Charakter einer Idee selbst zu schliessen, ob sie von einem realen Objecte ausser mir herstamme. Die verschiednen Ideen haben nämlich ein verschiedenes Maass von realitas objectiva, d. h. sie participiren als Vorstellungen an höheren oder geringeren Graden des Seins oder der Vollkommenheit. (Unter dem Objectiven versteht Descartes noch ganz, wie die Scholastiker, das, was als Vorstellung im Geiste ist, nicht das äussere Object, die res externa; unter dem Subject aber jedes Substrat, ἀνυπείμενον.) Ideen, durch welche ich Substanzen vorstelle, sind vollkommener, als solche, die nur Modi oder Accidentien repräsentiren; die Vorstellung eines unendlichen, ewigen, unveränderlichen, allwissenden, allmächtigen Wesens, des Schöpfers aller endlichen Dinge, hat mehr Vorstellungsrealität, als die Vorstellungen, welche endliche Substanzen repräsentiren. Nun aber kann in einer Wirkung nicht mehr Realität sein, als in der vollen Ursache; die Ursache muss alles Reale der Wirkung entweder formaliter oder eminenter (d. h. entweder die nämlichen Realitäten oder andere, die noch vorzüglicher sind) in sich enthalten. Daher kann ich, falls die Vorstellungsrealität irgend einer meiner Ideen so gross ist, dass sie das Maass meiner eigenen Realität überragt, schliessen, ich sei nicht das einzige existirende Wesen, sondern es müsse noch irgend etwas Anderes, das die Ursache jener Idee sei, existiren. Da ich endlich bin, so könnte in mir nicht die Idee einer unendlichen Substanz sein, wenn nicht diese Idee von einer wirklich existirenden unendlichen Substanz herstammte. Ich darf nicht die Vorstellung des Unendlichen für eine blosse Negation der Endlichkeit halten, wie ich Ruhe und Finsterniss nur durch Negation der Bewegung und des Lichtes percipire; denn im Unendlichen liegt mehr Realität, als im Endlichen*). Zu diesem Argument für die Existenz Gottes fügt Descartes folgendes hinzu. Ich selbst, der ich jene Idee habe, könnte nicht existiren, wenn nicht Gott wäre. Wäre ich durch mich selbst, so würde ich mir alle möglichen Vollkommenheiten gegeben haben, die ich doch thatsächlich nicht besitze. Bin ich durch Andere, durch Eltern, Voreltern etc., so muss es doch eine erste Ursache geben, die Gott ist; ein regressus in infinitum ist um so weniger anzunehmen, da auch mein Fortbestehen von einem Augenblick zum andern nicht von mir selbst und nicht von endlichen Ursachen meines Daseins, sondern nur von der ersten Ursache abhängig sein kann. Die Gottesvorstellung ist mir ebenso eingeboren, wie die Vorstellung, die ich von mir selbst habe, mir eingeboren ist. Die Art des Angeborenseins lässt Descartes ziemlich unbestimmt; er sagt: et sane non mirum est, Deum me creando ideam illam mihi indidisse, ut esset tamquam nota artificis operi suo impressa, nec etiam opus est, ut nota illa sit aliqua res ab opere ipso diversa, sed

---

*) Descartes hat, indem er mit Recht in Abrede stellt, dass die Vorstellung des Unendlichen eine blosse Negation sei, die successive Idealisirung, durch welche der positive Inhalt dieser Vorstellung gewonnen wird, zu wenig beachtet, und nicht erwogen, ob auch das Hinausschreiten über das auf diesem Wege erreichbare Maass von vorgestellter Vollkommenheit noch einen positiven Vorstellungsinhalt hinzufüge oder auf eine durch blosse Abstraction zu vollziehende Negation aller Schranken hinauslaufe.

§ 8. Descartes, Geulinx, Malebranche und gleichzeitige Philosophen.

ex hoc uno quod Deus me creavit, valde credibile est me quodammodo ad imaginem et similitudinem ejus factum esse, illamque similitudinem, in qua Dei idea continetur, a me percipi per eandem facultatem, per quam ego ipse a me percipior, hoc est, dum in me ipsum mentis aciem converto, non modo intelligo me esse rem incompletam et ab alio dependentem remque ad majora et majora sive meliora indefinite aspirantem, sed simul etiam intelligo illum, a quo pendeo, majora ista omnia non indefinite et potentia tantum, sed reipsa infinite in se habere, atque ita Deum esse, totaque vis argumenti in eo est, quod agnoscam fieri non posse ut existam talis naturae, qualis sum, nempe ideam Dei in me habens nisi re vera Deus etiam existeret. Zu den nothwendigen Eigenschaften Gottes gehört die Wahrheitsliebe. Gott kann nicht täuschen wollen. Velle fallere vel malitiam vel imbecillitatem testatur nec proinde in Deum cadit. Aus dieser Eigenschaft Gottes, der veracitas, zieht Descartes in den folgenden Meditationen Schlüsse. Die Ursache aller meiner Irrthümer, sagt Descartes in der vierten Meditation, liegt darin, dass meine Willenskraft weiter reicht, als meine Einsicht, und ich die Anwendung jener nicht so einschränke, wie das Maass meiner Einsicht es fordert, sondern auch über das, was ich nicht einsehe, statt mich des Urtheils zu enthalten, ein Urtheil zu fällen mir anmaasse. Was ich klar und bestimmt erkenne, dem darf ich zustimmen; denn dass die klare und bestimmte Erkenntniss wahr sein muss, folgt aus Gottes Wahrhaftigkeit*). Zu den deutlichen Erkenntnissen rechnet Descartes in der fünften Meditation die der räumlichen Ausdehnung sammt allen mathematischen Sätzen. In derselben Weise aber, wie aus dem Wesen eines Dreiecks folgt, dass die Summe seiner Winkel gleich zwei rechten Winkeln sei, folgt aus der Natur Gottes, dass er existire; denn unter Gott ist das schlechthin vollkommene Wesen zu verstehen, zu den Vollkommenheiten aber gehört die Existenz, die Existenz ist also von Gottes Wesen unabtrennbar, also existirt Gott**). In der sechsten Meditation folgert Descartes aus der klaren und bestimmten Erkenntniss, die wir von der Ausdehnung und den Körpern haben und aus unserm deutlichen Bewusstsein des Bestimmtwerdens unserer Vorstellungs-

---

*) Freilich hat Descartes auf eben dieses auf Gottes Wahrhaftigkeit gestützte Kriterium schon den Beweis für Gottes Dasein stützen müssen; soll dasselbe durch eine Erkenntniss, die von ihm selbst abhängig ist, gesichert werden, so ergibt sich unleugbar ein Cirkelschluss, den bereits Hobbes mit Recht getadelt hat.

**) Descartes begeht hier den gleichen Fehler, wie Anselm, die Bedingung jedes kategorischen Schlusses aus der Definition, dass nämlich die Setzung des Subjectes anderweitig gesichert sein müsse, zu vernachlässigen; dieser Vorwurf wird ihm von dem die thomistische Widerlegung des Anselm'schen Arguments gegen ihn kehrenden Caterus in den Objectiones primae mit Recht gemacht; seine Vertheidigung ist unzutreffend. Descartes' Prämissen führen logisch nur zu dem nichtssagenden Schlusse, dass wenn Gott ist, die Existenz ihm zukommt, und wenn Gott fingirt wird, er als seiend fingirt werden muss. Zudem hat die Cartesianische Form des ontologischen Argumentes einen Mangel, von dem die Anselm'sche frei ist, dass nämlich die Prämisse: das Sein gehört zu den Vollkommenheiten, eine sehr bestreitbare Auffassung des Seins als eines Prädicates neben anderen Prädicaten involvirt, während Anselm eine bestimmte Art des Seins, nämlich das nicht bloss in unserm Geiste, sondern auch ausserhalb desselben stattfindende Sein, als etwas Vollkommneres bezeichnet hatte. Nur wenn Gott selbst und unser Gottesbegriff identificirt würde, könnte in dem Gottesbegriff als solchem die Bürgschaft des Seins Gottes gefunden werden; denn dass der Gottesbegriff, indem wir ihn denken, eben vermöge dieses Denkens in uns ist oder Existenz hat, ist freilich unleugbar und sogar selbstverständlich; aber jene Identificirung ist eben nicht Cartesianisch, da Descartes unter Gott, dem Schöpfer der Welt, zwar das durch unsern Gottesbegriff gedachte Object (ens), aber nicht diesen Begriff selbst versteht.

56   § 8. Descartes, Geulinx, Malebranche und gleichzeitige Philosophen.

fähigkeit durch eine äussere und zwar körperliche Ursache, dass die Körper (ausgedehnten Substanzen) wirklich existiren und wir nicht durch die Vorstellung einer Körperwelt getäuscht werden, da sonst der Grund der Täuschung in Gott selbst liegen müsste; die Farbenempfindung aber und Tonempfindung, Geschmacksempfindung etc. gilt ihm ebensowohl, wie die Lust und der Schmerz, für bloss subjectiv. Daraus aber, dass wir eine klare und bestimmte Vorstellung von dem Denken im weitesten Sinn (mit Einschluss des Empfindens und Wollens) haben, ohne dass darin Körperliches mitvorgestellt werde, folgert Descartes die von dem Leibe gesonderte, selbstständige Existenz unserer Seelen*).

Die Gedankenentwicklung in den Meditationen bezeichnet Descartes selbst als eine analytische (das thatsächlich Gegebene zerlegende und so die Principien aufsuchende), die der Weise der Erfindung gemäss sei; die synthetische Darstellung (die von den allgemeinsten oder principiellen Begriffen und Sätzen ausgeht) eigene sich für metaphysische Betrachtungen weniger, als für mathematische. Descartes macht einen Versuch synthetischer Darstellung in einem Anhang zu seiner Beantwortung der zweiten Reihe von Einwürfen, ohne jedoch darauf grosses Gewicht zu legen.

Die systematische Hauptschrift: Principia philosophiae, handelt in vier Abschnitten de principiis cognitionis humanae, de principiis rerum materialium, de mundo aspectabili, de terra. Nach einer Recapitulation der in den Meditationen aufgestellten Grundsätze folgt in synthetischer Entwicklung das philosophische System, insbesondere die Naturlehre des Descartes. Das vollkommenste Wissen ist die Erkenntniss der Wirkungen aus ihren Ursachen, der beste Weg des Philosophirens daher die Erklärung der gewordenen Dinge auf Grund der Erkenntniss Gottes als ihres Schöpfers. In den grundlegenden Betrachtungen zu Anfang der „Principia" ist insbesondere die Ordnung der Beweise für das Dasein Gottes geändert, indem (wie auch schon in der synthetischen Darstellung bei der Antwort auf die obj. secundae) das ontologische Argument den übrigen vorangestellt wird; im Begriffe Gottes, sagt hier Descartes, liege die nothwendige, ewige und vollkommene Existenz, wogegen im Begriff der endlichen Dinge nur die zufällige Existenz enthalten sei**). Bemerkenswerth sind die Definitionen, die in den Princ. philos. in grösserer Zahl und zum Theil mit grösserer Präcision, als in den Medit., auftreten. Von fundamentaler Bedeutung sind die Definitionen der Klarheit und Bestimmtheit und der Substanz. Descartes sagt Princ ph. I. 45: Ad perceptionem, cui certum et indubitatum judicium possit inniti, non modo requiritur ut sit clara, sed etiam ut sit distincta. Claram voco illam, quae menti attendenti praesens et aperta est, sicut ea clare a nobis videri dicimus, quae oculo intuenti prae-

---

*) Hierbei bleibt jedoch sehr fraglich, ob nicht die *χωρισις* mit dem *χωρισμός*, die *abstractio* mit der *realis distinctio*, verwechselt werde; mit Recht haben Gassendi und Andere in ihren Einwürfen die Descartes'sche Verwechslung zweier Sätze gerügt: a. ich kann das Denken vorstellen, ohne die Ausdehnung mitvorzustellen, b. ich kann nachweisen, dass das Denken thatsächlich bestehen bleibe, wenn das ausgedehnte Wesen, mit dem es verbunden erscheint, zu bestehen aufhört; Gassendi wirft ferner ein, es erhelle nicht, wie in einem unausgedehnten Wesen Bilder des Ausgedehnten existiren können; Descartes hat diesem Einwurf gegenüber zwar die Körperlichkeit der Bilder geleugnet, aber die Thatsache ihres Ausgedehntseins in drei Dimensionen unberührt gelassen.

**) Dies ist freilich nur unter der Voraussetzung richtig, dass die objective Nothwendigkeit von der subjectiven Gewissheit der Existenz streng unterschieden werde; dann aber lässt sich immer nur folgern: falls es einen Gott giebt, so ist seine Existenz eine ewige, an sich selbst nothwendige und nicht durch Anderes bedingte.

§ 8. Descartes, Geulinx, Malebranche und gleichzeitige Philosophen.

sentia satis fortiter et aperte illum moveat; distinctam autem illam, quae quum clara sit, ab omnibus aliis ita sejuncta est et praecisa, ut nihil plane aliud, quam quod clarum est, in se contineat. Zur Erläuterung führt Descartes das Beispiel des Schmerzes an: ita dum quis magnum aliquem sentit dolorem, clarissima quidem in eo est ista perceptio doloris, sed non semper est distincta; vulgo enim homines illam confundunt cum obscuro suo judicio de natura ejus, quod putant esse in parte dolente simile sensui doloris, quem solum clare percipiunt. Was wir percipiren, sind theils res und rerum affectiones (sive modi), theils aeternae veritates, nullum existentium extra cogitationem nostram habentes. Zu den aeternae veritates rechnet Descartes Sätze, wie: ex nihilo nihil fit, impossibile est, idem simul esse et non esse; quod factum est, infectum esse nequit; is qui cogitat, non potest non existere, dum cogitat. Die res theilt er in zwei oberste Genera: quum est rerum intellectualium sive cogitativorum, hoc est ad mentem sive ad substantiam cogitantem pertinentium; aliud rerum materialium sive quae pertinent ad substantiam extensam, hoc est ad corpus. Der denkenden Substanz gehören an: perceptio, volitio, omnesque modi tam percipiendi quam volendi, der ausgedehnten Substanz aber: magnitudo sive ipsa extensio in longum, latum et profundum, figura, motus, situs, partium ipsarum divisibilitas, et talia. Von der Vereinigung (unio) des Geistes mit dem Körper gehen aus die sinnlichen Begehrungen, Gemüthsbewegungen und Empfindungen, die der denkenden Substanz, sofern sie mit dem Körper verbunden ist, angehören. Dieser Classification (Princ. ph. I, 48—50) lässt Descartes die Definition der Substanz nachfolgen (ib. 51): Per substantiam nihil aliud intelligere possumus, quam rem quae ita existit, ut nulla alia re indigeat ad existendum. Er fügt bei (ib. 51—52): Et quidem substantia, quae nulla plane re indigeat, unica tantum potest intelligi, nempe Deus; alias vero omnes non nisi ope concursus Dei existere posse percipimus; atque ideo nomen substantiae non convenit Deo et illis univoce, ut dici solet in scholis, hoc est, nulla ejus nominis significatio potest distincte intelligi, quae Deo et creaturis sit communis; possunt autem substantia corporea et mens sive substantia cogitans creata sub hoc communi conceptu intelligi, quod sint res, quae solo Dei concursu egent ad existendum. Aus jedem Attribute kann auf eine res existens oder substantia, der es zukomme, geschlossen werden; aber jede Substanz hat eine praecipua proprietas, quae ipsius naturam essentiamque constituit et ad quam aliae omnes referuntur; nempe extensio in longum, latum et profundum substantiae corporeae naturam constituit, et cogitatio constituit naturam substantiae cogitantis; nam omne aliud, quod corpori tribui potest, extensionem praesupponit cuique tantum modus quidam rei extensae, ut et omnia quae in mente reperimus, sunt tantum diversi modi cogitandi. Figur und Bewegung sind Modi der Ausdehnung, Einbildung, Sinnesempfindung, Wille sind Modi des Denkens (ib. 53). Die Modi können in derselben Substanz wechseln; die jedesmalige Beschaffenheit ist die Qualität der Substanz; was nicht wechselt, ist nicht eigentlich als Modus oder Qualität, sondern nur mit dem allgemeineren Ausdruck als Attribut zu bezeichnen (ib. 56). Diese Definitionen sind besonders auf die Doctrin des Spinoza von massgebendem Einfluss gewesen. — Das Einzelne der in den Princ. philos. dargestellten Doctrin ist mehr von naturwissenschaftlichem, als eigentlich philosophischem Interesse. Mit Ausschluss der Zwecke (causae finales) sucht Descartes nur die wirkenden Ursachen (causae efficientes) zu erkennen (Pr. ph. I, 28). Der Materie legt er nur Ausdehnung und Modi der Ausdehnung, keine inneren Zustände, keine Kräfte bei; Druck und Stoss sollen zur Erklärung der Erscheinungen ausreichen. Das Quantum der Materie und der

§ 8. Descartes, Geulinx, Malebranche und gleichzeitige Philosophen.

Bewegung*) bleibt im Universum unverändert (Princ. philos. II, § 36). Descartes setzt die Bewegungsgrösse gleich dem Product aus Masse und Geschwindigkeit (mv). Den Beweis für die Constanz dieses Productes im Weltall führt Descartes theologisch: aus Gottes Eigenschaft der Unwandelbarkeit folge die Unwandelbarkeit seiner Gesammtwirkung. Die Seele kann nur die Richtung von Bewegungen bestimmen, aber das Quantum derselben weder vermehren noch vermindern. Die Weltkörper können betrachtet werden als entstanden aus Wirbelbewegungen einer chaotischen Materie. Wo Raum ist, ist auch Materie; diese ist gleich dem Raume in's Unendliche theilbar und sie erstreckt sich, wenn nicht in's Unendliche (in infinitum), jedenfalls unbestimmbar weit hin (in indefinitum). Dass mit Aufhebung der Voraussetzung eines kugelförmig begrenzten Universums auch die Annahme einer periodischen Rotation desselben um die Erde aufgehoben ist, ist selbstverständlich; doch scheut sich Descartes, zu der Copernicanischen Doctrin (vgl. oben S. 20, S. 26 und S. 29), um deren willen Galilei verdammt ward, sich offen zu bekennen; er hilft sich durch die Wendung, die Erde ruhe, wie jeder Planet, in dem bewegten Aether, wie der schlafende Reisende in einem bewegten Schiffe oder wie ein nur vom Strome getriebenes Schiff in diesem. Aus den Gesetzen des Druckes und Stosses allein sucht Descartes nicht nur die physikalischen Erscheinungen (wie er z. B. die magnetische Anziehung durch Wirbelbewegungen schraubenförmiger Molecüle erklärt), sondern auch die Pflanzen und Thiere zu begreifen; er spricht den Pflanzen das (von den Aristotelikern angenommene) Lebensprincip ab, da nur die Ordnung und Bewegung ihrer Theile die Vegetation bewirke, und er ist auch nicht geneigt, den Thieren Seelen zuzugestehen. Was im menschlichen Seelenleben an die Beziehung der Seele zum Körper geknüpft ist, erklärt Descartes durchaus mechanistisch, z. B. die Ideenassociation aus beharrenden materiellen Veränderungen, die das Gehirn bei der Affection der Sinne erleide, und aus der Bedingtheit der späteren Vorstellungsbildung durch diese Veränderungen. Als unausgedehntes Wesen kann die Seele sich mit dem Leibe nur an einem Punkte berühren und zwar im Gehirn (Princ. philos. IV, 189, 196, 197), nämlich (Dioptr. IV, 1 ff., Pass. anim. I, 81 ff.) in der Zirbeldrüse (glans pinealis), als dem Organ inmitten des Hirns, welches einfach und nicht, wie die meisten Theile, doppelt, sowohl rechts, als links, vorhanden ist**). Die Einwirkung der Seele auf den Leib und des Leibes auf die Seele setzt Gottes Beihülfe (concursus oder assistentia Dei) voraus. (Dass die gegenseitige Einwirkung durch die völlige Verschiedenheit des Wesens nicht ausgeschlossen werde, hat Descartes schon in seinen Antworten auf die Einwürfe des Gassendi gegen seine Meditationen behauptet.)

Die Abhandlung über die passiones animae ist ein physiologisch-psychologischer Erklärungsversuch der Affecte im weitesten Sinne nach den in den Principia philos. entwickelten Grundsätzen. Von sechs primitiven Affecten: Bewunderung, Liebe, Hass, Verlangen, Freude und Traurigkeit, sucht er alle anderen

---

*) Allerdings bleibt das Quantum der Materie, aber nicht nothwendig das Quantum der Bewegung, sondern nur die Summe dessen, was man heute „lebendige Kraft" und „Spannkraft" zu nennen pflegt, im Universum unverändert. S. darüber insbesondere Helmholtz, über die Erhaltung der Kraft, Berlin 1847.

**) Dieser Ansicht, dass die Seele einen punctuellen Sitz habe, steht die Doctrin des Spinoza gerade entgegen, aber die Leibnitzische Lehre von der Seele als Monade beruht auf ihr. Der Cartesianischen Annahme, dass die Zirbeldrüse der Sitz der Seele sei, widerstreitet die Thatsache der Fortdauer des Seelenlebens in dem Fall einer Zerstörung jenes Organs.

abzielten. Der vollkommenste aller Affecte ist die intellectuelle Liebe zu Gott. Nur gelegentlich hat Descartes ethische (den Aristotelischen verwandte) Ansichten geäussert. Alle Lust liegt in dem Bewusstsein irgend welcher perfectio; die Tugend beruht auf der Beherrschung der Leidenschaften durch die Weisheit, welche die Lust zu vernunftgemässer Thätigkeit aller niedern Lust vorzieht.

Zu den Anhängern des Cartesius gehören Reneri und Regius in Utrecht, Raey, Heereboord, Heidanus in Leyden und andere holländische Gelehrte, ferner in Frankreich viele Oratorianer und Jansenisten, deren Augustinismus sie für die neue Doctrin empfänglich machte. Unter den Jansenisten der Abtei Port-Royal (worüber Herm. Reuchlin, Gesch. von Port-Royal, Hamb. a. Gotha 1839 bis 44 und St.-Beuve, Port-Royal, 3. éd. Paris 1867, handeln) ist der namhafteste Freund der Cartesischen Richtung der im Einzelnen manche Bedenken erhebende, die Cartesische Gewissheitsregel auf Wissensobjecte einschränkende Verfasser der Objectiones quartae Anton Arnauld (1612 bis 94; oeuvres complètes, Lausanne 1775—83). Zu den bedeutenderen Cartesianern gehören ferner: Pierre Sylvain Regis (1632—1707; cours entier de la philos., Paris 1690, Amst. 1691), Pierre Nicole (1625—95; essais de morale, Paris 1671—74 u. ö.; oeuvres mor., Par. 1718) u. A.; unter den deutschen Cartesianern sind zu nennen: Balthasar Bekker (1634—98; de philos. Cartesiana admonitio candida et sincera, Wesel 1668), der sich besonders durch Bestreitung des Unwesens der Hexenprocesse (in seiner Schrift: die verzauberte Welt, holländisch: betoverde Weereld, Leuwarden 1690 und Amst. 1691—93) verdient gemacht hat (vgl. von Gegenschriften u. a.: Fürstellung vier neuer Weltweisen, namentlich R. des Cartes, Th. Hobbes, Ben. Spinoza, Balth. B.'s, nach ihrem Leben und fürnehmsten Irrthümern, 1702), ferner Johann Clauberg (1625—65), Lehrer zu Duisburg (Logica vetus et nova etc. Duisb. 1656; opera philos., Amst. 1691), Sturm in Altdorf und Andere.

Von den Gegnern des Descartes stehen Hobbes und Gassendi auf naturalistischem Standpunkt. (Unter den vielen zum Theil höchst scharfsinnigen und treffenden Einwürfen des Gassendi findet sich gerade derjenige nicht, der oft allein erwähnt wird, der aber nur von Descartes in seiner Antwort dem Gassendi in den Mund gelegt worden ist: es könne auch aus dem Spazierengehen das Sein erschlossen werden; Gassendi sagt nur, aus jeder Action könne das Sein erschlossen werden, und missbilligt die Cartesianische Subsumtion aller psychischen Actionen unter „Cogitare". Vom Standpunkte theologischer Orthodoxie und aristotelischer Philosophie haben besonders der Protestant Gisbertus Voëtius und die Jesuiten Bourdin (der Verfasser der Objectiones septimae), Daniel (voyage du monde de Descartes, Par. 1691, lat. Amst. 1694; nouvelles difficultés proposées par un Péripatéticien, Amst. 1694, lat. ebend. 1694) und Andere den Cartesianismus bekämpft; die Synode zu Dortrecht vom Jahre 1656 hat denselben den Theologen verboten; zu Rom wurden 1663 Descartes' Schriften auf den Index librorum prohibitorum gesetzt, und 1671 wurde durch königlichen Befehl auf der Pariser Universität der Vortrag der Cartesianischen Doctrin untersagt.

In einem theilweise befreundeten, theilweise gegnerischen Verhältnisse standen zum Cartesianismus mystische Philosophen, wie Blaise Pascal (1623—62; sein Grundgedanke ist: la nature confond les Pyrrhoniens et la raison confond les dogmatistes; nous avons une impuissance à prouver invincible à tout le dogmatisme, nous avons une idée de la vérité invincible à tout le Pyrrhonisme, Pensées art. XXI.), Pierre Poiret (1646—1719), die Platoniker Ralph Cudworth (siehe oben am Schluss von § 7) und Andere, insbesondere der Platoniker und Cabbalist Henry More, der im Jahre 1648 mit Descartes selbst Briefe gewechselt hat (abgedruckt im X. Bde. der Cousin'schen Ausgabe der Werke des Descartes),

§ 8. Descartes, Geulinx, Malebranche und gleichzeitige Philosophen.

worin er unter Anderm den Begriff einer immateriellen Ausdehnung, die Gott und den Seelen zukomme, gegen Descartes behauptet und Descartes' exclusiv-mechanistische Naturlehre bestreitet. Der in der Theologie orthodoxe philosophische Skeptiker, Bischof Huet (1630—1721) schrieb eine Censura philosophiae Cartesianae, Paris 1689 u. ö., die mehrere Gegenschriften von Cartesianern hervorrief, ferner (anonym) Nouveaux Mémoires pour servir à l'histoire du Cartésianisme, Paris 1692 u. ö. Auch der Skeptiker Pierre Bayle (1647—1706; Diction. s. o. I, § 4, 4. Aufl. S. 8 f.; Oeuvres diverses, à la Haye 1725—31) hat, obschon der Cartesianischen Philosophie nicht abgeneigt, doch derselben, wie jeglichem Dogmatismus, seine skeptischen Argumente entgegengehalten. Er behauptete von der menschlichen Vernunft überhaupt, was von seiner individuellen Vernunft galt, dass sie stark sei in der Entdeckung von Irrthümern, schwach in der positiven Erkenntniss. Das altprotestantische Princip des Widerstreits zwischen Vernunft und Glauben beutete er zur Aufzeigung von Absurditäten in der orthodoxen Glaubenslehre aus.

Der Cartesianische Dualismus stellte Mens und Corpus als zwei völlig heterogene Substanzen neben einander. Er sprach der Seele die (von Aristoteles derselben zugeschriebenen) vegetativen Functionen ab, um dieselben dem Leibe, insbesondere den durch denselben verbreiteten Lebensgeistern (spiritus vitales), die eine feine Materie seien, zu vindiciren; er sprach andererseits der Materie alle inneren Zustände ab. Eben hierdurch wurde die thatsächliche Beziehung zwischen psychischen und somatischen Vorgängen unbegreiflich. Ein natürlicher Einfluss (influxus physicus) des Leibes auf die Seele und der Seele auf den Leib liess sich bei absoluter Verschiedenartigkeit beider consequenterweise nicht annehmen, obschon Descartes gegen Gassendi dies negirte, auch nicht unter der Voraussetzung göttlicher Beihülfe; nur Gottes Wirksamkeit allein blieb als Erklärungsgrund übrig: bei Gelegenheit des leiblichen Vorgangs ruft Gott in der Seele die Vorstellung hervor; bei Gelegenheit des Wollens bewegt Gott den Leib (Occasionalismus). Diese theilweise schon von Clauberg, Louis de la Forge und Cordemoy erkannte Consequenz haben ausdrücklich Arn. Geulinx (1625—69) und Nic. Malebranche (1638—1715; Pater des Oratoriums) gezogen; der Letztere (der bei Religionslehren den auf die Autorität Gottes gegründeten Glauben der Evidenz, bei dem Philosophiren aber die Evidenz dem Glauben vorangehen lassen will) lehrt, dass wir alle Dinge in Gott schauen, der der Ort der Geister sei, indem wir Theil nehmen an seinem Wissen. Freilich war eine Wirksamkeit Gottes, die in dieser Weise aufgefasst werden musste, selbst schlechthin unbegreiflich; an dieser Unbegreiflichkeit nahmen nicht diese Philosophen, wohl aber Spinoza Anstoss, der deshalb an die Stelle des Dualismus zwischen Seele und Leib, wie auch zwischen Gott und Welt den Monismus der Substanz zu setzen unternahm. Die Extreme des Dualismus und des Monismus aber versuchte Leibniz in seiner Monadenlehre durch Anerkennung der harmonischen Stufenordnung der Substanzen zu überwinden. In Leibnitz culminirt die dogmatistische, auf Verschmelzung religiöser Ueberzeugungen mit den wissenschaftlichen Errungenschaften der Neuzeit abzielende Entwickelungsreihe, wie auch Spinoza wegen des theologischen Grundcharakters seines deductiv aus dem Substanzbegriff abgeleiteten Einheitslehre anschieben sogehört.

§ 9. Baruch Despinoza (Benedictus de Spinoza), geb. 24. Amsterdam 1632, gest. im Haag 1677, wurde durch unbefriedigt durch die talmudischen Bildung der Philosophie des Cartesius zu bildete aber den Cartesianischen Dualismus zu einem Pantheismus um, dessen Grundgedanke die Einheit der Substanz ist. Unter der Substanz versteht Spinoza das, was in sich ist und aus sich zu begreifen ist. Es giebt nur Eine Substanz, und diese ist Gott. Dieselbe hat zwei uns erkennbare Grundeigenschaften oder Attribute, nämlich Denken und Ausdehnung; es giebt nicht eine ausgedehnte Substanz neben einer denkenden Substanz. Zu den unwesentlichen, wechselnden Gestaltungen oder Modis dieser Attribute gehört die individuelle Existenz. Diese kommt Gott nicht zu, denn sonst wäre er endlich und nicht absolut; jede Determination ist eine Negation. Gott ist die immanente (nicht eine aus sich heraustretende) Ursache der Gesammtheit der endlichen Dinge oder der Welt. Gott wirkt nach der inneren Nothwendigkeit seines Wesens; eben hierin liegt seine Freiheit. Er bewirkt alles Einzelne nur mittelbar, durch anderes Einzelnes, womit es im Causalnexus steht; es giebt kein unmittelbares Wirken Gottes nach Zwecken und keine von dem Causalitätsverhältniss eximirte menschliche Freiheit. Es wirkt immer nur ein Modus der Ausdehnung auf einen andern Modus der Ausdehnung und ein Modus des Denkens auf einen andern Modus des Denkens ein; zwischen dem Denken und der Ausdehnung dagegen besteht kein Causalnexus, sondern eine durchgängige Uebereinstimmung; die Ordnung und Verbindung der Gedanken ist mit der Ordnung und Verbindung der ausgedehnten Dinge identisch, indem jeder Gedanke immer nur die Idee des zugehörigen Modus der Ausdehnung ist. Es giebt eine Stufenfolge in der Klarheit und dem Werthe der menschlichen Gedanken von den verworrenen Vorstellungen bis zu der adäquaten Erkenntniss, die alles Einzelne aus dem Ganzen, die Dinge nicht als zufällige, sondern als nothwendige unter der Form der Ewigkeit (sub specie aeternitatis) auffasst. An das verworrene, am Endlichen haftende Vorstellen knüpfen sich die Affecte und die Knechtschaft des Willens, an die intellectuelle Erkenntniss aber die intellectuelle Liebe Gottes, worin unser Glück und unsere Freiheit liegt. Nicht ein der Tugend beigegebener Lohn, sondern die Tugend selbst ist die Seligkeit.

Die Schriften Spinoza's in ihren verschiedenen Ausgaben und die Schriften über Spinoza giebt am vollständigsten und mit bibliographischer Ausführlichkeit und Exactheit an: Ant. van der Linde in seiner Schrift Benedictus Spinoza, Bibliografie (holländ.), s'Gravenhage 1871.

Unter den Schriften des Spinoza ist die früheste seine (durch mündlichen Unterricht an einen Privatschüler veranlasste) Darstellung der Cartesianischen Lehren nach mathematischer Methode: Renati des Cartes Principiorum philosophiae pars I. et II, more geometrico demonstratae, per Benedictum de Spinoza Amstelodamensem, accesserunt ejusdem Cogitata metaphysica, in quibus difficiliores quae tam in parte Metaphysices generali quam speciali occurrunt, questiones breviter explicantur, Amstelodami apud Johannem Rieuwertz, 1663. Demnächst

§ 9. Spinoza.

erschien: Tractatus theologico-politicus, continens dissertationes aliquot, quibus ostenditur libertatem philosophandi non tantum salva pietate et reipublicae pace posse concedi, sed eandem nisi cum pace reipublicae ipsaque pietate tolli non posse, mit dem Motto aus dem ersten Johannesbriefe: per hoc cognoscimus quod in Deo manemus et Deus manet in nobis, quod de spiritu suo dedit nobis. Hamburgi apud Henricum Künraht (Amst., Christoph Conrad) 1670. Es existirt ein zweiter Druck aus demselben Jahr, angeblich ebd. aped Henricum Künrath erschienen, worin die auf der letzten Seite des ersten Druckes angezeigten Fehler grösstentheils verbessert, aber einige neue und zum Theil sinnentstellende Fehler hinzugekommen sind; der Paulus'sche Abdruck ist nach einer dritten Ausgabe erfolgt, die angeblich Hamburgi apud Henricum Künrath erschienen, von der zweiten abgedruckt ist, aber bei Citaten aus dem alten Testament den hebr. Text weglässt; Paulus scheint dieselbe für die erste Ausgabe gehalten zu haben, und mit ihm Bruder, der einzelne gröbere Fehler durch Conjectur bessert, andere aber stehen lässt, während die erste Ausgabe von 1670 das Richtige bat. Eben dieser Tractatus theologico-politicus wurde, nachdem er mit Beschlag belegt war, 1673 zweimal zu Amsterdam und einmal zu Leyden unter falschen Titeln ausgegeben, dann eine loco 1674 wiederum als Tractatus theologico-politicus bezeichnet mit angehängtem neuen Abdruck der zuerst Eleutheropoli (Amst.) 1666 veröffentlichten (von Spinoza's Freunde, dem Arzt Ludwig Meyer verfassten) Schrift: philosophia scripturae interpres. Randglossen Spinoza's zu dem Tractatus theologico-politicus sind mehrfach veröffentlicht worden, theilweise schon in der 1678 erschienenen französischen Uebersetzung eben dieses Tractates durch St Glain, zum andern Theil durch Christoph Theophil de Marr, Hagae Comitum 1802, und Andere; aus einem von Sp. an Clefmann geschenkten, jetzt zu Königsberg befindlichen Exemplar hat Dorow, Berlin 1835, Noten edirt, die von den anderweitig veröffentlichten nur unwesentlich abweichen. Erst nach Spinoza's Tode erschien sein philosophisches Hauptwerk, die Ethik, zugleich mit kleineren Tractaten unter dem Titel: B, d S. Opera posthuma, Amst. bei Joh. Rieuwertsz 1677. (Inhalt: Praefatio von dem Mennoniten Jarig Jellis holländisch abgefasst, von Ludwig Meyer in's Lateinische übersetzt. — Ethica, ordine geometrico demonstrata, et in quinque partes distincta, in quibus agitur I. de Deo, II. de natura et origine mentis, III. de origine et natura affectuum, IV. de servitute humana seu de effectuum viribus. V. de potentia intellectus seu de libertate humana. — Tractatus politicus, in quo demonstratur, quomodo societas, ubi imperium monarchicum locum habet, sicut et ea, ubi Optimi imperant, debet institui, ne in tyrannidem labatur, et et pax libertasque civium inviolata maneat. — Tractatus de Intellectus emendatione, et de via, qua optime in veram rerum cognitionem dirigitur. — Epistolae doctorum quorundam virorum ad B. de S. et auctoris responsiones, ad aliorum ejus operum elucidationem non parum facientes. — Compendium grammaticae linguae Hebraeae). Eine Gesammtausgabe der Werke hat Paulus besorgt: Benedicti de Spinoza opera quae supersunt omnia, iterum edenda curavit, praefationes, vitam auctoris nec non notitias, quae ad historiam scriptorum pertinent, addidit Henr. Eberh. Gottlob Paulus, Jenae 1802—3. Spätere Ausgaben sind: Benedicti de Spinoza opera philosophica omnia edidit et praefationem adjecit A. Gfrörer, Stuttgardiae 1830. Renati des Cartes et Benedicti de Spinoza praecipua opera philosophica recognovit, notitias historico-philosophicas adjecit Carolus Riedel, Lipsiae 1843 (Cartesii Medit., Spinozae diss. philos., Spinozae Eth.). Benedicti de Spinoza opera quae supersunt omnia ex editionibus princ. denuo ed. et praefatus est Carol, Herm Bruder (mit zahlreichen bibliographischen Angaben), Lips. 1843 — 46. Neuaufgefundenes haben Böhmer und van Vloten veröffentlicht: Benedicti de Spinoza tractatus de Deo et homine ejusque felicitate lineamenta atque adnotationes ad tractatum theologico-politicum ed. et illustr. Ed. Boehmer, Halae 1852, und: Ad Benedicti de Spinoza opera quae supersunt omnia supplementum, contin. tractatum hucusque ineditum de Deo et homine, tractatulum de Iride, epistolas nonnullas ineditas et ad eas vitamque philosophi Collectanea (ed. J. van Vloten), Amst. 1862. Vgl. darüber Heinr. Ritter in: Gött. gel. Anz. 1862, St. 47. Christoph Sigwart, Sp.'s neuentdeckter Tractat von Gott, dem Menschen und dessen Glückseligkeit, erläutert und in seiner Bedeutung für das Verständniss des Spinozismus untersucht, Gotha 1866. Paul Janet, Sp. et le Spinozisme d'après les travaux récens, in: Revue des deux mondes, Paris 1867. Trendelenburg, über die aufgefundenen Ergänzungen zu Spinoza's Werken und deren Ertrag für Sp.'s Leben und Lehre, im 3. Bd. von Trendelenburg's „hist. Beitr. zur Philos.", Berlin 1867, S. 277—398. Rich. Avenarius, über die beiden ersten Phasen des Sp.

§ 9. Spinoza

Pantheismus (s. unten). Der Tractatus de Deo et hom. ejusque felicitate ist nicht im lat. Original, welches verloren zu sein scheint, sondern in einer holländ. Uebersetzung aufgefunden worden (Korte Verhandeling van God, de Mensch en deszelvs welstand); nach einer jüngeren Handschrift bei van Vloten (Im Supplem., Amst. 1862), nach einer älteren aber Schaarschmidt den holländ. Text hrsg. und eine Vorrede de Sp. philos fontibus beigefügt, Amsterdodami 1869; in's Deutsche übers. von Schaarschmidt ist dieser Tractat in der von v. Kirchmann hrsg. „philos. Bibl.", Bd. 18, Berlin 1869, erschienen. Mit dieser Schaarschmidt'schen Uebersetzung ist gleichzeitig erschienen: Christoph Sigwart, Benedict de Spinoza's kurzer Tractat von Gott, dem Menschen und dessen Glückseligkeit, auf Grund einer neuen, von Dr. Antonius van der Linde vorgenommenen Vergleichung der Handschriften in's Deutsche übersetzt, mit einer Einleitung, kritischen und sachlichen Erläuterungen begleitet, Tübingen 1870 (8º). In's Holländische sind die nachgelassenen Werke bereits 1677 (von Jarrig Jellis) übersetzt worden. Eine schon bei Spinoza's Lebzeiten angefertigte, aber damals seinem Wunsche gemäss unveröffentlicht gebliebene Uebersetzung des Tractatus theologico-politicus ist unter dem Titel: De rechtzinnige Theologant, Hamburg by Henricus Koenraad (Amsterdam) 1693 herausgegeben worden. Eine französische Uebersetzung des tractatus theol.-pol. (wahrscheinlich von St. Glain) ist unter verschiedenen verbergenden Titeln 1678 erschienen; in neuerer Zeit hat Emile Saisset die Oeuvres de Spinoza in's Französische übersetzt, Par. 1842; eine neue Ausg. von dieser Uebersetzung ist Paris 1861 (und von der zugehörigen Introduction critique bereits Paris 1860) erschienen. Den Tractatus politicus (von dem Tract. theol.-pol. wohl zu unterscheiden) hat J. G. Prat in's Franz. übersetzt: Traité politique de B. de Spinoza, Paris 1860. Oeuvres complètes, traduites et annotées par J. G. Prat, Paris 1863 ff. In's Engl. übers. erschien der Tract. theol.-pol. London 1689, ebd. 1737, auch wiederum London 1862, 2. Aufl. 1868. In's Deutsche übersetzt (von Joh. Lorenz Schmidt) ist die Ethik des Spinoza zugleich mit Chr. Wolff's (aus dessen Theol. nat. p. post., Pref. u. Leipz 1737, p. 672 — 730 entnommener) Widerlegung Frankf. und Leipzig 1744 erschienen. Seine Abh. über die Cultur des menschlichen Verstandes und über die Aristokratie und Demokratie hat S. H. Ewald übersetzt, Leipzig 1785, und derselbe auch seine „philosophischen Schriften"; Bd. I.: D. v. S. über h. Schrift, Judenthum, Recht der höchsten Gewalt in geistlichen Dingen und Freiheit zu philosophiren (theol.-polit. Tractat), Gera 1787; Bd. II. and III.: Sp.'s Ethik, Gera 1791 — 94. Die theol.-polit Abhandlung hat auch C. Ph. Conz, Stuttg. 1806 and J. A. Kalb, München 1826, und v. Kirchmann, pb. Bibl. Bd. 35, Berlin 1870 — 71 nebst Erläut. in Bd. 36, die Ethik F. W. V. Schmidt, Berlin 1812 und v. Kirchmann, Bd 4 der „philos. Bibl.", Berlin 1868, die sämmtlichen Werke Berthold Auerbach in's Deutsche übersetzt, 5 Bde., Stuttgart 1841.

Von den in Spinoza's Werken mitabgedruckten Briefen sind 1 — 25 zwischen Sp. und Oldenburg gewechselt worden, 26 — 28 zwischen Sp. und Simon de Vries, den 29. Brief hat Sp. an Ludw. Meyer gerichtet (ad virum doctiss. expertiss. L. M. philos. med. que doctorem), der 30. an Peter Balling; Br. 31 — 38 ist der Briefwechsel Sp.'s mit Wilhelm van Blyenbergh (Brief 38 von Sp. am 3. Juni 1665 geschrieben); Br. 39 — 41 sind wahrscheinlich an Chr. Huygens, Br. 42 ist wahrscheinlich an den Dr. med. Joh. Bresser in Amsterdam gerichtet, Dr. 43 an J. v. M. (unbestimmbar), Br. 44 — 47 an Jarrig Jellis; Br. 48 ist ein Schreiben Lambert's van Velthuysen an Isaac Orobius de Castro, Br. 49 von Sp. an Isaac Orobius de Castro, Br. 50 von Sp. an ?, Dr. 51 von Leibniz an Sp., Br. 52 von Sp. an Leibniz, Br. 53 Ludw. Fabritius an Sp., Br. 54 Sp. an Ludw. Fabritius, Br. 55 — 60 unbestimmbar, Br. 61 — 72 Briefwechsel mit Tschirnhausen, Br. 73 Albert Burgh an Sp., Br. 74 Sp. an Albert Burgh. Einen Brief Sp.'s an Lambert von Velthuysen vom Jahr 1675 hat 1843 H. W. Tydeman herausgegeben; einige andere Briefe sind zuerst in dem oben angef. Supplem. veröffentlicht worden.

Die Hauptquelle unserer Kenntniss des Lebens Spinoza's bildet nächst Spinoza's eigenen Schriften und Briefen die von dem lutherischen Pfarrer Johannes Colerus verfasste Biographie, die holländisch 1705 erschienen, französisch à la Haye 1706 und 1733 (auch in den Opera ed. Paulus abg.), deutsch Frankf. und Leipzig 1733, nach, von Kahler übersetzt, Lemgo 1734. Minder zuverlässig sind die Angaben in: La vie et l'esprit de Mr. Benoit de Spinosa (Amst.) 1719 (vom Arzt Lucas im Haag); neue Ausgabe der ersten Theils: la vie de Spinosa, par un de ses disciples, Hamb. 1735, wie auch die in der Schrift des Christian Kortholt: de tribus impostoribus magnis (Herbert von Cherbury, Hobbes und Spinoza), Hamburgi 1700.

§ 9. Spinoza.

Schon früher (1696) hatte Bayle's Wörterbuch einige Notizen über Spinoza's Leben gebracht, die in holländischer Uebersetzung nebst beigefügten Abhandlungen Utrecht 1698 (mit neuem Titelblatt 1711) erschienen. Die von Colerus verfasste Lebensbeschreibung ist nebst Notizen aus der von einem Freunde Spinoza's (Lucas) verfassten Vie de Spinoza der Schriftensammlung beigedruckt worden: Réfutation des erreurs de Benoît de Spinoza par Mr. de Féneloin, par le P. Lami Benedictin et par le Comte Boulainvilliers, Bruxelles 1731. H. F. v. Dietz, Ben. von Spinoza nach Leben und Lehren, Dessau und Leipzig 1783. M. Philippson, Leben B.'s Spinoza. Leipzig 1790.

Unter den neueren Schriften über Spinoza's Leben und Werke ist hervorzuheben die Histoire de la vie et des ouvrages de B. de Spinoza, fondateur de l'exégèse et de la philosophie modernes, par Amand Saintes, Paris 1842. Die spärlichen überlieferten Angaben über Spinoza's Leben hat Berthold Auerbach poetisch zu ergänzen gesucht in der Schrift: Spinoza, ein historischer Roman, Stuttgart 1837. In zweiter, neu durchgearbeiteter, stereotypirter Auflage: Spinoza, ein Denkerleben, Mannheim 1855, in den gesammelten Schriften Stuttgart 1:63. 1864, Band 10. 11. Conr. von Orelli, Spinoza's Leben und Lehre, zweite Ausgabe, Aarau 1850. Zu den preisenden Darstellungen Spinoza's bildet ein Gegenstück die Einleitung des Antonius van der Linde zu seiner Schrift: Spinoza, seine Lehren und deren erste Nachwirkungen in Holland, Göttingen 1862, der nicht nur jeder politischen Idealisirung des wissenschaftlichen Stilllebens Spinoza's sich abgeneigt zeigt, sondern über Leben und Lehre des Philosophen herabsetzend urtheilt. Durch neu aufgefundenes Material ist von Werth: J. van Vloten, Baruch d'Espinoza, zyn leven en schriften, Amst. 1862. Vgl. Ed. Böhmer, Spinozana. In: Zeitschr. f. Philos., Bd. 36, 1860, S. 121–166, ebd. Bd. 42, 1863, S. 76–121, ebd. Bd. 57, 1870, S. 240–277. Ant. van der Linde, zur Litt. des Spinozismus, ebd. Bd. 45. 1864, S. 301–305, J. B. Lehmann, Sp., sein Lebensbild und seine Philosophie, Inaug.-Diss., Würzburg 1864. Ein mit Liebe gezeichnetes historisches Charakterbild liefert Kuno Fischer, Baruch Spinoza's Leben und Charakter, ein Vortrag. Mannheim 1865, und in seiner Geschichte der neueren Philosophie, 1. Aufl. 1854, Bd. I, S. 235 ff; 2. Aufl. Bd. I, Theil 2. 1865, S. 98–134.

Die Lehre des Spinoza (über deren Geschichte Antonius v. d. Linde in der o. angef. Schrift und P. Schmidt in seiner Schrift Spinoza und Schleiermacher, Berlin 1868, eine Uebersicht geben) wurde bald nach ihrer Veröffentlichung in mehreren Schriften bekämpft, u. A. durch Rappolt in Jena (oratio contra naturalistas), von Blyenburg (de verit. relig christianae, Amst. 1671), Musäus (Tract. theol.-pol. ad veritatis lumen examinatus, Jenae 1674). Von dem remonstrantischen Prediger im Haag, Jacob Vateler, wurde gegen den theologisch-politischen Tractat die Schrift verfasst: Vindiciae miraculorum, per quae divina religionis et fidei Christianae veritas olim confirmata fuit, adversus profanum auctorem tractatus theol.-polit. B. Spinosam, Amst. 1674. Ferner erschien als opus posthumum Regneri a Mansfelt (Prof. zu Utrecht) adv. anonymum theologo-politicum liber singularis, Amstelaedami 1674. Der Roterdamer Collegiant Joh. Bredenburg schrieb eine (manche spinozistische Sätze zugebende) Enervatio tractatus theol.-polit., una cum demonstratione geometrico ordine disposita, naturam non esse Deum, Roterodami 1675. Auf socinianischen Anschauungen ruht die (eine volle Uebereinstimmung zwischen Bibel und Vernunft behauptende) Schrift: Arcana atheismi revelata, philosophice et paradoxe refutata examine tract. theol.-pol. per Franciscum Cuperum Amstelodamensem, Roterodami 1676. Aber die bahnbrechenden historisch-kritischen Gedanken des theol.-polit. Tractats haben auch schon früh einen positiven Einfluss auf die Schriftforschung christlicher Theologen gewonnen; von verwandter Art ist bereits die Forschung des Katholiken Richard Simon (über den A. Bernus, Lausanne 1869, handelt) besonders in dessen Histoire critique du Vieux Testament, Paris 1678. Zu den frühen Bekämpfern des Spinozismus gehören auch der Mystiker Poiret: fundamenta atheismi eversa, in seinem Cogit. de Deo, anima et malo, Amst. 1677 u. ö., und der Skeptiker Bayle. Gegen den Tract. theol.-pol. und die Ethik schrieb der Cartesianer Lambert Velthuysen, de culta naturali et origine moralitatis, Rot. 1680, gegen die Ethik der Cartesianer Christoph Wittich: Anti-Spinoza sive examen Ethices Ben. de Spinoza, Amst. 1690. Von Einigen, wie Aubert du Versé (Albertus Verneius), l'impie convaincus, Amst. 1684, und Joh. Regius, Cartesius verus Spinozismi architectus, Leeuwarden 1719, auch von V. C. Pappo, Spinozismus detectus, Welmar 1721) wurde mit dem Spinozismus zugleich auch der Cartesianismus als dessen Quelle bekämpft; von Andern dagegen (wie von Raardus Andala, Cartesius verus Spinozismi eversor,

§ 9. Spinoza.

Praecquernae 1717) wurde die Solidarität des Cartesianismus mit dem Spinozismus bestritten. Auf Spinoza's Doctrin ruht die anonyme Schrift des Ahraham Johann Cuffeler: Specimen artis ratiocinandi naturalis et artificialis, ad pantosophiae principia manuducens, Hamburgi apud Henr. Künrahi (Amst.) 1684; Principiorum pantosophiae p II., III 1b. 1684. Dass die Lehren der Ethik des Spinoza mit kabbalistischen Sätzen übereinstimmen, versucht Johann Georg Wachter nachzuweisen, zuerst in seiner Schrift: der Spinozismus im Judenthum oder die von dem heutigen Judenthum und dessen geheimer Cabbala vergötterte Welt, so Mose Germann, sonsten Joh. Peter Speeth, von Angsburg gebürtig, befunden und widerlegt von J. G. Wachter, Amsterdam 1699; hieran schloss sich später Wachter's Schrift: Elucidarius Cabbalisticus, Rom 1706. Leibniz schrieb zu dieser letzteren Schrift animadversiones ad J. G. Wachteri librum de recondita Hebraeorum philosophia (eine Kritik spinozistischer Doctrinen vom Standpunkte der Monadologie); diese Bemerkungen blieben ungedruckt, bis sie in neuester Zeit A. Foucher de Careil in den Archiven der K. Bibliothek zu Hannover auffand und unter dem Titel: Réfutation inédite de Spinoza par Leibniz, Paris 1854, veröffentlichte (vgl. Leibn. Thend. II, § 173. § 188; III, § 372 und § 873). Christian Wolff bekämpft in einem Abschnitt seiner Theologia naturalis (pars poster. § 671—716) den Spinozismus; diese Bekämpfung erschien mit der Ethik des Spinoza zusammen in's Deutsche übersetzt, Frankf. u. Leipz. 1741. Ueber das System des Spinoza und über Bayle's Erinnerungen gegen dasselbe handelt de Jariges in: Histoire de l'Académie Royale des sciences et belles lettres de Berlin, année 1745, tome I, und tome II., deutsch in: Hissmann's Magazin für die Philos. und ihre Geschichte, Band V. Göttingen und Lemgo 1782, S. 3—72.

In Deutschland wurde die Aufmerksamkeit auf den Spinozismus besonders durch den Streit zwischen Jacobi und Mendelssohn über Lessing's Beziehung zu dieser Doctrin gelenkt. Fr. H. Jacobi, über die Lehre des Spinoza, in Briefen an Moses Mendelssohn, Leipzig 1785, 2. Aufl. Breslau 1789; Werke, Bd IV. Abth. 1. Moses Mendelssohn, Morgenstunden oder Vorlesungen über das Dasein Gottes, Berlin 1785 u. ö., an die Freunde Lessing's, Berlin 1786. F. H. Jacobi, wider Mendelssohns Beschuldigungen, betreffend die Briefe über die Lehre des Spinoza, Leipz 1786. Herder, Gott, einige Gespräche über Spinoza's System, nebst Shaftesbury's Naturhymnus, Gotha 1787, 2. Aufl. 1800, in der Cotta'schen Gesammtausgabe der Werke, Bd. XXXI, 1853, S. 73—218 (ein Versuch, den Spinozismus nicht mit Jacobi als einen Pantheismus oder als Atheismus, sondern als einen Theismus zu deuten). Göthe, aus meinem Leben, Dichtung und Wahrheit, in III. und IV. und in dem Concept eines Briefes an F. H. Jacobi, veröffentlicht in Westermanns Monatsheften, März 1870, und in Bergmanns Monatsheften, März 1870 (vgl. Wilh. Danzel, über Göthe's Spinozismus, Hamburg 1843; Karl Heyder, über das Verhältniss Göthe's zu Spinoza, in der Zeitschr. f. d. gesammte luth. Theol. u. Kirche, begründet durch Rudelbach, Jahrgang 27. Leipz. 1866, S 261—283, auch E. Caro, la philosophie de Goethe, l'aris 1866; Jos. Bayer, G.'s Verhältniss zu relig. Fragen, Prag 1869.

G. S. Francke, über die neueren Schicksale des Spinozismus und seinen Einfluss auf die Philosophie überhaupt und die Vernunfttheologie insbesondere, Preisschrift, Schleswig 1808 und 1812. H. Ritter, über den Einfluss der Philosophie des Cartesius auf die Ausbildung der des Spinoza, Leipz. u. Altenburg 1817. H. C. W. Sigwart, über den Zusammenhang des Spinozismus mit der cartesianischen Philosophie, Tübing. 1816; vgl. dessen Beiträge zur Erläuterung des Spinozismus, Tüb. 1839; der Spinozismus historisch und philosophisch erläutert, Tüb. 1829; Vergleichung der Rechts- und Staatstheorie des B. Spinoza und des Th. Hobbes. Tüb. 1842. Lud. Baumann, expilc. Spinozismi, diss. Berol. 1828. Car. Rosenkranz, de Sp. philosophia, Hal. et Lips. 1828. C. B. Schlüter, die Lehre des Spinoza in ihren Hauptmomenten geprüft und dargestellt, Münster 1836. Karl Thomas, Spinoza als Metaphysiker, Königsberg 1840. Thomas hebt die nominalistisch-individualistischen Elemente hervor, die allerdings in Spinoza's Doctrin enthalten, jedoch nur neben dem herrschenden pantheistischen Momente nebenbei mitenthalten sind).

J. A. Voigtländer, Spinoza nicht Pantheist, sondern Theist, in: Theol. Stud. u. Kritiken, 1841, Heft 3. Franz Bader, über eine Nothwendigkeit der Revision der Wissenschaft in Bezug auf spinozistische Systeme, Erlangen 1841. Vgl. auch die den Spinozismus betreffenden Abschnitte bei Bouillier, Hist. de la philos. Cartésienne, und bei Damiron, Hist. de la philos. du XVII. siècle und Victor Cousin, des rapports du cartésianisme et du spinozisme, in: Fragments de philos. cartésienne, Paris 1852. Ad. Helfferich, Spinoza und Leibniz oder das Wesen des Idealismus und

§ 9. Spinoza.

des Realismus, Hamburg und Gotha 1846. Franz Keller, Spinoza und Leibniz über die Freiheit des menschlichen Willens, Erlangen 1847. J. E. Erdmann, die Grundbegriffe des Spinozismus, in: Verm. Aufs., Leipz. 1848, S. 118—192. C. Schaarschmidt, Des Cartes und Spinoza, urkundliche Darstellung der Philosophie Beider, nebst einer Abhandlung von Jac. Bernays über Spinoza's hebräische Grammatik, Bonn 1850. C. H(eble)r, Spinoza's Lehre vom Verhältniss der Substanz zu ihren Bestimmtheiten, Bern 1850; Hebler, Lessing-Studien, Bern 1862, S. 116 ff. R. Zimmermann, über einige logische Fehler der spinozistischen Ethik, im Octoberheft 1850 und Aprilheft 1851 der Sitzungsberichte der philos.-hist. Cl. der kais. Akad. d. Wiss., auch in Z.'s Studien n. Kr., Wien 1870, wieder abgedruckt. J. E. Horn, Spinoza's Staatslehre, Dessau 1851.

Adolf Trendelenburg, über Spinoza's Grundgedanken und dessen Erfolg, aus den Abhandlungen der K. Akad. d. Wissenschaften a d J. 1849. Berlin 1850, wiederabg. im II. Bande der Hist. Beiträge zur Philosophie, Berlin 1855, S. 31—111; vgl. dessen Abh. über den letzten Unterschied der philos. Systeme, in: Abhandlungen der K. Akad. d. Wiss., philos.-hist. Cl. 1847, S. 249 ff. und in den Beiträgen II, S. 1—70; ferner über die aufgefundenen Ergänzungen etc. (s. oben, S. 62). („Entweder steht die Kraft der wirkenden Ursache vor und über dem Gedanken, oder der Gedanke steht vor und über der Kraft, oder endlich Gedanke und Kraft sind im Grunde dieselben: — In Spinoza erscheint der Gegensatz von Gedanke und blinder Kraft als Denken und Ausdehnung, cogitatio und extensio, und Spinoza fasst beide ohne Ueberordnung und Unterordnung in Eins", — so bezeichnet Trendelenburg Spinoza's Grundgedanken, wobei jedoch — auch abgesehen davon, dass die Disjunction der möglichen Standpunkte den Kriticismus (im Kantischen Sinne) nicht mitumfasst, der jenen Gegensatz nicht für real, sondern für bloss unserer subjectiven Auffassung angehörig hält — in Bezug auf Spinoza selbst sehr fraglich ist, ob die Identificirung der Ausdehnung mit „blinder Kraft" im Sinne des Spinoza zutreffend sei, und nicht vielmehr nach Spinoza innerhalb der Cogitatio selbst „blinde" Kraft und höhere, bewusste und unbewusst geistige Kraft als niederer und höherer Grad der Bezeltheit (vgl. Eth. II, prop. 13: „omnia, quamvis diversis gradibus, animata sunt") zu unterscheiden seien, denen innerhalb der Ausdehnung die elementare Form und Bewegung und die complicirtere (die letztere insbesondere im Gehirn) entsprechen. Es ist falsch, dass „wo das Denken nicht auf die Ausdehnung wirken und sie nicht nach einer im Voraus vorgestellten Wirkung richten kann, der Zweck unmöglich" sei; nicht auf die „Ausdehnung", sondern auf die untergeordnete Kraft wirkt das Denken, und die dem Denken angehörige Bewegung wirkt auf die jener Kraft entsprechende Bewegung; der Intellectus infinitus geht dem endlichen Intellect, und dieser wiederum den niederen bewussten und unbewussten Kräften in der Weltordnung überhaupt und insbesondere in der sittlichen Ordnung bestimmend voran, und in diesem Sinne vermag der Mensch, aber freilich nicht Gott, der als unendliche Substanz nicht eine Person sein kann, nach Zwecken zu handeln.)

Alphons v. Raesfeld, symbola ad penitiorem noititiam doctrinae, quam Sp. de substantia proposa., diss. Bonn. 1858. Theod. Hub. Weber, Sp. atque Leibnitii philos., comm. Bonn. 1858. F. K. Bader, B. de Sp. de rebus singularibus doctrina Berol. (Pr. der Kgssl. Realsch.) 1858. Joh. Heinr. Löwe, über den Gottesbegriff Spinoza's und dessen Schicksale, als Anhang zu Löwe's Schrift über die Philosophie Fichte's, Stuttgart 1862. (Löwe sucht durch Hervorhebung des Unterschieds zwischen der „cogitatio" als unpersönlichem Attribut der Substanz und dem „infinitus intellectus Dei" als unmittelbarer Wirkung der Substanz diesem unendlichen Intellect ein absolutes Selbstbewusstsein, eine persönliche Einheit zu vindiciren und so den Gottesbegriff des Spinoza dem theistischen anzunähern. Ueber dieselbe Frage vgl. u. A. Ed. Böhmer, Spinozana, III, in Z. f. Ph., Bd. 42, 1863, S. 92 ff. und Lehmans s. a. O. S. 120—125. Emile Saisset, Malmonide et Spinoza, in: Revue des deux Mondes, 37, 1862, S. 296—334.)

Spinoza et la Kabbale, par le rabbin Elie Benamozegh, Paris 1864 (Extrait de l'Univers israélite.) N. A. Forsberg, Jemförande Betraktelse of Spinoza's och Malebranche's metafysiska princip, Akad. Afhandl., Upsala 1864. P. Kramer, de doctr. Sp. de mente humana, diss. inaug., Halae 1865. Chr. A. Thilo, über Sp.'s Religionsphilosophie, in: Zeitschr. für exacte Philosophie, Bd. VI, Heft 2, Leipzig 1865, S. 113—145; Bd. VI, Heft 4, Leipzig 1866, Seite 389—409; Band VII, Heft 1, Leipzig 1866, Seite 60—99. A. v. Oettingen, Sp.'s Ethik und der moderne Materialismus, in: Dorpater Zeitschr. für Theol. u. Kirche, Bd. VII, Heft 3. Noarrisson, Sp. et le naturalisme contemporain, Paris 1866. M. Joël, Don Chasdai Creskas

§ 9. Spinoza.

religionsphilos. Lehren in ihrem gesch. Einflusse dargestellt, Breslau 1866 (wo besondere Berührungen Spinoza's mit diesem von ihm Epist. 29 pr. an. erwähnten, um 1400 lebenden Thalmudisten, welcher der nominalistischen Zeit und Richtung angehörte und dem Determinismus huldigte, aufgezeigt werden, die jedoch nach Sigwart's Urtheil nicht sehr weit greifen. Beträchtlicher mag Sp.'s frühe, besonders durch Gersonides (Levi ben Gerson, s. Grd II, § 27) vermittelte Vertrautheit mit dem Averroismus gewesen sein.)

Paul Janet, Sp. et le Spinozisme d'après les travaux récens, in: Revue des deux mondes, t. 70, 1867, S. 470—495. Carl Siegfried, Sp. als Kritiker und Ausleger des alten Testaments, Portenser Progr., Naumburg 1867. Waldemar Hayduck, de Sp. natura naturante et natura naturata, diss. inaug., Breslau 1867.

Moritz Dessauer, Spinoza und Hobbes, Inaug. Diss., Breslau 1868. Sal. Rubin, Spin. und Maimonides, Wien 1868. P. Schmidt, Sp. und Schleiermacher, Berlin 1868. F. Uriel, Sp. de voluntate doctr., Hal. 1868. Richard Avenarius, über die beiden ersten Phasen des Spinozistischen Pantheismus und das Verhältniss der zweiten zur dritten Phase, nebst einem Anhang: über Reihenfolge und Abfassungszeit der älteren Schriften Sp.'s, Leipzig 1868. (Avenarius hält es für wahrscheinlich, dass die Dialoge, die sich in dem Tract. de Deo et hom. finden, um 1651 verfasst seien, dieser Tractat selbst 1654—55, der Tract. de int. emend. 1655-56, der Tract. theol. pol 1657-61; mit Sigwart übereinstimmend nimmt Avenarius an, dass der synthetische Anhang zu dem Tractatus de Deo et homine im Jahre 1661 verfasst worden sei. Er unterscheidet eine „naturalistische, theistische und pantheistische Phase" der Doctrin Spinoza's.)

J. H. v. Kirchmann, Erläuterungen zu Sp.'s Ethik (als Anhang zur Uebersetzung der Ethik, eine Kritik der Doctrin Sp.'s von Kirchmann's „realistischen" Standpunkte aus), in der „philos. Bibl." Bd. V., Berlin 1869. Wilhelm Liebrich, examen crit. du traité th.-pol. de Sp., Strassb. 1869. Jos. Hartwig, über das Verhältniss des Spinozismus zur Cartesianischen Doctrin, Inaug. Diss., Breslau 1869. Is. Misses, Sp. u. d. Kabbala, in der Zeitschr. f. ex. Philos. VIII, 1869, S. 359—367. (Nach Misses ist als Ausgangs- und Anhaltspunkt des Spinoza die kabbalistische, dem Maimonides und jüdischen Philosophen fremde Beweigung Gottes als des Unendlichen, En-Soph, anzusehn, die zum Pantheismus dränge; Gott wird auch von Kabbalisten als immanente Ursache und Wesen aller Dinge betrachtet und das Verhältniss des Universums zu Gott mit dem der Falten eines Kleides zum Kleide selbst verglichen, also ähnlich wie von Spinoza das der Modi oder Affectionen Gottes zu Gott selbst gedacht wird; die Lehre, dass alles beseelt sei, selbst der Stein, ist von Kabbalisten bereits aufgestellt worden, ebenso die Lehre von einer partiellen Unsterblichkeit der Seele; die Lehre Spinoza's von den Attributen stimmt zwar nicht zu der Kabbalistischen Verneinung der extensio von der Gottheit, findet aber doch einen Anknüpfungspunkt in der kabbalistischen Doctrin von dem unendlichen Licht, das aus dem Unendlichen durch eine erste Concentration geworden sei und bereits den Keim der in dem Einen an sich nicht vorhandenen Verschiedenheit enthalte, und worauf allein der Name Jehova, der stets Wirkende passe; die Spinozistische Negation der menschlichen Willensfreiheit ist nur eine von der Kabbala nicht gezogene, folgerechte Systemconsequenz. Auf die neuplatonischen und gnostischen Quellen der Kabbala selbst weist Misses hin in seiner Schrift: Zofnat Paaneach, Darst. und krit. Beleuchtung der jüd. Geheimlehre, Krakau 1862—63. Ausser Ibn Gebirol hat auch der von Spinoza geschätzte biblische Kritiker Ibn Esra manche neuplatonische Gedanken reproducirt. — Doch möchten diese Aehnlichkeiten wohl nur aus geringstem Theile genuine Bedeutung haben. In der Opposition des Spinoza gegen die dualistische Psychologie des Cartesius liegt wohl unzweifelhaft die Quelle seiner Identificirung der ausgedehnten und denkenden Substanz.)

Mor. Drasch, B. v. Sp.'s System der Philos. nach der Ethik o. den übrigen Tractaten desselben in genet. Entw. darg. mit e. Biogr. Sp.'s, Berlin 1870. R. Willis, Ben. de Spinoza, his Ethics, Life, Letters and Influence on modern religious thought, London 1870. E. Albert Fraysse, l'idée de Dieu dans Spinoza, Paris 1870. M. Joël, Sp.'s th.-pol. Tract. auf seine Quellen geprüft, Breslau 1870. Ed. Böhmer, Spinozana IV—VI, in: Zeitschr. f. Philos. N. F. Bd. 57, 1870, S. 240—277.

Die Abhandlungen über neuaufgefundene Ergänzungen zu Sp.'s Werken etc. sind schon oben Seite 62 bei der Anführung von Sp.'s Schriften erwähnt worden.

Zur Geschichte der Beurtheilung der Doctrin Spinoza's kommen ausser den Monographien die gelegentlichen Aeusserungen in den Werken von Schleiermacher, J. G. Fichte, Schelling, Baader, Hegel, Herbart (besonders Schriften zur Metaph.

§ 9. Spinoza.

Werke, III, S. 159 ff.) und anderen Philosophen in Betracht, ferner die Darstellung und Kritik seiner Lehre in den Geschichten der (neueren) Philosophie von Brucker, Buhle, Tennemann, Ritter, Feuerbach, Erdmann, Kuno Fischer u. A., auch in Specialschriften über die Geschichte des Pantheismus, wie Buhle, de ortu et progressu pantheismi inde a Xenophane usque ad Spinozam, in: Comm. soc. sc. Gott. vol. X., 1791, Jäsche, der Pantheismus nach seinen verschiedenen Hauptformen, Berlin 1826 bis 32 (vgl. Heinr. Ritter, die Halbkantianer und der Pantheismus, Berlin 1827), J. Volkmuth, der dreieinige Pantheismus von Thales bis Hegel (Zeno, Spinoza, Schelling), Köln 1837, in den der Kritik philosophischer Standpunkte gewidmeten Werken und Abhandlungen von L Herm. Fichte, Ulrici, Sengler, Weisse, Hanne etc. und in vielen anderen religionsphilosophischen Schriften.

Baruch Despinoza (das z ist als s zu sprechen), geb. zu Amsterdam am 24. November 1632, stammte aus einer der jüdischen Familien, die, um den Bedrückungen in Spanien und Portugal zu entgehen, nach den Niederlanden ausgewandert waren. Er erhielt seine erste Bildung unter dem berühmten Thalmudisten Saul Levi Morteira, lernte auch die Schriften des Maimonides kennen, den er hochhält, ebenso auch Schriften des Gersonides (der dem Averroismus nahe steht) und anderer jüdischer Gelehrten und Denker des Mittelalters, ferner auch kabbalistische Schriften, von denen er zwar selten redet und bei denen er Klarheit vermisst, mit denen er aber doch in einigen Grundgedanken übereinkommt. Am 6. August 1656 wurde er wegen „schrecklicher Irrlehren" aus der jüdischen Gemeinschaft gänzlich ausgeschlossen. Schon vorher hatte er bei dem gelehrten, naturalistisch gesinnten Arzte Franz van den Ende (nicht bei dessen Tochter Clara Maria, die im Jahre 1656 erst zwölfjährig war) lateinischen Unterricht genossen. Von 1656—60 oder 61 wohnte Spinoza, mit dem Studium der Cartesianischen und der Ausbildung seiner eigenen Philosophie beschäftigt, in der Nähe von Amsterdam bei einem arminianisch gesinnten Freunde, später in Rhynsburg, wo die (das dogmatische Element hinter das erbauliche und sittliche zurücksetzende) Secte der Collegianten ihren Hauptsitz hatte, von 1664 bis 1669 in Voorburg beim Haag, dann im Haag selbst in Pension bei der Wittwe van Velden, dann, seit 1671, bei dem Maler van der Spyck bis zu seinem am 21. Februar 1677 erfolgten Tode. Durch Glasschleifen gewann er seinen Lebensunterhalt; doch hat vermuthlich gerade das häufige Einathmen des Glasstaubes bei schwindsüchtiger Anlage seinem Leben ein frühes Ende gemacht. Einen im Jahre 1673 an ihn ergangenen Ruf nach Heidelberg, wo Karl Ludwig von der Pfalz ihm eine Professur der Philosophie antragen liess, schlug er aus, um sich nicht in der Freiheit des Philosophirens, obschon diese ihm zugestanden wurde, durch unvermeidliche Collisionen behindert zu finden.

In dem Compendium grammaticas linguae Hebraeae hat man die Vorliebe des Substanzlehrers für das Substantivum bemerkenswerth gefunden. Vgl. darüber besonders die oben (S. 66) aufgeführte Abh. von Jac. Bernays, im Anhange zu Schaarschmidt's Schrift, Bonn 1850, und Ad. Chajes, die hebr. Gramm. Spinoza's, Breslau 1869.

In den „Principien der Philosophie des Descartes" nebst den angehängten „Cogitata metaphysica", geschrieben im Winter 1662—63, stellt Spinoza nicht seine eigene Doctrin dar, was er in der Vorrede (durch den Herausgeber, seinen Freund Ludwig Meyer) ausdrücklich erklären lässt; er war zur Zeit der Abfassung im Wesentlichen bereits zu den in den späteren Schriften entwickelten Ueberzeugungen gelangt.

Der Tractatus theologico-politicus auf frühen Studien beruhend, in seinen Grundzügen nach Avenarius' Vermuthung, die an sich nicht unwahrscheinlich, obschon nicht durch directe Anzeichen unterstützt ist, bereits 1657—61 auf-

§ 9. Spinoza.

gezeichnet, für den Druck bearbeitet 1665—70), eine beredte, von persönlicher Erfahrung getragene Vertheidigung der Denk- und Redefreiheit auf dem Gebiete der Religion („quandoquidem religio non tam in actionibus externis, quam in animi simplicitate ac veritate consistit, nullius juris, neque autoritatis publicae est"), ruht in seiner speculativen Doctrin auf dem Grundgedanken der wesentlichen Verschiedenheit der Aufgabe der positiven Religion und der Philosophie. Keine von beiden dient (ancillatur) der andern, sondern jede hat ihre eigenthümliche Aufgabe. Spinoza scheint an Maimonides in seiner eigenen Gedankenbildung kritisch angeknüpft zu haben. Spinoza scheint an Maimonides in seiner eigenen Gedankenbildung kritisch angeknüpft zu haben, indem er von der Annahme des mittelalterlichen Philosophen, der zum philosophischen Denken hinleiten wollte, das Gesetz sei nicht bloss zur Uebung des Gehorsams, sondern auch als Offenbarung der höchsten Wahrheiten den Juden gegeben, zu der entgegengesetzten, dem Tractatus theol.-polit. zu Grunde liegenden fortging, die dem Bedürfniss dient, bei gesichertem Interesse an philosophischem Denken dasselbe von der nur zeitweilig wohlthätigen Gebundenheit zu befreien: die Religion ziele nicht auf Wahrheitserkenntniss als solche, sondern auf Gehorsam ab (wie später im gleichen Interesse Moses Mendelssohn dem Judenthum Freiheit von bindenden Dogmen vindicirte und Schleiermacher die Religion als beruhend auf dem Gefühl und die Philosophie als das Streben nach objectiv gültiger Erkenntniss von einander sonderte und einander coordinirte). Ratio obtinet regnum veritatis et sapientiae, theologia autem pietatis et obedientiae. Demgemäss soll weder (mit Maimonides) die Bibel zur Uebereinstimmung mit unserer Vernunft gedeutet, noch (mit Jehuda Alpakhar und anderen Rabbinen) die Vernunft der Bibel unterworfen werden; die Bibel will nicht Naturgesetze offenbaren, sondern Sittengesetze aufstellen. Wir dürfen nicht die wahre Deutung einer Schriftstelle mit der Wahrheit der Sache verwechseln. Durch dieses Princip gewinnt Spinoza die Möglichkeit einer nicht an dogmatische Voraussetzungen gebundenen historisch-kritischen Betrachtung der Bibel, besonders des alten Testaments, die er dann, zum Theil im Anschluss an den im 11. Jahrh. n. Chr. lebenden Ibn Esra im Einzelnen durchführt. Bemerkenswerth ist der Vorrang, den Spinoza (Tr. th.-pol. c. 1) Christo vor Moses und den Propheten darum einräumt, weil er nicht durch Worte, wie Moses sie vernahm, und nicht durch Visionen Gottes Offenbarung empfangen, sondern dieselbe unmittelbar in seinem Bewusstsein gefunden habe, so dass in ihm in diesem Sinne die göttliche Weisheit menschliche Natur angenommen habe. Spinoza's philosophisches System ist in dem Tractatus theologico-politicus nicht als solches entwickelt: viele Voraussetzungen stimmen nicht zur Ethik und können nur als Accommodationen gelten.

In dem (von Sp. kurz vor seinem Tode verfassten) Tractatus politicus tritt Spinoza, so sehr er im Uebrigen des Hobbes Grundanschauungen billigt, doch der absolutistischen Theorie desselben scharf entgegen. Die Regierung soll die Handlungen, aber nicht die Ueberzeugungen der Menschen zur Einstimmigkeit bringen. That sie den Ueberzeugungen Zwang an, so provocirt sie den Aufstand. Männer aus dem Volk, aber durch die Regierung ausgewählt, sollen der Regierung bei der Gesetzgebung und Verwaltung zur Seite stehen.*)

Der Tractatus de Deo et homine ejusque felicitate, der vor dem Sept. 1661, vielleicht schon 1654 oder 1656 verfasst worden ist und einen synthe-

---

*) Ein zu Spinoza's Substantialismus ebenso, wie Rousseau's Volkssouveränität mit Parteienvertretung und antagonistischer Lähmung zu dessen Individualismus passender Vorschlag.

tischen, im Jahre 1661 verfassten Anhang hat, ist ein Entwurf des Systems, der sich als eine Vorstufe der „Ethik" bekundet. Gottes Existenz gehört zu seinem Wesen. Auch setzt die Gottesidee, die in uns ist, Gott als ihre Ursache voraus. Gott ist das vollkommenste Wesen (ens perfectissimum). Gott ist ein Wesen, von welchem unendliche Eigenschaften ausgesagt werden, deren jede in ihrer Art unendlich vollkommen ist. Jede Substanz muss (mindestens in ihrer Art) unendlich vollkommen sein, weil sie weder durch sich, noch durch ein Anderes zur Endlichkeit determinirt sein kann; es giebt nicht zwei einander gleiche Substanzen, da solche einander einschränken würden; eine Substanz kann nicht eine andere Substanz hervorbringen und nicht von einer andern Substanz hervorgebracht werden. Jede Substanz, die in Gottes unendlichem Verstande ist, ist auch wirklich in der Natur; in der Natur aber sind nicht verschiedene Substanzen, sondern sie ist nur Ein Wesen und identisch mit Gott, wie derselbe oben definirt worden ist. — Spinoza geht hiernach in diesem Tractat nicht von einer Definition des Substanzbegriffs aus, um zum Gottesbegriffe zu gelangen; aber der Gedanke, dass Gott sei und alle Realität in sich vereinige, ist auch hier bereits das Beweismittel der Lehre, dass nur Eine Substanz existire und Denken und Ausdehnung nicht Substanzen, sondern Attribute seien; daneben weist Spinoza darauf hin, dass wir in der Natur die Einheit sehen, dass insbesondere in uns Denken und Ausdehnung vereinigt seien; da nun Denken und Ausdehnung ihrer Natur nach keine Gemeinschaft mit einander haben und jedes ohne das andere klar gedacht werden kann (was Spinoza dem Cartesius zugiebt), so ist ihre thatsächliche Vereinigung und Wechselwirkung in uns nur dadurch möglich, dass sie beide auf die nämliche Substanz bezogen sind. Es lässt sich annehmen, dass neben der durch die Erziehung im Judenthum festgewurzelten religiösen Ueberzeugung von der strengen Einheit Gottes auch die psychologischen Betrachtungen, die damals in der Cartesianischen Schule mit besonderer Lebhaftigkeit über die Wechselbeziehung zwischen Seele und Leib angestellt wurden, und dass insbesondere die unverkennbare Naturwidrigkeit des aus den Cartesianischen Principien mit Nothwendigkeit herfliessenden Occasionalismus, den namentlich Geulinx ausgebildet hatte, auf Spinoza's Lehre von der Einheit der Substanz den beträchtlichsten genetischen Einfluss geübt haben. Dazu kam andererseits Spinoza's Bekanntschaft mit neuplatonischen Doctrinen, sei es, dass diese durch die Kabbala oder durch Schriften Giordano Bruno's oder, was das Wahrscheinlichste ist, durch beides vermittelt war; die hieraus stammenden poetisch-philosophischen Anschauungen hat Spinoza, indem er sie in wissenschaftliche Begriffe umzusetzen unternahm, mit den Resultaten verschmolzen, die sich ihm aus der Kritik des Cartesianismus ergaben. Ein vor der Kritik liegendes Stadium in diesem Entwicklungsfortgang bezeichnet der Tractatus de Deo etc. (s. Sigwart a. a. O. S. 131 ff.). Zwischen die Abfassungszeit der in den Tractatus de Deo etc. mit aufgenommenen zwei Dialoge, die sich an Giordano Bruno's Doctrin anlehnen (oder doch des ersten derselben) und die Abfassungszeit dieses Tractates selbst fällt das Studium der Cartesianischen Doctrin, zwischen die Abfassungszeit eben dieses Tractates und des Tractatus de intellectus emendatione aber das Studium der Lehre Baco's. Von den Unterschieden zwischen dem Tractat und der Ethik sind die wichtigsten, dass im Tractat der Begriff Gottes als des vollkommensten Wesens vorangeht, in der Ethik der Begriff der Substanz als des in und durch sich Seienden, und dass in dem Tractat zwischen Denken und Ausdehnung trotz ihrer völligen Ungleichartigkeit, wonach sie begrifflich nichts mit einander gemein haben, ein reales Causalverhältniss angenommen wird, wogegen die Ethik alle Causalität an Gleichartigkeit bindet und daher zwischen Denken und Ausdehnung kein Causalverhältniss

§ 9. Spinoza.

annimmt. Die in dem Tractat enthaltenen Dialoge gehen von dem Begriff der unendlichen Natur aus.

Der vielleicht schon 1655 oder 1656 oder doch vor 1662 verfasste (Fragment gebliebene) Tractatus de intellectus emendatione führt Gedanken über die Methode aus, die in dem Hauptwerk, der Ethik, den Grundzügen nach gleichfalls enthalten sind. Die Güter der Welt befriedigen nicht; die Wahrheitserkenntniss ist das edelste Gut.

Die Ethik ist ihrem Hauptinhalt nach in den Jahren 1662—65 verfasst worden, scheint aber bis an Spinoza's Tod immerfort überarbeitet worden zu sein. 1665 war noch der Gesammtinhalt in 3 Bücher vertheilt, die später zu 5 Büchern erweitert worden. Spinoza geht hier von der Cartesianischen Definition der Substanz aus, die er consequenter durchführt, als von Descartes selbst geschehen war. Descartes hatte die Substanz schlechthin definirt als res quae ita existit, ut nulla alia re indigeat ad existendum, die substantia creata aber res, quae solo Dei concursu eget ad existendum. Spinoza definirt (Eth. p. I, def. 3): per substantiam intelligo id, quod in se est et per se concipitur, hoc est id, cujus conceptus non indiget conceptu alterius rei, a quo formari debeat.*)

Spinoza eröffnet seine Ethik mit einer Reihe von Definitionen und Axiomen nach der Weise des Euklid, um daraus in streng syllogistischer Weise „nach geometrischer Methode" Lehrsätze abzuleiten.**)

---

*) Spinoza sowohl, wie Descartes, haben in der Definition der Substanz die beiden Kategorien nicht auseinandergehalten, die Kant als Subsistenz (wozu die Inhärenz der Prädicate das Correlat bildet) und Causalität (wozu als Correlat die Dependenz der Folgen gehört) unterscheidet; die οὐσία des Aristoteles wird mit der wirkenden Ursache gleichgesetzt; da nun Gott von Beiden als die einzige Ursache alles Seienden anerkannt (obschon nicht durch fehlerfreie Beweise dargethan) wird, so folgt sofort, dass er Beiden auch als die einzige Substanz gelten muss. Dass Descartes Substanzen annimmt, die unter seine Definition der Substanz sich nicht subsumiren lassen, ist eine Inconsequenz, welche Spinoza vermeidet, der Gott als die einzige Substanz bezeichnet und alles, was nicht Gott ist, auch nicht als eine Substanz anerkennt. Ist in die Definition der Substanz die Nichtinhärenz und die Nichtdependenz zugleich aufgenommen worden, so folgt daraus jedoch immer noch nicht, dass Bedingtes, wenn es gleich nicht Substanz genannt werden darf, nur als etwas Inhärentes existiren könne, sondern es folgt nur, dass noch ein anderer Terminus erforderlich sei, um solches zu bezeichnen, was Träger des Inhärirenden, und doch als Bedingtes von Anderem abhängig ist; falls aber die Bildung eines solchen Terminus nicht erfolgen soll, dann muss die Definition der Substanz in einer Weise gebildet werden, welche die Unterscheidung der beiden wesentlich verschiedenen Verhältnisse: Inhärens und Dependenz involvirt. Andernfalls ist der vermeintliche Beweis eine Subreption.

**) Spinoza glaubt hierdurch für seine Doctrin mathematische Gewissheit zu erzielen. Aber dieses Unternehmen ist illusorisch. Euklid's Definitionen treten zwar zunächst als Nominalerklärungen auf (die nur bestimmen, was unter den betreffenden Ausdrücken verstanden werden soll), erweisen sich aber nachträglich als Realerklärungen (die auf mathematisch-reale Objecte gehen); Spinoza dagegen hat den Nachweis der Realität der Objecte seiner Definitionen nicht wirklich erbracht. Euklid's Definitionen haben Klarheit und Anschaulichkeit, die Spinoza's Definitionen fast durchgängig fehlt oder bei dem Gebrauch bildlicher Ausdrücke (wie in se esse etc.) nur illusorisch ist; einzelne Definitionen des Spinoza (wie die der causa sui etc.) involviren Widersprüche. Euklid gebraucht die Termini durchgängig nur in dem durch die Definition festgestellten Sinne; Spinoza führt mitunter Argumentationen so, dass das eine Glied derselben (z. B. dass die Substanz, weil sie nicht durch Anderes entstehen könne, causa sui sei) durch den Gebrauch der Ausdrücke im Sinne des gewöhnlichen Sprachgebrauchs plausibel wird, dass das andere Glied (z. B. dass die Substanz, weil sie causa sui sei, die

§ 9. Spinoza.

Die erste Definition des ersten Theiles der Ethik lautet: Per causam sui intelligo id, cujus essentia involvit existentiam sive id, cujus natura non potest concipi nisi existens*).

Existenz involvire) dieselben Ausdrücke in dem durch seine (willkürliche) Definition bestimmten Sinne wiederholt und somit der Schlusssatz durch einen Paralogismus, die quaternio terminorum mittelst Verwechselung einer „synthetischen" Definition mit einer „analytischen" (vgl. mein System der Logik, § 61 und § 126) gewonnen wird. Spinoza's Ethik ist keineswegs (wie namentlich F. H. Jacobi gemeint hat) theoretisch unwiderlegbar, sondern vielmehr (wie Leibniz, Herbart und Andere mit Recht geurtheilt haben) überreich an Paralogismen. Der Nachweis der in den fundamentalen Sätzen liegenden Paralogismen, der nicht fehlen darf, wenn eine gründliche Einsicht in das System gewonnen werden soll, wird hier, um nicht die Uebersicht über die Folge der Sätze zu beeinträchtigen, in den nachfolgenden Noten unter dem Text gegeben. Spinoza's Bedeutung knüpft sich an die von ihm vertretene Grundansicht einer substantiellen Identität des Psychischen im weitesten Sinne (des Geistigen, Seelischen, der Kraft) mit dem Ausgedehnten, das als ein Materielles percipirt wird und den mechanischen Gesetzen folgt; dieser Monismus ist (neben dem Dualismus, Spiritualismus, Materialismus, Criticismus) eine der grossen und achtungswerthen philosophischen Hypothesen. Auch die Tendenz strenger Beweisführung ist achtungswerth; die Meinung aber, dass Spinoza diese Tendenz realisirt und für seine Grundlehren wirkliche Beweise geführt habe, ist ein Vorurtheil, das keinen Respect, sondern Vernichtung verdient. Fehlschlüsse wollen durch Aufdeckung der Fehler corrigirt sein; dies und nichts anderes ist's, was ihnen zukommt. Was in Spinoza von echter Grösse war, hat sich gegen jeden Angriff behauptet und ist zu bleibender Bedeutung in dem Entwicklungsgange der Philosophie gelangt; aber die Verehrung irrt von ihrem Ziele ab, wenn sie begehrt, dass der Nimbus des „heiligen verstossenen Spinoza" seine Schnitzer decke. Dem „Heiligen" in ihm (mit Schleiermacher) ein „Lockopfer"; seinen Paralogismen aber zersetzende Kritik; so wird jeglichem zu Theil, was ihm gebührt.

*) Der Begriff „causa sui" ist, nach dem Wortsinne verstanden, ein Unbegriff, denn um sich selbst zu verursachen, müsste ein Object da sein, ehe es ist (dasein, um überhaupt irgend etwas verursachen zu können; ehe es ist, weil es selbst erst verursacht werden soll); der Ausdruck geht auch Spinoza's Absicht auf das Bedingtsein der Existenz durch die Essenz; die Essenz aber kann nicht die Existenz verursachen, ohne bereits zu existiren, wonach also das schon da ist, was verursacht werden soll; ist aber nicht die Essenz selbst, sondern nur (in der Definition) unser Gedanke der Essenz (die idea, nicht das ideatum) gegeben, so involvirt dieser Gedanke zwar seine eigene psychische Existenz, verursacht aber nicht die objectiv-reale Existenz der essentia. Die nur durch Abstraction mögliche Sonderung der essentia und existentia, so dass diese jene voraussetze, jene aber diese bedinge oder verursache, hat Spinoza nach der Weise mittelalterlicher Realisten fälschlich objectivirt. Zulässig wäre der Terminus „causa sui" nur etwa als ungenaue Bezeichnung für das Ursachlose, wobei der hier allein adäquate negative Ausdruck in einen inadäquaten positiven Ausdruck umgesetzt wird. (Dass ein bereits existirendes Wesen sich durch Selbstthätigkeit auf eine höhere Stufe bringt, ist keine Analogie, welche die Münchhausenlade einer Selbstverursachung der eigenen Existenz rechtfertigen könnte, und dass „causa sui" nur in Beziehung auf das Endliche eine Absurdität sei, auf das Unendliche bezogen aber nicht, wäre eine „speculative" Behauptung, die das „Unendliche" zu der aus Hegels Urtheil über Berkeley bekannten „Gosse" machen würde, worein die Widersprüche zusammenlaufen.)

Der Ausdruck, der dem Spinoza zur Definition von „causa sui" dient, nämlich „essentia involvens existentiam" oder „non posse concipi nisi existens" involvirt den Fehler, der in dem ontologischen Argumente liegt (s. oben bei Anselm u. bei Descartes). Dass jeder Beweis aus der Definition die anderweitig feststehende Existenz des Definirten zur Voraussetzung hat, ist ein logisches Gesetz, gegen das Spinoza eben so naiv, wie Anselm, und viel naiver, als Descartes verstösst. Durch die Berufung auf das Involvirtsein der Existenz in der essentia wird das in willkürlichen Definitionen zum Theil naturwidrig Gedachte (insbe-

§ 9. Spinoza.

Die zweite Definition lautet: Ea res dicitur in suo genere finita, quae alia ejusdem naturae terminari potest. Als Beispiele führt Spinoza an, ein Körper sei endlich, sofern sich stets ein anderer grösserer Körper denken lasse; gleichermassen sei ein Gedanke endlich, sofern derselbe durch einen andern Gedanken begrenzt werde; aber es werde nicht ein Körper durch einen Gedanken oder ein Gedanke durch einen Körper begrenzt*).

Als dritte, vierte und fünfte Definition folgen die Aussagen, was Spinoza unter Substanz, Attribut und Modus verstehe. Per substantiam intelligo id, quod in se est et per se concipitur, hoc est id, cujus conceptus non indiget conceptu alterius rei, a quo formari debeat. Per attributum intelligo id, quod intellectus de substantia percipit tanquam ejus essentiam constituens („constituens" ist hier Neutrum, auf quod zu beziehen, vgl. Def. VI.: substantiam constantem infinitis attributis und Eth. II. prop. VII. Schol.: quidquid ab infinito intellectu percipi potest tanquam substantiae essentiam constituens). Per modum intelligo substantiae affectiones sive id, quod in alio est, per quod etiam concipitur. Hiernach begründet das in se esse und in alio esse den Unterschied zwischen der Substanz und den Affectionen oder Modis; die Attribute aber machen in ihrer Gesammtheit die Substanz aus. Durchweg verbindet Spinoza die Angabe, wie ein Jedes sei und wie es begriffen werde (nämlich im adäquaten Begreifen, welches mit dem Sein übereinkommt). Man hat seine Definition des Attributs in einer Weise zu verstehen gesucht, die den Unterschied des Spinozismus vom Kantianismus verwischen würde, dass nämlich nur unser Verstand den Unterschied der Attribute setze und denselben in die Substanz hineintrage, wie unserm Auge eine an sich weisse Fläche blau oder grün erscheint, wenn sie von uns durch ein blaues oder grünes Glas betrachtet wird; aber diese (subjectivistische) Auffassung

---

sondere die Verschmelzung unendlich vieler Attribute zu Einer Substanz) mit dem trüglichen Scheine der Realität versehen und dadurch der Blick auf das thatsächlich Reale vielfach getrübt.

*) Diese Definition des in seiner Art Endlichen oder Begrenzten ist nur in sofern zutreffend, als sie auf solche Objecte (res) beschränkt bleibt, neben welchen andere gleichartige existiren können, und bei welchen das Zusammenbestehen eine gegenseitige Einschränkung involvirt; sie verliert jede Bedeutung, wenn sie nicht auf solche res, sondern auf Naturen oder Attribute bezogen wird, wie z. B. wenn gefragt würde, ob die quadratische Natur oder das Wesen des Quadrats, d. h. das Begrenztsein einer ebenen Figur durch vier einander gleiche gerade Linien bei lauter rechten Winkeln, in suo genere finita oder infinita sei, oder ob die menschliche Natur, die Adlernatur, die Löwennatur etc. begrenzt oder unbegrenzt sei. Und doch macht Spinoza, nachdem einmal die Definition im Hinblick auf die von ihm angeführten Beispiele, deren erstes wenigstens zu passt, aufgegeben worden ist, später von ihr eben den unzulässigen Gebrauch, bei welchem die angegebene Grenze ihres Sinnes und ihrer Gültigkeit vergessen wird. Dieser Gebrauch knüpft sich an den irreführenden Ausdruck: substantia suius naturae, der die Vorstellung einer von der Natur oder dem Attribute selbst unterschiedenen concreten Existenz hervorruft, welche Vorstellung, nachdem sie (in der Demonstratio zu Propos. VIII: omnis substantia est necessario infinita) den Paralogismus vermittelt hat, von Spinoza durch Recurs auf seine Definitionen (wonach die Substanz mit der Gesammtheit ihrer Attribute, also eine substantia suius naturae mit eben dieser natura selbst wieder identisch ist) wieder abgeworfen wird. Der Paralogismus aber hat zu einem Satze geführt, durch welchen Spinoza's Verfahren, nur solches, was unbegrenzt ist (die Ausdehnung) oder sich allenfalls als unbegrenzt betrachten lässt (die cogitatio) als ein Attribut oder eine natura gelten zu lassen, und alles Uebrige unter die Affectionen oder Modi zu verweisen, anscheinend gerechtfertigt wird. (Auf das gleiche Resultat führt dann auch die mit dieser Definition der Endlichkeit eng zusammenhängende Definition der Affection oder des Modus durch den Terminus: „in alio esse", siehe unten.)

§ 9. Spinoza.

stimmt nicht zu dem (objectivistischen) Gesammtcharakter der Doctrin des Spinoza und auch nicht zu seiner ausdrücklichen Aussage, dass die Substanz aus den Attributen bestehe; die Attribute sind, wie wir annehmen müssen, realiter in der Substanz zwar nicht von einander geschieden, aber doch verschieden und unser Verstand erkennt nur die an sich bestehende Verschiedenheit an; das Dasein unseres Verstandes setzt ja selbst bereits das Dasein des Attributes cogitatio und die reale Unterschiedenheit desselben von der extensio voraus; nur die Isolirung des einzelnen Attributes, die Heraushebung desselben aus der an sich ungeschiedenen Einheit aller Attribute zum Behuf gesonderter Betrachtung (daher das „quatenus consideratur") ist etwas bloss durch uns Vollzogenes; der Vergleich unseres Verstandes mit einem den weissen Lichtstrahl zerlegenden Prisma ist zulässig, der Vergleich desselben mit einem bald durch ein blaues, bald durch ein rothes Glas eine Farbe hinzubringenden Beschauer gleichfalls, sofern er richtig verstanden, nämlich nicht auf das Hinzubringen von etwas der Substanz selbst nicht Angehörendem, sondern nur auf die Zerlegung des in ihr Enthaltenen bezogen wird; was zu der subjectivistischen Auffassung der Attribute Anlass geben kann, ist im Sinne des Spinoza auf verschiedene zusammengehörige Momente im Objecte selbst, woran sich nur eine entsprechende Verschiedenheit in unserer subjectiven Auffassung knüpfe, zu beziehen, die jedoch sämmtlich (gleich verschiedenen Definitionen des Kreises etc.) das ganze Object ausdrücken, weil sie mit allen übrigen untrennbar zusammenhängen (wie besonders Spinoza's Vergleich der Attribute mit der Glätte und der Weisse Einer Fläche, oder mit Israel, dem Gotteskämpfer, und Jacob, dem Ergreifer der Ferse seines Bruders, dieses Verhältniss bekundet, s. Epist. 27, vgl. Trendelenburg, hist. Beitr. III, S. 368). Die Substanz ist die Gesammtheit der Attribute selbst, die Modi dagegen sind ein Anderes, Secundäres, weshalb Spinoza auch sagen kann (im Corollar zur Propos. VI.), es existire nichts als Substanz und Affectionen, nicht als ob die „Attribute" nicht Existenz hätten und erst durch unsern Verstand geschaffen würden, oder als ob sie nicht realiter von einander verschieden wären, sondern weil ihre Existenz durch die Erwähnung der Substanz bereits mitbezeichnet ist. Nicht als ein Positives kommen die Modi zu der Substanz hinzu, sondern sie bilden blosse Einschränkungen, Determinationen und daher Negationen („omnis determinatio", sagt Spinoza, „est negatio"), wie ein jeder mathematische Körper vermöge seiner Begrenztheit eine Determination der unendlichen Ausdehnung (eine Negation des ausser ihm Liegenden) ist. Die Modi oder Affectionen sind nicht Bestandtheile der Substanz; die Substanz ist ihrer Natur nach früher als ihre Affectionen (nach Propos. I, die unmittelbar aus den Definitionen abgeleitet wird) und muss, der Wahrheit gemäss betrachtet zu werden, ohne die Affectionen und in sich (Demonst. zu Propos. V.: depositis affectionibus et in se consideratu) betrachtet werden. Hiernach kann Spinoza unter der Substanz nicht ein concretes Ding verstehen, da ja dieses niemals ohne alle individuellen Bestimmtheiten (die doch Spinoza zu den Affectionen rechnet) bestehen kann und nicht „depositis affectionibus" wahrhaft oder seiner wirklichen Existenz gemäss betrachtet wird; unter der Substanz kann bei ihm nur das durch den abstractesten Begriff (des Seins) Gedachte zu verstehen sein, dem er aber, indem er nach der Weise mittelalterlicher „Realisten" das Resultat der Abstraction hypostasirt, eine selbständige Existenz zuschreibt*).

---

*) Bei der Bestimmung des Unterschiedes zwischen der Substanz und den Affectionen verkennt Spinoza die Bildlichkeit der von ihm gebrauchten Ausdrücke: in se esse, in alio esse, und die Unfähigkeit derselben, zu Kriterien des entweder

§ 9. Spinoza.

Die sechste Definition lautet: Per Deum intelligo ens absolute infinitum, hoc est substantiam constantem infinitis attributis, quorum unumquodque aeternam et infinitam essentiam exprimit. Der Ausdruck absolute infinitum wird in der beigefügten Explicatio durch den Gegensatz zu in suo genere infinitum erläutert; was nur in seiner Art unbegrenzt oder unendlich ist, ist dies nicht hinsichtlich aller möglichen Attribute, das absolut Unendliche aber in Betracht aller Attribute*).

---

attributiven oder Modus-Charakters irgend welcher Elemente eines Objectes zu dienen. Warum die Attribute nicht in der Substanz seien, die aus ihnen besteht, wird nicht klar. Bei fortschreitender Determination des abstracten Begriffes des Seins wird ganz in gleicher Weise von dem Abstractesten zu dem minder Abstracten, wie von diesem zu dem Individuellen (d. h. von der Substanz zu den Attributen, wie von diesen zu den Modis) herabgestiegen, so dass das „inesse", wenn einmal der logische Vorgang hypostasirt wird, ebensowohl von den Attributen in ihrer Beziehung zur Substanz, wie von den Modis gelten müsste. Oder auch von beiden Verhältnissen gleichwenig. Das inesse (ἐνυπάρχειν) ist allerdings auch eine aristotelische Bezeichnung; aber sie hat bei Aristoteles ihren guten Sinn, da diesem die Substanzen, denen vorzugsweise der Name Substanz zukomme (die πρώται οὐσίαι) die Einzeldinge sind, in welchen solches ist, was sich von ihnen aussagen lässt; von den Einzeldingen kann nicht gesagt werden, dass sie „depositis affectionibus" (also nach Abstraction z. B. von Figur und Begrenztheit unter blosser Festhaltung des Attributs der Ausdehnung und nach Abstraction von allem, was ein denkendes Wesen von anderen unterscheidet, unter blosser Festhaltung des Attributs des Denkens) „vere", d. h. nach ihrem wirklichen Sein, betrachtet werden; dies Letztere setzt jene andere Bedeutung der Substanz und des Substantiellen voraus, wonach darunter die essentia und das Essentielle (Wesentliche) verstanden wird, was Aristoteles durch den Terminus ἤ κατὰ λόγον οὐσία bezeichnet und wovon er einerseits das συμβεβηκὸς καθ' αὑτό (das „Attribut" im Sinne der Aristoteliker), andererseits das συμβεβηκός im engeren Sinne (das „Accidentielle") unterscheidet. Es bedarf einer schwierigen Untersuchung, um den Unterschied des Substantiellen als des Wesentlichen von dem Unwesentlichen durch allgemeine Kriterien festzustellen; Spinoza fasst diese (allerdings auch von den Aristotelikern nicht gründlich in Angriff genommene, sondern durch Anlehnung an grammatische Unterschiede eludirte) Untersuchung nicht, sondern ersetzt sie durch Beibehaltung der nur bei jener ersten Bedeutung von „Substanz", welche nicht die von ihm festgehaltene ist, einigermassen zutreffenden Ausdrücke: „in se — in alio esse", und diese Unkritik hat dann nothwendigerweise eine totale Verwirrung zur Folge. Die erste Bedeutung von „Substanz" wird thatsächlich angegeben, obschon die Fassung der Definition an sie zu denken veranlasst; die zweite wird corrumpirt, indem nur solches als der Substanz ungehörend gilt, worin das „Darinsein" einen wirklichen Sinn hat (d. h. die Ausdehnung) oder wobei es sich zur Noth deuten lässt (d. h. die cogitatio), alles Uebrige aber (z. B. das, was dem Quadrat wesentlich ist, um Quadrat zu sein, dem Menschen, um Mensch zu sein etc.) als unwesentlich zu den Affectionen oder Modis gerechnet wird. Auf Unklarheiten und Paralogismen beruht weitaus in den meisten Fällen die mit Unrecht gepriesene vermeintlich strenge Verkettung der Gedanken in der „Ethik" des Spinoza. Seine Theoreme sind (insbesondere in der Psychologie, wogegen seine Gotteslehre nichtig ist) zum guten Theil weit besser, als seine Argumentationen.

*) Dass unser Denken und Ausdehnung unzählige Attribute bestehen, giebt Spinoza zu, schlüpft jedoch über diesen Punkt hinweg; welche es sein können, bleibt nebelhaft. Mit dieser Definition „Gottes" aber ist es Spinoza, der dieselbe mittelst des Unbegriffs: „essentia involvens existentiam" durch den ontologischen Paralogismus zu realer Giltigkeit erheben kann, nicht schwer, alles factisch Vorhandene in die Einheit der Substanz hineinzuziehen (wobei jedoch selbstverständlich, wie bei allen seinen Paralogismen, ihm keineswegs irgend eine sophistische Absicht, sondern nur eine unbewusste Selbsttäuschung zur Last zu legen ist). Dass „Gott" als „Substanz" doch zugleich auch „ens" genannt wird, ist ein irreführender Ausdruck, der die der Spinozistischen Definition der Substanz widerstreitende Vorstellung einer concreten Existenz nahelegt. Entweder existirt ein

§ 9. Spinoza.

Die siebente Definition ist die der Freiheit. Ea res libera dicitur, quae ex sola suae naturae necessitate existit et a se sola ad agendum determinatur. Necessaria autem vel potius coacta quae ab alio determinatur ad existendum et operandum certa ac determinata ratione*).

Die achte Definition knüpft den Begriff der Ewigkeit an den ontologischen Paralogismus. Per aeternitatem intelligo ipsam existentiam, quatenus ex sola rei aeternae definitione necessario sequi concipitur.

Den acht Definitionen lässt Spinoza sieben Axiome nachfolgen.

Das erste Axiom lautet: Omnia, quae sunt, vel in se vel in alio sunt**).

Gott im Sinne des religiösen Bewusstseins als ein persönliches Wesen, oder er existirt nicht; in keinem Falle ist das Wort „Gott" auszudeuten und am wenigsten auf etwas so ganz Heterogenes, wie die „Substanz" (weit eher wäre eine pantheistische Umdeutung auf Ideelles, wie Wahrheit, Freiheit, sittliche Vollkommenheit zulässig); existirt ein persönliches Wesen als Weltschöpfer mit absoluter Macht, Weisheit und Güte, so ist der Theismus gerechtfertigt; existirt kein solches Wesen, so ist es eine Pflicht der Ehrlichkeit, entweder den Atheismus zu bekennen, die Gottesvorstellung nur als Dichtung zuzulassen und wissenschaftlich etwa durch den Begriff der ewigen Weltordnung zu ersetzen, oder auf theologische Fragen überhaupt nicht anders als historisch einzugehen; die Spinozistische Umdeutung religiöser Termini aber ist irreführend und hässlich (obschon theils durch die damals herrschende Intoleranz, die in dem Atheismus ein „Verbrechen" fand und Dogmen durch Strafgesetze schützte, theils und zumeist durch die Macht, welche die altgewohnte Vorstellung über Sp. selbst behauptete, erklärbar und entschuldbar). Welche Trübungen des Denkens und der Gesinnung aus solcher Umdeutung der Worte entstehen, zeigt die Geschichte des deutschen Spinozismus nach dem leidigen Fichte'schen Atheismus-Streit (z. B. die Umdeutung der kirchlichen Dreieinigkeitslehre auf die Hegel'sche Dialektik, mit der seltsamen Behauptung, dass die Momente dieser Dialektik dem Inhalte nach mit den durch das religiöse Bewusstsein vorgestellten göttlichen Personen identisch und nur der Form nach davon verschieden seien).

*) Der erste Theil der Definition der res libera involvirt denselben Irrthum, wie der positive Gebrauch des Ausdrucks causa sui, nämlich die Verwechselung der Ursachlosigkeit des Ewigen und Primitiven mit einem Verursachtsein durch sich selbst, einer durch die eigene Natur (als ob diese — sei es auch unzeitlich — realiter der Existenz vorhergehen könnte) gesetzten Existenz. Der zweite Theil derselben trifft näher zum Ziel, weil sich die Freiheit in der That auf das Handeln und nicht auf das Eintreten in die Existenz bezieht, rückt aber das in dem gesammten Kreis der Erfahrung allein vorliegende Verhältniss aus den Augen, dass jedes Geschehen auf einem Zusammenwirken mehrerer Factoren beruht und dass es sich bei der Freiheit nur um das Verhältniss des inneren Factors zu dem äussern handelt. Die Definitionen der Nothwendigkeit und des Zwanges aber hätten von einander gesondert und nicht durch ein „vel potius" amalgamirt werden sollen. Mit Recht findet übrigens Spinoza den eigentlichen Gegensatz der Freiheit nicht in der Nothwendigkeit überhaupt, sondern nur in einer bestimmten Art der Nothwendigkeit, nämlich dem Zwange, der als Uie nicht aus dem Wesen selbst, sondern aus irgend etwas dem Wesen Fremden (mag dies nun immer noch dem Innern angehören oder der Aussenwelt) herfliessende und das aus dem Wesen selbst hervorgehende Streben überwältigende (und den Wunsch vereitelnde) Nothwendigkeit zu definiren ist.

**) Durch dieses Axiom im Verein mit der dritten und fünften Definition wird (in der Demonstration zum vierten und im Corollar zum sechsten Lehrsatz) die Annahme begründet, dass es in Wirklichkeit nichts gebe, als Substanzen und deren Affectionen, was aber illusorisch ist wegen des bildlichen Gebrauchs der Ausdrücke in se esse und in alio esse in den Definitionen, während doch die Plausibilität des Axioms (sofern dieselbe bei der Unklarheit des Terminus „in se esse" besteht) an den Gebrauch im eigentlichen Sinne geknüpft ist.

§ 9. Spinoza.

Das zweite Axiom lautet: id quod per aliud non potest concipi, per se concipi debet*).

Das dritte Axiom lautet: Ex data causa determinata necessario sequitur effectus, et contra: si nulla detur determinata causa, impossibile est, ut effectus sequatur **).

Effectus cognitio a cognitione causae dependet et eandem involvit, ist das vierte Axiom***).

Das fünfte Axiom besagt: Quae nihil commune cum se invicem habent, etiam per se invicem intelligi non possunt, sive conceptus unius alterius conceptum non involvit, woraus in Verbindung mit den vorangehenden Axiomen (in Propos. III.) gefolgert wird, dass, wenn zwei Dinge nichts mit einander gemein haben, das eine nicht die Ursache des andern sein könnet).

Im sechsten Axiom sagt Spinoza, die wahre Vorstellung müsse mit dem vorgestellten Objecte übereinkommen: idea vera debet cum suo ideato convenire ††).

Das siebente und letzte Axiom lautet: Quidquid ut non existens potest concipi, ejus essentia non involvit existentiam †††).

---

*) Hierbei ist ein Zweifaches ausser Acht gelassen: 1. dass, sofern das Begreifen auf den Causalnexus geht, jedes Causalverhältniss aber auf einer Beziehung zwischen zwei oder mehreren Elementen beruht, nicht sowohl das „Entweder — Oder", das concipi per aliud oder concipi per se, als vielmehr das „Sowohl — Als auch" sachgemäss war, das Begriffenwerden aus der Beziehung des Einen zum Andern, indem nur je nach der Verschiedenheit des Falles auf das Eine oder Andere das grössere Gewicht fällt; 2. dass nicht ohne Weiteres die Begreiflichkeit von Allem vorausgesetzt werden darf, sondern in Frage zu stellen ist, ob es Schranken unserer Erkenntniss gebe, welche Frage wiederum sich in die (Kantische) Frage nach etwaigen absoluten Schranken der menschlichen Erkenntniss und die (für die jedesmalige Bestimmung der nächsten wissenschaftlichen Aufgaben massgebende) Frage nach der zur Zeit bestehenden Grenze der Begreiflichkeit und den nächstnothwendigen Schritten zur Erweiterung dieser Grenze gliedert.

**) Dieses Axiom ist nur dann richtig, wenn der Begriff der Ursache richtig gefasst und die Ursache nicht als etwas Einfaches gedacht wird.

***) Dieses Axiom spricht in subjectiver Wendung (in Beziehung auf unsere Erkenntniss) aus, was das vorangehende objectiv ausdrückt.

†) Bei diesem Satze gelten wiederum die obigen Bemerkungen über das Causalitätsverhältniss. Dass das Causalverhältniss etwas Gemeinsames voraussetze, sucht Spinoza (wohl mit Recht) in dem vierten seiner Briefe auch durch die Bemerkung zu begründen, dass anderenfalls die Wirkung alles, was sie habe, aus nichts haben müsse.

††) Es hätte hier keines Axioms bedurft, sondern nur einer Definition der Wahrheit. Allerdings ist die Wahrheit im eigentlichen, theoretischen Sinne dieses Wortes die Uebereinstimmung zwischen dem Gedanken und der jeweiligen Wirklichkeit, auf welche der Gedanke gerichtet ist. Aber sie ist dies nur bei einem Gedanken, der die Voraussetzung, dass solche Uebereinstimmung bestehe, involvirt; daher ist nicht die vereinzelte Vorstellung (idea) wahr oder falsch, sondern nur die Verbindung von Vorstellungen zu einem Urtheil (einer Aussage); wenn eine Vorstellung nicht in irgend eine Behauptung eingeht, so besteht nicht (oder doch nur implicite, nicht explicite) das Verhältniss der Wahrheit oder Falschheit. Diese richtige Bemerkung des Aristoteles hat Spinoza hier unbeachtet gelassen.

†††) Dieses Axiom involvirt den ontologischen Paralogismus, als ob es solches gäbe, aus dessen Definition die Existenz erschlossen werden könne. Jede „essentia", die realiter vorhanden ist, existirt vermittelst des Daseins des Objects, deren Essenz sie ist, hat also Existenz; aber dieser Satz wäre eine blosse Tautologie. Keine Essenz kann Ursache sein, ehe sie Dasein hat; Dasein aber hat sie nur in den Objecten, deren Essenz sie ist. Der Gedanke dagegen, der auf die essentia

§ 9. Spinoza.

An die Definitionen und Axiome schliessen sich die Lehrsätze (propositiones), die mit Beweisen versehen sind, freilich nur mit Scheinbeweisen, sofern schon die zum Beweisgrunde dienenden Definitionen und Postulate logische Fehler involviren.

Die propositio prima, aus den Definitionen III. und V. unmittelbar gefolgert, lautet: Die Substanz ist früher, als ihre Affectionen. Der zweite Lehrsatz besagt, dass zwei Substanzen, deren Attribute verschieden seien, nichts mit einander gemein haben, was aus der Definition der Substanz abgeleitet wird*); daraus wird gefolgert, dass eine Substanz nicht Ursache einer Substanz mit einem von dem ihrigen verschiedenen Attribute sein könne; Spinoza behauptet aber ferner (in Propos. V.), es gebe nicht zwei oder mehrere Substanzen mit dem nämlichen Attribut (weil ihm, wie oben bemerkt, die Substanz mit ihren Attributen identisch, also für alle Individuen derselben Art die Substanz die nämliche ist), so dass auch nicht eine Substanz Ursache einer andern Substanz mit einem dem ihrigen gleichen Attribut sein kann; also, schliesst er, kann eine Substanz überhaupt nicht Ursache einer andern Substanz sein (Propos. VI.). Eine Substanz kann nicht von einer andern Substanz, und daher, da es nichts Anderes, als Substanzen und deren Affectionen giebt, überhaupt nicht von irgend etwas Anderem hervorgebracht werden (Corollar zur Propos. VI). Da eine Substanz nicht von einer andern hervorgebracht werden kann, so muss sie, sagt Spinoza (in der Demonstratio zur Propos. VII.), Ursache ihrer selbst sein, d. h. nach der ersten Definition, ihr Wesen (essentia) involvirt ihr Sein (existentia) oder es gehört die Existenz zu ihrer Natur (propos. VII.: ad naturam substantiae pertinet existere**).

Der für die Propos. VIII.: omnis substantia est necessario infinita, geführte Beweis, stützt sich auf die Einzigkeit jeder Substanz von Einem Attribute***).

---

geht, d. h. der (subjective) Begriff (conceptus) kann zwar unter der Voraussetzung der Realität des Gedachten die Beilegung bestimmter Prädicate begründen, aber nicht ohne diese Voraussetzung, und kann daher niemals diese Voraussetzung selbst erweisen.

*) Diese Argumentation trifft nur bei totaler Verschiedenheit der Attribute zu, nicht unter der Voraussetzung, die Spinoza nicht zulässt, dass verschiedene Attribute generisch gleich und nur specifisch verschieden seien.

**) Bei dieser ontologischen Demonstration ist 1. übersehen, dass der erste Satz noch der Clausel bedurfte: falls sie existirt (welche Clausel auch dann, wenn man das Gegebensein irgend welcher „Substanzen" als eine Erfahrungsthatsache, die nicht erst bewiesen zu werden brauche und hier nicht bewiesen werden solle, voraussetzen dürfte, wegen der Anwendung des Satzes auf die sicherlich nicht empirisch gegebene „Substanz" der sechsten Definition erforderlich wäre); 2. ist die negative Aussage: sie muss ursachlos sein, unberechtigterweise in die positive: sie muss Ursache ihrer selbst sein, umgesetzt worden; 3. ist bei der Folgerung, sie müsse, da sie nicht von Andern verursacht sei, durch sich selbst verursacht sein, der Ausdruck Ursache nach dem allgemein gebräuchlichen Sinne genommen worden; in der angeknüpften Prämisse aber: id est (per Def. I.) ipsius essentia involvit necessario existentiam sive ad ejus naturam pertinet existere, wird der Ausdruck „causa sui" so erklärt, wie die von Spinoza selbst gebildete Definition es besagt, ohne dass auch nur der Versuch eines Beweises für das Zusammentreffen beider Bedeutungen gemacht wird; es wird also der vorhin (S. 72) schon bezeichnete Schlussfehler der quaternio terminorum durch Verwechselung einer „synthetisch gebildeten Definition" mit einer „analytisch gebildeten" begangen.

***) Dass dieser Beweis ein Scheinbeweis sei, weil die Def. 2, worauf er sich stützt, eine falsche Voraussetzung involvire, ist schon oben bemerkt worden.

§ 9. Spinoza.

Aus der Definition des Attributs folgert Spinoza den neunten Lehrsatz: Quo plus realitatis aut esse unaquaeque res habet, eo plura attributa ipsi competunt, und aus derselben Definition im Verein mit der Definition der Substanz den zehnten Lehrsatz: Unumquodque unius substantiae attributum per se concipi debet*).

Prop. XI.: Deus sive substantia constans infinitis attributis, quorum unumquodque aeternam et infinitam essentiam exprimit, necessario existit (weil in sei-

---

Die Einzigkeit und Nichtbegrenzbarkeit durch einen Doppelgänger ihrer selbst (der nicht vorhanden sein kann) bestimmt nichts über die Grösse des Verbreitungskreises einer „Substanz". Ist z. B. jeder Gedanke als solcher jedem andern Gedanken gleichartig, giebt es also nur Ein „Denken überhaupt", so folgt daraus eine Unbegrenztheit und ein Allverbreitetsein dieses Denkens ebensowenig, wie daraus, dass jeder Adler an der Einen Adlernatur theil hat (oder, um nach Analogie der Weise des Spinoza zu reden, in der Adlernatur ist) gefolgert werden kann, dass die Adlernatur unbegrenzt und allverbreitet sei. Der von Spinoza im ersten Scholion beigefügte kürzere Beweis, der sich auf die blosse Propos. VII. (ad naturam substantiae pertinet existere) stützt, jede Substanz müsse unendlich sein, weil das Endliche in Wahrheit „ex parte negatur" sei und das Unendliche „absoluta affirmatio existentiae alicujus naturae" (was mit dem Satze Spinoza's: „omnis determinatio est negatio" übereinkommt) involvirt eine petitio principii, indem die Unendlichkeit alles Primitiven schon vorausgesetzt werden muss, um die Endlichkeit als eine theilweise Negation dieser primitiven Realität bezeichnen zu dürfen; wer Atome oder endliche Monaden oder wer etwa eine endliche Welt als primitiv annähme, wäre nicht genöthigt, den Spinozistischen Satz zuzugeben und könnte durch denselben nicht widerlegt werden; es ist begreiflich, dass auf einen Leibniz Spinoza's Argumente keinen günstigen Eindruck machten. (Considérations sur la doctrine d'un Esprit universel in Erdmann's Ausg. der philos. Schr. S. 179.)

*) Der letztere Lehrsatz steht freilich zu der Definition, Substanz sei das, was in sich sei und durch sich zu begreifen sei, in einem bedenklichen Verhältniss, da füglich gefolgert werden könnte, das Attribut müsse als per se concipiendum (welche Bestimmung zu dem in se esse bei Spinoza nicht als ein zweites von dem ersten trennbares Merkmal der Substanz hinzutritt, sondern gemäss der Congruenz von Denken und Sein wesentlich das gleiche besagt) auch Substanz sein, oder jede Substanz könne nur Ein Attribut haben; Spinoza weist in einem Scholion diese Folgerung als unzulässig ab, weil sie dem Inhalt des neunten Lehrsatzes widerstreiten würde, ohne dass es ihm jedoch geläufig, ihre formale Gültigkeit und Nothwendigkeit anzuerkennen; der Unterschied zwischen Attribut und Substanz kann mit dem jedem Attribut zugeschriebenen per se concipi nicht zusammenbestehen und bei dem neunten Lehrsatz ist die Voraussetzung selbst, dass eine Substanz mehr Realität und Sein, als die andere, haben könne, ungerechtfertigt geblieben. Entweder besteht das sog. Attribut für sich, so ist es eine Substanz; — oder es ist mit anderen sog. Attributen von der Substanz zu prädiciren, so ist es in der Substanz und nur durch die Substanz zu denken, also nicht ein Attribut, sondern ein Modus. Consequenter, als die Annahme einer Vielheit von Attributen, möchte die Annahme des Bestehens Einer Substanz mit Einem Attribut oder auch vieler, vielleicht unendlich vieler Substanzen mit je Einem Attribut (so dass Substanz und Attribut durchgängig identisch wären) sein, wo dann bei Substanzen keine Unterscheidung zwischen höherer und geringerer Realität, noch auch zwischen einem Unendlichsein in seiner Art und einem absoluten Unendlichsein zulässig wäre. Aber Spinoza hat diese Unterscheidungen gemacht und hält sie fest, offenbar, so wenig er es auch eingesteht, um nicht mit dem Gegebenen, welches eine Wechselbeziehung zwischen „Denken" und „Ausdehnung" zeigt, und um nicht mit seiner eigenen Einheitsüberzeugung in Collision zu gerathen, und als Bedenken werden niedergeschlagen durch das leichte Mittel, alle Attribute in die Definition Gottes als des „ens absolute infinitum" aufzunehmen und dieser Definition durch den Begriff des Involvirens der Existenz reale Gültigkeit zu vindiciren. So wird auf den ontologischen Paralogismus die Propositio XI. basirt.

§ 9. Spinoza.

ner Essentia das Sein liegt). Mit der aus der Definition gezogenen Argumentation für das Dasein der unendlichen Substanz, welche Spinoza als Demonstratio a priori bezeichnet, verbindet er (in ähnlicher Art, wie Descartes) eine andere, auf die Thatsache unserer eigenen Existenz basirte Demonstration, durch die Gottes nothwendiges Dasein a posteriori erwiesen werde: Es können nicht bloss endliche Wesen existiren, denn sonst würden dieselben als nothwendige Wesen mächtiger als das absolut unendliche Wesen sein, da das posse non existere eine impotentia, das posse existere dagegen eine potentia ist*).

Die Substanz ist als solche untheilbar; denn unter einem Theil der Substanz würde nichts anderes verstanden werden können, als eine begrenzte Substanz, was ein Widerspruch ist. Neben Gott existirt keine andere Substanz; denn jedes Attribut, wodurch eine Substanz bestimmt werden kann, fällt in Gott hinein, und es giebt nicht mehrere Substanzen mit dem nämlichen Attribute. Es ist nur Ein Gott; denn es kann nur Eine absolut unendliche Substanz existiren. Es gehören nicht nur alle Attribute Gott an (indem die Substanz aus den Attributen besteht),

---

*) Dass in dieser letzteren Argumentation unsere (subjective) Ungewissheit über die Existenz oder Nichtexistenz mit einer Ohnmacht des Objects (dessen Existenz eben hiermit schon präsumirt wird) unkritisch verwechselt werde, leuchtet sofort ein; Spinoza hat hier wiederum, wie er pflegt, die (von dem Nominalismus und noch mehr von dem Kantischen Kriticismus hervorgehobene) Verschiedenheit des subjectiven und objectiven Elementes in unserer Erkenntniss ganz unbeachtet gelassen (nach der Weise des einseitigen „Realismus" und des „Dogmaticismus", obschon in anderem Betracht Spinoza's Doctrin auch nominalistische Elemente enthält, da er nicht die ganze tabula logica hypostatirt, sondern nur den abstractesten Begriff und die zunächst angrenzenden; es blieb Schelling vorbehalten, die Kluft zwischen der Substanz mit ihren Attributen und den Individuen durch die Platonischen Ideen auszufüllen.) Nachdem Spinoza seiner Definition, die alle Realität in „Gott" hineinzieht, mittelst des ontologischen Paralogismus eine anscheinende objective Gültigkeit verschafft hat, folgt nunmehr gar leicht der Satz: es existire gar nichts anderes als „Gott" allein, und die Modi, die in ihm sind.

Göthe sagt in einem (erst vor Kurzem veröffentlichten) Concept eines Briefes an F. H. Jacobi (s. Westermann's Monatshefte, März 1870 und Bergmann's phil. Monatshefte, März 1870), es sei das spätere vortδος der Gegner Spinoza's, dass sie dessen Gott, das grosse ens cstium, die in allen Erscheinungen ewig wirkende Ursache ihres Wesens, als einen abstracten Begriff ausehen, wie wir ihn uns formiren; das sei er aber nach Spinoza nicht, sondern das allerreellste, thätigste Ens, das zu sich spreche: ich bin, der ich bin und werde in allen Veränderungen meiner Erscheinung sein, was ich sein werde. Allerdings ist nach der Absicht Spinoza's der Begriff der Substanz nicht blos eine subjective Abstraction; aber thatsächlich ist derselbe dies doch: durch die Hypostasirung dieser Abstraction gelangt Sp. nicht wirklich zu der Erkenntniss eines realen göttlichen Wesens (so wenig, wie die Neuplatoniker durch ihre Hypostasirung von Abstractionen zur Erkenntniss wirklich existirender Götter gelangt sind). Das Sein in allen Dasein, das Denken in allen Gedanken, das Ausgedehntsein in allen Körpern ist nicht ein Ens, das zu sich sprechen, ein Bewusstsein um seine Unveränderlichkeit haben und Gegenstand der Verehrung und intellectuellen Liebe sein könnte.

Es würde über die Grenzen, innerhalb deren die Darstellung in diesem Grundrisse sich bewegen muss, weit hinausführen, wenn durchgehends in gleicher Weise, wie bisher, die logischen Fehler, die zumeist bei den ersten, mitunter jedoch auch noch bei den späteren Schritten in der „Ethik" von Spinoza begangen werden, einzeln aufgezeigt werden sollten; die bisherige Ausführlichkeit mag sich durch die Wichtigkeit einer genauen Erwägung der Fundamente der Spinozistischen Doctrin und durch die verhältnissmässige Seltenheit einer in's Einzelne der Demonstrationen genau eingehenden Kritik rechtfertigen. Von nun an möge eine blosse Uebersicht über den ferneren Gang der Gedankenentwickelung genügen.

§ 9. Spinoza.

sondern es sind auch alle Modi als Affectionen der Substanz in Gott; quidquid est, in Deo est, et nihil sine Deo esse neque concipi potest (propos. XV.). Ausführlich rechtfertigt Spinoza (im Scholion zur propos. XV.) die Miteinbeziehung der Ausdehnung in das Wesen Gottes. Aus der Nothwendigkeit der göttlichen Natur folgt unendlich Vieles auf unendlich viele Weisen; Gott ist daher die wirkende Ursache (causa efficiens) alles dessen, was unter den unendlichen Intellect fallen kann, und zwar die schlechthin erste Ursache. („Ursache" freilich nur in einem sehr uneigentlichen Sinne, da er niemals ohne Modi war, die in ihm sind.) Gott handelt nur nach den Gesetzen seiner Natur und von Niemanden gezwungen, also mit absoluter Freiheit, und er ist die einzige freie Ursache. Gott ist aller Dinge immanente („inbleibende") nicht transcendente (in Anderes hinübergehende) Ursache. (Deus est omnium rerum causa immanens, non vero transiens, propos. XVIII; vgl. Epist. XXI., ad Oldenburgium: Deum omnium rerum causam immanentem, ut ajunt, non vero transeuntem statuo. Omnia, inquam, in Deo esse et in Deo moveri cum Paulo affirmo et forte etiam cum omnibus antiquis philosophis, licet alio modo, et anderem etiam dicere, cum antiquis omnibus Hebraeis, quantum ex quibusdam traditionibus, tametsi multis modis adulteratis, conjicere licet. (Ueber die Unterscheidung der Arten der Ursachen bei Spinoza und bei holländischen Logikern, wie Burgersdik und Heereboord, an die er sich hierbei zunächst anschliesst, s. Trendelenburg hist. Beitr. III., S. 316 ff.; übrigens ist eine über die aristotelische Unterscheidung der vier ἀρχαί: Stoff, Form, bewirkende Ursache, Zweck, hinausgehende Specificirung der causae (womit übrigens Aristoteles selbst durch Unterscheidung von Arten der Zwecke, auch von Arten der Ursachen, wie Rhet. I, 6 Gesundsein, Nahrungsmittel und Leibesübungen als „Ursachen" unterschieden werden, begonnen hat) bereits in der Logica modernorum bei Petrus Hisp. u. A. zu finden, wo insbesondere „de causa materiali permanente" und „de causa materiali transeunte" gehandelt wird; jene behalte in der Wirkung ihr Wesen, wie das Eisen im Degen, diese verliere es, wie Getreide im Brot.) Gottes Existenz ist mit seinem Wesen identisch. Alle seine Attribute sind unveränderlich. Alles, was aus der absoluten Natur irgend eines göttlichen Attributs folgt, ist gleichfalls ewig und unendlich. Das Wesen der von Gott hervorgebrachten Dinge involvirt nicht die Existenz; Gott ist die Ursache ihres Wesens, ihres Eintritts in die Existenz und ihres Beharrens in der Existenz. Die Einzelobjecte sind nichts anderes, als Affectionen der Attribute Gottes oder Modi, durch welche Gottes Attribute auf eine bestimmte Weise ausgedrückt werden (Corollar zur Propos. XXV.: res particulares nihil sunt, nisi Dei attributorum affectiones, sive modi, quibus Dei attributa certo et determinato modo exprimuntur). Alles Geschehen, auch jeder Willensact, ist durch Gott determinirt. Alles Einzelne, das eine endliche und begrenzte Existenz hat, kann zur Existenz und zum Handeln nur mittelst einer endlichen Ursache und nicht unmittelbar durch Gott determinirt werden, da Gottes unmittelbare Wirksamkeit nur Unendliches und Ewiges schafft (wodurch nach Spinozistischem Lehrbegriff das Wunder im Sinne eines unmittelbaren Eingreifens Gottes in den Naturzusammenhang ausgeschlossen wird). Gott in seinen Attributen oder als freie Ursache betrachtet, wird von Spinoza (nach dem Vorgange theils von Scholastikern, welche Gott natura naturans, das geschaffene Dasein aber natura naturata nannten, theils und wohl zunächst von Giordano Bruno) natura naturans genannt; unter natura naturata aber versteht Spinoza alles das, was aus der Nothwendigkeit der göttlichen Natur oder eines jeden der Attribute folgt, d. h. alle Modi der Attribute Gottes, sofern sie als Dinge, die in Gott sind und nicht ohne Gott sein noch begriffen werden können, betrachtet werden. Der Intellect, der im Unterschiede von der absoluta cogitatio ein bestimmter modus cogitandi ist, der von anderen Modis, wie voluntas, cupiditas, amor, verschieden ist, gehört sowohl als unendlicher, wie auch als endlicher Intellect zur natura naturata, nicht zur natura naturans. Voluntas und Intellectus verhalten sich zur cogitatio so, wie motus und quies zur extensio. Der unendliche Intellect darf nur als die immanente Einheit, somit nicht als die Summe, sondern als das Prius der endlichen Intellecte gedacht werden, indem auch auf Intellectus und voluntas, quies und motus, Spinoza's Hypostasirung des Abstracten sich miterstreckt; aber im Unterschiede von der Cogitatio absoluta ist jener Intellect eine explicite oder actuelle Einheit; jeder Intellectus ist etwas Actuelles, eine Intellectio. Eth. V, prop. 40. schol.: „Mens nostra, quatenus intelligit, aeternus cogitandi modus est, qui alio aeterno cogitandi modo determinatur et hic iterum ab alio et sic in infinitum, ita ut omnes simul Dei aeternum et infinitum intellectum constituant. In dem Tractatus de Deo etc. nennt Spinoza den Intellectus Dei infinitus Gottes eingebornen Sohn, in welchem von Gott das Wesen aller Dinge in ewiger und unveränderlicher Weise erkannt werde; diese Doctrin ist die ihrerseits durch die Philonische Logoslehre bedingte Plotinische Lehre vom νοῦς, in welchem die Ideen seien; eine jüdische Umbildung dieser Plotinischen Lehre unter Mitaufnahme eines christlichen Elementes ist der Adam Cadmon, den die Cabbalisten den eingebornen Sohn Gottes und den Inbegriff der Ideen nennen; vielleicht hat Spinoza aus Cabbalistischen Schriften jene Begriffe entnommen, ohne dass darum im Uebrigen seine Doctrin aus der Cabbala abgeleitet werden dürfte; die „Himmelspforte" des Rabbi Abraham Cohen Irira, der aus Portugal ausgewandert, in Holland 1631 starb, kann eine Vermittlung dafür gebildet haben (vgl. Sigwart u. a. O. S. 96 ff.). Die Dinge haben auf keine andere Weise und in keiner andern Ordnung von Gott geschaffen werden können, als sie geschaffen sind, da sie aus Gottes unveränderlicher Natur mit Nothwendigkeit gefolgt und nicht nach Willkür um bestimmter Zwecke willen hervorgebracht worden sind. Gottes Macht ist mit seinem Wesen identisch. Was in seiner Macht liegt, ist mit Nothwendigkeit. Nichts existirt, aus dessen Natur nicht irgend eine Wirkung folgte, da alles Existirende ein bestimmter Modus der wirksamen göttlichen Macht ist.

Im zweiten Theile seiner Ethik handelt Spinoza von dem Wesen und Ursprung des menschlichen Geistes (de natura et origine mentis). Er beginnt wiederum mit Definitionen und Axiomen. Den Körper definirt er als den Modus, der Gottes Wesen, sofern Gott als ein ausgedehntes Ding betrachtet werde, auf eine bestimmte Weise ausdrücke*). Zum Wesen eines Dinges rechnet Spinoza das, mit dessen Setzung das Ding selbst nothwendig gesetzt wird und mit dessen Aufhebung das Ding nothwendig aufgehoben wird, oder das, ohne welches das Ding und welches seinerseits ohne das Ding weder sein, noch gedacht werden kann. Unter der Idee (die Spinoza nur im subjectiven Sinne nimmt) versteht er den Begriff (conceptus), den der Geist (mens) als denkendes Ding (res cogitans) bildet; er will sich lieber des Ausdrucks conceptus, als perceptio, bedienen, weil conceptus eine Activität, perceptio aber eine Passivität des Geistes auszudrücken scheine (womit freilich die Beziehung auf die primitive Bedeutung von Idea: Gestalt oder Form eines Gegenstandes, welche Bedeutung bei der Uebertragung auf

---

*) Dieses „Ausdrücken" (exprimere) ist nicht im bloss subjectiven Sinne zu nehmen, der nur der Kantischen Doctrin entsprechen würde, nach welcher die Erscheinungsweisen der objectiven Realität auf den Formen unseres Bewusstseins beruhen; nach Sp.'s Principien ist es im objectiven Sinne zu nehmen, der freilich auch nicht rein und klar durchführbar ist, s. unten.

§ 9. Spinoza.

das Wahrnehmungsbild als die in das Bewusstsein aufgenommene Form eines Gegenstandes immer noch maassgebend blieb, völlig beseitigt wird, was Spinoza um so leichter ward, da ihn die Rücksicht auf den griechischen Sprachgebrauch nicht band). Unter der idea adaequata versteht Spinoza die Idee, welche alle inneren Merkmale einer wahren Idee habe (im Unterschiede von dem äusseren Merkmale, nämlich der convenientia Ideae cum suo Ideato). Unter der Dauer (duratio) versteht er die unbestimmte Continuation der Existenz. Die Realität identificirt er mit der Vollkommenheit. Unter den Einzelobjecten (res singulares) versteht er die endlichen Dinge. An diese Definitionen knüpfen sich Axiome und Postulate. Das erste Axiom besagt, dass das Wesen des Menschen nicht die nothwendige Existenz involvire. Dann folgen mehrere Erfahrungssätze unter der Benennung „Axiome" nach. Der Mensch denkt. Durch die Vorstellung (Idea) eines Objectes sind Liebe, Verlangen, überhaupt alle Modi des Denkens bedingt; die Vorstellung aber kann ohne die übrigen Modi dasein. Wir werden mannigfacher Affectionen inne, die einen gewissen Körper treffen (nos corpus quoddam multis modis affici sentimus). Wir empfinden und percipiren keine anderen Einzelobjecte, als Körper und Modi des Denkens. An einer späteren Stelle folgen Erfahrungssätze, die den Körper betreffen, insbesondere über dessen Bestehen aus Theilen, die wiederum zusammengesetzt seien, und über seine Beziehung zu anderen Körpern, unter dem Namen „Postulate". Unter den Lehrsätzen dieses Theiles sind die bemerkenswerthesten folgende. Gott ist eine res cogitans und eine res extensa; cogitatio und extensio sind Attribute Gottes. In Gott ist mit Nothwendigkeit eine Idee sowohl von seinem Wesen, als auch von Allem, was aus seinem Wesen mit Nothwendigkeit folgt. Alle einzelnen Gedanken haben Gott als denkendes Wesen, wie alle einzelnen Körper Gott als ausgedehntes Wesen zur Ursache; die Ideen haben nicht die Ideata oder percipirten Dinge zur Ursache, und die Dinge haben nicht Gedanken zur Ursache. Aber es folgen auf dieselbe Weise und mit derselben Nothwendigkeit die vorgestellten Dinge aus ihrem Attribute, wie die Vorstellungen aus dem Attribute des Denkens; die Ordnung und Verbindung der Ideen ist dieselbe, wie die Ordnung und Verbindung der Dinge (propos. VII.: ordo et connexio idearum idem est, ac ordo et connexio rerum); denn die Attribute, aus denen jene und diese mit Nothwendigkeit folgen, drücken das Wesen Einer Substanz aus. Was aus der unendlichen Natur Gottes in der äusseren Wirklichkeit (formaliter) folgt, das alles folgt aus Gottes Idee in derselben Ordnung und Verbindung im Vorstellen (objective). Ein Modus der Ausdehnung und die Idee desselben sind una eademque res, sed duobus modis expressa (Eth. II, 7, schol., wo Spinoza hinzufügt: quod quidam Hebraeorum quasi per nebulam vidisse videntur, Deum Dei intellectum resque ab ipso intellectas unum et idem esse; Trendelenburg hist. Beitr. III, S.395 vergleicht hieran Moses Maimon. More Nevochim I, c. 68; Arist. de anima III, 4; metaph. XII, 7 und 9). Die Idee einer jeden Weise, wie der menschliche Körper von äusseren Körpern afficirt wird, muss zwar zumeist die Natur des menschlichen Körpers, daneben aber auch die Natur des äussern, afficirenden Körpers in sich tragen, weil alle Weisen, wie ein Körper afficirt wird, zugleich aus der Natur des afficirten und des afficirenden Körpers folgen. Der menschliche Geist fasst daher die Natur sehr vieler Körper zugleich mit der Natur seines eigenen Körpers auf*). Vermöge

---

*) So richtig diese Theorie von Spinoza's Grundvoraussetzungen aus entwickelt ist, so wenig wird doch durch die Fundamentalbegriffe der Grund der Nothwendigkeit der Uebereinstimmung zwischen den Modis des Denkens und der Ausdehnung wirklich klar, denn wie aus der „Einheit der Substanz" die Conformität in der

§ 9. Spinoza.

der Nachwirkung der Eindrücke, die der Körper von aussen empfangen hat, können andere Körper, auch wenn sie nicht mehr gegenwärtig sind, immer noch so, als ob sie gegenwärtig wären, vorgestellt werden. Haben zwei Körper zugleich unsern Körper afficirt und wird der eine derselben wieder vorgestellt, so muss wegen der Ordnung und Verkettung der Eindrücke, die unser Körper empfangen hat, mit dem einen jener Körper zugleich auch der andere Körper vorgestellt werden. Mit dem Geiste ist eine Idee des Geistes (das Selbstbewusstsein) auf gleiche Weise geeinigt, wie der Geist mit dem Körper geeinigt ist. Die Idee des Geistes oder die Idee der Idee ist nichts anderes, als die Form der Idee, sofern diese

---

Duplicität folge, bleibt unbestimmt. Entweder sind die Modi des Denkens von denen der Ausdehnung realiter verschieden; dann ist ihre Conformität durch die blosse Inhärenz in der nämlichen Substanz nicht erklärt. Oder sie sind bloss verschiedene Auffassungsweisen des nämlichen realen Modus, der an sich nur einer ist, uns aber zweifach erscheint; dann würde eben diese zweifache Auffassungsweise selbst unverständlich bleiben; denn es steht nicht neben der Einen, Alles in sich befassenden Substanz ein Anderes als das Auffassende, sondern in ihr müsste die Duplicität der Auffassung begründet sein, was doch schwerlich der Fall sein könnte, wenn in ihr nicht realiter die Modi des Denkens von denen der Ausdehnung verschieden sind. Spinoza hat die erste jener beiden möglichen Annahmen am entschiedensten in seiner früheren Zeit aufgestellt, als er noch eine Wechselwirkung zwischen Ausdehnung und Denken, insbesondere ein Bestimmtwerden des Denkens durch äussere Einwirkungen für möglich hielt (wie aus dem neuentdeckten Tractat hervorgeht); er hat sich später, als er einen Causalnexus zwischen den Attributen nicht mehr annahm, durch die oben, S. 73 f., erörterten Sätze und Vergleiche der zweiten Annahme angenähert. Aber das Nebelhafte, das er älteren Doctrinen vorwirft, haftet in vollstem Maasse seinem eigenen Ausdruck „duobus modis expressa" an, der zwischen jenen beiden möglichen Annahmen in einer unklaren Mitte schwebt. Consequent durchgeführt, ergiebt die erste, falls kein Causalverhältniss zwischen den Attributen besteht, eine „prästabilirte Harmonie" im Leibnitzischen Sinne, die zweite einen „transscendentalen Idealismus" im Kantischen Sinne. Der Consequenz gemäss, die Spinoza anerkennt (Eth. II, propos. 13, schol.: „Individua omnia, quamvis diversis gradibus, animata tamen sunt"), müssen alle Dinge bis zu den Mineralien und Gasen herab an dem Attribute des Denkens, dem jeder einzelne Gedanke immanent sein soll, unmittelbar da, wo sie selbst realiter sind, theilhaben, und nicht bloss mittelst ihrer Bilder im menschlichen Hirn (wie auch von dem Sp.'schen Grundgedanken aus G. Th. Fechner Pflanzenseelen, Gestirnseelen und eine Weltseele anniimmt); bei solcher Allbeseelung aber, die als eine mannigfach abgestufte zu denken ist, bleibt unklar, in welchem Sinne und mit welchem Rechte die niederen Stufen, unter denen wohl nur die vegetativen und physikalischen Kräfte verstanden werden können, noch unter dem Attribut des Denkens zu subsumiren seien, da doch sehr wesentliche Merkmale des uns allein unmittelbar bei uns selbst bekannten bewussten Denkens fehlen, und da zudem die (Schopenhauer'sche) Subsumtion derselben unter den „Willen", wiewohl sie von dem gleichen Einwurf wird, doch auch mindestens den gleichen Anspruch auf Gültigkeit erheben kann. — Unser Afficirtwerden ist ein Afficirtwerden unseres Körpers von aussen her; dieser Vorgang lässt sich durch mathematisch-mechanische Gesetzen verstehen. Nun müsste consequentermaassen diesem mechanischen Nexus, welcher dem Attribut der Ausdehnung angehört, ein Nexus, welcher dem Attribute des Denkens angehörte, parallel gehen, der unsern Geist mit anderen Geistern verbände; ein solcher aber ist nicht nachweisbar; demgemäss lässt sich der Parallelismus nicht durchführen; Spinoza kommt hier unwillkürlich auf die von ihm principiell abgewiesene Annahme einer Einwirkung von Modis der Ausdehnung auf Modi des Denkens zurück. Die durch Spinoza's Princip geforderte Gleichmässigkeit zwischen den Beziehungen der Modi in beiden Attributen bleibt unerreicht; die mechanische Betrachtung (unter dem „Attribut der Ausdehnung") muss bei der Erklärung des Affectionsprocesses eine dem Princip widerstreitende Prävalenz gewinnen, wogegen umgekehrt in der Lehre von der Herrschaft des Gedankens über den Affect die mechanische Parallele fehlt.

§ 9. Spinoza.

als ein Modus des Denkens ohne Beziehung zu dem körperlichen Object betrachtet wird. Wer etwas weiss, weiss eben hierdurch auch, dass er es weiss. Der Geist erkennt sich selbst nur in sofern, als er die Ideen der Affectionen des Körpers percipirt. Da die Theile des menschlichen Körpers sehr zusammengesetzte Individua sind, die zum Wesen des menschlichen Körpers nur in gewissem Betracht gehören, in anderm Betracht aber durch den allgemeinen Naturzusammenhang bestimmt sind, so hat der menschliche Geist in sich nicht eine adäquate Kenntniss der seinen Körper bildenden Theile, noch weniger eine adäquate Kenntniss der Aussendinge, die er nur mittelst ihrer Wirkungen auf seinen Körper kennt, und auch die Kenntniss seiner selbst, die er vermöge der Idee der Idee einer jeglichen Affection des menschlichen Körpers besitzt, ist nicht adäquat. Alle Ideen sind wahr, sofern sie auf Gott bezogen werden; denn alle Ideen, die in Gott sind, kommen mit ihren Gegenständen vollkommen überein (cum suis ideatis omnino conveniunt). Jede Idee, die in uns als eine absolute oder adäquate Idee ist, ist wahr; denn jede derartige Idee ist in Gott, sofern derselbe das Wesen unseres Geistes ausmacht. Falschheit ist nichts Positives in den Ideen, sondern besteht in einer gewissen, nicht absoluten Privation (in cognitionibus privationem, quam ideae inadaequatae sive mutilae et confusae involvunt). Dem Causalnexus sind die inadäquaten und verworrenen Ideen ebensowohl, wie die adäquaten oder klaren und bestimmten Ideen unterworfen. Von dem, was dem menschlichen Körper und Körpern, die ihn afficiren, gemeinsam und in allen Theilen gleichmässig ist, hat der menschliche Geist eine adäquate Vorstellung; der Geist ist um so fähiger, viele adäquate Vorstellungen zu bilden, je mehr mit anderen Körpern Gemeinsames sein Körper hat; Vorstellungen, die aus adäquaten folgen, sind auch selbst adäquat. Näher unterscheidet Spinoza drei Arten der Erkenntnissen. Unter der Erkenntniss der ersten Art, die er opinio oder imaginatio nennt, versteht er die Bildung von Perceptionen und daraus abgeleiteten allgemeinen Vorstellungen theils aus Sinneseindrücken durch ungeordnete Erfahrung (experientia vaga), theils aus Zeichen, insbesondere Worten, welche mittelst der Erinnerung Imaginationen hervorrufen. Die zweite Erkenntnissart, von Spinoza ratio genannt, liegt in den adäquaten Ideen von Eigenthümlichkeiten der Dinge oder den notiones communes. Die dritte und höchste Art der Erkenntniss ist die scientia intuitiva, die der Intellect von Gott besitzt; sie schreitet (wie Spinoza lehrt, indem er die Deduction aus den Principien dem die Principien erkennenden νοῦς mit vindicirt, wodurch aber der Unterschied von der ratio unklar wird) von der adäquaten Idee des Wesens einiger Attribute Gottes zur adäquaten Erkenntniss des Wesens der Dinge fort. Die Erkenntniss der ersten Art ist die einzige Quelle der Täuschung, die der zweiten und dritten lehrt uns das Wahre von dem Falschen unterscheiden. Wer eine wahre Idee hat, ist zugleich der Wahrheit derselben gewiss. Sicut lux se ipsam et tenebras manifestat, sic veritas norma sui et falsi est. Unser Geist ist, sofern er die Dinge wahrhaft erkennt, ein Theil des unendlichen göttlichen Intellects (pars est infiniti Dei intellectus) und es müssen daher seine klaren und bestimmten Ideen eben so nothwendig wahr sein, wie die Ideen Gottes. Die Ratio betrachtet die Dinge, weil sie dieselben so wie sie wirklich sind, betrachtet, nicht als zufällig, sondern als nothwendig; nur die Imaginatio stellt dieselben als zufällig dar, sofern Erinnerungen an verschiedenartige Fälle verschiedene Vorstellungen in uns hervortreten lassen und unsere Erwartung schwankt. Die Ratio fasst die Dinge „sub quadam aeternitatis specie" auf, weil die Nothwendigkeit der Dinge die Nothwendigkeit der ewigen Natur Gottes ist. Jede Idee eines Einzelobjectes involvirt nothwendig auch das ewige und unendliche Wesen Gottes, das in allen gleichmässig ist und daher von dem menschlichen Geiste zulänglich anerkannt wird. Im menschlichen Geiste giebt es, da derselbe „certus et determinatus modus cogitandi" ist, keine absolute Willensfreiheit; der Wille, Ideen zu bejahen oder zu verneinen, ist nicht ein ursachloses Belieben, sondern an die Vorstellung selbst gebunden, und wie die einzelnen Willensacte und Vorstellungen, so sind auch Wille und Intellect, die blosse Abstractionen und nichts Reales ausser den einzelnen Acten sind, mit einander identisch. (Die Cartesianische Erklärung des Irrthums aus einer über das beschränkte Vorstellen übergreifenden unbeschränkten Willensfreiheit wird hierdurch aufgehoben.)

Der dritte Theil der Ethik handelt von dem Ursprung und Wesen der Affecte. Unter dem Affect versteht Spinoza solche Affectionen des Körpers, durch welche seine Fähigkeit zu handeln vermehrt oder vermindert, gefördert oder eingeschränkt wird, und zugleich die Ideen dieser Affectionen. Was die Macht unseres Körpers, zu wirken, vermehrt oder vermindert, dessen Vorstellung vermehrt oder vermindert die Denkkraft unseres Geistes. Der Uebergang des Geistes zu grösserer oder geringerer Vollkommenheit begründet die Affecte Freude und Traurigkeit; jene ist die passio, qua mens ad majorem, diese die passio, qua mens ad minorem transit perfectionem. Die Begierde oder das Verlangen (cupiditas) ist der bewusste Trieb, appetitus cum ejusdem conscientia; der Trieb aber ist ipsa hominis essentia, quatenus determinata est ad ea agendum, quae ipsius conservationi inserviunt. Diese drei Affecte: cupiditas, laetitia, tristitia (und nicht die sämmtlichen sechs von Descartes als unreducirbar angenommenen Affecte: Bewunderung, Liebe, Hass, Verlangen, Freude und Traurigkeit) gelten dem Spinoza als die primären Affecte; alle anderen leitet er aus denselben ab. Die Liebe z. B. ist Freude, begleitet von der Vorstellung der äussern Ursache (amor est laetitia concomitante idea causae externae), der Hass ist tristitia concomitante idea causae externae; die Hoffnung ist inconstans laetitia, orta ex imagine rei futurae vel praeteritae, de cujus eventu dubitamus, die Furcht inconstans tristitia ex rei dubiae imagine orta. Die admiratio wird von Spinoza definirt als rei alicujus imaginatio, in qua mens defixa propterea manet, quia haec singularis imaginatio nullam cum reliquis habet connexionem, der contemptus als rei alicujus imaginatio, quae mentem adeo parum tangit, ut ipsa mens ex rei praesentia magis moveatur ad ea imaginandum, quae in ipsa re non sunt, quam quae in ipsa sunt; beide aber lässt Spinoza nicht als eigentliche Affecte gelten. Aus der Natur der Affecte leitet Spinoza die Gesetze derselben ab. Die Seele liebt das, was ihre Kraft zu handeln vermehrt; sie betrübt sich über die Zerstörung, freut sich über die Erhaltung desselben. Sie freut sich über die Zerstörung dessen, was sie hasst; doch ist dieses Gefühl mit der Traurigkeit untermischt, welche sich nothwendig an die Zerstörung des uns Aehnlichen knüpft. Wir hassen den, der das von uns Gehasste erfreut, wir lieben den, der es betrübt. Das Mitleid ruht auf demselben Fundament, wie der Neid etc. Ausser der Freude und dem Begehren, welche Passionen sind, giebt es andere Affecte der Freude und des Begehrens, die auf uns, sofern wir handeln, sich beziehen, also Actionen sind; Affecte der Traurigkeit aber sind niemals Actionen. Alle Actionen, die aus Affecten folgen, welche auf den Geist als intelligentes Wesen bezogen sind, subsumirt Spinoza unter den Begriff Fortitudo, und theilt die Fortitudo in Animositas und Generositas ein; jene sei das Streben, das eigne Sein vernunftgemäss zu wahren, diese das Streben, vernunftgemäss die andern Menschen zu unterstützen und sich zu Freunden zu machen. Im Allgemeinen bemerkt Spinoza, die Namen der Affecte seien mehr ex eorum vulgari usu, als auf Grund genauer Kenntniss derselben erfunden worden*).

Der vierte Theil der Ethik handelt von der menschlichen Knechtschaft (de servitute humana), worunter Spinoza die menschliche Impotenz in der Lenkung und Einschränkung der Affecte versteht. Der den Affecten unterworfene Mensch ist nicht in seiner Macht, sondern in der Macht der äusseren Umstände oder des Geschickes (fortuna) und oft genöthigt, während er das Bessere sieht, das Schlechtere zu vollziehen. Die Betrachtungen dieses Theiles ruhen besonders auf den Definitionen des Guten und des Uebels: per bonum id intelligam, quod certo scimus nobis esse utile, per malum autem id, quod certo scimus impedire, quo minus boni alicujus simus compotes; das utile aber bestimmt Spinoza als medium, ut ad exemplar humanae naturae, quod nobis proponimus, magis magisque accedamus. Die Begriffe bonum und malum bezeichnen nicht etwas Absolutes, das in den Dingen wäre, sofern dieselben an und für sich betrachtet werden, sondern sind relative Begriffe, die sich aus der Reflexion auf die Beziehung der Dinge zu einander ergeben. Aus dem Axiome: es giebt nichts Einzelnes in der Natur, das nicht durch ein Anderes an Kraft übertroffen würde, folgt, dass der Mensch, der als Einzelwesen ein Theil der gesammten Natur und dessen Macht ein endlicher Theil der unendlichen Macht Gottes oder der Natur ist, nothwendig Passionen unterworfen ist, d. h. in Zustände kommt, von denen er nicht selbst die volle Ursache ist, und deren Gewalt und Wachsthum durch das Verhältniss der Macht der äusseren Ursache zu seiner eigenen Macht bestimmt wird. Der Affect kann nur durch einen stärkeren Affect überwunden werden, daher nicht durch die wahre Erkenntniss des Guten und Bösen, sofern dieselbe wahr ist, sondern nur, sofern dieselbe zugleich ein Affect der Lust oder Traurigkeit und sofern sie als solcher mächtiger als der entgegenstehende Affect ist. Mit Nothwendigkeit strebt ein Jeder nach dem, was ihm nützlich ist, und da die Vernunft nichts Widernatürliches fordert, so fordert sie, dass Jeder das erstrebe, was ihm wirklich nützlich sei zur Erhaltung seines Seins und zur Erlangung grösserer Vollkommenheit; nichts aber ist dem Menschen nützlicher, als der Mensch, und darum streben die Menschen, die durch die Vernunft geleitet werden, d. h. die der Vernunft gemäss ihren Nutzen suchen, nichts für sich zu erlangen, was sie nicht auch für die übrigen Menschen begehren, und sind darum gerecht, treu und ehrbar. Der durch die

---

*) Bei einigen dieser Definitionen, z. B. bei der die Rücksicht auf das eigene Gefühl des Andern nicht in sich schliessenden Definition der Liebe (während Spinoza die Misericordia als die Freude aus dem Wohl des Andern und die Trauer wegen des Leids des Andern definirt), kann man zweifeln, ob sie „analytisch", d. h. durch Zergliederung des im allgemeinen Bewusstsein gegebenen Begriffs und dem allgemeinen Sprachgebrauche gemäss, oder „synthetisch", d. h. durch freie Verknüpfung irgend eines nach dem Bedürfnisse des Systems gestalteten Begriffs mit einem gegebenen Namen, gebildet seien, und ob im letzteren Fall nicht mitunter solches, was nur im Sinne dieser Definitionen gelte, auf die durch den Sprachgebrauch an die gleichen Worte geknüpften Begriffe paralogistisch übertragen worden sei. Doch liegt unleugbar in der aufmerksamen und feinsinnigen Erforschung des Wesens der Affecte und ihrer gegenseitigen Verhältnisse eins der grössten Verdienste des Spinozistischen Werkes. Johannes Müller hat in seine „Physiologie des Menschen" (Bd. II, Coblenz 1840, S. 543—548) die Hauptsätze des dritten Theiles der „Ethik" unter dem Titel: „Lehrsätze von Spinoza über die Statik der Gemüthsbewegungen" aufgenommen, mit dem (Spinoza's eigener Lehre gemässen) Bemerken, dass diese Statik bloss in sofern ein nothwendiges Gesetz ausspreche, als der Mensch allein von Leidenschaften bewegt gedacht werden könne, dass sie dagegen durch die Vernunft der Menschen modificirt werde.

Vernunft geleitete Mensch ist in höherem Grade frei in einem Staate, in welchem er nach gemeinsamem Gesetze lebt, als in einer Vereinzelung, in welcher er nur sich selbst gehorcht.

In dem fünften Theile der Ethik handelt Spinoza von der Macht des Intellects oder von der menschlichen Freiheit, indem er zeigt, was die Vernunft oder der adäquate Gedanke über die blinde Kraft der Affecte vermöge. Der Affect ist als passio eine verworrene Vorstellung; sobald wir aber von demselben eine klare und bestimmte Vorstellung bilden, was stets möglich ist, hört derselbe auf, eine Passion zu sein. In der wahren Erkenntniss der Affecte liegt daher das beste Heilmittel gegen dieselben. Je mehr der Geist alle Dinge als nothwendig erkennt, um so weniger leidet er von den Affecten. Wer sich und seine Affecte klar und bestimmt erkennt, freut sich dieser Erkenntniss, und diese Freude wird von der Gottesvorstellung begleitet, da jede klare Erkenntniss diese Vorstellung involvirt; die von der Vorstellung der Ursache begleitete Freude aber ist Liebe; wer also sich und seine Affecte klar erkennt, liebt Gott, und zwar um so mehr, je vollkommener seine Erkenntniss ist. Diese Gottesliebe muss, weil sie mit der Erkenntniss aller Affecte verbunden ist, den Geist zumeist erfüllen. Gott ist frei von allen Passionen, weil alle Ideen als Ideen Gottes wahr, also adäquat sind, und weil Gott nicht zu höherer oder geringerer Vollkommenheit übergehen kann; Gott wird also nicht durch Freude oder Traurigkeit afficirt, also auch nicht durch Liebe und Hass. Niemand kann Gott hassen, weil die Gottesvorstellung als adäquate Idee nicht von Traurigkeit begleitet sein kann. Wer Gott liebt, kann nicht nach Gottes Gegenliebe begehren; denn er würde dadurch begehren, dass Gott nicht Gott wäre. Die Fähigkeit des Geistes zur Imagination und zur Wiedererinnerung ist an die Dauer des Körpers gebunden. In Gott giebt es jedoch, weil derselbe nicht bloss die Ursache der Existenz, sondern auch des Wesens (der essentia) ist, nothwendig eine Idee, welche das Wesen des einzelnen menschlichen Körpers unter der Form der Ewigkeit (sub specie aeternitatis) ausdrückt. Der menschliche Geist kann demnach nicht mit dem Körper völlig zerstört werden, sondern etwas Ewiges bleibt von ihm zurück. Die Idee, welche das Wesen (essentia) des Körpers unter der Form der Ewigkeit ausdrückt, ist ein bestimmter Modus des Denkens, der zum Wesen des Geistes (ad mentis essentiam) gehört und nothwendig ewig ist. Aber diese Ewigkeit kann nicht durch das Maass der Dauer in der Zeit bestimmt werden; wir können uns daher nicht einer Existenz vor dem Dasein unseres Körpers erinnern. Nichtsdestoweniger fühlen und erfahren wir uns als ewig und zwar durch die Augen des Geistes, die Demonstrationen. Dauerndes Bestehen innerhalb gewisser Zeitgrenzen kann unserm Geiste nur insoweit zugeschrieben werden, als er die actuelle Existenz des Körpers involvirt; nur in soweit hat er die Macht, die Dinge unter der Form der Zeit aufzufassen. Das höchste Streben des Geistes und seine höchste Tugend ist, die Dinge zu begreifen durch die höchste Art der Erkenntniss (die Spinoza im zweiten Theile der Ethik als tertium cognitionis genus bezeichnet hat), welche von der adäquaten Vorstellung gewisser göttlicher Attribute zur adäquaten Erkenntniss des Wesens der Dinge fortgeht. Je mehr wir auf diese Weise die Dinge begreifen, desto mehr begreifen wir Gott. Je befähigter der Geist ist, auf diese Weise zu erkennen, um so mehr begehrt er nach solcher Erkenntniss, und es entspringt aus derselben seine höchste Befriedigung. Soweit unser Geist sich und seinen Körper unter der Form der Ewigkeit auffasst, hat er mit Nothwendigkeit die Gotteserkenntniss und weiss, dass er in Gott ist und durch Gott gedacht wird; diese Art der Erkenntniss hat den Geist, sofern er ewig ist, zur Ursache, und die intellectuelle Liebe Gottes (amor Dei intellectualis), die daraus entspringt, ist ewig; jede andere Liebe dagegen sammt allen Affecten, welche Passionen sind, ist gleich der Imagination an den Bestand des Leibes gebunden und nicht ewig. Gott liebt sich selbst mit unendlicher intellectueller Liebe, denn die göttliche Natur erfreut sich unendlicher Vollkommenheit, welche von der Selbstvorstellung als der Vorstellung der Ursache begleitet ist (welche Aeusserung Spinoza's für speculative Construktionen der christlichen Dreieinigkeit als ursächliches Sein, Selbstbewusstsein und Liebe in Gott als Anknüpfungspunkt dienen konnte und gedient hat). Die intellectuelle Liebe des Geistes zu Gott ist Gottes Liebe selbst, durch welche Gott sich selbst liebt, nicht sofern er unendlich ist, sondern sofern er durch das unter der Form der Ewigkeit betrachtete Wesen des menschlichen Geistes erklärt werden kann, d. h. die intellectuelle Liebe des Geistes zu Gott ist ein Theil der unendlichen Liebe, mit welcher Gott sich selbst liebt (wie der menschliche Intellect ein Theil des unendlichen göttlichen Intellectes ist). Sofern Gott sich selbst liebt, liebt er die Menschen; die Liebe Gottes zu den Menschen und die intellectuelle Liebe des Geistes zu Gott sind identisch. Unser Heil oder unsere Glückseligkeit oder unsere Freiheit besteht in der beständigen und ewigen Liebe zu Gott oder der Liebe Gottes zu den Menschen. Diese Liebe ist unaufhebbar. Je mehr der Geist von ihr erfüllt ist, um so mehr Unsterbliches ist in ihm. Der ewige Theil des Geistes ist der Intellect, durch den allein wir uns activ verhalten, der untergehende ist die Imagination, durch die wir Passionen unterworfen sind; also ist der ewige Theil des Geistes der bessere. Auch wenn wir nicht wüssten, dass unser Geist ewig sei, so müssten wir doch die Frömmigkeit und Gewissenhaftigkeit, wie alles Edle, für das Höchste erachten. Beatitudo non est virtutis praemium, sed ipsa virtus, nec eadem gaudemus, quia libidines coërcemus, sed contra, quia eadem gaudemus, ideo libidines coërcere possumus.

§ 10. John Locke (1632—1704) sucht in seinem Hauptwerke, dem „Versuch über den menschlichen Verstand", den Ursprung der menschlichen Erkenntniss zu ermitteln, um dadurch die Grenzen und das Maass der objectiven Gültigkeit derselben zu bestimmen. Er verneint die Existenz von angeborenen Vorstellungen und Sätzen. Der Geist ist ursprünglich gleich einer unbeschriebenen Tafel. Nichts ist im Intellect, was nicht vorher in den Sinnen war. Alle Erkenntniss stammt theils aus der Sensation oder sinnlichen Wahrnehmung, theils aus der Reflexion der inneren Wahrnehmung her; jene ist die Auffassung der äusseren Objecte mittelst der äusseren Sinne, diese ist die Auffassung der psychischen Vorgänge durch den innern Sinn. Die verschiedenen Elemente der sinnlichen Wahrnehmung stehen in verschiedenem Verhältnisse zu der objectiven Realität. Ausdehnung, Figur, Bewegung, überhaupt alle räumlichen Bestimmungen, kommen auch den Objecten an sich selbst zu; Farbe und Ton aber, überhaupt die Empfindungsqualitäten, sind nur in dem percipirenden Subjecte und nicht in dem Objecte an sich selbst, sie sind nur Zeichen, nicht Abbilder von räumlichen Vorgängen, die in den Objecten stattfinden. Durch die innere Erfahrung oder Reflection erkennen wir unser Denken und Wollen. Durch die äusseren Sinne

§ 10. Locke, Shaftesbury, Clarke u. a. engl. Philosophen. Berkeley, der Idealist.

und den innern Sinn zugleich erhalten wir die Ideen der Kraft, der Einheit und andere. Aus den einfachen Ideen bildet der Verstand durch Combination die zusammengesetzten (complexen) Ideen. Diese sind theils Ideen von Modis, theils von Substanzen, theils von Relationen. Wenn wir mehrere Modi beständig mit einander verbunden finden, so setzen wir eine Substanz oder ein Substrat, dem sie inhäriren, als ihren Träger voraus; doch ist dieser Begriff dunkel und von geringem Nutzen. Das Princip der Individuation ist die Existenz selbst; die von den Aristotelikern sogenannten zweiten Substanzen oder die Gattungen sind nur unsere subjectiven Zusammenfassungen vieler einander gleichartigen Individuen mittelst der Bezeichnung durch das nämliche Wort. Die Erkenntniss ist die Wahrnehmung der Verbindung und Uebereinstimmung oder der Nichtübereinstimmung und des Widerstreits einiger unserer Vorstellungen, nach den vier Verhältnissen der Identität oder Verschiedenheit, der Beziehung, der Coexistenz und der realen Existenz. Vernunftmässig sind Sätze, deren Wahrheit wir durch Untersuchung und Entwickelung der Begriffe, die aus Empfindung und Reflection entspringen, entdecken können, z. B. die Existenz eines Gottes; über die Vernunft hinausgehend sind Sätze, deren Wahrheit oder Wahrscheinlichkeit wir auf diesem Wege nicht entdecken können, z. B. die Auferstehung der Todten, auf solche Sätze geht der Glaube; gegen die Vernunft sind Sätze, die mit sich selbst streiten oder mit klaren und deutlichen Begriffen unvereinbar sind, z. B. die Existenz mehrerer Götter, derartige Sätze können nicht offenbart sein und nicht geglaubt werden. Für das Dasein Gottes führt Locke den kosmologischen Beweis. Dass die Seele immateriell sei, ist ihm wahrscheinlich, aber das Gegentheil nicht undenkbar. Sein Moralprincip ist die Glückseligkeit. An Locke anknüpfend, hat Berkeley (1685 bis 1753) durch die Behauptung, dass nur Geister und deren Ideen (Vorstellungen, nebst Willensacten) existiren, einen Idealismus oder „Phaenomenalismus" ausgebildet; Hartley und Priestley dagegen haben eine materialistische Psychologie begründet, die sie jedoch mit theologischen Ueberzeugungen zu vereinigen wussten. Samuel Clarke, der gegen Leibnitz Newton'sche (und Locke'sche) Lehren vertrat, der jüngere Shaftesbury, Hutcheson und Andere haben sich in verschiedenem Sinne, mehr oder minder unter dem Einfluss der Locke'schen Doctrin, um die Förderung der Moralphilosophie verdient gemacht.

Locke's Hauptwerk: An essay concerning human understanding, in four books, erschien zuerst London 1690, dann 1694, 1697, 1700, 1705 und bis auf die neueste Zeit hin sehr häufig, nach der vierten Ausg. unter Mitwirkung des Verfassers in's Franz. übersetzt von Coste, Amst. 1700, 1729 u. ö., lat. von Burridge, London 1701

§ 10. Locke, Shaftesbury, Clarke u. a. engl. Philosophen. Berkeley, der Idealist.

a. d., von G. H. Thiele, Lips. 1731, holländisch Amst. 1736, deutsch von H. E. Poley. Altenburg 1757, im Auszuge von G. A. Tittel, Mannheim 1791, vollständig von W. G. Tennemann, nebst einer Abh. über den Empirismus in der Philosophie, Leipzig 1795—97. Die Schrift: Thoughts on education erschien London 1693 a. ö., franz. von Coste, Amst. 1795 u. ö., deutsch von Rudolphi, Braunschweig 1789. Posthumous Works, Lond. 1706; œuvres diverses de Locke, Rott. 1710, Amst. 1732. Die sämmtl. Werke sind Lond. 1714, 1722 u. ö., eine Ergänzung derselben unter dem Titel: Collection of several pieces of J. Locke ist London 1720 erschienen. Neuerdings sind Locke's sämmtliche Werke in 9 Bänden, London 1853, Locke's philos. Werke durch St. John in 2 Bänden, London 1854, herausgegeben worden.

Ueber Locke's Leben handelt Locke's Freund Jean Leclerc in seinem Eloge historique im sechsten Bande seiner Bibliothèque choisie (wiederabg. im ersten Bande der Oeuvres diverses de Locke, in Heumann's Acta philos. VI, S. 975 u. ö.) auf Grund von Mittheilungen Locke's und des Grafen von Shaftesbury und der Frau Masham. In neuerer Zeit hat insbesondere Lord King eine Biographie Locke's verfasst, London 1829. Seine Doctrin wurde gleich nach dem Erscheinen seiner Schriften in manchen Gegenschriften bekämpft, gewann aber in Britanien, Frankreich, Holland, Deutschland etc. bis gegen das Ende des achtzehnten Jahrhunderts einen wachsenden Einfluss. Die bedeutendste Schrift gegen den Essay concerning human understanding ist die umfassende Kritik desselben durch Leibniz: Nouveaux essais sur l'entendement humain (s. unten § 11). Von den Schriften über Locke aus neuerer Zeit mögen hier folgende erwähnt sein: Tagart, Locke's Writings and philosophy, London 1855. Benj. H. Smart, thought and language, an essay having in view the revival, correction, and exclusive establishment of Locke's philosophy, 1855. Th. E. Webb, the intellectualism of Locke, London 1858. J. Brown, Locke and Sydenham, Lond. a. Edinb., 2. ed 1859, 3. ed. 1866. Vict. Cousin, la philos. de Locke, 4. éd., Paris 1861. John Locke, seine Verstandestheorie und seine Lehren über Religion, Staat und Erziehung, psychologisch-historisch dargestellt von Emanuel Schärer, Leipzig 1860. Locke's Lehre von der menschl. Erkenntniss in Vergleichung mit Leibniz's Kritik derselben dargestellt von G. Hartenstein (aus dem 4. Bande der philol.-hist. Cl. der K. Sächs. Ges. der Wiss.), Leipzig 1861, jetzt auch in H's hist. philos. Abh., Leipzig 1870. M. W. Drobisch, über L., den Vorläufer Kant's, in: Zeitschr. f. ex. Ph. II, 1, Leipz. 1861, S. 1—32. E. Fritsche, John Locke's Ansichten über Erziehung, Naumburg 1865. S. Turbiglio, Analisi storica delle illos. di Locke e di Leibnitz, Torino 1867. Rich. Quäbicker, Lockii et Leibnitii de cognit. hom. sent., diss. inaug., Hal. 1868. Emil Strützel, zur Kritik der Erkenntnisslehre von John Locke, Inaug.-Diss., Berlin 1868. Geo v. Benoit, Darstellung der Lockeschen Erkenntnisslehre, verglichen mit der Leibnitz'schen Kritik derselben, Preisschrift, Bern 1869. Fried. Herbst, Locke und Kant, Rostocker Promotionsschrift, Stettin 1869. Maximilian Kissel, de ratione quae Lockii inter et Kantii placita intercedat, comm., Rost. 1869. T. Ziemba, L. a. s. Werke a. d. f. d. Phil. interessantest. Momenten, Diss., Lemberg 1870.

G. Berkeley, Theory of vision, Dublin 1709, auch London 1711 und 1733 und in den Werken: Treatise on the principles of human knowledge, Dublin 1710 u. ö., deutsch von F. Ueberweg in der „phil. Bibl.", Berlin 1869. Three dialogues between Hylas and Philonous, London 1713 u. ö., franz. Amst. 1750, deutsch (als 1. Theil einer Uebers. der Werke, wovon aber nicht mehr erschienen ist) Leipz. 1781, (auch schon Rostock 1756, s. u.). Alciphron or the minute philosopher, London 1732, franz. Haye 1734, deutsch von W. Kahler, Lemgo 1737 (worin gegen die Freidenker und u. a. nach gegen Mandeville's Schrift: the fable of the bees or private vices made public benefits, London 1714 u. 29, polemisirt wird; Mandeville vertheidigt seine Ansicht in der Schrift: A letter to Dion occasioned by his book called Alciphron, Lond. 1732). Siris, London 1744. Miscellanies, Lond. 1752. Sammlung der vornehmsten Schriftsteller, die die Wirklichkeit ihres eigenen Körpers und der ganzen Körperwelt leugnen, enthaltend Berkeley's Gespräche zwischen Hylas und Philonous (nach der franz. Uebers. verdeutscht) und Collier's Allgemeinen Schlüssel (Clavis universalis or a new inquiry after truth, by Collier, Lond. 1713), übers. und widerlegt von Joh. Chrst. Eschenbach, Rostock 1756. The Works of G. Berkeley (nebst seiner Biographie von Arbuthnot), London 1784, wiederabg. 1820 und 1843; edited by A. C. Fraser, with Prefaces, Notes, Dissertations, and an Account of his Life and Philosophy, 4 voll., Oxford at the Clarendon Press, Macmillan & Co., London 1870. Zur Erläuterung der B.'schen Ansichten dienen u. a. Aufsätze in: Lectures on Greek philosophy and other philos. Remains of J. F. Ferrier, ed. by Grant and Lushington, Lond. 1866, ferner Thom. Collyns Simon, on the nature and elements of the

§ 10. Locke, Shaftesbury, Clarke u. a. engl. Philosophen. Berkeley, der Idealist.

external world, or universal immaterialism, fully explained and newly demonstrated, London 1862; vgl. mehrere Abhandlungen desselben in verschiedenen Zeitschriften, insbesondere B.'s doctrine on the nature of Matter, in: the Journal of specul. philos. III, 4. Dec. 1869, S. 336—344; is thought the thinker? ebd. S. 375 f.; Ueberweg's Sendschreiben an Simon in Fichte's Z. f. Ph. 1869, Simons Antwort ebd. 1870, nebst U.'s kurzem Schlusswort ebd. 1871. R. Hoppe u. H. Ulrici, ebd. 1871. F. Frederichs, über B.'s Idealismus, Realschul-Progr., Berlin 1870. Charles R. Teape, Berkeleian Philosophy, Gött. Diss. 1871.

A. Collier, clavis universalis or a new inquiry after trouth, being a demonstration of the non-existence or impossibility of an external world, London 1713, deutsch von Eschenbach, Rostock 1756 (s. o. S. 91), engl auch in der von Sam. Parr edirten Sammlung: Metaph. tracts by English philosophers of eighteenth century, London 1837; über ihn handelt Rob. Benson, London 1837.

D. Hartley, observations on man, his frame, his duty and his expectations, Lond. 1749.

J. Priestley, theory of human mind, Lond. 1775, disquisitions relating to matter and spirit, Lond. 1777, the doctrine of philosophical necessity, Lond. 1777; bekämpft von dem Platoniker Richard Pryce, 1723—1791, in dessen Letters on Materialism and philos. necessity, Lond. 1778.

Is. Newton, naturalis philosophiae principia mathematica, Lond. 1687, auch 1713, 1726 u. ö.: treatise of optic, London 1704 u. ö.; opera ed. Horsley, Lond. 1779; über ihn handelt David Brewster, Edinb. 1831, deutsch von Goldberg, Leipz. 1833; Memoirs of the life, writings and discoveries of Sir Isaac Newton, Edinb. 1855; vgl. auch Karl Snell, Newton u. d. mechan Naturwissenschaft, Dresden u. Leipz. 1843. E. F. Apelt, die Epochen der Gesch. der Menschheit, Jena 1845. A. Struve, N.'s naturphil. Ansichten, G.-Pr., Soran 1869; J. Durdik, Leibnitz u. Newton, Halle 1869; C. Neumann, über die Princ. der Galilei-Newton'schen Theorie, Leipzig 1870.

Shaftesbury, an inquiry concerning virtue and merit 1699, in's Deutsche nach Diderot's franz. Bearbeitung übersetzt 1780; Characteristics of Men, Manners, Opinions, Times, London 1711, 1714 u. ö., deutsch Leipzig 1768; über ihn handelt Chr. A. Thilo, d. engl. Moralisten in d. Zeitschr. f. exacte Ph., Bd. 9, Heft 3, 1871.

Sam. Clarke, demonstration of the being and attributes of God, London 1705 bis 1706; opera, London 1738—42; über ihn handelt R. Zimmermann, S. Cl.'s Leben und Lehre, Wien 1870; Thilo a. a. O.

W. Wollaston, the religion of nature delineated, London 1724 u. ö.; J. M. Drechsler, über W.'s Moralphilosophie, Erlangen 1801.

Fr. Hutcheson, inquiry into the original of our ideas of beauty and virtue, Lond. 1725, 2. Aufl. ebd. 1726, u. ö., deutsch Frankf. 1762; philosophiae moralis institutio compendaria, ethices et jurisprudentiae naturalis principia continens, Glasgow 1755; über ihn handelt Thilo a. a. O.

H. Home, essays on the principles of morality and natural religion, Edinb. 1751, deutsch Braunschweig 1765; Elements of criticism, Lond. 1762, deutsch Leipzig 1765.

A. Ferguson, instit. of moral philos. Lond. 1769, deutsch von Garve, Leipz. 1772.

Ad. Smith, theory of moral sentiment, Lund. 1759 u. ö.; Inquiry into the nature and causes of the wealth of nations, Lond. 1776; vgl. über sein Leben u. s. Schriften Dugald Stewart in Ad. Smith, Essays, London 1795; Thilo a. a. O.

John Locke, Sohn des Rechtsgelehrten John Locke, wurde am 29. August 1632 zu Wrington (fünf Meilen von Bristol) geboren. Er studirte in dem College von Westminster und später (seit 1651) in dem Christchurch-College zu Oxford. Mit Vorliebe trieb er naturwissenschaftliche und medicinische Studien. Die scholastische Philosophie liess ihn unbefriedigt; die Schriften des Descartes zogen ihn an durch ihre Klarheit und Bestimmtheit und durch ihren Anschluss an die selbständige neuere Naturforschung. Im Jahr 1664 begleitete er als Legationssecretair den englischen Gesandten Sir William Swan an den Brandenburgischen Hof und lebte ein Jahr lang in Berlin. Nach England zurückgekehrt, beschäftigte er sich mit naturwissenschaftlichen, insbesondere mit meteorologischen Untersuchungen. In Oxford wurde er 1667 mit Lord Ashley, späterem Earl of Shaftesbury bekannt, in dessen Hause er seitdem eine Reihe von Jahren hindurch als Arzt und Freund gelebt hat. Im Jahr 1668 begleitete er den Earl von Northumberland auf einer Reise durch Frankreich und Italien. Dann leitete er im Hause des Grafen von

§ 10. Locke, Shaftesbury, Clarke u. a. engl. Philosophen. Berkeley, der Idealist.

Shaftesbury die Erziehung von dessen (damals sechzehnjährigem) Sohne. Die Grundzüge des „Versuchs über den menschlichen Verstand" hat Locke 1670 entworfen, denselben jedoch erst nach wiederholter Ueberarbeitung veröffentlicht. Als sein Gönner 1672 Lordkanzler von England wurde, erhielt Locke von ihm das Amt eines Secretary of the presentation of benefices, das er im folgenden Jahr, als derselbe in Ungnade fiel, wieder verlor. In den Jahren 1675—79 lebte Locke in Frankreich, vorzugsweise in Montpellier im Umgange mit Herbert, dem späteren Earl of Pembroke, dem er seinen Versuch über den menschlichen Verstand gewidmet hat, auch in Paris im Verkehr mit wissenschaftlich hervorragenden Männern. Als Shaftesbury 1679 Conseils-Präsident geworden war, rief er Locke nach England zurück. Nachdem aber Shaftesbury, wegen seines Widerstandes gegen absolutistische Tendenzen des Königs auf's Neue seines Amtes enthoben, in den Tower geworfen worden war, dann in dem Process, den der Hof gegen ihn eingeleitet hatte, durch die Jury freigesprochen, sich nach Holland begeben hatte, wo ihn der Statthalter, Prinz Wilhelm von Oranien, günstig aufnahm, folgte Locke ihm gegen Ende des Jahres 1683 nach und lebte zuerst in Amsterdam, dann, als durch die englische Regierung seine Auslieferung gefordert wurde, abwechselnd in Utrecht, Cleve und Amsterdam, bis er 1688 in Folge der Revolution, durch welche Prinz Wilhelm von Oranien den englischen Thron erhielt, nach England zurückkehren konnte, wo er die Stelle eines Commissioner of appeals, später eines Commissioner of trade and plantages erhielt. Im Jahr 1685 veröffentlichte Locke seinen ersten Brief für Toleranz (anonym), 1690 den zweiten und dritten. Der „Versuch über den menschlichen Verstand" ward 1687 beendet, im folgenden Jahr ein von Locke angefertigter Auszug durch Leclerc (Clericus) in's Franz. übersetzt und in dessen Bibl. univers. VIII, S. 49 - 142 veröffentlicht, 1689—90 das Werk selbst zuerst gedruckt. Anonym liess Locke 1689 zwei Abhandlungen „über die bürgerliche Regierung" erscheinen, zur Rechtfertigung der vollzogenen Staatsumwälzung bestimmt, und, wie bereits Algernon Sidneys (gest. 1683) Discourses concerning government (die jedoch Locke nicht näher kannte) gegen die Doctrin des Robert Filmer gerichtet, dass der König die patriarchalische Allgewalt von Adam geerbt habe. Drei kleine Schriften über das Münzwesen erschienen ebenfalls im Jahr 1689. Die Schrift über Erziehung erschien 1693. Die Schrift „über die Vernunftmässigkeit des Christenthums, wie es in der Schrift überliefert ist" wurde 1695 veröffentlicht. Seine letzten Lebensjahre brachte Locke grösstentheils in Oates in der Grafschaft Essex im Hause des Sir Francis Masham zu, dessen Gemahlin eine Tochter Cudworth's war. Er starb hier im 73. Jahre seines Lebens am 28. October 1704.

Locke bezeichnet als den Gegenstand und Zweck seines „Essay concerning human understanding" (I, 1, 2 und 3) „eine Untersuchung über den Ursprung, über die Gewissheit und den Umfang der menschlichen Erkenntniss, über die Gründe und Grade des Glaubens, der Meinung und des Beifalls". Er will „die Art und Weise, wie der Verstand zu seinen Begriffen von Objecten gelangt, erklären, den Grad der Gewissheit unserer Erkenntniss bestimmen, die Grenzen zwischen dem Meinen und Wissen erforschen und die Grundsätze untersuchen, nach welchen wir in Dingen, wo keine gewisse Erkenntniss stattfindet, unsern Beifall und unsere Ueberzeugung bestimmen sollten". Er erzählt (in der Vorrede), dass, da einige seiner Freunde bei einer philosophischen Disputation zu keinem Resultate gelangen konnten, er auf den Gedanken gekommen sei, dass eine Untersuchung, wie weit das Vermögen des Verstandes reiche, welche Objecte in seiner Sphäre und welche jenseits seines Gesichtskreises liegen, allen anderen philosophischen Forschungen vorangehen müsse.

§ 10. Locke, Shaftesbury, Clarke u. a. engl. Philosophen. Berkeley, der Idealist.

In dem ersten Buche der Untersuchung über den menschlichen Verstand sucht Locke darzuthun, dass es keine angeborenen Erkenntnisse gebe.

In unserm Verstande sind Ideen (welchen Ausdruck Locke mit Vorstellung notio, als gleichbedeutend gebrauchen zu wollen erklärt). Jeder Mensch findet Vorstellungen in seinem eigenen Bewusstsein und die Worte und Handlungen anderer Menschen beweisen, dass solche auch in ihrem Vorstellungsvermögen vorkommen. Wie kommen nun diese Ideen in den Verstand?

Es giebt eine Meinung, wonach in dem Verstande gewisse angeborne Grundsätze, ursprüngliche Begriffe (*κοιναὶ ἔννοιαι*) angetroffen werden, indem gewisse Schriftzüge (Characters) demselben eingeprägt seien, welche die Seele mit sich in die Welt bringe. Diese Meinung liesse sich zwar durch den blossen Nachweis, wie alle Arten unserer Vorstellungen mittelst des Gebrauchs unserer natürlichen Kräfte wirklich entstehen, für den uneingenommenen Leser hinreichend widerlegen; doch müssen, da jene Meinung sehr verbreitet ist, auch die Gründe, auf welche ihre Vertheidiger sich stützen, geprüft und die Gegengründe angegeben werden.

Das wichtigste Argument der Vertheidiger jener Meinung liegt darin, dass gewisse theoretische und praktische Grundsätze allgemein für wahr gehalten werden. Locke bestreitet sowohl die Wahrheit, als auch die Beweiskraft dieses Argumentes. Die vorgebliche Uebereinstimmung über dortige Grundsätze besteht nicht, und bestände sie, so würde sie nicht das Angeborensein beweisen, sofern eine andere Weise, wie die Uebereinstimmung zu Stande komme, aufgezeigt werden kann.

Zu den theoretischen Grundsätzen, die man für angeborene ausgiebt, gehören die berühmten Fundamentalsätze der Demonstrationen: Was ist, das ist (Satz der Identität) und: es ist unmöglich, dass dasselbe Ding sei und nicht sei (Satz des Widerspruchs). Diese Sätze sind aber Kindern und Allen, die ohne wissenschaftliche Bildung sind, unbekannt und es ist doch fast ein Widerspruch, anzunehmen, dass der Seele Wahrheiten eingeprägt seien, von denen sie kein Bewusstsein und keine Erkenntniss habe. Sagt man, ein Begriff ist der Seele eingeprägt, und behauptet zu gleicher Zeit, sie habe davon keine Kenntniss, so heisst das, den Eindruck zu einem Unding machen. Soll etwas in der Seele sein, was sie bisher nicht erkannt hat, so muss es dies in dem Sinne sein, dass sie das Vermögen hat es zu erkennen; dieses gilt aber von allen erkennbaren Wahrheiten, auch solchen, die Mancher während seines ganzen Lebens niemals wirklich erkennt. Dass die Fähigkeit angeboren sei, die Erkenntniss aber erworben, gilt nicht von einzelnen, sondern von allen Erkenntnissen; worden aber angeborene Ideen angenommen, so will man diese von andern Ideen, die nicht angeboren seien, unterscheiden; also will man das Angeborensein nicht auf die blosse Fähigkeit beziehen; dann aber muss man auch annehmen, dass die angeborenen Erkenntnisse von Anfang an bewusst seien, denn im Verstande sein, heisst Gedachtwerden. Sagt man: jene Sätze werden dann von den Menschen erkannt, und für wahr gehalten, wenn diese zum Gebrauch ihrer Vernunft gelangen, so ist dies weder in dem Sinne wahr und beweiskräftig, dass wir sie mittelst des Vernunftgebrauchs durch Deduction erkennen, noch in dem Sinne, dass wir sie denken, sobald wir zum Gebrauch unserer Vernunft gelangen; wir erkennen vieles Andere früher. Dass das Bittere nicht süss, dass eine Ruthe und eine Kirsche nicht einerlei Ding sei, erkennt ein Kind weit früher, als es den allgemeinen Satz versteht und für wahr hält, dass das nämliche Ding unmöglich sein und nicht sein könne. Wäre das sofortige Fürwahrhalten eines Satzes ein zuverlässiges Merkmal des Angeborenseins, so müsste auch der Satz, dass Eins und Zwei gleich Drei sei, nebst unzähligen anderen angeboren sein. Ebensowenig, wie angeborene theoretische Sätze, giebt es angeborene praktische Grundsätze. Keine moralischen Grundsätze sind so klar und gelten so allgemein, wie die oben genannten theoretischen. Die moralischen Sätze sind zwar so wahr, aber nicht eben so evident wie die theoretischen. Der moralische Fundamentalsatz: Jeder soll so handeln, wie er wünschen kann, dass Andere gegen ihn handeln, und alle anderen moralischen Regeln bedürfen der Begründung und sind daher nicht angeboren. Auf die Frage: warum soll man Verträge halten? wird sich der Christ auf den Willen Gottes, der Anhänger des Hobbes auf den Willen der Gesellschaft, der heidnische Philosoph auf die Würde des Menschen berufen. Angeboren ist zwar das Verlangen nach Glückseligkeit und der Abscheu gegen Elend; diese Motive aller unserer Handlungen sind aber nur Richtungen des Begehrens und nicht Eindrücke auf den Verstand. Nur diese Motive wirken allgemein; die praktischen Grundsätze der einzelnen Personen und ganzer Nationen sind verschieden, ja einander entgegengesetzt; soweit sich dabei Uebereinstimmung findet, ist dieselbe darin begründet, dass die Befolgung gewisser moralischen Regeln als der nothwendige Weg zum Bestande der Gesellschaft und zur allgemeinen Glückseligkeit erkannt wird, und dass Erziehung, Umgang und Sitte Gleichheit der moralischen Ueberzeugungen bewirkt, was um so leichter geschehen kann, da der noch nüchterne und uneingenommene Verstand der Kinder alle Sätze, die man ihm als Wahrheiten einprägt, ebenso aufnimmt, wie unbeschriebenes Papier alle beliebigen Schriftzüge, und später diese Sätze, deren Ursprung man nicht kennt, heilig gehalten und keiner Prüfung unterworfen zu werden pflegen. Grundsätze können nicht angeboren sein, wenn die Begriffe, die in sie eingehen, nicht angeboren sind; in die allgemeinsten Sätze gehen die abstractesten Begriffe ein, und diese sind den Kindern die ferneliegendsten und unverständlichsten, die nur durch einen hohen Grad von Nachdenken und Aufmerksamkeit richtig gebildet werden können; Begriffe, wie Identität und Verschiedenheit, Möglichkeit und Unmöglichkeit, werden so wenig bei der Geburt auf die Welt gebracht, dass sie im Gegentheil von den Empfindungen des Hungers und Durstes, der Wärme und Kälte, der Lust und des Schmerzes, die thatsächlich die frühesten sind, am allerweitesten obliegen. Auch die Gottesvorstellung ist nicht angeboren. Nicht alle Nationen haben sie; nicht nur die Vorstellungen der Polytheisten und Monotheisten, sondern auch die Gottesvorstellungen verschiedener Personen, die derselben Religion und demselben Lande angehören, sind sehr von einander verschieden. Die Spuren der Weisheit und Macht offenbaren sich so klar in den Werken der Schöpfung, dass kein vernünftiges Wesen, wenn es sie aufmerksam betrachtet, Gott verkennen kann, und nachdem einmal durch Nachdenken über die Ursachen der Dinge von Einzelnen dieser Begriff erlangt worden war, musste derselbe so allgemein einleuchten, dass er nicht mehr verloren gehen konnte.

Im zweiten Buche sucht Locke positiv nachzuweisen, woher der Verstand seine Vorstellungen erhalte. Er nimmt an, die Seele sei ursprünglich gleich einem weissen unbeschriebenen Papier, ohne alle Vorstellungen. Sie erlangt solche durch die Erfahrung. Alle unsere Erkenntniss gründet sich auf die Erfahrung und entspringt aus ihr. Die Erfahrung ist aber eine zweifache, eine äussere und innere, Sensation und Reflection, jenachdem sie die äusseren, wahrnehmbaren Gegenstände oder die inneren Wirkungen unseres Geistes zum Gegenstande hat. Die Sinne führen von den äusseren Objecten dasjenige in die Seele, was in dieser die Vorstellungen von dem Gelben, Weissen, der Hitze, der Kälte, der Weichheit, Härte, Süssigkeit, Bitterkeit und überhaupt von den sogenannten sinnlichen Beschaffenheiten hervorbringt. An den vorhandenen Vorstellungen werden Wirkungen (Operations) des Gemüths in uns selbst ausgeübt, welche theils Thätigkeiten, theils passive Zustände sind; wenn die Seele diese Thätigkeiten und Zustände beachtet, und über sie reflectirt, so erhält der Verstand eine andere Reihe von Vorstellungen, welche nicht von den Aussendingen entspringen können; solche Thätigkeiten des Gemüthes sind unter andern das Wahrnehmen, Denken, Zweifeln, Glauben, Schliessen, Erkennen, Wollen. Aus einer dieser beiden Quellen stammen alle unsere Begriffe her.

Der Mensch fängt an Vorstellungen zu haben, wenn er den ersten Sinneseindruck empfängt; schon vor der Geburt mag er wohl Hunger und Wärme empfinden. Vor dem ersten sinnlichen Eindruck aber denkt die Seele ebensowenig, wie sie später im traumlosen Schlafe denkt. Die Behauptung, dass die Seele immer denke, ist eben so willkürlich, wie die, dass jeder Körper unablässig in Bewegung sei.

Unsere Vorstellungen sind theils einfach, theils zusammengesetzt. Von den einfachen Vorstellungen kommen einige nur vermittelst Eines Sinnes, andere vermittelst mehrerer Sinne in die Seele, andere erhält sie bloss durch die Reflection, wiederum andere endlich bieten sich ihr auf jedem Wege, durch die Sinne und durch die Reflection dar. Durch den Sinn des Gefühls erhalten wir die Vorstellungen von der Hitze, Kälte und Dichtheit, ferner von der Glätte und Rauhheit, Härte und Weichheit und andere, durch den Sinn des Gesichts die Vorstellungen vom Licht und den Farben etc. Die Vorstellungen, welche wir durch mehr als einen Sinn, nämlich durch den Gesichts- und den Gefühlssinn, erlangen, sind die vom Raum oder der Ausdehnung, von der Gestalt, Ruhe und Bewegung. In sich selbst nimmt das Gemüth durch die Reflection das Vorstellen (perception) oder Denken, und das Wollen wahr (Locke missbilligt die Cartesianische Zusammenfassung des Denkens und Wollens unter Cogitatio.) Das Vermögen, zu denken, wird Verstand, das Vermögen, zu wollen, Wille genannt. Sowohl durch die Sinne, als durch die Reflection werden der Seele die Vorstellungen von Vergnügen oder Lust, von Schmerz oder Unlust, Existenz, Einheit, Kraft und Zeitfolge zugeführt.

Die meisten sinnlichen Vorstellungen sind eben so wenig einem ausser uns existirenden Dinge ähnlich, als die Worte den bezeichneten Vorstellungen, obgleich diese durch jene hervorgerufen werden. In den Körpern selbst sind wirklich und von ihnen in jedem Zustande unzertrennlich folgende Eigenschaften: Grösse, Gestalt, Zahl, Lage, Bewegung oder Ruhe ihrer dichten (raumerfüllenden) Theile. Diese nennt Locke ursprüngliche Eigenschaften (original qualities oder primary qualities), auch wohl reale Eigenschaften. Sofern wir die primären Eigenschaften wahrnehmen, sind unsere Vorstellungen von denselben Copien dieser Eigenschaften selbst, wir stellen dadurch das Ding so vor, wie es an sich ist. Die Körper haben aber ferner die Kraft, vermöge gewisser primitiver Eigenschaften, die nicht als solche wahrnehmbar sind, auf eine solche Weise auf unsere Sinne zu wirken, dass sie dadurch die Vorstellungen von Farben, Tönen, Gerüchen, Wärmeempfindungen etc. in uns hervorbringen. Farben, Töne etc. sind nicht in den Körpern selbst, sondern nur in der Seele. Wenn man von ihnen das Vorgestelltwerden trennt, wenn die Augen nicht das Licht oder die Farben sehen, die Ohren nicht die Töne hören, der Gaumen nicht schmeckt, die Nase nicht riecht, so verschwinden alle Farben, Töne, Geschmacksempfindungen, Gerüche, Wärmeempfindungen, und es bleibt nichts übrig, als das, was sie verursachte, nämlich die Grösse, Gestalt und Bewegung der Theile. Die Wärme ist eine sehr lebhafte Bewegung der unwahrnehmbaren kleinsten Theile eines Gegenstandes, welche in uns diejenige Empfindung hervorruft, wegen deren wir den Gegenstand als warm bezeichnen; was in unserer Empfindung als Wärme erscheint, ist im

§ 10. Locke, Shaftesbury, Clarke u. a., engl. Philosophen. Berkeley, der Idealist. 97

Gegenstand selbst nur Bewegung. Locke nennt die Farben, Töne etc. abgeleitete oder secundäre Eigenschaften (secondary qualities). Alle Vorstellungen dieser Classe sind nicht Copien von gleichartigen Eigenschaften in realen Objecten, so wenig, wie das Gefühl von Schmerz mit der Bewegung eines Stückes Stahl durch empfindliche Theile eines thierischen Körpers hindurch Aehnlichkeit hat; sie werden in uns durch den Stoss erzeugt, der sich von den Körpern aus durch unsere Nerven hindurch bis in das Gehirn als den Sitz des Bewusstseins, gleichsam das Audienzzimmer der Seele, fortpflanzt. Wie dort Vorstellungen erzeugt werden, untersucht Locke nicht, sondern sagt nur, es sei ohne Widerspruch denkbar, dass Gott an Bewegungen auch solche Vorstellungen, die mit denselben keine Aehnlichkeit haben, geknüpft habe. Endlich stellt Locke noch eine dritte Classe von Eigenschaften in den Körpern auf, nämlich die Kräfte der Körper, vermöge der besonderen Beschaffenheit ihrer ursprünglichen Eigenschaften in der Grösse, Gestalt, Zusammensetzung und Bewegung anderer Körper solche Veränderungen hervorzubringen, dass diese Körper nun unsere Sinne anders afficiren, als vorher; er rechnet hierher z. B. die Kraft der Sonne, das Wachs zu bleichen, des Feuers, das Blei zu schmelzen; diese Eigenschaften werden insbesondere Kräfte genannt *).

Bei der Erörterung der durch Reflection gewonnenen einfachen Vorstellungen macht Locke manche fruchtreiche psychologische Bemerkungen. Er untersucht insbesondere das Vorstellungsvermögen (perception), das Behaltungsvermögen (retention) und das Vermögen des Unterscheidens, Verbindens und Trennens etc. In dem Vorstellungsvermögen erkennt Locke das Merkmal, durch welches das Thier und der Mensch sich von der Pflanze unterscheide. Das Be-

---

*) Es ist eine ungerechtfertigte partielle Accommodation Locke's an die vulgäre Voraussetzung, dass Farben, Töne etc. als solche in den unsere Sinne afficirenden Körpern seien, wenn er dieselben „secundäre Eigenschaften" nennt; denn Empfindungen, die nicht in jenen Körpern, sondern nur in den empfindenden Wesen sind, können überhaupt nicht Eigenschaften jener Körper, also auch nicht abgeleitete Eigenschaften derselben sein, und es kann den Leser nur verwirren, wenn Locke, während er diese Einsicht zu begründen versucht, einen Ausdruck, der eben den Irrthum involvirt, welchen er zerstören will, sanctionirt und einen Terminus schafft, der in seinen beiden Bestandtheilen die Einsicht mit dem Vorurtheil auf eine unnatürliche Weise zusammenschmiedet. (Doch lässt der Ausdruck eine Deutung zu, in welcher er nichts Irriges involviren würde, wenn er nämlich als Abbreviatur für „Eigenschaften in einem secundären Sinne" aufgefasst wird, und wenn unter „Eig. im primären Sinne" solches verstanden wird, was den Dingen an sich selbst zukommt, unter „Eig. im secundären Sinne" aber, freilich sehr uneigentlich, solches, was in uns durch die Dinge angeregt wird.) Die Unterscheidung geht auf Aristoteles (de anima III, 1) zurück: doch lehrt Aristoteles nicht die blosse Subjectivität derjenigen Qualitäten, welche Locke die „secundären" nennt; Demokrit und Descartes sind in dieser Unterscheidung Locke's Vorgänger. Die Unterscheidung ist gegen Berkeley's, Hume's und Kant's Bekämpfung aufrecht zu erhalten. Doch hat Locke's Untersuchung die Mängel, dass die objective Realität der Ausdehnung ohne Beweis vorausgesetzt, und dass die Frage, wie Empfindungen mit Bewegungen im Gehirn zusammenhängen, durch Berufung auf Gottes Allmacht zur Seite geschoben wird. Er betrachtet die Seele zu sehr als passiv bei der Perception. Die Untersuchung selbst über das Verhältniss der Sinneswahrnehmung zu der die Sinne afficirenden objectiven Realität, worin Locke grossentheils sich an Descartes anschliesst, ist von fundamentalem Interesse; Leibnitz und Kant haben ihre Bedeutung gewürdigt, Hegel aber hat dieselbe verkannt und die Locke'sche Philosophie überhaupt ebenso wie den Kantischen Kriticismus darum schief aufgefasst, weil er den Gegensatz des Ansichseins und unserer Auffassung mit dem Gegensatze des Essentiellen und Accidentiellen in den Objecten zusammenwirft.

98 § 10. Locke, Shaftesbury, Clarke u. a. engl. Philosophen. Berkeley, der Idealist.

haltungsvermögen (retention) ist die Fähigkeit der Aufbewahrung der Vorstellungen theils durch andauernde Betrachtung, theils durch Wiedererneuerung nach ihrem zeitweiligen Entschwinden aus dem zum gleichzeitigen Festhalten vieler Vorstellungen zu beschränkten menschlichen Verstande; es kommt schon den Thieren, und zum Theil in gleichem Grade, wie den Menschen, zu. Locke hält für wahrscheinlich, dass die Beschaffenheit des Körpers grossen Einfluss auf das Gedächtniss habe, da oft die Fieberhitze anscheinend feste Gedächtnissbilder anstilge. Die Vergleichung der Vorstellungen unter einander aber wird von den Thieren nicht auf eine eben so vollkommene Art, wie von den Menschen geübt. Das Vermögen, Vorstellungen mit einander zu verbinden, haben Thiere nur in geringem Grade. Dem Menschen eigenthümlich ist das Vermögen der Abstraction, wodurch die Vorstellungen einzelner Objecte, von allen zufälligen Beschaffenheiten der realen Existenz, wie Zeit und Raum, und allen begleitenden Vorstellungen abgesondert, zu allgemeinen Begriffen der ganzen Gattung werden und ihre sprachlichen Zeichen eine allgemeine Anwendbarkeit auf alles, was mit diesen abstracten Begriffen einstimmig ist, erhalten.

Die einfachen Vorstellungen sind die Bestandtheile der zusammengesetzten. Die zusammengesetzten Vorstellungen führt Locke auf drei Classen zurück: es werden durch sie entweder Modi oder Substanzen oder Relationen vorgestellt. Die Modi sind zusammengesetzte Begriffe, welche nichts für sich Bestehendes enthalten; sie sind reine Modi (simple modes) oder Modificationen einfacher Vorstellungen, wenn ihre Bestandtheile einander gleichartig, gemischte Modi (mixed modes), wenn ihre Bestandtheile einander ungleichartig sind. Die Begriffe von Substanzen sind solche Verbindungen einfacher Vorstellungen, welche gebraucht werden, um Dinge, die für sich bestehen, vorzustellen. Die Verhältnissvorstellungen bestehen in der Vergleichung einer Vorstellung mit einer andern. Zu den reinen Modalbegriffen gehören die Modificationen des Raums, der Zeit, des Denkens etc.; eben hierüber gehört auch der Begriff des Vermögens. Die tägliche Erfahrung von der Veränderung der Gegenstände der einfachen Vorstellungen an Aussendingen, die Bemerkung, dass hier ein Ding aufhört zu sein, dort ein anderes an seine Stelle tritt, die Beobachtung des beständigen Wechsels der Vorstellungen in dem Gemüthe, welcher theils von den Eindrücken äusserer Objecte, theils von unserer eigenen Wahl abhängt, alles dieses leitet den menschlichen Verstand auf den Schluss, dass eben dieselben bisher beobachteten Veränderungen auch in der Zukunft an denselben Objecten durch dieselben Ursachen und auf dieselbe Weise stattfinden werden; er denkt sich demnach in dem einen Wesen die Möglichkeit, dass die einfachen Merkmale desselben wechseln und in dem andern die Möglichkeit, diesen Wechsel hervorzubringen, und kommt hierdurch auf den Begriff von einem Vermögen. Das Vermögen ist leidendes Vermögen als Möglichkeit, eine Veränderung anzunehmen, thätiges Vermögen oder Kraft (power) aber als Möglichkeit, eine Veränderung zu bewirken. Den klarsten Begriff von thätigem Vermögen erhalten wir durch das Achten auf die Thätigkeiten unseres Geistes. Die innere Erfahrung lehrt uns, dass wir durch ein blosses Wollen ruhende Glieder des Körpers in Bewegung setzen können. Wenn die Substanz, welche eine Kraft besitzt, dieselbe durch eine Handlung äussert, so heisst sie Ursache; was sie hervorbringt, heisst Wirkung. Ursache ist das, was macht, dass ein Anderes zu sein anfängt, Wirkung das, was durch ein Anderes entstanden ist. Indem dem Verstande eine grosse Anzahl von einfachen Vorstellungen durch Sensation und Reflection zugeführt werden, so bemerkt er auch, dass eine gewisse Zahl einfacher Vorstellungen immer mit einander vergesellschaftet ist; da wir uns nun das, was durch dieselben vorgestellt wird, nicht als

§ 10. Locke, Shaftesbury, Clarke u. a. engl. Philosophen. Berkeley, der Idealist.

an sich subsistirend denken können, so gewöhnen wir uns, ein Substrat vorauszusetzen, in welchem dasselbe bestehe und woher es entspringe; dieses Substrat nennen wir eine Substanz. Der Begriff der Substanz enthält nichts, als die Voraussetzung von einem unbekannten Etwas, welches den Eigenschaften zum Grunde liege. Von der Substanz hat man keinen deutlichen Begriff, und zwar gleich wenig von einer materiellen, wie von einer geistigen Substanz *). Wir haben keinen Grund, geistige Substanzen für unmöglich zu halten; andererseits wäre jedoch auch nicht undenkbar, dass Gott die Materie mit der Fähigkeit, zu denken, begabt habe. Ausser den zusammengesetzten Begriffen von einzelnen Substanzen kommen in dem Verstande noch zusammengesetzte collective Begriffe von Substanzen vor, wie Heer, Flotte, Stadt, Welt; diese collectiven Begriffe bildet die Seele durch ihr Verbindungsvermögen. Aus der Vergleichung mehrerer Dinge mit einander entspringen die Verhältnissbegriffe; zu denselben gehören die Begriffe von Ursache und Wirkung, Zeit- und Ortsverhältnissen, Identität und Verschiedenheit, Graden, moralischen Verhältnissen etc.

Im dritten Buche des Versuchs über den menschlichen Verstand handelt Locke von der Sprache. Im vierten Buche von der Erkenntniss und Meinung. Die Worte sind Zeichen, die Gemeinnamen gemeinsame Zeichen für vorgestellte Objecte. Wahrheit und Falschheit ist streng genommen nur in Urtheilen, nicht in einzelnen Vorstellungen. Sätze, wie der des Widerspruchs, dienen der Disputirkunst, aber nicht der Erkenntniss. Sätze, die ganz oder theilweise identisch sind, belehren nicht. Wir erkennen uns selbst durch innere Wahrnehmung und Gott durch den Schluss vom Existirenden auf eine erste Ursache, von denkenden Wesen (und zum mindesten unser eigenes Denken ist uns zweifellos gewiss) auf ein erstes und ewiges denkendes Wesen mit voller Evidenz, die Aussenwelt aber mit geringerer Evidenz; jenseits der Vernunfterkenntniss liegt der Glaube an göttliche Offenbarungen; für Offenbarung kann jedoch nichts gelten, was gesicherter Vernunfterkenntniss widerstreitet.

Die Aeusserungen Locke's über ethische, pädagogische und politische Fragen bekunden einen edlen und humanen Sinn und haben zur Milderung mancher traditionellen Härten wesentlich beigetragen. Inconsequenterweise gesteht Locke den Atheisten keine Gewissensfreiheit zu und bricht dadurch selbst die Kraft seiner philosophischen Argumente für die Toleranz **).

Locke's philosophische Bedeutung knüpft sich zumeist an die Untersuchung über den menschlichen Verstand, die der Ausgangspunkt der empiristischen Richtung der Philosophie des achtzehnten Jahrhunderts in England, Frankreich und

---

*) Locke legt nicht dem Verstand eine durch den Substanzbegriff geübte Herrschaft über die Dinge bei; er spricht ja ausdrücklich gerade darum dem Substanzbegriff nur geringen Werth für die Erkenntniss zu, weil derselbe nicht zureichend empirisch basirt sei. Soweit der Substanzbegriff ohne empirischen Grund gebildet ist, ist die Wahrheit desselben, d. h. die Uebereinstimmung mit der objectiven Realität, zweifelhaft. Die Annahme aber, dass es von dem Geiste unabhängige Aussendinge gebe, hängt nicht von der Gültigkeit des Substanzbegriffs ab; sie besteht auch dann, wenn die Aussendinge nur Complexe von ausserhalb unseres Geistes für sich bestehenden Eigenschaften sind, die in Verbindung mit einander existiren.

**) Denn es verschlägt praktisch wenig, ob einer Richtung auf Grund ihres nach fremdem Urtheil falsch religiösen oder ihres nach fremdem Urtheil irreligiösen Charakters die Duldung versagt wird; den Christen ist als „Atheisten" mit formeller Aufrechterhaltung des Princips der Religionsfreiheit die gesetzliche Existenzberechtigung abgesprochen worden; Gesetzeszwang kann nicht die Ueberzeugung bewirken, ohne welche das Bekenntniss Heuchelei wäre.

§ 10. Locke, Shaftesbury, Clarke u. a. engl. Philosophen. Berkeley, der Idealist.

Deutschland geworden ist, über den Scholasticismus und Cartesianismus den Sieg davontrug, in Deutschland aber zumeist durch den Leibnitzianismus eingeschränkt wurde. Spinoza's Objectivismus, der die Ordnung der Gedanken mit der Ordnung der Dinge unmittelbar gleichsetzt, erhielt durch Locke's auf die Erkenntnissgrenzen des Subjects gerichtete Forschung sein unabweisbares Complement. Leibniz der gegen Locke die Nouveaux essais sur l'entendement humain schrieb, hat doch die Wichtigkeit der Locke'schen Forschung anerkannt, obschon er die Prüfung unserer Erkenntnisskraft nicht für die erste, alle anderen philosophischen Untersuchungen bedingende Aufgabe der Philosophie hielt, sondern für eine solche, die mit Erfolg nur dann behandelt werden könne, wenn vorher schon manches Andere festgestellt sei; in ähnlicher Art hat in der nachkantischen Zeit wiederum Herbart geurtheilt. Kant dagegen ist als Begründer des Kriticismus zu der Locke'schen Ueberzeugung zurückgekehrt, dass die Untersuchung über den Ursprung und die Grenzen unserer Erkenntniss für die Philosophie von fundamentaler Bedeutung sei, hat aber diese Untersuchung in einem zwar vielfach durch Locke's Vorgang bedingten, jedoch sowohl in dem Gang, wie in dem Ergebniss wesentlich verschiedenen Sinne geführt. Hegel misst der Untersuchung über den Ursprung der Erkenntniss nur eine untergeordnete Bedeutung bei, erkennt eine Grenze der philosophischen Erkenntniss principiell nicht an, hält die menschliche Vernunft für wesentlich identisch mit der aller Wirklichkeit innewohnenden Vernunft und will nicht psychologisch den Ursprung der Begriffe, sondern dialektisch ihre Bedeutung und ihr System ermitteln; er billigt, dass nicht bei der blossen Definition der einzelnen Begriffe stehen geblieben, sondern ein Zusammenhang aufgesucht werde, hält aber die psychologische Erforschung der Genesis der Begriffe im denkenden Subject für eine blosse Veräusserlichung der philosophischen Aufgabe, die in der dialektischen Begriffsentwicklung liege. Das Hegel'sche Urtheil würde richtig sein, wenn zwischen dem (objectiven) Dasein und dem (subjectiven) Bewusstsein nur Uebereinstimmung und nicht auch Discrepanz in wesentlichen Beziehungen bestände; ist die Uebereinstimmung eine durch stufenweise Annäherung zu erreichende Aufgabe, so hat auch die Kritik der menschlichen Erkenntnisskraft eine wesentliche philosophische Bedeutung, und Locke wird nicht von dem Vorwurf getroffen, dass er eine unphilosophische oder wenig philosophische Betrachtung an die Stelle einer allein wahrhaft philosophischen gesetzt habe; mit Recht aber kann geurtheilt werden, dass er nicht die grosse philosophische Aufgabe, sondern nur den einen Theil derselben zu lösen unternommen habe.

Unter den Fortbildnern der theoretischen Philosophie Locke's in seinem Vaterlande ist von hervorragender Bedeutung der Begründer eines universellen Immaterialismus (Idealismus oder Phaenomenalismus) George Berkeley, geb. zu Killerin nahe bei Thomastown in Irland am 12. März 1685, seit 1734 Bischof zu Cloyne, gest. zu Oxford am 14. Jan. 1753, der die Existenz einer an sich seienden Körperwelt nicht nur (nach dem Vorgange Augustins und Locke's selbst) nicht für streng erweisbar, sondern für eine falsche Annahme hielt. Es existiren nur Geister und deren Functionen (Ideen und Willensacte). Es giebt keine abstracten Ideen, z. B. keine Vorstellung einer Ausdehnung ohne einen ausgedehnten Körper, ohne eine bestimmte Grösse etc.; eine Einzelvorstellung wird dadurch allgemein, dass sie alle anderen Einzelvorstellungen derselben Art repräsentirt, wie z. B. eine einzelne gerade Linie bei einer geometrischen Demonstration alle anderen Linien derselben Art repräsentirt. Dass unser Denken existirt, ist uns unmittelbar gewiss; dass Körper, die von unsern Ideen verschieden wären, existiren, schliessen wir; aber dieser Schluss ist trüglich; er hat nichts Zwingendes und wird widerlegt durch die Unmöglichkeit, das Zusammenwirken völlig heterogener

§. 10. Locke, Shaftesbury, Clarke u. a. engl. Philosophen. Berkeley, der Idealist. 101

Substanzen zu erklären. Das Esse der nicht denkenden Dinge ist Percipi. Gott ruft in uns in geordneter Weise die Vorstellungen hervor. Was wir Naturgesetz nennen, ist in der That die Ordnung der Aufeinanderfolge unserer Ideen.*) Aehnliches hat, von Malebranche ausgehend, der englische Geistliche Arthur Collier gelehrt (1680—1732). Collier sagt, er sei bereits 1703 zu seiner Theorie gelangt; dieselbe findet sich in einem handschriftlichen Aufsatz von ihm aus dem Jahre 1708 vor; die Durchführung derselben in Colliers Clavis univ. aber scheint einen Miteinfluss der Berkeley'schen Principien zu bekunden. Näher steht der Ansicht Locke's die des Bischofs Peter Brown (the procedure, extent and limits of human understanding, London 1728). Gegen Locke schrieb u. A. auch John Norris, der in seiner Theory of the ideal or intelligible World, 1701, sich an Malebranche anschliesst; auf ihn nimmt Collier öfters Bezug.

Im materialistischen Sinne haben besonders David Hartley (1704—1757) und der mit dem Materialismus seinen christlichen Glauben vereinigende Joseph Priestley (1733—1804) Locke's Untersuchungen fortgeführt.

Locke's jüngerer Zeitgenosse, der grosse Mathematiker und Physiker Isaak Newton (1642—1737) stand den specifisch philosophischen Untersuchungen fer-

---

*) Gegen das Ende des dritten Gespräche zwischen Hylas und Philonous fasst Berkeley seine Lehre über die Natur der Sinnenwelt in folgende zwei Hauptsätze zusammen, von welchen der eine ein richtiger Satz des gemeinen Menschenverstandes, der andere aber ein wissenschaftlicher Satz sei. Der erste Satz (der des gemeinen Verstandes) lautet, dass der reale Tisch und überhaupt die realen nicht denkenden Objecte der Tisch und die Welt seien, die wir sehen und fühlen (sinnlich wahrnehmen); der zweite Satz (der wissenschaftliche) besagt, dass das, was wir sehen und fühlen, ganz in Phänomenen besteht, d. h. gänzlich aus gewissen Eigenschaften, wie Härte, Gewicht, Gestalt, Grösse besteht, die unseren Sinnesempfindungen inhäriren, folglich aus diesen Sinnesempfindungen selbst; aus der Verbindung beider Sätze miteinander folgt, dass solche Phänomene die realen Objecte sind, dass also in der Welt nichts anderes existirt, als diese Objecte, deren Esse das percipi ist, und die percipirenden Subjecte. Es möchte sich jedoch sehr fragen, ob nicht die beiden ersten Sätze nur dann als wahr gelten können, wenn in ihnen der Ausdruck: „das, was wir sehen und fühlen" in einem verschiedenen Sinne genommen wird. Werden nämlich unter diesem Ausdruck die sinnlichen Perceptionen selbst verstanden, so ist der zweite Satz wahr, aber der erste nicht; werden darunter andererseits die transcendentalen Objecte (oder Dinge an sich) verstanden, welche unsere Sinne so afficiren, dass in Folge dieser Affectionen in uns die Perceptionen entstehen, so ist der erste Satz wahr, aber der zweite falsch, und nur bei einem Wechsel der Bedeutung sind beide wahr, weshalb der Schluss mit dem Fehler der „quaternio terminorum" behaftet ist. Die Wahrnehmung ist mehr, als der blosse Empfindungscomplex; sie enthält ausserdem das durch ein ursprüngliches mit unbewusster Nothwendigkeit sich vollziehendes und zur Gestaltung des Empfindungsstoffes selbst noch mitwirkendes Denken gewonnene Bewusstsein von Aussendingen, auf welche die Empfindungen schon von dem Kinde gedeutet und von welchen die Empfindungen, sobald auf sie die Reflexion zurückkommt, unterschieden werden. Dieses Moment hat B. bei seiner Analyse der Wahrnehmung übersehen. Die gegebene Ordnung der „Ideen" erkennt Berkeley zwar principiell als eine naturgesetzliche an; es ist aber nicht möglich, dieselbe wirklich als eine naturgesetzliche zu verstehen, wenn angenommen wird, dass die „Ideen" des einzelnen Geistes nur untereinander und zur Gottheit in directer Beziehung stehen; die Ordnung der „Ideen" des Einzelnen wird nur dadurch begreiflich, dass ein causales Verhältniss derselben zu endlichen Dingen, welche unabhängig von dem Bewusstsein des Einzelnen existiren, angenommen wird; insbesondere müssen, wenn die causale Ordnung verständlich werden soll, die Beziehungen denkender Wesen zu einander durch an sich reale nicht denkende Wesen vermittelt sein.

102 § 10. Locke, Shaftesbury, Clarke u. a. engl Philosophen. Berkeley, der Idealist.

ner. Er rief der Physik zu: hüte dich vor der Metaphysik! Er preist die Verbannung der scholastischen „formae substantiales" und „qualitates occultae", empfiehlt die mathematisch-mechanische Erklärung der Erscheinungen, und sagt: „omnis philosophiae difficultas in eo versari videtur, ut a phaenomenis motuum investigemus vires naturae, deinde ab his viribus demonstremus phaenomena reliqua". Newton verlangt, dass die analytische Betrachtung stets der synthetischen vorausgehe; er glaubt, dass die Cartesianer dieser Forderung zu wenig gerecht geworden seien und sich in ein Hypothesenspiel verloren haben. Die analytische Methode geht von Experimenten und Beobachtungen zu allgemeinen Schlüssen fort; sie schliesst aus den zusammengesetzten Dingen auf die einfachen, aus den Bewegungen auf die bewegenden Kräfte und überhaupt aus den Wirkungen auf die Ursachen, aus den besonderen Ursachen auf die allgemeineren bis zu der allgemeinsten hin; die synthetische Methode dagegen erklärt aus den erforschten Ursachen die daraus herfliessenden Erscheinungen. Hypothesen verwirft Newton principiell, ohne jedoch in der wirklichen Forschung dieselben ganz entbehren zu können. Er basirt auf die Erscheinungen die Doctrin der allgemeinen Schwere, welche proportional den Massen und umgekehrt proportional den Quadraten der Entfernungen wirke. Er lehrt, die Schwere der Planeten gegen die Sonne sei zusammengesetzt aus ihrer Schwere gegen die einzelnen Sonnentheile. Den Grund der Schwere lässt er unerforscht. Von Newtonianern wird die Schwere zu den primären Qualitäten der Körper gerechnet (wie z. B. Rogerus Cotes in der Vorrede zu der zweiten, 1713 erschienenen Auflage der Newton'schen Principia philos. nat. sagt, die Schwere sei inter primarias qualitates corporum universorum ebensowohl enthalten, wie die Ausdehnung, Beweglichkeit und Undurchdringlichkeit (was Leibnitz tadelt, Lettre à Bourguet, in Erdmann's Ausg S. 732). Newton dagegen sagt (in der Vorrede zur zweiten, 1717 erschienenen Auflage seiner Optik): „et neque gravitatem inter essentiales corporum proprietates me habere existimet, quaestionem unam de ejus causa investiganda subjeci, quaestionem, inquam, quippe qui experimentis rem istam nondum habeam exploratam"; er führt nämlich in der Quaestio XXI. des dritten Buches der Optik die Schwere versuchsweise auf die Elasticität des Aethers zurück, dessen Dichtigkeit mit seinem Abstande von den festen Körpern wachse. Naturwissenschaftlich hochgebildete Zeitgenossen Newton's, wie Huygens, wussten sich in das neue Princip nicht zu finden; die Erklärung der Ebbe und Fluth durch das Attractionsprincip findet Huygens unbefriedigend und er sagt, dieses Princip erscheine ihm absurd (in einem Briefe an Leibnitz vom 18. Nov. 1690) In der Optik verwirft Newton die (von Huygens vertretene) Vibrationstheorie, weil dieselbe gewisse Erscheinungen nicht zu erklären vermöge, insbesondere auch weil nicht aus ihr eine Verbreitung des Lichts, die der des Schalles gleichartig wäre, also ein Sehen um die Ecke gleich dem Hören um die Ecke folgen würde (die Entgegnung auf diesen Einwurf giebt u. A. Helmholtz in seiner „physiol. Optik"); doch nimmt auch Newton an, dass mit den aus leuchtenden Körpern emittirten materiellen Strahlen Vibrationen verbunden seien; insbesondere sollen solche in den Sinnesorganen selbst stattfinden. Mittelst derselben werden die Gestalten (species) der Dinge dem Gehirn zugeführt und in das Sensorium gebracht, welches der Ort ist, wo die empfindende Substanz gegenwärtig ist und die ihr hier gegenwärtigen Bilder der Dinge percipirt. Ohne dass es einer Vermittlung durch Sinne bedarf, percipirt der allgegenwärtige Gott unmittelbar die Dinge selbst, die in ihm sind; der unendliche Raum ist gleichsam das Sensorium der Gottheit. (In dieser letzteren Ansicht schliesst sich Newton an Plato's Lehre von der räumlichen Ausbreitung der Welttheile durch das Ganze der Welt an, bezieht dieselbe aber mit Henry More und andern

§ 10. Locke, Shaftesbury, Clarke u. a. engl. Philosophen. Berkeley, der Idealist. 103

Platonikern auf Gott, den er jedoch nicht Seele der Welt genannt wissen will, da die weltlichen Dinge zu ihm nicht in dem gleichen Verhältniss stehen, wie unser Leib zu uns, sondern eher in dem Verhältniss, wie die Species in unserm Sensorium zu uns.) Der Beweis für Gottes Dasein liegt in der ausgesuchten Kunst und Verständigkeit, die sich uns in dem Bau der Welt und insbesondere auch in dem Organismus eines jeden lebenden Wesens bekundet.

Zahlreiche Bearbeiter fand in der Zeit nach Locke und grossentheils in Folge der von ihm ausgegangenen Anregung in England und Schottland die **Moralphilosophie**. Schon vor Locke's Auftreten hatte sein Zeitgenosse Richard Cumberland (1632—1719) die Doctrin des Hobbes bestritten und auf das Wohlwollen die Moral gegründet in der Schrift: de legibus naturae disquisitio philosophica, in qua elementa philosophiae Hobbesianae quam moralis, tam civilis considerantur et refutantur, Lond. 1672. Anthony Ashley Cooper, Graf von **Shaftesbury** (1671—1713, der Enkel des älteren Sh.), ein Freund Locke's, setzte das Wesen der Sittlichkeit in das richtige Verhältniss der geselligen und selbstischen Neigungen. Gut oder tugendhaft sein heisst alle seine Neigungen gerichtet haben auf das Gute der Gattung oder des Systems, von welchem das Subject ein Theil ist. Sittlichkeit ist Liebe des Guten um seiner selbst willen, so dass das Gute des Systems, welchem der Handelnde angehört, der unmittelbare Gegenstand seiner Neigung ist; ein nur durch Rücksicht auf Lohn und Strafe bestimmtes Verhalten ist kein tugendhaftes. Die reine Liebe des Guten und der Tugend ist ihrer Entstehung und Natur nach selbstständig. Sie wird befördert durch die religiöse Annahme der Güte und Schönheit im Weltganzen und eines guten und gerechten Lenkers der Welt. Aber sie entartet durch Gunstbuhlerei bei Gott. (Auf die Leibnitzische Theodicee und auf die Kantische Lehre von dem Verhältniss zwischen Moralität und Religion ist Shaftesbury's Doctrin von beträchtlichem Einfluss gewesen.) Der Prediger Samuel Clarke (1675—1729), ein Schüler Newton's und Locke's, der ihre Ansichten insbesondere auch gegen Leibnitz vertrat, setzte das Wesen der Tugend in die der eigenthümlichen Beschaffenheit der Dinge (the fitness of things, aptitudo rerum) gemässe Behandlung derselben, so dass ein Jedes nach seiner Stelle in der Harmonie des Weltganzen und so dem Willen Gottes gemäss verwendet werde. Im Gegensatz zu Clarke und Shaftesbury behauptet J. Butler (1692—1752) in seinen „Sermons", die sittliche Billigung oder Missbilligung werde nicht bedingt durch das Uebergewicht des aus der Handlung hervorgehenden Glücks oder Elends; wir missbilligen Falschheit und Ungerechtigkeit, unabhängig von jeder Erwägung der Folgen; das Glück des Menschen im gegenwärtigen Zustande ist nicht das letzte Ziel. William Wollaston (1659—1724) stellte den Grundsatz auf, jede Handlung sei gut, die einen wahren Gedanken ausdrücke. Francis Hutcheson (geb. 1694 in Irland, seit 1729 Professor zu Glasgow, gest. 1747) setzte die sittliche Güte in die wohlwollenden Neigungen: sie ist in einem sittlichen Sinne oder Gefühle (moral sense) gegründet, vermöge dessen wir billigen, was auf allgemeine Glückseligkeit abzielt; die Liebe des Menschen zum Menschen, überhaupt eines jeden Wesens zu den ihm verwandten Wesen, die allgemein ist, sofern nicht das individuelle Interesse sie einschränkt, vergleicht H. mit der Gravitation. Die Selbstliebe ist in soweit berechtigt, als wir uns als Theil der Gesammtheit lieben. Unter den späteren schottischen Moralisten sind der Aesthetiker Henry Home (1696—1782) und Adam Ferguson (1724—1816), der die Tugend in die fortschreitende Entwicklung des menschlichen Wesens zu geistiger Vollkommenheit setzte, hervorzuheben. Der Mensch ist seiner Natur nach ein Glied der Gesellschaft; seine Vollkommenheit besteht darin, dass er ein vortrefflicher Theil des Ganzen sei, zu welchem er gehört. Die Tugend hochschätzen heisst die Menschen lieben. So sucht Ferguson miteinander die Principien der Selbsterhaltung (Selbstliebe), der Geselligkeit (das Wohlwollen) und der Vollkommenheit (Selbstschätzung) zu vereinigen. Der (hier um der Verwandtschaft seiner Ethik mit der jeder andern Moralisten willen wohl schon mitzuerwähnende) besonders als Nationalökonom berühmte Adam Smith (1723—1790), ein Freund des David Hume, ist auch für die Moralphilosophie von Bedeutung. Als das Princip der Moral gilt ihm (indem er hierin an Hume sich anschliesst) die Sympathie. Der Mensch hat eine natürliche Neigung zur Theilnahme an den Zuständen, Gefühlen und Handlungen Anderer. Wenn der unparteiische Zuschauer, indem er die Motive des Andern in sich nachbildet, das Verhalten desselben billigen kann, so ist dasselbe als moralisch gut, andernfalls als moralisch fehlerhaft anzusehen. Die moralische Grundforderung ist: Handle so, dass der unparteiische Beobachter mit dir sympathisiren kann (wobei freilich von Smith mehr die Fälle, in welchen wir eine Handlung billigen oder missbilligen, analysirt, als die letzten Gründe der Sympathie oder Antipathie ermittelt werden).

Auch William Paley (1743—1805) gehört zu den namhaften englischen Moralisten. Seine Grundsätze der Moral und Politik (Principles of moral and political philosophy, London 1785 u. ö.) sind verdeutscht von Garve, Frkf. u. Leipz. 1788, erschienen. Er findet den Charakter aller Pflicht in dem Befehl eines Höheren, der an den Gehorsam oder Ungehorsam Lust oder Schmerz knüpft, zuoberst der Gottheit; den Inhalt der Pflicht aber bestimmt das Princip der allgemeinen Glückseligkeit. „Um von einer Handlung durch das Licht der Vernunft zu erkennen, ob sie dem Willen Gottes gemäss sei, oder nicht, ist nichts anderes zu untersuchen nöthig, als ob sie die allgemeine Glückseligkeit vermehrt oder vermindert. Alles, was im Ganzen vortheilhaft ist, ist recht." John Toland, der vom Offenbarungs-Glauben aus sich immer mehr dem Pantheismus annäherte, (1670—1722; Christianity not mysterious, London 1696, worin er Locke's im Jahre 1695 erschienene Schrift Reasonableness of Christianity überbot. Letters to Serena, an die Prinzessin Sophie von Hannover gerichtet, nebst einer Confutation of Spinoza, worin Toland eine substantielle Verschiedenheit von Seele und Leib behauptet; Nazarenus or Jewish, Gentile and Mahometan Christianity, worin die frühesten Christen für Judenchristen, die das Gesetz beobachteten, also für gleichgesinnt mit den später als Häretiker von der Kirche ausgeschiedenen Nazarenern oder Ebioniten erklärt werden, den Heidenchristen aber eine partielle Hineintragung ihrer heidnischen Vorstellungsweise in das Christenthum vorgeworfen wird; Pantheisticon, Cosmopoli 1710; vgl John Hunt über Toland, in: the Contemporary Review, 1868, Juni, S. 178—199), der Freidenker Anthony Collins (1676—1729), der Rationalist Tindal (1656—1733) und andere Deisten (über die Lechler in der Gesch. des englischen Deismus, Stuttg. u. Tüb. 1841, handelt) gingen über Locke's biblisches Christenthum zum Vernunftglauben hinaus.

§ 11. Der Begründer der deutschen Philosophie des achtzehnten Jahrhunderts ist Gottfried Wilhelm von Leibnitz (1646—1716). Er theilt mit Descartes und Spinoza im Gegensatz zu Locke die dogmatistische Richtung des Philosophirens oder das unmittelbare Vertrauen zu dem menschlichen Denken, durch volle Klarheit und Bestimmtheit auch über den Erfahrungskreis hinaus zur Wahrheit zu gelangen. Aber er überschreitet den Cartesianischen Dualismus zwischen Materie und Geist ebensowohl, wie den Spinozistischen

Monismus durch die Anerkennung einer Stufenreihe von Wesen in seiner Monadologie. Monade nennt Leibnitz die einfache, unausgedehnte Substanz. Die Substanz ist das, was zu wirken vermag; die thätige Kraft (gleich der Kraft eines gespannten Bogens) ist das Wesen der Substanz. Die Monaden sind die wahrhaft so zu nennenden Atome; sie unterscheiden sich von den Atomen, welche Democrit annimmt, theils durch ihre Punctualität, theils durch ihre thätigen Kräfte, welche in Vorstellungen bestehen. Die Atome sind von einander durch Grösse, Gestalt und Lage, aber nicht qualitativ durch innere Zustände, die Monaden dagegen von einander qualitativ durch ihre Vorstellungen verschieden. Alle Monaden haben Vorstellungen; aber die Vorstellungen der verschiedenen Monaden haben verschiedene Grade der Klarheit. Vorstellungen sind klar, wenn sie die Unterscheidung ihrer Objecte möglich machen, andernfalls dunkel; sie sind deutlich oder bestimmt, wenn sie zur Unterscheidung der Theile ihrer Objecte zureichen, andernfalls unbestimmt oder verworren; sie sind adäquat, wenn sie absolut deutlich sind, d. h. auch zur klaren Erkenntniss der letzten oder absolut einfachen Theile in den Stand setzen. Gott ist die Urmonade, die primitive Substanz; alle anderen Monaden sind ihre Fulgurationen. Gott hat lauter adäquate Vorstellungen. Die Monaden, welche denkende Wesen oder Geister sind, wie die menschlichen Seelen, sind klarer und deutlicher Vorstellungen fähig, können auch einzelne adäquate Vorstellungen haben; sie haben als Vernunftwesen das Bewusstsein ihrer selbst und Gottes. Die Thierseelen haben Empfindung und Gedächtniss. Jede Seele ist eine Monade; denn das jeder Seele zukommende Wirken auf sich selbst beweist ihre Substantialität, und alle Substanzen sind Monaden. Was uns als ein Körper erscheint, ist in Wirklichkeit ein Aggregat von vielen Monaden; nur in Folge der Verworrenheit unserer sinnlichen Auffassung stellt sich uns diese Vielheit als ein continuirliches Ganzes dar. Die Pflanzen und Mineralien sind gleichsam schlafende Monaden mit unbewussten Vorstellungen; in den Pflanzen sind diese Vorstellungen bildende Lebenskräfte. Jeder endlichen Monade sind diejenigen Theile des Weltalls am klarsten, zu welchen sie in der nächsten Beziehung steht; sie spiegelt von ihrem Standpunkte aus das Universum. Die Ordnung der Monaden erscheint in unserer sinnlichen Auffassung als die räumliche und zeitliche Ordnung der Dinge; der Raum ist die Ordnung der coexistirenden Phänomene, die Zeit ist die Ordnung der Succession der Phänomene. Der Vorstellungslauf in einer jeden Monade beruht auf immanenter Causalität; die Monaden haben keine Fenster, um Einflüsse von aussen aufzunehmen. Es beruht so-

dererseits der Wechsel der Beziehungen der Monaden zu einander, ihre Bewegung, Verbindung und Trennung auf rein mechanischer Causalität. Aber zwischen dem Vorstellungslauf und den Bewegungen besteht eine von Gott vorausbestimmte (prästabilirte) Harmonie. Seele und Leib des Menschen stimmen zusammen, wie zwei anfänglich gleichgestellte Uhren von vollkommen gleichmässigem Gange. Die bestehende Welt ist die beste unter allen möglichen Welten. Mit der physischen Welt steht die moralische oder das von Gott beherrschte Reich der Geister in beständiger Harmonie. — Auf Leibnitzens Gedanken hat **Christian Wolff** (1679—1754), indem er dieselben besonders mit aristotelischen combinirt, theilweise modificirt, ordnet und mit Demonstrationen versieht, ein umfassendes System der Philosophie gegründet. Die Leibnitzisch-Wolffische Philosophie hat in Deutschland während des achtzehnten Jahrhunderts bis auf Kant eine zunehmende Verbreitung gewonnen und im Verein mit anderen, besonders mit Locke'schen Philosophemen, theils die Schulen beherrscht, theils der populären Aufklärung gedient.

Von den philosophischen Schriften des Leibnitz ist ausser den frühesten Dissertationen (de principio individui, Lipsiae 1663), wieder herausgegeben durch G. E. Guhrauer mit kritischer Einleitung, Berlin 1837; specimen quaestionum philosophicarum ex jure collectarum, ib. 1664, tractatus de arte combinatoria, cui subnexa est demonstratio existentiae Dei ad math. certitudinem exacta, Lips. 1666, Francof. ad M. 1690, nur die Théodicée, Amst. 1710 u. ö. (lat. Colon. 1716, Francof. 1719 u. ö., deutsch mit Fontenelle's Eloge, Hannover 1720 u. ö., deutsch von Gottsched, 5. Aufl. Hann. u. Leipz. 1763) bei seinen Lebzeiten als ein selbständiges Werk erschienen; um so zahlreicher aber sind die Abhandlungen, die L. in der seit 1682 durch Otto Mencken herausgegebenen Zeitschrift: Acta eruditorum Lipsiensium seit 1684 und in dem Journal des savants seit 1691 veröffentlichte. Sehr ausgebreitet war L.'s Briefwechsel, in welchem er manche Seiten seiner Doctrin, die in den von ihm veröffentlichten Schriften unberührt geblieben sind, entwickelt hat. Schon bald nach L.'s Tode wurden einzelne bis dahin ungedruckte Briefe und Abhandlungen herausgegeben, insbesondere: A Collection of papers, which passed between the late learned Mr. L. and Dr. Clarke in the years 1715 and 1716 relating to the principles of natural philosophy and religion, by Sam. Clarke, London 1717, französisch: Recueil de diverses pièces sur la philosophie, la religion etc. par M. L., Clarke, Newton (par des Maiseaux), Amst. 1719, 2. éd. 1740, deutsch mit einer Vorrede von Wolff, hrsg. von Joh. Heinr Köhler, Frankf. 1720. Leibnitii otium Hannoveranum sive Miscellanea G. W. Leibnitii ed. Joach. Fr. Feller, Lips 1718. und als zweite Sammlung: Monumenta varia inedita, Lips. 1724. In der Zeitschrift „L'Europe savante" wurde 1718, Nov., Art. VI, p. 101 zuerst der (wahrscheinlich 1714 geschriebene) Aufsatz veröffentlicht: Principes de la nature et de la grâce, fondés en raison, den dann des Maizeaux im zweiten Bande des oben angef. Recueil 1719 und Dutens in der unten zu erwähnenden Sammlung 1768 wieder abdrucken liess. Mit diesem Aufsatze ist nicht zu verwechseln L.'s für den Prinzen Eugen von Savoyen 1714 niedergeschriebener Abriss seines Systems, den zuerst Joh. Heinr Köhler in einer deutschen Uebersetzung unter dem Titel: des Herrn Gottfried Wilhelm von Leibnitz Lehrsätze über die Monadologie, imgleichen von Gott, seiner Existenz, seinen Eigenschaften, und von der Seele des Menschen, Frankfort 1720, veröffentlicht hat (neu aufgelegt von J. C. Huch ebd. 1740); aus dem Deutschen in's Lat. übersetzt, erschien dieselbe Schrift in den Act. erud. Lips., suppl. t. VII., 1721, dann auch, mit commentirenden Bemerkungen von Mich Gotti. Hansche, Frankf. u. Leipz. 1728, und in der Dutens'schen Sammlung unter dem Titel: Principia philosophiae seu theses in gratiam principis Eugenii conscriptae; das franz. Original ist auch der auf der Kgl. Bibliothek zu Hannover aufbewahrten Handschrift zuerst von

§ 11. Leibnitz u. gleichzeitige Philos. und die deutsche Philos. des 18. Jahrh. 107

Erdmann in seiner Ausgabe der Opera philosophica 1840 veröffentlicht worden. Leibnitii epist. ad diversos ed. Chr. Kortholt, Lips. 1734—42. Commercium epistolicum Leibnitianum ed. Joh. Dan. Gruber, Hann. et Gott. 1745, wozu einleitend als Prodromus Commercii epistolici Leibnitiani bereits 1737 von Gruber die Correspondenz zwischen Boineburg und Conring veröffentlicht wurde, welche über L.'s Bildungsgang und seine Jugendschriften manche Notizen enthält. J. E. Kapp, Sammlung einiger vertrauten Briefe, welche zw. L. u. D. E. Jablonski etc., besonders über die Vereinigung der luth. u. ref. Rel. gewechselt worden sind, Leipz 1745. Oeuvres philosophiques latines et françaises de feu Mr. Leibnitz, tirées de ses manuscrits qui se conservent dans la bibliothèque royale à Hannovre, et publiées par R. E. Raspe, avec une préface de Kästner, à Amst. et à Leipz. 1765, deutsch mit Zusätzen und Anmerkungen von J. H. F. Ulrich, Halle 1778—80. In dieser Raspe'schen Sammlung ist von besonderer Wichtigkeit die vorher nicht veröffentlichte, 1704 verfasste, umfangreiche Streitschrift gegen Locke: Nouveaux essais sur l'entendement humain; ferner enthält dieselbe: Remarques sur le sentiment du P. Malebranche qui porte que nous voyons tout en Dieu, concernant l'examen que Mr. Locke en a fait; Dialogus de connexione inter res et verba; Difficultates quaedam logicae; Discours touchant la méthode de la certitude et l'art d'inventer; Historia et commentatio characteristicae universalis, quae simul sit ars inveniendi. Bald hernach folgte die Dutens'sche Ausgabe der L.'schen Werke, die aber die von Raspe veröffentlichten Stücke nicht mitaufgenommen hat: Gothofredi Guilielmi Leibnitii opera omnia, nunc primum collecta, in classes distributa, praefationibus et indicibus ornata studio Ludovici Dutens, tom VI, Genevae 1768 (Band I.: Opera theologica, II.: Log., Metaph., Phys. gener., Chym., Medic., Botan., Histor. nator., Artes, III.: Opera mathematica, IV.: Philos. in genere et opuscula Sinenses attingentia, V.: Opera philologica, VI.: Philologicorum continuat. et collectanea etymologica. Mehrere Ergänzungen zu diesen Veröffentlichungen sind seitdem erschienen: Commercii epistolici Leibnitiani typis nondum evulgati selecta specimina, ed. J. G. H. Feder, Hannov. 1805. Leibnitii systema theologicum (in conciliatorischen Sinne vielleicht schon am 1686 geschrieben), mit franz. Uebersetzung zuerst herausgegeben Par. 1819, lat. u. deutsch, 2. Aufl. Mainz 1820, lat. u. deutsch von Carl Haas, Tübingen 1860. L.'s deutsche Schriften hat G. E. Guhrauer, Berlin 1838—40, herausgegeben. Eine neue Gesammtausgabe der philosophischen Schriften hat Joh. Ed. Erdmann veranstaltet, manches Unedirte aus Manuscripten der K. Bibliothek zu Hannover mit aufgenommen, über die Entstehungszeit der einzelnen Briefe, Abhandlungen und Schriften Notizen beigefügt: Godofr. Guil. Leibnitii opera philos. quae exstant Latina, Gallica, Germanica omnia, Berolini 1840. Oeuvres de Leibnitz, nouvelle édition, par M. A. Jacques, 2 voll., Paris 1842. Eine vollständige Sammlung aller Leibnitzischen Schriften hat Georg Heinrich Pertz begonnen: erste Folge, Gesch., Bd. I.—IV., Hannover 1843—47; zweite Folge, Philos., Bd. I: Briefwechsel zwischen L., Arnauld und dem Landgrafen Ernst von Hessen-Rheinfels, aus den Handschr. der K. Bibl. zu Hannover hrsg von C. L. Grotefend, Hannover 1846; dritte Folge, Math., hrsg. von C. J. Gerhardt, Bd. I.—VII., Berlin und (von Bd. III. an) Halle 1849—63. Auch die mathematischen Schriften enthalten manches Philosophische, z. B. in Bd. V.: in Euclidis πρώτα, in Bd. VII.: initia rerum mathematicarum metaphysica. Gerhardt hat 1846 auch die kleine, von L. nicht lange vor seinem Tode verfasste Schrift: Historia et origo calculi differentialis herausgegeben. A. Foucher de Careil hat die oben (bei der Litteratur über Spinoza) citirte Réfutation inédite de Spinoza par Leibniz veröffentlicht, in: Lettres et opuscules inédits de Leibniz, Paris 1854—57, und giebt ferner heraus: Oeuvres de Leibniz, publiées pour la pr. fois d'après les mscr. originaux, Paris 1859 ff, 2. éd. t. I. ff. Par. 1867 ff, (Bd. I. u. II.: Lettres de L., Bossuet, Pellisson, Molanus et Spinola, Ulrich etc. pour la réunion des protestants et des catholiques; Bd. III. u. IV.: Schriften zur Gesch. u. Politik; Bd. V.: Plan zu einer ägyptischen Expedition; Bd. VI., Par. 1865: kleinere polit. Abh.). Den Briefwechsel zwischen Leibnitz und Christian Wolf hat C. J. Gerhardt, Halle 1860, edirt. Eine Auswahl kleinerer philos. Aufsätze hat in deutscher Uebersetzung nebst beigefügten Einleitungen Gustav Schilling unter dem Titel: L. als Denker, Leipz. 1863, abdrucken lassen. Eine neue Ausgabe Leibnitzischer Werke hat auf Grund des handschriftlichen Nachlasses in der Königl. Bibl. zu Hannover Onno Klopp veranstaltet, Hannover 1864 ff. (erste Reihe: hist.-polit. und staatswiss. Schriften (Bd. I.—V., 1864—66). Oeuvres philosophiques de L., avec une introduction et des notes, par P. Janet, 2 vls., Paris 1866.

108   § 11. Leibnitz u. gleichzeitige Philos. und die deutsche Philos. des 18. Jahrh.

Ueber den philosophischen Entwickelungsgang des Leibnitz sind vor Allem seine eigenen Aeusserungen, insbesondere in der Einleitung zu seinen Specimina Pacidii (Op. ph. ed Erdm. p. 91), ferner in Briefen an Remond de Montmort u. A., belehrend. Ueber sein Leben, seine Schriften und seine Lehre handeln namentlich: Jo. Geo. von Eckhart (L.'s Secretair und später sein College in der Historiographie des Hauses Braunschweig), dessen biographische Notizen erst spät durch von Murr in dem Journal zur Kunstgesch. u. allg. Lit. VII., Nürnberg 1779, veröffentlicht worden sind, aber im Manuscript zu Fontenelle mitgetheilt, von diesem benutzt wurden für sein Eloge de Mr. de Leibniz (gelesen in der Pariser Akademie der Wiss. 1717, abgedr. in der Hist. de l'acad. des sc. de Paris, auch in der Sammlung der Eloges von Fontenelle, verdeutscht durch Eckhart in der deutschen Ausgabe der Theodicee von 1720, auch, mit Anm. von Baring, in der Ausgabe von 1735; vgl. Schleiermacher, über Lobreden im Allgemeinen und die Fontenelle'sche auf Leibniz insbesondere, in Schleiermacher's Werken III., 8, S. 66 ff). Elogium Leibnitii (von Chr. Wolff, auf Grund Eckhartscher Nachrichten), in den Act. Erud., Juli 1717, wozu 1718 im „Otium Hannoveranum" ein von Feller verfasstes „Supplementum vitae Leibn. in actis erud." erschien. Histoire de la vie et des ouvrages de Mr. Leibnitz par M. L. de Neufville (Jaucourt) in der Amsterdamer Ausgabe der Theodicée von 1734. Karl Günther Ludovici, ausführlicher Entwurf einer vollständigen Historie der Leibnizischen Philosophie, Leipzig 1737. Lamprecht, Leben des Herrn von L., Berlin 1740, italienisch von Joseph Barsotti mit Anmerkungen besonders auf L.'s Aufenthalt in Rom 1689 bezüglich. Geschichte des Herrn von L. aus dem Franz. des Ritters von Jaucourt, Leipz. 1757. Éloge de L., qui a remporté le prix de l'acad de Berlin, par Bailly, Berl. 1769. Lobschrift auf Gottfr. Wilh. Freih. v. L. in der K. deutschen Ges. zu Göttingen vorgel. von Abr. Gotthelf Kästner, Altenburg 1769. Mich. Hissmann, Versuch über das Leben L.'s, Münster 1783. Auch Rehberg in Hannöverschen Magazin 1787, und Eberhard im Pantheon der Deutschen II, 1795, haben Leibnizens Leben dargestellt. In neuerer Zeit hat Gottschalk Eduard Guhrauer eine ausführliche Biographie geliefert, G. W. Freih. v. L., 2 Bde., Breslau 1842, mit Nachträgen 1846, englisch von Mackl, Boston 1845. Vgl. u. a. mehrere Vorträge und Abhandlungen von Boeckh: über Leibnitz und die deutschen Akademien, über L.'s Ansichten von der philologischen Kritik, über L. in s. Verhältniss zur positiven Theol. etc., abg. in Boeckh's kl. Schr., hrg. v. Ferd. Ascherson, Bd. II. Leipzig 1859 und Bd. III. ebd. 1866. Trendelenburg, in den Monatsber. der Akad. der Wiss. und in Tr.'s hist. Beitr. zur Philos., Bd. II, Berlin 1855 u. Bd. III, ebd. 1867. Ferner: Onno Klopp, das Verhältniss von L. zu den kirchl. Reunionsversuchen in der zweiten Hälfte des 17. Jahrh., in: Zeitschrift des hist. Vereins für Niedersachsen, Jahrg. 1860, L. als Stifter gelehrter Gesellschaften, Vortrag bei der Philologen-Versammlung zu Hannover, Gött. 1864, L.'s Plan zur Gründung einer Societät der Wiss. in Wien, im Archiv für Kunde österr. Geschichtsquellen, auch separat, Wien 1868   L.'s Vorschlag einer franz. Expedition nach Aegypten, Hannover 1864. Die diesen Vorschlag enthaltenden Schriften haben Foucher de Careil, Oeuvres de L.: Projet d'expédition d'Egypte, présenté par L. à Louis XIV., Paris 1864, und Klopp, Hann. 1864, edirt. K. G. Blumenstengel, L.'s ägyptischer Plan, Leipzig 1869.

Auf die Leibnitzische Doctrin gehen ausser den betreffenden Theilen in den umfassenderen Geschichtswerken, worunter besonders die Darstellung derselben bei Erdmann (Versuch einer wiss. Darstellung der Gesch. der neueren Philosophie, zweiten Bandes zweite Abth.: L. und die Entwicklung des Idealismus vor Kant, Leipzig 1842) und von Kuno Fischer (Gesch. der neuern Philosophie, Bd. II.: L. u. seine Schule, 2. neu bearbeitete Aufl., Heidelberg 1867) hervorzuheben sind, Ludwig Feuerbach, Darstellung, Entwicklung und Kritik der L.'schen Philosophie, Ansbach 1837, 2. Aufl. 1844; Nourisson, la philosophie de L., Paris 1860; ferner manche ältere und neuere Abhandlungen und Schriften, welche einzelne Seiten der L.'schen Philosophie betreffen. Georg Bernhard Bilfinger, comm. de harmonia animi et corporis humani praestabilita, ex mente Leibnitii, Fcft. 1723, 2. ed. 1735, de origine et permissione mali, praecipue moralis, Fcft. 1724. Fr. Ch. Baumeister, hist. doctrinae de optimo mundo, Gorlitii 1741. G. Ploucquet, primaria monadologiae capita, Berol. 1748. De Justi, diss. qui a remporté le prix proposé par l'acad. de sc. de Prusse sur le système des monades, Berl. 1748 (Reinhard) diss. qui a remporté le prix prop par l'acad. des sc. de Prusse sur l'optimisme, Berl. 1755. Kant, über den Optimismus, Königsberg 1759, womit jedoch die spätere, vom kritischen Standpunkt aus das Problem behandelnde Schrift über das

Missdeutungen aller philos. Versuche einer Theodicee zu vergleichen ist. Ancillon, essai sur l'esprit du Leibnitianisme, in den Abh. der ph. Cl. der Akad. der Wiss., Berlin 1816. Maine de Biron, expos. de la doctrine philos. de L., composée pour la Biogr. univ., Paris 1819. H. C. W. Sigwart, die L.'sche Lehre von der prästabilirten Harmonie in ihrem Zusammenhange mit früheren Philosophemen betrachtet, Tübingen 1822. G. E. Guhrauer, Leibnitii doctrina de unione animae et corporis, Inaug.-Diss., Berlin 1837. Karl Moritz Kahle, L.'s vinculum substantiale, Berlin 1839. G. Hartensteinii commentatio de materiae apud Leibnitium notione et ad monadas relatione (zur Feier des 21. Juni 1846 als des zweihundertjährigen Geburtstages L.'s), Lipsiae 1846. R. Zimmermann, L.'s Monadologie, Wien 1847; L. und Herbart, eine Vergleichung ihrer Monadologien, Wien 1849; das Rechtsprincip bei L., Wien 1852; über L.'s Conceptualismus, ebd. 1854 (aus dem Sitzung-ber. der Wiener Akademie, wiederabg. in den Stud. u. Kr., Wien 1870). F. B. Kvet, L.'s Logik; L. und Comenius, Prag 1857. Ueber L.'s Religionsphilosophie handelt C. A. Thilo in der Zeitschr. f. ex. Philos., Bd. V, 1864, S. 167—204. Trendelenburg, über L.'s Entwurf einer allgemein. Charakteristik, und über das Element der Definition in L.'s Philosophie, in den Schriften der Berliner Akad. d. Wiss., und wiederabg. im 3. Bde. der hist. Beiträge zur Philos., Berlin 1867, S. 1—47 und S. 48—62. Emile Saisset, discours sur la philos. de L., Paris 1857. A. Foucher de Careil, L., la philos. juive et la cabbale, Paris 1861; L., Descartes et Spinoza, avec un rapport par Victor Cousin, Paris 1863. J. Bonifas, étude sur la théodicée de L., Paris 1863. Oscar Svahn, akad. Abh. über die Monadenlehre, Lund 1863. Hugo Sommer, de doctrina, quam de harmonia praestabilita Leibnitius proposuit, Gottingae 1864. Dan. Jacoby, de Leibnitii studiis Aristotelicis (inest Ineditum Leibnitianum), diss. inaug., Berol. 1867. Ludw. Grote, L. s. Zeit, Hann. 1869. C. H. Plath, L.'s Missionsgedanken, Berlin 1869. A. Pichler, die Theologie des L., München 1869—70. Jos. Durdik, L. a. Newton, Halle 1869. Otto Caspari, L.'s Philosophie, Leipzig 1870 (69). Edmund Pfleiderer, G. W. L. als Patriot, Staatsmann und Bildungsträger, Leipz. 1870 (69), L. als Verf. von zwölf anonymen meist deutsch-polit. Flugschriften nachgewiesen, Leipz. 1870. Ad. Brennecke, L.'s Beweise für das Dasein Gottes, in: philos. Monatsh. V, 1870, S. 42—63.

Ueber L. und die L.'sche Schule, besonders mit Rücksicht auf Kant's Kritik, handelt der Leibnitianer W. L. G. Frhr. von Eberstein, Versuch einer Geschichte der Logik und Metaphysik bei den Deutschen von Leibnitz bis auf die gegenwärtige Zeit, Halle 1794—99.

Eine Gesamtausgabe der Werke Vico's ist Neap. 1835, Mailand 1837 erschienen. Neuerdings sind Scritti inediti durch G. del Giudice, Neapel 1862, veröffentlicht worden. Ueber Vico handeln u. A.: Joseph Ferrari in den Einl. zu der Ausg. der Werke Vico's, Mailand 1837; vgl. Ferrari, Vico e l'Italie, Paris 1839; Cantoni, Vico, Turin 1867.

Vgl. über die frühere Zeit die oben (S. 105) angeführte Schrift von K. G. Ludovici, ausführlicher Entwurf einer vollständigen Historie der L.'schen Philosophie, 2. Aufl., Leipz. 1737, ferner dessen Sammlung und Auszüge der sämmtlichen Streitschriften wegen der Wolff'schen Philosophie, Leipz. 1737, neueste Merkwürdigkeiten der Leibnitz-Wolff'schen Philosophie, Leipz. 1738, und über die Zeit bis gegen das Ende des 18. Jahrhunderts die unten wiederum zu erwähnenden, besonders auf den Kampf zwischen dem Leibnitianismus und Kantianismus bezüglichen Preisschriften von Joh. Christoph Schwab, C. L. Reinhold und Joh. Heinr. Abicht über die Frage: Welche Fortschritte hat die Metaphysik seit Leibnitzens und Wolff's Zeiten in Deutschland gemacht? Berlin 1796. Ausser den Darstellungen in Werken, die eigens auf die Geschichte der Philosophie gehen, sind hinsichtlich der Beziehung der Philosophie zur allgemeinen Bildung manche Darstellungen der deutschen Nationallitteratur und daneben besonders Schlossers Gesch. des 18. Jahrhunderts und auch Frank's Gesch. der protest. Theologie, 2. Theil, Leipz. 1865 und ähnliche Werke zu vergleichen.

Ueber den Mathematiker Jacob Bernouilli (dessen Bruder Johann B. sein Schüler und Gegner war) handelt Giesel im Progr. der Realsch. zu Leer, 1869. Ueber Wolff's Leben handeln u. A.: Joh. Chr. Gottsched, histor. Lobschrift auf Christian Freiherrn von Wolff, Halle 1755; F. W. Kluge, Chr. v. Wolff, der Philosoph, Breslau 1831; eine Selbstbiographie W.'s hat Wuttke, Leipz. 1841, herausgegeben. Ueber W.'s Vertreibung aus Halle handelt Ed. Zeller in: Preuss. Jahrb. X, 1862, S. 47 f., wiederabg. in Zeller's Vortr. u. Abh. geschichtlichen Inhalts, Leipz. 1865, S. 108—139.

§ 11. Leibnitz u. gleichzeitige Philos. und die deutsche Philos. des 18. Jahrh.

Mendelssohn's sämmtliche Werke hat sein Enkel Geo. Benj. M. in 7 Bänd., Leipz. 1843—44 mit biogr. Einleitung herausgegeben. Ueber Mendelssohn's philos. u. relig. Grundsätze handelt Kayserling, Leipz. 1856, und in der Biographie, Leipz. 1862; üb. sein Verhältniss z. Christenth., handelt C. Avenfeld. Erlangen 1867, üb. seine Stellung in der Gesch. der Aesthetik Gustav Kanngiesser. Frankf. a. M. 1868, üb. sein Leben, s. Werke und s. Einfluss auf den heutigen Judaismus Moses Schwab, Paris 1868, auch Arnold Bodek in seiner Ausg. der M.'schen Schriften Phädon und Jerusalem, in der Bibl. der deutsch. Nat.-Litt. des 18. und 19. Jahrh., Leipz. 1869; über M. M. und die deutsche Aufklärungsphilos. des 18. Jahrh. handelt R. Q. (nübicker?) in Gelzer's Monatsblättern f. innere Zeitgesch., Band 33, Heft 1, Januar 1869.

Ueber Lessing vgl. ausser den oben § 9 citirten Schriften insbesondere noch die Schriften über Lessing's Leben und Werke von Danzel und Gahrauer, Leipz. 1850—54, und Ad. Stahr, Berlin 1859 u. ö., ferner Schwarz, Gotthold Ephraim Lessing als Theologe dargestellt, ein Beitrag zur Geschichte der Theol. im 18. Jahrh., Halle 1854 Rob. Zimmermann, Leibnitz und Lessing (aus den Sitzungsberichten der Wiener Akad. d. Wiss.), Wien 1855, auch in Z.'s St. u. Kr. abgedruckt. Eberhard Zirnglebl, der Jacobi-Mendelssohn'sche Streit über Lessing's Spinozismus, Inaug.-Diss., München 1861, Joh. Jacoby, Lessing der Philosoph, Berlin 1863, und dagegen: Lessing's Christenthum und Philosophie (anonym) Berlin 1863. C. Hebler, Lessing-Studien, Bern 1862; philos. Aufs., Leipz. 1869, S. 79 ff L. Crouslé, L. et le goût français en Allemagne, Paris 1863. Dieusch, über L. als Philolog, in: Verh. der 22. Philol.-Vers., Leipz. 1864. Kuno Fischer, L.'s Nathan der Weise, Stuttgart 1864. D. F. Strauss, L.'s Nathan der Weise. Berlin 1864. Wilh. Dilthey, über Gotthold Ephraim Lessing, in den Preuss. Jahrb. Bd. 19, 1867, in Heft 2 und 3; Constantin Rössler, neue Lessingstudien: die Erziehung des Menschengeschlechts, ebd Bd. 20, Heft 3, Sept. 1867; Dilthey, zur Seelenwanderungslehre Lessings, ebd. im Octoberheft. E. Fontanes, le Christianisme moderne, études sur Lessing, Paris 1867. J. P. T. Gravemann, über Lessings Laokoon, Promotionsschr., Rostock 1867. Victor Cherbulies, L., in: Revue des deux mondes, t. 73, 1868, S. 78-121 und S. 981—1024. Ed. Zeller, Lessing als Theolog, in: hist. Zeitschr. h. v. Heinr. v. Sybel, Jahrg. XII, 1870, S. 343—383 (Zeller zeigt die Ansichtslosigkeit des Versuches, „Vertheidigungsgründe für eine supranaturalische Apologetik bei Lessing an bringen", weist die gemeinsame Grundlage nach, auf der Lessing's Ansicht von der Religion mit der Ansicht der gleichzeitigen „Aufklärung" trotz des scharfen Widerspruchs Lessing's gegen die Oberflächlichkeit der Aufklärer und besonders gegen ihr unhistorisches, exclusiv polemisches Urtheil über die Orthodoxie beruht, thut aber auch dar, dass Lessing mit dem Spinozismus nur, wie Leibnitz selbst, Berührungspunkte hatte, besonders vermöge seines Determinismus, ohne jedoch Spinozist zu sein. „Wer in der ganzen Geschichte der Menschheit einen göttlichen Weltplan sieht, wer alles auf den Zweck der Vervollkommnung der Wesen bezieht, wer das Recht der individuellen Eigenthümlichkeit und Entwicklung so lebhaft vertheidigt, die endlose Fortdauer des Individuums so wenig bezweifelt, und selber eine so scharf ausgeprägte, so subjectiv zugespitzte Individualität ist, wie Lessing: der mag von Sp. noch so viel gelernt haben, ein Spinozist kann er nicht genannt werden.")

Gottfried Wilhelm Leibnitz (Lubeniecz) wurde zu Leipzig am 21. Juni (alten Stils = 1. Juli neuen Stils) 1646 geboren. Sein Vater, Friedrich L., ein Jurist, seit 1640 Professor der Moralphilosophie zu Leipzig, starb bereits 1652. Auf der Nicolaischule und auf der Leipziger Universität, welche er zu Ostern 1661 bezog, war der besonders um die Geschichte der alten Philosophie verdiente Jacob Thomasius (geb. zu Leipzig 1622, gest. 1684, der Vater des berühmten Juristen und Rechtsphilosophen Christian Thomasius) der bedeutendste. Ohne Aristoteles und die Scholastiker, wie auch Plato und Plotin, gering zu achten, fand er doch vollere Befriedigung bei Descartes; später näherte er sich jenen wiederum an. Leibnitz vertheidigte im Mai 1663 unter dem Vorsitze des Jacob Thomasius eine Abhandlung de principio individui, worin er sich für die nominalistische Doctrin erklärt. Im Sommer 1663 studirte er in Jena, besonders Mathematik unter Erhard Weigel (üb. ihn handelt F. Bartholomäi in d. Ztschr. f. exacte Ph., Bd. 9, Heft 3, 1871). Gegen Ende des Jahres 1664 erschien zu Leipzig sein Specimen difficultatis in jure seu quaestiones philosophicae amoeniores ex

§ 11. Leibnitz u. gleichzeitige Philos. und die deutsche Philos. des 18. Jahrh. 111

Jure collectae, 1668 seine Ars combinatoria. Die juristische Doctorwürde, um die er sich 1666 bewarb, wurde ihm in Leipzig nicht ertheilt, indem man ihn wegen seiner Jugend, um nicht ältere Bewerber um das Doctorat und das daran geknüpfte Anrecht auf Assessorstellen hintanzusetzen, auf eine spätere Promotion verwies, wohl aber in Altdorf, wo er am 5. November 1666 die Abhandlung de casibus perplexis in jure vertheidigte; er verlangt in derselben im Fall einer Unbestimmtheit der positiven Gesetze Entscheidung nach dem Naturrecht. Ohne Neigung zu der akademischen Lehrthätigkeit, die er in Altdorf hätte antreten können, suchte er sich in der nächstfolgenden Zeit durch den Umgang mit hervorragenden Gelehrten und Staatsmännern weiter auszubilden. In Nürnberg kam er mit Alchymisten in Berührung. Am wichtigsten ward für ihn die Verbindung mit dem Freiherrn Johann Christian von Boineburg, der bis zum Jahr 1664 erster geheimer Rath (Minister) des Kurfürsten Johann Philipp von Mainz gewesen war und immer noch grossen Einfluss besass. Leibnitz widmete dem Kurfürsten die (von ihm auf der Reise von Leipzig nach Altdorf 1666 verfasste) Schrift: Methodus nova discendae docendaeque jurisprudentiae, cum subjuncto catalogo desideratorum in jurisprudentia, Francof. 1667. Bei dem Catalogus desideratorum leitete ihn Baco's Vorgang in der Schrift de augmentis scientiarum. Eine von Leibnitz 1668 verfasste Abhandlung gegen den Atheismus erschien unter dem Titel: Confessio naturae contra atheistas mit des Spizelius Epistola ad Ant. Reiserum de eradicando atheismo, Aug. Vindel. 1669. Mit dem Mainzischen Hofrath Herm. Andreas Lasser arbeitete Leibnitz 1668 und 69 an einer Verbesserung des Corpus juris. Von des Nizolius Schrift de veris principiis et vera ratione philosophandi contra pseudo-philosophos, Parma 1553 (s. oben § 3, S. 13) besorgte Leibnitz, durch Boineburg veranlasst, eine neue Ausgabe mit Anmerkungen und Abhandlungen (insbesondere einer diss. de stilo philosophico Marii Nizolii), welche Francf. 1670, auch 1674 erschien. Durch Boineburg, der, selbst ein zum Katholicismus übergegangener Protestant, schon im Jahr 1660 zu Rom für eine Wiedervereinigung der Protestanten mit den Katholiken thätig war, wurde Leibnitz bereits während seines Aufenthaltes in Mainz für die Reunionsbestrebungen gewonnen, welche vor Allen Royas de Spinola (gest. 1695) mit Eifer betrieb, doch nahm erst später Leibnitz an denselben einen wesentlich mit eingreifenden Antheil. Auf Boineburg's Wunsch schrieb Leibnitz seine Defensio trinitatis per nova reperta logica contra epistolam Ariani 1669, worin er mehr die Argumente des Socinianers Wissowatius zu widerlegen, als einen positiven Gegenbeweis zu führen sucht. Im Sommer 1670 wurde L. Rath am Ober-Revisionscollegium, dem höchsten Gerichtshof des Kurfürstenthums. Im März 1672 trat er eine Reise nach Paris und London an. Nach London reiste er im Januar 1673, kam im März desselben Jahres nach Paris zurück, wo er bis zum October 1676 verweilte, eine Zeitlang als Erzieher von Boineburg's Sohne. In Paris erhielt L. im Jahr 1676 von dem Herzog Johann Friedrich von Braunschweig-Lüneburg und Hannover eine Ernennung zum Bibliothekar in Hannover. Er reiste aus Frankreich über London und Amsterdam nach Hannover, wo er im December 1676 seine Stelle antrat. Unter den Gelehrten, mit denen ihn der Aufenthalt im Auslande in Verbindung brachte, sind die bedeutendsten: in Paris der Cartesianer Arnauld, der holländische Mathematiker und Physiker Huygens, der deutsche Mathematiker und Logiker Walther von Tschirnhausen, durch den er mit philosophischen Sätzen Spinoza's und vielleicht auch, falls wirklich Tsch. ihm den von Newton an Collins gerichteten Brief vom 10. December 1672 über Barrow's Tangentenmethode mitgetheilt hat, mit mathematischen, auf die Fluxionsrechnung bezüglichen Theoremen Newton's bekannt wurde. In London der auch mit Spinoza befreundete Secretär

§ 11. Leibnitz u. gleichzeitige Philos. und die deutsche Philos. des 18. Jahrh.

der Akademie der Wissenschaften Oldenburg, der Chemiker Boyle, ferner der Mathematiker Collins (den er jedoch erst 1676 sah); durch Oldenburgs Vermittlung hat Leibnitz auch mit Newton, der damals in Cambridge war, Briefe gewechselt; bei der Durchreise durch Holland hat Leibnitz Spinoza besucht, mit dem er schon im October 1671 über eine optische Frage correspondirt hat. Bei seinem ersten Aufenthalt in Paris im Jahr 1672 legte Leibnitz Ludwig dem XIV. den Rath zur Eroberung Aegyptens vor, wodurch Frankreichs Macht gemehrt, zugleich aber sein Interesse von den deutschen Angelegenheiten abgelenkt werden und auch die damals immer noch beträchtliche Macht der Türken gebrochen werden sollte. Ein kurzer Entwurf dieses (von Boineburg ausgegangenen) Planes wurde bereits gegen das Ende des Jahres 1671 nach Paris gesandt, von L. verfasst unter dem Titel: Specimen demonstrationis politicae: de eo, quod Franciae intersit inpraesentiarum seu de optimo consilio, quod potentissimo Regi dari potest; concluditur expeditio in Hollandiam Orientis seu Aegyptam (veröffentlicht von Onno Klopp in dessen Ausg. L.'scher Werke, I. Reihe, 2. Band, S. 100 ff.); daran schlossen sich: de expeditione Aegyptiaca regi Franciae proponenda justa dissertatio (die Hauptschrift), und die gedrängtere Darstellung: Consilium Aegyptiacum. (Von der „Justa dissertatio" hat 1799 das englische Ministerium sich eine Abschrift von Hannover aus senden lassen, woraus 1803 in einer englischen Brochüre ein Auszug erschien; von dem Consilium Aegyptiacum hat 1803 der französische General Mortier eine Abschrift in Hannover sich geben lassen und nach Paris gesandt, wonach ein Abdruck 1839 in Guhrauer's Schrift: Kurmainz in der Epoche von 1672. erfolgt ist, die grössere Denkschrift ist unvollständig durch Foucher de Careil im V. Bande seiner Ausgabe, vollständig zuerst durch Onno Klopp in seiner Ausg. L.'scher Werke 1864 veröffentlicht worden.)

Newton hatte bereits seit 1665 und 1666 die von ihm sogenannte „Arithmetik der Fluxionen" erfunden und bald nachher nach ihrer Grundlage und in der Anwendung auf das Tangentenproblem (theils durch eine im Jahr 1671 verfasste Abhandlung, theils und besonders durch einen Brief an J. Collins vom 10. Dec. 1672 Einzelnen mitgetheilt, veröffentlichte dieselbe aber erst in seinem 1686 beendeten, 1687 erschienenen grossen Werke: Principia mathematica philosophiae naturalis. Im Jahre 1676 gelangte Leibnitz (vielleicht nicht ganz unabhängig von Newtonschen Andeutungen) zu seiner mit Newton's Fluxionencalcul sachlich übereinkommenden, formell aber vollkommeneren „Differentialrechnung"; er veröffentlichte seine Erfindung zuerst 1684 im November in den „Acta eruditorum" durch den Aufsatz: Nova methodus pro maximis et minimis. Sowohl bei dem Newton'schen, wie bei dem Leibnitzischen Verfahren handelt es sich der Sache nach um die Bestimmung des Grenzwerthes, dem das Verhältniss der Zunahmen zweier veränderlichen Grössen, deren eine von der andern abhängig oder eine „Function" derselben ist, sich immer mehr nähert, je kleiner diese Zunahmen werden, dann auch umgekehrt (in der sogenannten „Integralrechnung"), wenn dieser Grenzwerth gegeben ist, um den Rückschluss auf die Art der Abhängigkeit der einen Grösse von der andern. Newton nannte die stetig veränderlichen Grössen „fliessende" (fluentes), die (unendlich kleinen) augenblicklichen Differenzen aber „Momente", die er als „principia jamjam nascentia finitarum magnitudinum" bezeichnet, und den Grenzwerth der Verhältnisse der Veränderungen („prima nascentium proportio") „Fluxion"; Leibnitz nannte die Differenzen je zweier Werthe einer veränderlichen Grösse, sofern diese Differenzen als unendlich klein oder verschwindend (in's Unendliche abnehmend) gedacht werden, Differentialien und den Grenzwerth, dem sich das Verhältniss zwischen den Differenzen der einen und denen der andern Grösse bei unendlicher Verkleinerung dieser Differenzen immer mehr

§ 11. Leibnitz u. gleichzeitige Philos. und die deutsche Philos. des 18. Jahrh. 113

annähert, den Differentialquotienten. Durch einen Brief Newton's an Oldenburg vom 13. Juni 1676 erfuhr Leibnitz, dass Newton ein methodisches Mittel zur Lösung gewisser mathematischer Probleme gefunden habe, theilte seinerseits am 27. August desselben Jahres mit, dass er in dem gleichen Falle sei, erhielt dann von Newton durch ein Schreiben vom 24. October bestimmtere Mittheilungen über mehrere analytische Entdeckungen Newton's nebst einer Andeutung über den Fluxionencalcul durch ein Anagramm des Satzes: „data aequatione quotcunque fluentes quantitates involvente fluxiones invenire et vice versa"; Leibnitz theilte darauf in einem (durch Oldenburg übersandten) Briefe vom 21. Juni 1677 an Newton seine Methode nicht bloss andeutungsweise, sondern ausführlich mit, und bemerkte, diese möge vielleicht mit der von Newton angedeuteten Methode übereinkommen („arbitror quae celare voluit Newtonus de tangentibus ducendis, ab his non abludere"). Bei der Veröffentlichung seiner Methode in den Act. erud. 1684 erwähnte L. diese Correspondenz nicht, Newton aber, der auf Leibnitzens letzten Brief nicht mehr geantwortet hatte, erwähnte dieselbe 1687 in einem Scholion zu Buch II. (Sect. II) Lemma II., S. 253 f. (2. Aufl. 1713, S. 226 f.) seiner „Principia" (das er jedoch in der dritten Auflage vom Jahre 1726 nicht wieder abdrucken liess, sondern durch ein anderes, auf seinen Brief an J. Collins vom 10. Dec. 1672 bezüglichem ersetzte, weil es von Leibnitz anders gedeutet worden war, als Newton es verstanden wissen wollte). Er sagt in demselben, auf seine Mittheilung, er sei im Besitz einer Methode, die Maxima und Minima zu bestimmen, Tangenten zu ziehen etc., auch wenn die Gleichungen irrationale Ausdrücke enthielten, habe Leibnitz geantwortet, er sei auf eine gleiche [das Nämliche leistende] Methode gefallen, und habe diese mitgetheilt, die in der That von der seinigen [Newton'schen] nur unwesentlich abweiche. [Wann und wie Leibnitz dieselbe gefunden habe, lässt Newton hier unbestimmt. L. glaubte in dem Scholion eine Anerkennung der Selbständigkeit seiner Erfindung finden zu dürfen, welche Deutung Newton später abwies.) In der Folge entspann sich ein Streit über die Priorität der Erfindung, der in dem am 24. April 1713 der kgl. Societät der Wissenschaften zu London durch die von ihr niedergesetzte Commission erstatteten (1713 veröffentlichten) Berichte zu Gunsten Newton's entschieden wurde, und zwar in sofern mit Recht, als die Voraussetzung der Identität beider Methoden zutrifft, da in der That Newton die Erfindung früher gemacht, Leibnitz später, und vielleicht sogar nicht ganz unabhängig von Newton, dieselbe auf's Neue gemacht hat und nur die Priorität der Veröffentlichung Leibnitzen anzuerkennen ist, in sofern jedoch nicht ganz mit Recht, als jene Voraussetzung nur in beschränktem Maasse gilt, indem Leibnitzens Methode vollkommener und durchgebildeter, als die Newton'sche, insbesondere seine Bezeichnung sachgemässer und brauchbarer ist, und die fruchtreichste Entwicklung des Grundgedankens (dessen Keime übrigens schon in der Exhaustionsmethode der Alten, in Cavallieri's „Methode der Untheilbaren", 1635, und in der bei rationalen Ausdrücken zureichenden Methode Fermat's zur Bestimmung der Maxima und Minima der Ordinaten, ferner in Wallis' „Arithmetica infinitorum", von deren Studium Newton ausging, und in Barrow's Tangentenmethode lagen) nicht von Newton, sondern theils von Leibnitz, theils von den an seine Rechnungsweise sich anschliessenden Gebrüdern Jacob und Johann Bernoulli (von den Letzteren besonders in Bezug auf transcendente Functionen) gefunden worden ist. In diesem Sinne haben Euler, Lagrange, Laplace, Biot und andere Mathematiker geurtheilt (vgl. u. a. die kurze Zusammenstellung ihrer Ansichten in dem Anhange zu der deutschen Uebersetzung von Brewster's Leben Newton's, Leipzig 1833, S. 333—336); Biot sagt: „die Differentialrechnung würde noch jetzt eine bewunderungswürdige Schöpfung sein, wenn wir blos die Fluxionsrechnung so, wie sie in Newton's Werken dargestellt ist, besässen". Vgl. Montucla, Gesch. der Math. III., S. 109; C. J. Gerhardt, die Entdeckung der Differentialrechnung, Halle 1848, die Entdeckung der höheren Analysis, Halle 1855; H. Weissenborn, die Principien der höheren Analysis, als hist.-krit. Beitrag zur Gesch. der Math., Halle 1856; H. Sloman, L.'s Anspruch auf die Erfindung der Differentialrechnung, Leipzig 1857, englisch London 1860. Leibniz gebührt der Ruhm einer scharfsinnigen und relativ selbständigen, durch seine frühen Untersuchungen über Reihen von Differenzen mitbedingten Nacherfindung, die ihn zu einer für die Anwendung beträchtlich besseren Form des Infinitesimalcalculs, als Newton gefunden hatte, gelangen liess; aber er hat den (an sich im Interesse der historischen Wahrheit nothwendigen und untadelhaften) Prioritätsstreit in der späteren Zeit mit Mitteln geführt, die schwerlich eine Entschuldigung zulassen.

In Hannover hatte Leibniz die herzogliche Bibliothek zu verwalten; ferner die Geschichte des Fürstenhauses zu schreiben; in der Folge (seit 1691) hatte er im Auftrage Anton Ulrich's von Braunschweig-Wolffenbüttel auch die Oberaufsicht über die Wolfenbüttler Bibliothek zu führen; seit 1678 war er als herzoglicher Hofrath, später als Geh. Justizrath ein Mitglied der Kanzlei für Justizsachen, an deren Spitze der Vicekanzler Ludolph Hugo stand. Im Auftrage des Herzogs Ernst August, der 1679 seinem Bruder Johann Friedrich in der Regierung nachfolgte, machte Leibniz auf einer in den Jahren 1687—90 unternommenen Reise durch Deutschland und Italien (die ihn 1688 nach Wien, 1689 nach Rom führte) Studien zur Geschichte des Braunschweig-Lüneburgischen Hauses. Er veröffentlichte u. a. die Sammelwerke: Codex juris gentium diplomaticus nebst beigefügter Mantissa, 1693—1700, Accessiones historicae, 1698, Scriptores rerum Brunsvicensium illustrationi inservientes, 1701—11, und arbeitete an der (nicht ganz zum Abschluss gebrachten, erst durch Pertz veröffentlichten) Schrift: Annales Brunsvicenses. Bei den Verhandlungen, welche die Erhebung Hannovers zum Kurfürstenthum (1692) betrafen, war auch Leibniz betheiligt. Den Herzogen Johann Friedrich und Ernst August stand Leibniz als Rathgeber und Freund persönlich nahe, weniger dem Sohne und (seit 1698) Regierungsnachfolger des Ernst August, Georg Ludwig, um so mehr aber dessen Mutter, der (bis 1714 lebenden) Gemahlin Ernst August's Sophie (einer Tochter Friedrichs V. von der Pfalz, Schwester der Prinzessin Elisabeth, der Descartes seine Princ. ph. widmete); ihre Tochter Sophie Charlotte (gest. 1705), die in Leibniz ihren Lehrer verehrte, ging mit der vollsten und für ihn selbst anregendsten Theilnahme auf seine philosophisch-theologischen Gedanken ein, auch nachdem sie (im Jahr 1684) an Friedrich von Brandenburg (seit 1688 Kurfürsten Friedrich III., seit 1701 preussischen König Friedrich I.) vermählt worden war. Von ihr unterstützt, bewog Leibniz diesen zu der (am 11. Juni 1700 erfolgten) Stiftung der Societät der Wissenschaften in Berlin (die später, bei ihrer Umgestaltung unter Friedrich II. 1744, als Akademie der Wissenschaften bezeichnet wurde). (Vgl. Christian Bartholmèss, histoire philosophique de l'académie de Prusse depuis Leibn., Paris 1850—51; Adolf Trendelenburg, Leibn. und die philos. Thätigkeit der Akademie im vorigen Jahrhundert, akad. Vortrag, Berlin 1852, Aufs. VIII. im 2. Bde. der hist. Beitr. zur Philos.) Auch in Dresden und Wien hat Leibniz, obschon ohne unmittelbaren Erfolg, Akademien zu stiften gesucht. Vergeblich waren die Bemühungen um Reunion der protestantischen und katholischen Kirche, welche in den letzten Jahrzehnten des 17. Jahrhunderts eifrig betrieben wurden, und woran sich Leibniz neben dem hannoverschen Theologen Molanus von protestantischer Seite, katholischerseits aber anfangs besonders Spinola betheiligten. Spinola benutzte dabei die von

Bossuet 1676 verfasste „Exposition de la foi" als dogmatische Grundlage; Leibnitz schrieb (wohl am 1686) in conciliatorischer Absicht das (erst 1819 veröffentlichte) „Systema theologicum", eine Darstellung der Glaubenslehren in einer solchen Weise, die sowohl Protestanten als Katholiken annehmen könnten. Leibnitz hat in dieser Angelegenheit mit dem zum Katholicismus bekehrten Hugenotten Pellisson (1691 und 92), dann mit Bossuet correspondirt, der die Vereinigung nur als Rückkehr der Protestanten zum Katholicismus erstrebte und jede andere Form derselben abwies; an seiner Weigerung, die Frage, ob das tridentinische Concil ein ökumenisches gewesen sei, als eine offene zu behandeln, scheiterte Leibnitzens Bemühung. In den Jahren 1697–1706 hat Leibnitz sich an Verhandlungen über eine Union der lutherischen und reformirten Confession betheiligt, die besonders zwischen Hannover und Berlin geführt wurden, jedoch nur mit geringem unmittelbaren Erfolg. Auf Veranlassung der von Bayle in seinem Dictionnaire und anderen Schriften geäusserten philosophisch-theologischen Zweifel, über welche sich Leibnitz oft mit der Königin Sophie Charlotte unterhalten hatte, veröffentlichte dieser 1710 seine Essais de Théodicée sur la bonté de Dieu, la liberté de l'homme et l'origine du mal, mit einem vorausgeschickten, gegen Bayle's Annahme, dass die Glaubenslehren mit der Vernunft unvereinbar seien, gerichteten Discours de la conformité de la foi avec la raison. Im Jahr 1711 traf Leibnitz zu Torgau mit Peter dem Grossen von Russland zusammen, ebenso wiederum 1712 in Karlsbad, 1716 in Pyrmont und in Herrenhausen; dieser Monarch schätzte ihn hoch, ernannte ihn zu seinem Geheimen Justizrath, und liess sich von ihm Rathschläge über die Beförderung der Wissenschaften und der Civilisation im russischen Reiche ertheilen; zu der Gründung einer Akademie der Wissenschaften in Petersburg, die jedoch erst nach Peters Tode erfolgte, gab Leibnitz die erste Anregung. In Wien lebte Leibnitz vom December 1712 bis zum Ende August 1714. Er wurde am 2. Januar 1712 zum Reichshofrath ernannt, schon früher (vor 1692, vielleicht 1690) war er in den Adelstand erhoben worden; auch die Reichsfreiherrnwürde soll ihm ertheilt worden sein. (Joseph Bergmann, Leibnitz in Wien, in den Sitzungsber. der Wiener Akademie phil.-hist. Classe. XIII, 1854, S. 40–61, L. als Reichshofrath und dessen Besoldung ebd. XXVI, 1858, S. 187–204; vgl. Zimmermann, Leibn. u. d. kaiserl. Akad. der Wiss. in Wien, in den Oestr. Bl. f. Litt. u. Kunst 1854, Nr. 49, wiederabg. in Z.'s Studien u. Kr., Wien 1870. Während seines Aufenthaltes in Wien schrieb Leibnitz 1714 für den Prinzen Eugen von Savoyen in französischer Sprache den Abriss seines Systems, der erst nach seinem Tode (zuerst deutsch von Köhler unter dem Titel: L.'s Lehrsätze über die Monadologie etc., s. oben) veröffentlicht worden ist. Nach Hannover kehrte Leibnitz im September 1714 zurück. Er traf den Kurfürsten Georg Ludwig nicht mehr dort an, da derselbe bereits nach England, wo er als Georg I. den Thron bestieg, abgereist war. Leibnitz arbeitete 1715 und 1716 hauptsächlich an seinen Annales Brunsvicenses. In eben diesen Jahren wurde Leibnitz in einen (brieflich durch Vermittlung der Prinzessin von Wales, Wilhelmine Charlotte aus Ansbach, die besonders Leibnitzens Theodicee hochhielt, geführten) Streit mit Clarke, einem Anhänger Newton's und zum Theil auch Locke's, über seine philosophischen Grundlehren verwickelt, vor dessen Abschluss er am 14. November 1716 starb.

Leibnitz hat seine philosophische Doctrin in systematischer Ordnung niemals ausführlich, im Abriss besonders in der auf Wunsch des Prinzen Eugen von Savoyen niedergeschriebenen Darstellung der Monadologie entwickelt. In ihm selbst gestaltete sich sein System erst allmählich, und zugleich fand er angemessen, sich in seinen für die Oeffentlichkeit bestimmten Aufsätzen in Gedanken und Tersinin nur schrittweise von den herrschenden philosophischen Richtungen, dem Aristotelismus und dem Cartesianismus, zu entfernen.

In einem Briefe aus dem Jahre 1714 an Remond de Montmort (in Erdmann's Ausgabe der philos. Schriften, S. 701 f.) erzählt Leibnitz über seinen philosophischen Bildungsgang: „Als ich die niedere Schule verlassen hatte, fiel ich auf die neueren Philosophen, und ich erinnere mich, dass ich in einem Wäldchen bei Leipzig, das Rosenthal genannt, im Alter von fünfzehn Jahren einsam herumwandelte, um mit mir zu Rathe zu gehen, ob ich die substantiellen Formen beibehalten solle. Der Mechanismus gewann endlich die Oberhand und führte mich der Mathematik zu. Aber als ich die letzten Gründe des Mechanismus und der Bewegungsgesetze suchte, kehrte ich zur Metaphysik und zur Annahme von Entelechien zurück, und vom Materiellen zum Formellen, und endlich begriff ich, nachdem ich mehrmals meine Begriffe berichtigt und weiter geführt hatte, dass die Monaden oder einfachen Substanzen die einzigen wirklichen Substanzen sind, und dass die materiellen Dinge nur Erscheinungen sind, aber wohl begründete und mit einander verknüpfte Erscheinungen." Vgl. den Brief an Thomas Burnet vom 8/18. Mai 1697, bei Guhrauer I, Beilage, S. 29: La plupart de mes sentiment ont été enfin arrêtés après une délibération de 20 ans (also etwa von 1660—80), car j'ai commencé bien jeune à méditer et je n'avais pas encore 15 ans que je me promenais des journées entières dans un bois pour prendre parti entre Aristote et Démocrite. Cependant j'ai changé et rechangé sur de nouvelles lumières, et ce n'est que depuis environ 12 ans (also seit 1685) que je me trouve satisfait.

Leibnitz sagt, er verachte völlig nur solches, was auf blosse Täuschung hinauslaufe, wie die astrologische Wahrsagekunst; er finde aber selbst an der Lullischen Kunst noch etwas Achtungswerthes und Brauchbares. Er hält dafür, die Wahrheit sei verbreiteter, als man anzunehmen pflege; die Mehrheit der Secten habe Recht in einem grossen Theile ihrer affirmativen, aber nicht in ihren meisten negativen Sätzen. Theologen und Mechanisten haben im Positiven ihrer Behauptungen beide Recht; denn der Mechanismus besteht ausnahmslos, aber er verwirklicht den Zweck. Man kann, sagt Leibnitz, sogar einen Fortschritt in der philosophischen Erkenntniss bemerken. Die Orientalen haben schöne und grosse Vorstellungen von der Gottheit. Die Griechen haben das Schliessen und überhaupt eine wissenschaftliche Form hinzugefügt. Die Kirchenväter haben das Schlechte beseitigt, das sie in der griechischen Philosophie fanden; die Scholastiker aber haben das Zulässige daraus für das Christenthum nützlich zu verwenden gestrebt. Die Philosophie des Descartes ist gleichsam das Vorzimmer der Wahrheit; er hat erkannt, dass sich in der Natur stets die gleiche Kraft erhält; hätte er auch erkannt, dass die Gesammtrichtung unverändert bleibt, so hätte er zum System der prästabilirten Harmonie gelangen müssen (bei Erdm. S. 702, vgl. S. 133 und S. 108). Doch fügt Leibnitz, veranlasst durch die scherzhafte Frage, ob er selbst uns aus dem Vorzimmer in das Cabinet der Natur zu führen gedenke, bescheiden hinzu, zwischen dem Vorzimmer und dem Cabinet liege das Audienzzimmer, und es werde genügen, wenn wir Audienz erhalten, ohne dass wir Anspruch machen, in's Innere zu dringen (sans prétendre de pénétrer dans l'intérieur in Erdmann's Ausg. XXXV., S. 123; ähnlich, obschon in anderer Wendung, lautet Hallers bekanntes Wort: „Ins Innere der Natur dringt kein erschaffner Geist; glückselig, wem sie nur die äussre Schaale weist", worauf Göthe mit der Frage entgegnet: „Ist nicht Kern der Natur Menschen im Herzen?").

In der am 30. Mai 1663 vertheidigten „Disputatio metaphysica de principio individui" behauptet Leibnitz die nominalistische Thesis: omne individuum una tota entitate individuatur, als deren erste Vertreter er Petrus Aureolus und Durandus (s. oben Grdr. II., 3. Aufl., § 34, S. 210 ff.) nennt. Wäre nicht die entitas tota das Princip der Individuation, so müsste dieses Princip entweder eine Negation sein oder eine Position, und in dem letzteren Falle entweder ein physischer die Essenz näher bestimmender Theil, nämlich die Existenz, oder ein metaphysischer, die Species näher bestimmender Theil, nämlich die Haecceitas. Dass die Negation das individualisirende Princip sei, könnte, wie Leibnitz mit Recht bemerkt, nur auf Grund der realistischen Voraussetzung: universale magis esse ens, quam singulare angenommen werden. (In der That hat der Satz des Spinoza: omnis determinatio est negatio, die Ueberzeugung, dass der Substanz, die das Allgemeine ist, das Sein im vollsten Sinne zukomme, zur Voraussetzung.) Leibnitz aber, überzeugt, dass das Individuum ein ens positivum sei, erklärt für unbegreiflich, wie dieses durch etwas Negatives constituirt werden könne. Die Negation kann nicht die individuellen Merkmale hervorbringen (negatio non potest producere accidentia individualia). Die Meinung, dass die Existenz das Princip der Individuität sei, kommt entweder mit der Thesis, dass die entitas es sei, überein (nämlich wenn der Unterschied zwischen essentia und existentia nur für einen rationellen gilt, in welchem Sinne Leibnitz die Ansicht seines Lehrers Scherzer deutet), oder sie führt (nämlich wenn der Unterschied für einen realen gilt) auf die Absurdität einer Trennbarkeit der Existenz von der Essenz, so dass die Essenz auch nach Hinwegnahme der Existenz noch existiren müsste. Endlich prüft Leibnitz die Haecceitas, die Scotus (sent. II, 3, 6 u. ö.) behauptet habe und zu deren Vertheidigung die Scotisten sich eidlich zu verpflichten pflegten. Der Behauptung, die Species werde durch die differentia individualis oder haecceitas zum Individuum contrahirt, gleich wie das Genus durch die specifische Differenz zur Species, setzt Leibnitz die nominalistische Doctrin entgegen, das Genus werde nicht durch irgend etwas zur Species, und diese nicht zum Individuum contrahirt, weil Genus und Species nicht ausserhalb des Intellectes seien; es existiren in Wirklichkeit nur Individuen; was existirt, ist durch sein Dasein selbst etwas Individuelles. — Unter den Corollarien, welche Leibnitz seiner Dissertation angehängt hat, ist besonders die psychologische Thesis bemerkenswerth, worin er sich zu der altscholastischen, von der katholischen Kirche (am ausdrücklichsten durch das Concil zu Vienne 1311) sanctionirten (von manchen Nominalisten verworfenen) Umbildung der aristotelischen, den νοῦς allein als eine Substanz vom Leibe sondernden Doctrin bekennt, nämlich zu der Lehre, dass die sensitive und auch (welches Letzteres Descartes negirte) die vegetative Kraft mit der Denkkraft zugleich der nämlichen Seele zukommen: hominis solum una est anima, quae vegetativam et sensitivam virtualiter includat. Nicht uninteressant ist auch die philologische Thesis, die dem Phalaris zugeschriebenen Briefe seien für untergeschoben zu halten.

In den philosophischen Schriften der nächstfolgenden Zeit, der Dissertatio de arte combinatoria, der (von Spizelius so betitelten) Confessio naturae contra atheistas, der Epistola ad Jacobum Thomasium, die nebst der diss. de stilo philosophico Nizolii der Ausgabe der Schrift des Nizolius de veris principiis et vera ratione philosophandi vorgedruckt ist, erklärt sich Leibnitz für die Ansicht, in welcher die Reformatoren der Philosophie: Baco, Hobbes, Gassendi, Cartesius etc., im Gegensatz zu den Scholastikern miteinander übereinkommen, dass in den Körpern nur Grösse, Figur und Bewegung, nicht verborgene Qualitäten oder Kräfte seien, nicht irgend etwas, das sich nicht rein mechanisch erklären lasse. Aber er will darum doch nicht Cartesianer heissen; er hält dafür, dass die Aristotelische Physik mehr Wahrheiten enthalte, als die Cartesianische, dass, was Aristoteles über Materie, Form, Beraubtsein, Natur, Ort, Unendlichkeit, Zeit, Bewegung lehre, grösstentheils unerschütterlich feststehe; auch finde derselbe mit Recht den letzten Grund aller Bewegung im göttlichen Geist; zweifelhaft sei die Existenz oder Nicht-Existenz eines leeren Raumes; unter der substantiellen Form sei nur der Unterschied der Substanz eines Körpers von der Substanz eines andern Körpers zu verstehen; was Aristoteles über Materie, Form und Bewegung abstract vortrage, könne in einer Weise aufgefasst werden, dass es mit der Lehre der Neueren über die Körper zusammenstimme. Leibnitz billigt des Nizolius Bekämpfung der Scholastik, die bei dem Mangel an Erfahrung und Mathematik die Natur nicht zu erkennen vermochte, tadelt aber seine zu weit gehende Bekämpfung des Aristoteles selbst, und seine extrem nominalistische Ansicht, dass das Genus nur eine Zusammenfassung (collectio) von Individuen sei, wodurch die Möglichkeit der wissenschaftlichen Demonstration aus allgemeinen Sätzen aufgehoben werde und nur die Induction als blosse Zusammenstellung gleichartiger Erfahrungen übrig bleibe.

Das von Erdmann veröffentlichte Autographon: de vita beata enthält Cartesianische Sätze, besonders aus Briefen vom Jahre 1645 an die Prinzessin Elisabeth von der Pfalz über die Moral des Seneca (s. Trendelenburg, hist. Beitr. zur Ph. II, 1855, Abh. 5, S, 192—212) In der Ethik hat Leibnitz dem Descartes eine höhere Autorität, als in der Physik eingeräumt. Doch ist zweifelhaft, ob und in wie weit Leibnitz sich jene Sätze angeeignet oder dieselben nur als Cartesianische (so, wie seine Excerpte aus Plato, Spinoza etc.) zusammengestellt habe.

In den Meditationes de cognitione, veritate et ideis, die 1684 in den Acta Eruditorum Lipsiensium erschienen, modificirt Leibnitz Cartesianische Begriffe. Die Erkenntniss (cognitio) ist dunkel oder klar (vel obscura vel clara), die klare Erkenntniss ist verworren oder deutlich (vel confusa vel distincta), die deutliche Erkenntniss ist unangemessen oder angemessen (vel inadaequata, vel adaequata), ferner symbolisch oder intuitiv; die adäquate und zugleich intuitive Erkenntniss ist die vollkommenste. Leibnitz definirt: Obscura est notio, quae non sufficit ad rem repraesentatam agnoscendam, — unde propositio quoque obscura fit, quam notio talis ingreditur; clara ergo cognitio est quum habeo unde rem repraesentatam agnoscere possim. Confusa est, quum non possum (distincta, quam possum) notas ad rem ab aliis discernendam sufficientes separatim enumerare, licet res illa tales notas atque requisita revera habeat, in quae notio ejus resolvi possit; — quae enumeratio est definitio nominalis; — datur cognitio distincta notionis indefinibilis, quando ea est primitiva sive nota sui ipsius. Cognitio est adaequata, quum id omne, quod notitiam distinctam ingreditur, rursus distincte cognitum est, seu quum analysis ad finem usque producta habetur. Quum notio valde composita est, non possumus omnes ingredientes eam notiones simul cogitare; ubi tamen hoc licet, vel saltem in quantum licet, cognitionem voco intuitivam. Leibnitz macht von diesen Bestimmungen eine Anwendung auf das ontologische Argument für das Dasein Gottes in dessen (Cartesianischer) Form: Was aus der Definition eines Dinges folgt, kann von diesem Dinge prädicirt werden; die Existenz folgt aus der Definition Gottes als des Ens perfectissimum vel quo majus cogitari non potest (denn die Existenz ist eine der Vollkommenheiten); also kann die Existenz von Gott praedicirt werden. — Er meint, es folge nur, dass Gott, falls er möglich sei, existire; denn der Schluss aus der Definition setze voraus, dass die Definition eine Realdefinition sei, d. h. keinen Widerspruch involvire; die Nominaldefinition nämlich enthalte nur die zur Unterscheidung dienenden Merkmale, die Realdefinition aber constatire die Möglichkeit der Sache; diese Möglichkeit werde a priori aus der Vereinbarkeit sämmtlicher Prä-

§ 11. Leibniz u. gleichzeitige Philos. u. die deutsche Philos. des 18. Jahrh. 119

dicato miteinander, d. h. daraus erkannt, dass bei vollständiger Analyse kein Widerspruch sich zeige (der bei dem Gottesbegriff dadurch ausgeschlossen sei, dass derselbe nur Realitäten in sich fasse*).

Leibniz warnt vor dem Missbrauch des Cartesianischen Princips: quidquid clare et distincte de re aliqua percipio, id est verum eo eo enunciabile; oft erscheine uns als klar und deutlich, was dunkel und verworren sei; jener Satz reiche nur dann zu, wenn die oben aufgestellten Kriterien der Klarheit und Deutlichkeit angewandt werden, die Vorstellungen widerspruchslos und die Lehrsätze nach den Regeln der gewöhnlichen (Aristotelischen) Logik durch genaue Erfahrung und fehlerlose Beweisführung gesichert seien**).

Leibniz hält dafür, dass es gelingen könne, alles Denken auf ein Rechnen und die Denkrichtigkeit auf Richtigkeit der Rechnung zurückzuführen, wenn für die einfachsten Begriffe und für die Verbindungsweisen der Begriffe überhaupt Zeichen von solcher Angemessenheit gefunden würden, wie die Mathematik auf ihrem Gebiete solche besitzt und zwar insbesondere in der durch Vieta eingeführten allgemeinen Bezeichnung der Zahlen mittelst der Buchstaben (Vieta, in artem analyticam Isagoge seu algebra nova, 1635, wo S. 8 die Erklärung gegeben wird: logistice numerosa est, quae per numeros, speciosa, quae per species seu rerum formas exhibetur, utpote per alphabetica elementa, s. Trendelenburg, hist. Beitr. III, S. 6). Hierauf zielt sein schon in seiner Jugendzeit ausgebildeter und bis zum Alter festgehaltener, in manchen Schriften und Briefen erwähnter Plan einer Charakteristica universalis (Spéciense générale) ab, der jedoch ein blosses Project geblieben ist. (Was Leibniz beabsichtigte, in wie weit er besonders an Georg Dalgarn, ars signorum, vulgo character universalis et lingua philosophica, London 1661, und daneben auch an John Wilkins, an essay toward a real character and a philosophical language, London 1668, anknüpfte, wie weit seine eigenen, zahlreichen, jedoch sporadischen und schwankenden Versuche ihn

---

*) Der kategorische Schluss aus der Definition setzt aber nicht bloss die Möglichkeit, sondern die Wirklichkeit des definirten Gegenstandes voraus; die Definition zeigt nur die Nothwendigkeit der Verknüpfung des Prädicates mit dem Subjecte, nicht die der Setzung des Subjectes selbst, führt also an sich zu einem hypothetischen Satze, der nur dann, wenn anderweitig die Wirklichkeit und nicht bloss die Möglichkeit des Subjectes dargethan ist, in einen kategorischen Satz übergeht. Kant hat mit Recht das Cartesianische Argument mit Einschluss der Leibnizischen Ergänzung desselben bestritten.

**) Dass das Kriterium der Wahrheit, welches in der Klarheit und Deutlichkeit der Erkenntniss gefunden wird, gar sehr die Gefahr der Selbsttäuschung mit sich führe und der Reduction auf die durch die logischen Normen bedingte Denknothwendigkeit bedürfe, lehrt Leibniz mit Recht; aber er geht auch hier nicht weit genug, sofern er von der vollen Klarheit, Deutlichkeit und Denkrichtigkeit sofort die volle Uebereinstimmung mit dem Sein erwartet und nicht untersucht, ob und in wie weit die menschliche Erkenntniss Elemente von subjectivem Charakter enthalte, die durch die Klarheit und logische Richtigkeit des bloss auf die Objecte gerichteten Denkens niemals aufgehoben, noch auch von den objectiv gültigen Elementen gesondert, sondern nur durch ein auf die Erkenntniss selbst gerichtetes Denken in ihrem subjectiven Charakter erkannt werden können, was später Kant durch seine Vernunftkritik zu leisten unternahm; ist jene Sonderung vollzogen, dann ist zu untersuchen, ob nunmehr mittelst derselben die Frage, wie die Dinge an sich selbst seien, sich successive einer positiven Lösung, die Kant für unmöglich hielt, zuführen lasse, so dass das Kriterium der Klarheit und Denkrichtigkeit in einem nicht dogmatischen oder vor der Kritik liegenden, sondern über sie hinausgehenden und sie involvirenden Sinne zu neuer Geltung gelangen würde. Vgl. meine Abh.: der Idealismus, Realismus und Idealrealismus, in der Zeitschr. f. Ph., N. F., Bd. 34, 1859, S. 69 ff.

geführt haben, ferner, was zum Behufe einer partiellen Ausführung des Leibnitzschen Projectes, aber auf dem Grunde der Kantischen Kategorienlehre, durch Ludwig Benedict Trede, den Verfasser der im Jahr 1811 zu Hamburg anonym erschienenen Schrift: „Vorschläge zu einer nothwendigen Sprachlehre", geschehen sei, weist Trendelenburg nach in der oben citirten Abhandlung. Soweit der Grundgedanke Gültigkeit hat, wird er durch die Zeichen der Mathematik, Chemie etc. realisirt.)

Der Sammlung von Staatsverhandlungen und Verträgen seit dem Ende des eilften Jahrhunderts, welche Leibnitz unter dem Titel: „Codex juris gentium diplomaticus" 1693 zu Hannover erscheinen liess, hat er eine Reihe von Definitionen ethischer und juridischer Begriffe vorangeschickt. Die Streitfrage, ob es eine uninteressirte Liebe (amor non mercenarius, ab omni utilitatis respectu separatus) gebe, sucht Leibnitz durch die Definition zu lösen: amare sive diligere est felicitate alterius delectari, in welcher einerseits die Beziehung auf unseren eigenen Genuss festgehalten, andererseits aber die Quelle desselben in dem Glücke des Andern selbst gefunden wird (welche letztere Bestimmung der Spinosistischen Definition fehlt: amor est laetitia concomitante idea causae externae). Die Liebe ist ein Affect, welcher durch die Vernunft geleitet werden muss, damit die Tugend der Gerechtigkeit daraus erwachse. Leibnitz definirt: Benevolentia est amandi sive diligendi habitus (die durch häufige gleichartige Bethätigung aus der Fähigkeit, δύναμις, hervorgegangene Fertigkeit, ἕξις, nach der Aristotelischen Terminologie, s. oben Grdr. I, § 50). Caritas est benevolentia universalis. Justitia est caritas sapientis, hoc est sapientiae dictata sequens. Vir bonus est qui amat omnes quantum ratio permittit; justitia est virtus hujus affectus rectrix. Leibnitz unterscheidet drei Stufen des natürlichen Rechts: das strenge Recht (jus strictum) in der ausgleichenden Gerechtigkeit (justitia commutativa), die Billigkeit oder Liebe im engeren Sinne (aequitas vel angustiore vocis sensu caritas) in der austheilenden Gerechtigkeit (justitia distributiva) und die Frömmigkeit oder Rechtlichkeit (pietas vel probitas) in der allgemeinen Gerechtigkeit (justitia universalis). Die ausgleichende Gerechtigkeit, lehrt Leibnitz im Anschluss an Aristoteles (a. o. Grdr. I, § 50), berücksichtigt keine anderen Unterschiede zwischen den Menschen, als die, welche aus dem jedesmaligen Verkehr selbst hervorgehen (quae ex ipso negotio nascuntur) und betrachtet im Uebrigen die Menschen als einander gleich. Die distributive Gerechtigkeit zieht die Verdienste der Einzelnen in Betracht, um nach dem Maasse derselben den Lohn (oder die Strafe) zu bestimmen. Das strenge Recht ist erzwingbar; es dient zur Vermeidung der Verletzungen und Anfechterhaltung des Friedens; die Billigkeit oder Liebe in der austheilenden Gerechtigkeit aber zielt auch auf positive Beförderung des Glückes ab, jedoch nur des irdischen. Die Unterwerfung aber unter die ewigen Gesetze der göttlichen Monarchie ist die Gerechtigkeit in dem allgemeinen Sinne, in welchem sie (nach Aristoteles) alle Tugenden in sich begreift. Leibnitz versucht auch (und zwar schon in der Schrift über die Methode der Jurisprudenz) diese drei Stufen: Jus strictum, aequitas, pietas, auf die drei Rechtsgrundsätze zurückzuführen: neminem laedere, suum cuique tribuere, honeste vivere (bei welcher Deutung freilich mehr Leibnitzens eigener Rechtsbegriff, als der der römischen Juristen maassgebend gewesen ist, nach welchem letzterm justitia est constans et perpetua voluntas suum cuique tribuendi, Digest. I. 1, 10, aus Ulpian).

Leibnitzens philosophisches Lehrgebäude ruht auf der Grundansicht, dass die theologisch-teleologische und die physikalisch-mechanische Weltauffassung einander nicht ausschliessen dürfen, sondern durchgängig mit einander zu vereinigen seien. Die einzelnen Vorgänge in der Natur können und müssen mechanisch erklärt

§ 11. Leibnitz u. gleichzeitige Philos. u. die deutsche Philos. des 18. Jahrh. 121

werden, ohne dass wir doch dabei ihrer Zwecke uneingedenk sein dürfen, welche die Vorsehung gerade durch den Mechanismus zu verwirklichen weiss; die Principien der Physik und Mechanik aber hängen selbst wieder von der Leitung einer obersten Intelligenz ab und können nur erklärt werden, indem wir diese Intelligenz in Betracht ziehen; die wahre Physik muss aus den göttlichen Vollkommenheiten geschöpft werden; auf diese Weise muss man die Frömmigkeit mit der Vernunft vereinigen. Beispielsweise folgert Leibnitz aus der göttlichen Weisheit, dass an Geordnetes Geordnetes als Folge geknüpft sei, demgemäss an continuirliche Veränderungen im Gegebenen wiederum continuirliche Veränderungen in dem, was daraus abzuleiten ist. Er sagt: Lorsque la différence de deux cas peut être diminuée au dessous de toute grandeur donnée, in datis ou dans ce qui est posé, il faut qu'elle se puisse trouver aussi diminuée au dessous de toute grandeur donnée in quaesitis ou dans ce qui en résulte. Dies ist die „loi de continuité", welche Leibnitz zuerst in einem Briefe an Bayle in den Nouvelles de la république des lettres, par Bayle, Amst. 1687, aufgestellt hat. Leibnitz giebt zu, dass in den „choses composées" mitunter eine kleine Veränderung eine sehr grosse Wirkung habe; aber „à l'égard des principes ou choses simples" könne das nicht so sein, denn sonst wäre die Natur nicht das Werk einer unendlichen Weisheit. Zwischen allen Hauptclassen der Wesen (z. B. zwischen Pflanzen und Thieren) muss es eine continuirliche Folge von Mittelwesen geben, wodurch eine „connexion graduelle des espèces" hergestellt wird. Tout va par degrés dans la nature et rien par saut, et cette règle à l'égard des changemens est une partie de ma loi de la continuité (Nouv. ess. IV, 16, ed. Erdm. p. 392).

Die Lehre von den Monaden (welchen Terminus Leibnitz jedoch erst seit 1697, und zwar wohl im Anschluss an Giordano Bruno gebraucht) und von der prästabilirten Harmonie hat Leibnitz zuerst Einzelnen mitgetheilt, insbesondere Arnauld brieflich seit 1686, am bestimmtesten in einem Venedig 21. März 1690 datirten Schreiben, dann öffentlich in verschiedenen Artikeln im Journal des Savans und in den Acta eruditorum Lipsiensium. Bereits in einer mathematischen, in den Act. erud. 1686 erschienenen Abhandlung (brevis demonstratio erroris memorabilis Cartesii et aliorum circa legem naturae, secundum quam volunt a Deo eandem semper quantitatem motus conservari), dann in dem cbd. 1695 erschienenen Specimen dynamicum, pro admirandis naturae legibus circa corporum vires et mutuas actiones detegendis et ad suas causas revocandis hat Leibnitz den Beweis für seine Behauptung zu führen gesucht, dass nicht, wie Descartes annahm, die Quantität der Bewegung, sondern vielmehr die Grösse der Kraft, die nicht durch das Product aus der Masse und Geschwindigkeit (mv), sondern aus der Masse und der die Geschwindigkeit erzeugenden Fallhöhe, oder (was auf dasselbe hinausläuft) aus der Masse und dem Quadrate der Geschwindigkeit (mv²) bestimmt sei, sich im Universum stets unverändert erhalte. Leibnitz folgert hieraus, dass die Natur des Körpers nicht in der blossen Ausdehnung bestehen könne, wie Descartes annahm, auch nicht, wie Leibnitz selbst früher mit Gassendi und Anderen geglaubt hatte und noch in dem Briefe an Jac. Thomasius 1669 annimmt, bloss in der Ausdehnung und Undurchdringlichkeit, sondern auch die Fähigkeit des Wirkens involvire. Die Annahme einer blossen Passivität konnte leicht zu Spinoza's (theologischer oder antitheologischer) Ansicht führen, dass Gott die einzige Substanz sei. Cf. Leibn. epist. de rebus philosophicis ad Fred. Hoffmann, 1699, in Erdm.'s Ausg. S. 161: palebre notas, in mere passivo nullam esse motus recipiendi retinendique habilitatem, et adeuta rebus vi agendi, non posse eas a divina substantia distingui incidique in Spinosismum. Andererseits aber lag in dem Masse, wie der Körper nicht als bloss ausgedehnt, sondern als kraftbegabt erschien, also das von Descartes angenommene dualistische Verhältniss zwischen der bloss ausgedehnten und der bloss denkenden Substanz aufgehoben werde, Spinoza's (psychologischer) Grundgedanke einer substantiellen Einheit von Leib und Seele nahe. Leibnitz würde in diesem Betracht den Spinozismus haben billigen müssen, wenn er an der Ansicht, dass es ausgedehnte Substanzen gebe, hätte festhalten können; er hält aber dafür, dass die Theilbarkeit des Körpers beweise, dass derselbe ein Aggregat von Substanzen sei; dass es keine kleinsten untheilbaren Körper oder Atome gebe, weil dieselben immer noch ausgedehnt, also auch Aggregate von Substanzen sein würden; dass die wirklichen Substanzen, aus denen die Körper bestehen, untheilbar, unerzeugbar und unzerstörbar (nur durch Schöpfung entstehend, nur durch Vernichtung vergehend, sofern Gott sie schaffen oder vernichten will) und in gewissem Betracht den Seelen, die Leibnitz gleichfalls als untheilbare Substanzen betrachtet, ähnlich seien. Die untheilbaren, unräumlichen Substanzen nennt Leibnitz (seit 1697) Monaden. Er sagt: Spinoza würde Recht haben, wenn es keine Monaden gäbe. (Lettre II. à Mr. Bourguet, in Erdmann's Ausg. S. 720: De la manière que je définis perception et appétit, il faut que toutes les monades en soient douées. Car perception m'est la représentation de la multitude dans le simple, et l'appétit est la tendance d'une perception à une autre; or ces deux choses sont dans toutes les monades, car autrement une monade n'auroit aucun rapport au reste de choses. Je ne sais comment vous pouvez en tirer quelque Spinosisme; au contraire c'est justement par ces monades que le Spinosisme est détruit. Car il y a autant de substances véritables et pour ainsi dire de miroirs vivans de l'univers toujours subsistans ou d'univers concentrés qu'il y a de monades, au lieu que, selon Spinoza, il n'y a qu'une seule substance. Il auroit raison, s'il n'y avait point de monades et alors tout, hors de Dieu, seroit passager etc.)

In der Abhandlung: Système nouveau de la nature (Journal des Savans 1695, in Erdmann's Ausg. der philos. Schriften XXXVI, S. 124) sagt Leibnitz, er habe nach mancherlei Meditationen sich schliesslich überzeugt, dass es unmöglich sei, die Gründe einer wahren Einheit in der Materie allein oder in dem, was nur passiv sei, zu finden, weil darin alles in's Unendliche hin nur ein Conglomerat von Theilen sei. Da es Zusammengesetztes gebe, so müsse es auch einfache Substanzen geben, die als wahre Einheiten nicht materielle, sondern nur formelle Atome, gleichsam „metaphysische Punkte" (Syst. nouveau de la nature, op. ph, ed. Erdm. p. 126) sein können, die gleich den mathematischen Punkten exacte Punkte sind, aber nicht gleich diesen blosse „modalités", sondern an und für sich realiter existirende Punkte (points de substance). Dass die Seele eine einfache Substanz sei, hat Leibnitz durch die Cartesianische Doctrin von dem Sitz der Seele veranlasst, schon früh angenommen. Das Gemüth, sagt er in einem Briefe an den Herzog Joh. Friedr. von Braunschweig-Lüneburg vom 21. Mai 1671, müsse an einem Orte sein, wo alle Bewegungen, die uns von den Sinnesobjecten imprimirt werden, zusammentreffen, also in einem Punkt; geben wir dem Gemüth einen grösseren Platz, so hat es partes extra partes und kann also „nicht auf alle seine Stücke und actiones reflectiren". Aber zur Zerlegung der Materie in punctuell einfache Substanzen ist Leibnitz erst später, wohl erst um 1686, fortgegangen.)

Die wahren Einheiten oder einfachen Substanzen sind zu definiren mittelst des Begriffs der Kraft. (Dies lehrt Leibnitz in einem gewissen Anschluss an den englischen Arzt Glisson, den Verfasser eines Tractatus de natura substantiae energetica seu de vita naturae, London 1672, der allen Substanzen Bewegung, Trieb und Vorstellung zuschreibt, auch an englische Platoniker, wie More und besonders Cudworth, der eine vis plastica annahm.) Die active Kraft (vis activa)

§ 11. Leibniz u. gleichzeitige Philos. u. die deutsche Philos. des 18. Jahrh. 123

ist (wie Leibniz in der Abh. de primae philosophiae emendatione et de notione substantiae, in Act. Erud. 1694 sagt) ein Mittleres zwischen der blossen Fähigkeit des Wirkens und dem Wirken selbst; die blosse Fähigkeit bedarf der positiven Anregung von aussen, die active Kraft aber nur der Hinwegräumung der Hindernisse, um die Wirkung zu üben, wie die gespannte Sehne eines Bogens nur gelöst zu werden braucht, um ihre Kraft zu äussern. In den (um 1714 verfassten) Principes de la nature et de la grâce, fondées en raison, in Erdmann's Ausg. S. 714, definirt Leibniz: La substance est un être capable d'action. Doch ist in jeder endlichen Monade auch Passivität, welche Leibnits als materia prima (im Unterschied von dem Aggregat oder der Masse als der materia secunda, die uns als etwas Ausgedehntes erscheint) bezeichnet; nur Gott ist actus purus, frei von jeder Potentialität. Die Passivität bekundet sich als die Widerstandsfähigkeit (antitypia), worauf die Undurchdringlichkeit der Masse beruht (Op. ph. ed. Erdm. p. 157; 678). Müssen wir die Substanzen mittelst des Begriffs der Kraft denken, so folgt daraus, sagt Leibniz in dem Syst. nouv., „quelque chose d'analogique au sentiment et à l'appétit"; man muss die Substanzen auffassen „à l'imitation de la notion que nous avons des âmes". Jede Substanz hat Perceptionen und Tendenzen zu neuen Perceptionen. In sich selbst trägt sie das Gesetz der Fortsetzung der Reihe ihrer Wirkungen (legem continuationis seriei suarum operationum, Brief an Arnauld 1690, in Erdmann's Ausg. S. 107). Jede Substanz hat eine repräsentative Natur, sie stellt das Universum vor, aber die eine deutlicher, als die andere, und eine jede von ihrem Standpunkte aus, mit grösserer Klarheit in Bezug auf die Dinge, zu denen sie in der nächsten Beziehung steht, mit geringerer Klarheit in Bezug auf die übrigen (Principes de la nat. et de la grâce, 3 ff., bei Erdm. S. 714 ff.). Wer Eine Monade vollständig erkennte, würde in ihr das All erkennen, dessen Spiegel (miroir) sie ist; sie selbst erkennt nur, was sie klar vorstellt. Demgemäss repräsentirt jede Monade das Universum gemäss ihrem eigenthümlichen Gesichtspunkte (selon son point de vue; — les points mathématiques sont leur point de vue, pour exprimer l'univers). Hierdurch sind alle Monaden und alle Monadencomplexe von einander verschieden; es giebt im Universum nicht zwei einander vollkommen gleiche Objecte; was qualitativ ununterscheidbar ist, ist schlechthin identisch (principium identitatis indiscernibilium, Monad. 9 u. ä.). Darauf, dass jede Monade von ihrem Standpunkte aus das Universum spiegelt, beruht die von Gott, dem Schöpfer der Monaden, zwischen ihnen allen von Anfang an gesetzte Harmonie (harmonia praestabilita). Sie spiegelt dasselbe nur zum geringsten Theil mit Klarheit, zum grossen Theil aber in dunklen, jedoch in ihr wirklich vorhandenen und wirksamen Vorstellungen. Leibniz sagt: c'est ainsi par les perceptions insensibles que j'explique cette admirable harmonie préétablie de l'âme et du corps et même de toutes les monades ou substances simples, qui supplée à l'influence insoutenable des uns sur les autres (Nouv. Ess., Avant-propos, bei Erdm. S. 197 f.).

Durch die Monadenlehre wird die Ungleichartigkeit aufgehoben, welche nach Descartes zwischen dem Leibe und der Seele besteht, und es tritt eine continuirliche Stufenordnung percipirender Substanzen an die Stelle (welche Doctrin zwischen dem Cartesianischen Dualismus und dem Spinozistischen Monismus die Mitte hält). Leibniz sagt, gestützt auf das Princip der Continuität: Es giebt unendlich viele Stufen zwischen einer Bewegung, wie gering dieselbe auch sei, und der vollen Ruhe, zwischen der Härte und einer absoluten, gar keinen Widerstand leistenden Flüssigkeit, zwischen Gott und dem Nichts. So giebt es auch unzählig viele Grade zwischen jeder beliebigen Activität und der reinen Passivität. Folglich ist es nicht vernunftgemäss nur Ein actives Princip, nämlich den allgemeinen Geist (die Weltseele) und Ein passives, nämlich die Materie, anzunehmen (Considérations sur la doctrine d'un esprit universel, 1702, op. ph., ed. Erdm. p. 182). Die Stufenordnung geht von Gott, der primitiven Monade, bis zu den untersten Monaden herab. Epist. ad Bierlingium, 1711, bei Erdmann S. 678: Monas seu substantia simplex in genere continet perceptionem et appetitum, estque vel primitiva seu Deus, in qua est ultima ratio rerum, vel est derivativa, nempe Monas creata, eaque est vel ratione praedita, mens, vel sensu praedita, nempe anima, vel inferiore quodam gradu perceptionis et appetitus praedita, seu anima analoga, quae nudo monadis nomine contenta est, quam ejus varios gradus non cognoscamus. Vgl. Principes de la nature et de la grâce, 4, bei Erdm. S. 714 f. Aber ungeachtet dieser Aufhebung des Dualismus lehrt Leibnitz doch nicht eine natürliche Wechselwirkung zwischen den Monaden und insbesondere zwischen Leib und Seele; denn der Ablauf der Vorstellungen der Seele kann nicht in den Mechanismus der leiblichen Bewegungen modificirend eingreifen, und dieser nicht in den Vorstellungslauf. Es ist nicht möglich, sagt Leibnitz (Syst. nouv. 14, ed. Erdm. p. 127), dass die Seele oder irgend eine andere wahre Substanz etwas von aussen empfange, es sei denn durch die göttliche Allmacht. Die Monaden, sagt er an einer andern Stelle (Monad. 7, ed. Erdm. p. 705), haben keine Fenster, durch die irgend welche Elemente in sie eingehen oder hinaustreten könnten. Es giebt keinen influxus physicus zwischen irgend welchen geschaffenen Substanzen, also auch nicht zwischen der Substanz, welche Seele ist und denjenigen Substanzen, die ihren Leib ausmachen. Die Seele kann ferner darum nicht auf den Leib wirken, weil sich im Universum, wie in jedem System von nur auf einander wirkenden und von einander Wirkungen erfahrenden Substanzen, nicht nur dieselbe Grösse der (lebendigen) Kraft, sondern auch dieselbe Quantität des Progresses in jeder einzelnen Richtung unverändert erhält (lex de conservanda quantitate directionis, s. Erdmann's Ausg. S. 108; 133; 702); die Seele kann also nicht, wie Descartes dafürhielt, auf die Richtung der Bewegungen modificirend einwirken. Descartes liess noch die gewöhnliche Annahme eines natürlichen Einflusses bestehen; ein Theil seiner Schüler erkannte, dass derselbe unmöglich sei, und bildete die Doctrin des Occasionalismus aus, die besonders durch Malebranche in Aufnahme gekommen ist; aber diese Doctrin macht die alltäglichen Vorgänge zu Wundern, indem sie Gott stets auf's Neue in den Naturlauf eingreifen lässt. Gott hat vielmehr von Anfang an Seele und Leib und überhaupt alle Substanzen so geschaffen, dass, indem jede dem Gesetz ihrer inneren Entwicklung (der oben erwähnten lex continuationis seriei suarum operationum) mit voller Selbständigkeit (spontaneité) folgt, sie zugleich mit allen andern in jedem Augenblick in genauer Uebereinstimmung (conformité) steht (also die Seele dem Gesetz der Vorstellungsassociation gemäss in demselben Augenblick eine schmerzhafte Empfindung hat, in welchem der Körper geschlagen oder verwundet wird etc. und umgekehrt der Arm den Gesetzen des Mechanismus des Leibes gemäss in demselben Augenblicke sich ausstreckt, in welchem in der Seele ein bestimmtes Begehren aufflaucht u. dergl. mehr). Das Verhältniss dieser Annahme der prästabilirten Harmonie zu den beiden anderen möglichen Erklärungen der Correspondenz zwischen Seele und Leib erläutert Leibnitz (in dem Second Eclaircissement und Troisieme Eclaircissement du nouveau Systeme de la communication des substances, in Erdmann's Ausg. S. 133 f.) durch folgendes Gleichniss. Dass zwei Uhren mit einander stets übereinstimmen, kann auf drei Weisen erzielt werden, deren erste der Lehre von einem physischen Einfluss zwischen Leib und Seele entspricht, die zweite dem Occasionalismus, die dritte dem System der prästabilirten Harmonie. Entweder werden beide Uhren durch irgend einen Mechanismus mit einander in Verbindung gebracht, so dass der Gang der einen auf den Gang der andern einen bestimmenden Einfluss übt, oder es wird Jemand beauftragt, fortwährend die eine nach der andern zu stellen, oder es sind beide mit so vollkommener Genauigkeit gleich anfangs gearbeitet worden, dass man auf ihren andauernd gleichmässigen Gang ohne rectificirendes Eingreifen eines Arbeiters rechnen kann. Da Leibnitz zwischen Seele und Leib einen physischen Einfluss für unmöglich hält, so bleibt ihm nur die Wahl zwischen den beiden letzteren Annahmen übrig, und er entscheidet sich für die einen „consentement préétabli", weil er diese Weise, die Uebereinstimmung zu sichern, für naturgemässer und gotteswürdiger hält, als das jedesmalige gelegentliche Eingreifen. Der absolute Künstler konnte nur vollkommene Werke schaffen, die der stets erneuten Rectification nicht bedürfen.

Die Seele kann die herrschende Monade oder das substantielle Centrum des Leibes genannt werden, oder auch die auf die Monaden des Leibes wirkende Substanz, sofern die andern ihr angepasst sind und ihr Zustand den Erklärungsgrund für die leiblichen Veränderungen ausmacht (Syst. nouv. 17, in Erdmann's Ausg. S. 128). Jede Monade, welche Seele ist, ist mit einem organischen Leibe umkleidet, den sie niemals in allen seinen Theilen verliert. Dass sie ihn aber doch partiell verlieren kann und dass sogar fortwährend die Bestandtheile des Leibes dem Stoffwechsel unterliegen (Monad. 71), während jede Monade schlechthin einfach ist, zeugt zureichend für die völlige Unhaltbarkeit des Versuchs, den Unterschied von Seele und Leib, welcher letztere nach Leibnitz als ein Aggregat von Substanzen ein Monadencomplex ist (une masse composée par une infinité d'autres Monades, qui constituent le corps propre de cette Monade centrale, Principes de la nature et de la grâce 3, bei Erdm. S. 714), mit dem der Activität und Passivität in der einzelnen Monade zu identificiren und hiernach auch die prästabilirte Harmonie umzudeuten.

Es existirt nichts anderes, als Monaden und Erscheinungen, welche Vorstellungen der Monaden sind. Alle Ausdehnung gehört nur der Erscheinung an: nur in der verworrenen sinnlichen Auffassung erscheint die continuirlich ausgedehnte Materie. Diese Materie ist nur ein „phaenomenon bene fundatum", „un phénomène réglé et exact, qui ne trompe point, quand on prend garde aux règles abstraites de la raison". Der Raum ist die Ordnung der möglichen coexistirenden Erscheinungen, die Zeit ist die Ordnung der Successionen (in Erdmann's Ausg. S. 189, 745 f., 752 u. ö.). Was in der Ausdehnung Reales ist, besteht nur in dem Grunde der Ordnung und geregelten Folge der Erscheinungen, welcher Grund nicht anschaulich vorgestellt, sondern nur gedacht werden kann. Leibnitz bekämpft die (auch von Newton gehegte) Ansicht, dass der Raum „un être réel absolu" sei (wie er auch die Newton'sche Attractionsdoctrin angreift, in Erdm.'s Ausg. S. 732).

Die Vereinigung von einfachen Substanzen zu einem Organismus ist eine unio realis und bildet gewissermaassen eine zusammengesetzte Substanz, indem die einfachen Substanzen gleichsam durch ein „vinculum substantiale" mit einander zu einem Ganzen verknüpft sind.

Aus der monadischen und geistigen Natur der Seele folgert Leibnitz ihre Unzerstörbarkeit und Unsterblichkeit. Syst. nouv., in Erdmann's Ausg. S. 128: „Tout esprit étant comme un monde à part, suffisant à lui-même, indépendant de toute autre créature, enveloppant l'infini, exprimant l'univers, est aussi durable, aussi subsistant et aussi absolu que l'univers même des créatures". Aus der Unmöglichkeit, die thatsächliche Uebereinstimmung zwischen Seele und Leib durch physischen Einfluss zu erklären, folgert er die Nothwendigkeit der Annahme der Existenz Gottes als der gemeinsamen Ursache aller endlichen Substanzen: „car ce parfait accord de tant de substances qui n'ont point de communication ensemble, ne sauroit venir que de la cause commune" (Syst. nouv. 1695, in Erdmann's Ausg. S. 125). Gott, die primitive Substanz, hat jede Monade so eingerichtet, dass sie stets von ihrem Standpunkte aus das Weltall spiegelt; und er hat hierdurch die Harmonie bewirkt. Nouv. Ess. IV, § 11: Car chacune de ces âmes exprimant à sa manière ce qui se passe au dehors et ne pouvant avoir aucune influence des êtres particuliers ou plutôt devant tirer cette expression du propre fond de sa nature, il faut nécessairement que chacune ait reçu cette nature d'une cause universelle dont ces êtres dépendent tous et qui fasse que l'un soit parfaitement d'accord et correspondant avec l'autre, ce qui ne se peut sans une connaissance et puissance infinie. Gott ist, sagt Leibnitz (Monad. 47, in Erdmann's Ausg. S. 708) die primitive Einheit oder die ursprüngliche einfache Substanz, die Monas primitiva (Epist. ad Bierlingium 1711, in Erdmann's Ausg. S. 678; la monade primitive, Lettre à Remond de Montmort, 1715, Erdm. S. 725), deren Productionen alle geschaffenen oder abgeleiteten Monaden sind, die (wie Leibnitz allerdings nicht ohne einige Beeinträchtigung seiner Voraussetzung der Untheilbarkeit der Monaden lehrt) aus ihr gleichsam durch beständige Ausstrahlungen (die doch dynamische Theilungen sind) entstehen (par des fulgurations continuelles de la Divinité de moment à moment, bornées par la réceptivité de la créature à laquelle il est essentiel d'être limitée). Gott hat eine adäquate Kenntniss von allem, da er dessen Quelle ist. Er ist gleichsam ein allgegenwärtiges Centrum (comme centre partout, mais sa circonférence est nulle part) alles ist ihm unmittelbar gegenwärtig, nichts ist fern von ihm. Diejenigen Monaden, welche Geister sind, haben vor den übrigen die Gotteserkenntniss voraus, und haben einigen Antheil an Gottes schaffender Kraft. Gott beherrscht die Natur als Architekt, die Geister als Monarch; zwischen dem Reiche der Natur und der Gnade besteht eine vorausbestimmte Harmonie (Principes de la nature et de la grâce 13 und 15, in Erdmann's Ausg. S. 717).

Auf dem Princip der Harmonie zwischen den Reichen der Natur und der Gnade beruht Leibnitzens (zuerst 1710 erschienene) Theodicaea (Théodicée) oder Rechtfertigung Gottes wegen des Uebels in der Welt. Die Welt muss als Werk Gottes die beste unter allen möglichen Welten sein; denn wäre eine bessere Welt möglich, als diejenige, welche wirklich besteht, so hätte Gottes Weisheit dieselbe erkennen, seine Güte sie wollen, seine Allmacht sie schaffen müssen. Das Uebel in der Welt ist mit Nothwendigkeit durch die Existenz der Welt selbst bedingt. Sollte es eine Welt geben, so musste sie aus endlichen Wesen bestehen; hierdurch rechtfertigt sich die Endlichkeit oder Beschränktheit und Leidensfähigkeit, die man das metaphysische Uebel nennen kann. Das physische Uebel oder der Schmerz ist heilsam als Strafe oder als Erziehungsmittel. Das moralische Uebel oder das Böse konnte Gott nicht aufheben, ohne die Selbstbestimmung und damit die Moralität selbst aufzuheben; die Freiheit, nicht als Exemtion von der Gesetzmässigkeit, sondern als Selbstentscheidung nach dem erkannten Gesetz, gehört zum Wesen des Geistes. Der Naturlauf ist so von Gott geordnet, dass er jedesmal dasjenige herbeiführt, was für den Geist das Zuträglichste ist, eben hierin besteht die Harmonie zwischen dem Reiche der Natur und dem Reiche der Gnade.

Den Kern der in den (1704 verfassten, erst 1765 veröffentlichten) Nouveaux essais sur l'entendement enthaltenen Bemerkungen gegen Locke's Essay concerning human understanding (welche Schrift er jedoch als „un des plus beaux et des plus estimés ouvrages de ce temps" anerkannt) bezeichnet Leibnitz selbst (in einem Briefe an Bierling) in folgender Weise: „Bei Locke sind gewisse besondere Wahrheiten nicht übel auseinandergesetzt; aber in der Hauptsache entfernt er sich weit vom Richtigen, und er hat die Natur des Geistes und der Wahrheit nicht erkannt. Hätte er den Unterschied zwischen den nothwendigen Wahrheiten oder denjenigen, welche durch Demonstration erkannt werden, und denjenigen, zu welchen wir bis auf einen gewissen Grad durch Induction gelangen, richtig erwogen, so würde er eingesehen haben, dass die nothwendigen Wahrheiten nur aus den dem Geiste eingepflanzten Principien, den sogenannten angeborenen Ideen, bewiesen werden können, weil die Sinne zwar lehren, was geschieht, aber nicht, was nothwendig geschieht. Er hat auch nicht beachtet, dass die Begriffe des Seienden, der Substanz, der Identität, des Wahren und Guten deswegen unserm Geiste angeboren sind, weil er selbst sich angeboren ist, in sich selbst dieses alles ergreift. Nihil est in intellectu, quod non fuerit in sensu, nisi ipse intellectus**). Ueber das Einzelne vergl. insbesondere die schon oben (§ 10, S. 91) citirte Abhandlung von G. Hartenstein, Locke's Lehre von der menschlichen Erkenntniss in Vergleichung mit Leibnitz's Kritik derselben, des IV. Bandes der Abh. der philologisch-historischen Classe der K. Sächs. Gesellschaft der Wiss. No. II. Leipzig 1861.

Als Principien des Schliessens bezeichnet Leibnitz den Satz der Identität und des Widerspruchs und den Satz des zureichenden Grundes. Monadol. 31, 32 (in Erdmann's Ausgabe S. 707): Nos raisonnemens sont fondés sur deux grands principes, celui de la contradiction, en vertu duquel nous jugeons faux ce qui en enveloppe, et vrai ce qui est opposé ou contradictoire au faux, et celui de la raison suffisante, en vertu duquel nous considérons qu'aucun fait ne sauroit se trouver vrai ou existant, aucune énonciation véritable, sans qu'il y ait

---

*) Da jedoch Locke ausser der Sensation auch die Reflexion als das Bewusstsein des Geistes von seinem eigenen Thun angenommen hat, und da andererseits Leibnitz nicht die Ideen als bewusste Vorstellungen angeboren sein lässt, sondern nur als „schlummernde Vorstellungen", als „idées innées", die doch nicht „connues" seien, so ist der Gegensatz geringer, als er nach dem Wortlaute erscheint. Wenn der Geist den Begriff des Seienden, der Substanz darum zu gewinnen vermag, weil er selbst ein Seiendes, eine Substanz ist, so ist ihm nicht dieser Begriff als solcher, auch nicht einmal als unbewusster Begriff, sondern nur das, woraus dieser Begriff sich bilden lässt, angeboren; ist er der Wahrheit und Güte fähig und vermag durch Reflexion auf die von ihm gewonnene Wahrheit und Güte eben diese Begriffe zu bilden, so erlangt er dieselben nicht ohne die „reflection", und in der Leibnitzischen Theorie liegt nur so viel Wahres, dass die Möglichkeit derjenigen Entwicklung, die zu jenem Begriffe führt, durch eine der Seele innewohnende Activität bedingt ist, welche den Vergleich derselben mit einer bloss passiven tabula rasa unpassend macht. Die Vorstellungen bilden sich sämmtlich durch ein Zusammenwirken äusserer und innerer Factoren; Locke hat die ersteren, Leibnitz die letzteren betont. Die „Anlage" zu den bewussten Ideen mit dem Vorhandensein eben dieser Ideen selbst als unbewusster Vorstellungen gleichzusetzen, so dass die Entwicklung derselben nur in einem successiven Klarwerden derselben bestehen soll, heisst dem wirklichen Entwicklungsprocesse einen erträumten unterschieben, bei welchem die Mitwirkung des äusseren Factors verkannt wird. Die auf uns einwirkende äussere Realität ist ebensowohl, wie der Geist selbst, etwas Geordnetes, nach immanenten Gesetzen Gestaltetes, nicht ein Conglomerat von Zufälligkeiten; darum ist auch die durch die Einwirkung der Aussenwelt auf uns bedingte Erfahrung nicht etwas Chaotisches, in welches der Geist erst aus sich nach „angeborenen Ideen", die nach Leibnitz die Seele wie Adern den Marmorblock durchziehen (oder, wie Kant will, nach Formen a priori) Ordnung hineintragen müsste; aus ihr selbst kann die gesetzmässige Ordnung der Realität erkannt werden, in welcher die Nothwendigkeit der einzelnen Thatsachen begründet liegt. Zu diesem Ziele führt freilich nicht die vereinzelte Erfahrung, wohl aber die Combination von Erfahrungen nach logischen Normen, welche letzteren von rein subjectiven Bestandstücken der Erkenntniss sehr wesentlich verschieden sind. Vgl. unten die Noten zu § 16.

ane raison suffisante pourquoi il en soit ainsi et non pas autrement, quoique ces raisons le plus souvent ne puissent point nous être connues. Die nothwendigen Wahrheiten führt Leibnitz auf den Satz des Widerspruchs zurück, die zufälligen oder factischen auf den Satz des Grundes; die ersteren, wozu Leibnitz insbesondere die mathematischen rechnet, kann man durch eine Analysis der Begriffe und Sätze, die bis zu den primitiven fortgeht, erkennen. (Im Gegensatz zu dieser Lehre hat Kant die mathematischen Erkenntnisse als synthetische Urtheile a priori bezeichnet. Manche Leibnitzianer haben den Satz des Grundes aus dem des Widerspruchs abzuleiten versucht.)

Die „ewigen Wahrheiten" haben nach Leibnitz ihren Ursprung in dem göttlichen Verstande, ohne dass der göttliche Wille daran Antheil hat; der göttliche Verstand ist die Quelle der Möglichkeit der Dinge, der göttliche Wille die Ursache ihrer Wirklichkeit. Hiernach muss alle Wahrheit ihrer Natur nach Vernunftwahrheit sein.

Auf die Religion und auf die allgemeine Bildung im achtzehnten Jahrhundert hat Leibnitz zumeist durch seinen Versuch eines Nachweises der Conformität von Vernunft und Glauben (in der Théodicée) gewirkt, den er zunächst im Gegensatze gegen Bayle's extreme Durchführung des altprotestantischen Princips des Widerstreits aufstellte, und der bei der Ausbreitung und Vertiefung der wissenschaftlichen Vernunfterkenntniss auf den Gebieten der Natur und Geschichte als ein dringendes Zeitbedürfniss erschien. In dem Maasse, wie sein Princip Eingang fand, wurde einerseits die Schroffheit des Gegensatzes zwischen Katholicismus und Protestantismus gemildert, andererseits aber die Bedeutung der Offenbarungslehren überhaupt (obschon Leibnitz an denselben festhielt und insbesondere socinianische Einwürfe gegen die orthodoxe Trinitätslehre bekämpfte) zu Gunsten der durch die blosse Vernunft erkennbaren Wahrheiten abgeschwächt, in welcher Richtung die sogenannte Aufklärung weit über Leibnitzens Absicht hinausging. Die Leibnitzisch-Wolff'sche Philosophie bahnte den theologischen Rationalismus an, der später durch den Kantianismus in anderer Art zu einer noch volleren Ausbildung gelangte.

Ging in philosophischem Betracht Leibnitzens Streben vorzüglich auf die Vereinigung der theologischen und kosmologischen Auffassung, der Ableitung aus Gott und der Erklärung durch Naturgesetze, so ist doch eine wirkliche Harmonie beider Elemente nicht erreicht worden. Die prästabilirte Harmonie lässt nur anscheinend eine naturgesetzliche Auffassung zu, indem jede Monade von ihrem Standorte aus das All spiegeln soll; eine wirkliche Naturgesetzlichkeit müsste den Causalnexus involviren. Wie Gott die Monaden zu bestimmen vermöge, bleibt unklar. Die Verschiedenheit der Standorte der Monaden muss entweder von eben solcher Art sein, wie die der Lage von Punkten in dem Raume der sinnlichen Anschauung oder nicht. Ist sie es nicht, so bleibt die Natur derselben völlig unbestimmt; die Durchführung der Monadenlehre, welche fast durchgängig die Analogie räumlicher Verhältnisse voraussetzt, wird durch den allgemeinen Satz, dass alle derartigen Verhältnisse bei den Monaden nicht stattbaben, nicht nur durchaus unanschaulich, sondern verliert auch jede Klarheit für das Denken; die Leibnitzische Lehre vom Raum bleibt hiernach kaum wesentlich von der Kantischen Doctrin, wonach derselbe eine blosse subjective Anschauungsform ist, unterschieden (wie denn auch Kant, metaph. Anfangsgr. der Naturwiss. Lehrs. 4, Anm. 2 gegen Ende, L.'s Lehre vom Raum in eben diesem Sinne deutet, indem die der räumlichen Ordnung correspondirende Ordnung einfacher Wesen einer „bloss intelligibeln, uns unbekannten Welt" angehöre), zieht dann aber consequentermaassen, wie Kant gezeigt hat, auch die Denkformen in den blossen Subjectivismus mit hinein, und unterliegt andererseits den nämlichen Bedenken, welche diesen Kantischen Subjectivismus als unhaltbar erweisen und insbesondere Herbart zur Ausbildung eines neuen „Realismus" bestimmt haben. Sind aber die Monadenorte räumlicher Art (zu welcher Annahme insbesondere die mathematische Bestimmtheit der mechanischen Gesetze nöthigt, welche Gesetze unleugbar über das Subject auf die transcendentalen Objecte, die seine sinnlichen Anschauungen bedingen, hinausweisen; zu dieser Auffassung stimmt auch Leibnitzens Bestimmung der points de vue als mathematischer Punkte innerhalb organisirter Massen und die Bedingtheit des Maasses der Wirkung durch die Distanz, Principes de la nature et de la grâce, 3, bei Erdm. S. 714), so muss (mit Herbart) ein intelligibler Raum von dem phänomenalen unterschieden, aber derselbe dem letztern gleichartig gedacht werden, was jedoch Leibnitz nicht will, der ausdrücklich alle räumlichen Beziehungen auf Phänomene einschränkt und die Uebertragung derselben auf die Monaden abweist; durch diese Uebertragung würde mindestens die theologische Seite der Leibnitzischen Doctrin, die Allgegenwart Gottes, sein Nichtgebundensein an einen bestimmten Punkt, seine gleich nahe Beziehung zu endlichen Monaden gefährdet werden. Die punktuelle Einfachheit der Monade verträgt sich nicht mit der zum Behuf der Ausschliessung äusserer Einfachheit angenommenen Vielfachheit der in ihr liegenden Perceptionen; schon Bayle hat hierauf aufmerksam gemacht; wird die Einfachheit aufgegeben, so ist zunächst der Spinozismus hergestellt; Herbart hat, um die punktuelle Einfachheit zu retten (deren Möglichkeit übrigens auch an sich selbst zweifelhaft ist, da der Punkt nur als Grenze existirt und nur in der Abstraction verselbständigt wird), die Consequenz der Einfachheit der Qualität gezogen, wodurch aber nicht nur die präsubilirte Harmonie aufgehoben, sondern auch jede Durchführung einer theoretischen Gotteslehre unmöglich wird. Der Kantianismus, der erneute Spinozismus (Schellinginismus) und der Herbartianismus liegen unentwickelt in der Leibnitzischen Doctrin mit einander vereint; zu einer wirklichen Versöhnung der widerstreitenden Elemente ist Leibnitz nicht gelangt.

Die nächste Aufgabe war jedoch nicht die Auflösung, sondern die Systematisirung der Leibnitzischen Gedanken. Dieser Aufgabe hat sich mit entschiedenem Talent, unermüdlichem Fleiss und bedeutendem Erfolg Christian Wolff unterzogen, so dass fast alle Anhänger Leibnitzens in Deutschland noch unter seinem Einfluss gestanden haben und die Schule als die Leibnitz-Wolff'sche bezeichnet zu werden pflegt. Doch gingen neben der Leibnitzischen Doctrin, welche das Haltbare der Cartesianischen und der Aristotelischen Philosophie grösstentheils in sich aufgenommen hatte, auch andere Gedankenrichtungen nebenher, insbesondere die Locke'sche, auch behaupteten einige andere mit Leibnitz gleichzeitige Denker, wie der Rechtslehrer Pufendorf, der Logiker Tschirnhausen etc. auf bestimmten Gebieten der Philosophie eine mehr oder minder bedeutende Autorität.

Ein deutscher Vorgänger Leibnitzens in dem Bestreben nach einer Reform der Philosophie war Joachim Jungius (1587—1657), ein tüchtiger Mathematiker und Naturforscher, der besonders auch (mit Plato) die propädeutische Bedeutung der Mathematik für ein echtes Philosophiren hervorhob. Er ist der Verfasser der Logica Hamburgensis, Hamburg 1638 und 1681. Ueber ihn handelt G. E. Guhrauer, J. J. und sein Zeitalter, nebst Göthe's Fragm. über Jungius, Stuttgart u. Tübingen 1850.

Die skeptische Ansicht von menschlichem Wissen, welche einst Agrippa von Nettesheim in seiner Schrift de incertitudine et vanitate scientiarum, Colon. 1527, geäussert hatte und im siebenzehnten Jahrhundert in England Joseph Glan-

130 § 11. Leibnitz und gleichzeitige Philos. und die deutsche Philos. des 18. Jahrh.

ville, in Frankreich Le Vayer u. A. vertraten, äusserte Hieronymus Hirnhaym (gest. zu Prag 1679) in seiner Schrift de typho generis humani sive scientiarum humanarum inani ac ventoso tumore, zu dem Zweck, den Offenbarungsglauben und die Ascese zu heben. Doch war er kein Feind wissenschaftlicher Studien. Ueber ihn handelt Karl Sigm. Barach, H. H., ein Beitrag zur Gesch. der philos.-theologischen Cultur im 17. Jahrhundert, Wien 1864.

Die Mystik erneuerte u. A. namentlich Angelus Silesius (Johann Scheffler, 1624—77) in poetischer Form. Sein Grundgedanke ist: Gott bedarf des Menschen gleich wie der Mensch Gottes bedarf, zur Pflege seines Wesens. Vgl. Franz Kern, Joh. Scheffler's cherubinischer Wandersmann, Leipzig 1866 (wo besonders die Beziehung Sch.'s zu Eckhart nachgewiesen wird).

Walther von Tschirnhausen (1651—1708), ein Mathematiker, Physiker und Logiker, der sich besonders durch das Studium der Schriften des Descartes und des Spinoza, auch durch persönlichen Verkehr und durch Briefwechsel mit dem Letzteren gebildet hat und mit Leibnitz früh in persönliche Beziehung trat, behandelte die Logik als Erfindungskunst in seiner Medicina mentis sive artis inveniendi praecepta generalia, Amst. 1687, Lips. 1695 u. ö. Vgl. über ihn H. Weissenborn, Lebensbeschreibung des E. W. von Tschirnhaus, Eisenach 1866.

Samuel von Pufendorf (1632—94) hat sich durch seine unter dem Namen Severinus a Monzambano veröffentlichte Schrift de statu reipubl. Germanicae 1667 u. ö. (deutsch von Harry Breslau, Berlin 1870) um das deutsche Staatsrecht, durch die Schriften: de jure naturae et gentium, Lond. 1672, Frankf. 1684 u. ö., de officio hominis et civis, Lond. 1673 u. ö., um das Naturrecht und die Ethik verdient gemacht. Von Grotius nimmt Pufendorf das Princip der Geselligkeit, von Hobbes das der individuellen Interessen an, und vereinigt beide durch den Satz, dass die Geselligkeit im Interesse eines jeden Einzelnen liege. In der systematischen Anordnung der Naturrechtslehre liegt die Hauptbedeutung der Pufendorf'schen Darstellung.

Im Wesentlichen fusst auf Pufendorf Christian Thomasius (1655—1728) in seinen Institutionum jurisprudentiae divinae libri tres, in quibus fundamenta juris nat. secundum hypotheses Ill. Pufendorfii perspicue demonstrantur, Francof. et Lips. 1688; 7. ed. 1730; selbständiger verfährt er in den Fundamenta juris naturae et gentium ex sensu communi deducta, in quibus secernuntur principia honesti, justi ac decori, Hall. 1705 u. ö., worin er das justum, decorum und honestum als drei Stufen des der ("Welt"-) Weisheit gemässen Verhaltens bezeichnet, indem er für das justum das Princip aufstellt: quod tibi non vis fieri, alteri ne feceris, für das decorum: quod vis ut alii tibi faciant, tu et ipsis facias, für das honestum: quod vis ut alii sibi faciant, tu et ipse facias. Die Rechtspflichten sind erzwingbar. Auch Tschirnhausen's Medicina mentis ist auf die Philosophie des Thomasius. obschon dieser sie bekämpft, doch wohl nicht ohne Einfluss gewesen. Vgl. Luden, Chr. Thomasius nach seinen Schicksalen und Schriften. Berlin 1805.

Heinr. v. Cocceji (1644—1719) und sein Sohn Samuel v. Cocceji (1679—1755) haben das Naturrecht auf das Völkerrecht und auf das Civilrecht angewandt. Vgl. Trendelenburg, Fr. d. Gr. und sein Grosskanzler Sam. von Cocceji, in den Abhandl. der Akad. vom Jahre 1863. Berlin 1864, S. 1—74; Heinr. Degenkolb in der 3. Aufl. des Rotteck-Welcker'schen Staatslex. über den Einfluss des Wolff'schen Naturrechts auf unser Landrecht, in dem Artikel über das allg. preuss. Landrecht.

Auf dem Gebiete der Rechts- und Geschichtsphilosophie hat sich unter Leibnitzens jüngeren Zeitgenossen der Neapolitaner Giovanni Battista Vico (1668

§ 11. Leibnitz und gleichzeitige Philos. und die deutsche Philos. des 18. Jahrh. 131

bis 1744) ein Verehrer des Plato und Aristoteles und Anhänger der Lehre der katholischen Kirche, ausgezeichnet. Er schrieb: de antiquissima Italorum sapientia, Neap. 1710; de uno universi juris principio et fine uno, Neap. 1720; liber alter, qui est de constantia jurisprudentis, ib. 1721; Principj di una scienza nuova d'intorno alla commune natura delle nasioni, Neapel 1725, 1730, 1744 u. ö., deutsch von W. E. Weber, Leips. 1822. Vico kann für den Begründer der Philosophie der Geschichtsphilosophie und der Völkerpsychologie gelten. Er will, wie er selbst erklärt, Gott nicht nur in Beziehung zur Natur betrachten, sondern in Beziehung zu dem menschlichen Geist in dem Leben der Völker. Er bekämpft den dem Historismus feindlichen Cartesianismus. Seine Geschichtsphilosophie unterscheidet jedoch nur Entwicklungsperioden im Leben der einzelnen Völker und beruht nicht auf der Idee eines successiven Fortschritts des Menschengeschlechts.

Christian Wolff (auch die Schreibart mit Einem f findet sich nicht selten, zumal in dem latinisirten Namen), geb. 1679 zu Breslau, 1707—23 Professor in Halle, von dort vertrieben Professor in Marburg, 1740 durch Friedrich II. nach Halle zurückgerufen, gest. daselbst 1754, hat sich durch Systematisirung der Philosophie ein sehr beträchtliches Verdienst um die wissenschaftliche Form und um die gründliche didaktische Behandlung derselben erworben, obschon dasselbe durch die zu weit gehende, pedantische Anwendung der mathematischen Methode und durch geschmacklose Breite der Darstellung verringert wird. Die Leibnitzschen Gedanken hat er sich angeeignet und nach Leibnitzens eigenem Vorgange mit der bis dahin in den Schulen herrschenden Aristotelischen Doctrin zu vereinigen gesucht, zum Theil durch neue Argumente gestützt, theilweise jedoch auch modificirt und durch Beseitigung gewagterer Annahmen der gewöhnlichen Weltauffassung näher gebracht; er will insbesondere denjenigen Monaden, welche nicht Seelen sind, nicht Vorstellungen beilegen, ferner die prästabilirte Harmonie nur als eine unlässige Hypothese gelten lassen und die Möglichkeit der natürlichen Wechselwirkung zwischen Leib und Seele nicht ausschliessen. An dem Leibnitzischen Optimismus und Determinismus hält er fest. Den Satz des zureichenden Grundes sucht er auf den Satz des Widerspruchs zurückzuführen, welchen allein er (im Anschluss an die frühere Ansicht Leibnitzens) als ein schlechthin fundamentales Princip der Demonstrationen gelten lässt. Die Metaphysik theilt er in die Ontologie, rationale Psychologie, Kosmologie und Theologie ein; die Ontologie handelt von dem Seienden überhaupt, die rationale Psychologie von der Seele als einfacher, unausgedehnter Substanz, die Kosmologie von dem Weltganzen, die rationale Theologie von dem Dasein und den Eigenschaften Gottes. Die praktische Philosophie theilt Wolff (mit den Aristotelikern) in die Ethik, Oekonomik und Politik ein. Wolff's Moralprincip ist der Begriff der Vollkommenheit. Unsere eigene und auch fremde Vollkommenheit zu befördern, ist das Gesetz unserer vernünftigen Natur. Wolff's deutsche und (grösstentheils spätere und ausführlichere) lateinische Schriften gehen auf alle Zweige der Philosophie (mit Ausnahme der Aesthetik, die erst von Wolff's Schüler Baumgarten ausgebildet wurde.

Johann Joachim Lange (1670—1744), der Wolff's Vertreibung aus Halle bewirkte, suchte in den Schriften: Causa Dei et religionis naturalis adversus atheismum, Hal. 1723, Modesta disquisitio novi philos. syst. de Deo, mundo et homine et praesertim harmonia commercii inter animam et corpus praestabilita, Hal. 1723 etc. den religionsgefährlichen, spinosistischen und atheistischen Charakter der Wolff'schen Doctrin darzuthun; besonders an ihrem Determinismus nahm er Anstoss.

Andreas Rüdiger (1673—1731), ein Schüler des Christian Thomasius, ein Eklektiker, bekämpfte die Leibnitzische Doctrin von der prästabilirten Harmonie

9*

zwischen Leib und Seele und hielt an der Lehre von dem physischen Einfluss fest und behauptete die Ausgedehntheit der Seele und den sinnlichen Ursprung aller Vorstellungen. Andr. Rüdigeri disp. de eo, quod omnes ideae oriantur a sensione, Lips. 1704; de sensu veri et falsi, Hal. 1709, Lips. 1722; Philos. synthetica, Hal. 1707 u. ö.; Physica divina, recta via ad utramque hominis felicitatem tendens, Frcf. ad M. 1716; Philos. pragmatica, Lips. 1723; Wolffens Meinung von dem Wesen der Seele und Rüdigers Gegenerinnerung, Leipz. 1727.

Rüdiger's mittelbarer Schüler (durch Rüdiger's Zuhörer Ad. Friedr. Hoffmann für ihn gewonnen) war Christian August Crusius (1712–1775), der einflussreichste Gegner des Wolffianismus, der besonders den Optimismus und Determinismus bekämpfte und die Ethik auf den Willen Gottes als des Gesetzgebers basirte. Anweisung vernünftig zu leben, Leipz. 1744; Gewissheit und Zuverlässigkeit der menschl. Erkenntniss, Leipz. 1747, etc. In manchem Betracht kommt mit ihm der Eklektiker Daries (1714–1772) überein. Elem. metaph., Jen. 1743–44; philos. Nebenstunden, Jen. 1749–52; erste Gründe der philos. Sittenlehre, Jen. 1750; Via ad veritatem, Jen. 1755 u. ö.

Zu den Gegnern der Leibnitzisch-Wolff'schen Doctrin gehört auch der Eklektiker Jean Pierre de Crousaz (1663–1748), der eine Logik, franz. Amst, 1712, lat. Genf. 1724, eine Lehre vom Schönen, Amst. 1712, 2. Aufl. 1724, eine Abh. über die Erziehung, Haag 1724 und andere Schriften verfasst hat.

Zu den frühen, nicht unter Wolff's Miteinfluss stehenden Anhängern Leibnitzens gehört Michael Gottlieb Hansch (1683–1752), der Verfasser einer Schrift: Selecta moralia, Hal. 1720 und einer Ars inveniendi, 1727. Weitaus die meisten Anhänger der Leibnitzischen Doctrin aber sind zugleich Wolffianer, bis in der spätern Zeit, als Wolff's Ansehen bereits zu sinken begann, Manche wiederum mehr unmittelbar auf Leibnitz selbst zurückgingen.

Zu den bedeutenderen Wolffianern gehören: Georg Bernhard Bülffinger (oder Bilfinger, 1693–1750) der eine Dispt. de triplici rerum cognitione, historica, philosophica et mathematica, Tub. 1722, eine Commentatio hypothetica de harmonia animi et corporis humani maxime praestabilis ex mente Leibnitii, Frcf. et Lips. 1723, 2. ed. 1735, Commentationes philos. de origine et permissione mali, praecipue moralis, ib. 1724, Dilucid. philos. de Deo, anima humana, mundo et generalibus rerum affectionibus, Tub. 1725 u 5. etc. verfasste, Ludw. Phil. Thümming (1697–1728), der Institutiones philosophiae Wolffianae, Frcf. et Lips. 1725–26 etc. verfasste, der Probst Joh. Gust. Reinbeck (1682–1741), der seinen Betrachtungen über die in der Augsburgischen Confession enthaltenen Wahrheiten eine Vorrede von dem Gebrauch der Vernunft- und Weltweisheit in der Gottesgelahrtheit beifügte, die Juristen J. G. Heineccius, J. A. von Ickstadt, J. U. von Cramer, Dan. Nettelbladt und Andere, der Litteraturhistoriker und Kritiker Joh. Christoph Gottsched (1700–1766), der u. a. auch eine Schrift: erste Gründe der gesammten Weltweisheit, Leipz. 1734, 2. Aufl. 1735–36, verfasst hat (vgl. über ihn Danzel, Gottsched und seine Zeit, Leipz. 1848), der Mathematiker Martin Knutzen (gest. 1751), der von der immateriellen Natur der Seele, Frankf. 1744, Syst. causarum officientium, Lips. 1745 schrieb und einer der Lehrer Kant's war, Fr. Chr. Baumeister (1707–1785), der Lehrbücher verfasste, auch eine Historia doctrinae de mundo optimo, Gorl. 1741, schrieb, Alex. Gottlieb Baumgarten (1714–1762), der u. a. Metaphysica, Hal. 1739, Ethica philosophica, Hal. 1740, und besonders die Schrift: Aesthetica, Francof. ad Vladr. 1750–58, verfasste, worin er diesen von ihm zuerst so benannten Zweig der Philosophie auf Grund der Definition der Schönheit als der sinnlich angeschauten Vollkommenheit systematisch durchführte, sein Schüler Georg Friedr. Meier (1718–1777) zu Halle, der Anfangsgründe der schönen Wissenschaften, Halle 1748, 2. Aufl. 1754, ferner eine Vernunftlehre, Halle 1752, und einen Auszug aus derselben, Halle 1752 (welche Lehrbücher u. A. auch Kant seinen Vorlesungen über die Logik zu Grunde legte), eine Metaphysik, Halle 1755—59, eine philos. Sittenlehre, Halle 1753—61, und viele andere Schriften verfasste.

Im Wesentlichen standen in der gleichen Denkweise auch Herm. Sam. Reimarus (1694—1765), der eine Vernunftlehre, Hamburg u. Kiel 1756, 5. Aufl. 1790, Betrachtungen über die Kunsttriebe der Thiere, Hamburg 1762, 4. Aufl. 1798, eine Schrift über die vornehmsten Wahrheiten der natürlichen Religion, Hamburg 1754, 6. Aufl. 1791 veröffentlicht, auch die später durch Lessing herausgegebenen Wolfenbüttelschen Fragmente (gegen das Positive in der christlichen Religion, s. darüber besonders Dav. Friedr. Strauss, Herm. Samuel Reimarus u. s. Schutzschrift für die vernünftigen Verehrer Gottes, Leipzig 1862) verfasst hat; Gottfried Plouquet (1716—1790), der u. a. die Schrift: Principia de substantiis et phaenomenis, accedit methodus calculandi in logicis ab ipso inventa, cui praemittitur commentatio de arte characteristica universali, Fref. et Lips. 1753, ed. II. 1764, verfasst hat (vgl. Aug. Friedr. Böck, Sammlung von Schriften, welche den logischen Calcul des Herrn Prof. Pl. betreffen, Frankf. und Leipz. 1766), Joh. Heinr. Lambert (1728 bis 1777), dessen neues Organon oder Gedanken über die Erforschung und Bezeichnung des Wahren und dessen Unterscheidung vom Irrthum und Schein, Lpz. 1764, Architektonik, Riga 1771, ebenso wie die kosmologischen Briefe, Augsburg 1761, vieles Originelle enthalten. Eine isolirte Stellung nimmt der, vom Pietismus ausgegangene, zuletzt dem Spinozistischen Pantheismus sich zuneigende Freidenker Joh. Chr. Edelmann (1698—1767) ein (Moses mit aufgedecktem Angesicht, 1740 etc.; Selbstbiographie, hrsg. von Klose, Berlin 1849). Vgl. Karl Mönckeberg, Herm. Sam. Reimarus und Joh. Chr. Edelmann, Hamburg 1867.

Unter den zum Theil sehr achtbaren Denkern, welche mehr eklektisch verfuhren, als sich an ein einzelnes System banden, stehen der Leibnitzisch-Wolffischen Richtung nahe: Moses Mendelssohn, Eberhard, Platner und Andere. Moses Mendelssohn (geb. zu Dessau 6. Sept. 1729, gest. 4. Januar 1786), früh mit Maimonides, dann mit Locke, dann mit Wolff, Baumgarten und Leibnitz, auch mit Spinoza durch eifriges Studium bekannt, mit Lessing seit 1754 persönlich befreundet, hat besonders für religiöse Aufklärung gewirkt. Er wollte (hier la in Uebereinstimmung mit Spinoza) durch die religiösen Vorschriften nur das Handeln bestimmt wissen und trug auf dem Gebiet der specifisch religiösen Handlungen vielleicht allzugrosse Scheu vor reformatorischen Versuchen im Judenthum, vindicirte dagegen dem Denken volle Freiheit, und unternahm die Lehre vom Dasein Gottes und von der Unsterblichkeit der menschlichen Seele philosophisch streng zu erweisen; er verfasste u. a.: Briefe über die Empfindungen, Berlin 1755; Abh. über die Evidenz in den metaphysischen Wissenschaften, Berlin 1764, 2. Aufl. 1786. Phädon oder über die Unsterblichkeit der Seele (eine Modernisirung des Platonischen Phädon) Berlin 1761 u. ö.; Jerusalem oder über religiöse Macht und Judenthum, Berlin 1783 (der Staat, der zu Handlungen zu zwingen berechtigt ist, darf nicht Uebereinstimmung in Gedanken und Gesinnungen erzwingen wollen, soll jedoch durch weise Vorkehrungen solche Gesinnungen zu erzielen suchen, aus denen gute Handlungen hervorgehen; die Religionsgemeinschaft, welche auf Gesinnungen abzielt, darf als solche weder direct, noch mittelst des Armes der Staatsgewalt ein Zwangsrecht über ihre Mitglieder üben wollen; Religionsverschiedenheit soll nicht die bürgerliche Gleichstellung beeinträchtigen; nicht Glaubenseinheit, sondern Glaubensfreiheit ist das Ideal); Morgenstunden oder über das

131 § 11. Leibnitz und gleichzeitige Philos. und die deutsche Philos. des 18. Jahrh.

Darwin Gottes, Berlin 1785 u. ö.; Mos. Mend. an die Freunde Lessing's, Berlin 1786 (gegen F. H. Jacobi's Schrift: über die Lehre des Spinoza, worin behauptet wurde, Lessing sei ein Spinozist gewesen, a. u.) Der mit Mendelssohn und Lessing befreundete Aufklärer Christoph Friedrich Nicolai (1733-1811) hat besonders als Herausgeber der Bibl. der schönen Wissenschaften (Leipz. 1757—68), der Briefe, die neueste deutsche Litt. betreffend (Berl. 1759—65), der Allgem. deutschen Bibl. (1765—92) und der Neuen allg. d. Bibl. (1793—1805) so lange wohlthätig gewirkt, als noch vor Allem die Reinigung des Geistes von dem Schmutze des Aberglaubens und die Befreiung von Vorurtheilen nothtbat, unzulänglich aber, seitdem der Sieg über die traditionelle Unvernunft im Wesentlichen bereits errungen war und die positive Erfüllung des Geistes mit edlerem Gehalt zur Hauptaufgabe ward. Die Männer, welche an dieser letzteren Aufgabe arbeiteten, haben gegen die Angriffe, die er wider sie richtete, in einer Weise reagirt, mit der das historische Urtheil über Nicolai sich ebensowenig identificiren darf, wie etwa das historische Urtheil über die griechischen Sophisten mit der Sokratisch-Platonischen Polemik. Joh. Aug. Eberhard (1738—1809; seit 1778 Professor in Halle; vgl. über ihn F. Nicolai, Gedächtnisschrift auf J. A. E., Berlin 1810) versuchte den Leibnitzianismus gegen den Kantianismus zu vertheidigen; er war der Herausgeber des Zeitschriften: Philosoph. Magazin, Halle 1788 bis 92, und: Philos. Archiv. 1792—96; unter seinen Schriften sind hervorzuheben: Neue Apologie des Sokrates, Berlin 1772 u. ö.; Allgemeine Theorie des Denkens und Empfindens, Berlin 1776, auch 1786, Theorie der schönen Künste und Wissenschaften, Halle 1783, 3. Aufl. 1790, Sittenlehre der Vernunft, Berlin 1781, auch 1786, Handbuch der Aesthetik für gebildete Leser, Halle 1803—5, 2. Aufl. 1807 ff., Versuch einer allgemeinen deutschen Synonymik, Halle 1795—1802, 2. Aufl. 1820 (fortgesetzt von Maass und Gruber), synonym. Wörterbuch der deutschen Sprache, Halle 1802. Thomas Abbt (1738—1766) schrieb: vom Tod für's Vaterland, Berlin 1761, vom Verdienst, Berlin 1765, Aussug aus der allg. Welthistorie, Halle 1766 (eine Darstellung des allmählichen Fortschritts der Civilisation); seine vermischten Schriften sind Berlin 1768 u. ö. erschienen. Ernst Platner's (1744—1818) Schrift: Philosophische Aphorismen, Leipz. 1776—82, 2. umgearb. Aufl. 1793—1800, worin er mit der Darstellung und gedrängten Begründung der philosophischen Doctrinen historisch-kritische Rückblicke auf die Lehrsätze älterer und neuerer Philosophen verbindet, ist noch heute von Werth. Christoph Meiners (1747—1810) hat unser Schriften zur Geschichte der älteren Philosophie (s. o. Theil I, § 7) besondere Untersuchungen über die Denk- und Willenskräfte, Gött. 1806, verfasst. Als populärer Moralist verdient hier der Dichter Christian Fürchtegott Gellert (1715 bis 1769) Erwähnung. Seine sämmtl. Schriften sind Leipz. 1769—70 herausgegeben worden, seine moralischen Vorlesungen haben Ad. Schlegel und Heyer veröffentlicht, Leipz. 1770. Die durch Friedrich den Grossen (über den u. A. Paul Hecker handelt, die relig. Entwicklung F.'s d. Gr., Augsburg 1864) begünstigte Locke'sche Doctrin (über welche Vorlesungen zu halten, G. F. Meier zu Halle durch den König veranlasst ward), wie auch die moralischen, politischen und ästhetischen Untersuchungen der Engländer, zum Theil auch der Franzosen, haben die Denkrichtung Garve's, Sulzer's und Anderer wesentlich bestimmt. Christian Garve (1742—1798) hat die Ethik und die Politik des Aristoteles übersetzt und erläutert, einen kritischen Ueberblick über die Geschichte der Moral mit besonders eingehender Prüfung der Kantischen Lehre hinzugefügt (Uebersicht der vornehmsten Principien der Sittenlehre von dem Zeitalter des Aristoteles an bis auf unsere Zeiten, Breslau 1798). Cicero's Schrift von den Pflichten übersetzt und erklärt, Breslau 1793, 6. Aufl. ebend. 1819, Versuche über verschiedene Gegen-

§ 11. Leibnitz und gleichzeitige Philos. und die deutsche Philos. des 18. Jahrh.

stände aus der Moral, Litteratur und dem gesellschaftlichen Leben, Berlin 1793 bis 1802, 2. Aufl. 1821 und andere Schriften und Abhandlungen verfasst, die von umfassender und feiner Beobachtung des menschlichen Lebens zeugen. Als Psychologen sind Joh. Christ. Lossius, der in seiner Schrift: Physische Ursachen des Wahren, Gotha 1775, die Beziehung der psychischen Processe zu den Bewegungen der Hirnfibern zu erforschen strebte, und sein Gegner Joh. Nic. Tetens (1736–1805), der Verfasser der Philos. Versuche über die menschliche Natur und ihre Entwicklung, Leipzig 1776—77, von Bedeutung. Der letztere hat das Gefühl (das bei Aristoteles als Uebergang vom Wahrnehmen zum Begehren erscheint) dem Verstand und Willen als ein Grundvermögen coordinirt, dem „Gefühl" jedoch als der Receptivität unser Lust und Unlust auch die sinnlichen Empfindungen und das Afficirtsein durch sich selbst zugerechnet. Friedr. Carl Casimir von Creuz (1724—1770) spricht in seinem Versuch über die Seele, Frcf. u. Lps. 1753, derselben die punctuelle Einfachheit ab, ohne sie darum jedoch für zusammengesetzt und theilbar zu erklären und nimmt in seiner auf Erfahrung sich basirenden Doctrin eine Mittelstellung zwischen Locke und Leibnitz ein. Einer eklektischen Richtung huldigte Joh. Georg Heinrich Feder (1740–1821), dessen Lehrbücher (Grundriss der philos. Wiss., Coburg 1767, Institutiones log. et metaph. Frcf. 1777 etc.) zu ihrer Zeit sehr verbreitet waren; seine Autobiographie hat sein Sohn, Leipz. 1825, herausgegeben. Dietrich Tiedemann (1748–1803), der Locke'sche Elemente mit der Leibnitzischen Doctrin verband, ist nicht nur als Historiker der Philosophie, sondern auch durch seine Untersuchungen zur Psychologie und Erkenntnisslehre (Untersuchungen über den Menschen, Leipz. 1777-98; Theätet oder über das menschl. Wissen, ein Beitrag zur Vernunftkritik, Frankf. a. M. 1794; idealistische Briefe, Marburg 1798; Handbuch der Psychologie, hrsg. von Wachler, Leipz. 1804) von Bedeutung. Hauptsächlich durch seine Allgemeine Theorie der schönen Künste, Leipz. 1771–74, auch 1792–94 (nebst Zusätzen von Blankenburg, 1796–98, und Nachträgen von Dyk und Schütz, Leipz. 1792–1808) hat Johann Georg Sulzer (1720–1779) sich verdient gemacht. Gotthilf Samuel Steinbart (1738–1809) schrieb eine Glückseligkeitslehre des Christenthums, Züllichau 1778, 4. Aufl. 1794, und andere populäre Schriften. Johann Jacob Engel (1741–1802) hat seine philosophischen Ansichten in einer populären Form besonders in der Sammlung von Aufsätzen: der Philosoph für die Welt, Leipz. 1775, 77, 1800, 2. Aufl. 1801–2, dargelegt. Karl Philipp Moritz (1757–93) gab ein Magazin zur Erfahrungsseelenlehre, 1785–93, heraus, lieferte eine Selbstcharakteristik in der Schrift: Anton Reiser, Berlin 1785 bis 1790, verfasste eine Abhandlung über die bildende Nachahmung des Schönen, Braunschweig 1788, und andere psychologische und ästhetische Schriften. Karl Theod. Ant. Maria von Dalberg (1744–1817) hat Betrachtungen über das Universum, Erfurt 1776, 7. Aufl. 1821, Gedanken von der Bestimmung des moralischen Werths, ebend. 1787 und andere philosophische Schriften verfasst. Unter Locke's und Rousseau's Einfluss standen die Pädagogen Joh. Bernh. Basedow (1723–90), Joachim Heinr. Campe (1746 bis 1818) und Andere; auch der Aufklärer Karl Friedr. Bahrdt (1741–92; über ihn handelt J. Leyser, 2. Aufl., Neustadt a. d. Hardt 1870) hat eine Zeit lang ein Philanthropin geleitet. Die philanthropische Tendenz einer naturgemässen Gestaltung der Erziehung und des Unterrichts wurde durch den Reformator des Volksschulwesens Joh. Heinrich Pestalozzi (1745–1827) auf Grund der Ueberzeugung: „der Organismus der Menschennatur ist in seinem Wesen den nämlichen Gesetzen unterworfen, nach welchen die äussere Natur allgemein ihre organischen Erzeugnisse entfaltet" in vertiefter und veredelter Form theoretisch und praktisch durchgeführt. Pestalozzi basirt alle Erkenntnisse auf Anschauung und will in möglichst lückenlosem Fortschritt unter durchgängiger Anregung der Selbstthätigkeit immer Höheres und Edleres aus dem schon Begründeten hergeleitet sehen. (P.'s Werke sind Tüb. u. Stuttg. 1819—26 erschienen, und neuerdings h. v. L. W. Seyffarth, Brandenburg 1869 ff.) Mehr der Literaturgeschichte, als der Philosophie, gehört Eschenburg's (1743—1820) Entwurf einer Theorie und Literatur der schönen Wissenschaften, Berlin 1783, 5. Aufl. 1836, und sein Handbuch der class. Litteratur, 8. Aufl., Berlin 1837, an. Der Physiker Georg Christoph Lichtenberg (1742—1799; vermischte Schriften, Gött. 1800—1805, auch 1844—53) hat sich gegen das „infame Zwei" in der Welt erklärt; „Seele" und „träge Materie" seien blosse Abstractionen, wir kennen von der Materie nichts als die Kräfte, mit denen sie eins sei.

Lessing's (22. Januar 1729 bis 15. Febr. 1781) fruchtreiche Gedanken zur Aesthetik, Religionsphilosophie und Philosophie der Geschichte (besonders in der Hamburger Dramaturgie und in der Schrift über die Erziehung des Menschengeschlechts) enthalten Keime, deren Entwicklung zu den wesentlichsten Verdiensten der deutschen Philosophie in der folgenden Periode gehört. Die Frage nach dem Vorzug der Forschungsthätigkeit oder des durch göttliche Gabe gesicherten Besitzes der Wahrheit hat Lessing im entgegengesetzten Sinne, wie Augustin (siehe Grdr. II, § 16, 3. Aufl. S 88 f.) zu Gunsten der Forschung entschieden. Lessing's philosophische Anschauungen sind zumeist aus der Leibnitzischen Doctrin erwachsen. Zu dem „Spinozismus" hat sich Lessing 1780 gegen Jacobi wohl nur hinsichtlich bestimmter theologischer Sätze und schwerlich hinsichtlich der gesammten Doctrin von Gott, Welt und Mensch bekannt. Eine Wahl zwischen möglichen Welten im Leibnitz'schen Sinne nimmt Lessing nicht an, sondern erklärt Gottes Vorstellen, Wollen und Schaffen für identisch. Nach Jacobi's Mittheilung war ihm „Ausdehnung, Bewegung, Gedanke in einer höheren Kraft gegründet, die noch lange nicht damit erschöpft ist und für die es eine Art des Genusses giebt, die nicht allein alle Begriffe übersteigt, sondern völlig ausser dem Begriffe liegt". Auf diese „höhere Kraft" scheint das ἕν, auf das in ihr Gegründete das πᾶν in Lessing's „ἓν καὶ πᾶν" gedeutet werden zu müssen; Lessing behauptet nicht die Identität, wohl aber die nothwendige Zusammengehörigkeit Gottes und der Welt. Auch in der speculativen Umdeutung der Dreieinigkeitslehre konnte sich Lessing zum Theil an Spinoza, wie anderntheils an Augustin und Leibnitz anschliessen. Lessing betrachtet die biblischen Schriften als die Elementarbücher in der Erziehung des Menschengeschlechts oder doch eines Theiles desselben, den Gott in Einen Erziehungsplan habe fassen wollen. Lessing nimmt drei Stufen an, welche sich von einander wesentlich durch die Motive unterscheiden, auf denen die Handlungen beruhen. Die erste ist die des Kindes, welches den unmittelbaren Genuss sucht, die andere die des Knaben und Jünglings, welcher durch die Vorstellung zukünftiger Güter, der Ehre und des Wohlstandes, geleitet wird, die dritte Stufe ist die des Mannes, der auch dann, wenn diese Ansichten der Ehre und des Wohlstandes wegfallen, seine Pflicht zu thun vermögend ist. (Mit dieser letzteren Aeusserung Lessing's verwandt ist einerseits der Platonische Satz, dass die Gerechtigkeit und jegliche Tugend nicht um eines Lohnes willen, sondern an sich erstrebenswerth sei, andererseits Kant's kategorischer Imperativ, wogegen unter den frühesten christlichen Kirchenlehrern mehrere, z. B. Lactantius, das Gegentheil behaupten.) Diese Stufen sind ebenso von dem Menschengeschlecht in der Folge der Generationen, wie von dem einzelnen Menschen zu durchlaufen (welchen Lessing'schen Satz Mendelssohn bestritt). Für die erste Stufe ist in dem göttlichen Erziehungsplane des Menschengeschlechts das alte Testament, für die

§ 11. Leibnitz und gleichzeitige Philos. und die deutsche Philos. des 18. Jahrh.

zweite das neue, welches zumeist auf jenseitigen Lohn hinweist, bestimmt; gewiss aber wird kommen die Zeit eines neuen ewigen Evangeliums, die uns selbst in den Elementarbüchern des Neuen Bundes versprochen wird. In den Elementarbüchern werden Wahrheiten „vorgespiegelt" (wie in Spiegelbildern uns vorgestellt), die wir als Offenbarungen so lange anstaunen sollen, bis die Vernunft sie aus ihren andern ausgemachten Wahrheiten herleiten und mit ihnen verbinden lerne. Die Ausbildung geoffenbarter Wahrheiten in Vernunftwahrheiten ist schlechterdings erforderlich, wenn dem menschlichen Geschlechte damit geholfen sein soll. Die Lehre von der Dreieinigkeit deutet Lessing darauf, „dass Gott in dem Verstande, in welchem endliche Dinge eines sind, unmöglich eins sein könne". Gott muss eine vollständige Vorstellung von sich haben, d. h. eine Vorstellung, in der sich alles befindet, was in ihm selbst ist, also auch Gottes nothwendige Wirklichkeit, die also ein Bild ist, welches die gleiche Wirklichkeit hat, wie Gott selbst, welches also eine Verdoppelung des göttlichen Selbst ist, die als drittes Moment den Zusammenschluss zur Einheit fordert (wogegen Kant derartigen Constructionen durch seinen Kriticismus den Boden entzieht). Die Lehre von der Erbsünde versteht Lessing in dem Sinne, „dass der Mensch auf der ersten und niedrigsten Stufe seiner Menschheit schlechterdings so Herr seiner Handlungen nicht sei, dass er moralischen Gesetzen folgen könne". Der Lehre von der Genugthuung des Sohnes legt er den Sinn unter, „dass Gott ungeachtet jener ursprünglichen Unvermögenheit des Menschen ihm dennoch moralische Gesetze lieber geben und ihm alle Uebertretungen in Rücksicht auf seinen Sohn, d. h. in Rücksicht auf den selbständigen Umfang aller seiner Vollkommenheiten, gegen den und in dem jede Unvollkommenheit des Einzelnen verschwindet, lieber habe verzeihen wollen, als dass er sie ihm nicht geben und ihn von aller moralischen Glückseligkeit habe ausschliessen wollen, die sich ohne moralische Gesetze nicht denken lässt". (Kant's Deutung der beiden letzterwähnten Dogmen in seiner „Religion innerhalb der Grenzen der blossen Vernunft" steht der Lessing'schen sehr nahe.) Der historischen Frage, wer die Person Christi gewesen sei, legt Lessing nur eine sehr untergeordnete Bedeutung bei (worin Kant und Schelling, dieser wenigstens in seiner früheren Zeit, mit ihm übereinkommen, wogegen Schleiermacher zum Theil schon in den Reden über die Religion, und viel mehr noch in seiner späteren Zeit gerade an die Person Christi sein religiöses Leben knüpft). Den Gedanken, dass eben die Bahn, auf welcher das Geschlecht zu seiner Vollkommenheit gelange, auch jeder einzelne Mensch durchlaufen müsse, stellt Lessing nicht in der Einschränkung auf, der einzelne Mensch müsse bis an die Stufe hin, die er überhaupt erreicht, die nämlichen Stadien durchlaufen, wie bis zu der gleichen Stufe hin das Geschlecht, sondern er schreibt jenem Gedanken eine uneingeschränkte Gültigkeit zu und vindicirt demnach jedem einzelnen Menschen das Durchlaufen der Stufen, die er während Eines Lebens nicht erreicht, in immer wieder erneutem Dasein vermöge eines öfteren Vorhandenseins auf dieser Welt (welche letztere Annahme, da sie die Möglichkeit eines mindestens zeitweiligen Vergessens der früheren Zustände involvirt und hierdurch wenigstens die bewusste Identität der Person in den Hintergrund treten lässt, der Annahme eines Fortlebens des Geistes in der Gattung vermittelst des geschichtlichen Zusammenhangs, Christi in den Christen, der Geister der Vorzeit in uns, zu welcher später, als der im 18. Jahrhundert herrschende Individualismus mehr und mehr universalistisch-pantheistischen Ansichten zu weichen begann, Schleiermacher mindestens zeitweilig entschieden hinneigte, bereits nahe kommt).

§. 12. Die französische Philosophie im achtzehnten Jahrhundert ist vorwiegend Opposition gegen die geltenden Dogmen und bestehenden Zustände in Kirche und Staat und Begründung einer neuen theoretischen und praktischen Weltansicht auf naturalistische Principien. Nachdem diese Richtung hauptsächlich durch den Skepticismus des Bayle angebahnt worden war, fand Voltaire, der in dem Positiven seiner Weltanschauung wesentlich auf Newton's Naturlehre und Locke's Erkenntnisslehre fusst, besonders mit seiner Polemik gegen den herrschenden kirchlichen Glauben Eingang bei den Gebildeten seiner Nation und grossentheils auch ausserhalb Frankreichs. Schon vor ihm hat Maupertuis die Newton'sche Kosmologie gegen die Cartesianische siegreich vertreten, Montesquieu aber für die Ideen des Liberalismus die Ueberzeugung der Gebildeten gewonnen. Rousseau, der gegenüber einer entarteten Cultur auf die Natur zurückwies, predigte unter Abweisung des Positiven, historisch Gegebenen eine auf die Ideen: Gott, Tugend und Unsterblichkeit begründete Naturreligion, forderte eine naturgemässe Erziehung und eine demokratische Staatsform, welche die natürliche Freiheit eines Jeden nur insoweit einschränke, als derselbe vertragsmässig diese Einschränkung ohne Preisgebung der unveräusserlichen Menschenrechte zugestehen könne. Um die Aesthetik hat Batteux, der in der Nachahmung der schönen Natur das Wesen der Kunst fand, sich verdient gemacht. Den Sensualismus hat im Anschluss an Locke, aber über diesen hinausgehend, Condillac ausgebildet, der alle psychischen Functionen als umgebildete Sinneswahrnehmung auffasst und demgemäss auch die innere Wahrnehmung aus der äussern oder sinnlichen Wahrnehmung entspringen lässt. Auf das Princip des eigenen Interesses hat mittelst des Satzes, dass dieses nur in Uebereinstimmung mit dem Gemeinwohl seine ungetrübte und volle Befriedigung zu finden vermöge, Helvetius die Moral zu gründen versucht. Diderot, der im Verein mit d'Alembert die Herausgabe der das Ganze der Wissenschaften umfassenden Encyclopädie besorgte, ging allmählich vom Deismus zum Pantheismus fort. Durch die Annahme einer natürlichen Gradation der Wesen, eines stufenweisen Fortgangs der Naturgebilde bis zum Menschen hinauf, ist Robinet ein Vorläufer Schellings geworden. Unbeschadet des Glaubens an Gott und Unsterblichkeit setzt Bonnet die Seele zu den materiellen Bedingungen ihres Daseins in die engste Beziehung. Den reinen Materialismus hat der Arzt Lamettrie hauptsächlich als psychologische Doctrin, der Baron von Holbach aber in dem Système de la nature als eine allumfassende, der Theologie entgegengesetzte Weltansicht dargestellt.

§ 12. Die französische Philosophie im 18. Jahrhundert.

Ueber die Philosophie der Franzosen im achtzehnten Jahrhundert ist das Hauptwerk: Ph. Damiron, Mémoires pour servir à l'histoire de la philosophie au XVIIIe siècle, tom. I—II, Paris 1858, tome III. avec une introduction de M. C. Gourand, Paris 1864. Vgl. Lerminier, de l'influence de la philos. du XVIIIe siècle sur la législation et la sociabilité du XIXe, Par. 1833; Lanfrey, l'église et les philosophes au XVIIIe siècle, 2. éd. Par. 1857; ferner die betreffenden Abschnitte in den umfassenderen Werken über die Geschichte der Philosophie und in historischen und litteraturhistorischen Schriften, insbesondere bei Nisard, hist. de la litt. fr, Par. 1848 - 49, Ch. Bartholmèss, hist. philos. de l'acad. de Prusse depuis Leibn., Paris 1850—51, und hist. crit. des doctrines religieuses de la philosophie moderne, Strassb. 1855, A. Sayous, le dix-huitième siècle à l'étranger, hist. de la littérature française dans les divers pays de l'Europe depuis la mort de Louis XIV, jusqu'à la révolution française, 2 tomes, Paris 1861, A. Frank, la philos. mystique en France au XVIIIe siècle, Paris 1868, ferner in Schlosser's Geschichte des 18. Jahrhunderts, im 11. Theil (der auf die franz. Litt. geht) von Herm. Hettner's Litteraturgesch. des 18. Jahrhunderts, und bei F. Albert Lange, Geschichte des Materialismus, Iserlohn 1866. Voltaire's Werke sind bereits 1764 zu Genf, dann zu Kehl und Basel 1773, zu Kehl 1785—89 (nebst einer Biographie Voltaire's von Condorcet), zu Paris 1829—34 u. ö. erschienen. Ueber V. handeln ausser Condorcet (dessen Lebensbeschreibung auch separat Par. 1820 erschienen ist) E. Bersot, la philosophie de Voltaire, Paris 1848. L. J. Dangeour, Voltaire et son temps, 2 Bde., Paris 1851. J. D. Meyer, Voltaire und Rousseau, Berlin 1856. J. Janin, le roi Voltaire, 3. éd. Paris 1861. A. Pierson, Voltaire et ses maitres, épisode de l'hist. des humanités en France, Paris 1866. Emil du Bois - Reymond, Voltaire in seiner Beziehung zur Naturwissenschaft, Festrede zur Gedächtnissfeier Friedrich's II., Berlin 1868. G. Henschle, Parallelen aus dem 18. und 19. Jahrh. (Kant und Voltaire, Lessing und D. F. Strauss), in der deutschen Vierteljahrsschrift, 1868. D. F. Strauss, Voltaire, sechs Vortr., Lpz. 1870. Ueber Montesquieu handelt Bersot, Par. 1852, ferner E. Bass, Montesquieu u. Cartesius, in den philos. Monatsheften IV, 1869, S. 1 - 39. Rousseau's Hauptschriften sind: Discours sur les sciences et les arts (veranlasst durch die 1749 von der Akademie zu Dijon gestellte Preisfrage: si le rétablissement des sciences et des arts a contribué à épurer les moeurs). Discours sur l'origine et les fondemens de l'inégalité parmi les hommes, 1753 u. ö. Du contrat social ou principes du droit politique, 1762. Emile, ou sur l'éducation, 1762. Die Oeuvres sind Par. 1764 u. ö. erschienen, insbesondere auch, herausg. von Mussel - Pathay, Par. 1818 — 20 in 22 Bänden, hrsg. von A. de Latour, Paris 1868; früher Unedirtes bei Streckeisen-Moulton, Par. 1861 u. 65 veröffentlicht; Biographien zur Ergänzung der coquettirenden Confessions haben Musset - Pathay, Paris 1821, Morin, Par. 1851, E. Gulon, M. et la 18. siècle, Strassb. 1860, F. Brockerhoff, K., s. Leben u. s. Werke, Leipz. 1863—68 geliefert. Vgl. Rousseau'sche Studien, von Emil Feuerlein, in der Zeitschr.: der Gedanke, 1861 ff A. de Lamartine, Rousseau, son faux contrat social et le vrai contrat social, Poissy 1866. K. Schneider, R. u Pestalozzi, der Idealismus auf deutschem u. französ. Boden, 2 Vorträge, Bromberg 1866. Alb. Christensen, Studien über J. J. R., Pr., Flensburg 1869. Ferd. Warry, J. J. R., s. Einfl. auf die höh. Sch. Deutschlands, Nealsch.-Pr., Mühl. a. d. Ruhr 1869. Theod. Vogt, R.'s Leben, aus den Sitzungsber. der kais. Akad., Wien 1870. L. Moreau, J. J. R. et le siècle philosophique, Paris 1870. Ueber Condillac handeln a. A.: F. Héthoré, C. on l'empirisme et le rationalisme, Paris 1864. Ed. Johnson, bei seiner Uebersetzung der Abh. über die Empfindungen, in der v. Kirchmann'schen „Bibl.", Berlin 1870. Ueber Bonnet handelt Albert Lemoine, Charles B., de Genève, philosophe et naturaliste, Paris 1850. Diderot's philos. Werke sind in 6 Bänden, Amst. 1772, die sämmtlichen Werke besonders Par. 1798 (durch Naigeon) und Par. 1821 erschienen, wozu die Correspondance philos. et critique de Grimm et Diderot, Par. 1829, und die unerwähnten Mémoires Ergänzungen liefern. Das umfassendste und eingehandels Werk über Diderot ist: Rosenkranz, Diderot's Leben und Werke, Leipz. 1866. Vgl. auch den Artikel von Rosenkranz über Diderot's Dialog: Rameau's Neffe, in der Zeitschrift: der Gedanke, Bd. V, 1864, S. 1—25. Ueber Robinet handelt (ausser Damiron a. a. O.) Rosenkranz in der Zeitschr. der Gedanke, Bd. I, 1861, S. 126 ff. Holbach soll anonym ausser dem Système de la nature eine Reihe von Schriften verfasst haben, die sich gegen supranaturalistische Doctrinen richten, insbesondere Lettres à Eugenie ou préservatif contre les préjugés 1768, Examen critique sur la vie et les ouvrages de St Paul, 1770, Le bon sens ou idées naturelles opposées aux idées surnaturelles, 1772, La

140 § 12. Die französische Philosophie im 18. Jahrhundert.

politique naturelle ou discours sur les vrais principes du gouvernement, 1773, Système social, 1773, Elements de la morale universelle, 1776, L'éthocratie ou le gouvernement fondé sur la morale universelle, 1776. Einige öftern Holbach zugeschriebene, direct gegen die christliche Theologie gerichtete Schriften haben andere Verfasser, wie Damilaville und Naigeon.

Unter den französischen Schriftstellern des achtzehnten Jahrhunderts, welche philosophische Probleme berühren, haben die meisten weit mehr um die allgemeine Bildung und um die Umgestaltung der kirchlichen, politischen und socialen Verhältnisse, als um die Philosophie als Wissenschaft sich Verdienste erworben. Eine eingehendere Darstellung des Kampfes gegen den Despotismus in Staat und Kirche gehört mehr in die politische Geschichte und Geschichte der Litteratur und Cultur, als in die Geschichte der Philosophie. Besonders die Ausbildung des Sensualismus und des Materialismus hat philosophisches Interesse.

Nachdem **Fontenelle** (1657—1757) in seinen 1686 erschienenen Entretiens sur la pluralité des mondes die astronomische Doctrin des Copernicus und des Cartesius popularisirt hatte, ward für die Newton'sche Lehre das Gleiche besonders durch **Voltaire** (21. Nov. 1694 bis 30. Mai 1778) geleistet, der vielleicht zumeist durch die moderne Astronomie und überhaupt durch die mathematische Erkenntniss des Naturmechanismus zur Ueberzeugung von der Unhaltbarkeit der kirchlichen Dogmatik geführt wurde und sich deren Sturz zur Lebensaufgabe setzte. Die streng wissenschaftliche Widerlegung der Cartesianischen und Begründung der Newton'schen Doctrin hat in Frankreich vor Allen Pierre Moreau de Maupertuis (1698—1759, seit 1746 Präsident der Berliner Akademie der Wissenschaften) geleistet, der 1732 der Pariser Akademie seine Denkschriften: Sur les lois de l'attraction und Discours sur la figure des astres einreichte und bei der zum Behuf der Lösung der Streitfrage über die Figur der Erde 1736 unternommenen Gradmessung die Expedition nach Lappland leitete, wobei ihm namentlich Clairaut zur Seite stand; später hat Maupertuis einen Essai de philosophie morale, 1749, und ein Systême de la nature, 1751, Essai de cosmologie, Dresden 1752, verfasst. Die Beziehungen der astronomischen Theorie aber zu der gesammten Weltanschauung hat vornehmlich Voltaire den Gebildeten zum Bewusstsein zu bringen gesucht. In den Jahren 1726—29 hielt sich Voltaire in London auf (wo er seinen Namen Arouet in Voltaire, ein Anagramm von Arouet l. j., d. h. Arouet le jeune, umänderte). Die mathematische Physik und Astronomie erfreute sich damals des lebendigen Interesses der Gebildeten. In einem 1728 geschriebenen Briefe sagt Voltaire: „Wenn ein Franzose in London ankommt, so findet er einen sehr grossen Unterschied, in der Philosophie sowohl, als in den meisten andern Dingen. In Paris verliess er die Welt ganz voll von Materie; hier findet er völlig loere Räume. In Paris sieht man das Universum mit lauter ätherischen Wirbeln besetzt, während hier in demselben Raum die unsichtbaren Kräfte der Gravitation ihr Spiel treiben. In Paris malt man uns die Erde länglich wie ein Ei, und in London ist sie abgeplattet wie eine Melone. In Paris macht der Druck des Mondes die Ebbe und Fluth; in England gravitirt vielmehr das Meer gegen den Mond, so dass, wenn die Pariser von dem Monde eben Hochwasser verlangen, die Herren in London zu derselben Zeit Ebbe haben wollen." Die Lettres sur les Anglais, 1728 verfasst, wurden zuerst in London veröffentlicht; in Frankreich erschienen dieselben 1734. Im Jahr 1738 veröffentlichte Voltaire zu Amsterdam die Elements de la philosophie de Newton, mis à la portée de tout le monde, die in Frankreich erst 1741 erschienen, weil anfangs der Cartesianisch gesinnte Censor d'Aguesseau der, wie er meinte, unpatriotischen und unvernünftigen Schrift die Druckerlaubniss versagte; daran schloss sich die

Schrift: la métaphysique de Newton ou parallèle des scoliments de Newton et de Leibnitz, Amst. 1740. Aber nicht bloss die Naturlehre, sondern auch die politischen Einrichtungen der Engländer zogen Voltaire an; schon vorher kirchlichem und bürgerlichem Despotismus feind, bildete er besonders durch den Aufenthalt in England seine politischen Anschauungen bestimmter aus. Er sagt: la liberté consiste à ne dépendre que des lois. Gleichheit ist nicht schlechthin, sondern nur als Gleichheit vor dem Gesetz möglich. In die Geschichtsschreibung hat Voltaire die durchgängige Mitberücksichtigung der Sitten und Bildung der Völker eingeführt. In der Erkenntnislehre, Psychologie, Ethik und Theologie schloss sich Voltaire zumeist an Locke an, dessen Lehre von der Seele sich zu der des Descartes und des Malebranche verhalte wie die Geschichte zum Roman. Voltaire nennt Locke einen bescheidenen Mann, von mässigem aber solidem Besitz; er sagt (in der 1767 geschriebenen Abhandlung: Le philosophe ignorant): „après tant de courses malheureuses, fatigué, harassé, honteux d'avoir cherché tant de vérités et trouvé tant de chimères, je suis revenu à Locke comme l'enfant prodigue qui retourne chez son père. Je me suis rejeté entre les bras d'un homme modeste qui ne feint jamais de savoir ce qu'il ne sait pas, qui, à la vérité, ne possède pas des richesses immenses, mais dont les fonds sont bien assurés et qui jouit du bien le plus solide sans aucune ostentation". Voltaire betont stärker, als Locke, die Möglichkeit der Annahme, dass die Materie denken könne. Er kann sich nicht überzeugen, dass eine unräumliche Substanz wie ein kleiner Gott inmitten des Gehirns wohne, und ist geneigt, die substantielle Seele für eine „abstraction réalisée" zu halten, gleich der antiken Göttin Memoria oder gleich einer etwaigen Personification der blutbildenden Kraft. Alle unsere Vorstellungen stammen aus den Sinnen. Voltaire sagt (Lettre XIII. sur les Anglais): Personne ne me fera jamais croire que je pense toujours, et je ne suis pas plus disposé que Locke à imaginer que, quelques semaines après ma conception, j'étais une âme fort savante, sachant alors mille choses que j'ai oubliées en naissant et ayant fort inutilement possédé dans l'utérus des connaissances qui m'ont échappé dès que j'ai pu en avoir besoin et que je n'ai jamais bien pu reprendre depuis". Doch erkennt Voltaire an, dass gewisse Ideen, insbesondere die moralischen, obschon sie nicht angeboren sind, mit Nothwendigkeit aus der menschlichen Natur herfliessen und nicht bloss conventionelle Geltung haben. Das Dasein Gottes hält Voltaire mit Locke für beweisbar (durch das kosmologische und besonders durch das teleologische Argument); zugleich aber findet er in dem Glauben an einen belohnenden und rächenden Gott eine nothwendige Stütze der moralischen Ordnung; er sagt in diesem Sinne: „si Dieu n'existait pas, il faudrait l'inventer, mais toute la nature nous crie qu'il existe". Die Leibnitzische Lehre, dass die bestehende Welt die beste unter allen möglichen Welten sei, persifflirt Voltaire in der (zuerst 1757 erschienenen) Schrift: Candide ou sur l'Optimisme, obschon er früher selbst der optimistischen Ansicht sich zugewandt hatte; er hält das Problem, wie das Uebel in der Welt mit Gottes Güte, Weisheit und Macht zu vereinigen sei, für unlösbar, hofft auf den Fortschritt zum Besseren, und fordert, dass wir vielmehr im Handeln, als in undurchführbarer Speculation unsere Befriedigung suchen; er will im Collisionsfalle lieber Gottes Macht, als Gottes Güte beschränkt denken. Voltaire hat in seiner früheren Zeit die Willensfreiheit im Sinne des Indeterminismus behauptet, später jedoch die Gründe für den Determinismus als unabweisbar anerkannt.

Charles de Sécondat, baron de la Brède et de Montesquieu, geb. 18. Jan. 1689 zu Brède, gest. 20. Febr. 1755 zu Paris, hat bereits in den Lettres persanes, Paris 1721, den Absolutismus in Staat und Kirche bekämpft, dann in den Con-

§ 12. Die französische Philosophie im 18. Jahrhundert.

sidérations sur les causes de la grandeur des Romains et de leur décadence, Paris 1734, gezeigt, dass nicht sowohl der Zufall einzelner Siege oder Niederlagen, als vielmehr die Macht der Gesinnung, die Liebe zur Freiheit, zur Arbeit und zum Vaterland das Geschick der Staaten und Völker bedinge, endlich in seinem Hauptwerke, dem Esprit des lois, Genf 1748 u. ö., die Grundlagen, Bedingungen und Bürgschaften der politischen Freiheit untersucht. In der ersten Schrift, vor seinem Aufenthalt in England (1728—29), erscheint ihm die Staatsform der Schweiz und der Niederlande, in den späteren Schriften aber, besonders im Esprit des lois, die englische Verfassung als die vorzüglichste unter den bestehenden. Montesquieu hat in dem Esprit des lois aus der concreten Form des englischen Staates den abstracten Schematismus der constitutionellen Monarchie entnommen und sich dadurch um die Theorie und Praxis des modernen Staates einerseits ein grosses und unbestreitbares Verdienst erworben, andererseits aber auch, obschon er principiell die Verschiedenheit der Verfassungen nach der Verschiedenheit des Geistes der Nationen fordert („le gouvernement le plus conforme à la nature est celui dont la disposition particulière se rapporte mieux à la disposition du peuple pour lequel il est établi"), doch thatsächlich dazu Anlass gegeben, Einrichtungen, die nur unter bestimmten Voraussetzungen zweckmässig sind (wie die völlige Trennung der gesetzgebenden, vollziehenden und richterlichen Gewalt, die Sonderung der aristokratischen und demokratischen Elemente in ein Ober- und Unterhaus, die sich gegenseitig durch ihr Veto binden sollen, freilich auch leicht lähmen können) als allgemeingültige Normen eines geordneten und freien Staatslebens anzusehen und auf Verhältnisse zu übertragen, unter welchen sie nur zu unheilbaren Conflicten, zu unheilvoller Verwechslung juridischer Fictionen mit Thatsachen, zur Stockung der Gesetzgebung, zur Lockerung der Rechtssicherheit und zur Gefährdung der Existenz des Staates selbst zu führen vermochten. .

Den Ursprung der Kunst sucht Jean Baptiste Dubos (geb. 1670 zu Beauvais, gest. zu Paris 1742) in seinen Reflexions critiques sur la poésie, la peinture et la musique, Par. 1719 u. ö., in dem Bedürfnisse einer solchen Anregung der Affecte, welche von den Inconvenienzen, die sich im wirklichen Leben daran knüpfen, getrennt sei. „L'art ne pourrait-il pas trouver le moyen de séparer les mauvaises suites de la plupart des passions d'avec ce qu'elles ont d'agréable? la poésie et la peinture en sont venues à bout." Dass die Aufgabe der Kunst in einer Erhebung über die gemeine Wirklichkeit durch Nachahmung der schönen Natur liege, lehrt Charles Batteux (1713—1780; les beaux arts réduits à un même principe, Par. 1746), ohne jedoch den Begriff des Schönen genügend zu bestimmen.

Jean Jaques Rousseau (geb. zu Genf 1712, gest. 1778 zu Ermenonville) sucht den Uebeln einer entarteten Cultur, die er tief empfindet, aber nicht durch positiven Fortschritt zu überwinden weiss, durch Rückgang auf einen erträumten Naturzustand zu entgehen. Für geschichtliche Entwicklung hat unter den Koryphäen der Aufklärung im achtzehnten Jahrhundert Rousseau am wenigsten Verständniss. Rousseau's politisches Ideal ist die Freiheit und Gleichheit der reinen Demokratie. Der Vernunftglaube an Gott, Tugend und Unsterblichkeit ist ihm um so mehr Gemüthsbedürfniss, je weniger die sittlichen Ideen seinen Willen beherrschen; er bezeugt diesen Glauben am eifrigsten nach dem ersten Hervortreten des Materialismus und Pantheismus Diderot's und anderer Encyclopädisten, wogegen Holbach's atheistisches Natursystem erst nach Rousseau's Schriften und im Gegensatz zu denselben erschienen ist. Rousseau war eine eitle und calumniatorische Natur; er hat seine moralische Misère rhetorisch herauszuputzen und die Personen, welche das Unglück hatten, mit ihm in nähere Berührung zu kommen,

§ 12. Die französische Philosophie im 18. Jahrhundert 143

bei der Mit- und Nachwelt in übeln Ruf zu bringen gewusst. In der Revolutionszeit ist, wie für die Gestaltung der constitutionellen Monarchie Montesquieu's
Staatsideal, so für Robespierre's Tendenzen Rousseau's Doctrin massgebend
gewesen.

Julien Offroy de la Mettrie (1709 - 1751), zu Paris von Jansenisten gebildet,
dann (seit 1733) unter Boerhaave (1668 – 1738, der als Philosoph der Ansicht
des Spinoza sich zuneigte) Medicin studirend, gelangte durch Beobachtungen, die
er, von einem hitzigen Fieber befallen, über den Einfluss der Blutwallungen auf
das Denken an sich selbst anstellte, zu der Ueberzeugung, dass die psychischen
Functionen aus der Organisation des Körpers zu erklären seien und äusserte dieselbe in der Histoire naturelle de l'âme, à la Haye (Paris) 1745. Aus den Empfindungen stammt alles Denken und Wollen; der Unterricht entwickelt dasselbe.
Ein ausserhalb des menschlichen Verkehrs aufgewachsener Mensch, sagt Lamettrie
im Anschluss an Arnobius (s. Grdr. II, § 14), würde geistig leer sein. Die „Seele"
wächst mit dem Leibe und nimmt mit ihm ab; „ergo participem loti quoque convenit esse". Von diesem Standpunkte, den die Hist. nat. de l'âme begründet,
geht Lamettrie in: l'homme machine, Leyden 1748 u. ö. (bei welcher Schrift der
Descartes'sche Mechanismus noch mehr, als der Locke'sche Empirismus von maassgebendem Einfluss war), l'homme plante, Potsdam 1748, l'art de jouir, 1750 und
anderen Schriften aus. Gegenüber der Moral der Abstinenz sucht Lamettrie, zu
dem entgegengesetzten Extrem fortgehend, in einer noch mehr künstlich über-
spannten, als frivolen Weise den sinnlichen Genuss zu rechtfertigen. Die Macht
der Convention und der Charlatanerie im menschlichen Leben entlockt ihm die
bittere Bezeichnung desselben als eines Possenspiels. Friedrich der Grosse, der
ihm an seinem Hofe Schutz gewährte, hat sein Eloge geschrieben (wiederabg. in
Assézat's Ausg. von l'homme mach., Par. 1865). Die beste Darstellung seiner
Doctrin giebt A. Lange, Gesch. des Mat. S. 165—186.

Etienne Bonnot de Condillac (1715—1780) steht in seinen frühesten Schriften: Essai sur l'origine des connaissances humaines, Amst. 1746, und Traité des
systèmes, 1749 (einer Polemik gegen Malebranche, Leibniz und Spinoza) im
Wesentlichen noch ganz innerhalb des Locke'schen Gedankenkreises, geht aber in
dem Traité des sensations, Londres 1754 u. ö. und den späteren Schriften
(Traité des animaux, Amst 1755, philos. Lehrbücher für den Prinzen von Parma,
dessen Erziehung Condillac zu leiten hatte, etc.) darüber hinaus, indem er nicht
mehr in der inneren Wahrnehmung eine zweite, selbstständige Quelle von Vorstellungen neben der sinnlichen Wahrnehmung anerkennt, sondern aus der letzteren
als der einzigen Quelle alle Vorstellungen abzuleiten sucht. Er strebt danach,
die sämmtlichen psychischen Functionen genetisch zu begreifen, indem er sie als
Umbildungen der Sinneswahrnehmung (sensation transformée) auffasst. Um darzuthun, dass ohne die Annahme angeborner Ideen aus der blossen Sinnesempfindung die sämmtlichen psychischen Processe sich ableiten lassen, macht Condillac die
Fiction, dass einer Marmorstatue (die als eine durch eine Marmorhülle gegen die
Aussenwelt abgeschlossene Seele ohne alle Vorstellungen zu denken ist) nach
einander die einzelnen Sinne gegeben werden und zwar zunächst der Geruchsinn.
Dieser Sinn liefert Perceptionen, welchen Bewusstsein zukommt. Einer einzelnen
Perception gehört die Empfindungsfähigkeit ganz an; von mehreren werden die
stärkeren mehr beachtet, d. h. auf sie richtet sich die Aufmerksamkeit. Eindrücke
bleiben zurück, indem die vom Organ auf das Gehirn übertragene Erregung die
Affection selbst überdauert, d. h. die Statue hat Gedächtniss. Wenn eine Bewegung vom Sinnesorgan zum Gehirn sich fortpflanzt, so habe ich eine Empfindung;
wenn dieselbe Bewegung im Gehirn beginnt und bis zum Organ fortgeht, so habe

144   § 12. Die französische Philosophie im 18. Jahrhundert.

ich eine Sinnestäuschung; wenn diese Bewegung im Gehirn beginnt und endet, so erinnere ich mich der gehabten Empfindung. Treten gleichzeitig neue sinnliche Perceptionen ein, so involvirt das Getheiltsein der Empfindung zwischen denselben die Vergleichung und das Urtheil. Die ursprüngliche Verbindung und Folge der Perceptionen bedingt ihre Associationen bei der Reproduction. Die Seele verweilt bei den Vorstellungen, die ihr angenehm sind; hieran knüpft sich die Sonderung einzelner Vorstellungen von anderen oder die Abstraction. Treten die übrigen Sinne hinzu und associiren sich die Vorstellungen mit den Worten als ihren Zeichen, so wird die Bildung eine reichere. Der Tastsinn unterscheidet sich von den übrigen Sinnen darin, dass er uns die Existenz äusserer Objecte empfinden lässt. Jeder Eindruck, der uns etwas kennen lehrt, ist eine Idee (Vorstellung); intellectuelle Vorstellungen sind Erinnerungen an Empfindungen. Wie Farben, Töne etc. uns zunächst nur als subjective Empfindungen bekannt sind, so auch die Ausdehnung; es könnte sein, dass auch diese nicht den Dingen an sich zukommen. Erinnert sich die Seele einer vergangenen Lustempfindung, so entspringt daraus das Begehren. Das Ich ist die Gesammtheit der Sensationen. Le moi de chaque homme n'est que la collection des sensations qu'il éprouve et de celles que la mémoire lui rappelle, c'est tout à la fois la conscience de ce qu'il est et le souvenir de ce qu'il a été. Condillac ist Sensualist, aber nicht Materialist. Er hält nicht für möglich, dass die Materie empfinde und denke; denn als ausgedehnt und theilbar sei dieselbe ein Aggregat, das Empfinden und Denken aber setze die Einheit des Subjectes (Substractes) voraus.

Der Schweizer Charles Bonnet (13. März 1720 bis 20. Mai 1793; Oeuvres, Neufchâtel 1779) betrachtet in seinem 1748 entworfenen, Lond. 1755 erschienenen Essai de psychologie ou Considérations sur les opérations de l'âme, dem er 1760 einen Essai analytique sur les facultés de l'âme folgen liess, die Sinnesempfindung als die psychische Reaction gegen die äussere Einwirkung (eine Auffassung, wodurch die übliche Vergleichung der Perception mit dem Beschriebenwerden einer leeren Tafel rectificirt wird). Er sucht die durchgängige Bedingtheit der psychischen Functionen durch Nervenbewegungen nachzuweisen, weiss jedoch diese Ansicht mit seinem religiösen Glauben (wie Priestley) durch die Annahme einer Wiederauferweckung des Leibes zu vereinigen.

Denis Diderot (1713 -- 1784) und der Mathematiker Jean d'Alembert (1717—1783; J. Bertrand, d'Alembert, sa vie et ses travaux, s. Revue des deux mondes 1865, Bd. 59, S. 984 — 1006) sind die Begründer und Herausgeber des das Gesammtgebiet der Wissenschaften und Künste umfassenden Werkes: Encyclopédie ou Dictionnaire raisonné des sciences, des arts et des métiers, in 28 Bänden, Paris 1751—72; dazu Supplément in 5 Bänden, Amst. 1776—77, und Table analytique in 2 Bänden, Paris 1780. Beiträge zu dieser Encyclopädie haben auch Voltaire, Rousseau (der jedoch später, seit 1757, als Gegner der Encyclopädisten auftrat), Grimm, Holbach, Turgot, Jancourt und andere geliefert. Die treffliche Einleitung (Discours préliminaire), worin unter Anknüpfung an Baco von Verulam über die Gliederung und die Methode der Wissenschaften gehandelt wird, ist von d'Alembert verfasst worden (der seit 1757 an der Redaction der Encyclopädie sich nicht mehr betheiligte). D'Alembert, der Mathematiker, ist in der Metaphysik Skeptiker. Die Verbindung der Theile in den Organismen scheint auf eine bewusste Intelligenz hinzuweisen; aber wie diese zur Materie sich verhalten könne, ist undenkbar. Weder von der Materie noch vom Geist haben wir eine deutliche und vollständige Idee. Diderot ist von einem offenbarungsgläubigen Theismus aus bis zum Pantheismus fortgegangen, der in dem Naturgesetz und in der Wahrheit, Schönheit und Güte die Gottheit erkennt. Durch den Gedanken, dass aller

Materie Empfindung innewohne, überschreitet er den Materialismus, indem er die letzte Consequenz desselben zieht. An die Stelle der Leibnitzischen Monaden setzt er Atome, in welchen Empfindungen gebunden liegen. Die Empfindungen werden bewusst in dem animalischen Organismus. Aus den Empfindungen erwächst das Denken. In der Schrift: principes de la philosophie morale ou essay sur le mérite et la vertu, 1745, die fast nur Shaftesbury's Inqniry concerning virtue and merit wiedergiebt, bekennt sich Diderot zum Offenbarungsglauben, den er nicht mehr in den Pensées philosophiques, à la Haye 1746, hegt und noch weniger in der 1747 geschriebenen, erst im 4. Bande der Mémoires, Correspondance et Ouvrages inédits de Diderot, Paris 1830, veröffentlichten Promenade d'un sceptique; nach mehreren Schwankungen fixirt sich sein philosophischer Standpunkt in den Pensées sur l'interprétation de la nature, Paris 1754; die eingehendste, bei aller Leichtigkeit der Form und allem Fernhalten äusserlichen Beweisapparats von einem tiefen Blick in den Zusammenhang der philosophischen Probleme zeugende Schrift: Entretien entre d'Alembert et Diderot, nebst: Le Rêve d'Alembert, 1769 verfasst, ist gleichfalls erst im vierten Bande der Mémoires, Correspondance et Ouvrages inédits veröffentlicht worden. Das Schöne findet Diderot im Naturgemässen. Er polemisirt gegen den Zwang von Kunstregeln, wie solche insbesondere Boileau im Anschluss an die Forderungen des Horaz und anderer Alten aufgestellt hatte.

Der Abbé Morelly hat, Locke's Aeusserung über die Schädlichkeit der übergrossen Ungleichheit des Besitzes auf die Spitze treibend, und wohl auch durch Platons Staatslehre angeregt, in seinem Code de la nature, Amst. 1755, eine communistische Doctrin aufgestellt. Der Eigennutz, le désir d'avoir pour soi, aus dem der Anspruch auf Privateigenthum stammt, ist die Quelle aller Streitigkeiten, aller Barbarei, alles Unglücks. In ähnlicher Art verwischt Mably (1709—1785), ein älterer Bruder Condillac's, in seiner 1776 erschienenen Schrift: de la législation ou principes des lois, die Grenze zwischen der Rechtsordnung und dem freien Wohlwollen. Mehr dem Thatsächlichen zugewandt waren die nationalökonomischen Forschungen der (das Interesse des Landbaues einseitig hervorhebenden) Physiokraten Quesnay (1697—1774) u. A. und des die Einseitigkeit derselben vermeidenden Turgot (1727—1781), der eine Lettre sur le papier monnaie, Reflexions sur la formation et la distribution des richesses 1774, etc. verfasst hat, auch des Gegners der Physiokraten, des Abbé Galiani, in seinen Dialogues sur le commerce des blés 1770. Das Monopol und die Sclaverei hat der Abbé Raynal in seiner Hist. philos. du commerce des deux Indes bekämpft. An Morelly hat in der Revolutionszeit Babeuf sich angeschlossen. Gerade im Gegentheil findet Claude Adrien Helvetius (1715—1771) in seinem Buche: de l'esprit, Paris 1758, und den nach seinem Tode erschienenen Schriften: de l'homme, de ses facultés et de son éducation, Londres (Amst.) 1772; les progrès de la raison dans la recherche du vrai, Lond. 1775, in der Selbstliebe, vermöge deren wir nach der Lust streben und die Unlust abwehren, das einzige praktische Motiv und hält dafür, dass es nur der rechten Leitung der Selbstliebe durch Erziehung und Gesetzgebung bedürfe, um dieselbe mit dem Gemeinwohl in Einklang zu bringen. Völlige Unterdrückung der Leidenschaften führt zur Verdummung; Leidenschaft befruchtet den Geist; aber sie bedarf der Regelung. Wer sein Interesse so erstrebt, dass er dadurch das Interesse Anderer nicht schädigt, sondern fördert, ist der gute Mensch. Das Gemeinwohl ist die oberste Norm. Tout devient légitime pour le salut public. Nicht Aufhebung des Eigenthums, sondern Begründung der Möglichkeit, dass ein Jeder zu Eigenthum gelange, Beschränkung der Ausbeutung der Arbeitskraft der Einen durch die Anderen, Herabsetzung der Arbeitszeit auf sieben bis acht Stunden des Tages, Verbreitung der Bildung sind die wahren legislatorischen Aufgaben. Offenbar sind die Forderungen, die Helvetius an den Staat stellt, der Idee des Wohlwollens entstammt, während er die Individuen an den Eigennutz gekettet glaubt; sein Fehler ist, den stufenweisen Fortschritt von der ursprünglichen Selbstbeschränktheit des Individuums zur Erfüllung mit dem Geiste engerer und weiterer Gemeinschaften, die über egoistische Berechnung hinausführt, nicht gewürdigt zu haben. Der Inhalt seiner Vorschläge ist besser, als deren Begründung. An Helvetius schliessen sich, seine Principien mildernd und die unauflösliche Verbindung des Glücks des Einzelnen und der Gesammtheit betonend, insbesondere Charles François de St. Lambert (1716 bis 1803; Catéchisme universel, 1797) und Volney (Constantin François de Chasseboeuf, 1757—1820; Catéchisme du citoyen français 1796, in zweiter Auflage unter dem Titel: la loi naturelle ou principes physiques de la morale, déduits de l'organisation de l'homme et de l'univers; oeuvres complètes, Paris 1821, 2. éd. 1836) an; in der Schrift: die Ruinen (les ruines ou médit. sur les révolutions des empires, 4. éd. Par. 1808, deutsch von Forster, Berlin 1792; Oeuvres, Paris 1821, auch 1836) macht Volney von dieser Ethik eine geschichts-philosophische Anwendung. Die französische Revolution gilt ihm als der Versuch der Verwirklichung des Ideals der Vernunftherrschaft. Auf dem gleichen Ideal beruht Condorcet's (1743—1794) Geschichtsphilosophie (Esquisse d'un tableau historique des progrès de l'esprit humain, 1794).

Jean Baptiste Robinet (geb. zu Rennes 1735, gest. ebendaselbst am 24. Januar 1820) hat in seinem Hauptwerke: de la nature, 4 vols., Amst. 1761—1766 (Vol. I., nouvelle édit., Amst. 1763), wie auch in den Schriften: Considérations philosophiques de la gradation naturelle des formes de l'être, ou des essais de la nature qui apprend à faire l'homme, Amst. 1767; Parallèle de la condition et des facultés de l'homme avec celles des autres animaux, trad. de l'Anglais, Bouillon 1769, die Idee einer stufenmässigen Entwicklung der Wesen durchzuführen gesucht. Robinet erkennt eine einheitliche, schöpferische Ursache der Natur an, glaubt derselben aber Persönlichkeit nicht ohne täuschenden Anthropomorphismus beilegen zu können.

Einen modificirten Spinozismus vertritt der Benedictiner Dom Deschamps in einem bald nach 1770 verfassten, erst in jüngster Zeit durch Emile Beaussire (Antécédents de l'hégélianisme dans la philosophie française, Paris 1865) veröffentlichten Manuscript; der Fundamentalsatz desselben lautet: „le tout universel est un être qui existe, c'est le fond dont tous les êtres sensibles sont des nuances". Die Wahrheit vereinigt in sich Contradictorisches. Den Spinozistischen Dualismus der Attribute, Denken und Ausdehnung sucht Deschamps durch einen hylozoistischen Monismus aufzuheben. (Vgl. Journal des sav. 1866, S. 609—624).

Das systematische Hauptwerk des französischen Materialismus im achtzehnten Jahrhundert ist das von dem Baron Paul Heinrich Dietrich von Holbach (geb. 1723 zu Heidelsheim bei Bruchsal in der Pfalz, gest. am 21. Februar 1789 zu Paris), einem Freunde Diderot's, verfasste Natursystem: Système de la nature ou des lois du monde physique et du monde moral, Lond. (in Wirklichkeit Amst. oder Leyden) 1770 (vorgeblich par feu Mirabaud, gest. 1760, welcher Secrétair der Pariser Akademie gewesen war). In's Deutsche übersetzt, Frankf. u. Leipz. 1783, auch mit Anm., Leipzig 1841. Holbachs System vereinigt in sich alle bis dahin mehr vereinzelt ausgebildeten Elemente der empiristischen Doctrin: den (Lamettrie'schen) Materialismus, den (Condillac'schen) Sensualismus, den (auch von Diderot anerkannten) Determinismus, den Atheismus (den es selbst am offensten erklärt, zum Theil nach dem Vorgange einer aus dem ersten Viertel des achtzehnten Jahrhunderts stammenden, vielleicht von dem Alterthumsforscher Nic.

§ 13. Der Hume'sche Skepticismus u. s. Bekämpfer: Reid, Beattie etc. 147

Fréret, geb. 1688, gest. als Secretair der Akademie der Inschriften 1749, verfasste ten Lettre de Thrasybule à Leucippe, worin der religiöse Glaube für eine Verwechslung des Subjectiven mit dem Objectiven erklärt wird) und die (von Helvetius vertretene, von Holbach durch Betonung des Gesammtinteresses gemilderte) auf das Princip der Selbstliebe oder des wohlverstandenen Interesses gebaute, aber in ihren Forderungen sachlich mit der Doctrin des Wohlwollens grösstentheils übereinkommende Moral.

Der Naturforscher Buffon (1707—1788) theilte die naturalistische Grundansicht, ohne dieselbe offen und rückhaltlos zu äussern. An Condillac anknüpfend, aber über ihn hinausgehend, hat Cabanis (1757—1808; rapports du physique et du moral de l'homme, 1798-99 in den Mém. de l'Institut, dann separat 1802 u. ö.) die Physiologie und Psychologie im materialistischen Sinne ausgebildet. Destutt de Tracy (1754—1836; Eléments d'idéologie, Par. 1801—15; Commentaire sur l'esprit des lois de Montesquieu, Par. 1819), Laromiguière (Leçons de philosophie ou essai sur les facultés de l'âme, Par. 1815—18) u. A. haben in den ersten Jahrzehnten des neunzehnten Jahrhunderts den Sensualismus theils fortzubilden, theils zu mildern gesucht, aber theils an kirchlich gesinnten Philosophen, theils an Royer-Collard und Victor Cousin, die theils an Descartes, theils an schottische und deutsche Philosophen sich anschlossen, und der von ihnen gegründeten eklektischen oder spiritualistischen Schule Gegner gefunden, die ihren Einfluss beträchtlich beschränkt haben. Vgl. Damiron, essai sur l'histoire de la philos. en France au dix-neuvième siècle, Paris 1828.

§ 13. Gleichzeitig mit der französischen Aufklärung und in Wechselwirkung mit derselben hat sich der Hume'sche Skepticismus entwickelt. David Hume (1711—1776), Philosoph, Staatsmann und Historiker, steht auf dem Boden des Locke'schen Empirismus, bildet denselben aber besonders mittelst seiner Untersuchungen über den Ursprung und die Anwendbarkeit des Begriffs der Causalität zum Skepticismus um. Er findet den Ursprung des Causalbegriffs in der Gewohnheit, vermöge deren wir, wenn sich ähnliche Fälle wiederholen, beim Eintreten der einen Begebenheit das Eintreten der andern, die sich uns oft mit ihr verbunden gezeigt hat, erwarten, und beschränkt die Anwendbarkeit dieses Begriffs auf solche Schlüsse, wodurch wir aus gegebenen Thatsachen nach Analogien der Erfahrung auf andere schliessen; Hume negirt demgemäss die Erkennbarkeit der Art und Weise des objectiven Zusammenhangs zwischen Ursachen und Wirkungen und die philosophische Berechtigung, vermöge des Causalbegriffs das Gesammtgebiet der Erfahrung zu überschreiten und auf das Dasein Gottes und die Unsterblichkeit der Seele zu schliessen. Vorzüglich die antitheologischen Consequenzen dieses Standpunktes gaben mehreren schottischen Philosophen, an deren Spitze Thomas Reid steht, Anlass zu einer lebhaften Bekämpfung desselben, die in ihrem philosophischen Princip, der Berufung auf den gesunden Menschenverstand (Common sense) schwach ist, aber zu manchen und zum Theil zu werthvollen empirisch-psychologischen und moralischen Untersuchungen geführt hat: die Doctrin dieser schottischen Philosophen hat später der Cousin'sche Eklekticismus mit in sich aufgenommen. In Deutschland ist Immanuel Kant zumeist durch Hume's Skepticismus zur Ausbildung seines Kriticismus angeregt worden.

Hume's Treatise on human nature ist in 3 Bänden Lond. 1789—40 erschienen, auch wiederum Lond. 1817, deutsch von Ludw. Heinr. Jakob, Halle 1790 bis 1791. Sein bekanntestes philosophisches Werk: Enquiry concerning human understanding, erschien zuerst Lond. 1748; in's Deutsche (von Sulzer) übersetzt, ist dasselbe Hamb. u. Leipz. 1755, und von W. G. Tennemann übersetzt (nebst einer Abhandlung über den philosophischen Skepticismus von Karl Leonh. Reinhold) Jena 1793 erschienen, übersetzt von J. H. v. Kirchmann als Bd. XIII. der „philos. Bibl.", Berlin 1869. Unter dem Titel: Essays and treatises on several subjects liess Hume 1770 die Essays moral, political and literary, die zuerst 1742 erschienen waren, zugleich mit dem Enquiry concerning human understanding, und mit den Abhandlungen: a dissertation on the passions, an enquiry concerning the principles of moral (zuerst Lond. 1751) und the natural history of religion (zuerst Lond. 1755) zusammen drucken; diese Sammlung ist mehrmals wiedergedruckt worden. Nach Hume's Tode erschien die Schrift: Dialogues concerning natural religion by David Hume, mit deren Herausgabe er seinen Freund Adam Smith beauftragt hatte, the second edition, Lond. 1779, deutsch (von Schreiter) nebst einem Gespräche über den Atheismus von Ernst Platner, Leipzig 1781. Essays on suicide and the immortality of soul, ascribed to the late David Hume, Lond 1783, a new edition, Lond. 1789. Gesammtausgaben seiner philos. Schriften sind Edinb. 1827, 1836, Lond. 1854, Lond. 1870 erschienen. Hume's Autobiographie, geschrieben 1776, erschien, veröffentlicht von Adam Smith, Lond. 1777, lat. 1787; über ihn handeln J. H. Burton, life and correspondence of D. H., Edinb. 1846; Feuerlein, Hume's Leben und Wirken, in der Zeitschr. der Gedanke, Bd. IV. u. V., Berlin 1863 und 64. F. Papillon, David Hume, précurseur d'Auguste Comte, Versailles 1868. Lars Albert Sjöholm, det historiska sammanhänget mellan Hume's Skepticism och Kant's Kriticism, Akademisk Afhandling, Upsala 1869. W. F. Schnitze, Hume und Kant über den Causalbegriff, In.-Diss., Rostock 1870.

Geboren zu Edinburgh am 26. April 1711, lebte Hume von 1734—37 in Frankreich. In Paris erregten damals die m Gunsten der verfolgten Jansenisten besonders auf dem Kirchhof von St. Medard am Grabe des Abbé Paris geschahen, Aufsehen und gaben uninteressirten Denkern Anlass zu psychologischen Untersuchungen über die Genesis des Wunderglaubens. Hume bekundet dies von sich selbst in seiner Abhandlung über die Wunder. (In ähnlicher Art haben die angeblichen Wunder des thierischen Magnetismus David Friedrich Strauss in ziemlich frühem Alter zu psychologischen Betrachtungen angeregt.) Während seines Aufenthalts in Frankreich schrieb Hume sein erstes philosophisches Werk: A treatise on human nature, being an attempt to introduce the experimental method of reasoning into moral subjects, welches er nach seiner Rückkehr nach England zu London 1737—40 erscheinen liess. Dasselbe fand geringe Beachtung. Günstigere Aufnahme fanden die 1742 zu Edinburgh erschienenen Essays moral, political and literary. Im Jahre 1746 soll sich Hume vergeblich um die Lehrstelle der Moralphilosophie zu Edinburgh beworben haben. Nicht lange hernach (1747) begleitete er den General St. Clair als Secretair bei einer militairischen Gesandschaft an die Höfe von Wien und Turin; in Turin arbeitete er seinen Tractat über die menschliche Natur um und theilte denselben in mehrere einzelne Abhandlungen; von diesen ist die bedeutendste die Untersuchung über den menschlichen Verstand, Enquiry concerning human understanding, London 1748. Im Jahr 1749 reiste Hume nach Schottland zurück. Im Jahr 1751 veröffentlichte er Untersuchungen über die Principien der Moral. Mit vielem Beifall wurden seine poli-

§ 13. Der Hume'sche Skepticismus u. s. Bekämpfer: Reid, Beattie etc.

tischen Discurse, political discourses, Edinb. 1752. 2. Ausg. ebend. 1758, aufgenommen. Eine 1752 angetretene Bibliothekarstelle in Edinburgh, durch die ihm eine Fülle litterarischer Hülfsmittel leicht zugänglich wurde, veranlasste ihn, seine Geschichte Englands zu schreiben, die zuerst 1754—62 erschien. Im Jahr 1755 erschien die Natural history of religion, die ihm manche Anfeindungen zuzog. Hume begleitete 1763 als Secretair den Grafen von Hertford, der als Gesandter zum Abschluss des Friedens nach Versailles ging. In Paris fand Hume eine glänzende Aufnahme. Bei seiner Rückkehr nach England 1766 liess er sich von Rousseau begleiten, mit dem er Freundschaft geschlossen hatte; doch ward ihm bald von diesem, den die Abhängigkeit drückte und der sich von Hume besonders durch gewisse öffentliche Aeusserungen, die er jedoch fälschlich diesem zuschrieb, beleidigt glaubte, mit Undank gelohnt. Als Unterstaatssecretair im auswärtigen Amte (an dessen Spitze der General Conway stand) hat Hume 1767 bis 1768 die diplomatische Correspondenz Englands geführt. Von 1769 an lebte Hume privatisirend in Edinburgh, wo er am 25. August 1776 starb.

Nachdem Hume in seinem philosophischen Hauptwerk, der „Untersuchung über den menschlichen Verstand", erklärt hat, dass es ihm nicht um blosse Ermahnung zur Tugend, sondern um eine gründliche Erörterung der Kräfte des Menschen und der Grenzen unserer Erkenntniss zu thun sei, also nicht um ein bloss populäres, sondern um ein wissenschaftliches Philosophiren, in welchem er jedoch die Klarheit mit der Gründlichkeit möglichst zu vereinigen suchen werde, wendet er sich zunächst zu der Untersuchung über den Ursprung der Vorstellungen. Er unterscheidet Eindrücke (impressions) und Ideen oder Gedanken (ideas, thoughts); unter den ersteren versteht er die lebhaften Empfindungen, die wir haben, wenn wir hören, sehen, fühlen, oder lieben, hassen, begehren, wollen, unter den letzteren aber die minder lebhaften Erinnerungs- oder Einbildungs-Vorstellungen, deren wir uns dann bewusst werden, wenn wir über irgend einen Eindruck reflectiren. Die schöpferische Kraft des Denkens erstreckt sich nicht weiter, als auf das Vermögen, denjenigen Stoff, welchen die Sinne und die Erfahrung liefern, zu verbinden, umzustellen, zu erweitern oder zu vermindern. Alle Materialien des Denkens werden uns durch die äussere oder innere Erfahrung gegeben; nur die Combination derselben ist das Werk des Verstandes oder Willens. Alle unsere Ideen sind Copien von Perceptionen. Auch die Gottesidee macht hiervon keine Ausnahme; der Verstand gewinnt sie, indem er die menschlichen Eigenschaften der Weisheit und Güte über alle Grenzen hinaus steigert. Die Verknüpfung der verschiedenen Vorstellungen miteinander beruht auf den drei Principien der Association: Aehnlichkeit, Verbindung im Raum und Zeit, und Ursache und Wirkung.

Man kann alle Gegenstände des menschlichen Denkens und Forschens in zwei Classen eintheilen: Beziehungen der Ideen und Thatsachen. Zu der ersten Classe gehören die Sätze der Geometrie, der Arithmetik und Algebra und überhaupt jedes Urtheil, dessen Evidenz auf Intuition oder Demonstration sich gründet. Sätze dieser Art werden durch die blosse Denkthätigkeit gefunden; sie sind unabhängig von aller Existenz. Auch wenn kein Kreis oder Dreieck in der Natur vorhanden wäre, würden die geometrischen Sätze gelten.*) Sätze da-

---

*) Diese Ansicht Hume's ist nur eine Behauptung, nichts Erwiesenes; sie ist nur haltbar unter der mindestens höchst bestreitbaren Voraussetzung der blossen Subjectivität des Raumes, zu welcher freilich Hume durch Gleichstellung der von Locke angenommenen primitiven Qualitäten mit den secundären und später entschiedener Kant fortgegangen ist, die aber keineswegs mit Nothwendigkeit gilt,

§ 13. Der Hume'sche Skepticismus u. s. Bekämpfer: Reid, Beattie etc.

gegen, die auf Thatsächliches gehen, haben nicht denselben Grad und nicht dieselbe Art von Evidenz. Die Wahrheit oder Unwahrheit solcher Sätze ist nicht durch blosse Begriffe erweislich; denn wäre sie es, so müsste die Annahme des Gegentheils in sich selbst mit einem Widerspruche behaftet sein, was nicht der Fall ist. Alles Schliessen, welches auf Thatsachen geht, scheint sich auf die Beziehung von Ursache und Wirkung zu gründen. Man setzt voraus, dass es einen Causalzusammenhang zwischen dem gegenwärtigen Factum und demjenigen, auf welches geschlossen wird, gebe, so dass das eine die Ursache des anderen oder auch beide Facta coordinirte Wirkungen der nämlichen Ursache seien. Wollen wir daher in das Wesen der Gewissheit über erschlossene Thatsachen eine befriedigende Einsicht gewinnen, so müssen wir untersuchen, auf welche Weise wir die Kenntniss von Ursache und Wirkung erlangen.

Wir erlangen, sagt Hume, die Kenntniss des Causalnexus in keinem Falle durch Schlüsse a priori, sondern lediglich durch Erfahrung, indem wir nämlich finden, dass gewisse Objecte nach einer beständigen Regel verknüpft sind. Die Wirkung ist von der Ursache durchaus verschieden und sie kann folglich nicht in dem Begriffe der letzteren aufgefunden und erfahrungslos durch den Verstand erschlossen werden. Ein Stein oder ein Metallstück fällt sogleich zur Erde, wenn es in der freien Luft ohne Stütze ist. Dies lehrt die Erfahrung. Aber können wir wohl durch Schlüsse a priori nur das Geringste entdecken, woraus sich erkennen liesse, dass der Stein oder das Metall sich nicht eben so gut nach oben, wie nach dem Mittelpunkte der Erde bewegen werde? Noch weniger, als die Art der Wirkung, kann der Verstand die nothwendige, unveränderliche Verknüpfung zwischen Ursache und Wirkung a priori erkennen. Hieraus folgt, dass das höchste Ziel der menschlichen Erkenntniss darin besteht, die empirisch gefundenen Ursachen von Naturerscheinungen einheitlich zusammenzufassen und die Mannigfaltigkeit der besonderen Wirkungen einigen wenigen generellen Ursachen unterzuordnen. Aber die Bemühung ist vergeblich, die Ursachen von diesen generellen Ursachen entdecken zu wollen. Die letzten Gründe sind der Neugier und Nachforschung der Menschen gänzlich verschlossen. Die Elasticität, die Schwerkraft, die Cohäsion der Theile, die Mittheilung der Bewegung durch den Stoss, das sind wahrscheinlich die generellsten Ursachen, auf welche wir die Naturerscheinungen zurückführen können; aber hierdurch wird unsere Unwissenheit über die Natur nur etwas weiter zurückgeschoben. Das Analoge gilt in Bezug auf die Moralphilosophie und Erkenntnisslehre. Die Geometrie, so gross auch ihr wohlverdienter Ruhm von Seiten der Bündigkeit und Strenge ihrer Schlüsse ist, kann uns doch nicht zur Erkenntniss der letzten Naturursachen verhelfen; denn sie dient nur bei der Entdeckung und bei der Anwendung der Naturgesetze; diese selbst aber müssen mittelst der Erfahrung erkannt werden.

Wenn wir ähnliche sinnliche Beschaffenheiten wahrnehmen, so erwarten wir, dass aus ihnen ähnliche Wirkungen, als wir schon erfahren haben, entspringen werden. Aber es lässt sich weiter fragen, worauf diese Erwartung beruhe. Könnte

---

und selbst unter dieser Voraussetzung giebt sie nicht eine wirkliche Erklärung der apodiktischen Erkenntniss. Es giebt keinen Satz der reinen Geometrie, der die Existenz eines Kreises oder eines Dreiecks in der Natur behauptete, sondern nur Sätze, welche unter Voraussetzung dessen, was der Subjectsbegriff bezeichnet, die Nothwendigkeit behaupten, dass dasselbe mit dem betreffenden Prädicate verbunden sei; diese Beziehung aber wird als eine objectiv-reale und nicht als eine blosse Beziehung zwischen unseren Vorstellungen behauptet, und eben darum wird auch von der angewandten Geometrie jedem in der Natur existirenden Kreis, Dreieck, Cylinder, Kegel etc. eben jenes Prädicat vindicirt.

§ 13. Der Hume'sche Skepticismus u. s. Bekämpfer: Reid, Beattie etc. 151

man irgendwie vermuthen, dass der Lauf der Natur sich ändern und das Vergangene keine Regel mehr für das Künftige sein werde, so würde alle Erfahrung unnütz werden und keine Quelle mehr sein, woraus man Folgerungen ableiten könnte. Das Princip, welches die Erwartungen ähnlicher Wirkungen bestimmt, ist nicht eine Erkenntniss der verborgenen Kraft, durch welche das eine Ding das andere hervorbringt, denn eine solche Kraft können wir weder ausser uns, noch in uns beobachten; sondern dieses Princip ist die Gewohnheit: der Verstand wird, wenn sich ähnliche Fälle wiederholen, durch die Gewohnheit bestimmt, bei Erscheinung der einen Begebenheit ihre gewöhnliche Begleiterin zu erwarten und zu glauben, sie werde in Wirklichkeit treten. Diese Verknüpfung, welche wir in dem Gemüthe fühlen, der gewohnte Uebergang von einem Gegenstande zu seinem gewöhnlichen Gefährten, ist die Empfindung oder der Eindruck, aus welchem wir den Begriff einer Kraft oder nothwendigen Verknüpfung bilden. Wir fühlen bei beständig wahrgenommenen Verbindungen von Vorgängen die gewohnte Verknüpfung der Vorstellungen und übertragen dieses Gefühl auf die Gegenstände, wie wir überhaupt den Aussendingen die Empfindungen, welche durch dieselben in uns veranlasst werden, beizulegen pflegen.*)

An Hume's Betrachtungen über die Causalität knüpft sich zumeist seine philosophische Bedeutung. Sein Skepticismus ist eben darin gegründet, dass der Causalbegriff bei seinem Ursprung aus der Gewohnheit nur einen Gebrauch innerhalb des Erfahrungskreises zulasse; der Schluss von dem empirisch Gegebenen auf Transcendentes (über den gesammten Erfahrungskreis Hinausgehendes), wie Gott

---

*) So richtig Hume hiermit den Anfang des auf Erfahrung gegründeten Schliessens bei Thieren und Menschen bezeichnet, so wenig vermag das blosse Princip der Gewohnung den Fortgang desselben, die Aufhebung der naiven Objectivirung des jedesmaligen subjectiven Vorstellungslaufs und die stufenweise Erhebung zu objectiv gültiger Einsicht, zu erklären. Das Thier, welches in die Falle geht, der blosse Praktiker, die blosse Routine hat und in ausserrgewöhnlichen Fällen durch Beharren bei dem gewohnten Gange in's Unglück geräth, zeigen diejenige Erscheinung, welche von Hume psychologisch erklärt wird; aber Hume hat nur nachträglich (in einer später beigefügten Note) und nicht ohne einige Inconsequenz einen Versuch gemacht, zu zeigen, wie diejenigen Schlussreihen zu Stande kommen, durch welche dem Menschen die Ueberlistung des Thieres möglich wird, oder der Denker die Fehler des blossen Praktikers vermeidet. Umfassendere Induction kann zu allgemeineren Sätzen führen, welche die Obersätze zu deductiven Schlüssen abgeben, durch welche die Gültigkeit der Ergebnisse minder umfassender Inductionen theils bestätigt und gesichert, theils beschränkt wird; in dem Maasse aber, wie die so berichtigten Erwartungen mehr in Uebereinstimmung mit der Wirklichkeit treten, erlangt der Begriff der Kraft, der aus der Reflexion auf die Empfindung der Anstrengung und auf unsere Willenskraft überhaupt erwächst, und der auf dem Begriffe der Kraft ruhende Begriff der Causalität objective Gültigkeit und gehen die Regeln, die nicht ohne Ausnahmen gelten, in ausnahmslos gültige Gesetze über. Indem Hume (in der erwähnten Note, II. 5) sagt: „das Moment, von welchem die Wirkung abhängt, ist oft mit fremden und äussern Umständen verwickelt; die Abtrennung derselben erfordert oft grosse Aufmerksamkeit, Genauigkeit und Scharfsinn", so erkennt er hiermit, aber nur implicite, eine objective Norm des Causalbegriffs an. Auch steht die Gewohnheit selbst im (psychischen) Causalnexus, setzt also die (psychische) Objectivität der Causalität voraus. Um eine objective Gültigkeit dem Begriff der Causalität zu vindiciren, hat Kant denselben für einen Begriff a priori erklärt, wie er Raum und Zeit als Anschauungen a priori fasste, wodurch jedoch die allein mit vollem Recht so zu nennende Objectivität (welche Kant als die „transcendentale" von der „empirischen" unterscheidet) verloren geht, s. unten § 16.

und Unsterblichkeit, erscheint Hume als unzulässig. Dazu kommt, dass Hume, besonders in seinem frühesten Treatise, eben so negativ auch über den Substanzbegriff urtheilt: das Ich ist ein Vorstellungscomplex, dem wir ein einheitliches Substrat oder eine Substanz unterzulegen nicht berechtigt sind. Hume sagt: Wir haben klare Vorstellungen nur von Perceptionen; eine Substanz ist etwas von Perceptionen ganz Verschiedenes; also haben wir keine Erkenntniss von einer Substanz. Inhärenz (inhesion) in Etwas gilt als erforderlich zum Bestand unserer Perceptionen, aber dieselben bedürfen in der That keines Trägers. Die Frage, ob die Perceptionen einer materiellen oder immateriellen Substanz inhäriren, ist unbeantwortbar, weil sie keinen verständlichen Sinn hat. Hume's ethisches Princip ist das Gefühl der Glückseligkeit und des Elends der Menschen. Das moralische Urtheil beruht auf dem Wohlgefallen oder Missfallen, welches eine Handlung in dem Betrachter derselben erregt. Vermöge der natürlichen Sympathie des Menschen mit dem Menschen ruft ein Handeln, welches auf das Gemeinwohl geht, Beifall, ein entgegengesetztes aber Missfallen hervor.

Die schottischen Philosophen Thomas Reid (1710—96; Inquiry into the human mind on the principles of common sense, London 1763 u. ö.; on the intellectual powers of man, Edinb. 1785; on the active powers of man, Edinb. 1788, die beiden letzteren Schriften öfters zusammen gedruckt als essays on the powers of the human mind; Werke, hrsg. von Dugald Stewart, Edinb. 1804, hrsg. von Hamilton, Edinb. 1827 u. ö., vgl. Reid and the philosophy of Common sense, eine im Jahr 1847 verfasste Abhandlung von J. F. Ferrier, in dessen Lectures ed. by Grant and Lushington, London 1866, vol. II., S. 407—459), James Beattie (1735 bis 1803; essay on the nature and immutability of truth in opposition to sophistry and scepticism, Edinb. 1770 u. ö. etc.), James Oswald (appeal to common sense in behalf of religion, Edinb. 1766—72) vermochten durch ihren Recurs auf den „common sense" Humes Skepticismus nicht wahrhaft zu überwinden. An sie haben sich spätere schottische Philosophen, zum Theil mit selbständiger psychologischer Forschung, wie Dugald Stewart (1753—1828; elements of the philos. of human mind, Edinb. 1792—1827 u. ö., Lond. 1862, 1867; outlines of the moral philosophy 1793 (with critical notes by J. M. Cosh, London 1863) etc.; philos. Werke, hrsg. von Hamilton, 10 Bde., Edinb. 1854—58), Thom. Brown (1778 bis 1820; zu unterscheiden von dem 1735 gestorbenen, in der Philosophie sensualistisch, in der Theologie orthodox gesinnten Bischof von Cork Peter Brown; Thom. Brown, lectures on the philos. of human mind, 1820 u. ö., 19. Aufl. Lond. 1856, Lectures on Ethics ib. 1856), James Mackintosh (1764—1832; dissertation on the progress of ethical philosophy, chiefly during the 17. and 18. centuries, in der Encyclop. Brit., auch besonders gedruckt, Lond. 1830, Edinb. 1836, 3 ed. with prefation by W. Whewell, London 1863, franz. v. H. Poret, Paris 1834) und Andere angeschlossen.

Dritter Abschnitt der Philosophie der Neuzeit.
Die neuere Philosophie oder die Kritik und Speculation seit Kant.

§ 14. Den dritten Abschnitt der Philosophie der Neuzeit eröffnet die Kantische Vernunftkritik, die durch Reflexion auf den Ursprung, den Umfang und die Grenzen der menschlichen Erkenntniss die Unterscheidung zwischen den Erscheinungen, deren Stoff durch Sinnesaffection gegeben, deren Form aber von dem Subjecte selbst erzeugt sei, und den Dingen an sich, welche raum-, zeit- und causalitätslos existiren, zu begründen sucht und vermöge dieser Unterscheidung einerseits der empirischen Forschung auf dem Erscheinungsgebiete volle Selbstständigkeit vindicirt, andererseits aber neben den Erfahrungsobjecten ein Gebiet der Freiheit anerkennt, welches Kant selbst zwar nur dem moralischen Bewusstsein eröffnet, einige seiner Nachfolger aber, das Princip der Autonomie des Geistes erweiternd, auch der theoretischen Speculation vindiciren. In Kants Lehre von der Erscheinungswelt ist der subjective Ursprung, den er den Formen der Erkenntniss zuschreibt, ein (subjectiv-) idealistisches Element, das Gegebensein des Stoffes ein realistisches; in seiner Lehre von den Dingen an sich ist die denselben beigelegte Function des Afficirens unserer Sinne ein realistisches, die denselben vindicirte Freiheit ein idealistisches Element. Der Dualismus der durch Kant unvermittelt neben einander gestellten und keineswegs (auch nicht in der Kritik der Urtheilskraft) zu widerspruchsloser Harmonie mit einander verbundenen idealistischen und realistischen Elemente musste in zweifacher Weise den Versuch der Ausbildung einer consequenten, in sich selbst harmonischen Gesammtansicht hervorrufen, indem entweder zu Gunsten der idealistischen Lehren die realistischen Voraussetzungen geopfert oder umgekehrt zu Gunsten der letzteren die idealistischen Theoreme aufgehoben oder doch sehr beträchtlich modificirt wurden; jenes geschah durch Fichte, dieses durch Herbart; an Fichte's subjectiven Idealismus hat sich Schellings vorwiegend objectiver Idealismus und an diesen Hegels absoluter Idealismus geschlossen; von Anderen, zu denen Schleiermacher gezählt werden darf) ist die harmonische Vereinigung beider Seiten zu einem Idealrealismus erstrebt worden. Mit den in der Philosophie selbst liegenden Entwicklungsmotiven trifft auch in diesem Abschnitt die Wechselbeziehung zu der positiven Natur- und Geschichtsforschung, zu der Dichtung, zu den politischen Verhältnissen und zu dem religiösen Leben, überhaupt zu der allgemeinen Culturentwicklung zusammen und zwar so, dass in den ersten Jahrzehenden die Philosophie vorwiegend einen bestimmenden Einfluss auf jene anderen Seiten des geistigen Lebens übt, in der späteren Zeit dagegen, in welcher sich ihr weniger das allgemeine Interesse zuwendet, mehr ihrerseits den Einfluss derselben erführt.

Die neueste Philosophie seit Kant stellen ausser den betreffenden Theilen der Grdr. I, § 4 und III, § 1 citirten umfassenderen Werke insbesondere folgende Schriften dar: Karl Ludw. Michelet, Geschichte der letzten Systeme der Philosophie in Deutschland von Kant bis Hegel, 2 Bände, Berlin 1837—38, und: Entwickelungsgeschichte der neuesten deutschen Philosophie, Berlin 1843. Heinr. Mor. Chalybäus, histor. Entwicklung der speculativen Philosophie in Deutschland von Kant bis Hegel, Dresden 1837, 5. Aufl. 1860. Friedr. Karl Biedermann, die deutsche Philosophie von Kant bis auf unsere Tage, Leipzig 1842—43. A. Ott, Hégel et la philosophie allemande ou exposé et examen critique des principaux systèmes de la philosophie allemande depuis Kant, Paris 1843. A. S. Willm, histoire de la philosophie allemande depuis Kant jusqu'à Hégel, Paris 1846—49. L. Wocquier, essai sur le mouvement philosophique de l'Allemagne depuis Kant jusqu'à nos jours, Bruxelles, Gand et Leipz. 1852. C. Fortlage, genetische Geschichte der Philosophie seit Kant, Leipz. 1852. H. Ritter, Versuch zur Verständigung über die neueste deutsche Philosophie seit Kant, in der (Kieler) Allgem. Monatsschrift für Wiss. u. Litt., auch besonders abgedruckt, Braunschweig 1853. G. Weigelt, zur Geschichte der neueren Philosophie, Hamburg 1854—55. Carl Herm. Kirchner, die speculativen Systeme seit Kant und die philosophische Aufgabe der Gegenwart, Leipzig 1860. A. Foucher de Careil, Hégel et Schopenhauer, études sur la philosophie allemande depuis Kant jusqu'à nos jours, Paris 1862. Ad. Drechsler, Charakteristik der philosophischen Systeme seit Kant, Dresden 1863. O. Liebmann, Kant und die Epigonen, Stuttgart 1865. Zur Geschichte der Philosophie seit Kant, insbesondere zur Würdigung Schelling's, Schleiermacher's etc. enthält wesentliche Beiträge R. Haym, die romantische Schule, Berlin 1870. Vgl. die oben (in § 2) angef. Werke.

Die Erläuterung und Begründung der obigen Andeutungen über den Entwicklungsgang der Philosophie in dieser Periode kann nur durch den Verfolg der Darstellung selbst gegeben werden; vor der Darstellung der Systeme würde dieselbe der Anschaulichkeit entbehren und leicht Vorurtheile begründen. Nur darauf sei hier wiederholt hingewiesen, dass die innerste Seele des gesammten Entwicklungsprocesses der Philosophie der Neuzeit nicht eine blosse immanente Dialektik speculativer Principien, sondern vielmehr der Kampf und das Versöhnungsstreben zwischen der überlieferten und in Geist und Gemüth tief eingewurzelten religiösen Ueberzeugung und andererseits den durch die Forschung der Neuzeit errungenen Erkenntnissen auf dem Gebiete der Natur- und Geisteswissenschaften ist. Der Dogmatismus hatte an Verschmelzbarkeit theologischer (zum Theil umgebildeter) Fundamentalsätze mit naturwissenschaftlichen und psychologischen Doctrinen zu dem Ganzen eines philosophischen Systems geglaubt, und auf die theologische Erkenntniss die kosmologische und anthropologische gebaut. Der Empirismus hatte die theologischen Sätze mindestens nicht zur Basis aller andern philosophischen Erkenntniss gemacht und dieselben in der Regel aus dem Gebiete der Wissenschaft ausgeschieden (allerdings nicht immer vollständig, sofern besonders Locke das Dasein Gottes für beweisbar auf Grund des empirisch Gegebenen hielt), sei es, um sie dem Glauben anheimzugeben oder um sie ganz zu negiren. Der Skepticismus hatte an der Lösbarkeit der betreffenden Probleme verzweifelt. Kant (der den Kern der ihm zunächst vorausliegenden philosophischen Bestrebungen in einer bleibend gültigen Weise erfasst hat) eröffnete durch seinen Kriticismus eine neue Bahn: er hob vermittelst seiner Reflexion auf die Erkenntnissgrenzen der menschlichen Vernunft die dogmatische Voraussetzung der erreichbaren Harmonie auf, nahm die von dem Empirismus vollzogene Einschränkung der wissenschaftlichen

Erkenntniss in einem wesentlich veränderten Sinne (indem er sie auf die Erscheinungen bezog) wieder auf, trat aber in eine zweifache Beziehung zu dem Resultate des Skepticismus, indem er dieses zugleich sich aneignete und es durch das der moralischen Ueberzeugung eröffnete Gebiet des Ansichseienden überschritt. Die späteren Richtungen sind in gewissem Sinne modificirte Erneuerungen der früheren unter dem Einfluss und zum Theil auf dem Boden des Kantianismus.

§ 15. **Immanuel Kant**, geboren zu Königsberg in Ostpreussen am 22. April 1724, gest. ebendaselbst am 12. Februar 1804, erhielt in seiner Vaterstadt seine Bildung und wirkte daselbst als Universitätslehrer. Für Kant's erste philosophische Richtung war die Wolff'sche Philosophie und die Newton'sche Naturlehre von massgebendem Einfluss; erst später, seit dem Jahr 1769, bildete er den Kriticismus aus, den er in seinen Hauptwerken vertritt. Unter Kants Schriften aus der dem Kriticismus vorausgehenden Periode ist die bedeutendste die „Allgemeine Naturgeschichte und Theorie des Himmels"; die kritischen Hauptschriften sind: die zuerst 1781, dann in neuer Bearbeitung 1788 erschienene Kritik der reinen Vernunft, die 1788 veröffentlichte Kritik der praktischen Vernunft und die 1790 verfasste Kritik der Urtheilskraft. Die „Metaphysischen Anfangsgründe der Naturwissenschaft" (1786), die „Religion innerhalb der Grenzen der blossen Vernunft" (1793) und andere kleinere Schriften enthalten die Anwendung der Principien des Kriticismus auf einzelne Gebiete der philosophischen Betrachtung. In Forschung und Lehre hat Kant ebenso, wie im äussern Leben, stets strenge Gewissenhaftigkeit und unablässige Pflichttreue bewährt.

Ueber Kants Leben und Charakter handeln: Ludwig Ernst Borowski, Darstellung des Lebens und Charakters Kants, Königsberg 1804 (eine bereits 1792 entworfene und damals von Kant selbst revidirte, nach Kants Tode von ihrem Verfasser vervollständigte und veröffentlichte Biographie, die besonders über Kants Familienverhältnisse und früheres Leben werthvolle Notizen enthält), Reinhold Bernhard Jachmann, Immanuel Kant, in Briefen an einen Freund, Königsberg 1804 (eine auf persönlichen Umgang mit Kant 1784—94 gegründete Charakterschilderung nebst vorangeschickter biographischer Skizze), Ehregott Andreas Christoph Wasianski, Kant in seinen letzten Lebensjahren, Königsberg 1804 (ein treuer Bericht über das allmähliche Erlöschen der geistigen und körperlichen Kräfte Kants', ferner Theodor Rink, Ansichten aus I. Kants Leben, Königsberg 1805, F. Bouterwek, I. Kant, Hamburg 1805 und Andere (vgl. auch Artikel in der N. Berl. Monatsschr. Febr. und Mai 1805), dann aber namentlich, die Leistungen der Früheren zusammenfassend und durch vieles neue Material erweiternd, Friedr. Wilh. Schubert, Imm. Kant's Biographie, in: Kant's Werke, hrsg. von Rosenkranz und Schubert, Bd. XI, Abth. 2, Leipzig 1842. Das Material hat nachträglich noch einige Vervollständigungen erhalten durch Christian Friedr. Reusch, Kant und seine Tischgenossen, aus dem Nachlass des jüngsten derselben (aus den Neuen Preuss. Provinzialblättern Bd. VI, Königsberg 1848, Heft 4 u. 5 besonders abgedruckt), und durch die Schrift: Kantiana, Beiträge zu Imm. Kant's Leben und Schriften, hrsg. von Rud. Reicke (Separatabdruck aus den Neuen Preuss. Provinzial-Blättern', Königsberg 1860, worin eine von dem Consistorialrath Prof. Wald im Jahr 1804 gehaltene Gedächtnissrede auf Kant nebst den Notizen, worauf Wald fusste, und insbesondere mit mehreren werthvollen Bemerkungen des mit Kant innig befreundeten Professors Kraus, wie auch einige Nachträge zu Kant's Schriften abgedruckt sind. Aus diesen Quellenschriften haben die späteren Darsteller des Lebens Kant's (unter denen Kuno Fischer, Kant's Leben und die Grundlagen seiner Lehre, drei Vorträge, Mannheim 1860, auch in der Gesch. der neueren Ph., Bd. III, Mannheim u. Heidelberg 1860, 2. Aufl. 1869 mit Auszeichnung zu erwähnen ist) geschöpft.

Kant's Schriften sind in neuerer Zeit in zwei Gesammtausgaben erschienen: Immanuel Kant's Werke, hrsg. von G. Hartenstein, 10 Bde., Leipz. bei Modes u. Baumann, 1838 — 39, und: I, Kant's sämmtliche Werke, hrsg. von Karl Rosenkranz und Friedr. Wilh. Schubert, Leipz. bei Leop. Voss, 1838—42, in 12 Bänden, deren letzter die „Geschichte der Kantischen Philosophie", von K. Rosenkranz enthält. (Hartenstein's Ausgabe ist im Einzelnen zum Theil correcter; die Ausgabe von Ros. u. Sch. ist eleganter und reicher an Material und an anregenden Betrachtungen. Die Anordnung ist bei beiden eine im Ganzen systematische. Bei H. folgt auf die Logik und Metaphysik erst die Lehre von der praktischen Vernunft und von der Urtheilskraft, dann die Naturphilosophie, bei Ros. u. Sch. aber besteht die Folge: Logik (mit Einschluss der Metaphysik), Natur- und Geistesphilosophie. Das letztere Verfahren ist das übersichtlichere; weit vorzüglicher aber möchte eine chronologische Ordnung des Ganzen sein, die Kant's Entwicklungsgang zur Anschauung brächte. Diese Ordnung wird eingehalten in der neuen Ausgabe der Kantischen Werke: I. Kant's sämmtliche Werke, in chronol. Reihenfolge hrsg. von G. Hartenstein, 8 Bde., Leipz. bei Leop. Voss, 1867 – 69. Die Hauptwerke Kant's sind von Neuem nach dieser Ausgabe abgedruckt und mit erläuternden und prüfenden Anmerkungen von J. H. v. Kirchmann versehen in der „philos. Bibl.", Berlin bei L. Heimann 1868 ff.

Die Familie Cant stammt aus Schottland. Johann Georg Cant betrieb in Königsberg das Sattlerhandwerk. Das vierte Kind aus seiner Ehe mit Anna Regina Reuter war der am 22. April 1724 geborene Immanuel, der seinen Familiennamen Kant schrieb. Ein Bruder, Johann Heinrich (1735—1800), ward Theolog; von drei Schwestern überlebte die jüngste ihren Bruder Immanuel. Sechs Geschwister starben früh. Die Erziehung war eine streng religiöse im Geiste des damals verbreiteten Pietismus, dessen Hauptvertreter der seit 1731 an der altstädtischen Kirche als Pfarrer und Consistorialrath angestellte, seit 1732 auch ein Ordinariat der Theologie an der Universität bekleidende und seit 1733 das Collegium Fridericianum leitende Franz Albert Schulz war (gest. 1763). Kant empfing im Collegium Fridericianum von Ostern 1732 bis Mich. 1740 die Vorbildung zu den Universitätsstudien. Unter seinen Lehrern schätzte Kant neben Franz Alb. Schulz besonders den Latinisten Joh Friedr. Heydenreich; unter seinen Mitschülern war der bedeutendste der (an Ostern 1741 vom Gymnasium abgegangene) David Ruhnken, der spätere Professor der Philologie zu Leyden, der in einem Briefe an Kant vom 10. März 1771 über jene Gymnasialzeit sagt: tetrica illa quidem, sed utili nec poenitenda fanaticorum disciplina continebamur, und hinzufügt, schon damals hätten Alle von Kant (der besonders die römischen Classiker eifrig las und sich gut lateinisch auszudrücken wusste) die höchsten Erwartungen gehegt. Auf der Königsberger Universität studirte Kant seit Mich. 1740 Philosophie, Mathematik und Theologie Er hörte mit Vorliebe die Vorlesungen des ausserordentlichen Professors Martin Knutzen über Mathematik und Philosophie und lebte sich besonders in den Newton'schen Gedankenkreis ein, hörte auch Physik bei Professor Teske und philosophische Vorlesungen bei Anderen, die aber nur geringen Einfluss auf ihn gewannen, und Dogmatik bei Franz Albert Schulz, der übrigens mit seiner pietistischen Richtung die Wolff'sche Philosophie zu verbinden wusste. Nach Vollendung der Universitätsstudien bekleidete Kant von 1746—55 Hauslehrerstellen, zuerst bei dem reformirten Pfarrer Andersch zu Judschen in der Nähe von Gumbinnen, dann bei dem Rittergutsbesitzer von Hülsen auf Arensdorf bei Mohrungen, endlich bei dem Grafen Kayserling-Rautenburg, habilitirte sich an der Königsberger Universität und eröffnete mit dem Wintersemester 1755 seine Vorlesungen über Mathematik und Physik, Logik, Metaphysik, Moral und philosophische Encyclopädie; seit 1757 las er auch über physische Geographie, seit 1760 las er ausserdem über natürliche Theologie und Anthropologie. Er bewarb sich im April 1756 um die durch Knutzen's frühen Tod erledigte ausserordentliche Professur der Mathematik und Philosophie, aber vergeblich, weil die Regierung den Beschluss gefasst hatte, die Extraordinariate nicht mehr zu besetzen, einen Beschluss, der, durch den bevorstehenden Krieg motivirt, vergleichsweise äusserst geringe Ersparnisse erzielte mittelst der Aufhebung solcher Stellen, deren Existenz vom Standpunkte des Staates aus als ein Luxus gelten konnte, für die subsistenzlosen Docenten aber und im Interesse der von ihnen mit zu vertretenden und fortzubildenden Wissenschaft gerade am allerwenigsten eine Sache des Luxus, sondern dringendstes Bedürfniss war. Das im Jahr 1758 erledigte Ordinariat für Logik und Metaphysik erhielt von dem damaligen russischen Gouverneur der in der Ancienneität Kant vorangehende Docent der Mathematik und Philosophie Buck; erst zwölf Jahre später, 1770, rückte Kant in dieselbe Stelle ein, indem Buck die ordentliche Professur der Mathematik erhielt; 1766 war dem „geschickten und durch seine gelehrten Schriften berühmt gemachten Magister Kant" eine Stelle als Unterbibliothekar an der Kgl. Schlossbibliothek mit 52 Thlr. Gehalt verliehen worden, die er 1772 aufgab. Einen Ruf nach Halle und andere Anträge schlug Kant aus. Er docirte bis zum Herbst 1797, wo Altersschwäche ihn zum Aufgeben der Vorlesungen bewog. Seine Vorträge waren sehr beliebt. Reinhold Lenz preist an ihnen, dass sie zur „Einfalt im Denken und Natur im Leben" anleiteten (in einem Gedicht auf Kant zum 21. August 1770, s. Altpreuss. Monatsschr. IV, 7, 1867). Als akademischer Lehrer wollte Kant mehr die Zuhörer zum Selbstdenken anregen, als Resultate mittheilen, sein Vortrag war ein Verlautbaren des Processes der Gedankenbildung.

Lebhaft betheiligte sich Kant an den politischen Tagesinteressen; seine Gesinnung war ein entschiedener Liberalismus. Er sympathisirte mit den Amerikanern im Unabhängigkeitskriege, mit den Franzosen bei der Staatsumwälzung, welche die Idee der politischen Freiheit zu realisiren verhiess, wie er auf dem Gebiete der Erziehung den Rousseau'schen Grundsätzen huldigte. Kant sagt (in den Fragmenten aus seinem Nachlasse, Werke, Bd. XI, Abth. 1, S. 253 ff.): „Es kann nichts entsetzlicheres sein, als dass die Handlungen eines Menschen unter dem Willen eines Andern stehen sollen. Daher kann kein Abschen natürlicher sein, als den ein Mensch gegen die Knechtschaft hat. Um desgleichen weint und erbittert sich ein Kind, wenn es das thun soll, was Andere wollen, ohne dass man sich bemüht hat, es ihm beliebt zu machen, und es wünscht nur bald ein Mann zu sein, um nach seinem Willen zu schalten." — „Auch in unserer Verfassung ist uns ein jeder Mensch verächtlich, der in einem grossen Grade unterworfen ist." — Jeden Menschen als Selbstzweck, keinen als blosses Mittel zu behandeln, ist ein Fundamentalsatz der Kantischen Ethik. Aber Kant begehrte die Unabhängigkeit wesentlich zu dem Zweck der Selbstbestimmung im Sinne des sittlichen Gesetzes. Vgl. Schubert, Kant und seine Stellung zur Politik, in Raumer's hist. Taschenbuch 1838, S. 575 ff., wo besonders die grosse Macht der monarchisch-conservativen Gesinnung bei allem Liberalismus in Kant nachgewiesen wird.

Charakteristisch für Kant's Gesinnung ist sein Selbstbekenntniss in einem Briefe an Moses Mendelssohn vom 8. April 1766: „Was es auch für Fehler geben mag, denen die standhafteste Entschliessung nicht allemal völlig ausweichen kann, so ist doch die wetterwendische und auf den Schein angelegte Gemüthsart dasjenige, worin ich sicherlich niemals gerathen werde, nachdem ich schon den grössten Theil meiner Lebenszeit hindurch gelernt habe, das meiste von demjenigen zu entbehren und zu verachten, was den Charakter zu corrumpiren pflegt, und also der Verlust der Selbstbilligung, die aus dem Bewusstsein einer unverstellten Gesinnung entspringt, das grösste Uebel sein würde, was mir nur immer begegnen könnte, aber gewiss niemals begegnen wird. Zwar denke ich vieles mit der allerklarsten Ueberzeugung, was ich niemals den Muth haben werde zu sagen; niemals aber werde ich etwas sagen, was ich nicht denke."

Innige Freundschaft verknüpfte Kant mit dem durch Liebe zur Unabhängigkeit und zu gewissenhafter Pünktlichkeit ihm gleichgesinnten Engländer Green (gest. 1784), ferner mit dem Kaufmann Motherby, dem Bankdirektor Ruffmann, dem Oberförster Wobser in Modliten (nahe bei Königsberg), in dessen Forsthause er sich während der Ferien mitunter aufhielt und insbesondere auch die „Beobachtungen vom Schönen und Erhabenen" niedergeschrieben hat. Auch mit Hippel und mit Hamann war Kant befreundet. Von seinen Collegen standen ihm besonders der Hofprediger und Professor der Mathematik Joh. Schultz, der erste Anhänger und Erläuterer seiner Doctrin, und der Professor der Cameralwissenschaften Kraus nahe. Den weitesten Kreis von Verehrern und Freunden fand Kant in seinem höheren Alter als gefeiertes Haupt der weit sich verbreitenden kritischen Schule; am überschwenglichsten ward er von solchen gepriesen, denen die neue Philosophie zu einer Art von neuer Religion ward (wie von Baggesen, dem er für einen zweiten Messias galt).

Der Freiherr von Zedlitz, der unter Friedrich dem Grossen Cultusminister war und dies unter dessen Nachfolger noch bis 1788 blieb, schätzte Kant hoch; auch unter dem Ministerium Wöllner erfreute er sich anfangs noch der Gunst der Regierung; als er aber die Aufsätze zu veröffentlichen gedachte, welche zusammen seine „Religion innerhalb der Grenzen der blossen Vernunft" ausmachen, kam er mit der Censur in Conflict, die nach den Grundsätzen des Religionsedicts geübt werden sollte, welches die symbolischen Schriften der lutherischen und reformirten Kirche zur bindenden Norm machte. Zwar wurde der ersten jener Abhandlungen: „Vom radicalen Bösen", worin Kant die mit dem Pietismus im Wesentlichen harmonirende Seite seiner Religionsphilosophie entwickelt, das Imprimatur ertheilt, obschon selbst dieser nur mit der Bemerkung: „dass sie gedruckt werden möge, da doch nur tiefdenkende Gelehrte die Kantischen Schriften lesen"; sie erschien im April 1792 in der „Berliner Monatsschrift". Aber bereits der zweiten Abhandlung: „Von dem Kampfe des guten Princips mit dem bösen um die Herrschaft über den Menschen" wurde von dem Berliner Censurcollegium die Druckerlaubniss versagt. Kant blieb der Ausweg übrig, von einer theologischen Facultät die Schrift censiren zu lassen. Die theologische Facultät seiner Vaterstadt erlaubte den Druck, und die „Religion innerhalb der Grenzen der blossen Vernunft" erschien zu Ostern 1793 bei Nicolovius in Königsberg; in zweiter Auflage 1794. Um aber für die Zukunft Kant diesen Ausweg abzuschneiden, erwirkten seine Gegner eine Kgl. Kabinetsordre (vom 1. Oct. 1794), worin Kant die „Entstellung und Herabwürdigung mancher Haupt- und Grundlehren der heiligen Schrift und des Christenthums" vorgeworfen und gefordert wird, er solle sein Ansehen und seine Talente zur Förderung der „landesväterlichen Intention" anwenden. Auch wurden sämmtliche theologische und philosophische Lehrer der Königsberger Universität durch Namensunterschrift verpflichtet, nicht über Kant's „Religion innerhalb der Grenzen der blossen Vernunft" zu lesen. Kant hielt dafür (wie ein Zettel in seinem Nachlass bezeugt, bei Schubert XI, 2, S. 139), Widerruf und Verleugnung seiner Ueberzeugung sei niederträchtig, aber Schweigen in dem vorliegenden Falle Unterthanenpflicht; alles, was man sage, müsse wahr sein, aber man brauche nicht alles Wahre öffentlich zu sagen; er erklärte demgemäss

§ 15. Kant's Leben und Schriften.

In seinem Verantwortungsschreiben „als Sr. Maj. getreuester Unterthan" sich fernerhin aller öffentlichen Vorträge über Religion auf dem Katheder und in Schriften enthalten zu wollen. Da für Kant nur in der Unterthanenpflicht gegen Friedrich Wilhelm II. das Motiv des Schweigens lag, so fand er sich beim Tode dieses Königs wiederum zu öffentlichen Aeusserungen berechtigt; in der Schrift: „der Streit der Facultäten" hat er der philosophischen Betrachtung, sofern sie auf ihrem Gebiete verbleibe und nicht in die biblische Theologie als solche übergreife, die volle Freiheit des Gedankens und der Gedankenäusserung vindicirt und seinem Unwillen über den Despotismus Luft gemacht, welcher dem, was nur mit freier Achtung wahrhaft verehrt werden könne, durch Zwangsgesetze Ansehen verschaffen wolle. Doch konnte Kant seine Vorlesungen über Religionsphilosophie nicht mehr aufnehmen; seine leibliche und geistige Kraft war gebrochen. Er erlag einer allmählich zunehmenden und in den letzten Monaten ihm Gedächtniss und Denkkraft raubenden Altersschwäche, während gleichzeitig seine Doctrin auf den meisten deutschen Universitäten glänzende Triumphe feierte. Die Ueberschreitung seines Princips durch Fichte's Wissenschaftslehre hat Kant gemissbilligt, ohne jedoch durch seine Gegenerklärung den Fortgang der philosophischen Speculation in der idealistischen Richtung zu hemmen.

Kant's Schriften sind folgende:

1. Aus der ersten, dem Kriticismus vorangehenden genetischen Periode, in welcher Kant im Ganzen auf dem Boden des Leibnitzisch-Wolff'schen Dogmatismus stand, im Einzelnen aber diesen Standpunkt vielfach, besonders durch den Einfluss Newton'scher und Euler'scher Gedanken, überschritt und mehr und mehr dem Empirismus und Skepticismus, eben dadurch aber mittelbar auch dem spätern Kriticismus sich annäherte.

Gedanken von der wahren Schätzung der lebendigen Kräfte und Beurtheilung der Beweise, deren sich Leibnitz und andere Mechaniker in dieser Streitsache bedient haben, Königsberg 1747 (nicht, wie auf dem Titelblatt steht, 1746; die Widmung ist unterzeichnet: den 22. April 1747). Kant nennt die Frage, ob die Kraft des bewegten Körpers (mit Leibnitz u. A.) nach dem Product der Masse in das Quadrat der Geschwindigkeit (mv^2) oder (mit Des Cartes, Euler u. A.) nach dem Product der Masse in die einfache Geschwindigkeit (mv) zu messen sei, eine der grössten Spaltungen, die unter den Geometern von Europa herrsche; er hofft zu ihrer Beilegung beitragen zu können. Er setzt der damals in Deutschland herrschenden Leibnitzischen Ansicht zu Gunsten der Cartesianischen mehrere Einwürfe entgegen, will jedoch jene unter einer gewissen Einschränkung gelten lassen. Kant theilt nämlich (§§ 15, 23, 118, 119) alle Bewegungen in zwei Classen ein: die eine soll sich in dem Körper, dem sie mitgetheilt werde, erhalten und in's Unendliche fortdauern, wenn kein Hinderniss sich entgegensetze, die andere soll, ohne dass sie im Widerstand sie vernichte, aufhören, sobald die äussere Kraft, durch welche sie hervorgerufen werde, nicht mehr einwirke *); im ersten Fall soll das Leibnitzische, im andern das Cartesianische Princip gelten **). Uebri-

---

*) Die „Eintheilung" ist freilich, wie gar manches in dieser Erstlingsschrift, durchaus verfehlt; die richtige Lehre von der sog. „Trägkeit" entwickelt Kant 1758 in dem „Neuen Lehrbegriff der Bewegung und Ruhe". Nicht unberechtigt war damals Lessing's Epigramm: „K. unternimmt ein schwer Geschäfte, Der Welt zum Unterricht: Er schätzet die lebendigen Kräfte; Nur seine eignen schätzet er nicht." Kant's Schätzung der menschlichen Kräfte in der Vernunftkritik sollte Lessing nicht mehr erleben.

**) Falls der Begriff der Kraft, wie es heute üblich ist, für einen blossen Hülfsbegriff genommen wird, so wird die Streitfrage selbst aufgehoben, indem dann nur

gens ist Kant's Erklärung § 19 charakteristisch, die **Metaphysik** sei, wie viele andere Wissenschaften, erst an der Grenze einer recht gründlichen Erkenntniss.

Untersuchung der Frage, ob die **Erde** in ihrer Umdrehung um die Achse einige Veränderungen seit den ersten Zeiten ihres Ursprungs erlitten habe, in den Königsbergschen Frag- und Anzeigungs-Nachrichten 1754. Kant will diese Frage nicht historisch, sondern nur physikalisch nachspüren; er findet in der Ebbe und Fluth eine Ursache beständiger Retardation. Vgl. G. Reuschle in der deutschen Vierteljahrsschr. April bis Juni 1868, S. 74—82.

Die Frage, ob die **Erde veralte**, physikalisch erwogen, ebend. 1754. Kant handelt diese Frage nicht entscheidend, sondern nur prüfend ab, indem er verschiedene Argumente für ein Veralten einer Kritik unterwirft. Vgl. Reuschle a. a. O. S. 65—66.

Allgemeine Naturgeschichte und Theorie des Himmels, Königsberg und Leipzig 1755. Diese Schrift erschien anonym. Sie ist Friedrich II. gewidmet. Der philosophische Grundgedanke derselben ist die Vereinbarkeit einer mechanischen Naturerklärung, welche ohne willkürliche Grenzen jedesmal wieder an der Ursache eine Naturursache sucht, mit einer Teleologie, welche die gesammte Natur von Gott abhängig sein lässt. Somit findet Kant in den entgegengesetzten Doctrinen Elemente der Wahrheit. Dass die Naturkräfte selbst zweckmässig wirken, zeugt für das Dasein eines intelligenten Urhebers der Natur. Die Materie ist an gewisse Gesetze gebunden, welchen sie frei überlassen nothwendig schöne Verbindungen hervorrufen muss. Aber gerade darum ist ein Gott. Denn wie wäre es möglich, dass Dinge von verschiedenen Naturen in Verbindung mit einander so vortreffliche Uebereinstimmungen und Schönheiten zu bewirken trachten sollten, wenn sie nicht einen gemeinschaftlichen Ursprung erkennten, nämlich einen unendlichen Verstand, in welchem aller Dinge wesentliche Beschaffenheiten beziehend entworfen worden? Wenn ihre Naturen für sich und unabhängig von einander nothwendig wären, so würden sie nicht mit ihren natürlichen Bestre-

---

die Feststellung der Bewegungserscheinungen und ihrer Gesetze unmittelbar von objectiver Bedeutung ist, bei der Definition der Kraft aber vielmehr die methodische Zweckmässigkeit in Frage kommt. Wird unter „Kraft" eine der Quantität der Bewegung eines Körpers proportionale Ursache verstanden, so gilt selbstverständlich das Cartesianische Princip; versteht man aber darunter die Fähigkeit des bewegten Körpers gewisse specielle Wirkungen zu üben, z. B. einen continuirlichen und gleichmässigen Widerstand zu überwinden, so gilt die Leibnitzische Formel, denn die von der „Kraft" ausgeführte „Arbeit" ist gleich dem Unterschiede der halben Producte der Masse in das Quadrat der Geschwindigkeit am Anfang und am Ende der Bewegung. Man nennt gegenwärtig bekanntlich mv die „Quantität der Bewegung", und mv^2 die „lebendige Kraft". Beim freien Fall ist die Endgeschwindigkeit nach n Secunden $= ng$, der in Secunden durchlaufene Weg $= n^2 g$; das halbe Product aus der Masse in das Quadrat der Geschwindigkeit $= \frac{1}{2}mv^2 = \frac{1}{2}m \cdot 4n^2g^2 = 2mn^2g^2 = 2gm \cdot n^2g$, also gleich dem Product aus der bewegenden Kraft (2gm) und dem Wege (n^2g). Die Höhen, bis zu welchen aufwärts geschleuderte Körper steigen, verhalten sich hiernach wie die Quadrate der Anfangsgeschwindigkeiten, und in gleicher Art ist überhaupt nach dem halben Product der Masse in das Quadrat der Geschwindigkeit die „Arbeit" hinsichtlich des von dem an bewegenden Körper zurückgelegten Weges zu messen. D'Alembert hat bereits 1743 in seinem Traité de dynamique (Préface, S. XVI. ff.; vgl. Montucla, histoire des mathématiques, nouv. éd., Paris 1802, t. III, p. 641) gezeigt, dass die analytische Mechanik die Streitfrage als einen Wortstreit bei Seite lassen könne. Doch lag den Discussionen, von dem Wortstreit überdeckt, das Problem zum Grunde, das Princip der Gleichheit zwischen Ursache und Wirkung mit den Thatsachen zu vereinigen. Vgl. G. Reuschle in der deutschen Vierteljahrsschrift, April bis Juni 1868, S. 53—55.

§ 16. Kant's Leben und Schriften.

bungen sich gerade so zusammen passen, wie eine überlegte kluge Wahl sie vereinigen würde. Weil Gott durch die in die Materie selbst gelegten Gesetze wirkt, so ist zu jedem Erfolg die nächste Ursache in den Naturkräften selbst zu suchen. Die anfängliche seitwärts gerichtete Bewegung, welche zugleich mit der Gravitation den Lauf der Planeten bestimmt, ist ihrerseits wiederum aus Naturkräften zu begreifen. Sie entstand, als die Materie der Sonne und Planeten, die ursprünglich als Dunstmasse ausgebreitet war, sich zu ballen begann, indem der Zusammensturz der Massen Seitenbewegungen erzeugte. Nach der Analogie mit der Genesis und dem Bestande des Planetensystems ist die Genesis und der Bestand des Fixsternsystems zu denken. (Mit Kant's Lehre von dem Bestande des Fixsternsystems kommt das Resultat der Herschel'schen Untersuchungen und mit seiner Lehre von der Genesis desselben die Laplace'sche Theorie in den wesentlichsten Grundzügen überein; doch tritt bei Herschel die empirische Basis an die Stelle allgemein gehaltener Vermuthungen, und die Lehre des Laplace unterscheidet sich von der Kantischen durch die Annahme der successiven Ausscheidung der Planetenstoffe aus der rotirenden Sonnenmasse und durch die strengere mathematische Begründung. Die von Newton aufgeworfenen Fragen, wie sich die Verschiedenartigkeit der Planeten- und Kometenbahnen erkläre, und warum die „Fixsterne" nicht aufeinanderstürzten, finden eine Lösung in der Kant-Laplace'schen Theorie, und an die Stelle der Newton'schen Zurückführung der Tangentialbewegung auf ein unmittelbares Einwirken des (um mit Goethe im „Faust" zu reden) gleichsam „von aussen stossenden" Gottes tritt in dieser Theorie der Versuch einer genetischen Erklärung derselben nach Naturgesetzen.) Kant hält die meisten Planeten für bewohnt und die Bewohner der von der Sonne entfernteren Planeten für die vollkommneren. Wer weiss, fragt Kant, laufen nicht jene Trabanten um den Jupiter, um uns dereinst zu leuchten? (Vgl. Ueberweg, über Kant's Allg. Naturg. etc. in: Altpreuss. Monatsschrift, Bd. II, Heft 4, Königsberg 1865, S. 339—353 und F. Hay, über Kant's Kosmogonie, ebd. Bd. III, Heft 4, 1866, S. 312—322, ferner Reuschle a. a. O. S. 62—102.)

Meditationum quarundam de igne succincta delineatio, Kant's Doctor-Dissertation, der philos. Facultät zu Königsberg vorgelegt 1755, von Schubert aus Kant's Originalhandschrift zuerst veröffentlicht in den Werken V, Leipz. 1839, S. 233—254. Die Körperelemente ziehen einander nicht durch unmittelbare Berührung an, sondern durch Vermittlung einer zwischen ihnen liegenden elastischen Materie, welche mit der Materie der Wärme und des Lichtes identisch ist; das Licht ist ebenso wie die Wärme nicht ein Ausfluss materieller Theile aus den leuchtenden Körpern, sondern nach der durch Euler's Autorität auf's Neue bekräftigten Annahme eine Fortpflanzung vibratorischer Bewegung in dem allverbreiteten Aether. Die Flamme ist „vapor ignitus". (Eine Beurtheilung der einzelnen Sätze dieser Dissertation aus dem heutigen Standpunkte der Physik und Chemie von Gust. Werther steht in: Altpreuss. Monatsschr., Königsberg 1866, S. 441—447; vgl. Reuschle a. a. O. S. 55—56.)

Principiorum primorum cognitionis metaphysicae nova dilucidatio, Kant's Habilitationsschrift, Königsberg 1755. Kant entwickelt im Wesentlichen nur die Leibnitzischen Principien, jedoch mit einigen bemerkenswerthen Modificationen. Nicht das Princip des Widerspruchs, sondern das der Identität erkennt er als das schlechthin erste an. Das Princip der Identität umfasst die beiden Sätze: quidquid est, est, als Princip der affirmativen Wahrheiten, und: quidquid non est, non est, als Princip der negativen Wahrheiten. Das Princip der ratio determinans (wofür Kant nicht den Ausdruck ratio sufficiens gesetzt sehen will) zerlegt Kant in zwei Formen, die er durch die Termini: ratio cur oder antecedenter determinans und ratio quod oder consequenter determinans unterscheidet; jene setzt er mit der ratio essendi vel fiendi, diese mit der ratio cognoscendi gleich (was freilich ungenau ist, sofern die Erkenntniss aus dem Realgrunde dabei entweder unberücksichtigt bleibt, oder mit dem Werden aus dem Realgrunde vermischt wird). Kant vertheidigt das principium rationis determinantis gegen die Angriffe, die besonders Crusius auf dasselbe gerichtet hatte, insbesondere gegen den Einwurf, dass dasselbe die Freiheit aufhebe, indem er (im Leibnitzischen Sinne) definirt: Spontaneitas est actio a principio interno profecta; quando haec repraesentationi optimi conformiter determinatur, dicitur libertas (welche Definition später Kant selbst verwarf). Aus dem Princip des Grundes leitet Kant Folgesätze ab, deren wichtigster ist: quantitas realitatis absolutae in mundo naturaliter non mutatur nec augescendo nec decrescendo, was Kant auch auf die Kräfte der Geister mitbezieht, sofern nicht Gott unmittelbar einwirke. Das principium identitatis indiscernibilium, wonach es keine zwei einander vollkommen gleiche Wesen im Universum geben soll, verwirft Kant, leitet aber aus dem Princip des bestimmenden Grundes noch zwei allgemeine Sätze ab: 1) das Princip der Succession, alle Veränderung sei an die Verbindung der Substanzen unter einander geknüpft (welches Princip später Herbart durchgeführt hat; beide schliessen auf Grund dieses Princips aus der Veränderung unserer Vorstellungen auf wirklich vorhandene äussere Objecte; auch Schleiermachers Dialektik beruht mit auf diesem Princip); 2) das Princip der Coexistenz: die reale Verbindung der endlichen Substanzen unter einander beruht nur auf der Verbindung, in welcher ihr gemeinsamer Daseinsgrund, der göttliche Intellect, sie denkt und erhält. (Durch diesen letzteren Satz nähert sich Kant der Leibnitzischen Lehre von der prästabilirten Harmonie an, ohne jedoch derselben beizutreten; noch weniger billigt er den Occasionalismus; es soll vielmehr durch Gott eine wirkliche actio universalis spirituum in corpora corporumque in spiritus, nicht ein blosser consensus, sondern eine wirkliche dependentia gesetzt sein; andererseits unterscheidet Kant dieses so begründete „systema universalis substantiarum commercii" streng von dem blossen influxus physicus der wirkenden Ursachen).

Metaphysicae cum geometria junctae usus in philosophia naturali, cujus specimen I. continet monadologiam physicam, Königsberg 1756, eine von Kant zu dem Zweck, für ein Extraordinariat in Vorschlag gebracht werden zu dürfen (welches ihm jedoch aus dem oben angegebenen Grunde nicht zu Theil wurde) vertheidigte Dissertation. An die Stelle der punctuellen Leibnitzischen Monaden setzt Kant ausgedehnte und doch einfache, weil nicht aus einer Mehrheit von Substanzen bestehende Elemente der Körper, wodurch er (zu der Theorie Bruno's, die er jedoch nicht historisch gekannt zu haben scheint, zurückkehrend) die Monadenlehre der Atomistik annähert; von der letzteren aber unterscheidet sich seine Doctrin wiederum wesentlich durch die von ihm behauptete dynamische Raumerfüllung mittelst der Repulsivkraft (die von dem Centrum aus nach dem Cubus der Entfernungen abnehmen mag) und der Attractionskraft (die nach dem Quadrat der Entfernungen abnimmt); wo die Wirkungen beider gleich seien, sei die Grenze des Körpers. Quodlibet corporis elementum simplex sive monas non solum est in spatio, sed et implet spatium, salva nihilo minus ipsius simplicitate. Monas spatiolum praesentiae suae definit non pluralitate partium suarum substantialium, sed sphaera activitatis, qua externas utrinque sibi praesentes arcet ab ulteriori ad se invicem appropinquatione. Adest alia pariter insita attractionis vis cum impenetrabilitate conjunctim limitem definiens extensionis. Kant folgert hieraus u. a., dass die Elemente der Körper als solche vollkommen elastisch seica, da der ihnen innewohnenden Repulsivkraft eine stärkere Kraft entgegentreten könne, welche die Wirkungen jener beschränken müsse, aber niemals aufzuheben vermöge. (Kant's Argumentation, dass die Anziehungskraft auf einen jeden Punct in dem Maasse schwächer wirken müsse, in welchem die sphärischen Oberflächen, über welche sie sich verbreite, vermöge der wachsenden Entfernung vom Centralpunkte grösser werden, gehört ursprünglich Newton's Zeitgenossen Halley an, der von 1656—1724 lebte, s. Whewell, Gesch. d. ind. Wiss., übs. v. Littrow, Bd. II, S. 157.)

Von den Ursachen der Erderschütterungen bei Gelegenheit des Unglücks, welches die westl. Länder von Europa gegen das Ende des vorigen Jahres (1755) betroffen hat, in den Königsb. Frag- und Anzeigungs-Nachrichten 1756. Geschichte und Naturbeschreibung des Erdbebens im Jahr 1755, Königsberg 1756; Betrachtung der seit einiger Zeit wahrgenommenen Erderschütterungen, in den Königsbergischen Fr.- und Anz.-Nachrichten, 1756, Nr. 15 und 16; naturwissenschaftliche Abhandlungen, die mit der „Allg. Naturgesch. u. Theorie des Himmels" in nahem Zusammenhange stehen. (Die Berichte, worauf Kant in der Schrift über das Lissaboner Erdbeben von 1755 fusste, hält Otto Volger in seinen „Untersuchungen über die Phänomene der Erdbeben in der Schweiz", Gotha 1857 bis 58, für sehr ungenau. Doch vgl. andererseits Reuschle a. a. O. S. 66 ff.)

Neue Anmerkungen zur Erläuterung der Theorie der Winde, Königsberg 1756. Einladungsschrift Kant's zu seinen Vorlesungen im Sommer 1756. Kant hat in dieser Abhandlung die richtige Theorie der periodischen Winde, wie es scheint, originell aufgestellt, ohne von Hadley's partiellem Vorgange zu wissen. Hadley hat im Jahre 1735 (nachdem Halley 1686 eine falsche, auf die durch die Sonne in ihrem täglichen Lauf bewirkten Temperatur-Unterschiede gegründete Theorie der Passate aufgestellt hatte) die Windverhältnisse der Tropen im Wesentlichen richtig aus den Unterschieden der Rotationsgeschwindigkeit in den verschiedenen Breiten und den Temperatur-Unterschieden in den verschiedenen Breiten erklärt; Kant hat nach den gleichen Gesichtspunkten auch die Hauptströmungen der Luft ausserhalb der Tropen (die Westwinde aus dem Herabkommen und der Ablenkung des oberen Stromes, der ursprünglich die Richtung vom Aequator zu den Polen hat) erklärt. (Vgl. Dove's Meteorologische Untersuchungen, Berlin 1837, S. 244 ff., und in Beziehung auf Kant Reuschle a. a. O. S. 68 f.) Kant hat hierdurch für die Erklärung vieler meteorologischer Erscheinungen das wahre Fundament gewonnen. Am Schlusse dieser Einladungsschrift sagt Kant, er sei gesonnen, die Naturwissenschaft nach Eberhard's Lehrbuch: „Erste Gründe der Naturlehre" zu erklären, in der Mathematik Anleitung zu geben, den Lehrbegriff der Weltweisheit mit der Erläuterung der Meyer'schen Vernunftlehre zu eröffnen und die Metaphysik nach Baumgarten's Handbuch vorzutragen, welches er „das nützlichste und gründlichste unter allen Handbüchern seiner Art" nennt und dessen „Dunkelheit" er „durch die Sorgfalt des Vortrags und ausführliche schriftliche Erläuterungen" zu heben hofft.

Entwurf und Ankündigung eines Collegii über die physische Geographie nebst Betrachtung über die Frage, ob die Westwinde in unseren Gegenden darum feucht sind, weil sie über ein grosses Meer streichen. (Nach Hartenstein, I. Ausg. Bd. IX, Vorr. S. VII, bereits 1757, nicht erst 1765 erschienen.) Eine Fortsetzung der Untersuchungen aus den Jahren 1755 und 1756. Jene Frage über die Westwinde wird verneint, aber die positive Lösung fehlt, weil der Einfluss der Temperatur auf die Capacität der Luft für Wasserdampf nicht in Betracht gezogen wird.

§ 15. Kant's Leben und Schriften.

Neuer Lehrbegriff der Bewegung und Ruhe, Königsberg 1758. Kant weist die Relativität aller Bewegung nach, erklärt daraus die Gleichheit der Wirkung und Gegenwirkung in dem Stosse der Körper, und giebt die wahre Deutung der gewöhnlich einer „Trägheitskraft" zugeschriebenen Erscheinungen.

Versuch einiger Betrachtungen über den Optimismus, Königsberg 1759. Kant billigt hier den Optimismus, in der Ueberzeugung, Gott könne nicht nach das Beste zu wählen; er hält dafür, dass das Weltganze das Beste sei und Alles um des Ganzen willen gut. Sein späterer Kriticismus lässt diesen Argumentationsgang nicht zu und betont vielmehr, als die Einheit des Ganzen, die persönliche Freiheit der Individuen.

Gedanken bei dem Ableben des Stud. von Funk, Trostschreiben an seine Mutter, Königsberg 1760. Eine Gelegenheitsschrift.

Die falsche Spitzfindigkeit der vier syllogistischen Figuren, Königsberg 1762. Kant lässt nur die erste Figur als naturgemäss gelten. (Vgl. dagegen die von mir Syst. der Log. zu § 103, 3. Aufl. S. 289 f. mitgetheilte Widerlegung.)

Versuch, den Begriff der negativen Grössen in die Weltweisheit einzuführen, Königsberg 1763. Einander entgegengesetzt ist, wovon Eines dasjenige aufhebt, was durch das Andere gesetzt ist. Die Entgegensetzung ist entweder logische oder reale Opposition. Jene ist der Widerspruch und besteht darin, dass vom demselben Dinge etwas zugleich bejaht und verneint wird; ihre Folge ist das nihil negativum irrepraesentabile. Die reale Opposition ist diejenige, da zwei Prädicate eines Dinges entgegengesetzt sind, aber nicht durch den Satz des Widerspruchs; beide Prädicate sind bei der Realrepugnanz bejahend, aber in entgegengesetztem Sinne, wie eine Bewegung und die gleich rasche Bewegung in der gerade entgegengesetzten Richtung oder wie eine Activschuld und die gleich hohe Passivschuld; die Folge davon ist das nihil privativum, repraesentabile, das Kant Zero nennen will; auf diese reale Entgegensetzung gehen die mathematischen Zeichen + und —. Alle positiven und negativen Realgründe der Welt sind zusammengenommen gleich Zero. (Schon in der Abhandlung: princ. cogn. met. dilucidatio hat Kant die von Daries aufgestellte Argumentation für das logische Princip des Widerspruchs durch die mathematische Formel: + A — A = 0, getadelt, da diese Ausdeutung des Minus-Zeichens willkürlich sei und eine petitio principii involvire; in der gegenwärtigen Abhandlung aber weist er bestimmter den Unterschied nach.) Die Unterscheidung der logischen und realen Entgegensetzung entspricht die des logischen und des Realgrundes; aus jenem ergiebt sich die Folge nach der Regel der Identität, indem sie als Theilbegriff in ihm liegt, aus diesem nicht nach der Regel der Identität, sondern als etwas Anderes und Neues. Wie Causalität in diesem letzteren Sinne möglich sei, bekennt Kant nicht einzusehen. (Kant hat seitdem an der Ueberzeugung festgehalten, dass die Causalität sich nicht aus dem Satze der Identität und des Widerspruchs verstehen lasse. Zunächst führt er nun die Annahme von Causalverhältnissen auf die Erfahrung zurück, später, in der Periode des Kriticismus, auf einen ursprünglichen Verstandesbegriff.)

Der einzig mögliche Beweisgrund zu einer Demonstration des Daseins Gottes, Königsberg 1763. Kant äussert schon in dieser Abhandlung die Ueberzeugung, „die Vorsehung habe nicht gewollt, dass unsere zur Glückseligkeit höchst nöthigen Einsichten auf der Spitzfindigkeit feiner Schlüsse beruhen sollten, sondern sie den natürlichen gemeinen Verstande unmittelbar überliefert"; „es ist durchaus nöthig, dass man sich vom Dasein Gottes überzeuge, aber es ist nicht eben so nothig, dass man es demonstrire". Nichts desto weniger hält Kant hier noch für möglich, zu einem Beweise für Gottes Dasein zu gelangen, indem man sich auf den finsteren Ocean der Metaphysik wage, wogegen er später die Unmöglichkeit jedes theoretischen Beweises der Existenz Gottes darzuthun unternimmt. Schon in dieser Abhandlung stellt er den Satz auf, das Dasein sei kein Prädicat oder Determination von irgend einem Dinge; die Dinge erhalten nicht durch die Existenz ein Prädicat mehr, als sie ohne dieselbe, als bloss mögliche Dinge, haben. In dem Begriffe des Subjects findet man immer nur Prädicate der Möglichkeit. Das Dasein ist die absolute Position eines Dinges und unterscheidet sich dadurch auch von jeglichem Prädicate, welches als ein solches jederzeit bloss beziehungsweise gesetzt wird. Wenn ich sage, Gott ist allmächtig, so wird nur diese logische Beziehung zwischen Gott und der Allmacht gedacht, da die letztere ein Merkmal des ersteren ist. Es ist unmöglich, dass nichts existire; denn dadurch würde das Material und die Data zu allem Möglichen aufgehoben, also alle Möglichkeit verneint werden; wodurch aber alle Möglichkeit aufgehoben wird, das ist schlechterdings unmöglich*). Demnach existirt etwas absolut nothwendiger Weise. Das nothwendige Wesen ist einig, weil es den letzten Realgrund aller andern Möglichkeit enthält, also jedes andere Ding von ihm abhängig sein muss, es ist einfach, nicht aus vielen Substanzen zusammengesetzt, es ist unveränderlich und ewig, es enthält die höchste Realität; es ist ein Geist, da zu der höchsten Realität die Eigenschaften des Verstandes und Willens gehören; mithin ist ein Gott. Diese Argumentation, die nicht empirisch irgend eine Existenz voraussetze, sondern nur von dem Kennzeichen der absoluten Nothwendigkeit hergenommen sei, erklärt Kant für einen vollkommen a priori geführten Beweis; man erkenne auf diese Weise das Dasein jenes Wesens aus demjenigen, was wirklich die absolute Nothwendigkeit desselben ausmache, also recht genetisch; alle anderen Beweisen, auch wenn sie die Strenge hätten, die ihnen fehlt, würden doch niemals die Natur jener Nothwendigkeit begreiflich machen können. (Die Anselmische und Cartesianische Form des ontologischen Beweises, aus dem vorausgesetzten Begriffe Gottes auf Gottes Existenz zu schliessen, verwirft Kant. Uebrigens fügt Kant eine (vortrefflich durchgeführte) Betrachtung bei, worin aus der wahrgenommenen Einheit in den Wesen der Dinge auf das Dasein Gottes a posteriori geschlossen wird und führt insbesondere den physiko-theologischen Grundgedanken seiner „Allg. Naturgesch. und Theorie des Himmels" weiter durch.

Untersuchung über die Deutlichkeit der Grundsätze der natürlichen Theologie und Moral, zur Beantwortung der Frage, welche die K. Akademie der Wiss. zu Berlin auf das Jahr 1763 aufgegeben hat. Kant's Abhandlung erhielt das Accessit, die Mendelssohn'sche („über die Evidenz in den metaphysischen Wissenschaften") den Preis. Beide wurden zusammen Berlin 1764 gedruckt. Kant geht von einer Vergleichung der philosophischen Erkenntnissweise mit der mathematischen aus. Die Mathematik gelangt zu allen ihren Definitionen synthetisch, die Philosophie aber analytisch; die Mathematik betrachtet das Allgemeine unter den Zeichen in concreto, die Weltweisheit das Allgemeine durch die Zeichen in abstracto; in der Mathematik sind nur wenige unauflösliche Begriffe und unerweisliche Sätze, in der Philosophie aber unzählige; das Object der Mathematik ist leicht und einfach, das der Philosophie aber schwer und verwickelt. „Die Metaphysik ist ohne Zweifel die schwerste unter allen menschlichen Einsichten;

---

*) Offenbar ist dies ein Paralogismus: die Aufhebung aller Möglichkeit des Daseins ist zwar mit der Behauptung der Unmöglichkeit des Daseins, aber nicht mit der Behauptung der Unmöglichkeit jener Aufhebung aller Möglichkeit identisch.

allein es ist noch niemals eine geschrieben worden." Die einzige Methode, zur höchstmöglichen Gewissheit in der Metaphysik zu gelangen, ist mit derjenigen identisch, die Newton in die Naturwissenschaft einführte: Zergliederung der Erfahrungen und Erklärung der Erscheinungen aus den hierdurch gefundenen Regeln, möglichst mit Hülfe der Mathematik.

Raisonnement über den Abenteurer Jan Komarnicki, in den Koenigsb. (Kanter'schen) gelehrt. und polit. Zign. 1764, den „Ziegenpropheten", der von einem achtjährigen Knaben begleitet umherzog. Kant fand in dem „kleinen Wilden", dessen Rüstigkeit und Frohmuth ihm gefiel, ein interessantes Exemplar eines Naturkindes im Rousseau'schen Sinne.

Beobachtungen über das Gefühl des Schönen und Erhabenen, Königsberg 1764. Eine Reihe der feinsten Beobachtungen aus dem Gebiet der Aesthetik, Moral und Psychologie. Charakteristisch ist die ästhetische Begründung der Moral auf das „Gefühl von der Schönheit und Würde der menschlichen Natur".

Nachricht von der Einrichtung seiner Vorlesungen über die Philosophie zur Ankündigung derselben im Wintersemester 1765—66. Königsb. 1765. Der Vortrag soll nicht Gedanken, sondern denken lehren; es gilt nicht Philosophie lernen, sondern philosophiren lernen. Eine fertige Weltweisheit ist nicht vorhanden; die Methode des philosophischen Unterrichts muss forschend (scetisch) sein.

Ueber Swedenborg, Brief an Fräulein von Knobloch, vom 10. August 1763, nicht 1758, wie Borowski angegeben hat und auch nicht, wie Andere wollen, 1768; das Jahr 1763 ergiebt sich schon aus der Vergleichung der historischen Data mit Gewissheit (da der Brand zu Stockholm am 19. Juli 1759 stattgefunden hat, der holländische Gesandte Lods. v. Marteville am 25. April 1760 gestorben, der General St. Germain im December 1760 in dänischen Dienst getreten ist und die Armee befehligte, zu welcher der von Kant erwähnte dänische Officier ohne Zweifel im Jahre 1762 während des Feldzuges in Mecklenburg abging), und dazu stimmt auch, dass die Vermählung der Adressatin, Charlotte Amalie von Knobloch, geb. 10. Aug. 1740, mit dem Hauptmann Friedrich von Klingsporn am 22. Juli 1764 stattgefunden hat, s. Fortgesetzte neue gesamml.-hist. Nachr., Theil 37, Leipz. 1765, S. 384. Versuch über die Krankheiten des Kopfes, in der Königsb. gel. u. pol. Zeitung 1764. Träume eines Geistersehers, erläutert durch Träume der Metaphysik, Riga 1766 (anonym). Zwischen Ernst und Schers die Mitte haltende Schriften, in welchen Kant mehr und mehr zu einer skeptischen Haltung fortgeht. Die Möglichkeit mancher beliebten metaphysischen Annahmen ist unbestreitbar, aber dieselben theilen diesen Vortheil mit manchen Wahngebilden der Verrückten; viele Speculationen finden nur darum Geltung, weil die Verstandeswage nicht ganz unparteiisch ist und ein Arm derselben, der die Aufschrift trägt: „Hoffnung der Zukunft" einen mechanischen Vortheil hat, eine Unrichtigkeit, die Kant selbst nicht heben zu können und nicht heben zu wollen bekennt. Uebrigens findet es Kant der menschlichen Natur und Reinigkeit der Sitten gemässer, die Erwartung der künftigen Welt auf die Empfindungen einer wohlgeartteten Seele, als umgekehrt ihr Wohlverhalten auf die Hoffnung der andern Welt zu gründen. Vgl. Matter, Swedenborg, Paris 1863; Theod. Weber, Kant's Dualismus von Geist und Natur aus dem Jahre 1766 und der des poet. Christenthums, Breslau 1866; White, Em. Swedenborg, his Life and Writings, 2 vls., London 1867. Paul Janet, Kant et Swed., in: Journal des savants, Mai 1870, S. 299—318.

Vom ersten Grunde des Unterschiedes der Gegenden im Raume, in den Königsb. Fr. u. Anz.-Nachr. 1768. Schon Euler hatte (Historie der kgl. Akad. d. Wiss. zu Berlin vom Jahre 1748) darzuthun gesucht, dass der Raum unabhängig von dem Dasein aller Materie eine eigene Realität habe; Kant aber will „nicht den Mechanikern, wie Herr Euler zur Absicht hatte, sondern selbst den Messkünstlern einen überzeugenden Grund an die Hand geben, mit der ihnen gewöhnlichen Evidenz die Wirklichkeit ihres absoluten Raumes behaupten zu können". Aus dem Umstande, dass Figuren wie z. B. die der rechten und der linken Hand einander völlig gleich und ähnlich sein und dennoch nicht in denselben Grenzen beschlossen werden können (wie z. B. der rechte Handschuh nicht auf die linke Hand passt), glaubt Kant den Schluss ziehen zu dürfen, dass der vollständige Bestimmungsgrund einer körperlichen Gestalt nicht lediglich auf dem Verhältniss und der Lage seiner Theile gegeneinander beruhe, sondern noch überdies auf einer Beziehung gegen den allgemeinen absoluten Raum; der Raum soll demgemäss nicht bloss in dem äusseren Verhältniss der neben einander befindlichen Theile der Materie bestehen, sondern etwas Ursprüngliches sein, und zwar nicht als blosses Gedankending, sondern in der Realität. Freilich findet Kant diesen Begriff von ungelösten Schwierigkeiten umgeben, welche nicht lange nachher ihn dazu führten, den Raum für eine blosse Form unserer Anschauung zu erklären, womit der erste Schritt zum Kriticismus geschah.

II. Schriften aus der Periode des Kriticismus.

De mundi sensibilis atque intelligibilis forma et principiis, dissertatio pro loco professionis logicae et metaph. ordin. rite sibi vindicando, Regimonti 1770. Der Grundgedanke der Vernunftkritik tritt hier bereits in Bezug auf Raum und Zeit, aber noch nicht in Bezug auf Substantialität, Causalität und überhaupt die Kategorien hervor. Auf diese letzteren dehnte Kant denselben erst in den nachfolgenden Jahren aus. Der Zeitraum von 1769—1781 kann mit vollerem Recht, als der vorangegangene, die Periode des Suchens nach einem durchgängig neuen Lehrgebäude genannt werden. Uebrigens mag hier noch das Scholion zu § 22 Erwähnung finden, in welchem sich eine wie durch das Bewusstsein der Pflicht wissenschaftlicher Klarheit und Strenge zurückgedrängte Neigung zu einer (aus der Leibnitzischen Doctrin erwachsenen) mystisch-theosophischen Anschauung bekundet. Kant sagt: Si pedem aliquantulum ultra terminos certitudinis apodicticae, quas Metaphysicam decet, promovere fas esset, operae pretium videtur, quaedam, quae pertinent ad intuitus sensitivi non solum leges, sed etiam causas per intellectum tantum cognoscendas indagare. Nempe mens humana non afficitur ab externis mundusque ipsius aspectui non patet in infinitum nisi quatenus ipsa cum omnibus aliis sustentatur ab eadem vi infinita uno. Hinc non sentit externa nisi per praesentiam ejusdem causae sustentatricis communis. Ideoque spatium, quod est conditio universalis et necessaria compraesentiae omnium sensitive cognita, dici potest omnipraesentia phaenomenon. Causa enim universi non est omnibus atque singulis propterea praesens, quia est in ipsarum locis, sed sunt loca, h. e. relationes substantiarum possibiles, quia omnibus intime praesens est. Ebenso ist die Anschauung der Zeit die Ewigkeit der allgemeinen Ursache als Phänomenon. Kant fügt aber hinzu: Verum consultius videtur littus legere cognitionum per intellectus nostri mediocritatem nobis concessarum, quam in altum indagationum ejusmodi mysticarum provehi, quemadmodum fecit Mallebranchius, cujus sententia ab ea, quam hic exponitur, proxime abest, nempe nos omnia intueri in Deo. In der Kritik der reinen Vernunft hat Kant den Versuch, die Anschauungen Raum und Zeit als phänomenale Correlate der göttlichen Allgegenwart und Ewigkeit aufzufassen, nicht mehr gemacht, sondern dieselben als schlechthin nur subjective Formen betrachtet; er war dann genöthigt, weil er daselbst auch die Relationsbegriffe, das „Commercium" der Substanzen und den Substanzbegriff selbst als etwas bloss Subjectives fasste, also in ihnen nicht mehr (mit Leibnitz) eine objective Basis der subjectiven Raumanschauung finden konnte, und ebensowenig in der causae generalis aeternitas die objective Basis der subjectiven Zeitanschauung, zumal da ihm nunmehr das Absolute gerade am allerwenigsten als wissenschaftlich erkennbar galt. (Vgl. F. Michelis, de J. K. libello, qui de m. s. et l. f. et p. inscribitur, Braunsb. 1870. Ind. lect.)

Recension der Schrift von Moscati über den Unterschied der Structur der Thiere und Menschen, aus der Königsb. gelehrten u. polit. Zeitung 1771, abg. in Reicke's Kantiana, S. 66—68. Kant billigt Moscati's anatomische Begründung des Satzes, dass die thierische Natur des Menschen ursprünglich auf den vierfüssigen Gang angelegt sei.

Von den verschiedenen Racen der Menschen, Programm zur Ankündigung seiner Vorlesungen für das Sommersemester 1775. Alle Menschen gehören zu einer Naturgattung; die Racen sind die festesten unter den Abarten. Bemerkenswerth ist Kant's Aeusserung, eine wirkliche Naturgeschichte werde vermuthlich eine grosse Menge scheinbar verschiedener Arten zu Racen eben derselben Gattung zurückführen und das jetzt so weitläufige Schulsystem der Naturbeschreibung in ein physisches System für den Verstand verwandeln; man müsse eine geschichtliche Naturerkenntniss zu erlangen suchen, die wohl nach und nach von Meinungen zu Einsichten fortrücken könne. In der Kritik der teleologischen Urtheilskraft hat Kant später eben diesen Gedanken von Neuem entwickelt.

Ueber das Dessauer Philanthropin, in den Königsbergischen gel. u. pol. Ztg. 1776—78, bei Reicke, Kantiana, S. 68 ff. (Doch ist nur bei B (1777, welcher Aufsatz, „an das gemeine Wesen" überschrieben, auch in den „pädagog. Unterhaltungen", hrsg. von Basedow und Campe, Dessau 1777, 8. Stück, und darnach bei Karl v. Raumer, Gesch. der Päd. II, S. 287, abgedruckt ist) und wohl auch bei A (1776) die Kantische Autorschaft genügend gesichert, bei C dagegen, das in Gedanken und Ausdruck gemässigter, aber auch vulgärer ist, mindestens zweifelhaft; der Hofprediger Crichton scheint nach Kant's Aufforderung vom 29. Juli 1778, bei R. und Sch. XI, S. 72, den Artikel verfasst zu haben.) Kant interessirt sich lebhaft für die „wesalich aus der Natur selbst gezogene" Erziehungsmethode des Philanthropins. Vgl. Reicke, Kant u. Basedow im deutsch. Museum, 1862, Nr. 10.

Kritik der reinen Vernunft, Riga 1781. In diesem Werk hat Kant (nach einem Briefe an Moses Mendelssohn vom 16. August 1783) das Resultat eines mindestens zwölfjährigen Nachdenkens niedergelegt, die Ausarbeitung aber „binnen vier bis fünf Monaten mit grösster Aufmerksamkeit auf den Inhalt, aber weniger Fleiss auf den Vortrag und Beförderung der leichten Einsicht für den Leser zu Stande gebracht". Die zweite, umgearbeitete Auflage erschien ebend. 1787; die späteren Auflagen bis zur siebenten, Leips. 1838, sind unveränderte Abdrücke der zweiten. In beiden Gesammtausgaben der Werke sind die Differenzen zwischen beiden Ausgaben vollständig angegeben; doch legt Rosenkranz die erste Auflage zum Grunde und giebt nachträglich die in der zweiten eingetretenen Aenderungen an; Hartenstein dagegen fügt in seinen beiden Ausgaben dem Abdruck der zweiten Auflage die Varianten der ersten bei. Dieses entgegengesetzte Verfahren hängt mit der Verschiedenheit des Urtheils über den Werth beider Ausgaben zusammen. Rosenkranz bevorzugt die erste, indem er mit Michelet, Schopenhauer und Anderen in der zweiten Auflage Aenderungen des Gedankens zum Nachtheil der Consequenz zu finden glaubt; Hartenstein aber sieht darin im Anschluss an Kant's eigene Aussage (in der Vorrede zur zweiten Aufl.) nur Aenderungen der Darstellung zur Abwehr hervorgetretener Missverständnisse und zur Erleichterung der Auffassung. Vgl. meine Diss. de priore et posteriore forma Kantianae Criticae rationis purae, Berol. 1862, worin ich die Richtigkeit des Kantischen Selbstzeug-

§ 15. Kant's Leben und Schriften.

nisses im Einzelnen nachzuweisen sucht; Kant hebt in der zweiten Auflage der Vernunftkritik, wie schon in den 1783 erschienenen „Prolegomena", die realistische Seite seines Lehrbegriffs, die in demselben von Anfang an lag und die er auch für den aufmerksamen Leser deutlich genug bezeichnet hatte, die aber von flüchtigen Lesern verkannt worden war, stärker hervor; man sieht Kant Unrecht, wenn man hierin eine wesentliche Aenderung seines Gedankens, die er selbst misskannt oder gar (wie Schopenhauer meint) heuchlerisch verleugnet habe, erblicken will. Michelet's Entgegnung in seiner Zeitschrift: der Gedanke, III, 1862, S. 237—243 leidet an hegelianisirender Umdeutung des Kantischen Begriffs der uns afficirenden und dadurch Vorstellungen in uns hervorrufenden Dinge an sich zu der Einheit des Wesens in der Mannigfaltigkeit der Erscheinungen (vgl. unten zu § 16). Ueber den Inhalt der Kritik der reinen Vernunft, so wie der andern Hauptwerke soll nicht in dieser vorläufigen Uebersicht, sondern in der Darstellung des Kantischen Lehrgebäudes referirt werden.

Prolegomena zu einer jeden künftigen Metaphysik, die als Wissenschaft wird auftreten können, Riga 1783. Den Hauptinhalt dieser Schrift hat Kant später in die zweite Auflage der Kritik der reinen Vernunft hinüberverarbeitet. Gegen eine in den Gött. gel. Anz. 19 Jan. 1782 erschienene, von Garve verfasste, aber vor der Abdruck von Feder verstümmelte (später anderweitig in ihrer ursprünglichen Gestalt veröffentlichte) Recension, die das realistische Element in Kant's Ansicht übersehen und Kant's Lehre der Berkeley'schen zu nahe gerückt hatte, hebt Kant eben jenes Element, welches er ursprünglich als etwas allgemein Anerkanntes mehr vorausgesetzt, als erörtert hatte, kräftig hervor. In der Vorrede erzählt Kant, wie er durch Hume's Bedenken gegen den Causalbegriff aus dem „dogmatistischen Schlummer" zuerst geweckt worden sei; an dem Funken, den der Skeptiker anstreuete, habe das kritische Licht sich entzündet. In § 13 benutzt Kant dieselbe Bemerkung über symmetrische Figuren, aus welcher er 1768 die absolute Realität des Raumes zu erweisen suchte, zu einer Stütze seiner nunmehrigen Behauptung, dass Raum und Zeit blosse Formen unserer sinnlichen Anschauung seien; mit Recht sagt Gauss, Gött. gel. Anz. vom 15. April 1831, dass in jener an sich richtigen Bemerkung ein Beweis für die Meinung, dass der Raum nur Anschauungsform sei, nicht liege.

Ueber Schulz's (Predigers zu Gielsdorf) Versuch einer Anleitung zur Sittenlehre für alle Menschen ohne Unterschied der Religion, im „Raisonnirenden Bücherverzeichniss", Königsberg 1783, No. 7. Kant verwirft von seinem kritischen Standpunkte aus die auf eine consequente Durchführung der Leibnitzischen Principien der Stufenordnung der Wesen und des Determinismus hinauslaufende Psychologie und Ethik; für Kant fällt jetzt der Determinismus mit dem Fatalismus zusammen, und statt einer Stelle in der Stufenordnung vindicirt er jetzt dem Menschen eine Freiheit, die denselben „gänzlich ausserhalb der Naturkette setze". (Ueber die spätere Amtsentsetzung jenes charaktervollen Mannes durch einen Willküract des Ministeriums Wöllner handelt Volkmar, Religionsprocess des Predigers Schulz zu Gielsdorf, eines Lichtfreundes des 18. Jahrhunderts, Leipz. 1846.)

Ideen zu einer allgemeinen Geschichte in weltbürgerlicher Absicht, in der Berlinischen Monatsschrift, 1784 im Novemberheft. Was ist Aufklärung? ebend. im Decemberheft. Kant's Antwort lautet: Aufklärung ist der Ausgang des Menschen aus seiner selbst verschuldeten Unmündigkeit. Unmündigkeit ist das Unvermögen, sich seines Verstandes ohne die Leitung eines Andern zu bedienen; selbst verschuldet ist diese Unmündigkeit, wenn die Ursache derselben nicht am

Mangel des Verstandes, sondern der Entschliessung und des Muthes liegt, sich seiner ohne Leitung eines andern zu bedienen. Sapere aude!

Recension von **Herder's Ideen zur Philosophie der Geschichte der Menschheit**, in der (Jenaischen) Allg. Littztg. 1785. (Kant verwirft hier von seinem Kriticismus aus, indem er Natur und Freiheit schroff von einander sondert, Betrachtungen, die auf der Voraussetzung einer wesentlichen Einheit beider ruhen; die Kritik, die sich gegen Herder kehrt, ist in gewissem Sinne zugleich auch eine Reaction des späteren Standpunkts Kant's gegen seinen eigenen früheren). Ueber die **Vulcane im Monde**, Berl. Monatsschr., März 1785. Von der Unrechtmässigkeit des **Büchernachdrucks**, ebend. Mai 1785. Ueber die Bestimmung des Begriffs einer **Menschenrace**, ebd. Nov. 1785.

Grundlegung zur Metaphysik der Sitten, Riga 1785 u. ö. (4. Aufl. 1797).

Metaphysische Anfangsgründe der Naturwissenschaft, Riga 1786 u. ö.

Muthmaasslicher Anfang der **Menschengeschichte**, Berl. Monatsschr. Jan. 1786. Ueber (Gottl.) **Hufeland's Grundsatz des Naturrechts**, Allg. Littztg. 1786. Was heisst sich im **Denken orientiren**? Berl. M., Oct. 1786 (welche Frage Kant dahin beantwortet: sich bei der Unzulänglichkeit der objectiven Principien der Vernunft im Fürwahrhalten noch einem subjectiven Princip derselben bestimmen; wir irren nur dann, wenn wir beides verwechseln, mithin Bedürfniss für Einsicht halten). Einige Bemerkungen zu Jacob's „Prüfung der Mendelssohn'schen Morgenstunden" (in eben dieser Schrift von Jacob, nach der Vorrede).

Ueber den Gebrauch **teleologischer Principien in der Philosophie**, in Wieland's teutschem Mercur, im Januar 1788.

Kritik der praktischen Vernunft, Riga 1788; 6. Aufl. Leipz. 1827.

Kritik der Urtheilskraft, Berlin und Libau 1790 u. ö.

Ueber eine **Entdeckung (Eberhard's)**, nach der alle neue Kritik der Vernunft durch eine ältere entbehrlich gemacht werden soll, Königsberg 1790, (eine von persönlicher Gereiztheit zeugende und den Gegner wohl über Gebühr verdächtigende Antikritik, die aber für die Erkenntniss des Verhältnisses der Lehre Kant's zum Leibnitzianismus von beträchtlichem Werthe ist). Ueber **Schwärmerei und Mittel dagegen**, bei Borowski's Buch über Cagliostro, Königsberg 1790.

Ueber das **Misslingen aller philosophischen Versuche in der Theodicee**, Berl. Monatsschr., Sept. 1791.

Ueber die von der K. Akademie der Wissenschaften zu Berlin für das Jahr 1791 ausgesetzte Preisaufgabe: welches sind die wirklichen **Fortschritte, die die Metaphysik seit Leibnitz's und Wolff's Zeiten gemacht hat?** Herausg. von F. Th. Rink, Königsberg 1804. Kant sucht hier, ohne speciell auf Leistungen Anderer einzugehen, die Bedeutung des Fortschritts vom Leibnitz-Wolff'schen Dogmatismus zum Kriticismus nachzuweisen. Die Schrift ist nicht zur Preisbewerbung eingesandt worden.

Die **Religion innerhalb der Grenzen der blossen Vernunft**, Königsberg 1793, 2. Aufl. ebend. 1794. (Der erste Abschnitt: „vom radicalen Bösen" erschien zuerst im Aprilheft des Jahrgangs 1792 der „Berlinischen Monatsschrift".)

Ueber den **Gemeinspruch: das mag in der Theorie richtig sein, passt aber nicht für die Praxis**, Berl. Monatsschr. Sept. 1793. Kant verwirft diese Maxime, sofern sie Tugend- oder Rechtspflichten betreffe, als verderblich für die Moralität im privaten Verkehr, wie in Bezug auf Staatsrecht und Völkerrecht.

Ueber Philosophie überhaupt, zu Beck's Auszug aus Kant's kritischen Schriften, Riga 1793—94.

Etwas über den Einfluss des Mondes auf die Witterung, Berlinische Monatsschrift, Mai 1794. Das Ende aller Dinge, ebend. Juni 1794.

Zum ewigen Frieden, ein philosophischer Entwurf, Königsberg 1795, 2. Aufl. ebend. 1796.

Zu Sömmering's Schrift über das Organ der Seele, Königsberg 1796. Kant spricht die Vermuthung aus, dass das die Gehirnhöhlen erfüllende Wasser die Uebertragung der Affectionen von einer Gehirnfaser auf andere vermitteln möge.

Von einem neuerdings erhobenen vornehmen Tone in der Philosophie, Berl. Monatsschr. Mai 1796. (Gegen platonisirende Gefühlsphilosophen.) Ausgleichung eines auf Missverstand beruhenden mathematischen Streits, ebd. Oct. 1796. (Wenige Worte zur Deutung eines nach dem Wortsinn unzutreffenden Ausdrucks, den Kant gebraucht hatte; er will denselben aus dem Zusammenhang zum Richtigen gedeutet wissen.) Verkündigung des nahen Abschlusses eines Tractates zum ewigen Frieden in der Philosophie, Berl. Monatsschr., Dec. 1796. (Gegen Joh. Georg Schlosser.)

Metaphysische Anfangsgründe der Rechtslehre, Königsberg 1797, 2. Aufl. 1798. Metaphysische Anfangsgründe der Tugendlehre, Königsberg 1797, 2. Aufl. 1803. Diese beiden zusammengehörigen Schriften trugen den gemeinschaftlichen Titel: Metaphysik der Sitten (Theil I. und II.).

Ueber ein vermeintliches Recht, aus Menschenliebe zu lügen, Berl. Blätter 1797.

Der Streit der Facultäten, worin zugleich die Abhandlung enthalten ist: Von der Macht des Gemüthes, durch den blossen Vorsatz seiner krankhaften Gefühle Meister zu werden, Königsberg 1798; hrsg. und mit Anm. vers. von C. W. Hufeland, 15. Aufl. Leipz. 1871.

Anthropologie in pragmatischer Hinsicht, Königsberg. 1798.

Vorrede zu Jachmann's Prüfung der Kantischen Religionsphilosophie in Hinsicht auf die ihr beigelegte Aehnlichkeit mit dem reinen Mysticismus, Königsberg 1800, abgedr. in Reicke's Kantiana S. 81. 82.

Nachschrift eines Freundes zu Heilsberg's Vorrede zu Mielke's litthauischem Wörterbuch, Königsberg 1800, abgedr. ebd. S. 82. 83.

Kant's Logik, hrsg. von J. B. Jäsche, Königsberg 1800.

Kant's physische Geographie, hrsg. von Rink, Königsberg 1802 — 1803 (vgl. darüber Reuschle u. a. O. S. 62—65; „das Ausland", 1868, No. 24).

Kant über Pädagogik, hrsg. von Rink, Königsberg 1803.

Ausserdem enthalten die Gesammtausgaben Briefe, Erklärungen und andere kleinere schriftliche Aeusserungen Kant's. Unter Mitwirkung Kant's sind seine „vermischten Schriften" von Tieftrunk in 3 Bden, Halle 1799 und mehrere kleinere Schriften von Rink, Königsberg 1800 herausgegeben worden. Ungedruckt ist ein Manuscript zur Metaphysik der Natur, woran Kant in seinen letzten Lebensjahren gearbeitet hat, s. (Ginscher?) in: Preuss. Jahrb. h. v. Haym, I, 1858, Januarheft, S. 60—84, Schubert in: N. preuss. Prov.-Bl., Königsberg 1858, S. 58—61, und besonders Rudolf Reicke in der Altpreuss. Monatsschr., Bd. I, Königsberg 1864, S. 742—749.

In's Lateinische hat Kant's kritische Schriften F. G. Born übersetzt, 4 Bde., Leipzig 1796—98; noch andere Uebersetzungen werden u. a. im Tennemann'schen Grundriss der Gesch. der Philos., 5. Aufl., Leipz. 1829, zu § 388, S. 486 f. und im 11. Bande der Ausgabe von Rosenkranz und Schubert S. 217 f. citirt. Ueber französische Uebersetzungen referirt J. B. Meyer in Fichte's Zeitschr. XXIX,

§ 16. Kant's Kritik der reinen Vernunft und metaph. Anfangsgr. der Naturw.

Halle 1856, S. 129 ff. Critique de la raison pure, par. Emm. Kant, 3. éd. en français, avec l'analyse de l'ouvrage entier par Merlin, le tout traduit de l'allemand par J. Tissot, Dijon et Paris 1864. Kant, prolégomènes à toute métaphysique future qui aura le droit de se présenter comme science, suivis de deux autres fragments du même auteur ouvrages trad. de l'all. par J. Tissot, Dijon et Paris 1865. Auch die Logik und die Anthropologie Kant's hat Tissot übersetzt. In's Italienische hat Mantovani die Vernunftkritik 1821–22 übersetzt. Von englischen Uebersetzungen mag hier (neben den zum folgenden Paragraphen erwähnten) noch angeführt sein: J. W. Semple's Uebers. der Grundl. zur Metaph. der Sitten nebst Abschnitten aus anderen ethischen Schriften Kant's, Edinburgh 1836, wovon neuerdings eine neue Auflage unter dem Titel „the Metaphysics of Ethics" mit einer Einleitung von Henry Calderwood (aber ohne Semple's Einl. u. Anhang), Edinburgh 1869, erschienen ist.

§ 16. Unter der Kritik der Vernunft versteht Kant die Prüfung des Ursprungs, des Umfangs und der Grenzen der menschlichen Erkenntniss. Reine Vernunft nennt er die von aller Erfahrung unabhängige Vernunft. Die Schrift: „Kritik der reinen Vernunft" unterwirft die reine theoretische Vernunft der Prüfung. Kant hält dafür, dass diese Prüfung jeder andern philosophischen Erkenntniss vorangehen müsse. Jede Philosophie, die den Erfahrungskreis überschreitet, ohne diese Ueberschreitung durch eine Prüfung der Erkenntnisskraft gerechtfertigt zu haben, nennt Kant Dogmatismus, die philosophische Beschränkung auf den Erfahrungskreis Empirismus, den philosophischen Zweifel an aller den Erfahrungskreis überschreitenden Erkenntniss, sofern derselbe sich nur auf das Ungenügende aller vorhandenen Beweisversuche und nicht auf eine Prüfung der menschlichen Erkenntnisskraft überhaupt stützt, Skepticismus, seine eigene Richtung aber, die von dem Resultate jener Prüfung alles fernere Philosophiren abhängig macht, Kriticismus. Der Kriticismus ist Transscendentalphilosophie oder transscendentaler Idealismus, sofern er die Möglichkeit einer transscendenten, d. h. den gesammten Erfahrungskreis überschreitenden Erkenntniss prüft und verneint.

Kant geht in seiner Vernunftkritik von einer zweifachen Unterscheidung der Urtheile (insbesondere der kategorischen Urtheile) aus. Nach dem Verhältniss des Prädicates zum Subjecte theilt er die Urtheile ein in analytische oder Erläuterungsurtheile, deren Prädicat sich aus dem Subjectsbegriff durch blosse Zergliederung desselben entnehmen lasse oder auch mit ihm identisch sei (in welchem letzterem Falle das analytische Urtheil ein identisches ist) und synthetische oder Erweiterungsurtheile, deren Prädicat nicht im Subjectsbegriffe liegt, sondern zu demselben hinzutritt; das Princip der analytischen Urtheile ist der Satz der Identität und des Widerspruchs, synthetische Urtheile aber können nicht aus dem jedesmaligen Subjectsbegriff auf Grund dieses Satzes allein gebildet werden. Nach dem Ursprung der Erkenntniss aber unterscheidet Kant Urtheile a priori und Urtheile a posteriori; unter den Urtheilen a posteriori versteht er Erfahrungsurtheile, unter Urtheilen a priori im absoluten Sinn solche, die schlechthin von aller Erfahrung unabhängig seien, im relativen Sinne aber solche, die mittelbar auf der Erfahrung ruhen, indem dasjenige, was in ihnen gedacht wird, nicht erfahren worden ist, wohl aber anderes, woraus jenes geschlossen wird. Für Urtheile a priori im absoluten Sinne hält Kant alle diejenigen, welche mit Nothwendigkeit und strenger Allgemeinheit gelten, indem er von der (unerwiesenen, von ihm als selbstverständlich angesehenen, sein ganzes Lehrgebäude bedingenden) Voraussetzung ausgeht, Nothwendigkeit und strenge Allgemeinheit lasse sich durch keine Combination von Erfahrungen, wohl aber unabhängig von aller Erfahrung gewinnen. Alle analytischen Urtheile sind Urtheile a priori; denn wenn auch der Subjectsbegriff durch Erfahrung gewonnen worden sein mag, so bedarf es doch zu der Zergliederung desselben, durch welche das Urtheil sich ergiebt, nicht mehr einer Erfahrung. Die synthetischen Urtheile aber zerfallen in zwei Classen. Wird nämlich die Synthesis des Prädicates mit dem Subjecte auf Grund der Erfahrung vollzogen, so entstehen synthetische Urtheile a posteriori; wird sie ohne alle Erfahrung vollzogen, so entstehen synthetische Urtheile a priori. Die Existenz der letzteren Classe hält Kant für unleugbar; denn unter den Urtheilen, die anerkanntermaassen streng universell und apodiktisch, demgemäss nach Kant's Voraussetzung Urtheile a priori sind, findet er solche, die zugleich als synthetische anerkannt werden müssen. Hierher gehören zunächst die meisten mathematischen Urtheile. Ein Theil der arithmetischen Fundamentalurtheile (z. B. a = a) ist zwar nach Kant analytischer Art, die übrigen arithmetischen und sämmtliche geometrischen Urtheile aber sind nach ihm synthetische Urtheile, folglich, da sie mit strenger Allgemeinheit und Nothwendigkeit gelten, synthetische Urtheile a priori. Den nämlichen Charakter tragen nach Kant die allgemeinsten Sätze der Naturwissenschaft, z. B.: in allen Veränderungen der körperlichen Welt bleibt die Quantität der Materie unverändert; auch diese Sätze werden ohne alle Erfahrung erkannt, da sie allgemeingültige und apodiktische Urtheile sind, und ergeben sich doch nicht durch blosse Zergliederung des Subjectsbegriffs, da ja das Prädicat über den blossen Subjectsbegriff hinausgeht. Ebenso sind endlich wenigstens ihrer Tendenz nach alle metaphysischen Sätze synthetische Urtheile

§ 16. Kant's Kritik der reinen Vernunft und metaph. Anfangsgr. der Naturw.

a priori, z. B. der Satz: alles, was geschieht, muss eine Ursache haben. Lassen sich nun auch die metaphysischen Sätze anfechten, so stehen doch mindestens die mathematischen unzweifelhaft fest. Es giebt also, schliesst Kant, synthetische Urtheile a priori oder reine Vernunfturtheile. Die Grundfrage seiner Kritik ist nunmehr diese: Wie sind synthetische Urtheile a priori möglich?

Die Antwort lautet: Synthetische Urtheile a priori sind dadurch möglich, dass der Mensch zu dem Stoffe der Erkenntniss, welchen er vermöge seiner Receptivität empirisch aufnimmt, gewisse reine Erkenntnissformen, die er vermöge seiner Spontaneität unabhängig von aller Erfahrung selbst erzeugt, hinzubringt und allen gegebenen Stoff diesen Formen einfügt. Diese Formen, welche die Bedingungen der Möglichkeit der Erfahrung überhaupt sind, sind zugleich die Bedingungen der Möglichkeit der Objecte der Erfahrung, weil alles, um für mich Object zu sein, die Formen annehmen muss, durch welche das Ich, mein ursprüngliches Bewusstsein oder die „transscendentale Einheit der Apperception" alles Gegebene gestaltet; sie haben daher objective Gültigkeit in einem synthetischen Urtheil a priori. Aber die Objecte, für welche sie gelten, sind nicht die Dinge an sich oder die transscendentalen Objecte, d. h. die Objecte, wie sie abgesehen von unserer Weise sie aufzufassen, an sich selbst sind, sondern nur die empirischen Objecte oder die Erscheinungen, welche als Vorstellungen in unserm Bewusstsein sind. Die Dinge an sich sind dem Menschen unerkennbar. Nur ein schöpferisches göttliches Bewusstsein, das ihnen, indem es sie denkt, zugleich auch Wirklichkeit giebt, vermag sie zu erkennen. Die Dinge an sich richten sich nicht nach unseren Erkenntnissformen, weil unser Bewusstsein kein schöpferisches, unsere Anschauung nicht von bloss subjectiven Elementen frei, nicht „intellectuelle Anschauung" ist; unsere Erkenntnissformen richten sich nicht nach den Dingen an sich, weil sonst alle unsere Erkenntniss empirisch und ohne Nothwendigkeit und strenge Allgemeinheit wäre; die empirischen Objecte aber, da sie unsere Vorstellungen sind, richten sich nach unsern Erkenntnissformen. Also können wir die empirischen Objecte oder die Erscheinungen, aber auch nur diese erkennen. Alle Erkenntniss a priori hat nur Geltung in Bezug auf Erscheinungen, also auf Objecte wirklicher oder möglicher Erfahrung.

Die Erkenntnissformen sind theils Anschauungs-, theils Denkformen. Von jenen handelt die „transscendentale Aesthetik", von diesen die „transscendentale Logik".

Die Formen der Anschauung sind: Raum und Zeit. Der Raum ist die Form des äusseren Sinnes, die Zeit ist die Form des inneren und mittelbar auch des äusseren Sinnes. Auf der Apriorität des Raumes beruht die Möglichkeit der geometrischen, auf der der Zeit die der arithmetischen Urtheile. Die Dinge an sich oder die transscendentalen Objecte sind weder räumlich noch zeitlich; alles Neben- und Nacheinander ist nur in den Erscheinungsobjecten, folglich nur in dem anschauenden Subject.

Die Formen des Denkens sind die zwölf Kategorien oder Stammbegriffe des Verstandes, welche die Formen der Urtheile bedingen: Einheit, Vielheit, Allheit; Realität, Negation, Limitation; Substanzialität, Causalität, Wechselwirkung; Möglichkeit, Dasein, Nothwendigkeit. Auf ihrer Apriorität beruht die Gültigkeit der allgemeinsten Urtheile, die aller empirischen Erkenntniss zu Grunde liegen. Die Dinge an sich oder die transscendentalen Objecte haben weder Einheit noch Vielheit, sind nicht Substanzen und unterliegen nicht dem Causalverhältniss, sind überhaupt nicht den Kategorien unterworfen; die Kategorien finden nur Anwendung auf die Erscheinungsobjecte, welche in unserm Bewusstsein sind.

Die Vernunft strebt über die Verstandeserkenntniss, die an dem Endlichen und Bedingten haftet, zum Unbedingten hinauszugehen. Sie bildet die Idee der Seele als einer Substanz, die immer beharre, der Welt als einer unbegrenzten Causalreihe und Gottes als des absoluten Inbegriffs aller Vollkommenheiten oder des „allerrealsten Wesens". Indem diese Ideen auf Objecte gehen, die jenseits aller möglichen Erfahrung liegen, so haben sie keine theoretische Gültigkeit; wird ihnen dieselbe (von der dogmatistischen Metaphysik) vindicirt, so geschieht dies mittelst einer irreführenden Logik des Scheins oder Dialektik. Der psychologische Paralogismus verwechselt die Einheit des Ich, welches niemals als Prädicat, sondern immer nur als Subject vorgestellt werden kann, mit der Einfachheit und absoluten Beharrlichkeit einer psychischen Substanz. Die Kosmologie führt auf Antinomien, deren beide einander widersprechende Glieder sich indirect erweisen lassen, wenn die Realität von Raum, Zeit und Kategorien vorausgesetzt wird, aber mit Aufhebung dieser falschen Voraussetzung wegfallen. Die rationale Theologie, welche durch das ontologische, kosmologische und physikotheologische Argument das Dasein Gottes zu erweisen sucht, verstrickt sich in eine Reihe von Sophistikationen. Doch sind jene Ideen in zweifachem Betracht von Werth: 1. theoretisch, sofern sie nicht als constitutive Principien gelten, durch welche eine wirkliche Erkenntniss von Dingen an sich gewonnen werden könne, sondern als regulative Principien, die nur besagen, dass, wie weit auch die empirische Forschung gelangt sein möge, niemals der Kreis der Objecte möglicher Erfahrung für völlig abgeschlossen angesehen werden dürfe, sondern immer noch weiter zu forschen sei; 2. praktisch, sofern sie Annahmen denkbar machen, zu welchen mit moralischer Nothwendigkeit die praktische Vernunft hinführt.

In den „metaphysischen Anfangsgründen der Naturwissenschaft" sucht Kant, indem er die Materie auf Kräfte zurückführt, eine dynamische Naturerklärung zu begründen.

Ueber Kant's Philosophie überhaupt und insbesondere über seine theoretische Philosophie handeln in unzähligen Schriften Kantianer, Halbkantianer und Antikantianer, wovon die bedeutendsten unten erwähnt werden sollen; vgl. darüber insbesondere die Geschichte des Kantianismus von Rosenkranz, welche als zwölfter Band der Gesammtausgabe der Werke Kant's beigefügt ist. Aus neuerer Zeit sind ausser den Historikern der Philosophie überhaupt und insbesondere der neueren Philosophie (Hegel, Michelet, Erdmann, Kuno Fischer, L Herm. Fichte, Chalybäus, Ulrici, Biedermann, G. Weigelt, Barchou de Penhoën, A. Ott, Willm. u. A., s. oben S. 1—2 und 154) noch zu nennen:

Charles Villers, philosophie de Kant, Metz 1801, auch Utrecht 1830. Victor Cousin, Leçons sur la philosophie de Kant (gehalten 1820), Paris 1842, 4. éd. Paris 1863, translated from the French, with a Sketch of K.'s Life and Writings, by A. G. Henderson, London 1870. Amand Saintes, histoire de la vie et de la philosophie de Kant, Paris et Hambourg 1844. E. Maurial, le scepticisme combattu dans ses principes, analyse et discussion des principes du scepticisme de Kant, 1857. Emile Saisset, le scepticisme, Aenésidème, Pascal, Kant, Paris 1865, 2. éd. ebd. 1867. Fortlage üb. die Kantische Philos. in s. sechs philosoph. Vorträgen. Jena 1869.

Pasquale Galluppi, Saggio filosofico sulla critica della conoscenza, Napoli 1819. Alfonso Testa, della Critica della ragion pura di Kant, Lugano 1841. D. Spavents, in fil. di Kant, Torino 1860.

F. A. Nitsch, View of Kants principles, London 1796. A. F. M. Willich, Elements of the critical philosophy, London 1798. Meiklejohn, Critic of Pure Reason, translated from the German of Imm. Kant, London 1854. Thomas Davies, on the chief. princ. in K.'s Kr. d. r. Vern., Inaug. Diss., Göttingen 1863. M. P. W. Bolton, Kant and Hamilton, London 1866, auch ebd. 1869. Vinc. Lilla, Kant e Rosmini. Torino 1869. Klingberg, Kants Kritik af Leibnizianismen. Akad. Afhandl. Upsala 1869. Sjöholm, det historiska sammanhanget mellan Humes Skepticism och Kants Kriticism. Akad. Afhdl. Ups. 869.

G. S. A. Mellin, encycl. Wörterbuch der Kantischen Philos., Züllichau u. Leips. 1797 ff. Th. A. Suabedissen, Resultate der philos. Forschungen über die Natur der menschlichen Erkenntniss von Plato bis Kant, Marburg 1805. Ed. Beneke, Kant und die philos. Aufgabe unserer Zeit, Berlin 1832. Reiche, de Kantii antinomiis quae dicuntur theoreticis, Gött. 1830. Mirbt, Kant und seine Nachfolger, Jena 1841. J. C. Glaser, de principiis philosophiae Kantianae, diss. Inaug., Jena 1844. A. Petroni, de K. categoriis, Heidelberg 1845. Chr. H. Weisse, in welchem Sinne die deutsche Philosophie jetzt wieder an Kant sich zu orientiren hat, Leipzig 1847. O. Ule, über den Raum und die Raumtheorie des Arist. und Kant, Halle 1850. A. F. C. Kersten, quo jure Kantius Arist. categ. rejecerit, Progr. des Cöln. Real-Gymn., Berl. 1853. Lud. Gerkrath, de Kantii categ. doctrina, diss. Inaug., Bonn 1851. Julius Rupp, Imm. Kant, über den Charakter seiner Philosophie und das Verhältniss derselben zur Gegenwart, Königsberg 1857. Joh. Jacoby, Kant und Lessing, Rede an Kants Geburtstagsfeier, Königsberg 1860. Theod. Sträter, de principiis philos. K., diss. Inaug., Bonn 1859. J. B. Meyer, über den Kriticismus mit besonderer Rücksicht auf Kant, in: Zeitschrift für Ph., Band 37, 1860, S. 226—253 und Band 39, 1861, S. 46—66. Die anonyme Schrift (des Prinzen Wilh. Herrmann v. Neuwied, gest. 1864): ein Ergebniss aus der Kritik der Kantischen Freiheitslehre, von dem Verf. der Schrift: das unbewusste Geistesleben und die göttliche Offenbarung. Leipzig 1861. L. Noack, I. Kant's Auferstehung aus dem Grabe, seine Lehre urkundlich dargestellt, Leipzig 1861; Kant mit oder ohne romantischen Zopf? im 2. Bande von Oppenheim's Deutschen Jahrb. für Pol. u. Litt. 1862. Michelis, die Philos. Kants und ihr Einfluss auf die Entwicklung der neueren Naturwissenschaft, in: Natur und Offenbarung, Bd. VIII., Münster 1862, u. Kant vor und

§ 16. Kants Kritik der reinen Vernunft u. metaph. Anfangsgr. der Naturw. 177

nach dem Jahre 1770, Braunsberg 1871 (70). Jos. Jaekel, de K. phaenomeno et noumeno, diss. Vratisl. 1862. K. F. E. Trahndorf, Aristoteles und Kant, oder: was ist die Vernunft? in: Zeitschr. für die luth. Theol. u. Kirche, Jahrg. 1863, S. 92—125. Jul. Heidemann, Platonis de ideis doctrinam quomodo Kantius et intellexerit et excusserit, diss. inaug., Berol 1863. Jos. Richter, die Kantischen Antinomien, Mannheim 1863. Joh. Huber, Lessing und Kant im Verhältniss zur relig. Bewegung des 18. Jahrhunderts, in: Deutsche Vierteljahrsschrift, Jahrg. 27, Bd. 1861, S. 211—290. Theod. Merz, über die Bedeutung der Kantischen Philos. für die Gegenwart, in: Protest. Monatsbl., hrsg. von H. Gelzer, Bd. 24, Heft 6, Dec. 1864. S. 375—389. O. Liebmann, Kant und die Epigonen, Stuttg 1865. Ueber die Beziehung der K.'schen Philos. zur franz. u. engl. des 18. Jahrh. handelt Heinr. Bach, Diss., Bonn 1866. Ueber die Frage, ob K. den rechten Grund für die Allg u. Nothw. der Erk. angegeben habe, handelt E. H. Theod. Stuhmacher, akad. Abhandlung, Upsala 1866. Ed. Röder, das Wort a priori, eine neue Kritik der K.'schen Philos., Frankf. a. M. 1866.

Trendelenburg, über eine Lücke in Kants Beweis von der nussehliessenden Subjectivität des Raumes und der Zeit, ein kritisches und antikritisches Blatt, in den „hist. Beitr. zur Philos." III., 1867, S. 215—276.") Kuno Fischer und sein Kant, eine Entgegnung, Leipzig 1869. Kuno Fischer, Logik und Metaphysik, 2 Aufl. S. 153 ff.; Anti-Trendelenburg, eine Duplik, Jena 1870; vgl. dazu Kym (s. u. § 28) und Richard Quäbicker in: philos. Monatsh. IV, 5, Febr. 1870, S. 408—413; ferner E. Bratuscheck ebd. V, 4, Juli 1870, S. 279—823; C. Grapengiesser, Kants Lehre von Raum und Zeit, Kuno Fischer u. Ad Trendelenburg, Jena 1870 (vom Apeltschen Standpunkte aus verfasst); Emil Arnoldt, Kants transcendentale Idealität des Raumes und der Zeit, für Kant gegen Trendelenburg, in der altpreuss. Monatsschrift VII, 3. 5 6, VIII, 1. 5 6; Herm. Cohen, zur Controv. sw. Tr. u. F., in: Zeitschr. f. Völkerpsych. u. Sprachw. VII, S. 249—296. (Vgl. die Recensionen mehrerer von diesen Schriften in Bergmanns ph Monatsh.)

W. Plüger, über Kants transsc. Aesthetik, in.Diss., Marburg 1867. Siegmund Levy, K.'s Kr. der r. Vern. in ihrem Verh. zur Krit. der Sprache, Diss., Bonn 1868. R. C. H. Vogt, Kants Lehre über Affect und Leidenschaft, Diss., Rostock 1868. Gustav Knauer, conträr und contradictorisch, nebst convergirenden Lehrstücken, festgestellt und Kants Kategorientafel berichtigt, Halle 1868.

Günther Thiele, wie sind die synth. Urth, a priori der Mathematik möglich? Inaug.-Diss., Halle 1869. F. Ueberweg, der Grundgedanke des Kantischen Kriticismus nach seiner Entstehungszeit und seinem wissenschaftlichen Werth, in: altpreuss. Monatsschr. VI, 1869, S. 215—224. Aug. Müller, die Grundlagen der K.'schen Philos. vom naturwiss Standp. gesehen, ebend. S. 358—421. C. Hebler, Kantiana, in: phils. Aufs., Leipz. 1869. Hudgson, time and space (eine Analyse der Kantischen Lehre), London 1869. G. Biedermann, K's Kr. d. r. V. u. d. Hegel'sche Logik in ihrer Bed. f. d. Begriffswiss, Prag 1869. Ernst Wickenhagen, die Logik bei Kant, Diss., Jena 1869. O. Stäckel, der Begriff der Idee bei Kant im Verh. zu den Ideen bei Plato, Diss., Rostock 1869. Oscar Hohenberg, über das Verhältniss der K.'schen

---

*) Trendelenburg leugnet, dass von Kant bewiesen sei, dass das „Apriorische", dessen Ursprung ein rein subjectiver sei, auch bloss subjectiv hinsichtlich seiner Gültigkeit, d. h. bloss auf die Erscheinungen anwendbar sei und nicht auf die Dinge an sich oder die transcendentalen Objecte; neben „bloss objectiv" und „bloss subjectiv" bestehe als „dritte Möglichkeit": „subjectiv und objectiv zugleich" (wobei „objectiv" im transcendentalen Sinne zu nehmen ist); dass Kant es unterlassen habe, diese „dritte Möglichkeit" genau zu erwägen, sei eine „Lücke" in seiner Argumentation, wodurch dieselbe beweiskräftig werde; Trendelenburg nimmt seinerseits an, Raum und Zeit seien als Producte der „Bewegung", welche sich in uns und ausser uns vollziehe, gleich sehr subjectiv und objectiv (vgl. unten § 28). Kuno Fischer sucht darzuthun, dass von Kant für das Nichthaftetsein der Dinge an sich mit Raum und Zeit ein directer und (in dem Abschnitt über die Antinomien) ein indirecter Beweis geführt worden sei. Die Fragestellung selbst aber ist zu ändern, wenn sich ergiebt, dass der Begriff „a priori", wie Kant denselben versteht, unhaltbar ist. Der Raumanschauung lässt sich vermöge einer philosophischen Reflexion über die physikalischen Gesetze, insbesondere über das Gravitationsgesetz, objective Gültigkeit im transcendentalen Sinne vindiciren, s. m. unten citirte Abh. über K.'s Kriticismus.

Ph. zur plat. Ideenlehre, Rostocker Diss., Jena 1869. Aug. Theod. Rich. Brasse, der einheitl Grundged. der drei Kritiken Kants, Inaug -Diss., Rostock 1869. Friedr. Herbst, Locke und Kant, Rostocker Promotionsschrift, Stettin 1869. Maxim. Klusel, de rat. quae inter Lockii et Kantii placita intercedat, comm., Rostocbil 1869. Jürgen Bona Meyer, Kants Psychologie, Berlin 1870 (1869). Rich. Quäbicker, krit.-philos. Untersuchungen I.: Kants und Herbarts metaph. Grundansichten über das Wesen der Seele, Berlin 1870. Rud Hippenmeyer, über Kants Krit. der rei. Psychol., in: Zeitschr. f. Ph. N. F. Bd. 56, 1870, S. 86—127. H. Wolf, die metaph. Grundansch. Kants, ihr Verh. zu den Naturwiss. und ihre philos. Gegner, Leips. 1870. Friedr. Reich. Ernst Zelle, de discr. inter Aristotelicam et K. logices notionem intercedente, diss. Hal. 1870 (auch deutsch, Berlin 1870). W. F. Schultze, Hume u. Kant über den Causalbegriff, Inaug. Diss., Rostock 1870. Rud. Tombo, über K.'s Erk.-Lehre, Inaug.-Diss. Rostock 1870.

E. v. Hartmann, das Ding an sich und seine Beschaffenheit, Kantische Studien zur Erkenntnisstheorie und Metaphysik, Berlin 1871. (Hartmann will, dass man in der bereits von Kant eingeschlagenen Richtung einer schärferen Kritik und Einschränkung der Behauptungen der transsc. Analytik weiter gehe, während Kants unmittelbare Nachfolger den entgegengesetzten Weg weiter verfolgt haben, dessen letzte Consequenz der „absolute Illusionismus" sei.) Edmund Montgomery, die Kantische Erkenntnisl. widerl. vom Stdp. der Empirie, München 1871. K. Zimmermann, über Kants mathematisches Vorurtheil und dessen Folgen Wien 1871.

Ueber Kants Naturphilosophie handeln: Lazarus Bendavid, Vorlesungen über die metaph. Anfangsgr. der Naturwiss, Wien 1798. Schwab, Prüfung der Kantischen Begriffe von der Undurchdringlichkeit, der Anziehung und der Zurückstossung der Körper, nebst einer Darstellung der Hypothese des Lesage*) über die mechanische Ursache der allgemeinen Gravitation, 1807. Fr. Gottlieb Busse, Kants metaph. Anfangsgr. der Naturw. in ihren Gründen widerlegt, Dresden 1828. Reuschle, Kant und die Naturwissenschaft, in der deutschen Vierteljahrsschrift, 31. Jahrgang, April — Juni 1868, S. 50 — 102 und insbesondere über Kants dynamische Theorie der Materie ebd. S. 57—62.

Kant versteht unter dem „Dogmatismus der Metaphysik", als dessen bedeutendsten Vertreter er Wolff nennt, das allgemeine Zutrauen derselben zu ihren Principien, ohne vorhergehende Kritik der Vernunftvermögens selbst, bloss um ihres Gelingens willen (Kant gegen Eberhard, über eine Entdeckung etc., bei Ros. u. Sch. L, S. 452) oder das dogmatische (aus philosophischen Begriffen streng argumentirende) Verfahren der Vernunft ohne vorangehende Kritik ihres eigenen Vermögens (Vorr. zur 2. Aufl. der Kr. d. r. V., S. XXXV). Unter dem Skepticismus, wie denselben namentlich David Hume repräsentire, versteht Kant das ohne vorhergegangene Kritik gegen die reine Vernunft gefasste allgemeine Misstrauen, bloss am des Misslingens ihrer Behauptungen willen (s. a. O. L, S. 452). Kant hält dafür, dass man vom empirischen Standpunkte aus das Dasein Gottes und die Unsterblichkeit der Seele nicht beweisen könne, da beide ganz ausserhalb der Grenzen möglicher Erfahrung liegen, und findet in Locke's Beweisversuch eine

---

*) Lesage (in Genf geb. 1724 und ebend. gest. 1803) nahm, zum Theil nach dem Vorgange von Zeitgenossen Newton's, an (in einer Abh. im Journal des sav., April 1764, und in anderen Schriften), dass äusserst kleine Körperchen sich durch den ganzen Raum bis in allen Richtungen mit sehr grossen Geschwindigkeiten bewegen und dass der Stoss, den diese Körperchen üben, die Erscheinungen bewirke, welche der Schwerkraft angeschrieben zu werden pflegen; er nennt den Complex dieser Körperchen „le fluide gravifique". Ein ruhender Körper wird nach allen Seiten hin gleichmässig gestossen; ein bewegter in der Richtung der Bewegung weniger, als in anderen Richtungen; doch ist die Bewegung jener Körperchen so rasch, dass dagegen jede andere fast verschwindend gering erscheint; zwei Körper dienen sich gegenseitig als Schirm gegen jene Körperchen, und zwar (nahezu) nach dem Verhältnisse der Massen und mit geometrischer Nothwendigkeit im umgekehrten Verhältnisse zu dem Quadrat der Entfernungen, woraus das Newton'sche Gesetz resultirt.

§ 16. Kants Kritik der reinen Vernunft u. metaph. Anfangsgr. der Naturw. 179

Inconsequenz (Kr. d. r. V., S. 127 und 822 f.), so dass ihm der Skepticismus als die nothwendige Folge des Empirismus erscheint. Die reine Vernunft in ihrem dogmatischen Gebrauche muss vor dem kritischen Auge einer höheren und richterlichen Vernunft erscheinen (Kr. d. r. V., S. 767); die Kritik der reinen Vernunft ist der wahre Gerichtshof für alle Streitigkeiten der Vernunft (ebd. S. 779); der Kriticismus des Verfahrens mit allem, was zur Metaphysik gehört, ist die Maxime eines allgemeinen Misstrauens gegen alle synthetischen Sätze derselben, bevor nicht ein allgemeiner Grund ihrer Möglichkeit in den wesentlichen Bedingungen unserer Erkenntnissvermögen eingesehen worden (gegen Eberhard, s. a. O. I, S. 452). Unter der Kritik der reinen Vernunft versteht Kant eine Prüfung des Vernunftvermögens überhaupt in Ansehung aller Erkenntnisse, zu denen die Vernunft unabhängig von aller Erfahrung streben mag, mithin die Entscheidung der Möglichkeit oder Unmöglichkeit einer Metaphysik überhaupt, und die Bestimmung sowohl der Quellen, als des Umfangs und der Grenzen derselben, alles aber aus Principien (Vorr. zur 1. Aufl. der Kr. d. r. V.). Vernunft ist ihm das Vermögen, welches die Principien der Erkenntniss a priori enthält, reine Vernunft das Vermögen der Principien, etwas schlechthin a priori zu erkennen. Die Kritik der reinen Vernunft, welche die Quellen und Grenzen derselben beurtheilt, ist die Vorbedingung eines Systems der reinen Vernunft oder aller reinen Erkenntnisse a priori.*)

Gegen das Kantische Unternehmen einer Vernunftkritik ist eingewendet worden, das Denken könne nur durch das Denken geprüft werden; vor dem wirklichen Denken das Denken prüfen wollen, heisse daher denken wollen vor dem Denken oder gleichsam schwimmen lernen wollen, ohne in's Wasser zu gehen (Hegel). Jedoch dieser Einwurf widerlegt sich durch die Unterscheidung des vorkritischen und des kritisch-philosophischen Denkens. Jenes muss allerdings der Vernunftkritik vorangehen, dann aber eine Prüfung desselben eintreten, die sich an ihm ebenso verhält, wie die Optik zum Sehen. Nachdem aber durch die kritische Reflexion der Ursprung und Umfang der Erkenntniss festgestellt und das Maass und der Sinn der Gültigkeit der Erkenntnisse ermittelt worden ist, so kann hieran ein ferneres philosophisches Denken sich anschliessen. (Vgl. m. Syst. der Log. § 31 und Kuno Fischer a. a. O.)

Kant führt die Genesis seiner Vernunftkritik auf die Anregung zurück, die er durch Hume empfangen habe. Er sagt (in der Einleitung der Prolegomena z. e. j. k. Metaph.), seit Locke's und Leibnitz's Versuchen über den menschlichen Verstand, ja seit dem Entstehen der Metaphysik, sei nichts Bedeutenderes auf diesem Gebiet erschienen, als Hume's Skepsis. — Hume „brachte kein Licht in diese Art von Erkenntniss, aber er schlug doch einen Funken, bei welchem man wohl ein Licht hätte anzünden können, wenn er einen empfänglichen Zunder getroffen hätte". „Ich gestehe frei, die Erinnerung des David Hume (gegen die Gültigkeit des Causalbegriffs) war eben dasjenige, was mir vor vielen Jahren zuerst den dogmatischen Schlummer unterbrach und meinen Untersuchungen im Felde der speculativen Philosophie eine ganz andere Richtung gab. — Ich versuchte zuerst, ob sich nicht Hume's Einwurf allgemein vorstellen liesse, und fand bald, dass der Begriff der Verknüpfung von Ursache und Wirkung bei weitem

---

*) Die Aristotelisch-Wolff'sche Lehre von den Seelenvermögen hat Kant in den Grundzügen nur adoptirt, in einzelnen Beziehungen umgebildet, aber nicht einer principiellen Kritik unterzogen. Wie sehr dies seiner Erkenntnisskritik zum Nachtheil gereicht, hat besonders Herbart hervorgehoben.

12*

nicht der einzige sei, durch den der Verstand a priori sich Verknüpfungen der Dinge denkt, vielmehr, dass Metaphysik ganz und gar daraus bestehe. Ich suchte mich ihrer Zahl zu versichern, und da dieses mir nach Wunsch, nämlich aus einem einzigen Princip, gelungen war, so ging ich an die Deduction dieser Begriffe, von denen ich nunmehr versichert war, dass sie nicht, wie Hume besorgt hatte, von der Erfahrung abgeleitet, sondern aus dem reinen Verstande entsprungen seien."

Transscendental nennt Kant nicht jede Erkenntniss a priori, sondern nur die Erkenntniss, dass und wie gewisse Vorstellungen (Anschauungen oder Begriffe) lediglich a priori angewandt werden oder möglich seien. Im Unterschiede von transscendentaler Erkenntniss nennt Kant einen transscendenten Gebrauch von Begriffen denjenigen, der über alle mögliche Erfahrung hinausgeht. Die Vernunftkritik, welche selbst transscendental ist, weist die Unzulässigkeit jedes transscendenten Vernunftgebrauches nach.

Der Gang der Untersuchung in der „Kritik der reinen Vernunft" ist folgender. In der Einleitung sucht Kant das Vorhandensein solcher Erkenntnisse darzuthun, die er „synthetische Urtheile a priori" nennt, und wirft die Frage auf, wie dieselben möglich seien. Er findet, dass ihre Möglichkeit bedingt sei durch gewisse rein subjective Formen der Anschauung, nämlich den Raum und die Zeit, und durch ebensolche Formen des Verstandes, die er Kategorien nennt; aus den letzteren sollen auch die Vernunftideen erwachsen. Nun theilt Kant den Complex seiner Untersuchungen ein in die transscendentale Elementarlehre und die transscendentale Methodenlehre (im Anschluss an die zu seiner Zeit übliche Eintheilung der formalen Logik). Die transscendentale Elementarlehre handelt von den Materialien, die transscendentale Methodenlehre von dem Plan oder den formalen Bedingungen eines vollständigen Inbegriffs aller Erkenntnisse der reinen speculativen Vernunft. Die transscendentale Elementarlehre theilt Kant ein in die transscendentale Aesthetik und Logik; jene handelt von den reinen Anschauungen der Sinnlichkeit, Raum und Zeit, diese von den reinen Verstandeserkenntnissen. Der Theil der transscendentalen Logik, der die Elemente der reinen Verstandeserkenntnisse vorträgt und die Principien, ohne welche überall kein Gegenstand gedacht werden kann, ist die transscendentale Analytik und zugleich eine Logik der Wahrheit. Der zweite Theil der transscendentalen Logik aber ist die transscendentale Dialektik, d. h. die Kritik des Verstandes und der Vernunft in Ansehung ihres hyperphysischen Gebrauchs, eine Kritik des dialektischen Scheins, welcher entsteht, wenn man die reinen Verstandes- und Vernunfterkenntnisse nicht auf Gegenstände der Erfahrung bezieht, sondern sich ihrer ohne ein gegebenes Subject über die Grenzen der Erfahrung hinaus bedient und somit von den bloss formalen Principien des reinen Verstandes einen materialen Gebrauch macht. Die transscendentale Methodenlehre hat vier Hauptstücke, welche die Titel führen: die Disciplin der reinen Vernunft, der Kanon derselben, ihre Architektonik und ihre Geschichte. (Die tr. Aesthetik geht besonders auf die Möglichkeit der Mathematik, die Analytik auf die der Naturwissenschaft, die Dialektik auf die der Metaphysik überhaupt, die Methodenlehre auf die der Metaphysik als Wissenschaft.)

Alle unsere Erkenntniss, sagt Kant in der Einleitung, fängt mit der Erfahrung an, aber nicht alle Erkenntniss entspringt aus der Erfahrung. Erfahrung ist continuirliche Zusammenfügung (Synthesis) der Wahrnehmungen. Erfahrung ist das erste Product, welches unser Verstand hervorbringt, indem er den rohen Stoff

§ 16. Kants Kritik der reinen Vernunft u. metaph. Anfangsgr. der Naturw. 181

sinnlicher Empfindungen bearbeitet. Nun behauptet Kant*): „Erfahrung sagt uns zwar, was da sei, aber nicht, dass es nothwendiger Weise so und nicht anders sein müsse; eben darum giebt sie uns auch keine wahre Allgemeinheit"; Nothwendigkeit und strenge (nicht bloss „comparative") Allgemeinheit gelten Kant als sichere Kennzeichen einer nicht empirischen Erkenntniss**). Die nicht aus der Erfahrung stammende Erkenntniss bezeichnet Kant als „Erkenntniss a priori"***). Die Erkenntniss a priori ist von der Erfahrung unabhängig, auch wenn sie erst mittelst der Erfahrung in's Bewusstsein gebracht wird; sie hat ihren Grund in der Natur unseres Erkenntnissvermögens. Kant unterscheidet (nach dem Vorgange Lambert's, Org. § 639, der jedoch die Existenz des „rein" Apriorischen dahingestellt sein lässt, nachdem Hume die Existenz von Ideen, die nicht aus Impressionen stammen, geleugnet hatte): man pflegt wohl von mancher aus Erfahrungsquellen abgeleiteten Erkenntniss zu sagen, dass wir ihrer a priori fähig oder theilhaftig sind, weil wir sie nicht unmittelbar aus der Erfahrung, sondern aus einer allgemeinen Regel, die wir gleichwohl selbst doch aus der Erfahrung entlehnt haben, ableiten; wir werden aber im Verfolg unter Erkenntnissen a priori nicht solche verstehen, die von dieser oder jener, sondern die schlechterdings von aller Erfahrung unabhängig stattfinden; ihnen sind empirische Erkenntnisse oder solche, die nur a posteriori, d. i. durch Erfahrung, möglich sind, entgegengesetzt; von den Erkenntnissen a priori heissen diejenigen rein, denen gar nichts Empirisches beigemischt ist†).

---

*) Indem er einen Satz, der von der vereinzelten Erfahrung und von der elementarsten Form der Inductionen „per enumerationem simplicem" gilt, auf alle logische Combination von Erfahrungen überträgt.

**) In diesen Voraussetzungen, welche Kant feststanden, ohne von ihm jemals einer Prüfung unterworfen worden zu sein, liegt das πρῶτον ψεῦδος, aus welchem mit grosser (obschon nicht absoluter) Consequenz das gesammte Lehrgebäude des „Kriticismus" erwachsen ist. Schon das streng allgemeingültige und doch, wie Kant zugesteht, aus der Erfahrung geschöpfte Gravitationsprincip ist ein zureichendes Gegenzeugniss. Je einfacher das Object einer Wissenschaft ist, um so gewisser ist die Allgemeingültigkeit ihrer inductiv gewonnenen Fundamentalsätze, wonach sich von der Arithmetik (Quantität) zur Geometrie (Quantität nebst Bewegung und Form), Mechanik (Quantität, Form und Bewegung, Zeit, Schwere) eine Stufenordnung des Maasses der Gewissheit und nicht, wie Kant will, ein absoluter Unterschied einer hier strengen, dort bloss „comparativen" Allgemeinheit ergiebt. Die empirische Basis der Geometrie erkennen philosophirende Mathematiker von der Bedeutung eines Riemann und Helmholtz an. B. Riemann, über die Hypothesen, welche der Geometrie zu Grunde liegen. Abh. d. K. Ges. d. Wiss. zu Gött. (auch separat) 1867 (verfasst 1854), S. 2: „die Eigenschaften, durch welche sich der Raum von anderen denkbaren dreifach ausgedehnten Grössen unterscheidet, können nur aus der Erfahrung entnommen werden." Helmholtz, über die Thatsachen, die der Geometrie zu Grunde liegen, in den Nachr. der K. Ges. der Wiss. zu Gött. 1868, 3. Juni, S. 193—221. Apodiktisch gewiss ist das streng Erwiesene, also die Abfolge der Lehrsätze aus ihren Prämissen; die Axiome aber „apodiktisch gewiss" zu nennen, ist ein Missbrauch des Wortes.

***) „Erkenntniss a priori" heisst in dem seit Aristoteles üblichen Sinne: „Erkenntniss aus den realen Ursachen", und an diese Art von Erkenntniss knüpft sich allerdings Nothwendigkeit oder apodiktische Gültigkeit. Im Laufe des 18. Jahrh., als man selten auf die Aristotelischen Schriften zurückging, verlor man allmählich diese Bedeutung und umsetzte sie häufig durch „Erkenntniss mittelst eines Schliessens" und „directe Erkenntniss aus der Erfahrung."

†) Hiermit aber ist der Gesichtspunkt jener von Aristoteles begründeten Eintheilung verrückt, wonach unter Erkenntniss a priori die Erkenntniss aus den Ursachen, unter Erkenntniss a posteriori die Erkenntniss aus den Wirkungen ver-

§ 16. Kants Kritik der reinen Vernunft u. metaph. Anfangsgr. der Naturw.

Kant verbindet mit der Eintheilung der Erkenntnisse in apriorische und empirische die zweite Eintheilung derselben in analytische und synthetische. Er versteht unter analytischen Urtheilen solche, deren Prädicat B zum Subjecte A als etwas gehört, was verdeckter Weise in diesem Begriffe A bereits enthalten ist, z. B. alle Körper (ausgedehnten undurchdringlichen Substanzen) sind ausgedehnt, unter synthetischen Urtheilen aber solche, deren Prädicat B ausser dem Subjectsbegriff A liegt, ob es zwar mit demselben in Verknüpfung steht, z. B. alle Körper (ausgedehnten undurchdringlichen Substanzen) sind schwer. (Dass

standen werde. Diesen Aristotelischen Gebrauch hält noch Leibnitz fest, der in einer Epist. ad J. Thomasium 1669 sagt (Opera philos. ed. Erdm. p. 51): constructiones figurarum sunt motus; jam ex constructionibus affectiones de figuris demonstrantur, ergo ex motu et per consequens a priori et ex causa, noch später durchgängig das connaitre a priori mit dem connaitre par les causes identificirt und nur minder dafür den Ausdruck: par des demonstrations einsetzt, wobei aber wohl insbesondere an die Demonstrationen aus dem Realgrunde zu denken ist; vgl. die in meiner Log. 3. Aufl. § 73, S. 176 f. citirten Stellen. Die letzterwähnte Einschränkung weglassend, setzt Wolff ungenauer das eruere veritatem a priori mit dem elicere nondum cognita ex aliis cognitis ratiocinando gleich, und dementsprechend das eruere veritatem a posteriori mit solo sensu. An ihn hat Baumgarten sich angeschlossen und an diesen wiederum Kant, der aber seinerseits noch die Unterscheidung eines absoluten und relativen Apriori hinzuthut, welche dem ursprünglichen Gebrauche des Wortes völlig heterogen ist. Die Erkenntniss a priori im aristotelischen Sinne ist nicht eine annähernd von der Erfahrung unabhängige Erkenntniss, zu der eine andere, die von aller Erfahrung unabhängig wäre, sich wie eine reine zu einer unreinen verhalten könnte, sondern ruht vielmehr auf der grössten Fülle logisch verarbeiteter Erfahrungen und ist nur von der auf den Inhalt des Schlusssatzes selbst gerichteten Erfahrung unabhängig, wie z. B. die Vorausberechnung irgend einer astronomischen Erscheinung zwar von dem Erfahren eben dieser Erscheinung selbst unabhängig ist, aber theils auf vielen andern empirisch constatirten Datis beruht, theils auf dem der Rechnung zum Grunde liegenden Newton'schen Gravitationsprincip, welches, wie Kant selbst anerkennt, aus der Erfahrung von der Fälle der Körper zur Erde und der Umläufe des Mondes und der Planeten geschöpft ist. Ein von aller Erfahrung unabhängiges Urtheil würde, falls es überhaupt möglich wäre, nicht den höchsten Grad von Gewissheit, sondern gar keine Gewissheit haben und ein blosses Vorurtheil sein; ohne alle Erfahrung können wir überhaupt gar keine Erkenntniss, geschweige denn, wie Kant will, apodiktische Erkenntniss gewinnen; gleich wie Maschinen, durch welche wir die Resultate blosser Handarbeit überschreiten, nicht ohne Hände durch Zauber, sondern nur mittelst des Gebrauchs der Hände zu Stande kommen, so kommt der Beweis, durch welchen wir die Resultate vereinzelter Erfahrung überschreiten und die Nothwendigkeit erkennen, nicht unabhängig von aller Erfahrung durch subjective „Formen" von unbegreiflichem Ursprung, sondern nur durch logische Combination von Erfahrungen nach inductiver und deductiver Methode auf Grund der den Dingen selbst immanenten Ordnung zu Stande.

Zwar muss die Erfahrung auf subjectiven psychischen Bedingungen beruhen, die ihr selbst vorausgehen (wie Leichnam ohne Erfahrung), aber dies gilt von der Perception der Luftschwingungen als Töne, der Aethervibrationen als Farben u. s. w. mindestens ebensowohl (und sofern diese Formen nachweislich bloss subjectiv sind, sogar in vollerem Maasse, als von der Raumanschauung. Wird die Gewissheit, die in der Gesammtheit der mathematischen Operationen liegt (in der Wahrnehmung, Abstraction, Construction aus den letzten Abstractionen (Punkt etc.), hypothetischen Idealisirung durch Annahme einer absolut genauen Gültigkeit der Axiome, Deduction der Lehrsätze und Vergleichung des Deducirten mit dem Thatsächlichen bei wirklicher Construction), in den „apriorischen" Ursprung der Raumanschauung gelegt (der nichts erklärt, weil beweislos anmassen, die auf subjective Bedingungen der Erkenntniss gehen und aus der Selbstbeobachtung geschöpft sind, doch immer nur einen assertorischen Charakter haben), so ist dies eine Art von Mythologie, welche bereits das Mystische in Kants Freiheitsbegriff anhebt.

§ 16. Kants Kritik der reinen Vernunft u. metaph. Anfangsgr. der Naturw.

ich, um ein Dreieck zu machen, drei Linien nehmen müsse, ist ein analytischer Satz, dass deren zwei aber zusammengenommen grösser sein müssen, als die dritte, ist ein synthetischer Satz.) In den analytischen Urtheilen wird die Verknüpfung des Prädicats mit dem Subject durch Identität, in den synthetischen ohne Identität gedacht; jene beruhen auf dem Satz des Widerspruchs, diese bedürfen eines andern Principes*).

Durch analytische Urtheile wird unsere Erkenntniss nicht erweitert, sondern nur der Begriff, den wir haben, auseinandergesetzt. Bei synthetischen Urtheilen aber muss ich unter dem Begriff des Subjects noch etwas Anderes = x haben, worauf sich der Verstand stützt, um ein Prädicat, das in jenem Begriffe nicht liegt, doch als dazu gehörig zu erkennen. Bei empirischen oder Erfahrungsurtheilen, welche als solche insgesammt synthetisch sind, hat es hiermit gar keine Schwierigkeit; denn dieses x ist die vollständige Erfahrung von dem Gegenstande, den ich durch einen Begriff A denke, welcher nur einen Theil dieser Erfahrung ausmacht. Aber bei synthetischen Urtheilen a priori fehlt dieses Hülfsmittel ganz und gar. Was ist hier das x, worauf sich der Verstand stützt, wenn er ausser dem Begriff von A ein demselben fremdes Prädicat aufzufinden glaubt, das gleichwohl (und zwar mit Nothwendigkeit) mit demselben verknüpft sei? Mit andern Worten: Wie sind synthetische Urtheile a priori möglich? Dies ist die Grundfrage der Kritik der reinen (von der Erfahrung unabhängigen) Vernunft.

Kant glaubt drei Arten synthetischer Urtheile a priori als vorhanden nachweisen zu können, nämlich mathematische, naturwissenschaftliche und metaphysische. Unbestritten allgemeine und apodiktische Erkenntniss enthalten Mathematik und Naturwissenschaft; bestritten enthält die Metaphysik, sofern in Frage steht, ob überhaupt Metaphysik möglich sei; ihrer Tendenz nach aber sind auch alle eigentlich metaphysischen Sätze synthetische Urtheile a priori.

Mathematische Urtheile, sagt Kant, sind insgesammt synthetisch (obschon Kant einige mathematische Grundsätze, wie $a = a$, $a + b > a$, als wirklich analytische Sätze anerkennt, die aber nur zur Kette der Methode und nicht als Principien dienen sollen). Man sollte, sagt Kant, anfänglich zwar denken, dass der Satz $7 + 5 = 12$ ein bloss analytischer Satz sei, der aus dem Begriffe einer Summe von 7 und 5 nach dem Satze des Widerspruchs erfolge. Aber durch diesen Begriff ist noch nicht gedacht, welches die einzige Zahl sei, die jene beiden zusammenfasst. Man muss über diese Begriffe hinausgehen, indem man die Anschauung zu Hülfe nimmt, die einem von beiden correspondirt, etwa seine fünf Finger oder fünf Puncte, und so nach und nach die Einheiten der in der Anschauung gegebenen Fünf zu dem Begriff der Sieben hinzuthut**).

---

*) Diesen Gebrauch der Ausdrücke analytisch und synthetisch unterscheidet Kant selbst richtig von dem sonst üblichen, wonach die Methode des das Gegebene zergliedernden Fortgangs zur Erkenntniss der Bedingungen und zuhöchst der Principien analytisch, die Methode des deducirenden Fortgangs aber von den Principien zur Erkenntniss des Bedingten synthetisch genannt wird; Kant will jene Methode lieber die regressive, diese die progressive genannt wissen. Der Kantische Begriff des analytischen Urtheils ist eine Erweiterung des Begriffs des identischen Urtheils; in diesem bildet der ganze Subjectsbegriff, in jenem entweder der ganze Subjectsbegriff oder irgend ein Element desselben den Prädicatsbegriff. Doch ist mehr der Terminus neu, als der Begriff; auch Aristoteles und andere Philosophen haben partiell identische Urtheile und schlechthin identische unterschieden.

**) In der That aber ist dieses didaktische Hülfsmittel keine wissenschaftliche Nothwendigkeit; das Zurückgehen auf die Definitionen: Zwei ist die Summe von

§ 16. Kants Kritik der reinen Vernunft u. metaph. Anfangsgr. der Naturw.

Ebensowenig, sagt Kant, ist irgend ein Grundsatz der reinen Geometrie analytisch. Dass die gerade Linie zwischen zwei Puncten die kürzeste sei, ist ein synthetischer Satz; denn mein Begriff vom Geraden enthält nichts von Grösse, sondern nur eine Qualität; Anschauung muss zu Hülfe genommen werden, vermöge deren allein die Synthesis möglich ist*).

Naturwissenschaft, sagt Kant ferner, enthält synthetische Urtheile a priori in sich, z. B.: In allen Veränderungen der körperlichen Welt bleibt die Quantität der Materie unverändert; in aller Mittheilung der Bewegung müssen Wirkung und Gegenwirkung jederzeit einander gleich sein; ferner das Gesetz der Trägheit etc.**).

———

Eins und Eins, Drei die Summe von Zwei und Eins etc., ferner auf die Definition des dekadischen Systems und auf den aus dem Begriff der Summe (als der Gesammtzahl mit Abstraction von der Ordnung) fliessenden Satz, dass die Ordnung der Zusammenfassung der Summanden für die Summe gleichgültig sei, reicht zu. Empirisch ist das Vorhandensein gleichartiger Objecte gegeben, die sich unter den nämlichen Begriff stellen lassen, woran die Zählbarkeit sich knüpft; aus den arithmetischen Fundamentalbegriffen aber folgen dann als analytische Sätze die arithmetischen Grundsätze und aus diesen syllogistisch die übrigen Sätze.

*) Allerdings sind die geometrischen Sätze mit Ausnahme der Definitionen synthetisch. Die Geometrie besteht nicht bloss aus Definitionen und Folgerungen aus blossen Definitionen, sondern enthält grösstentheils Sätze, deren Prädicat über den blossen Subjectsbegriff hinausgeht, oder (um mit Helmholtz in s. Vortr. „über die thatsächlichen Grundlagen der Geometrie" in den Heidelb. Jahrb. 1868, S. 133, zu reden) „Wahrheiten von thatsächlicher Bedeutung". Aber die geometrischen Fundamentalsätze von dieser Art, z. B. dass der Raum drei Dimensionen hat, dass es zwischen zwei Punkten nur Eine gerade Linie giebt, haben assertorische Gewissheit, nicht apodiktische; der Geometer erkennt die Dreizahl der Dimensionen des Raumes nur als Thatsache und weiss keinen Grund anzugeben, warum es nothwendig sei, dass dieselbe gerade drei und nicht zwei oder vier Dimensionen habe; diese assertorische Gültigkeit aber wird erlangt durch Abstraction, Induction und andere logische Operationen, die auf dem Grunde zahlreicher Erfahrungen über räumliche Verhältnisse ruhen. Die in den Fundamentalsätzen sich bekundende Ordnung räumlicher Gebilde, welche sich philosophisch auf das Princip der Unabhängigkeit der Form von der Grösse reduciren lässt, bekräftigt ihre Gültigkeit, ist aber in der objectiven Natur des Raumes selbst begründet; nichts beweist, dass sie einen bloss subjectiven Charakter trage. Aus den Fundamentalsätzen folgen die übrigen geometrischen Sätze syllogistisch; sie haben apodiktische Gültigkeit und nicht bloss empirische, sofern sie aus jenen erwiesen und nicht auf unmittelbare Erfahrung gegründet sind; in diesem, aber nach nur in diesem Sinne ist die Geometrie eine apodiktische und nach dem Aristotelischen Gebrauch dieses Wortes apriorische, aber keineswegs nach dem Kantischen Wortgebrauch apriorische Wissenschaft. Die Fundamentalsätze selbst (die Axiome und Postulate) sind an sich assertorische Sätze und, sofern es sich um absolute Genauigkeit handelt, Hypothesen; nur in sofern, als jene Ordnung ohne geometrische Demonstration sich mit einer gewissen Unmittelbarkeit bekundet, ist die Annahme zulässig, dass bereits die Axiome ein über den bloss assertorischen Charakter vereinzelter Erfahrungen hinausgehendes Maass von Gewissheit haben.

**) Die Geschichte der Naturwissenschaft zeigt aber, dass sich diese allgemeinen Sätze, wozu das Gesetz der Erhaltung der Kraft u. a. sich hinzufügen lassen, als späte Abstractionen aus wissenschaftlich durchgearbeiteten Erfahrungen ergeben haben und keineswegs a priori vor aller Erfahrung oder doch unabhängig von aller Erfahrung als wissenschaftliche Sätze feststanden; nur in sofern sich in ihnen nachträglich eine gewisse Ordnung bekundet, die eine philosophische Ableitung aus noch allgemeineren Principien, z. B. aus der Relativität des Raumes, möglich zu machen scheint, gewinnen sie einen im Aristotelischen, aber wiederum nicht im Kantischen Sinne apriorischen Charakter.

§ 16. Kants Kritik der reinen Vernunft u. metaph. Anfangsgr. der Naturw.

In der Metaphysik, behauptet Kant, wenn man sie auch für eine bisher bloss versuchte, dennoch aber durch die Natur der menschlichen Vernunft unentbehrliche Wissenschaft ansieht, sollen synthetische Erkenntnisse a priori enthalten sein, z. B. die Welt muss einen Anfang haben; alles, was in den Dingen Substanz ist, ist beharrlich. Metaphysik besteht wenigstens ihrem Zwecke nach aus lauter synthetischen Sätzen a priori. Hieran knüpft sich die Frage: Wie ist Metaphysik (a. als Naturanlage, b. als Wissenschaft) möglich?

In der transscendentalen Aesthetik, der Wissenschaft von den Principien der Sinnlichkeit a priori, sucht Kant die Apriorität des Raumes und der Zeit darzuthun. In einer „metaphysischen Erörterung dieses Begriffs", die dasjenige enthalten soll, was den Begriff als a priori gegeben darstellt, stellt Kant vier Sätze auf. 1. Der Raum ist kein empirischer Begriff, der von äusseren Erfahrungen abgezogen worden; denn die Vorstellung des Raums muss aller concreten Localisirung schon zum Grunde liegen*). 2. Der Raum ist eine nothwendige Vorstellung a priori, die allen äusseren Anschauungen zum Grunde liegt; denn man kann sich niemals eine Vorstellung davon machen, dass kein Raum sei**). 3. Der Raum ist kein discursiver oder allgemeiner Begriff von Verhältnissen der Dinge überhaupt, sondern eine reine Anschauung; denn man kann sich nur einen einigen Raum vorstellen, dessen Theile alle sogenannten Räume sind***). 4. Der Raum wird als eine unendliche gegebene Grösse vorgestellt; kein Begriff aber kann so gedacht werden, als ob er eine unendliche Menge von Vorstellungen in sich enthielte; also ist die ursprüngliche Vorstellung vom Raume Anschauung a priori und nicht Begriff†).

In der „transscendentalen Erörterung des Begriffs vom Raum", unter der Kant die Erklärung desselben als eines Princips, woraus die Möglichkeit anderer syn-

---

*) Was freilich ein Cirkelschluss ist.

**) Was aber nicht die Subjectivität und Apriorität des Raumes beweist. Auch eine aus empirisch Gegebenem nach psychischen Gesetzen hervorgebildete Vorstellung kann unausbleiblich sein.

***) Es ist auffallend, dass Kant in der Ueberschrift den Raum als einen „Begriff" bezeichnet, was durch 3. und 4. ausgeschlossen zu sein scheint. Aber der Begriff im weiteren Sinne umfasst bei Kant die beiden Classen: Begriff im engeren Sinne oder allgemeine Vorstellung, und andererseits Einzelvorstellung oder Anschauung. Wohl nur auf den Begriff im strengen Sinne dieses Wortes ist die Definition in der Vernunftkritik zu beziehen: „der Begriff ist eine Erkenntniss, die sich mittelbar, vermittelst eines Merkmals, das mehreren Dingen gemeinsam sein kann, auf den Gegenstand bezieht." (Dass nur der Genus-Begriff gemeint sei, nämlich Anschauung a priori, unter den der Raum falle, ist meist nicht anzunehmen; denn der Sinn ist, dass die Raumvorstellung erörtert werden soll, um den Begriff, unter den sie falle, zu ermitteln, und nicht, dass die Natur des Genus-Begriffs, unter den der Raum falle, erörtert werden soll. Auch werden ja in dem Abschnitt „Von dem obersten Grundsatz aller synth. Urth." Raum und Zeit geradezu „Begriffe" genannt.)

†) Die Behauptung, dass kein Begriff eine unendliche Menge von Theilvorstellungen in sich enthalten könne, ist eine willkürliche, sofern es sich um ein potentielles Enthaltensein derselben in ihm handelt; actuell aber enthält unsere Raumvorstellung nicht eine Unendlichkeit unterschiedener Theile, und actuell erstreckt sich auch der Raum, den wir uns vorstellen, nicht in's Unendliche, sondern nur bis höchstens zu dem angeschauten Himmelsgewölbe hin; die Unendlichkeit der Anschauung liegt nur in der Reflexion, dass wir, wie weit wir auch gelangt sein mögen, immer noch weiter fortschreiten könnten, dass also keine Grenze eine schlechthin unüberschreitbare sei; hieraus aber folgt keineswegs, dass der Raum eine bloss subjective Anschauung sei.

thetischer Erkenntnisse a priori eingesehen werden könne, versteht, führt Kant die Behauptung durch, die Vorstellung des Raumes müsse eine Anschauung a priori sein, wenn es möglich sein solle, dass die Geometrie die Eigenschaften desselben synthetisch und doch a priori bestimme. Wäre nicht der Raum (und so auch die Zeit) eine blosse Form eurer Anschauung, welche Bedingungen a priori enthält, unter denen allein Dinge für euch äussere Gegenstände sein können, die ohne diese subjectiven Bedingungen an sich nichts sind, so könntet ihr a priori ganz und gar nichts über äussere Objecte synthetisch ausmachen*).

Der Raum gilt demnach Kant als eine Anschauung a priori, die vor aller Wahrnehmung eines Gegenstandes in uns angetroffen werde, und zwar als die formale Beschaffenheit des Gemüthes von Objecten afficirt zu werden oder als die Form des äusseren Sinnes überhaupt**).

Die Räumlichkeit ist nach Kant nicht eine Form der Existenz von Objecten an sich selbst. Weil wir, sagt Kant, die besonderen Bedingungen der Sinnlichkeit nicht zu Bedingungen der Möglichkeit der Sachen, sondern nur ihrer Erscheinungen machen können, so können wir wohl sagen, dass der Raum alle Dinge befasse, die uns äusserlich erscheinen mögen, aber nicht alle Dinge an sich selbst, sie mögen angeschaut werden oder nicht oder auch von welchem Subject man wolle. Wir können nur von dem Standpunkte eines Menschen vom Raum, von ausgedehnten Wesen etc. reden. Gehen wir von der subjectiven Bedingung ab, unter welcher wir allein äussere Anschauung bekommen können, so wie wir nämlich von den Gegenständen afficirt werden mögen, so bedeutet die Vorstellung vom Raume gar nichts. Dieses Prädicat wird den Dingen nur in so fern beigelegt, als sie uns erscheinen, d. h. Gegenstände der Sinnlichkeit sind. Der Raum

---

*) Kant hat weder nachgewiesen, in welcher Art denn aus der vorausgesetzten Apriorität der Raumanschauung die Gewissheit der geometrischen Fundamentalsätze folge (die, wenn auch der Raum als Anschauung a priori ursprünglich ist, nicht ihrerseits eben so ursprünglich in uns sind) und wo deren Grenze gegen Lehrsätze liegt, noch mehr, dass aus einer objectiv begründeten und empirisch gewonnenen Raumanschauung jene Sätze nicht folgen können. Dass sich aber räumliche Objecte als Dinge an sich „nichts a priori synthetisch ausmachen" liesse, würde selbst unter der Voraussetzung der Apriorität der Raumanschauung nicht bewiesen, dass nicht dennoch räumliche Dinge an sich existiren, von welchen die nämlichen Sätze, wie von den räumlichen Gebilden in unserer Anschauung, gelten. Auch hat Kant den Doppelgebrauch nicht genügend gerechtfertigt, den er von Raum, Zeit und Kategorien macht, sofern ihm dieselben einerseits als blosse Formen oder Weisen der Verknüpfung des empirisch gegebenen Stoffes, und doch andererseits anheugbar auch als etwas Materiales gelten, nämlich als die Materie oder der Denkinhalt, woraus wir die synthetischen Urtheile a priori bilden.

**) Dass der Raum nur die Form des äussern und nicht des innern Sinnes sei, die Zeit dagegen die Form des innern und mittelbar auch des äussern Sinnes, glaubt Kant nach der Natur der äussern und innern Erfahrung annehmen zu sollen; in der That aber haftet die Räumlichkeit allerdings auch den „Erscheinungen des inneren Sinnes" an, den Wahrnehmungsbildern als solchen, den Erinnerungsvorstellungen, auch den Begriffen, sofern die concreten Vorstellungen, aus denen sie abstrahirt sind, ihre unabtrennbare Basis ausmachen, daher auch den aus ihnen combinirten Urtheilen, sofern das, worauf das Urtheil geht, anschaulich mitvorgestellt wird, etc.; auch die psychischen Processe vollziehen sich in einem Raume (dem Thalamus opticus als Sensorium commune?), der freilich als Bewusstseinsraum von dem Raume der äusseren Objecte zu unterscheiden ist; die ihnen thatsächlich zukommende Ausdehnung kommt uns eben noch als Ausdehnung zum Bewusstsein. Die Räumlichkeit haftet den psychischen Gebilden ebensowohl, wie den Aussendingen als Existenzform ursprünglich an.

hat Realität, d. h. objective Gültigkeit, in Ansehung alles dessen, was äusserlich als Gegenstand uns vorkommen kann, Idealität aber in Ansehung der Dinge, wenn sie durch die Vernunft an sich selbst erwogen werden, ohne Rücksicht auf die Beschaffenheit unserer Sinnlichkeit zu nehmen. — Der Raum, sagt Kant, stellt gar keine Eigenschaft irgend einiger Dinge an sich oder sie im Verhältniss auf einander vor, die keine Bestimmung derselben, die an Gegenständen selbst haftete und welche bliebe, wenn man auch von allen Bedingungen der Anschauung abstrahirte; denn weder absolute, noch relative Bestimmungen können vor dem Dasein der Dinge, welchen sie zukommen, mithin nicht a priori angeschaut werden*).

Durch eine ganz analoge metaphysische und transscendentale Erörterung des Begriffs der Zeit sucht Kant auch deren empirische Realität und transscendentale Idealität darzuthun. Die Zeit ist ebensowenig, wie der Raum, etwas, was für sich bestände oder auch den Dingen als objective Bestimmung der Ordnung anhinge, mithin übrig bliebe, wenn man von allen subjectiven Bedingungen der Anschauung derselben abstrahirte; die Zeit ist nichts anderes, als die Form des inneren Sinnes, d. h. des Anschauens unserer selbst und unseres inneren Zustandes, indem sie das Verhältniss der Vorstellungen in unserm innern Zustande bestimmt; weil aber alle Vorstellungen, auch wenn sie äussere Dinge zum Gegenstande haben, doch an sich selbst, als Bestimmungen des Gemüths, zum inneren Zustand gehören, dessen formale Bedingung die Zeit ist, so ist die Zeit mittelbar auch eine formale Bedingung a priori der äusseren Erscheinungen. Die Zeit ist an sich, ausser dem Subjecte, nichts; sie kann den Gegenständen an sich, ohne ihr Verhältniss auf unsere Anschauung, weder subsistirend, noch inhärirend beigezählt werden. Die Zeit hat subjective Realität in Ansehung der inneren Erfahrung. Wenn aber ich selbst oder ein anderes Wesen mich ohne diese Bedingung der Sinnlichkeit anschauen könnte, so würden eben dieselben Bestimmungen, die wir uns jetzt als Veränderungen vorstellen, eine Erkenntniss geben, in welcher die Vorstellung der Zeit, mithin auch der Veränderung, gar nicht vorkäme. Den Einwurf, dass die Wirklichkeit des Wechsels unserer Vorstellungen die Wirklichkeit der Zeit beweise, weist Kant durch die Bemerkung ab, dass auch die Objecte des „inneren Sinnes" nur zur Erscheinung gehören, welche jederzeit zwei Seiten habe, die eine, da das Object an sich selbst betrachtet werde, die andere, da auf die Form der Anschauung desselben gesehen werde, welche nicht in dem Gegenstande an sich selbst, sondern in dem Subject, dem derselbe erscheine, gesucht werden müsse**).

---

*) Hierin würde auch unter der Voraussetzung der „Apriorität" doch immer nur der Beweis liegen, dass wir nicht berechtigt seien, auf Grund unserer „apriorischen" Anschauung den Dingen an sich die Räumlichkeit zuzuschreiben; was wir als „Bestimmung" von Dingen anschauen (so dass wir es auf Grund dieser Anschauung auf die Dinge selbst beziehen dürfen), schauen wir allerdings eben mit diesen Dingen zugleich und auf gleiche Weise, nämlich vermöge der Affection unserer Sinne, und nicht vor den Dingen oder unabhängig von denselben, also a posteriori und nicht a priori an. Aber unsere Nichtberechtigung zuzuschreiben, unser Nichtsagenkönnen (Nicht auf Grund der Anschauung selbst sagen dürfen), dass die Räumlichkeit des Dingen an sich zukomme, eine (absolute oder relative) „Bestimmung" derselben sei, ist von Kant fälschlich in eine Berechtigung, abzusprechen, in ein Behauptendürfen, dass die Räumlichkeit nicht eine Bestimmung der Dinge an sich sei, dass sie denselben nicht zukomme, umgesetzt worden. Es ist aber die gesammte Kantische Aprioritätsdoctrin verwerflich. Der Raum ist naiv, nicht als blosse Anschauungsform eines unräumlichen Wesens, sondern als Existenzform.

**) Der „innere Sinn" bringt nicht zu einem an sich Zeitlosen die Form der Zeit erst hinzu; die Selbstauffassung ist nur durch eine gewisse Art der Vor-

§ 16 Kant's Kritik der reinen Vernunft u. metaph. Anfangsgr. der Naturw.

Kant erklärt den Satz der Leibnitz-Wolff'schen Philosophie für falsch, dass unsere Sinnlichkeit nur die verworrene Vorstellung der Dinge und dessen, was diesen an sich selbst zukomme, sei. Er spricht dem Menschen die „Intellektuelle Anschauung" ab, die ohne Affection von aussen oder von innen her und ohne bloss subjective Formen (Raum und Zeit) Objecte, wie sie an sich seien, erkenne.

Das Resultat der transcendentalen Aesthetik fasst Kant (in der allg. Anmerkung zur transcendentalen Aesthetik", 1. Aufl. S. 42, 2. Aufl. S. 59, bei Ros. II, S. 40) dahin zusammen: „dass die Dinge, die wir anschauen, nicht das an sich selbst sind, wofür wir sie anschauen, noch ihre Verhältnisse so an sich selbst beschaffen sind, als sie uns erscheinen, und dass, wenn wir unser Subject oder auch nur die subjective Beschaffenheit der Sinne überhaupt aufhuben, alle die Beschaffenheit, alle Verhältnisse der Objecte in Raum und Zeit, ja selbst Raum und Zeit verschwinden würden, und als Erscheinungen nicht an sich selbst, sondern nur in uns existiren können; was es für eine Bewandtniss mit den Gegenständen an sich und abgesondert von aller dieser Receptivität unserer Sinnlichkeit haben möge, bleibt uns gänzlich unbekannt". Was wir äussere Gegenstände nennen, darin findet Kant nur Vorstellungen unserer Sinnlichkeit.

Zu dem gleichartigen Resultat gelangt Kant in Bezug auf die Verstandesformen in der transscendentalen Logik.

Die Receptivität des Gemüthes, Vorstellungen zu empfangen, sofern es auf irgend eine Weise afficirt wird, ist die Sinnlichkeit, die Spontaneität des Erkenntnisses aber, Vorstellungen selbst hervorzubringen, ist der Verstand. Gedanken ohne Anschauung sind leer, Anschauungen ohne Begriffe aber sind blind. Der Verstand vermag nichts anzuschauen, und die Sinne nichts zu denken. Alle Anschauungen beruhen auf Affectionen; die Begriffe aber auf Functionen; Function ist die Einheit der Handlung, verschiedene Vorstellungen unter einer gemeinschaftlichen zu ordnen. Mittelst dieser Functionen bildet der Verstand Urtheile, welche mittelbare Erkenntnisse der Gegenstände sind. Auf den verschiedenen Stammbegriffen des Verstandes oder Kategorien beruhen die verschiedenen Urtheilsformen, und umgekehrt können aus den letzteren, wie die allgemeine (formale) Logik sie darlegt, die Kategorien durch Rückschluss von uns erkannt werden. Kant definirt die Kategorien als Begriffe von einem Gegenstande überhaupt, da durch dessen Anschauung in Ansehung einer der logischen Urtheilsfunctionen als bestimmt angesehen wird (wie z. B. Körper durch die Kategorie der Substanz als Subject bestimmt wird in dem Urtheil: alle Körper sind theilbar). Er stellt folgende Tafel der Urtheilsformen *) und der entsprechenden Kategorien **) auf:

---

stellungsassociation bedingt, s. m. System der Logik § 40. Aber auch dann, wenn ein „innerer Sinn" in der Art, wie Kant denselben annimmt, wirklich bestände, würde die Kantische Unterscheidung doch nicht zutreffen, weil bei der psychologischen Selbstbeobachtung das Subject, dem die inneren Zustände erscheinen, mit dem Object, dem sie angehören, identisch ist; die Erscheinung des Vorstellungslaufs dürfte nicht bloss als ein untreues Abbild der an sich zeitlosen, den innern Sinn afficirenden inneren Zustände, sondern müsste auch als ein durch die Affection in der Sorte oder in dem Ich wirklich gewordenes, dem Seienden als solchem und nicht bloss der Erscheinung angehörendes Resultat betrachtet werden, oder nicht bloss ein Mittel, sondern auch selbst wieder ein Object der Selbstauffassung sein, und zwar ein der Veränderung unterworfenes Object.

*) Die von Kant in jeder Classe erstrebte Dreizahl von Urtheilsformen ist nicht durchgängig gerechtfertigt, s. m. Syst. der Log. §§ 68—70.

**) Kategorien als Begriffe, welche auf Formen des „Gegenstandes" oder der

§ 16. Kant's Kritik der reinen Vernunft u. metaph. Anfangsgr. der Naturw.

Logische Tafel der Urtheile.

Der Quantität nach	Der Qualität nach	Der Relation nach	Der Modalität nach
Einzelurtheile	Bejahende	Kategorische	Problematische
Besondere (particuläre oder plurative)	Verneinende	Hypothetische	Assertorische
Allgemeine Urtheile	Unendliche oder limitative	Disjunctive	Apodiktische

Transcendentale Tafel der Verstandesbegriffe.

Der Quantität nach	Der Qualität nach	Der Relation nach	Der Modalität nach
Einheit	Realität	Substanzialität und Inhärenz	Möglichkeit und Unmöglichkeit
Vielheit	Negation	Causalität und Dependenz	Dasein und Nichtsein
Allheit	Limitation	Gemeinschaft oder Wechselwirkung (Concurrenz)	Nothwendigkeit und Zufälligkeit

Hieran reiht sich eine Tafel synthetischer Urtheile a priori, die sich auf jene Verstandesbegriffe gründen. Kant bezeichnet dieselbe als:

Reine physiologische Tafel allgemeiner Grundsätze der Naturwissenschaft.

Axiome der Anschauung	Anticipationen der Wahrnehmung	Analogien der Erfahrung	Postulate des empirischen Denkens überhaupt.

Ein vollständiges System der Transcendentalphilosophie, sagt Kant, müsste auch die aus den reinen Stammbegriffen abgeleiteten, daher gleichfalls apriorischen oder reinen Begriffe des Verstandes enthalten, z. B. Kraft, Handlung, Leiden, welche aus dem Begriffe der Causalität folgen; diese zu verzeichnen, wäre eine nützliche und nicht unangenehme, hier aber entbehrliche Bemühung (woraus folgt,

---

objectiven Wirklichkeit gehen und als solche zugleich gewisse Urtheilsfunctionen bedingen, sind nur die von Kant sog. Kategorien der Relation. Die Unterschiede der Qualität und die der Modalität beruhen nicht auf verschiedenen Formen der objectiven Existenz, so dass diese sich in dem subjectiven Urtheilsact wiederspiegelten, sondern auf verschiedenen Arten der Beziehung des Subjectiven auf das Objective, d. h. der im Urtheil vollzogenen Vorstellungscombination auf dasjenige Reale, welches durch dieselbe vorgestellt werden soll; es liegen denselben also nicht verschiedene Kategorien zum Grunde. Die „Quantität" aber beruht nur auf der Möglichkeit, mehrere Urtheile, deren Subjecte unter den nämlichen Begriff fallen, zu Einem Urtheil zusammen zu fassen, so dass entweder von der ganzen Sphäre des Subjectsbegriffs oder von einem Theile derselben das Prädicat bejaht (oder verneint) wird; sie involvirt keine dem Urtheil als solchem eigenthümliche Beziehung auf eine Form der objectiven Wirklichkeit. Vgl. m. Syst. d. Log. a. a. O.

§ 16. Kant's Kritik der reinen Vernunft u. metaph. Anfangsgr. der Naturw.

dass Kant das Wesentlichste der gesammten Transscendentalphilosophie bereits in der Kritik der reinen Vernunft gegeben zu haben glaubt).

Kant bemerkt über diese Kategorien u. s., dass derselben in jeder Classe drei seien, da doch sonst alle Eintheilung a priori durch Begriffe Dichotomie (A und non-A) sein müsse; die dritte entspringe jedesmal aus der Verbindung der zweiten mit der ersten ihrer Classe. (In der „Kritik der Urtheilskraft", Einl., letzte Note, nennt Kant jene Dichotomie eine analytische Eintheilung a priori, die nach dem Satze des Widerspruchs geschehe; jede synthetische Eintheilung a priori aber, die nicht, wie in der Mathematik, aus der dem Begriffe correspondirenden Anschauung, sondern aus Begriffen a priori geführt werden solle, müsse ein Dreifaches enthalten: 1. eine Bedingung, 2. ein Bedingtes, 3. den Begriff, der aus der Vereinigung des Bedingten mit seiner Bedingung entspringe.) Die Allheit sei die Vielheit als Einheit betrachtet, die Einschränkung die Realität mit Negation verbunden, die Gemeinschaft wechselseitige Causalität unter Substanzen, die Nothwendigkeit die durch die Möglichkeit selbst gegebene Existenz. Aber die Verbindung erfordere einen besonderen Act des Verstandes, um dessenwillen der dritte Begriff gleichfalls als ein Stammbegriff des Verstandes gelten müsse. (In dieser Kantischen Bemerkung liegt der Keim der Fichte'schen und Hegel'schen Dialektik.)

Die objective Gültigkeit der Kategorien (von welcher Kant in der „transscendentalen Deduction der Kategorien" handelt) beruht darauf, dass durch sie allein Erfahrung, der Form des Denkens nach, möglich ist. Sie beziehen sich nothwendiger Weise und a priori auf Gegenstände der Erfahrung, weil nur vermittelst ihrer überhaupt irgend ein Gegenstand der Erfahrung gedacht werden kann.

Es sind, sagt Kant, nur zwei Fälle möglich, unter denen synthetische Vorstellung und ihre Gegenstände zusammentreffen, sich auf einander nothwendiger Weise beziehen und gleichsam einander begegnen können. Entweder, wenn der Gegenstand die Vorstellung oder diese den Gegenstand allein möglich macht. Im ersten Falle ist die Beziehung empirisch und die Vorstellung ist also nicht a priori möglich. Unsere Vorstellungen a priori richten sich nicht nach den Objecten, weil sie sonst empirisch und nicht Vorstellungen a priori wären. Nur was in den Erscheinungen zur Empfindung gehört (die von Kant Kr. d. r. Vern. 1. Aufl. S. 20 und 50, 2. Aufl. S. 31 und 74 sogenannte Materie der sinnlichen Erkenntniss) richtet sich nach den Objecten, jedoch ohne treu mit denselben übereinzustimmen. Die Dinge an sich oder transscendentalen Objecte afficiren unsere Sinne (Kr. d. r. V. 1. Aufl. S. 190, 2. Aufl. S. 235; Proleg. z. M. § 33); durch diese Affection entsteht die Empfindung der Farbe, des Geruchs etc., ohne dass diese Empfindungen mit dem Unbekannten in den Dingen an sich, das sie in uns hervorruft, gleichartig wären; die Räumlichkeit, Zeitlichkeit, Substantialität, Causalität etc. aber beruht nach Kant nicht auch auf dieser Affection, weil sonst alle diese Formen empirisch und ohne Nothwendigkeit wären, dieselben gehören ausschliesslich dem Subject an, welches mittelst ihrer die Empfindungen gestaltet und so die Erscheinungen, die seine Vorstellungen sind, erzeugt; sie stammen nicht aus den Dingen an sich.

Der andere Fall kann nicht in dem Sinne stattfinden, dass unsere Vorstellung ihren Gegenstand seinem Dasein nach hervorbringe. Zwar der Wille, jedoch nicht die Vorstellung als solche übt eine Causalität auf das Dasein der Objecte aus. Wohl aber kann die Erkenntniss eines Gegenstandes oder die Erscheinung sich nach unseren Vorstellungen a priori richten. Diese letztere Annahme vergleicht Kant mit der astronomischen Theorie des Kopernicus, welche die erscheinende

Drehung des Himmelsgewölbes aus einer realen Bewegung des Erdbewohners, nach der jene Erscheinung sich richte, erklärt. Das Feld oder den gesammten Gegenstand möglicher Erfahrungen aber machen Anschauungen aus. Ein Begriff a priori, der sich nicht auf diese bezöge, würde nur die logische Form zu einem Begriff, aber nicht der Begriff selbst sein, wodurch etwas gedacht würde. Die reinen Begriffe a priori können zwar nichts Empirisches enthalten, müssen aber gleichwohl, um objective Gültigkeit zu haben, lauter Bedingungen a priori zu einer möglichen Erfahrung sein.

Die Receptivität des Gemüthes kann nur mit Spontaneität verbunden Erkenntnisse möglich machen. Die Spontaneität ist der Grund einer dreifachen Synthesis, nämlich der Apprehension der Vorstellungen in der Anschauung, der Reproduction derselben in der Einbildung, und der Recognition derselben im Begriffe (Kr. d. r. Vern. 1. Aufl. S. 97 ff.).

Das Durchlaufen des Mannigfaltigen in der Anschauung und die Zusammenfassung desselben zur Einheit ist die Synthesis der Apprehension. Ohne sie würden wir nicht die Vorstellungen des Raumes und der Zeit haben können. Die reproductive Synthesis der Einbildungskraft ist gleichfalls auf Principien a priori gegründet (Kr. d. r. Vern. 1. Aufl. S. 100 ff.; ebend. S. 117 f. und 123 und 2. Aufl. S. 152 wird bestimmter von der reproductiven Einbildungskraft, die auf Bedingungen der Erfahrung beruhe, die productive als eine Bedingung a priori der Zusammensetzung des Mannigfaltigen in einer Erkenntniss unterschieden; in der 2. Aufl. a. a. O. sagt Kant, dass die erstere zur Erklärung der Möglichkeit der Erkenntniss a priori nichts beitrage und nicht in die Transcendentalphilosophie, sondern in die Psychologie gehöre; in der 2. Aufl. handelt er von ihr, wie noch von der „Recognition im Begriff", nicht mehr). Würde ich bei der Synthesis der Theile einer Linie, eines Zeitabschnitts, einer Zahl die früheren immer aus den Gedanken verlieren und sie nicht reproduciren, indem ich zu den folgenden fortgehe, so würde niemals eine ganze Vorstellung, ja nicht einmal die reinsten und ersten Grundvorstellungen von Raum und Zeit entspringen können. Ohne das Bewusstsein aber, dass das, was wir denken, eben dasselbe sei, was wir einen Augenblick zuvor dachten, würde alle Reproduction in der Reihe der Vorstellungen vergeblich sein. Der Begriff ist das, was das Mannigfache, nach und nach Angeschaute und dann auch Reproducirte in Eine Vorstellung vereinigt.

In der Erkenntniss des Mannigfaltigen wird das Gemüth sich der Identität seiner Function, durch die es die Synthesis übt, bewusst. Alle Verknüpfung und Einheit im Erkennen setzt diejenige Einheit des Bewusstseins voraus, welche vor allen Datis der Anschauungen vorhergeht und in Beziehung worauf alle Vorstellung von Gegenständen allein möglich ist. Dieses reine, ursprüngliche, unwandelbare Selbstbewusstsein nennt Kant die transcendentale Apperception. Er unterscheidet dieselbe von der empirischen Apperception oder dem wandelbaren empirischen Selbstbewusstsein im Flusse der durch den innern Sinn aufgefassten innern Erscheinungen. Die transcendentale Apperception ist ein ursprünglicher synthetischer Act, das empirische Selbstbewusstsein beruht auf einer Analysis, welche jene ursprüngliche Synthesis zur Voraussetzung hat. Die synthetische Einheit der Apperception ist der höchste Punkt, wovon aller Verstandesgebrauch abhängt. Auf ihr beruht das: „Ich denke", welches alle meine Vorstellungen muss begleiten können. Selbst die objective Einheit des Raumes und der Zeit ist nur durch Beziehung der Anschauungen auf diese transcendentale Apperception möglich.

Die Kategorien sind die Bedingungen des Denkens in einer möglichen Erfahrung. Die Möglichkeit und Nothwendigkeit der Kategorien beruht auf der Beziehung, welche die gesammte Sinnlichkeit und mit ihr alle möglichen Erscheinungen auf die ursprüngliche Apperception haben. Alles Mannigfaltige der Anschauung muss den Bedingungen der durchgängigen Einheit des Selbstbewusstseins, der ursprünglich-synthetischen Einheit der Apperception gemäss sein, also unter allgemeinen Functionen der Synthesis nach Begriffen stehen. Die Synthesis der Apprehension, welche empirisch ist, muss der Synthesis der Apperception, welche intellectuell und gänzlich a priori in der Kategorie enthalten ist, nothwendig gemäss sein. Ein jeder Gegenstand steht unter den nothwendigen Bedingungen der synthetischen Einheit des Mannigfaltigen der Anschauung in einer möglichen Erfahrung. Die Bedingungen der Möglichkeit der Erfahrung überhaupt (die formalen Bedingungen der Anschauung a priori, die Synthesis der Einbildungskraft und die nothwendige Einheit derselben in einer transscendentalen Apperception) sind demgemäss zugleich Bedingungen der Möglichkeit der Gegenstände der Erfahrung (d. h. der Erscheinungen) und haben darum objective Gültigkeit in einem synthetischen Urtheil a priori. Ebenso ist uns andererseits keine Erkenntniss a priori möglich, als lediglich von Gegenständen möglicher Erfahrung.

Dingen an sich selbst würde ihre Gesetzmässigkeit nothwendig auch ausser einem Verstande, der sie erkennt, zukommen. Allein Erscheinungen sind nur Vorstellungen von Dingen, die nach dem, was sie an sich sein mögen, unerkannt da sind. Als blosse Vorstellungen aber stehen sie unter gar keinem Gesetze der Verknüpfung, als demjenigen, welches das verknüpfende Vermögen vorschreibt. Verbindung, sagt Kant, ist nicht in den Gegenständen und kann von ihnen nicht etwa durch Wahrnehmung entlehnt und in den Verstand dadurch allererst aufgenommen werden, sondern ist allein eine Verrichtung des Verstandes, der selbst nichts weiter ist, als das Vermögen, a priori zu verbinden und das Mannigfaltige gegebener Vorstellungen unter Einheit der Apperception zu bringen, welcher Grundsatz der oberste der ganzen menschlichen Erkenntniss ist. Da nun von der Synthesis der Apprehension alle mögliche Wahrnehmung, diese empirische Synthesis aber wiederum von der transscendentalen, mithin von den Kategorien abhängt, so müssen alle möglichen Wahrnehmungen, mithin auch alles, was zum empirischen Bewusstsein gelangen kann, d. i. alle Erscheinungen der Natur, ihrer Verbindung nach unter den Kategorien stehen, von welchen die Natur, bloss als Natur überhaupt betrachtet, als dem ursprünglichen Grunde ihrer nothwendigen Gesetzmässigkeit abhängt *).

---

*) Zur Erkenntniss besonderer Gesetze, weil diese empirisch bestimmte Erscheinungen betreffen, muss nach Kant Erfahrung dazu kommen. Doch liegt in dieser Kantischen Theorie ein mehrfacher innerer Widerspruch, theils schon in sofern, als die Dinge an sich uns afficiren sollen, Affection aber Zeitlichkeit und Causalität involvirt, welchen Kant doch andererseits als Formen a priori nur innerhalb der Erscheinungswelt und nicht jenseits derselben Gültigkeit zuerkennt, ferner in sofern, als diese Affection einestheils einen völlig ungeformten, chaotischen Stoff liefern müsste, damit derselbe unter keinem dem aprioriscben Gesetz der Verknüpfung anfugsamen Gesetze stehe, andererseits doch einen geordneten Stoff, damit nicht jeder einzelne Stoff zu jeder einzelnen Form beziehungslos sei, alle Bestimmung bloss von Innen her erfolge und dadurch der Unterschied des Empirischen von dem Apriorischen aufgehoben werde, sondern das Einzelne der Erscheinung und sogar jedes besondere Gesetz empirisch bestimmt sein könne. Muss aber für die besonderen Formen und Gesetze der Grund in der wirklichen Beschaffenheit der uns afficirenden Objecte oder „Dinge an sich" gefunden werden, so lässt sich ferner nachweisen, dass die Art und Folge der Affectionen eine solche Ordnung in sich trägt, wie sie nur aus dem objectiv-wirklichen Behaftetsein eben dieser „Dinge an sich" mit der Zeitlichkeit, Räumlichkeit, Causalität etc. herfliessen kann, womit der Kantische Subjectivismus gestürzt

§ 16. Kant's Kritik der reinen Vernunft und metaph. Anfangsgr. der Naturw.   193

Kant erwähnt nachträglich (Kr. d. r. Vern. 2. Aufl. S. 167 f.) ausser den beiden Wegen, auf welchen eine nothwendige Uebereinstimmung der Erfahrung mit den Begriffen von ihren Gegenständen gedacht werden könne (dass nämlich entweder die Erfahrung diese Begriffe oder diese Begriffe die Erfahrung möglich machen) noch einen Mittelweg, der sich vorschlagen lasse, nämlich die Annahme, dass die Kategorien nicht empirische, sondern subjective, uns mit unserer Existenz zugleich eingepflanzte Anlagen zum Denken wären, die aber von unserm Urheber so eingerichtet worden, dass ihr Gebrauch mit den Gesetzen der Natur, an welchen die Erfahrung fortläuft, genau übereinstimme. Er nennt diese Annahme (die im Wesentlichen mit der Leibnitzischen Theorie einer präsitabilirten Harmonie übereinkommt, von Kant aber Proleg. z. e. j. k. Met. in einer Note zu § 37 Crusius beigelegt wird) eine Art von Präformationssystem der reinen Vernunft, erklärt sich aber gegen dieselbe, weil in einem solchen Falle den Kategorien die Nothwendigkeit mangeln würde, die ihrem Begriffe wesentlich angehöre*).

Reine Verstandesbegriffe sind den empirischen Anschauungen ganz ungleichartig, und doch muss in allen Subsumtionen eines Gegenstandes unter einen Begriff die Vorstellung des ersteren mit dem letzteren gleichartig sein. Um die Anwendung der Kategorie auf die Erscheinung möglich zu machen, muss es ein drittes geben, was einerseits mit jener, andererseits mit dieser gleichartig ist. Eine solche vermittelnde Vorstellung, erzeugt durch die transscendentale Synthesis der Einbildungskraft, nennt Kant das transscendentale Schema des Verstandes. Nun ist die Zeit als eine Form a priori mit der Kategorie, als eine Form der Sinnlichkeit aber mit der Erscheinung gleichartig. Daher ist eine Anwendung der Kategorie auf Erscheinungen vermittelst der transscendentalen Zeitbestimmung möglich**).

---

ist. (Vgl. m. Syst. d. Log. § 44 und m. oben (S. 177) citirte Abh. über den Grundgedanken des Kantischen Kriticismus.) Dieser Beweis beruht auf der Ableitbarkeit des Gravitationsgesetzes aus den drei Dimensionen des Raumes. Einem an die drei Dimensionen des Raumes geknüpften Gesetz könnten die Erscheinungen unterworfen sein, wenn sie rein subjectiv, d. h. bloss durch eine dem Subject immanente Causalität bedingt wären, was sie doch nach Kant's eigener Affections-Lehre nicht sind; sie könnten ihm nicht unterworfen sein, wenn die uns afficirenden Dinge an sich eine andere Ordnung trügen, also bleibt nur die Annahme übrig, dass diese Dinge eine Ordnung haben, welche der unseres Anschauungsraumes gleichartig sei.
*) Aus dem Mangel eines Beweises für die Nothwendigkeit der Anwendung der Kategorien auf die Objectivität im transscendentalen Sinne folgt freilich nicht die Unmöglichkeit, dass als auch für diese gelten; der „hiewein" ist demnach nicht stringent. Nun liegt allerdings nach Kant's Absicht ein indirecter Beweis der blossen Subjectivität alles Apriorischen, sowohl der Anschauungsformen Raum und Zeit, als auch der Kategorien, in den Antinomien, wovon in einem späteren Abschnitt gehandelt wird, Krit. d. r. Vern. 1. Aufl. S. 506, 2. Aufl. S. 534, in der Gesammlung. von Rosenkranz und Schubert Bd II, S. 399, und dieser würde, wenn er zwingend wäre, allerdings die von Trendelenburg behauptete „Lücke" ausfüllen; er leistet dies aber nicht, weil die Beweise für die Antinomien nur dann Kraft haben, wenn bereits Kant's Grundgedanken als gültig vorausgesetzt werden; s. die oben citirten Streitverhandlungen zwischen Trendelenburg, Kant, Fischer und Anderen.
**) Es scheint nicht eines besonderen „Schematismus" zu bedürfen, da ja schon die Gestaltung des sinnlich gegebenen Stoffes durch die beiden Anschauungsformen überhaupt denselben zu der ferneren Gestaltung durch die Kategorien präparirt. Wenn es aber doch dessen bedarf, so scheint aus denselben Gründen, wie die Zeit, auch der Raum einen Schematismus liefern zu können und zu müssen.

194 § 16. Kant's Kritik der reinen Vernunft und metaph. Anfangsgr. der Naturw.

Die Schemata gehen nach der Ordnung der Kategorien (Quantität, Qualität, Relation, Modalität) auf die Zeitreihe, den Zeitinhalt, die Zeitordnung und den Zeitinbegriff. Das Schema der Quantität ist die Zahl. Das Schema der Realität ist das Sein in der Zeit, das der Negation das Nichtsein in der Zeit. Das Schema der Substanz ist die Beharrlichkeit des Realen in der Zeit, das der Causalität die Succession des Mannigfaltigen, sofern sie einer Regel unterworfen ist, das der Gemeinschaft oder der wechselseitigen Causalität der Substanzen in Ansehung ihrer Accidentien ist das Zugleichsein der Bestimmungen der einen mit denen der andern nach einer allgemeinen Regel. Das Schema der Möglichkeit ist die Zusammenstimmung der Synthesis verschiedener Vorstellungen mit den Bedingungen der Zeit überhaupt, also die Bestimmung der Vorstellung eines Dinges zu irgend einer Zeit, das Schema der Wirklichkeit ist das Dasein in einer bestimmten Zeit, das Schema der Nothwendigkeit ist das Dasein eines Gegenstandes zu aller Zeit.

Die Beziehung der Kategorien auf mögliche Erfahrung muss alle reine Verstandeserkenntniss a priori ausmachen. Die Grundsätze des reinen Verstandes sind die Regeln des objectiven Gebrauchs der Kategorien. Aus den Kategorien der Quantität und Qualität fliessen mathematische Grundsätze von intuitiver Gewissheit, aus den Kategorien der Relation und Modalität aber dynamische Grundsätze von discursiver Gewissheit.

Das Princip der Axiome der Anschauung ist: alle Anschauungen sind extensive Grössen. Das Princip der Anticipationen der Wahrnehmung ist: in allen Erscheinungen hat das Reale, das ein Gegenstand der Empfindung ist, intensive Grösse, d. i. einen Grad. Das Princip der Analogien der Erfahrung ist: Erfahrung ist nur durch die Vorstellung einer nothwendigen Verknüpfung der Wahrnehmungen möglich; aus diesem Princip fliesst der Grundsatz der Beharrlichkeit der Substanz: bei allem Wechsel der Erscheinungen beharrt die Substanz, und das Quantum derselben wird in der Natur weder vermehrt noch vermindert, der Grundsatz der Zeitfolge nach dem Gesetz der Causalität: alle Veränderungen geschehen nach dem Gesetz der Verknüpfung der Ursache und Wirkung, der Grundsatz des Zugleichseins nach dem Gesetze der Wechselwirkung oder Gemeinschaft: alle Substanzen, sofern sie im Raume als zugleich wahrgenommen werden können, sind in durchgängiger Wechselwirkung. Die Postulate des empirischen Denkens sind: was mit den formalen Bedingungen der Erfahrung (der Anschauung und den Begriffen nach) übereinkommt, ist möglich; was mit den materialen Bedingungen der Erfahrung (der Empfindung) zusammenhängt, ist wirklich; dasjenige, dessen Zusammenhang mit dem Wirklichen nach allgemeinen Bedingungen der Erfahrung bestimmt ist, ist nothwendig.

Dem Beweis des zweiten Postulates, das auf den Erweis der Wirklichkeit geht, hat Kant in der 2. Aufl. der Kr. d. r. Vern. eine „Widerlegung des (materialen) Idealismus" beigefügt, die auf dem Satze beruht, dass innere Erfahrung überhaupt, an deren Vorhandensein sich nicht zweifeln lasse, nur durch äussere Erfahrung überhaupt, mithin nur unter der Voraussetzung des Daseins von Gegenständen im Raum ausser uns, möglich sei. Den Beweisgrund findet Kant darin, dass die Zeitbestimmung, die in dem empirisch bestimmten Bewusstsein meines eigenen Daseins liege, etwas Beharrliches in der Wahrnehmung voraussetze, das von meinen Vorstellungen verschieden sein müsse, damit der Wechsel daran gemessen werden könne, das also nur durch ein Ding ausser mir möglich sei*).

----

*) Auch bereits in der 1. Aufl. (S. 376, Bd. II, S. 301 der Ausgabe der Werke von Rosenkranz und Schubert) hat Kant „den empirischen Idealismus als

§ 16. Kant's Kritik der reinen Vernunft and metaph. Anfangsgr. der Naturw.

Obgleich unsere Begriffe die Eintheilung in sinnliche und intellectuelle zulassen, so dürfen doch nicht die Gegenstände in Objecte der Sinne oder Phaenomena und Gegenstände des Verstandes oder Noumena im positiven Sinne eingetheilt werden; denn die Begriffe des Verstandes finden nur auf die Objecte der sinnlichen Anschauung Anwendung; ohne Anschauung sind sie gegenstandslos und eine nicht-sinnliche oder intellectuelle Anschauung besitzt der Mensch nicht. Wohl aber ist der Begriff eines Noumenon in negativer Bedeutung zulässig, indem wir darunter ein Ding verstehen, sofern es nicht Object unserer sinnlichen Anschauung ist; in diesem Sinne sind die Dinge an sich Noumena, die aber nicht durch die Kategorien des Verstandes, sondern nur als ein unbekanntes Etwas zu denken sind*).

eine falsche Bedenklichkeit wegen der objectiven Realität unserer äusseren Wahrnehmungen zu widerlegen" gesucht, nämlich durch die Bemerkung, dass äussere Wahrnehmung eine Wirklichkeit im Raume unmittelbar beweise, dass ohne Wahrnehmung selbst die Erdichtung und der Traum nicht möglich seien, unsere äusseren Sinne also, den Datis nach, woraus Erfahrung entspringen könne, ihre wirklichen correspondirenden Gegenstände im Raume haben. Aeussere Gegenstände im Raum aber sind, wie Kant immer auf's Neue wiederholt, nicht für Dinge an sich zu halten; sie heissen äussere, weil sie dem äussern Sinn anhängen, dessen Anschauung der Raum ist. Der Raum ist nichts, als was in ihm vorgestellt wird, weil der Raum selbst nichts anderes, als Vorstellung ist. „Correspondirend" besagt hier nur: als Erscheinungsobject unsern (gleichfalls in die Erscheinung fallenden) Sinnen correspondirend (obschon hierin eine angreifbare Schwäche der Kantischen Annahme liegt). Unter dem „Beharrlichen in der Wahrnehmung" kann Kant nur die beharrliche Erscheinung im Raum, die undurchdringliche ausgedehnte Substanz verstehen. Vgl. auch Proleg. zur Metaph. § 49. Die „Widerlegung" soll nach Kant's Aussage in der 2. Aufl. der Kr. zunächst den „problematischen Idealismus" des Descartes treffen, der die Wirklichkeit der Aussendinge nur für unbeweisbar erkläre, aber zugleich auch den dogmatischen Idealismus des Berkeley, der dieselbe leugne. Gegen Descartes, der die innere Wahrnehmung für sicherer hält, als die äussere, sucht Kant nachzuweisen, dass die äussere der inneren nicht nachstehe, was aber auf seinem Standpunkt nur heissen kann, dass beide uns die empirische Realität der Erscheinungen sichern. Hierdurch wird die Cartesianische Bevorzugung des inneren Sinnes zurückgewiesen. Dass jedoch eben hierdurch mittelbar auch Berkeley's Idealismus getroffen werde, ist ein Irrthum; denn die Wendung, die Erscheinungen oder Ideencomplexe wirkliche Dinge zu nennen, weil sie etwas in uns Reales sind, findet sich bei Berkeley ebenso wohl, wie bei Kant, und dass die Erscheinung eines Raumes, eines Berges, eines Sturms etc. ausserhalb der Erscheinung unseres eigenen Leibes liege, und dass in diesem Sinne von „Dingen im Raum ausser uns" geredet werden könne, ist selbstverständlich. Kant's Irrthum, dass seine Argumentation auch mit gegen Berkeley gehe, erklärt sich aus der ihm irgendwie ungenauen Auffassung der Berkeley'schen Doctrin, als ob diese die Wirklichkeit der Dinge im Raum bestreite und diese Dinge für blosse „Einbildungen" erkläre.

*) Die Folgerung Späterer, weil das Ding an sich nicht in Raum und Zeit sei, müsse es „in der Gedankenwelt" sein, ist demnach auf Kantischem Standpunkte unzulässig. Versteht man unter dem, was in der Gedankenwelt sei, etwas unserm Denken Immanentes, also einen Begriff oder Gedanken, so gilt dies von dem „Ding an sich" gar nicht; versteht man darunter ein transcendentales Object unseres Denkens, so gilt dies von dem „Ding an sich" nur in sofern, als wir sein Dasein überhaupt annehmen müssen, aber nicht in dem Sinne, dass die Kategorien unseres Denkens darauf Anwendung finden können. Unverkennbar aber hat Kant's Beziehung des dem Platonischen Gedankenkreise entstammten Begriffs der Noumena auf seine Dinge an sich trotz der Clausel, dass derselbe nur in negativem Sinne gelten solle, schon bei Kant selbst Verwirrung gestiftet und die Hineintragung von Fremdartigem vermittelt, insbesondere die Hineintragung von Werthbestimmungen in den Begriff der Dinge an sich. Dass die raum-, zeit- und causalitätslosen Dinge an sich, welche uns afficiren, etwas Besseres und

§ 16. Kant's Kritik der reinen Vernunft und metaph. Anfangsgr. der Naturw.

Durch Verwechselung des empirischen Verstandesgebrauchs mit dem transscendentalen entsteht die Amphibolie der Reflexionsbegriffe. Die Reflexionsbegriffe sind: Einerleiheit und Verschiedenheit, Einstimmung und Widerstreit, Inneres und Aeusseres, Bestimmbares und Bestimmung (Materie und Form). Die transscendentale Ueberlegung (reflexio) ist die Handlung, dadurch ich die Vergleichung der Vorstellungen überhaupt mit der Erkenntnisskraft zusammenhalte, darin sie angestellt wird, und unterscheide, ob sie als gehörig zum reinen Verstande oder zur sinnlichen Anschauung untereinander verglichen werden. Kant findet die Quelle des Leibnitzischen Systems, welches die Erscheinungen intellectuirt, in der von Leibnitz nicht erkannten Amphibolie der Reflexionsbegriffe. Leibnitz bezog den Verstandesgebrauch bei der Vergleichung der Vorstellungen fälschlich auf Objecte an sich und nahm den Begriff des Noumenon im positiven Sinne; er hielt die Sinnlichkeit nur für eine verworrene Vorstellung und glaubte die innere Beschaffenheit der Dinge zu erkennen, indem er alle Gegenstände nur mittelst des Verstandes und der abgesonderten formalen Begriffe seines Denkens verglich; so fand er natürlich keine anderen Verschiedenheiten, als die, durch welche der Verstand seine reinen Begriffe von einander unterscheidet. Daraus ergaben sich ihm die Sätze, dass das begrifflich nicht zu Unterscheidende schlechthin ununterschieden oder identisch sei, dass Realitäten als blosse Bejahungen einander realiter auch durch Entgegenstreben aufheben können, da zwischen ihnen kein logischer Widerspruch stattfindet, dass wir den Substanzen keinen andern innern Zustand, als den der Vorstellungen, beilegen und ihre Gemeinschaft unter einander nur als prästabilirte Harmonie denken dürfen, endlich, dass der Raum nur als die Ordnung in der Gemeinschaft der Substanzen und die Zeit als die dynamische Folge ihrer Zustände zu denken sei. Kant will, dass jene Vergleichungsbegriffe auf die Erscheinungswelt nur unter Mitberücksichtigung der an die sinnliche Anschauung (welche ihre eigenthümlichen Formen habe und nicht bloss verworrene Auffassung sei) geknüpften Unterschiede, auf die Dinge an sich (oder Noumena) aber überhaupt nicht angewandt werden.

Ist der Verstand das Vermögen der Einheit der Erscheinungen vermittelst der Regeln, so ist die Vernunft das Vermögen der Einheit der Verstandesregeln unter Principien. Der Vernunftbegriff enthält das Unbedingte, und geht daher über jeden Gegenstand der Erfahrung hinaus. Kant nennt Idee einen nothwendigen Vernunftbegriff, dem kein congruirender Gegenstand in den Sinnen gegeben werden kann. Der transscendentale Vernunftbegriff geht auf die absolute Totalität in der Synthesis der Bedingungen und sucht die synthetische Einheit, welche in der Kategorie gedacht wird, bis zum schlechthin Unbedingten hinauszuführen. Die reine Vernunft bezieht sich niemals geradezu auf Gegenstände, sondern auf die Verstandesbegriffe von denselben. Wie die Verstandesbegriffe aus den Formen der Urtheile sich entnehmen liessen, indem die Weise der Synthesis der Anschauungen im Urtheil begrifflich aufgefasst wurde, so lassen die transscendentalen Vernunftbegriffe sich aus den Formen der Vernunftschlüsse entnehmen. Die Vernunftschlüsse sind theils kategorisch, theils hypothetisch, theils disjunctiv. Dem-

---

Höheres seien, als die Erscheinungen, ist eine mindestens willkürliche Annahme, die aber durch jenen platonischen Terminus, namentlich in der Entgegensetzung: homo noumenon, homo phaenomenon, eine anscheinende Stütze erhält und so in die Ethik eingeführt wird. — Kant's Lehre über Begriff und Anschauung ist von dem Aristotelischen Satz, dass das durch den Begriff erkannte Wesen den Einzelobjecten immanent sei und nicht getrennt existire, durch ihren Phänomenalismus verschieden.

§. 16. Kant's Kritik der reinen Vernunft und metaph. Anfangsgr. der Naturw. 197

gemäss giebt es drei transscendentale Vernunftbegriffe: ein Unbedingtes 1. der kategorischen Synthesis in einem Subject, 2. der hypothetischen Synthesis der Glieder einer Reihe, 3. der disjunctiven Synthesis der Theile in einem System. Der erste dieser Vernunftbegriffe ist der der Seele als der absoluten Einheit des denkenden Subjects, der zweite der der Welt als der absoluten Einheit der Reihe der Bedingungen der Erscheinung, der dritte der der Gottheit als der absoluten Einheit aller Gegenstände des Denkens überhaupt oder als des alle Realität in sich befassenden Wesens (ens realissimum). Diesen drei Ideen gemäss giebt es drei dialektische Vernunftschlüsse, welche Sophistikationen nicht der Menschen, sondern der reinen Vernunft selbst sind, da sie vermöge einer natürlichen Illusion entstehen, welche der menschlichen Vernunft eben so unhintertreiblich anhängt, wie gewisse optische Täuschungen dem Sehen, und gleich diesen zwar durch Kritik erklärt und unschädlich gemacht, aber nicht schlechthin beseitigt werden kann. Auf die Idee der Seele als einer einfachen Substanz geht der psychologische Paralogismus, auf das Weltganze beziehen sich die kosmologischen Antinomien, das allerrealste Wesen endlich als das Ideal der reinen Vernunft betreffen die versuchten Beweise für das Dasein Gottes.

Die rationale Psychologie gründet sich auf das blosse Bewusstsein des denkenden Ich von sich selbst; denn wollten wir die Beobachtungen über das Spiel unserer Gedanken und die daraus zu schöpfenden Naturgesetze des denkenden Selbst auch zu Hülfe nehmen*), so würde eine empirische Psychologie entspringen, die solche Eigenschaften, welche gar nicht zur möglichen Erfahrung gehören, wie namentlich die der Einfachheit, nicht darzuthun vermöchte und keine apodiktische Gültigkeit beanspruchen könnte. Aus dem Ichbewusstsein sucht die rationale Psychologie zu erweisen, dass die Seele als Substanz (und zwar als immaterielle Substanz) existire, als einfache Substanz incorruptibel, als intellectuelle Substanz stets mit sich selbst identisch oder Eine Person, in möglichem Commercium mit dem Körper und unsterblich sei. Aber die Schlüsse der rationalen Psychologie (in deren Darlegung sich Kant an die Form zunächst angeschlossen zu haben scheint, welche dieselben bei Knutzen, von der immat. Natur der Seele, bei Reimarus, die vornehmsten Wahrh. der nat. Rel., und bei Mendelssohn, Phädon, trugen) involviren eine unzulässige Anwendung des Substanzbegriffs, der Anschauung voraussetzt und nur für Erscheinungsobjecte gilt, auf das Ich als transscendentales Object. Dass Ich, der Ich denke, im Denken immer nur als Subject und als etwas, das nicht blos wie ein Prädicat dem Denken anhänge, gelten müsse, ist ein apodiktischer und selbst identischer Satz; aber er bedeutet nicht, dass Ich als Object ein für mich selbst bestehendes Wesen oder Substanz sei. Ebenso liegt zwar schon im Begriffe des Denkens, dass das Ich der Apperception ein logisch einfaches Subject bezeichne, was ein analytischer Satz ist; aber das bedeutet nicht, dass das denkende Ich eine einfache Substanz sei, was ein synthetischer Satz sein würde. Die Identität meiner selbst bei allem Mannigfaltigen, dessen Ich mir bewusst bin, ist wiederum ein analytischer Satz; aber daraus folgt nicht die Identität einer denkenden Substanz in allem Wechsel der Zustände. Dass Ich endlich meine Existenz als eines denkenden Wesens von anderen Dingen ausser mir, wozu auch mein Körper gehört, unterscheide, ist ein analytischer Satz; aber ob dieses Bewusstsein meiner selbst ohne Dinge ausser mir möglich sei und Ich also auch ohne Körper existiren könne, weiss ich dadurch

---

*) Etwa, wie später Herbart auf die gegenseitige Verbindung der Vorstellungen einen Beweis für die punctuelle Einfachheit der Seele zu gründen versucht hat.

gar nicht. Der dialektische Schein in der rationalen Psychologie beruht auf der Verwechselung der Möglichkeit der Abstraction von meiner empirisch bestimmten Existenz, wodurch ich den in allen Stücken unbestimmten Begriff eines denkenden Wesens überhaupt gewinne, mit der Möglichkeit einer abgesonderten Existenz meines denkenden Selbst.

Die Aufgabe, die Gemeinschaft der Seele mit dem Körper zu erklären, wird durch die zwischen beiden vorausgesetzte Ungleichartigkeit erschwert, indem jener nur eine zeitliche, diesem auch eine räumliche Existenz zukomme. Bedenkt man aber (sagt Kant, Kr. d. r. V. 2. A. S. 427 f.), dass beiderlei Art von Gegenständen sich hierin nicht innerlich, sondern nur insofern eins dem andern äusserlich erscheint, von einander unterscheiden, mithin das, was der Erscheinung der Materie als Ding an sich selbst zum Grunde liegt, vielleicht so ungleichartig nicht sein dürfte, so verschwindet diese Schwierigkeit und es bleibt keine andere übrig, als die, wie überhaupt eine Gemeinschaft von Substanzen möglich sei, welche zu lösen ganz ausser dem Felde der Psychologie und aller menschlichen Erkenntniss liegt. Der hier nur kurz angedeutete Gedanke der möglichen Gleichartigkeit zwischen dem Realen, das den Erscheinungen des äussern Sinnes, und dem, das den Erscheinungen des innern Sinnes zum Grunde liegt, findet sich in der ersten Aufl. der Kr. d. r. V. weiter ausgeführt. In der Psychologie gilt der Dualismus im empirischen Verstande, auf die Erscheinungen bezogen; im transscendentalen Verstande aber gilt weder der Dualismus, noch der Pneumatismus (Spiritualismus), noch der Materialismus, welche sämmtlich die Verschiedenheit der Vorstellungsart von Gegenständen, die uns nach dem, was sie an sich sind, unbekannt bleiben, für eine Verschiedenheit dieser Dinge selbst halten. „Das transscendentale Object, welches den äusseren Erscheinungen, ingleichen das, was der innern Anschauung zum Grunde liegt, ist weder Materie, noch ein denkendes Wesen an sich selbst, sondern ein uns unbekannter Grund der Erscheinungen, die den empirischen Begriff von der ersten sowohl als zweiten Art an die Hand geben" (Kr. d. r. V. 1. A. S. 379, bei Ros. II, S. 303). „Ich kann wohl annehmen, dass die Substanz, der in Ansehung unseres äusseren Sinnes Ausdehnung zukommt, an sich selbst Gedanken beiwohnen, die durch ihren eigenen inneren Sinn mit Bewusstsein vorgestellt werden können; auf solche Weise würde eben dasselbe, was in einer Beziehung körperlich heisst, in einer andern zugleich ein denkendes Wesen sein, dessen Gedanken wir zwar nicht, aber doch die Zeichen derselben in der Erscheinung anschauen können" (ebd. S. 359, bei Ros. II, S. 288 f.). Diese letztere, hier als möglich bezeichnete Annahme steht der Leibnitzischen Monadologie nahe, sofern nach dieser zwar nicht eine einzelne Monade, aber doch ein Monadencomplex unseres Sinnes als ein ausgedehntes Ding erscheint und zugleich in sich selbst Wesen enthält, welche Vorstellungen haben, und Wesen enthalten kann, die mit Bewusstsein vorstellen und denken; noch näher steht sie der von Kant in der „Monadologia physica" entwickelten Ansicht; in einem andern Sinne berührt sich jene Annahme mit dem Spinozismus, welcher der Einen Substanz Denken und Ausdehnung, freilich als reale Attribute, zuschreibt. In der zweiten Auflage der Vernunftkritik hat Kant diese Möglichkeit nicht negirt, vielmehr durch den oben citirten Satz wiederum angedeutet, der näheren Ausführung aber sich enthalten. Hierin liegt sachlich keine Aenderung seiner Gedankens; jedoch bekundet sich formell eine grössere Strenge in der Anwendung des kritischen Princips, sofern nunmehr Kant vorzieht, unbeweisbare dogmatische Annahmen auch nicht einmal als Hypothesen auszuführen, sondern sich auf die kürzeste Andeutung zu beschränken. Uebrigens geht jene Hypothese offenbar nicht darauf, dass das transscendentale Substrat

§ 16. Kant's Kritik der reinen Vernunft und metaph. Anfangsgr. der Naturw.

äusserer Erscheinungen mit unserm denkenden Ich identisch oder dass es gar nur ein Gedanke des Ich sei, sondern darauf, dass es möglicherweise auch selbst ein denkendes Wesen sei und daher dem transscendentalen Substrat des inneren Sinnes gleichartig sein könne, etwa so, wie im Leibnitzischen System sämmtliche Monaden einander gleichartig sind oder vielmehr so, wie diejenigen „physischen Monaden" einander gleichartig sind, welche Kant vermöge seiner eigenen Umbildung der Leibnitzischen Monadenlehre in seiner „Monadologia physica" vom Jahre 1756 annimmt; und nur, weil wir von dem transscendentalen Substrat nach Kant gar nichts Näheres wissen können, so liegt ferner in der Consequenz, dass auch noch andere Annahmen, wie etwa jene Identitätsansicht, sofern sie als blosse Hypothesen auftreten, nicht widerlegt werden können. Sehr mit Unrecht würde man die hier (in dem Abschnitt über den psychologischen Paralogismus) von Kant gewagte Vermuthung dem Fichte'schen Subjectivismus gleichsetzen. Es ist wahr, dass Kant's Aeusserungen über das transscendentale Object etwas Schwankendes haben; aber dieses Schwanken findet sich (als natürliche Folge des von der Kantischen Doctrin unabtrennbaren Widerspruchs, dass das transscendentale Object Ursache der Erscheinungen sein soll und doch nicht Ursache sein kann) auch bereits in der ersten Auflage der Kr. d. r. V. und ist keineswegs erst (wie Schopenhauer u. A. behauptet haben) in der zweiten zu finden. Vgl. z. B. in beiden Auflagen die Stellen einerseits bei Ros. II, S. 235, andererseits ebend. S. 391, Z. 9 v. o. ff.; auch Proleg. § 57, ebd. III, S. 124. Mögen die Aeusserungen, in welchen Kant unser Nichtwissen um die Natur des transscendentalen Objectes betont, in der ersten Aufl. der Kr., später aber, da er Missverständnissen gegenüber den Unterschied seiner Ansicht von dem Berkeley'schen Idealismus deutlicher zu machen bemüht war, die Aeusserungen, worin er die Nothwendigkeit der Voraussetzung der Dinge an sich als des transscendentalen Grundes der Erscheinungswelt hervorhebt, einigermaassen häufiger sein, so ist doch Kant's Ansicht im Wesentlichen die gleiche geblieben, nämlich es sei anzunehmen, dass transscendentale Objecte oder Dinge an sich existiren (was einem Jeden in Bezug auf sein eigenes Sein an sich schon die transscendentale Apperception verbürgt, in welcher ich, wie Kant sagt, mir meiner selbst bewusst bin, nicht wie ich mir erscheine, aber auch nicht, wie ich an mir selbst bin, sondern nur, dass ich bin); aber es ist ungewiss, wie das transscendentale Object oder Ding an sich existirt. In der 1. Aufl. S. 106 sagt Kant doch nur, für uns sei dieser Gegenstand nichts, und S. 109 lässt er denselben doch auch nur als x immer einerlei sein. Entschieden falsch aber würde es sein, das transscendentale Object des äussern oder des innern Sinnes, die Noumena oder „Dinge an sich", von denen Kant in beiden Auflagen der Kritik die Mannigfaltigkeit der Affectionen des äusseren und inneren Sinnes herleitet, an welche sich der Unterschied des Empirischen von dem Apriorischen knüpft, dogmatisirend mit der „Einheit des Wesens in der Mannigfaltigkeit der Erscheinungen" zu identificiren*).

Aus der kosmologischen Idee fliessen vier Antinomien, d. h. einander widersprechende Sätze, die sich, sofern die Erscheinungswelt für real im transscendentalen Sinne gehalten wird, aus dieser Voraussetzung mit gleich strenger Consequenz ergeben. Die Vierzahl der Antinomien knüpft sich an die vier

---

*) Dies zur Ergänzung und theilweise zur genaueren Bestimmung meiner Ausführungen in der Abhandlung: De priore et posteriore forma Kantianae Critices rationis purae, Berol. 1862, und zur Antwort auf Michelet's Entgegnung in seiner Zeitschrift: der Gedanke, Bd. III, Berlin 1862, S. 237—243; vgl. mein Syst. der Log. 2. Aufl. Bonn 1865, S. 42, 3. Aufl. ebd. 1868, S. 43.

Klassen der Kategorien. (Vgl. ausser der von Herbart, Hegel, Schopenhauer u. A. geübten Kritik insbesondere noch die oben S. 167 f. angeführten Abhandlungen von Herbart's Schüler Reiche und von Jos. Richter.)

Auf die **Quantität** der Welt bezieht sich die **erste Antinomie**. **Thesis**: die Welt hat einen Anfang in der Zeit und Grenzen im Raum. **Antithesis**: die Welt ist anfangslos und ohne Grenzen im Raum.

Auf die **Qualität** der Welt geht die **zweite Antinomie**. **Thesis**: eine jede zusammengesetzte Substanz in der Welt besteht aus einfachen Theilen. **Antithesis**: es existirt nichts Einfaches.

Die **causale Relation** betrifft die **dritte Antinomie**. **Thesis**: es giebt eine Freiheit im transscendentalen Sinne als Fähigkeit eines absoluten, ursachelosen Anfangs einer Reihe von Wirkungen. **Antithesis**: es geschieht alles in der Welt lediglich nach Gesetzen der Natur.

An die **Modalität** knüpft sich die **vierte Antinomie**. **Thesis**: es gehört zur Welt (sei es als Theil oder als Ursache) ein schlechthin nothwendiges Wesen. **Antithesis**: es existirt nichts schlechthin Nothwendiges.

Die Beweise werden von Kant durchweg indirect geführt. Zum Beweise der Thesis wird die in der Antithesis behauptete Unendlichkeit des Fortgangs als unvollziehbar bekämpft, zum Beweise der Antithesis aber die in der Thesis angenommene Grenze als willkürlich und überschreitbar zurückgewiesen.

Kant löst die Antinomien durch seine Unterscheidung zwischen Erscheinung und Ding an sich. In Bezug auf die Welt als transscendentales Object oder Noumenon oder intelligible Welt ist in den beiden ersten oder mathematischen Antinomien sowohl die Thesis als auch die Antithesis falsch. Die intelligible Welt fällt nicht unter die Vorstellung des Räumlichen und Zeitlichen, welche den beiden Prädicaten: Begrenztheit im Raum und in der Zeit und unendliche Ausdehnung im Raum und in der Zeit, gemeinsam übergeordnet ist und das Analoge gilt hinsichtlich der Einfachheit und Zusammengesetztheit, also kann sie weder das eine noch das andere dieser Prädicate haben; aus der Ungültigkeit des einen darf nicht die Gültigkeit des andern erschlossen werden; der der Form nach contradictorische Gegensatz zwischen Thesis und Antithesis ist in der That nur ein scheinbarer, eine „dialektische Opposition". Als **regulatives Princip** unserer Forschung aber muss die Forderung gelten, keine Grenze als eine absolut letzte zu betrachten. In den beiden letzten oder dynamischen Antinomien ist in Bezug auf die intelligible Welt die Thesis wahr, in Bezug auf die phänomenale Welt aber gilt die Antithesis. Alle Erscheinungen sind durch andere mit Naturnothwendigkeit bedingt; in den Dingen an sich selbst aber liegt die Freiheit; es giebt keine unbedingte Ursache in der Erscheinung, aber ausserhalb der ganzen Reihe der Erscheinungen liegt als transscendentaler Grund derselben das Unbedingte.

Der Inbegriff aller Realitäten oder Vollkommenheiten, als Urbild oder transscendentales Prototyp in concreto und selbst in individuo gedacht, ist das **theologische Ideal**. Die theoretischen Beweise für das Dasein Gottes sind: das ontologische, kosmologische und teleologische oder physiko-theologische Argument.

Das **ontologische Argument** schliesst aus dem Begriffe Gottes als des allerrealsten Wesens auf seine Existenz, da die Existenz, und zwar die nothwendige Existenz, zu den Realitäten gehöre und daher im Begriffe des allerrealsten Wesens mit enthalten sei. Kant bestreitet die Voraussetzung, dass das Sein ein reales Prädicat neben andern sei, welches zu diesen hinzutreten und dadurch die Summe der Realitäten vermehren könne. Der Vergleich zwischen einem Wesen, das andere Prädicate zwar habe, aber nicht das Sein, und einem Wesen, das mit jenen Prädicaten noch das Sein vereinige und daher um das Sein grösser, vollkommener oder realer, als jenes andere Wesen, sei, ist absurd. Sein ist die Setzung des Objects mit allen seinen Prädicaten. Diese Setzung bildet die unerlässliche Voraussetzung jedes Schlusses aus dem Begriff eines Objects auf seine Prädicate. Bei einem Schlusse auf das Sein Gottes, falls das Sein als Prädicat erschlossen werden sollte, müsste demnach schon das Sein vorausgesetzt sein, wodurch wir nur zu einer elenden Tautologie gelangen würden. Diese Tautologie wäre ein identischer, daher analytischer Satz, die Behauptung aber: Gott ist, ist, wie jeder Existenzialsatz, ein synthetischer Satz, und kann daher nicht in Bezug auf ein Noumenon a priori erwiesen werden.

Das kosmologische Argument schliesst daraus, dass überhaupt irgend etwas existirt, auf die Existenz eines schlechthin nothwendigen Wesens, welches dann unter Zuhülfenahme des ontologischen Argumentes mit der Gottheit als dem ens realissimum oder perfectissimum gleichgesetzt wird. Kant dagegen bestreitet, dass die Principien des Vernunftgebrauchs uns zu einer Verlängerung der Kette der Ursachen über alle Erfahrung hinaus berechtigen; führte aber das Argument auch wirklich auf eine extramundane und schlechthin nothwendige Ursache, so sei doch dieselbe noch nicht als das absolut vollkommene Wesen erwiesen und die Zuflucht zum ontologischen Argument sei wegen der erwiesenen Ungültigkeit desselben unzulässig.

Das teleologische Argument schliesst aus der Zweckmässigkeit der Natur auf die absolute Weisheit und Macht ihres Urhebers. Kant nennt dieses Argument um seiner populären Ueberzeugungskraft willen mit Achtung, spricht demselben aber die wissenschaftliche Gültigkeit ab. Der Zweckbegriff kann nach Kant ebensowenig, wie der Begriff der Ursache, zu Schlüssen berechtigen, die uns über die Erscheinungswelt überhaupt hinausführen; denn er stammt gleichfalls aus dem Ich, wird von dem Menschen in die Dinge hineingeschaut, hat aber keine Gültigkeit für das transscendentale Object. Führte aber der teleologische Schluss zu einem extramundanen Welturheber, so wäre dieser nur als ein Weltbaumeister von hoher Macht und Weisheit nach Maassgabe der in der Welt sich bekundenden Zweckmässigkeit, nicht als allmächtiger und allweiser Weltschöpfer erwiesen. Der ergänzende Recurs auf das ontologische Argument aber würde auch hier wiederum unstatthaft sein.

Theoretische Gültigkeit hat das Vernunftideal ebenso, wie überhaupt die transscendentalen Vernunftbegriffe, nur insofern es als ein regulatives Princip den Verstand dazu anleiten soll, in aller empirischen Erkenntniss die systematische Einheit zu suchen. Die transscendentalen Ideen sind nicht constitutive Principien, durch welche gewisse jenseits der Erfahrung liegende Objecte erkannt werden könnten, sondern fordern nur principielle Vollständigkeit des Verstandesgebrauchs im Zusammenhang der Erfahrung. Wir müssen uns nach einer richtigen Maxime der Naturphilosophie aller theologischen und überhaupt transscendenten Erklärung der Natureinrichtung enthalten. Bei dem praktischen Vernunftgebrauch aber soll das Vernunftideal als Denkform für den höchsten Gegenstand des moralisch-religiösen Glaubens dienen.

Aus der „Methodenlehre", in welcher Kant viele werthvolle Bemerkungen zur Metaphysik als durch die Vernunftkritik bedingten Wissenschaft niederlegt, aber die Lehre von dem Verhältniss unseres Denkens zur objectiven Realität nicht um ein wesentliches Glied erweitert, sondern aus den schon gewonnenen Sätzen methodologische Consequenzen zieht, mag hier genügen, einen Satz anzuführen, den Kant in dem Abschnitt von der Disciplin der Vernunft im polemischen Gebrauch ausspricht (Kr. d. r. V. 1. Aufl. S. 747, 2. Aufl. S. 775, bei Ros. II, S. 577):

§ 16. Kant's Kritik der reinen Vernunft und metaph. Anfangsgr. der Naturw.

„es ist sehr was Ungereimtes, von der Vernunft Aufklärung zu erwarten und ihr doch vorher vorzuschreiben, auf welche Seite sie nothwendig ausfallen müsse".

An die Kritik der reinen Vernunft und insbesondere an die transscendentale Aesthetik und Analytik schliesst sich Kant's Naturphilosophie an*).

Kant bringt die metaphysischen Anfangsgründe der Naturwissenschaft unter vier Hauptstücke. Das erste derselben betrachtet die Bewegung als ein reines Quantum und wird von Kant Phoronomie genannt, das zweite sieht sie als zur Qualität der Materie gehörig unter dem Namen einer ursprünglich bewegenden Kraft in Erwägung und heisst Dynamik, das dritte, die Mechanik, betrachtet die Materie mit dieser Qualität durch ihre eigene Bewegung gegen einander in Relation, das vierte endlich bestimmt ihre Bewegung oder Ruhe bloss in Beziehung auf die Vorstellungsart oder Modalität und wird von Kant als Phänomenologie bezeichnet.

In der Phoronomie definirt Kant die Materie als das Bewegliche im Raum, und leitet insbesondere den Satz ab, jede Bewegung könne nur durch eine andere Bewegung eben desselben Beweglichen in entgegengesetzter Richtung aufgehoben werden. In der Dynamik definirt er dieselbe als das Bewegliche insofern es einen Raum erfüllt, und stellt den Lehrsatz auf: die Materie erfüllt einen Raum nicht durch ihre blosse Existenz, sondern durch eine besondere bewegende Kraft;

---

*) Soll die Naturphilosophie die Naturerscheinungen aus dem, was denselben als transscendentales Object oder Ding an sich zum Grunde liegt, erklären, so ist eine solche auf dem kritischen Standpunkt unmöglich, der uns auf die Erkenntniss von Erscheinungen beschränkt, welche unsere Vorstellungen sind. Die „metaphysischen Anfangsgründe der Naturwissenschaft" können nur eine systematische Zusammenstellung der Sätze enthalten, die Kant für naturwissenschaftliche Grundsätze a priori hält. Wenn dennoch über die Erscheinung hinausgegangen, insbesondere die Materie auf Kräfte zurückgeführt wird, so steht diese hinter der Erscheinung liegende Kraft in einer unhaltbaren Mitte zwischen einem Phänomenon und Noumenon, Erscheinung und Ding an sich. Nach der Kritik der reinen Vernunft ist es das unräumliche und zeitlose Ding an sich, was unsere (an sich gleichfalls unräumlichen und zeitlosen) Sinne so afficirt, dass dadurch in uns Empfindungen entstehen, welche das Ich in die apriorischen Anschauungs- und Denkformen eingefügt werden. In den metaphysischen Anfangsgründen der Naturwissenschaft sagt Kant: „Durch Bewegung allein können die äusseren Sinne afficirt werden". Nach der Consequenz der Kritik der reinen Vernunft kann dieser Satz nur bedeuten: wenn die Affection selbst wieder Erscheinung wird (indem wir nicht bloss eine Affection erleiden, sondern den Vorgang der Affection bei andern empfindenden Wesen oder auch bei uns selbst wiedernehmen, z. B. den Schlag sehen, der unseren Gefühlssinn trifft, die Schwingung der Saite, die unser Ohr afficirt, durch den Gesichtssinn oder auch durch den Tastsinn wahrnehmen etc.), dann muss die raum- und zeitlose Beziehung, die in der That den Vorgang der Empfindungsbildung bedingt, uns als Bewegung erscheinen. Aber diese Beschränkung, in welcher der Satz von der Affection durch Bewegung nach den Principien der Vernunftkritik allein gelten dürfte, tritt in der darauf gebauten Naturphilosophie mehr und mehr zurück, so dass dieselbe zwischen einer apriorischen Theorie der (nur in unserm Bewusstsein vorhandenen) Erscheinungen, und einer Theorie der (unabhängig von dem Bewusstsein empfindender Wesen existirenden, möglicherweise vor der Existenz von Organismen bereits bestehenden, und die Entstehung der Empfindungen bedingenden) Realität, die allen Naturerscheinungen zum Grunde liegt, in einer unklaren Mitte schwebt. Man muss bei der Lectüre der „metaphysischen Anfangsgründe der Naturwissenschaft" in gewissem Betracht vergessen und doch in anderm Betracht festhalten, dass wir nach der Consequenz des Systems es nur mit Vorgängen zu thun haben, die bloss innerhalb unseres Bewusstseins stattfinden, also bereits psychisch bedingt sind und nicht der Existenz empfindender und vorstellender Wesen als Bedingung zum Grunde liegen können.

er schreibt der Materie Anziehungskraft zu als diejenige bewegende Kraft, wodurch eine Materie die Ursache der Annäherung anderer zu ihr sein kann, und Zurückstossungskraft als diejenige Kraft, wodurch eine Materie Ursache sein kann andere von sich zu entfernen, und bestimmt die Kraft, durch welche die Materie den Raum erfülle, näher als die der Zurückstossung: die Materie erfüllt ihre Räume durch repulsive Kräfte aller ihrer Theile, d. i. durch eine ihr eigene Ausdehnungskraft, die einen bestimmten Grad hat, über den kleinere oder grössere in's Unendliche können gedacht werden. Die Elasticität als Expansivkraft ist hiernach aller Materie ursprünglich eigen. Die Materie ist in's Unendliche theilbar und zwar in Theile, deren jeder wiederum Materie ist; dies folgt aus der unendlichen Theilbarkeit des Raumes und der repulsiven Kraft jedes Theils der Materie. Die Repulsivkraft nimmt ab im umgekehrten Verhältniss der Würfel, die Attractionskraft dagegen im umgekehrten Verhältniss der Quadrate der Entfernungen. In der Mechanik definirt Kant die Materie als das Bewegliche, sofern es, als ein solches, bewegende Kraft hat, und leitet daraus insbesondere die mechanischen Grundgesetze ab: bei allen Veränderungen der körperlichen Natur bleibt die Quantität der Materie im Ganzen dieselbe, unvermehrt und unvermindert; alle Veränderung der Materie hat eine äussere Ursache (Gesetz der Beharrung in Ruhe und Bewegung oder der Trägheit); in aller Mittheilung der Bewegung sind Wirkung und Gegenwirkung einander jederzeit gleich. In der Phänomenologie definirt Kant die Materie als das Bewegliche, sofern es, als ein solches, ein Gegenstand der Erfahrung sein kann, und leitet die Lehrsätze ab, die geradlinige Bewegung einer Materie in Ansehung eines empirischen Raumes sei, zum Unterschied von der entgegengesetzten Bewegung des Raumes, ein bloss mögliches Prädicat (ohne alle Relation auf eine Materie ausser ihr aber, also als absolute Bewegung gedacht, etwas Unmögliches), die Kreisbewegung einer Materie sei, zum Unterschied von der entgegengesetzten Bewegung des Raumes, ein wirkliches Prädicat derselben (die anscheinende entgegengesetzte Bewegung eines relativen Raumes aber ein blosser Schein), in jeder Bewegung eines Körpers, wodurch er in Ansehung eines andern bewegend sei, sei eine entgegengesetzte gleiche Bewegung des letzteren nothwendig; das erste dieser phänomenologischen Gesetze bestimme die Modalität der Bewegung in Ansehung der Phoronomie, das zweite bestimme dieselbe in Ansehung der Dynamik, das dritte in Ansehung der Mechanik.

Den Uebergang von den metaphysischen Anfangsgründen der Naturwissenschaft zu der Physik bildet die (der „Metaphysik der Sitten", welche die Rechts- und Tugendlehre in sich begreift, coordinirte) „Metaphysik der Natur", die von den bewegenden Kräften der Materie handelt und von Kant in ein „Elementarsystem" und „Weltsystem" eingetheilt wird. Das Manuscript ist unvollendet geblieben. (Einige Bruchstücke werden vielleicht bald durch Reicke edirt werden.)

§ 17. Wie Kant in seiner Kritik der reinen Vernunft von dem Gegensatz ausgeht, den er zwischen der empirischen Erkenntniss und der Erkenntniss a priori findet, so bildet das Fundament seiner Kritik der praktischen Vernunft der analoge Gegensatz zwischen dem sinnlichen Trieb und dem Vernunftgesetz. Alle Zwecke, auf welche unser Begehren sich richten kann, gelten Kant als empirische und demgemäss als sinnliche und egoistische Bestimmungsgründe des Willens, die auf das Princip der eigenen Glückseligkeit sich zurückführen lassen; dieses Princip aber sei dem der Sittlichkeit nach dem unmittelbaren Zeugniss unseres sittlichen Bewusstseins gerade entgegengesetzt. Als Bestimmungsgrund des sittlichen Willens behält Kant nach Ausscheidung aller materiellen Bestimmungsgründe nur die Form der möglichen Allgemeinheit des den Willen bestimmenden Gesetzes übrig. Das Princip der Sittlichkeit liegt ihm in der Forderung: „Handle so, dass die Maxime deines Willens zugleich als Princip einer allgemeinen Gesetzgebung gelten könne". Dieses „Grundgesetz der praktischen Vernunft" trägt die Form eines Gebotes, weil der Mensch nicht ein reines Vernunftwesen, sondern zugleich auch ein sinnliches Wesen ist und die Sinnlichkeit stets der Vernunft widerstrebt; es ist aber nicht ein bedingtes Gebot, wie die Maximen der Klugheit, die nur hypothetisch, nämlich unter der Voraussetzung, dass gewisse Zwecke erreicht werden sollen, gelten, sondern ein unbedingtes und zwar das einzige unbedingte Gebot, der kategorische Imperativ. Das Bewusstsein dieses Grundgesetzes ist ein Factum der Vernunft, aber kein empirisches, es ist das einzige Factum der reinen Vernunft, die sich dadurch als ursprünglich gesetzgebend ankündigt. Dieses Gebot fliesst aus der Autonomie des Willens, alle materialen, auf Eudämonismus beruhenden Principien aber aus der Heteronomie der Willkür. Aeussere Gesetzmässigkeit ist Legalität, Rechthandeln um des sittlichen Gesetzes willen aber Moralität. An die sittliche Selbstbestimmung knüpft sich unsere sittliche Würde. Der Mensch als Vernunftwesen oder Ding an sich giebt sich selbst als einem Sinnenwesen oder einer Erscheinung das Gesetz. Hierin liegt, lehrt Kant (indem er den theoretischen Unterschied von Ding an sich und Erscheinung praktisch als Werthunterschied auffasst) der Ursprung der Pflicht. Auf das moralische Bewusstsein gründen sich drei moralisch nothwendige Ueberzeugungen, welche Kant „Postulate der reinen praktischen Vernunft" nennt, nämlich die Ueberzeugung von der sittlichen Freiheit, indem nach dem Satze: du kannst, denn du sollst, die Bestimmbarkeit unserer selbst als eines Sinneswesens durch uns selbst als ein Vernunftwesen angenommen werden müsse, von der Unsterblichkeit, da unser Wille dem Sittengesetz sich nur in's Unendliche annähern könne, und von dem Dasein Gottes als des Herrschers im Reiche der Vernunft und Natur, der zwischen sittlicher Würdigkeit und Glückseligkeit die vom moralischen Bewusstsein geforderte Harmonie herstelle.

Der Grundgedanke von Kant's philosophischer Religionslehre, den er in der Schrift: „die Religion innerhalb der Grenzen der blossen Vernunft" entwickelt, liegt in der Reduction der

Religion auf das moralische Bewusstsein. Gunstbuhlerei bei Gott durch statutarische Religionshandlungen, die von den sittlichen Geboten verschieden sind, ist Afterdienst: die wahrhaft religiöse Gesinnung ist in der Erkenntniss aller unserer Pflichten als göttlicher Gebote beschlossen. Kant reducirt die kirchlichen Dogmen durch allegorisirende Umdeutung auf Lehrsätze der philosophischen Moral.

Ausser der zum vorigen Paragraphen angeführten Litteratur und den Stellen bei F. H. Jacobi, Schleiermacher, Schelling, Hegel, Herbart, Beneke, Schopenhauer u. A., worin Kant's ethische Lehren geprüft werden, ferner Wegscheider's Vergleichung Stoischer und Kantischer Ethik, Hamburg 1797, Garve's Darstellung und Kritik der Kantischen Sittenlehre in der einleitenden Abh. zu seiner Uebersetzung der Arist. Ethik, Breslau 1798, S. 183—894 etc. gehören hierher folgende Schriften. Ueber Kant's Erziehungslehre handeln: Strümpell, die Päd. der Ph. Kant, Fichte, Herbart, Braunschweig 1843, Arthur Richter, Kant's Ansichten über Erziehung, G.-Pr., Halberstadt 1865; C. Wurmannsdorf, der Philosoph Kant über Leibesübungen, in: Kloss, N. Jahrb. f. d. Turnkunst, 1864, X, 4; über Kant's Lehre vom radicalen Bösen L. Paul, Halle 1866; über Kant's Lehre vom Sohne Gottes als vorgestelltem Menschheitsideal Paul in: Jahrb. f. deutsche Theol. Bd. XI, 1861, S. 621—639; über Kant's Lehre vom idealen Christus handelt Paul, Kiel 1869; vgl. Car. Kalich, Cantii, Schellingii, Fichtii de filio divino sententiam expos. nec non dijudicavit, Lips. 1870; über das Verhältniss der Kantischen Ethik zur Religionsphilosophie überhaupt handelt Ch. A. Thilo in: Zeitschr. f. exacte Philos., Bd. V, Leipz. 1865, S. 276—312; 363—397, vgl. Kirchmann's Erl. zu s. Ausg der Relig. i. der Gr. d. bl. Vern.) über seine Lehre vom Guten und Bösen A. Mentier, quid de recti pravique discrimine senserit K., thesis Parisiensis 1862; über seinen Pflichtbegriff Alex. von Oettingen, Festrede, Dorpat 1864, über s. Lehre vom Gewissen J Quentin (de conscientias apud K. notione, Halle 1867) und Joh. Liem, Prage., Züllichau 1870, über s. Ansicht von der Freiheit des menschl, Willens Otto Kohl, Inaug.-Diss., Leipzig 1868, auch Wilh. Bolin, (akad. afh.) Helsingfors 1868. Ueber das Verhältniss der Kantischen Ethik zur Aristotelischen vgl. ausser einzelnen der Grdr. I, § 50 (4. Aufl. S. 184) citirten Abhandlungen von Brückner u. A. insbesondere auch Trendelenburg, der Widerstreit zwischen Kant und Arist. in der Ethik, im 8. Bde. der hist. Beitr. zur Philos., Berl. 1867, S. 171—214.

Kant hat seinem Hauptwerk über die praktische Philosophie nicht den Titel gegeben: Kritik der reinen praktischen Vernunft, sondern: Kritik der praktischen Vernunft, weil es sich um eine Kritik des ganzen praktischen Vermögens in der Absicht handle, den Nachweis zu führen, dass es reine praktische Vernunft gebe; gebe es solche, so bedürfe dieselbe nicht gleich der reinen speculativen Vernunft einer Kritik, die einer Ueberschreitung ihrer Grenzen entgegentrete, denn sie beweise ihre und ihrer Begriffe Realität durch die That (Krit. der prakt. Vern., Vorrede).

Die Grundbegriffe der Kritik der praktischen Vernunft hat Kant am ausführlichsten in der (dem Hauptwerk vorausgeschickten) „Grundlegung zur Metaphysik der Sitten" erörtert.

Kant definirt Maxime als das subjective Princip des Wollens; das objective Princip dagegen, das in der Vernunft selbst begründet ist, nennt er das praktische Gesetz; er fasst beides zusammen unter dem Begriff des praktischen Grundsatzes, d. h. eines Satzes, der eine allgemeine Bestimmung des Willens enthält, die mehrere praktische Regeln unter sich hat (Grundl. z. M. d. S., 1. Abschnitt, Note; Kr. d. pr. Vern. § 1). Er argumentirt: alle praktischen Principien, die ein Object (Materie) des Begehrungsvermögens als Bestimmungsgrund des Willens voraussetzen, sind insgesammt empirisch und können keine praktischen Gesetze abgeben (Kr. d. pr. Vern. § 2). Alle materialen praktischen Principien sind als solche insgesammt von einer und derselben Art und gehören unter das allgemeine Princip der Selbstliebe oder eigenen Glückseligkeit; unter der Glückseligkeit versteht Kant „das Bewusstsein eines vernünftigen Wesens von der Annehmlichkeit des Lebens, die ununterbrochen sein ganzes Dasein begleitet"; das Princip, dieses sich zum höchsten Bestimmungsgrunde der Willkür zu machen, ist ihm das Princip der Selbstliebe (ebend. § 3). Da nun Kant allem Empirischen die Nothwendigkeit abspricht, welche zur Gesetzmässigkeit erforderlich ist, alle Materie des Begehrens aber, d. h. jeder Gegenstand des Willens als Bestimmungsgrund desselben einen empirischen Charakter trägt, so folgt, dass, wenn ein vernünftiges Wesen sich seine Maximen als praktische allgemeine Gesetze denken soll, es sich dieselben nur als solche Principien denken kann, die nicht der Materie, sondern nur der Form nach, wodurch sie sich zur allgemeinen Gesetzgebung schicken, den Bestimmungsgrund des Willens enthalten (ebend. § 4). Der Wille, der durch die blosse gesetzgebende Form bestimmt wird, ist unabhängig von dem Naturgesetz der sinnlichen Erscheinungen; also frei (ebend. § 5), wie auch umgekehrt ein freier Wille nur durch die blosse Form oder die Tauglichkeit einer Maxime zum allgemeinen Gesetz bestimmt werden kann (ebend. § 6). Nun sind wir uns bewusst, dass unser Wille einem Gesetze unterliegt, welches schlechthin gilt; derselbe muss also durch die blosse Form bestimmbar, folglich frei sein. Reine Vernunft ist für sich allein praktisch und giebt dem Menschen ein allgemeines Gesetz, welches wir das Sittengesetz nennen (ebend. § 7). Dieses Grundgesetz der reinen praktischen Vernunft oder den kategorischen Imperativ bringt Kant in der Grundlegung zur Metaph. der Sitten auf eine dreifache Formel: 1. Handle nach solchen Maximen, von denen du wollen kannst, dass sie zu allgemeinen Gesetzen dienen sollen, oder: so, als ob die Maxime deiner Handlung durch deinen Willen zum allgemeinen Naturgesetze werden sollte; 2. Handle so, dass du die Menschheit, sowohl in deiner Person, als in der Person eines jeden Andern, jederzeit zugleich als Zweck, niemals bloss als Mittel brauchst; 3. Handle nach der Idee des Willens eines jeden vernünftigen Wesens als allgemein gesetzgebenden Willens; in der Kritik der praktischen Vernunft beschränkt er sich auf die eine Formel (§ 7): Handle so, dass die Maxime deines Willens jederzeit zugleich als Princip einer allgemeinen Gesetzgebung gelten könne. Wenn die Maxime, unter die eine Handlung fallen würde, zum allgemeinen Gesetze erhoben, sich durch einen innern Widerspruch schlechthin aufheben würde, so ist die Unterlassung jener Handlung eine „vollkommene Pflicht"; wenn wir wenigstens nicht wollen können, dass sie allgemeines Gesetz sei, weil dann der Vortheil, den wir dadurch für uns erzielen wollten, in Nachtheil umschlagen würde, so ist die Unterlassung eine „unvollkommene Pflicht". Die Selbstbestimmung nach dem kategorischen Imperativ nennt Kant „Autonomie des Willens"; alle Begründung des praktischen Gesetzes aber auf irgend welche „Materie des Wollens", d. h. auf irgend welche zu erstrebende Zwecke, insbesondere auf den Zweck der (eigenen oder auch allgemeinen) Glückseligkeit gilt ihm als „Heteronomie der Willkür"*).

---

*) Es ist leicht ersichtlich, dass Kant bei dieser Bekämpfung des „Eudämonismus" den Begriff desselben erst durch Beschränkung auf die Befriedigung sinnlicher und egoistischer Absichten in's Niedrige herabzieht und ihn dann durch Messung an dem reineren moralischen Bewusstsein ungenügend und verwerflich findet. Wenn bereits feststeht, was das Pflichtmässige ist, so soll dasselbe aus eben den Gründen vollbracht werden, aus welchen es dieses ist, und nicht aus irgendwelchen „eudämonistischen" Nebenzwecken; dieser wahre Satz ist sehr wohl von dem falschen zu unterscheiden, dass das Pflichtmässige selbst nicht auf Zwecken beruhe; nur jene Nebenzwecke begründen wirkliche Heteronomie. Kant hat sich um die Reinigung und Schärfung des unmittelbaren moralischen Bewusst-

§ 17. Kant's Kritik d. prakt. Vern., Relig. i. d. Grenzen d. bl. Vern. u. Rechtslehre.

Der kategorische Imperativ dient Kant in der Kritik der praktischen Vernunft als Princip der Deduction des Vermögens der Freiheit, indem er in dem moralischen Gesetz ein Gesetz der Causalität durch Freiheit und demgemäss der Mög-

---

seins und insbesondere um die Hebung des Strebens nach sittlicher Selbständigkeit ein sehr wesentliches Verdienst erworben; aber er irrt, indem er die Stufe der ersten Befreiung von Nebenzwecken durch Achtung vor dem Gesetz mit dem Wesen der Sittlichkeit gleichsetzt. Er ist mit seiner Erhebung der Achtung vor dem Rechte der Menschen als einer unbedingten Pflicht über „das äussere Gefühl des Wohlthuns", mit seiner Abweisung gesetzloser Willkür im guten Recht gegenüber einer Deutung des Begriffs des eigenen Wohls und des Gemeinwohls, die dem sinnlichen Behagen, der einseitig gedeuteten öffentlichen Wohlfahrt, der Aufrechterhaltung äusserer Ruhe und Ordnung gerade die edelsten und höchsten Interessen des freien Geistes zum Opfer bringen zu dürfen vermeinte; aber seine Polemik trifft nicht die wahrhafte, tiefere Fassung des Eudämonismus, wie namentlich Aristoteles dieselbe begründet hat, der die wesentliche Beziehung der Lust auf die Thätigkeit anerkennt und auf die Stufenordnung der Functionen die Ethik basirt; insbesondere übersieht Kant in seiner Polemik, dass auch aus dem eudämonistischen Princip für das Zusammenleben der Menschen die Nothwendigkeit allgemeiner Gesetze und ihrer Heilighaltung folgt. Der Mittelbegriff, durch den Kant die Herabsetzung auch der edelsten geistigen Zwecke zu Objecten der egoistischen Begierde und demgemäss ihren Anschluss aus dem Moralprincip begründet, ist der ihres empirischen Charakters; als empirische Zwecke sollen sie der Nothwendigkeit entbehren, der Welt der sinnlichen Erscheinungen, der blossen Natur und nicht der Freiheit angehören, von dem Princip der eigenen sinnlichen Glückseligkeit allein abhängen; alles Edlere und Höhere soll jenseits des empirisch Gegebenen liegen. In der That aber fällt in die (äussere und innere) Erfahrung das Edle ebensowohl, wie das Unedle, Liebe ebensowohl, wie Selbstsucht; der Gegensatz der Werthe ist specifisch verschieden von dem Gegensatz zwischen dem Erfahrbaren und Unerfahrbaren. Kant's Negation des Ursprungs des moralischen Gesetzes aus den realen Zwecken entspricht auf's Genaueste seiner Negation des Ursprungs der Apodikticität aus den empirischen Erkenntnissen, die sie in der Kritik der reinen Vernunft an seine Umdeutung des Begriffs der Erkenntnis a priori knüpft. Es fliesst daraus ein zweifacher Nachtheil: 1. das Höhere tritt hiernach gegen das Niedere in einen schroffen, vermittlungslosen Gegensatz, und der Gedanke der Stufenordnung wird beseitigt; 2. das Höhere wird exclusiv formalistisch gefasst, nicht das der dem Inhalt selbst innewohnende Ordnung verstanden, sondern als eine auf unbegreifliche Weise von dem Ich zeitlos erzeugte und in den an sich formlosen Stoff hineingetragene Form gedacht; es wird von Kant in der Sittenlehre die Werthordnung der Zwecke mit der logischen Form möglicher Allgemeinheit verwechselt und nur durch die Rücksicht auf die Vernunftwesen als Selbstzwecke nebenbei eine wirkliche moralische Norm gewonnen; die sittliche Aufgabe der Individualisirung des Handelns aber wird verkannt und der leeren Form möglicher Allgemeinheit zum Opfer gebracht. Kant hat die Form logischer Abstraction, welche die Möglichkeit der juridischen und militärischen Ordnung bedingt, fälschlich für eine ursprüngliche Form der Moralität angesehen. Es ist wahr, dass kein einzelner einfacher Zweck, für sich allein betrachtet, etwas Moralisches noch auch Unmoralisches ist, dass die Moralität nicht ein sporadisches Wohlthun, sondern die pflichtmässige Treue gegen ein sittliches Gesetz erheischt und auf der Conformität des Willens mit einem in der Anerkennung einer allgemeingültigen Ordnung begründeten Urtheil über den Willen beruht, ebenso, wie es wahr ist, dass keine einzelne einfache Erfahrung, für sich allein betrachtet, Apodikticität involvirt, sondern die Apodikticität auf der Einordnung in einen durch Principien bedingten Zusammenhang der Erkenntnis beruht. Aber es ist nicht wahr, dass die Ordnung im Erkennen und Handeln zu einer an sich ordnungslosen „Materie" durch die Vernunft des Subjectes allein hinzugethan werden müsste; sie beruht auf der Annahme der objectiv vorhandenen Ordnung in unserm Erkennen und Handeln. Die logischen Normen fliessen her aus der Beziehung unseres Wahrnehmens und Denkens auf die räumlich-zeitliche und causale Ordnung der natürlichen und geistigen Erkenntnisobjecte, und die moralischen Normen aus der Beziehung unseres Wollens und Handelns auf

lichkeit einer „übersinnlichen Natur" erkennt. Hierdurch soll der speculativen Vernunft in Ansehung ihrer Einsicht nichts zuwachsen, aber doch in Ansehung der Sicherung ihres (in den kosmologischen Antinomien) als möglich angenommenen Begriffs der Freiheit, welchem hier objective, obgleich nur praktische Realität verschafft wird. Der Begriff der Ursache wird hier nur in praktischer Absicht gebraucht, indem der Bestimmungsgrund des Willens in die intelligible Ordnung der Dinge verlegt wird, aber ohne dass der Begriff, den sich die Vernunft von ihrer eigenen Causalität als Noumenon macht, theoretisch zum Behuf der Erkenntniss ihrer übersinnlichen Existenz bestimmt werden könnte. Die Causalität als Freiheit kommt dem Menschen zu, sofern er ein Wesen an sich (ein Noumenon) ist, die Causalität als Naturmechanismus kommt ihm zu, sofern er dem Reiche der Erscheinungen (Phaenomena) angehört. Die objective Realität, welche dem Begriff der Causalität im Felde des Uebersinnlichen in praktischer Absicht zukommt, giebt auch allen übrigen Kategorien die gleiche praktisch anwendbare Realität, sofern sie mit dem Bestimmungsgrunde des reinen Willens, dem moralischen Gesetz, in nothwendiger Verbindung stehen, so dass Kant in der Kritik der praktischen Vernunft in praktischer Absicht wiedergewinnt, was er in der Kritik der reinen speculativen Vernunft in theoretischem Betracht aufgegeben hatte. Der reinen praktischen Vernunft wird von Kant das Primat vor der speculativen, d. h. eine Ueberordnung ihres Interesses über das der speculativen, in dem Sinne zugeschrieben, dass die speculative Vernunft nicht berechtigt sei, ihrem eigenen abgesonderten Interesse hartnäckig zu folgen, sondern Sätze der praktischen Vernunft, die für sie überschwenglich seien (obschon sie ihr nicht widersprechen), mit ihren Begriffen als einen fremden, auf sie übertragenen Besitz zu vereinigen suchen müsse (Kr. der pr. Vern., Ausg. der Werke von Ros. u. Sch. VIII, S. 258 ff.*).

Als unabhängig und frei von dem Mechanismus der ganzen Natur hat der Mensch Persönlichkeit und gehört dem Reiche der Selbstzwecke oder der Noumena an. Indem aber diese Freiheit das Vermögen eines Wesens ist, welches eigenthümlichen, von seiner eigenen Vernunft gegebenen reinen praktischen Gesetzen unterworfen ist, mit anderen Worten, indem die Person als zur Sinnenwelt gehörig ihrer eigenen Persönlichkeit sofern sie zugleich zur intelligibeln Welt gehört, unterworfen ist, so liegt hierin der Ursprung der moralischen Pflicht. Kant preist die Pflicht als erhabenen, grossen Namen, der nichts Beliebtes, was Einschmeichelung bei sich führe, in sich fasse, sondern Unterwerfung verlange, doch auch nichts drohe, was natürliche Abneigung im Gemüthe errege und schrecke, um den Willen zu bewegen, sondern bloss ein Gesetz aufstelle, welches von selbst im Gemüthe Eingang finde und sich selbst wider Willen Verehrung, wenn gleich nicht immer Befolgung erwerbe, vor dem alle Neigungen verstummen, wenn sie gleich im Geheimen ihm entgegenwirken (Kr. d. pr. V., in der Ausg. der Werke von Ros. u. Sch. VIII, S. 214). In gleichem Sinne sagt er: „Zwei Dinge erfüllen

---

die in den natürlichen und geistigen Zwecken liegende Werthordnung; wie sich die Apodikticität im Erkennen an der realen Nothwendigkeit in den zu erkennenden natürlichen und geistigen Vorgängen verhält, so verhält sich die sittliche Ordnung zu der realen Werthordnung der natürlichen und geistigen Functionen. Vgl. m. Abhandlung über das Aristotelische, Kantische und Herbart'sche Moralprincip, in Fichte's Zeitschrift für Philos. und philos. Kritik, Bd. 24, 1854, S. 71 ff., und m. System der Logik, § 57 und § 137.

*) Ueber ein schwankendes Mithineinspielen der theoretischen Gültigkeit in die praktische kommt Kant hierbei nicht hinaus.

§ 17. Kant's Kritik d. prakt. Vern., Relig. i. d. Grenzen d. bl. Vern. u. Rechtslehre. 209

das Gemüth mit immer neuer und zunehmender Bewunderung und Ehrfurcht, je öfter und anhaltender sich das Nachdenken damit beschäftigt: der bestirnte Himmel über mir und das moralische Gesetz in mir" (ebend., Beschluss, VIII, S. 312). Das moralische Gesetz ist heilig (unverletzlich). Der Mensch ist zwar unheilig genug, aber die Menschheit in seiner Person muss ihm heilig sein. An die Idee der Persönlichkeit knüpft sich das Gefühl der Achtung, indem sie uns die Erhabenheit unserer Natur ihrer Bestimmung nach vor Augen stellt und indem sie uns zugleich den Mangel der Angemessenheit unseres Verhaltens in Ansehung derselben bemerken lässt und dadurch den Eigendünkel niederschlägt (ebend. VIII, S. 215).

Der moralische Grundsatz ist ein Gesetz, die Freiheit aber ist ein Postulat der reinen praktischen Vernunft. Postulate sind nicht theoretische Dogmen, sondern Voraussetzungen in nothwendig praktischer Rücksicht, welche die speculative Erkenntniss nicht erweitern, aber den Ideen der speculativen Vernunft in Allgemeinen vermittelst ihrer Beziehung aufs Praktische objective Realität geben und als zu Begriffen berechtigen, deren Möglichkeit auch nur zu behaupten sie sich sonst nicht anmassen könnte, mit anderen Worten: theoretische, aber als solche nicht erweisliche Sätze, sofern dieselben einem a priori unbedingt geltenden praktischen Gesetze unzertrennlich anhängen. Ausser der Freiheit giebt es noch zwei andere Postulate der reinen praktischen Vernunft, nämlich die Unsterblichkeit der menschlichen Seele und das Dasein Gottes.

Das Postulat der Unsterblichkeit fliesst aus der praktisch nothwendigen Bedingung der Angemessenheit der Dauer zur Vollständigkeit der Erfüllung des moralischen Gesetzes. Das moralische Gesetz fordert Heiligkeit, d. h. völlige Angemessenheit des Willens zum moralischen Gesetz. Alle moralische Vollkommenheit aber, zu welcher der Mensch als ein vernünftiges Wesen, das auch der Sinnenwelt angehört, gelangen kann, ist immer nur Tugend, d. h. gesetzmässige Gesinnung aus Achtung vor dem Gesetz, ohne dass jemals das Bewusstsein eines continuirlichen Hanges zur Uebertretung oder wenigstens Unlauterkeit, d. h. Beimischung unechter, nicht moralischer Beweggründe zur Befolgung des Gesetzes, völlig fehlen könnte. Aus diesem Widerstreit zwischen der moralischen Anforderung an den Menschen und dem moralischen Vermögen des Menschen folgt das Postulat der Unsterblichkeit der Seele; denn der Widerstreit kann nur durch einen in's Unendliche gehenden Progressus der Annäherung an jene völlige Angemessenheit der Gesinnung aufgehoben werden.

Das Postulat des Daseins Gottes folgt aus dem Verhältniss der Sittlichkeit zur Glückseligkeit. Das moralische Gesetz gebietet, als ein Gesetz der Freiheit, durch Bestimmungsgründe, die von der Natur und der Uebereinstimmung derselben zu unserm Begehrungsvermögen als Triebfedern ganz unabhängig sein sollen; also ist in ihm nicht der mindeste Grund zu einem nothwendigen Zusammenhang zwischen Sittlichkeit und einer ihr proportionirten Glückseligkeit. Zwischen Sittlichkeit und Glückseligkeit besteht nicht eine analytische, sondern nur eine synthetische Verknüpfung. Die Ergreifung der richtigen Mittel zur Sicherung der möglichst grossen Annehmlichkeit des Daseins ist Klugheit, aber nicht (wie die Epikureer meinen) Sittlichkeit; andererseits ist das Bewusstsein der Sittlichkeit nicht (wie die Stoiker wollen) zur Glückseligkeit zureichend, denn die Glückseligkeit als der Zustand eines vernünftigen Wesens in der Welt, dem es in dem Ganzen seiner Existenz nach Wunsch und Willen geht, beruht auf der Uebereinstimmung der Natur zu seinem ganzen Zwecke und dem wesentlichen Bestimmungsgrunde seines Willens, das handelnde vernünftige Wesen in der Welt ist aber als ein abhängiges Wesen nicht durch seinen Willen Ursache dieser Natur und kann als nicht aus eigenen Kräften zu jener Uebereinstimmung führen. Gleichwohl wird in der praktischen Aufgabe der Vernunft ein solcher Zusammenhang als nothwendig postulirt: wir sollen jene Uebereinstimmung zwischen der Tugend, die das oberste Gut (supremum bonum) ist, und der Glückseligkeit, in welcher Uebereinstimmung erst das vollendete Gut (das summum bonum als bonum consummatum oder das bonum perfectissimum) liegt, zu befördern suchen. Also wird auch das Dasein einer von der Natur unterschiedenen Ursache der gesammten Natur, welche vermöge einer der moralischen Gesinnung gemässen Causalität, demnach durch Verstand und Willen, den Grund dieses Zusammenhanges, nämlich der genauen Uebereinstimmung der Glückseligkeit mit der Sittlichkeit enthalte, d. h. das Dasein Gottes, postulirt. (In der Tugendlehre gründet Kant den Gottesglauben auf das Gewissen als das Bewusstsein eines inneren Gerichtshofes im Menschen; der Mensch muss sich in zweifacher Persönlichkeit denken, als Angeklagten und als Richter; der Ankläger muss einen Andern, als sich selbst, ein über Alles Macht habendes moralisches Wesen, d. h. Gott als Richter denken, „dieser Andere mag nun eine wirkliche oder eine bloss idealische Person sein, welche die Vernunft sich selbst schafft")

Die Annahme des Daseins einer obersten Intelligenz ist in Ansehung der theoretischen Vernunft allein eine blosse Hypothese, in Beziehung auf die reine praktische Vernunft aber Glaube und zwar, weil bloss reine Vernunft ihre Quelle ist, reiner Vernunftglaube.*)

Die „Religion innerhalb der Grenzen der blossen Vernunft" enthält die Exposition des Vernunftglaubens in seinem Verhältniss zum Kirchenglauben**). Diese Schrift hat vier Abschnitte: 1 von der Einwohnung des bösen Princips neben dem guten oder über das radicale Böse in der menschlichen Natur, 2. von dem Kampf des guten Principe mit dem bösen um die Herrschaft über den Menschen, 3. der Sieg des guten Principe über das böse und die Gründung eines Reichs Gottes auf Erden, 4. vom Dienst und Afterdienst unter der Herrschaft des guten Principe oder von Religion und Pfaffenthum. In der menschlichen

---

*) Das Postulat der Freiheit vindicirt dem Ich als Ding an sich einen Einfluss auf die Erscheinungswelt, der nur ein causaler sein kann; kann aber das Ich als Noumenon Wirkungen üben, so lässt sich nicht abzusehen, warum es nicht auch Wirkungen erfahren könne und zwar sowohl von andern Noumenis, als auch von Erscheinungen aus; das Bewusstsein sittlicher Verantwortlichkeit setzt zwar Freiheit im Sinne der Herrschaft des Innern über das Aeussere, insbesondere der Bestimmbarkeit durch das Bewusstsein um Werthverhältnisse, aber nicht im Sinne der Causalitätslosigkeit voraus. Das Postulat der Unsterblichkeit setzt voraus, dass auch auf die Noumena, die doch raum-, zeit-, causalitäts- und substanzlos existiren sollen, der Begriff der individuellen Einheit anwendbar sei, und doch sind auch der Kritik der r. Vern. die Kategorien der Einheit, Vielheit und Allheit ebensowohl, wie die übrigen Denkformen und wie die Anschauungsformen nur Formen der Phänomena; dass der Glaube nur in praktischer Absicht gelten soll, würde den Widerspruch erst dann beseitigen, wenn damit Ernst gemacht und nur das moralische Verhalten selbst, nicht eine darüber hinausgehende Ueberzeugung gefordert würde. In praktischem Betracht lässt sich der Argumentation Kants der Grundsatz entgegenhalten: ultra posse nemo obligatur. Das dem betreffenden Wesen schlechthin Unmögliche kann nicht mit Recht von demselben gefordert werden. Die Argumentation für das Postulat des Daseins Gottes ist durch den Rigorismus in Kants Fassung des Moralgesetzes bedingt.

**) Wobei Kant zu ausschliesslich die moralische Seite mit Hintansetzung des ästhetischen und des intellectuellen Bedürfnisses anerkennt, die moralischen Beziehungen aber kräftig und rein hervorhebt, obschon nicht ohne Ueberspannung des Gegensatzes zwischen Natur und Freiheit, Neigung und Pflicht.

Natur findet Kant einen Hang zur Umkehrung der sittlichen Ordnung der Triebfedern des Handelns, indem der Mensch das moralische Gesetz zwar neben dem der Selbstliebe in seine Maximen aufnehme, aber geneigt sei, die Triebfeder der Selbstliebe und ihre Neigungen zur Bedingung der Befolgung des moralischen Gesetzes zu machen; dieser Hang sei, weil er am Ende doch in einer freien Willkür gesucht werden müsse, moralisch böse, und dieses Böse sei **radical**, weil es den Grund aller Maximen verderbe. (Mit dieser Auffassung des Grundes der Immoralität im Individuum mag Kant's geschichtsphilosophische Erklärung derselben aus dem Widerstreit zwischen Natur und Cultur verglichen werden, die er 1786 in der Abhandlung über den muthmasslichen Anfang der Menschengeschichte aufstellt, in den Werken hrsg. von Rosenkranz und Schubert VII, 1. S. 363—383, wo er S. 374 f. für den Widerstreit zwischen der Bestrebung der Menschheit zu ihrer sittlichen Bestimmung und der unveränderten Befolgung der für den rohen und thierischen Zustand in ihre Natur gelegten Gesetze insbesondere auch die Discrepanz zwischen dem Zeitpunkt der physischen Reife und der im bürgerlichen Zustand möglichen Selbständigkeit als Beispiel anführt, welcher Zwischenraum im rohen Naturzustande nicht bestehe, jetzt aber gewöhnlich mit Lastern und ihrer Folge, dem mannigfachen menschlichen Elend, besetzt werde; an sich seien die natürlichen Anlagen und Triebe gut, aber da sie auf den blossen Naturzustand gestellt waren, leiden sie durch die fortgehende Cultur Abbruch und thun dieser Abbruch, bis vollkommene Kunst wieder Natur wird, worin das Ideal der Cultur liegt.) Das gute Princip ist die Menschheit (das vernünftige Weltwesen überhaupt) in ihrer moralischen ganzen Vollkommenheit, wovon, als oberster Bedingung, die Glückseligkeit die unmittelbare Folge in dem Willen des höchsten Wesens ist. Dieser allein Gott wohlgefällige Mensch ist bildlich als Gottes Sohn vorzustellen; auf ihn deutet Kant die Prädikate, welche in biblischen Schriften und in der kirchlichen Lehre Christo gegeben werden. Im praktischen Glauben an diesen Sohn Gottes kann nun der Mensch hoffen, Gott wohlgefällig und dadurch auch selig zu werden, d. h. des göttlichen Wohlgefallens ist derjenige nicht unwürdig, welcher sich einer solchen moralischen Gesinnung bewusst ist, dass er glauben und auf sich gegründetes Vertrauen setzen kann, er würde unter ähnlichen Versuchungen und Leiden, wie sie (in dem Evangelium von Christo) zum Probirstein jener Idee gemacht werden, dem Urbilde der Menschheit unwandelbar unbängig und seinem Beispiele in treuer Nachfolge ähnlich bleiben. Das Urbild ist immer nur in der Vernunft zu suchen; kein Beispiel in der äussern Erfahrung ist ihm adäquat, da diese das Innere der Gesinnung nicht aufdeckt, indem sogar die innere Erfahrung uns die Tiefen des eigenen Herzens nicht vollständig durchschauen lässt; doch kann das Beispiel eines Gott wohlgefälligen Menschen, wenn äussere Erfahrung, soweit man es von ihr verlangen kann, dasselbe liefert, uns zur Nachahmung vorgestellt werden. Ein ethisches Gemeinwesen unter der göttlichen moralischen Gesetzgebung ist eine Kirche. Die unsichtbare Kirche ist die blosse Idee von der Vereinigung aller Rechtschaffenen unter der göttlichen moralischen Weltregierung, wie sie jeder von Menschen zu stiftenden zum Urbilde dient. Die sichtbare Kirche ist die wirkliche Vereinigung der Menschen zu einem Ganzen, das mit jenem Ideal zusammenstimmt. Die Constitution einer jeden Kirche geht allemal von irgend einem historischen (Offenbarungs-) Glauben aus; die Schwäche der menschlichen Natur ist Schuld, dass auf den reinen Religionsglauben allein keine Gemeinschaft gegründet werden kann. In dem Prävaliren des statutarischen Elements liegt der Afterdienst und das Pfaffenthum; der allmähliche Uebergang des Kirchenglaubens zur Alleinherrschaft des reinen Religionsglaubens ist die Annäherung des Reiches Gottes.

Die Rechts- und Tugendpflichten entwickelt Kant in den metaphysischen Anfangsgründen der Rechts- und der Tugendlehre, welche er unter dem Titel Metaphysik der Sitten zusammenfasst. Die Metaphysik der Sitten ist das System der reinen (von aller Anschauungsbedingung unabhängigen) Begriffe der praktischen Vernunft. Das Princip des Rechts ist, die Freiheit eines Jeden auf die Bedingungen einzuschränken, unter denen sie mit der Freiheit eines jeden Andern nach einem allgemeinen Gesetze zusammen bestehen kann. Der Staat (civitas) ist die Vereinigung einer Menge von Menschen unter Rechtsgesetzen. Der Staat in der Idee, wie er nach reinen (aus dem Rechtsbegriff selbst folgenden) Rechtsprincipien sein soll, dient jeder wirklichen Vereinigung zu einem gemeinen Wesen zur Norm. Das Rechtsverhältniss der Staaten unter einander ist das Ziel der geschichtlichen Entwicklung. Die moralisch-praktische Vernunft spricht ihr unwiderstehliches Veto aus: Es soll kein Krieg sein, weder der, welcher zwischen mir und dir im Naturzustande, noch zwischen uns als Staaten ist, die, obzwar innerlich im gesetzlichen, doch äusserlich, im Verhältniss gegeneinander, im gesetzlosen Zustande sind; denn das ist nicht die Art, wie Jedermann sein Recht suchen soll. Mögen wir uns auch in unserem theoretischen Urtheil über den ewigen Frieden betrügen, so müssen wir doch so handeln, als ob das Ding sei, was vielleicht nicht ist; bleibt die Vollendung der Absicht ein frommer Wunsch, so betrügen wir uns doch gewiss nicht mit der Annahme der Maxime, dahin unablässig zu wirken; denn diese ist Pflicht. — Tugend ist die Stärke der Maxime des Menschen in Befolgung seiner Pflicht, die in der festen Gesinnung gegründete Uebereinstimmung des Willens mit jeder Pflicht, ein Selbstzwang nach einem Princip der innern Freiheit, mithin durch die blosse Vorstellung seiner Pflicht, nach dem formalen Gesetz derselben. Sie wird durch Betrachtung der Würde des Vernunftgesetzes und durch Uebung erworben. Die Tugendpflichten gehen auf Zwecke, die zu haben für Jedermann ein allgemeines Gesetz sein kann. Solche Zwecke sind: die eigene Vollkommenheit und die fremde Glückseligkeit; auf jene gehen die Pflichten gegen uns selbst, auf diese die Pflichten gegen Andere. Zu den Pflichten gegen uns selbst gehört als eine „vollkommene Pflicht" die Befolgung des Verbots des Selbstmords, als eine „unvollkommene Pflicht" die des Verbots der Trägheit in der Anwendung des Talents; zu den Pflichten gegen Andere als „vollkommene Pflicht" die Enthaltung von Lüge und Betrug, als „unvollkommene Pflicht" die positive Sorge für Andere. Die Beförderung unserer eigenen Glückseligkeit ist Sache der Neigung, also nicht der Pflicht, da die Pflicht die Nöthigung zu einem ungern genommenen Zweck ist; die Beförderung der Vollkommenheit des Andern aber ist nur dessen eigene Pflicht,' da nur er selbst sie bewirken kann, indem seine Vollkommenheit eben darin besteht, dass er selbst vermögend sei, sich seinen Zweck nach seinen eigenen Begriffen von Pflicht zu setzen; meine Pflicht in Betreff des moralischen Wohlseins des Andern ist nur, nichts zu thun, was ihm Verleitung sein könnte zu dem, worüber ihn sein Gewissen nachher peinigen kann, d. h. ihm kein Skandal zu geben.*)

---

*) Positives Mitwirken auf sittliche Vervollkommnung Anderer gehört ohne Zweifel zu den sittlichen Pflichten des Erziehers; Kant's Negation dieses Zwecks involvirt unverkennbar eine Ueberspannung des Begriffs der sittlichen Selbständigkeit des Individuums und enthält nur die Wahrheit, dass nicht ohne die eigene Mitarbeit ein Fortschritt zur sittlichen Tüchtigkeit möglich ist. Andererseits wird die eigene Glückseligkeit aus dem sittlichen Gesammtzwecke nicht auszuschliessen sein, wenn der Begriff der Glückseligkeit in dem tieferen (Aristotelischen) Sinne gefasst und kein nothwendiger Widerstreit zwischen der Pflicht (als dem durch

Charakteristisch für den Typus der Kantischen Moral im Gegensatz zu dem, was der mittelalterlichen Moral als das Höchste galt, sind Vorschriften, wie folgende (die er auf die Pflicht der Selbstschätzung des Menschen als eines Vernunftwesens im Bewusstsein der Erhabenheit seiner moralischen Anlage bei allem Bewusstsein und Gefühl der Geringfügigkeit seines moralischen Werthes in Vergleichung mit dem Gesetz gründet): Lasset euer Recht nicht ungeahndet von Anderen mit Füssen treten. Macht keine Schulden, für die ihr nicht volle Sicherheit leistet. Nehmt nicht Wohlthaten an, die ihr entbehren könnt, und seid nicht Schmarotzer oder Schmeichler oder gar, was freilich nur im Grad von dem Vorigen unterschieden ist, Bettler. Daher seid wirthschaftlich, damit ihr nicht bettelarm werdet. Die Kriecherei ist des Menschen unwürdig; wer sich zum Wurm macht, kann nachher nicht klagen, dass er mit Füssen getreten wird. Die Pflicht der Achtung meines Nächsten ist in der Maxime enthalten, keinen andern Menschen als blosses Mittel zu meinen Zwecken herabzuwürdigen, nicht zu verlangen, der Andere solle sich selbst wegwerfen, um meinem Zwecke zu fröhnen. Die Pflicht der Nächstenliebe ist die Pflicht, die Zwecke Anderer, sofern diese Zwecke nur nicht unsittlich sind, zu den meinen zu machen; sie muss als Maxime des Wohlwollens gedacht werden, welches das Wohlthun zur Folge hat; als Gefühle können Liebe und Achtung nicht moralisch geboten sein; denn Gefühle an haben, dazu kann es keine Verpflichtung durch Andere geben. Die Unterlassung der blossen Liebespflichten ist Unlugend (peccatum); aber die Unterlassung der Pflicht, die aus der schuldigen Achtung für jeden Menschen überhaupt hervorgeht, ist Laster (vitium); denn durch die Vernachlässigung der ersteren wird kein Mensch beleidigt; durch die Unterlassung aber der zweiten geschieht dem Menschen Abbruch in Ansehung seines gesetzmässigen Anspruchs. Die ethische Gymnastik ist nicht Mönchsascetik, sondern besteht nur in der Bekämpfung der Naturtriebe, die es dahin bringt, über sie bei vorkommenden der Moralität Gefahr drohenden Fällen Meister werden zu können, mithin wacker und im Bewusstsein seiner wiedererworbenen Freiheit fröhlich macht.

§ 18. An die Kritik der reinen speculativen und der praktischen Vernunft schliesst sich bei Kant als ein Verbindungsmittel des theoretischen und des praktischen Theiles der Philosophie zu einem Ganzen die Kritik der Urtheilskraft an. Kant definirt die Urtheilskraft überhaupt als das Vermögen, das Besondere als enthalten unter dem Allgemeinen zu denken. Ist das Allgemeine (die Regel, das Princip, das Gesetz) gegeben, so ist die Urtheilskraft, welche das Besondere dadurch subsumirt, bestimmend; ist aber das Besondere gegeben, wozu sie das Allgemeine finden soll, so

---

das Sittengesetz Gebotenen) und der Neigung gefunden wird. An Kant's Begründung des Rechts ist nicht ohne Grund eine zu exclusive Hervorhebung des Freiheitsbegriffs getadelt worden, da doch die Freiheit nur ein Moment der gesammten Rechtsordnung bilde. Aus der Beziehung auf die sittliche Gesammtaufgabe der Menschheit ist auch die Rechtsordnung zu begreifen (nämlich als die Abgrenzung der Sphären der freien Selbstbestimmung der einzelnen Personen zum Behuf der Realisirung der sittlichen Zwecke). Kant's Abtrennung der Rechtsform von dem sittlichen Zweck ist (ebenso, wie auf anderen Gebieten seine Trennung von Inhalt und Form) relativ berechtigt gegen eine naive Vermischung, erschliesst aber nicht das wahrhaft befriedigende Verständniss.

ist sie reflectirend. Die reflectirende Urtheilskraft bedarf eines Princips, um von dem Besondern in der Natur zum Allgemeinen aufzusteigen. Die allgemeinen Naturgesetze haben nach der Kritik der reinen Vernunft ihren Grund in unserm Verstande, der sie der Natur vorschreibt; die besonderen Naturgesetze aber sind empirisch, also nach unserer Verstandeseinsicht zufällig, müssen aber doch, um Gesetze zu sein, aus einem wenn gleich uns unbekannten Princip der Einheit des Mannigfaltigen als nothwendig angesehen werden. Nun ist das Princip der reflectirenden Urtheilskraft eben dieses, dass die besonderen empirischen Gesetze in Ansehung dessen, was in ihnen durch die allgemeinen Gesetze unbestimmt bleibt, nach einer solchen Einheit betrachtet werden müssen, als ob gleichfalls ein Verstand, wenn gleich nicht der unserige, sie zum Behuf unserer Erkenntnissvermögen, um ein System der Erfahrung nach besonderen Naturgesetzen möglich zu machen, gegeben hätte. In der Einheit des Mannigfaltigen der empirischen Gesetze liegt die Zweckmässigkeit der Natur, welche jedoch nicht den Naturproducten selbst beigelegt werden darf, sondern ein Begriff a priori ist, der lediglich in der reflectirenden Urtheilskraft seinen Ursprung hat. Vermöge der Zweckmässigkeit der Natur stimmt die Gesetzmässigkeit ihrer Form auch zur Möglichkeit der in ihr nach Freiheitsgesetzen zu bewirkenden Zwecke. Der Begriff der Einheit des Uebersinnlichen, das der Natur zum Grunde liegt, mit dem, das der Freiheitsbegriff praktisch enthält, macht den Uebergang von der reinen theoretischen zur reinen praktischen Philosophie möglich.

Die reflectirende Urtheilskraft ist theils ästhetische, theils teleologische Urtheilskraft; jene geht auf die subjective oder formale, diese auf die objective oder materiale Zweckmässigkeit. In beiderlei Beziehung ist der Zweckbegriff nur ein regulatives, nicht ein constitutives Princip.

Das Schöne ist das, was durch seine mit dem menschlichen Erkenntnissvermögen harmonirende Form ein uninteressirtes, allgemeines und nothwendiges Wohlgefallen erweckt. Das Erhabene ist das schlechthin Grosse, welches die Idee des Unendlichen in uns hervorruft und durch seinen Widerstreit gegen das Interesse der Sinne unmittelbar gefällt.

Die teleologische Urtheilskraft betrachtet die organische Natur nach der ihr innewohnenden Zweckmässigkeit. Was für intelligible Wesen das Gesetz der Sittlichkeit ist, das ist für blosse Naturwesen der organische Zweck. Die mechanische und die teleologische Naturerklärung beruhen darauf, dass sich die Naturobjecte theils als Gegenstände der Sinne, theils als Gegenstände der Vernunft betrachten lassen. Die mechanischen und die Zweckursachen mag ein intuitiver Verstand, den aber der Mensch nicht besitzt, als identisch erkennen.

Kant's Lehren über das Schöne und Erhabene sind von Schiller in seinen ästhetischen Abhandlungen, demnächst von Schelling etc. fortgebildet, von Herder in der Kalligone bekämpft worden; vgl. insbesondere Vischer's Aesthetik, Zimmermann's Gesch. der Aesthetik, Lotze's Gesch. der neueren deutschen Aesthetik, ferner Ludw. Friedländer, Kant in seinem Verhältniss zur Kunst und schönen Natur, in: Preuss. Jahrb. XX, 2, August 1867, S. 113—128. Die Kantische Teleologie hat namentlich auf Schelling's und Hegel's Philosophie wesentlichen Einfluss geübt; vgl. darüber die Aeusserungen von Rosenkranz in seiner Gesch. der Kantischen Philosophie, ferner von Michelet, Erdmann, Kuno Fischer und Anderen.

In mehrfachem Betracht bildet die Kritik der Urtheilskraft zwischen der Kritik der reinen und praktischen Vernunft die Vermittlung. Die Kritik der reinen Vernunft erkannte nur dem Verstande constitutive Principien zu, die Kritik der praktischen Vernunft erkannte Vernunftideen als maassgebend für das Handeln an; zwischen dem Verstand und der Vernunft aber bildet Urtheilskraft das Mittelglied. Zwischen dem Erkennen und Begehren steht psychologisch das Gefühl der Lust und Unlust, auf dieses aber bezieht sich die Urtheilskraft in ihrem ästhetischen Gebrauch, indem sie ihm a priori die Regel giebt. Zwischen dem Gebiete des Naturbegriffs als dem Sinnlichen und dem Gebiete des Freiheitsbegriffs als dem Uebersinnlichen ist nach Kant eine unübersehbare Kluft befestigt, so dass von jenem zu diesem vermittelst des theoretischen Gebrauchs der Vernunft kein Uebergang möglich ist, gleich als ob es verschiedene Welten wären, davon die erste auf die zweite keinen Einfluss haben kann; gleichwohl soll doch diese auf jene einen Einfluss haben, nämlich der Freiheitsbegriff den durch seine Gesetze aufgegebenen Zweck in der Sinnenwelt wirklich machen, folglich muss die Natur auch so gedacht werden können, dass in ihr Zwecke nach Freiheitsgesetzen sich bewirken lassen; durch den Begriff der Naturzweckmässigkeit vermittelt die Urtheilskraft den Uebergang vom Gebiete der Naturbegriffe zum Gebiete des Freiheitsbegriffs.

An einem in der Erfahrung gegebenen Gegenstande kann Zweckmässigkeit vorgestellt werden entweder aus einem bloss subjectiven Grunde, als Uebereinstimmung seiner Form in der Auffassung (apprehensio) desselben vor allem Begriffe mit dem Erkenntnissvermögen, um die Anschauung mit Begriffen zu einem Erkenntniss überhaupt zu vereinigen, oder aus einem objectiven, als Uebereinstimmung seiner Form mit der Möglichkeit des Dinges selbst, nach einem Begriffe von ihm, der vorhergeht und den Grund dieser Form enthält. Die Vorstellung der Zweckmässigkeit der ersteren Art beruht auf der unmittelbaren Lust an der Form des Gegenstandes in der blossen Reflexion über sie; die Vorstellung von der Zweckmässigkeit der zweiten Art hat es nicht mit einem Gefühle der Lust an den Dingen, sondern mit dem Verstande in Beurtheilung der Dinge zu thun, da sie die Form des Objects nicht auf die Erkenntnissvermögen des Subjects in der Auffassung derselben, sondern auf ein bestimmtes Erkenntniss des Gegenstandes unter einem gegebenen Begriffe bezieht. Wir können, indem wir der Natur gleichsam eine Rücksicht auf unser Erkenntnissvermögen nach der Analogie eines Zwecks beilegen, die Naturschönheit als Darstellung (Veranschaulichung) des Begriffs der formalen oder bloss subjectiven Zweckmässigkeit ansehen, die Naturzwecke aber als Darstellung des Begriffs einer realen oder objectiven Zweckmässigkeit; jene beurtheilen wir ästhetisch, vermittelst des Gefühls der Lust, durch Geschmack, diese logisch, nach Begriffen, durch Verstand und Ver-

§ 18. Kant's Kritik der Urtheilskraft.

nunft. Hierauf gründet sich die Eintheilung der Kritik der Urtheilskraft in die Kritik der ästhetischen und die Kritik der teleogischen Urtheilskraft.

Das Vermögen der Beurtheilung des Schönen ist der Geschmack. Um zu unterscheiden, ob etwas schön sei oder nicht, beziehen wir die Vorstellungen nicht durch den Verstand auf's Object zum Erkenntnisse, sondern durch die Einbildungskraft (vielleicht mit dem Verstande verbunden) auf's Subject und das Gefühl der Lust oder Unlust desselben; das Geschmacksurtheil ist daher nicht logisch, sondern ästhetisch.

Das Wohlgefallen am Schönen ist, seiner Qualität nach, uninteressirt*). Das Interesse ist das Wohlgefallen, das wir mit der Vorstellung der Existenz eines Gegenstandes verbinden. Das Interesse hat immer zugleich Beziehung auf das Begehrungsvermögen, entweder als Bestimmungsgrund desselben, oder doch als mit dem Bestimmungsgrunde desselben nothwendig zusammenhängend. Mit Interesse verbunden ist das Wohlgefallen am Angenehmen und Guten. Angenehm ist das, was den Sinnen in der Empfindung gefällt. Gut ist das, was vermittelst der Vernunft durch den blossen Begriff gefällt. Schön ist das, was ohne alles Interesse wohlgefällt, oder das, dessen Vorstellung in mir mit Wohlgefallen begleitet ist, so gleichgültig ich auch immer in Ansehung der Existenz des Gegenstandes dieser Vorstellung sein mag. Das Angenehme vergnügt, das Schöne gefällt. Das Gute wird geschätzt (dem Guten wird ein objectiver Werth beigelegt). Annehmlichkeit gilt auch für vernunftlose Thiere, Schönheit nur für Menschen, d. h. thierische, aber doch zugleich vernünftige Wesen, das Gute aber für jedes vernünftige Wesen überhaupt. Sowohl das Wohlgefallen der Sinne, als auch das der Vernunft zwingt den Beifall ab, das des Geschmacks am Schönen aber ist ein freies Wohlgefallen. Das Wohlgefallen am Angenehmen beruht auf Neigung, das am Schönen auf Gunst, das am Guten auf Achtung**).

---

*) In dieser Begriffsbestimmung, die das Schöne durch seine Wirkung auf das Subject charakterisirt, verwendet Kant ein bereits von Mendelssohn hervorgehobenes Merkmal dieser Wirkung. Mendelssohn sagt in seinen „Morgenstunden" (Schr. II. S. 234 f., cit. von Kanagiesser, die Stellung M.'s in der Aesth. S. 114): „Man pflegt gemeiniglich das Vermögen der Seele in Erkenntnissvermögen und Begehrungsvermögen einzutheilen und die Empfindung der Lust und Unlust schon mit zum Begehrungsvermögen zu rechnen. Allein mich dünkt, zwischen dem Erkennen und Begehren liege das Billigen, der Beifall, das Wohlgefallen der Seele, welches noch eigentlich vom Begierde weit entfernt ist. Wir betrachten die Schönheit der Natur und der Kunst, ohne die mindeste Regung von Begierde, mit Vergnügen und Wohlgefallen. Es scheint vielmehr ein besonderes Merkmal der Schönheit zu sein, dass sie mit ruhigem Wohlgefallen betrachtet wird, dass sie uns gefällt, wenn wir sie auch nicht besitzen und von dem Verlangen sie zu benutzen auch noch so weit entfernt sind. Erst alsdann, wenn wir das Schöne in Beziehung auf uns betrachten und den Besitz desselben als ein Gut ansehen, alsdann erst erwacht bei uns die Begierde zu haben, an uns zu bringen, zu besitzen, eine Begierde, die von dem Genusse der Schönheit sehr weit unterschieden ist." Mendelssohn findet in dem „Billigungsvermögen" den Uebergang vom Erkennen zum Begehren. Kant's Begriff der Uninteressirtheit reicht aber über das blosse Nichtbegehren nach Besitz weit hinaus.

**) Die strenge Abtrennung des Reizes als des Angenehmen, das in der Empfindung gefalle, von dem Schönen (z. B. in der Malerei der Farbe und der Zeichnung), ist undurchführbar in der Kunst. Mit eben so viel Grund, wie Kant die Farbe bei einem Bilde für eine entbehrliche Zuthat erklärt, die nur durch ihren Reiz die Aufmerksamkeit auf den Gegenstand selbst erwecke und erhebe, hätte er dasselbe von Versmass, Rhythmus und Reim in der Poesie sagen können, und doch lässt er selbst mit richtiger Einsicht eine Poesie ohne Reim und ohne Metrum gar nicht gelten. Kant hat auf dem ästhetischen Gebiete ganz ebenso, wie auf

§ 18. Kant's Kritik der Urtheilskraft. 217

Das Wohlgefallen am Schönen ist, seiner Quantität nach, allgemein. Das Wohlgefallen am Schönen kann, weil es uninteressirt und frei ist, nicht (wie das am Angenehmen) in Privatbedingungen gegründet sein, sondern nur in demjenigen, was der Urtheilende auch bei jedem andern voraussetzen kann. Aber die Gültigkeit für Jedermann kann bei dem ästhetischen Urtheil nicht (wie beim ethischen Urtheil) aus Begriffen entspringen; es ist also mit demselben nicht ein Anspruch auf objective, sondern nur auf subjective Allgemeinheit verbunden.

Nach der Relation der Zwecke, welche in den Geschmacksurtheilen in Betracht gezogen werden, ist die Schönheit die Form der Zweckmässigkeit eines Gegenstandes, sofern sie ohne Vorstellung eines Zweckes an ihm wahrgenommen wird. Eine Blume, z. B. eine Tulpe, wird für schön gehalten, weil eine gewisse Zweckmässigkeit, die so, wie wir sie beurtheilen, auf gar keinen Zweck bezogen ist, in ihrer Wahrnehmung angetroffen wird. Kant unterscheidet freie und anhängende Schönheit. Die freie Schönheit (pulchritudo vaga) setzt keinen Begriff von dem voraus, was der Gegenstand sein soll; die bloss anhängende Schönheit (pulchritudo adhaerens) setzt einen solchen und die Vollkommenheit des Gegenstandes nach demselben voraus. Das Wohlgefallen an dem Mannigfaltigen in einem Dinge in Beziehung auf den innern Zweck, der seine Möglichkeit bestimmt, ist auf einen Begriff gegründet; das Wohlgefallen an der (freien) Schönheit aber setzt keinen Begriff voraus, sondern ist unmittelbar mit der Vorstellung, wodurch der Gegenstand gegeben (nicht wodurch er gedacht wird), verknüpft. Wird der Gegenstand unter der Bedingung eines bestimmten Begriffs für schön erklärt, wird also das Geschmacksurtheil über die Schönheit durch das Vernunfturtheil über die Vollkommenheit oder innere Zweckmässigkeit eingeschränkt, so ist das Urtheil nicht mehr ein freies und reines Geschmacksurtheil; nur in der Beurtheilung einer freien Schönheit ist das Geschmacksurtheil rein.

Der Modalität nach hat das Schöne eine nothwendige Beziehung auf das Wohlgefallen. Diese Nothwendigkeit ist nicht theoretisch und objectiv, auch nicht praktisch, sondern sie kann als Nothwendigkeit, die in einem ästhetischen Urtheile gedacht wird, nur exemplarisch genannt werden, d. h. sie ist die Nothwendigkeit der Beistimmung Aller zu einem Urtheil, das wie ein Beispiel einer allgemeinen Regel, die man nicht angeben kann, angesehen wird. Der ästhetische Gemeinsinn als Wirkung aus dem freien Spiel unserer Erkenntnisskräfte ist eine idealische Norm, unter deren Voraussetzung sich ein Urtheil, welches mit ihr zusammenstimmt und das in demselben ausgedrückte Wohlgefallen an einem Object für Jedermann mit Recht zur Regel machen lässt, weil das Princip zwar nur subjectiv, aber subjectiv allgemein, eine Jedermann nothwendige Idee ist.

Das Schöne gefällt mit einem Anspruch auf jedes Andern Beistimmung als Symbol des sittlich Guten, und der Geschmack ist demgemäss im Grunde ein Beurtheilungsvermögen der Versinnlichung sittlicher Ideen.

---

dem theoretischen und praktischen (s. o. S. 181 ff. und S. 207 f.), nicht eine aufsteigende Stufenfolge vom Sinnlichen zum Geistigen anerkannt, sondern beides dualistisch von einander geschieden. Mit Recht dagegen scheidet Kant das „uninteressirte Wohlgefallen", das sich an die blosse Anschauung knüpft, von dem praktischen Interesse ab; jenes knüpft sich bereits an das blosse Bild des Gegenstandes und nicht an die Beziehungen des Objectes selbst zu unserm Eigenleben. Das uninteressirte Wohlgefallen aber hat eine objective Basis, welche Kant, in der Consequenz seines einseitigen Subjectivismus, vergeblich zu beseitigen sucht; diese Basis liegt in dem Wesen des angeschauten Objectes, und die aesthetisch befriedigende Form ist nicht etwas Selbständiges, sondern nur die angemessene Weise der Ausprägung dieses Wesens in der Erscheinung (in Kant's fälschlich sogenannter „freier Schönheit").

§ 18. Kant's Kritik der Urtheilskraft.

Erhaben ist das, was durch einen Widerstand gegen das Interesse der Sinne unmittelbar gefällt. Ein Naturobject kann nur zur Darstellung einer Erhabenheit tauglich, aber nicht eigentlich erhaben sein; obzwar viele Naturobjecte schön genannt werden dürfen; denn das eigentliche Erhabene kann in keiner sinnlichen Form enthalten sein, sondern trifft nur Ideen der Vernunft, welche, obgleich keine ihnen angemessene Darstellung möglich ist, eben durch diese Unangemessenheit, welche sich sinnlich darstellen lässt, rege gemacht und in's Gemüth gerufen werden. Erhabenheit liegt z. B. nicht sowohl in dem durch Stürme empörten Ocean, als vielmehr in dem Gefühl, zu welchem das Gemüth durch die Anschauung desselben gestimmt werden soll, indem es die Sinnlichkeit zu verlassen und sich mit Ideen, die höhere Zweckmässigkeit enthalten, zu beschäftigen angereizt wird. Zum Schönen der Natur müssen wir einen Grund ausser uns suchen, zum Erhabenen aber bloss in uns und der Denkungsart, die in die Vorstellung der Natur Erhabenheit hineinbringt. Das Wohlgefallen am Erhabenen muss ebensowohl, wie das am Schönen, der Quantität nach allgemeingültig, der Qualität nach ohne Interesse sein, der Relation nach subjective Zweckmässigkeit und der Modalität nach letztere als nothwendig vorstellig machen.

Kant unterscheidet zwei Classen des Erhabenen, nämlich das mathematisch und das dynamisch Erhabene. Alles Erhabene führt eine mit der Beurtheilung des Gegenstandes verbundene Bewegung des Gemüthes mit sich, während der Geschmack am Schönen das Gemüth in ruhiger Contemplation voraussetzt und erhält; diese Bewegung aber wird, indem sie als subjectiv zweckmässig beurtheilt werden soll, durch die Einbildungskraft entweder auf das Erkenntniss- oder auf das Begehrungsvermögen bezogen; im ersten Fall ist die Stimmung der Einbildungskraft eine mathematische, an Grössenschätzung geknüpfte, im andern Fall eine dynamische, aus Kräftevergleichung erwachsene; in beiden Fällen aber wird dem Objecte, welches diese Stimmung der Einbildungskraft hervorruft, der gleiche Charakter beigelegt. Gelangen wir im Fortschritt der Grössenvergleichung, indem wir etwa von der Mannshöhe zu der Höhe eines Berges, von da zum Erddurchmesser, zum Durchmesser der Erdbahn, der Milchstrasse und der Systeme der Nebelflecke fortgehen, auf immer grössere Einheiten, so erscheint uns alles Grosse in der Natur immer wieder als klein, eigentlich aber nur unsere Einbildungskraft in ihrer ganzen Grenzlosigkeit und mit ihr die Natur als gegen die Idee der Vernunft verschwindend. Demnach ist das mathematisch Erhabene, an welchem die Einbildungskraft ihr ganzes Vermögen der Zusammenfassung fruchtlos verwendet, über allen Maasstab der Sinne gross; das Gefühl des Erhabenen involvirt ein Gefühl der Unlust aus der Unangemessenheit der Einbildungskraft in der ästhetischen Grössenschätzung, zugleich aber der Lust, jeden Maasstab der Sinnlichkeit den Ideen der Vernunft unangemessen zu finden. Dynamisch erhaben ist die Natur im ästhetischen Urtheil als Macht, die über uns keine Gewalt hat, indem sie uns als Sinnenwesen zwar furchtbar ist, aber unsere Kraft aufruft, die nicht Natur ist, um das, wofür wir besorgt sind, als klein und daher ihre Macht als keine Gewalt anzusehen, der wir uns zu beugen hätten, wenn es auf die Behauptung oder Verlassung unserer höchsten Grundsätze ankäme, so dass dem Gemüth die Erhabenheit seiner Bestimmung über die Natur fühlbar wird. Das Erhabene als das schlechthin Grosse liegt nur in des Subjects eigener Bestimmung.

Obgleich die unmittelbare Lust am Schönen der Natur eine gewisse Liberalität der Denkungsart, d. h. Unabhängigkeit des Wohlgefallens vom blossen Sinnengenusse, voraussetzt und cultivirt, so wird dadurch doch mehr die Freiheit im Spiele, als unter einem gesetzlichen Geschäfte vorgestellt, welches die echte Beschaffenheit der Sittlichkeit des Menschen ist, wo die Vernunft der Sinnlichkeit

Gewalt anthun muss; im ästhetischen Urtheil über das Erhabene wird diese Gewalt durch die Einbildungskraft selbst als ein Werkzeug der Vernunft ausgeübt vorgestellt, daher ist die mit dem Gefühl für das Erhabene der Natur verbundene Stimmung des Gemüths der moralischen ähnlich.

Die Geschmacksurtheile gründen sich nicht auf bestimmte Begriffe, aber doch auf einen, obzwar unbestimmten Begriff, nämlich vom übersinnlichen Substrat der Erscheinungen.

Kunst ist Hervorbringung durch Freiheit. Die mechanische Kunst verrichtet die dem Erkenntnis eines möglichen Gegenstandes angemessenen Handlungen, um ihn wirklich zu machen, die ästhetische Kunst hat das Gefühl der Lust zur unmittelbaren Absicht und zwar entweder als blosse Empfindung (angenehme Kunst) oder in der Beurtheilung als Lust am Schönen (schöne Kunst). Das Product der schönen Kunst muss zugleich als Werk der Freiheit und doch auch von allem Zwange willkürlicher Regeln so frei erscheinen, als ob es ein Product der blossen Natur sei. Das Genie ist das Talent (Naturgabe), welches der Kunst die Regel giebt. Schöne Kunst ist Kunst des Genies.

Die ästhetische Zweckmässigkeit ist subjectiv und formal. Es giebt eine objective und intellectuelle Zweckmässigkeit, die bloss formal ist; diese bekundet sich in der Tauglichkeit geometrischer Figuren zur Auflösung vieler Probleme nach einem einzigen Princip; die Vernunft erkennt die Figur als angemessen zur Erzeugung vieler abgezweckter Gestalten. Auf den Begriff einer objectiven und materiellen Zweckmässigkeit, d. i. auf den Begriff eines Zwecke der Natur leitet die Erfahrung unsere Urtheilskraft dann, wenn ein Verhältniss der Ursache zur Wirkung zu beurtheilen ist, welches wir als gesetzlich einzusehen uns nur dadurch vermögend finden, dass wir die Idee der Wirkung als die der Causalität ihrer Ursache zum Grunde liegende Bedingung der Möglichkeit der Wirkung betrachten und als solche der Causalität ihrer Ursache selbst unterlegen. Wir beurtheilen die Natur teleologisch, sofern wir einem Begriff vom Objecte, als ob er in der Natur belegen wäre, Causalität in Ansehung eines Objects zueignen oder vielmehr nach der Analogie einer solchen Causalität, dergleichen wir in uns antreffen, uns die Möglichkeit des Gegenstandes vorstellen, mithin die Natur als durch eigenes Vermögen technisch denken. Wollten wir der Natur absichtlich wirkende Ursachen unterlegen, so würde hierdurch der Teleologie nicht bloss ein regulatives Princip für die blosse Beurtheilung der Erscheinungen, dem die Natur nach ihren besonderen Gesetzen als unterworfen gedacht werden könne, sondern auch ein constitutives Princip der Ableitung ihrer Producte von ihren Ursachen zum Grunde gelegt werden; dann aber würde der Begriff eines Naturzwecks nicht mehr der reflectirenden, sondern der bestimmenden Urtheilskraft zukommen, in der That aber dann gar nicht der Urtheilskraft eigenthümlich angehören, sondern als Vernunftbegriff in die Naturwissenschaft eine neue Causalität einführen, die wir doch nur von uns selbst entlehnen und anderen Wesen beilegen, ohne diese gleichwohl mit uns als gleichartig annehmen zu wollen.

Die Naturzweckmässigkeit ist theils eine innere, theils eine äussere oder relative, je nachdem wir die Wirkung entweder unmittelbar als Zweck oder als Mittel zum zweckmässigen Gebrauch für andere Wesen ansehen; die letztere Zweckmässigkeit heisst die Nutzbarkeit (für Menschen) oder auch Zuträglichkeit (für jedes andere Geschöpf). Das relativ Zweckmässige kann nur unter der Bedingung für einen (äussern) Naturzweck angesehen werden, dass die Existenz desjenigen, dem es zunächst oder auf entfernte Weise zuträglich ist, für sich selbst Zweck der Natur sei. Dinge als Naturzwecke sind organisirte Wesen.

§ 18. Kant's Kritik der Urtheilskraft.

d. h. solche Naturproducte, in welchen alle Theile nicht nur um einander und des Ganzen willen existirend, sondern auch einander wechselseitig hervorbringend gedacht werden können, also Naturproducte, in welchen alles Zweck und wechselseitig auch Mittel ist. Ein organisirtes Wesen ist also nicht bloss Maschine, denn eine solche hat lediglich bewegende Kraft, sondern besitzt in sich bildende Kraft, und zwar eine solche, die sie Materien mittheilt, welche sie nicht haben, also eine sich fortpflanzende bildende Kraft, welche durch das Bewegungsvermögen allein (den Mechanismus) nicht erklärt werden kann.

In dem uns unbekannten Innern Grunde der Natur mögen die physisch-mechanische und die Zweckverbindung an denselben Dingen in Einem Princip zusammenhängen; aber unsere Vernunft ist nicht im Stande, sie in einem solchen zu vereinigen. Nach der Beschaffenheit unseres Verstandes ist ein reales Ganze der Natur nur als Wirkung der concurrirenden bewegenden Kräfte der Theile anzusehen. Ein intuitiver Verstand könnte die Möglichkeit der Theile ihrer Beschaffenheit und Verbindung nach als in dem Ganzen begründet vorstellen. In der discursiven Erkenntnissart, an welche unser Verstand gebunden ist, würde es ein Widerspruch sein, das Ganze als den Grund der Möglichkeit der Verknüpfung der Theile zu denken. Der discursive Verstand kann nur die Vorstellung eines Ganzen als den Grund der Möglichkeit der Form desselben und der dazu gehörigen Verknüpfung der Theile denken; ihm gilt daher das Ganze als ein Product, dessen Vorstellung die Ursache seiner Möglichkeit sei, d. h. als ein Zweck. Es ist demnach bloss eine Folge aus der besonderen Beschaffenheit unseres Verstandes, wenn wir Producte der Natur nach einer andern Art der Causalität, als der mechanischen der Naturgesetze der Materie, nämlich nach der teleologischen der Endursachen (causae finales) ansehen. Wir dürfen weder behaupten: alle Erzeugung materieller Dinge ist nach bloss mechanischen Gesetzen möglich; noch auch: einige Erzeugung derselben ist nach bloss mechanischen Gesetzen nicht möglich; die beiden Maximen aber können und müssen als regulative Principien nebeneinander bestehen: alle Erzeugung materieller Dinge und ihrer Formen muss als nach bloss mechanischen Gesetzen möglich beurtheilt werden, und: die Beurtheilung einiger Producte der materiellen Natur erfordert ein ganz anderes Gesetz der Causalität, nämlich das der Endursachen. Ich soll dem Mechanismus der Natur überall, so weit ich kann, nachforschen und alles, was zur Natur gehört, auch als nach mechanischen Gesetzen mit ihr verknüpft denken, wodurch nicht ausgeschlossen wird, dass ich über einige Naturformen und auf deren Veranlassung sogar über die ganze Natur nach dem Princip der Zweckursachen reflectire.

In der Analogie der Formen der verschiedenen Classen von Organismen findet Kant (wie später namentlich Lamarck, geb. 1744, in seiner 1809 erschienenen Philosophie zoologique, auch bereits Göthe, später Oken und andere von Schelling angeregte Naturphilosophen, in Frankreich Cuvier's Gegner Geoffroy St. Hilaire, in England in neuester Zeit Darwin) Grund zu der Vermuthung einer wirklichen Verwandtschaft derselben in der Erzeugung von einer gemeinsamen Urmutter; die Hypothese, dass specifisch unterschiedene Wesen aus einander entstanden seien, z. B. aus Wasserthieren Sumpfthiere, aus diesen nach mehreren Zeugungen Landthiere, nennt er „ein gewagtes Abenteuer der Vernunft"; er erfreut sich des obschon schwachen Strahls von Hoffnung, dass hier wohl etwas mit dem Princip des Mechanismus der Natur, ohne das es keine Naturwissenschaft gebe, auszurichten sein möge; aber er hebt hervor, dass auch bei dieser Annahme die Zweckform der Producte des Thier- und Pflanzenreichs ihrer Möglichkeit nach nur so zu denken sei, dass der gemeinsamen Mutter aller dieser Organismen eine auf dieselben zweckmässig gestellte Organisation beigelegt werde; der Erklärungsgrund sei mithin nur weiter hinausgeschoben, die Erzeugung des Pflanzen- und Thierreichs aber nicht von der Bedingung der Endursachen unabhängig gemacht worden. Wir müssen nach der Beschaffenheit unseres Erkenntnissvermögens den Mechanismus der Natur gleichsam als Werkzeug den Zwecken einer absichtlich wirkenden Ursache untergeordnet denken. Die Möglichkeit einer solchen Vereinigung zweier ganz verschiedener Arten von Causalität, der Natur in ihrer allgemeinen Gesetzmässigkeit mit einer Idee, welche jene auf eine besondere Form einschränkt, wozu sie für sich gar keinen Grund enthält, begreift unsere Vernunft nicht; sie liegt in dem übersinnlichen Substrat der Natur, wovon wir nichts bejahend bestimmen können, als dass es das Wesen an sich sei, wovon wir bloss die Erscheinungen kennen *).

§ 19. Die Kant'sche Doctrin wurde philosophisch vom Locke'schen, Leibnitzisch-Wolff'schen und skeptischen Standpunkte aus bekämpft; von Einfluss auf die fortschreitende Entwicklung der Speculation sind vornehmlich die Zweifelsgründe von Gottlob Ernst Schulze (Aenesidemus) geworden. Unter den zahlreichen Anhängern der Kantischen Philosophie sind insbesondere folgende von Bedeutung: Johannes Schultz als der früheste Erläuterer der Vernunftkritik, Karl Leonhard Reinhold als der begeisterte und erfolgreich wirkende Apostel der neuen Lehre, und Friedrich Schiller als der Dichterphilosoph, der die ethischen und ästhetischen Grundlehren durch warme und edle Darstellung zum Gemeingut der Gebildeten machte, indem er sie zugleich durch Anerkennung einer in Sittlichkeit und Kunst möglichen Ueberwindung des Gegensatzes von Natur und Geist, Realität und Idealität wesentlich fortbildete. Mit vielseitiger Empfänglichkeit und mit kritischem Blick begabt, aber zu eigner Systembildung weder befähigt noch geneigt, fand Friedrich Heinrich Jacobi in dem Spinozismus die letzte Consequenz alles philosophischen Denkens, die aber durch ihren Widerstreit gegen das Interesse des Gefühls zum Glauben als der unmittelbaren Ueberzeugung von Gott und den göttlichen Dingen nöthige; er wies nach, wie der Kantianismus sich durch den inneren Widerspruch aufhebe, dass man nicht ohne die realistische Voraussetzung eines das Subject mit der (transscendentalen) Objectivität verknüpfenden Causalnexus den Eingang in die Vernunftkritik finden, mit derselben aber

---

*) Aus der Kantischen Idee des intuitiven Verstandes, der in dem übersinnlichen Substrat der erscheinenden Natur den Grund des Zusammenhangs von Naturmechanismus und Zweckmässigkeit erkenne und das Ganze als den Grund der Möglichkeit der Verknüpfung der Theile begreife, hat sich später die Schelling'sche Naturphilosophie entwickelt, die aber, da sie das räumlich-zeitliche Auseinandersein nicht für bloss subjectiv hält, dieselbe wesentlich umbilden musste; in gewissem Sinne berührt sich damit auch Schopenhauer's Doctrin.

nicht in der Vernunftkritik beharren könne. Seiner Richtung war die mehr positiv-christliche seines Freundes Hamann verwandt. Durch Verschmelzung Jacobi'scher Anschauungen mit der Kantischen Philosophie gelangte Jakob Fries zu der Lehre, dass das Sinnliche Object des Wissens, das Uebersinnliche Object des Glaubens (und zwar des Vernunftglaubens), die Bekundung oder Offenbarung des Uebersinnlichen im Sinnlichen aber Object der Ahnung sei; die Vernunftkritik hat Fries psychologisch zu begründen versucht. Die von Jacob Sigismund Beck aufgestellte, das „Ding an sich" beseitigende Umdeutung der Kantischen Doctrin ist der Fichte'schen Lehre vom Ich, Christoph Gottfried Bardili's Versuch der Ausbildung eines rationalen Realismus aber einigermaassen der Schelling'schen und Hegel'schen Speculation verwandt.

Ueber die Anhänger und Bestreiter Kant's bis gegen das Ende des achtzehnten Jahrhunderts handelt W. L. G. Freiherr von Eberstein im zweiten Bande seines Versuchs einer Geschichte der Logik und Metaphysik bei den Deutschen von Leibnitz an, Halle 1799. Auch die neuere Geschichte des Kantianismus behandeln Rosenkranz im 12. Bande der Gesammtausgabe der Werke Kant's, Leipz. 1840, und Erdmann in seiner oben angeführten Geschichte der neueren Philosophie, III, 1, Leipzig 1848. Vgl. Kuno Fischer, die beiden Kantischen Schulen in Jena in: Deutsche Vierteljahrsschr. Bd. 25, 1862, S. 344—866 und separat Stuttg. 1862.
Ueber Karl Leonh. Reinhold handelt sein Sohn Ernst R., Jena 1825. Rud. Reicke, de explicatione, qua R. gravissimum in K. cr. r. p. locum epistolis suis illustraverit, diss., Königsberg 1856.
Ueber Krug's Grundlage zu einer Theorie der Gefühle urtheilt Beneke in den Wiener Jahrb. XXXII, S. 127, über sein Handbuch der Philosophie Herbart in der Jen. Litteraturzeitung 1823 Nr 27 und 28.
Sal. Maimon betreffen die Schriften: M.'s Lebensgesch. von ihm selbst geschrieben, Berlin 1792. S. Jos. Wolff, Maimoniana 1813.
Ueber Schiller's Philosophie handelt insbesondere: Wilh. Hemsen, Schiller's Ansichten über Schönheit und Kunst im Zusammenhange gewürdigt, Inaug.-Diss., Göttingen 1854. Kuno Fischer, Schiller als Philosoph, Frankf. a. M. 1858. Drobisch, über die Stellung Schiller's zur Kantischen Ethik, in: Ber. über die Verh. der K. Sächs. Ges. d. Wiss., Fünfte Folge, Bd. XI, 1859, S. 176—194. Rob. Zimmermann, Schiller als Denker, in: Abh. der Böhm. Ges. d. Wiss., Bd. XI, Prag 1859, auch in Z.'s St. v. Kr. abg.; vgl. Z.'s Gesch. der Aesthetik, Wien 1858, S. 483—544. Karl Tomaschek, Schiller und Kant, Wien 1857; Schiller in seinem Verhältniss zur Wissenschaft, ebend. 1862. Carl Twesten, Schiller in seinem Verhältniss zur Wiss., Berlin 1863. A. Kuhn, Schillers Geistesgang, Berlin 1863. Vgl. Hoffmeister, Grün, Julian Schmidt, Palleske und andere Biographen Schiller's, die Historiker der deutschen Litteratur, ferner Danzel, über den gegenwärtigen Zustand der Philosophie der Kunst, und manche von den durch den Druck veröffentlichten, zum Schillerfest 1859 gehaltenen Reden, deren Titel sich u. a. in der von Gustav Schmidt herausgegebenen Bibliotheca philologica 1859 und 1860 verzeichnet finden, ferner u. a.: F. Ueberweg, über Schiller's Schicksalsidee, in den von Gelzer hrsg. prot. Monatsbl. 1864, S. 154—169. Franz Dietze, Rede über Schiller, G.-Pr., Puthus 1859. Albin Sommer, über die Beziehung der Ansichten Sch.'s vom Wesen und der geistigen Bedeutung der Kunst zur Kantischen Philos., Realschul-Progr., Halle 18 9.
Friedr. Heinr. Jacobi's Werke sind in einer Gesammtausgabe Leipzig 1812—25 erschienen. Briefe J.'s sind ausser im ersten und dritten Bande seiner Werke noch im „Auserlesenen Briefwechsel" (mit einer Skizze seines Lebens in der Einleitung) durch Friedr. von Roth, Leipz. 1825—27, veröffentlicht worden, der Briefwechsel zwischen Göthe und J. durch Max Jacobi, Leipz. 1846, der zwischen Herder und J. von H. Düntzer in „Herder's Nachlass", Bd. II, S. 218—322, der zwischen Hamann und J. durch C. H. Gildemeister, Gotha 1868 (als 5. Band von „H.'s Leben und

Schriften*), die Briefe J.'s an F. Bouterwek aus den Jahren 1800—1819 durch W. Meyer, Göttingen 1868, noch andere Briefe durch Rud. Zöpprits in der Schrift: „Aus Jacobi's Nachlass", Leipzig 1869. Ueber Jacobi handeln: Schlichtegroll, v. Weiller und Thiersch, Jacobi's Leben, Lehre und Wirken, München 1819; J. Kuhn, Jacobi und die Philosophie seiner Zeit, Mainz 1834; C. Roessler, de philosophandi ratione F. H. Jac., Jenae 1848; Ferd. Deycks, F. H. Jacobi im Verhältniss zu seinen Zeitgenossen, bes. zu Goethe, Frankf. a. M. 1849; H. Fricker, die Philosophie des F. H. Jacobi, Augsburg 1854; F. Ueberweg über F. H. J., in Gelzer's prot. Monatsbl., Juli 1858; W. Wiegand, zur Erinnerung an den Denker F. H. J. u. s. Weltansicht, Worms, Progr., 1863; Chr. A. Thilo, F. H. Jacobi's Ansichten von den göttlichen Dingen, in der Zeitschr. für exacte Philos., Bd. VII, Leipz. 1868, S. 113—173; Eberhard Zirngiebl, F. H J.'s Leben, Dichten und Denken, ein Beitrag zur Geschichte der deutschen Litteratur und Philosophie, Wien 1867.

Joh. Jak. Fries, aus seinem handschr. Nachlass dargestellt von Ernst Ludw. Theod. Henke (seinem Schwiegersohn), Leipzig 1867.

Unter den Gegnern Kant's stehen auf dem Locke'schen Standpunkte namentlich Christian Gottlieb Selle und Adam Weishaupt, theilweise auch die Eklektiker Feder und G. A. Tittel und der Historiker der Philosophie Tiedemann, der in seinem Theaetet (Frankf. a. M. 1794) die objectiv-reale Gültigkeit der menschlichen Erkenntniss vertheidigt, doch enthalten die Argumente der Letzteren auch Leibnitzianische Gedanken. Zu den selbstständigsten Bekämpfern des Kantischen Kriticismus gehört Garve, der jedoch anfangs denselben mit den exclusiven Idealismus des Berkeley verwechselte; später hat derselbe (bei seiner Uebersetzung der Aristotelischen Ethik) die Kantische Moralphilosophie einer eingehenden und noch heute sehr beachtenswerthen Prüfung unterworfen. Unter den gegen Kant auftretenden Leibnitzianern sind die bedeutendsten: Eberhard, gegen den Kant selbst sich (in der Abhandlung „über eine Entdeckung" etc.) vertheidigt hat, und Joh. Christoph Schwab, der Verfasser einer von der Berliner Akademie der Wissenschaften gekrönten Preisschrift über die Frage: „welche Fortschritte hat die Metaphysik seit Leibnitzens und Wolff's Zeiten in Deutschland gemacht? zugleich mit den Preisschriften der Kantianer Karl Leonhard Reinhold und Johann Heinrich Abicht hrsg. von der Akad. der Wiss., Berlin 1796; auch der oben genannte Historiker Eberstein polemisirt vom Leibnitz-Wolff'schen Standpunkte aus gegen den Kantianismus. Herder's Metakritik (Verstand und Erfahrung, eine Metakritik zur Kritik der reinen Vernunft, Leipzig 1799) fand bei der Bitterkeit ihres Tons weniger Beachtung, als ihr Inhalt verdiente. Der Skeptiker Gottlob Ernst Schulze (1761 bis 1833) unterwirft in seiner Schrift: Aenesidemus oder über die Fundamente der von Reinhold gelieferten Elementarphilosophie, nebst einer Vertheidigung des Skepticismus gegen die Anmassungen der Vernunftkritik, 1792, die Kantische und Reinhold'sche Doctrin einer scharfsinnigen Kritik; das kräftigste seiner Argumente kommt mit dem schon früher von Friedrich Heinrich Jacobi aufgestellten überein, dass der für das Kantische System nothwendige Begriff der Affection nach eben diesem System unmöglich sei. G. E. Schulze näherte sich später immer mehr Jacobi an.

Unter den Anhängern Kant's und Vertretern seiner Doctrin hat der Hofprediger und Professor der Mathematik zu Königsberg, Johannes Schultz*),

---

*) Die Schreibung des Namens dieses Kantianers schwankt zwischen Schultz, Schulz und Schulze. Auf dem Titelblatte der „Erläuterungen" steht Schulze; er selbst hat sich verschiedener Schreibarten bedient; J. Schultz hat er sich unterzeichnet in einem (in Reickes Besitz befindlichen) Briefe an Borowski vom 10. Mai 1799, worin er diesem für Mittheilungen über den Fichte'schen Atheismus-

„Erläuterungen über des Herrn Prof. Kant Kritik der reinen Vernunft", Königsberg 1784, veröffentlicht, die Kant's vollen Beifall hatten, und später eine „Prüfung der Kantischen Kritik der reinen Vernunft", Königsberg 1789—92. Die „Erläuterungen" hat Tissot Par. 1865 in's Französische übersetzt. Ludwig Heinrich Jakob hat in seiner „Prüfung der Mendelssohn'schen Morgenstunden", Leipzig 1786, die theoretischen Beweise Mendelssohn's für das Dasein Gottes von dem Standpunkte des Kantischen Kriticismus aus bestritten. Karl Christian Erhard Schmid (1761—1812), der in der Folge eine Reihe von Lehrschriften verfasst hat, liess im Jahre 1786 einen „Grundriss der Kritik der reinen Vernunft nebst einem Wörterbuch zum leichteren Gebrauch der Kantischen Schriften" erscheinen; in den späteren Auflagen des Wörterbuchs vertheidigt Schmid die Kantische Doctrin gegen den Jacobi'schen, aus der „Affection" entnommenen Einwurf durch die Bemerkung, es sei dabei „alles Oertliche und Räumliche beiseite zu setzen", was zwar richtig ist, aber auch von der Zeitlichkeit und Causalität gelten muss, wodurch dann der Begriff der Affection sich völlig aufhebt; der Jacobi'sche Einwurf bleibt demnach unwiderlegt. Durch Karl Leonhard Reinhold's (geb. 1758, gest. 1823) populär gehaltene „Briefe über die Kantische Philosophie" (im Deutschen Mercur 1786—87, in neuer vermehrter Auflage Leipzig 1790—92) fand der Kriticismus Eingang in das Bewusstsein weiterer Kreise; Reinhold's Berufung zum Professor der Philosophie in Jena (1787) machte Jena zu einem Centralpunkt des Studiums der Kantischen Philosophie; die Jenaische Allg. Litteraturzeitung (gegründet 1785, redigirt von Schütz und Hufeland) ward bald das einflussreichste Organ des Kantianismus. In seinem „Versuch einer neuen Theorie des menschlichen Vorstellungsvermögens", Jena 1789 (welchem als Vorrede die kurz vorher schon im Deutschen Mercur erschienene Abhandlung „über die bisherigen Schicksale der Kantischen Philosophie" beigefügt ist) versucht Reinhold für die Kantische Doctrin eine neue Basis zu gewinnen, die jedoch (ebenso wie Schopenhauer's Satz: kein Object ohne Subject, s. u. § 25), unzureichend ist und später von Reinhold selbst aufgegeben wurde; er findet diese in dem Satze, der das Bewusstsein ausdrücke: „Im Bewusstsein wird die Vorstellung vom Vorstellenden und Vorgestellten unterschieden und auf beides bezogen"; auf den Unterschied und Zusammenhang zwischen den drei Bestandtheilen des Bewusstseins lasse sich der Begriff von Vorstellung gründen, und aus diesem die ganze kritische Philosophie so ableiten, dass das, was bei Kant Grund und Beweis sei, als Folge vorkomme. Zumeist auf dem Gebiete der Aesthetik und insbesondere auch der Litteraturgeschichte hat Friedr. Bouterwek (1766—1828; Idee einer Apodiktik, Halle 1799; Aesthetik, Leipz. 1806 u. ö.; Gesch. der neueren Poesie und Beredsamkeit, Gött. 1801—19), auf dem der Religionsphilosophie Heydenreich, Tieftrunk, Wegscheider, auch Paulus (s. K. A. v. Reichlin-Meldegg, Heinr. Eberhard Gottlob Paulus und seine Zeit, 2 Bände, Stuttg. 1853) und Andere, auf dem der Rechtsphilosophie Abicht, Heydenreich, Hoffbauer, Krug, Maass und Andere, auf dem der Logik Kiesewetter, Krug, Hoffbauer, Fries, Maass u. A., auf dem der Psychologie Maass, Fries, auf dem der Geschichte der Philosophie besonders Tennemann und Buhle Bedeutung. Wilhelm Traugott Krug (1770—1842) hat sich besonders durch

---

* Streit dankt und Fichte zuwünscht: „Unser Gott, dem wir beide ferner allein vertrauen wollen, wolle ihm weiter helfen, denn der seinige taugt nichts!" In das Königsberger Universitätsalbum sind von ihm im October 1792 Studenten immatriculirt worden „rectore academiae Johanne Ernesto Schulz, th. doct. et prof. ord. sec."

Popularisirung der Kantischen Philosophie verdient gemacht. Er hat von 1805 bis 1809 in Königsberg gelehrt, danach in Leipzig. Sein allgem. Handwörterbuch der philos. Wissenschaften ist Leipzig 1827—34, 2. Aufl. 1832—34 erschienen. Salomon Maimon hat in seinem „Versuch über die Transscendentalphilosophie" 1790, seinem philos. Wörterbuch 1791, einen „Streifereien im Gebiete der Philosophie" 1793, seinem „Versuch einer neuen Logik" 1794, seinen kritischen Untersuchungen über den menschl. Geist etc. mittelst skeptischer Elemente eine Nachbesserung der kritischen Doctrin zu geben versucht, die von Kant abgewiesen, von Fichte aber hochgehalten wurde. Er verwirft den Kantischen Begriff des „Dinges an sich".

Der geistvollste aller Kantianer war der Dichter Friedrich Schiller (11. Nov. 1759 bis 9. Mai 1805).

Schon früh hat Schiller sich mit philosophischen Schriften, insbesondere englischer Moralisten und Rousseau's, vertraut gemacht; der philosophische Unterricht in der Karlsschule zu Stuttgart, den der Eklektiker Jac. Friedr. von Abel ertheilte, ruhte hauptsächlich auf der Leibnitz-Wolff'schen Doctrin. Schiller hat in der früh entstandenen „Theosophie des Julius" den Leibnitzischen Optimismus dem Pantheismus angenähert, ohne dass jedoch ein Einfluss Spinoza's angenommen werden darf. Den letzten der „philosophischen Briefe", in welchem sich ein Kantischer Einfluss bekundet, hat nicht Schiller, sondern Körner (1788) geschrieben. Im Jahr 1787 las Schiller die der Geschichtsphilosophie angehörenden Aufsätze Kant's in der Berlinischen Monatsschrift und eignete sich daraus die Idee teleologischer Geschichtsbetrachtung an, die auf seine historischen Arbeiten von wesentlichem Einfluss geworden ist. Erst seit 1791 studirte Schiller Kant's Hauptwerke und zwar zuerst die Kritik der Urtheilskraft; zugleich förderten ihn Discussionen mit eifrigen Kantianern im Verständniss der Kantischen Doctrin. Einigen, jedoch verhältnissmässig sehr geringen Einfluss gewann auf ihn bereits im Jahr 1794 die Fichte'sche Speculation; die Vorrede zur „Braut von Messina" enthält (insbesondere in dem Satze: das Poetische liegt in dem Indifferenzpunkte des Idealen und Sinnlichen, der jedoch der Sache nach auf Schillers Auffassung des „ästhetischen Zustandes" in den „Briefen über ästhetische Erziehung" beruht) einen Anklang an die Schelling'sche Doctrin. Schiller war geneigt zu glauben, dass eine Fortbildung der Philosophie durch Schelling erfolgt sei, gestand jedoch (in einem Brief an Schelling vom 12. Mai 1801), nachdem er die ersten Sätze des „transc. Idealismus" gelesen hatte, nur die dogmatistischen Irrthümer glücklich beseitigt zu finden, aber nicht zu ahnen, wie Schelling sein System positiv aus dem Satze der Indifferenz herausziehen werde. Von Schiller's philosophischen Abhandlungen aus seiner Kantianischen Periode sind die bedeutendsten: „über Anmuth und Würde", verfasst 1793, worin der sittlichen Würde als der Erhebung des Geistes über die Natur die sittliche Anmuth als die Harmonie zwischen Geist und Natur, Pflicht und Neigung, ergänzend zur Seite gestellt wird (wogegen Kant in einer Note zur zweiten Auflage seiner „Religion innerhalb der Grenzen der blossen Vernunft" polemisirt), die (1793—95 ausgearbeiteten) „Briefe über ästhetische Erziehung", in welchen Schiller die ästhetische Bildung als den geeignetsten Weg der Erhebung zur sittlichen Gesinnung empfiehlt, und die Abhandlung „über naive und sentimentalische Dichtung" (1795—96), welche die Aesthetik mit der Geschichtsphilosophie vermittelt, indem Schiller hier durch die Begriffe: natürliche Harmonie, Erhebung zur Idee und wiedergewonnene Einheit des Ideellen mit der Realität, des Geistes und der Cultur mit der Natur, ebensowohl die verschiedenen Formen der Dichtung überhaupt und der Richtungen der Dichter (wie

§ 19. Schüler und Gegner Kant's. Reinhold,

dieselben in Göthe und Schiller selbst sich repräsentirt fanden), als auch die Bildungsform des hellenischen Alterthums und die der Neuzeit, insbesondere den Typus der antiken und der modernen Dichtung charakterisirt.

Friedrich Heinrich Jacobi (geb. am 25. Januar 1743 zu Düsseldorf, zu Genf insbesondere auch unter dem Einfluss des Physikers Lesage gebildet, früh mit Spinoza's Doctrin vertraut, Kaufmann, Beamter, Präsident der Akademie der Wiss. zu München, gest. am 10. März 1819 zu München), der Glaubensphilosoph, sucht gegenüber dem systembildenden philosophischen Denken die Unmittelbarkeit des Glaubens zur Geltung zu bringen. Er selbst bekennt: „nie war es mein Zweck, ein System für die Schule aufzustellen; meine Schriften gingen hervor aus meinem innersten Leben, sie erhielten eine geschichtliche Folge. Ich machte sie gewissermassen nicht selbst, nicht beliebig, sondern fortgezogen von einer höhern, mir unwiderstehlichen Gewalt". Unter Jacobi's Schriften sind hervorzuheben die philosophischen Romane: Allwill's Briefsammlung, und: Woldemar, in welchen ausser dem theoretischen Problem der Erkenntniss der Aussenwelt insbesondere die moralische Frage nach dem Verhältniss des Rechtes und der Pflicht des Individuums zu der gemeingültigen Sittenregel discutirt wird, ferner die Schrift über die Lehre des Spinoza, in Briefen an Moses Mendelssohn, Breslau 1785 u. ö., worin Jacobi ein von ihm mit Lessing am 6. und 7. Juli 1780 geführtes Gespräch mittheilt, in welchem dieser seine Hinneigung zum Spinozismus bekannt haben soll (s. o. § 11), die Schrift: David Hume über den Glauben, oder Idealismus und Realismus, Breslau 1787, worin Jacobi auch sein Urtheil über den Kantianismus äussert, das Sendschreiben an Fichte, Hamburg 1799, die Abhandlung über das Unternehmen des Kriticismus die Vernunft zu Verstande zu bringen, im III. Heft der Reinhold'schen Beiträge zur leichteren Uebersicht des Zustandes der Philosophie beim Anfange des 19. Jahrh., Hamb. 1802, von den göttlichen Dingen, Leipzig 1811 (gegen Schelling, dem Jacobi einen heuchlerischen Gebrauch theistischer und christlicher Worte im pantheistischen Sinne vorwirft). Den Spinozismus hält Jacobi für das einzige consequente System, glaubt aber, dass dasselbe verworfen werden müsse, weil es den unabweisbaren Bedürfnissen des Gemüthes widerstreite. Alle Demonstration führt nur zu dem Weltganzen, nicht zu einem extramundanen Welturheber, denn der demonstrirende Verstand kann immer nur von Bedingtem zu Bedingtem, nicht zum Unbedingten gelangen. Gottes Dasein beweisen würde heissen, einen Grund desselben aufzeigen, wodurch Gott zu einem bedingten Wesen werden würde (wohl Jacobi freilich die Bedeutung des indirecten Beweises, der von der Erkenntniss von Wirkungen zur Erkenntniss von Ursachen führen kann, unerörtert lässt). So nahe diese Jacobi'sche Ansicht der Kantischen steht, welche der praktischen Vernunft mit ihren Postulaten den Primat vor der theoretischen, die keine „Dinge an sich" zu erkennen vermöge, einräumt, so hat doch Kant (in der Abhandlung: „was heisst sich im Denken orientiren?" Ausg. der Werke Kant's von Ros. u. Sch. Bd. I, S. 386 f.) dagegen einzuwenden gefunden, es gehe wohl an, solches zu glauben, was die theoretische Vernunft weder beweisen noch widerlegen könne, aber nicht solches, wovon sie, wie man meine, das Gegentheil beweisen könne; Kriticismus und Gottesglaube seien vereinbar, Spinozismus und Gottesglaube aber unvereinbar. Andererseits vermochte Jacobi die Kantische Begründung der Schranken der theoretischen Erkenntniss nicht zu billigen. Er hat das Dilemma klar bezeichnet, welches für den Kantischen Kriticismus tödtlich ist: die Affection, durch welche wir den empirisch gegebenen Wahrnehmungsstoff empfangen, muss entweder von Erscheinungen oder von Dingen an sich ausgehen; das Erste aber ist absurd, weil Erscheinungen im Kantischen Sinne selbst nur Vorstellungen sind, also vor allen Vorstellungen bereits Vorstellungen vorhanden sein müssten, das andere (was Kant wirklich annimmt und sowohl in der ersten, wie in den folgenden Auflagen der reinen Vernunft, in der Schrift gegen Eberhard etc. ausspricht) widerstreitet der kritischen Doctrin, dass das Verhältniss von Ursache und Wirkung nur innerhalb der Erscheinungswelt gelte und keine Beziehung auf Dinge an sich habe; der Anfang und Fortgang der Kritik vernichten einander (Jacobi über David Hume, Werke, Bd. II, S. 301 ff.). Jacobi selbst meint nicht das Dasein von Objecten, die uns afficiren, beweisen zu können, ist aber davon unmittelbar vermöge der Sinneswahrnehmung überzeugt. Die Objecte der sinnlichen Wahrnehmung sind ihm nicht blosse Erscheinungen, d. h. nach Kategorien mit einander verknüpfte Vorstellungen, sondern reale Objecte, aber endliche und bedingte Objecte. Nur auf solche geht auch die Verstandeserkenntniss, welche Jacobi demnach in Uebereinstimmung mit Kant auf das Gebiet möglicher Erfahrung einschränkt, obschon nicht in dem gleichen Sinne, wie Kant. Dass auch die theoretische Vernunft, sofern derselben die Function der Beweisführung beigelegt wird, nicht über dieses Gebiet hinausführe, nimmt Jacobi wiederum mit Kant an. Jacobi missbilligt den inhaltleeren Formalismus des Kantischen Moralprincips, er will die Unmittelbarkeit des sittlichen Gefühls neben der moralischen Reflexion und die individualisirende Bestimmung der jedesmaligen moralischen Aufgabe neben der abstracten Regel anerkannt sehen. Er tadelt Kant's Argumentationen für die Gültigkeit der Postulate in der Kritik der praktischen Vernunft als unkräftig, da ein Fürwahrhalten in bloss praktischer Absicht (ein blosser Bedürfnissglaube) sich selbst aufhebe, und hält dafür, dass es eine unmittelbare Ueberzeugung von dem Uebersinnlichen, auf welches die Kantischen Postulate der praktischen Vernunft gehen, ebensowohl, wie von dem Dasein der sinnlichen Objecte gebe; er nennt dieselbe Glauben; in späteren Schriften bezeichnet er das Vermögen des unmittelbaren Erfassens und Vernehmens des Uebersinnlichen als die Vernunft. Wessen Gemüth sich beim Spinozismus befriedigen kann, dem kann eine entgegengesetzte Ueberzeugung nicht andemonstrirt werden, sein Denken hat Consequenz, die philosophische Gerechtigkeit muss ihn frei geben; aber er würde, meint Jacobi, auf den edelsten Gehalt des geistigen Lebens verzichten. Jacobi erkennt die philosophische Consequenz an in Fichte's Reduction des Gottesglaubens auf den Glauben an eine moralische Weltordnung; aber er befriedigt sich nicht bei dieser blossen Consequenz des Verstandes. Er tadelt Schelling, die spinosistische Consequenz verhüllen zu wollen (freilich ohne einem Standpunkt völlig gerecht zu werden, der diese Trennung der Realität und Idealität aufzuheben und das Endliche als erfüllt von dem ewigen Gehalt zu erkennen sucht, in der sondernden und anthropomorphisirenden Auffassung des Ideellen aber nicht ein höheres Erkennen, sondern nur eine berechtigte Poesie erblicken kann). Jacobi erhebt sich über die Sphäre, an die der Verstand gebunden bleibe, durch den Glauben an Gott und die göttlichen Dinge. Es lebt, sagt er, in uns ein Geist unmittelbar aus Gott, der des Menschen eigentlichstes Wesen ausmacht. Wie dieser Geist dem Menschen gegenwärtig ist in seinem höchsten, tiefsten und eigensten Bewusstsein, so ist der Geber dieses Geistes, Gott selbst, dem Menschen gegenwärtig durch das Herz, wie ihm die Natur gegenwärtig ist durch den äussern Sinn. Kein sinnlicher Gegenstand kann so ergreifen und als wahrer Gegenstand niederwindelicher dem Gemüthe sich darthun, als jene absoluten Gegenstände, das Wahre, Gute, Schöne und Erhabene, die mit dem Auge des Geistes gesehen werden können. Wir dürfen die kühne Rede wagen, dass wir an Gott glauben, weil wir ihn sehen, obwohl er nicht gesehen werden kann mit den Augen dieses Leibes. Es ist ein Kleinod unseres Geschlechts, das unterscheidende Merkmal des Menschen.

dass ihrer vernünftigen Seele diese Gegenstände sich erschliessen. Mit heiligem Schauer wendet der Mensch seinen Blick in jene Sphären, aus welchen allein Licht hineinfällt in das irdische Dunkel. Aber Jacobi gesteht auch: Licht ist in meinem Herzen, aber sowie ich es in den Verstand bringen will, erlischt es. Welche von beiden Klarheiten ist die wahre, die des Verstandes, die zwar feste Gestalten, aber hinter ihnen einen Abgrund zeigt, oder die des Herzens, die zwar verheissend aufwärts leuchtet, aber bestimmtes Erkennen vermissen lässt? Um dieses Zwiespalts willen nennt sich Jacobi „einen Heiden mit dem Verstande, einen Christen mit dem Gemüth".

Jacobi findet das Wesentliche des Christenthums in dem Theismus, dem Glauben an einen persönlichen Gott, wie auch an die sittliche Freiheit und Ewigkeit der menschlichen Persönlichkeit. Das Christenthum „in dieser Reinheit aufgefasst" und auf das unmittelbare Zeugniss des eigenen Bewusstseins gegründet, ist ihm das Höchste. Im Unterschiede von diesem rationalen Zuge seiner Glaubensphilosophie, den Friedrich Köppen, Cajetan von Weiller, Jak. Salat, Chr. Weiss, Joh. Neeb, J. J. F. Ancillon u. A. im Wesentlichen mit ihm theilen, hält sein Freund und Anhänger Thomas Wizenmann (vgl. über ihn Al. von der Goltz, Wiz., der Freund Jacobi's Gotha 1859) sich, was die Quelle des Glaubens betrifft, an die Bibel, und demgemäss in Bezug auf den Glaubensinhalt auch an die specifisch-christlichen Dogmen. In diesen letzteren findet Johann Georg Hamann (geb. zu Königsberg 1730, gest. zu Münster 1788), der mit Kant und auch mit Herder und mit Jacobi befreundete „Magus im Norden", den Halt und Trost für sein zunächst durch Sünde und Noth zerrissenes Gemüth und gefällt sich darin, in geistvollen, jedoch oft in's Gemachte und Abenteuerliche ausartenden Gedankenblitzen die Mysterien oder „Pudenda" des christlichen Glaubens zu Ehren zu bringen; zu diesem Behuf dient ihm insbesondere das „principium coincidentiae oppositorum" des Giordano Bruno. Seine Werke hat F. Roth herausgegeben, Berlin 1821—43; vgl. C. H. Gildemeister, H.'s Leben und Schriften, Gotha 1858—68, ferner Heinr. von Stein's Vortrag über H.; A. Brömel, J. G. Hamann (Abdr. aus der luth. Kirchenz.), Berlin 1870, J. Disselhoff, Wegweiser zu J. G. Hamann, dem Magus des Nordens, Elberf. 1870. Das Christenthum als die Religion der Humanität, den Menschen als Schlussepunkt der Natur und seine Geschichte als fortschreitende Entwicklung der Humanität zu begreifen, ist die Aufgabe, an deren Lösung der phantasievolle und mit feinstem Sinn für die Realität und Poesie des Völkerlebens begabte Herder (geb. 1744 zu Morungen in Ostpreussen, gest. 1803 zu Weimar) erfolgreich gearbeitet hat; dem schroffen Dualismus, den Kant zwischen dem empirischen Stoff und der apriorischen Form statuirt, stellt er den tieferen Gedanken der wesentlichen Einheit und stufenmässigen Entwicklung in Natur und Geist entgegen; seine Weltanschauung culminirt in einem poetisch umgestalteten, mit der Idee des persönlichen Gottesgeistes und der (als Metempsychose gedachten) Unsterblichkeit erfüllten (also der früheren, der Ethik vorausliegenden Form, obschon diese damals unbekannt war, verwandten, der Lehre Bruno's wieder angenäherten) Spinozismus, den er besonders in der Schrift: Gott, Gespräche über Spinoza's System, 1787, zusammenhängend entwickelt hat. Den Ursprung der Sprache findet Herder (1772) in der Natur des Menschen, der als denkendes Wesen der uninteressirten, begierdefreien Betrachtung der Dinge fähig sei; der Ursprung der Sprache ist göttlich, sofern er menschlich ist. Der Entwicklungsgang der Sprache zeugt (wie Herder, zum Theil nach Hamann, 1799 in seiner Metakritik bemerkt) gegen den Kantischen Apriorismus. Raum und Zeit sind Erfahrungsbegriffe, Form und Materie der Erkenntniss sind auch in ihrem Ursprung nicht von einander getrennt, die Vernunft subsistirt nicht abgesondert von den andern Kräften; statt der „Kritik der Vernunft" bedarf es einer Physiologie der menschlichen Erkenntnisskräfte. Herder bezeichnet als den schönsten und schwersten Zweck des menschlichen Lebens, von Jugend auf Pflicht zu lernen, solche aber, als ob es nicht Pflicht sei, in jedem Augenblicke des Lebens auf die leichteste beste Weise zu üben. Herder's philosophisches Hauptverdienst liegt in der philosophischen Betrachtung der Geschichte der Menschheit (Ideen zur Philos. der Gesch. der Menschheit, Riga 1784—91 u. ö., mit Einleitung und Anm. hrsg. von Julian Schmidt, in der Bibliothek der deutschen Nationallitt. des 18. Jahrh., Bd. 23—25, Leipzig 1869. Vgl. u. A. Adolf Kohut, Herder und die Humanitätsbestrebungen der Neuzeit, Berlin 1870). Einen bedeutsamen Einfluss haben seine Briefe zur Beförderung der Humanität (1793—97) und hat überhaupt seine begeisterte Hingabe an die grosse Aufgabe der Herausbildung des allgemein menschlich Werthvollen aus den verschiedenartigen historisch gegebenen Culturformen geübt. Eine Theorie des Schönen versucht er in der Schrift Kalligone (1800) zu entwickeln. Uebrigens gehören Jacobi, Hamann und Herder noch mehr, als der Geschichte der Philosophie, der Geschichte der deutschen Nationallitteratur an. Vgl. u. A. Heinr. Erdmann in seiner Monographie: Herder als Religionsphilosoph, Marburger Inaug.-Diss., Hersfeld 1866. Aug. Werner, Herder als Theologe, Berl. 1871).

Jacob Fries (geb. 23. Aug. 1773 zu Barby, gest. 10. August 1843 zu Jena) hat eine Reihe von philosophischen Schriften verfasst, unter denen die „Neue Kritik der Vernunft", Heidelberg 1807, 2. Aufl. 1828—31, die bedeutendste ist; daneben sind insbesondere folgende hervorzuheben: System der Philosophie als evidenter Wissenschaft, Leipzig 1804, Wissen, Glaube und Ahndung, Jena 1805, System der Logik, Heidelberg 1811 (2. Aufl. 1819, 3. Aufl. 1837), Handbuch der praktischen Philosophie, Jena 1818—1832, Handbuch der psychischen Anthropologie, Jena 1820-21 (2. Aufl. 1837—39), mathematische Naturphilosophie, Heidelberg 1822, Julius und Enagoras oder die Schönheit der Seele, ein philosophischer Roman, Heidelberg 1822, System der Metaphysik, Heidelberg 1824. Fries wirft die Frage auf, ob die Vernunftkritik, welche die Möglichkeit der Erkenntniss a priori untersucht, ihrerseits durch eine Erkenntniss a priori oder a posteriori zu gewinnen sei und entscheidet sich für die letztere Annahme: wir können nur a posteriori, nämlich durch innere Erfahrung, uns dessen bewusst werden, dass und wie wir Erkenntnisse a priori besitzen. Die auf innerer Erfahrung ruhende Psychologie muss demgemäss die Basis alles Philosophirens bilden. Fries meint, Kant habe theilweise, Reinhold aber durchweg diesen Charakter der Vernunftkritik verkannt und dieselbe für Erkenntniss a priori angesehen*). Mit Kant

---

*) Kant selbst hat jene Frage nicht aufgeworfen; — seine Abweisung der psychologischen Empirie von der Metaphysik, Logik und Ethik involvirt nicht eine Abweisung derselben von der Erkenntnisslehre oder „Vernunftkritik" selbst; — da er aber das Bestehen apodiktischer Erkenntniss mindestens in der Mathematik als eine Thatsache seinen Untersuchungen zu Grunde legt, da er ferner die Kategorien aus den empirisch gegebenen Formen der Urtheile erkennt, und da er in der Moralphilosophie von dem unmittelbaren sittlichen Bewusstsein, das gleichsam ein „Factum der reinen Vernunft" sei, ausgeht: so lässt sich nicht leugnen, dass auch er seine Vernunftkritik auf — wirkliche oder vermeintliche — Thatsachen der inneren Erfahrung basirt; das Bedenken, ob und warum die Voraussetzung gerechtfertigt sei, dass jeder Andere in sich das Gleiche erfahre, was der Kritiker in seiner eigenen inneren Erfahrung findet, trifft in diesem Sinne auch Kant und ebenso auch das Bedenken, woher denn gewusst werden könne, dass Allgemeinheit und Nothwendigkeit ein Kriterium der Apriorität seien, da es gleich sehr unmöglich zu sein scheint, a posteriori, wie a priori den — in der

§ 19. Schüler und Gegner Kant's. Reinhold,

nimmt Fries an, dass Raum, Zeit und Kategorien subjective Formen a priori seien, die wir zu dem Gegebenen hinzuthun; auf die Erscheinungen, welche Vorstellungen sind, geht das empirisch-mathematische Wissen und erstreckt sich nicht über dieselben hinaus, sogar die Existenz von Dingen an sich ist nicht mehr Sache des Wissens; andererseits aber sind die Erscheinungen doch durchaus dem empirisch-mathematischen Wissen zugänglich; auch die Organismen müssen sich aus der Wechselwirkung aller Theile untereinander mechanisch erklären lassen; in ihnen herrscht der Kreislauf, wie im Unorganischen das Gesetz des Gleichgewichts oder der Indifferenz. (Den Gedanken der mechanischen Erklärbarkeit der Organismen hat, zunächst in Bezug auf die Pflanzenwelt, besonders Fries' Schüler Jak. Matthias Schleiden durchzuführen gesucht.) Auf die Dinge an sich, die Fries auch das wahre, ewige Wesen der Gegenstände nennt, geht der Glaube. Allem Handeln der Vernunft liegt der Glaube an Wesen und Werth, zuhöchst an die gleiche persönliche Würde der Menschen zum Grunde; aus diesem Princip fliessen die sittlichen Gebote. Die Veredelung der Menschheit ist die höchste sittliche Aufgabe. Die Vermittlung zwischen dem Wissen und Glauben liegt in der Ahndung, welcher die ästhetisch-religiöse Betrachtung angehört. Im Gefühl des Schönen und Erhabenen wird das Endliche als Erscheinung des Ewigen angeschaut; in der religiösen Betrachtung wird die Welt nach Ideen gedeutet; die Vernunft shut in dem Weltlauf den Zweck, in dem Leben der schönen Naturgestalten die ewige, allwaltende Güte. Die Religionsphilosophie ist Wissenschaft vom Glauben und der Ahnung, nicht aus ihnen. Der Fries'schen Schule gehören ausser Schleiden namentlich E. F. Apelt (1812—1859; Metaphysik, Leipzig 1857, Religionsphilosophie hrsg. von S. G. Frank, Leipzig 1860, zur Theorie der Induction, Leipzig 1854, zur Geschichte der Astronomie, die Epochen der Geschichte der Menschheit, Jena 1845—46 etc.), E. S. Mirbt (was heisst philosophiren und was ist Philosophie? Jena 1839, Kant und seine Nachfolger, Jena 1841), F. van Calker (Denklehre oder Logik u. Dialektik, 1822 etc.), Ernst Haller, Schmidt, der Mathematiker Schlömilch (Abhandlungen der Fries'schen Schule, von Schleiden, Apelt, Schlömilch und Schmidt, Jena 1847) und Andere an; auch der Theolog de Wette geht von Fries'schen Principien aus. Auf Beneke, der zum durchgeführten psychologischen Empirismus fortgegangen ist, ist die Fries'sche Doctrin in mehrfachem Betracht von wesentlichem Einfluss gewesen.

Jakob Sigismund Beck (1761—1842) hat in seinem Hauptwerk: „Einzig möglicher Standpunkt, aus welchem die kritische Philosophie beurtheilt werden muss", Riga 1796, welches den dritten Band zu der Schrift: „Erläuternder Auszug aus Kant's kritischen Schriften", Riga 1793 ff., bildet, auch in seinem Grundriss der krit. Philosophie 1796 und anderen Schriften nach dem Vorgange Mai-

---

That falschen — Satz zu erweisen, Erfahrung nebst Induction könne nur „comparative Allgemeinheit" ergeben. An sich aber liegt keineswegs, wie Einzelne gemeint haben, ein „Widersinn" in der Annahme, dass wir durch innere Erfahrung inne werden, Erkenntnisse a priori zu besitzen; denn die Apodikticität und Apriorität soll den mathematischen und metaphysischen Erkenntnissen, wie auch dem Pflichtbewusstsein selbst anhaften, der empirische Charakter aber nicht diesen Erkenntnissen als solchen, sondern nur unserm Bewusstsein, dass wir dieselben besitzen. Falls es überhaupt Erkenntnisse a priori im Kantischen Sinne dieses Terminus gäbe, so könnte ganz wohl angenommen werden, was Fries annimmt, dass die Metaphysik ebenso wie die Mathematik von aller Erfahrungswissenschaft specifisch unterschieden sei, und dass doch zugleich eine auf innerer Erfahrung ruhende Wissenschaft, nämlich die Vernunftkritik, über den Rechtsgrund und die Grenzen der Gültigkeit jener apodiktischen oder wenigstens Apodikticität beanspruchenden Erkenntnisse zu entscheiden habe.

mon's und zum Theil auch wohl durch Fichte's (1794 erschienene) Wissenschaftslehre mitbestimmt, die in Kant's Vernunftkritik liegende Inconsequenz, dass die Dinge an sich uns afficiren und durch Affection den Stoff zu Vorstellungen uns geben und doch zugleich auch zeitlos, raumlos und causalitätslos existiren sollen, dadurch aufzuheben gesucht, dass er das Afficirtwerden des Subjectes durch die Dinge an sich in Abrede stellt und die Stellen, worin Kant dasselbe behauptet, für eine didaktische Accommodation an den Standpunkt des dogmatistisch gesinnten Lesern erklärt*); die Frage nach der Entstehung des empirischen Vorstellungsstoffs beseitigt Beck dadurch, dass er eine Affection der Sinne durch Erscheinungen annimmt**); die Beziehung des Individuums zu anderen Individuen lässt er unerklärt; die reinen Anschauungsformen Raum und Zeit führt er auf denselben Act ursprünglicher Synthesis des Mannigfaltigen, wie die Kategorien, zurück. Als Religion gilt ihm die Befolgung der Stimme des Gewissens als des inneren Richters, den der Mensch symbolisch ausser sich als Gott denke.

Christoph Gottfried Bardili (1761—1808) hat in seinen Briefen über den Ursprung der Metaphysik, die anonym Altona 1798 erschienen, und noch mehr in seinem Grundriss der ersten Logik, gereinigt von den Irrthümern der bisherigen Logik, besonders der Kantischen, Stuttgart 1800, freilich in abstruser Form, einen „rationalen Realismus" zu begründen versucht, der manche Keime späterer Speculationen enthielt, insbesondere zu dem (Schelling'schen) Gedanken der Indifferenz des Objectiven und Subjectiven in einer absoluten Vernunft, und zu dem (Hegel'schen) Gedanken einer Logik, die zugleich Ontologie sei. Dasselbe Denken, welches das Weltall durchdringt, kommt im Menschen zum Bewusstsein; im Menschen erhebt sich das Lebensgefühl zur Personalität, die Naturgesetze der Erscheinungen werden in ihm zu Gesetzen der Association seiner Gedanken.

Der Bardilische Realismus setzt die Realität von Natur und Geist und ihre Einheit im Absoluten voraus, ohne die Kantischen Argumente völlig widerlegt zu haben. Der Beck'sche Idealismus hebt von den beiden widerstreitenden Elementen, die im Kantischen Kriticismus liegen, das idealistische mit willkürlicher Beseitigung des realistischen hervor. Zur Aufhebung jenes Widerstreits konnte mit gleichem Recht der entgegengesetzte Weg eingeschlagen werden, indem nämlich mit dem Gedanken des Afficirtwerdens des Subjectes durch „Dinge an sich" voller Ernst gemacht und die gesammte Doctrin auf dieser Grundlage umgebildet wurde; dieses Letztere geschah durch Herbart, der aber nicht unmittelbar von Kant, sondern zunächst von Fichte ausgegangen ist, dessen subjectivistischem Idealismus er seine mit der Leibnitzischen Monadologie verwandte Grundlehre von der Vielheit einfacher realer Wesen entgegenstellte.

§ 20. Johann Gottlieb Fichte (1762—1814), von Spinozistischem Determinismus durch die Kantische Einschränkung der Causalität auf Phaenomena und Behauptung einer causalitätslosen sittlichen Freiheit des Ich als eines Noumenon zurückgeführt, macht mit eben dieser Einschränkung, die ihm im ethischen Interesse werth

---

*) Was freilich eine wunderliche Didaktik wäre, die das richtige Verständniss nicht erleichtern, sondern nahezu unmöglich machen würde.
**) Was jedoch, da die Erscheinungen selbst nur Vorstellungen sind, die Absurdität involvirt, dass die Entstehung unserer Vorstellungen überhaupt durch die Einwirkung unserer Vorstellungen auf unsere Sinne bedingt ist, dass also unsere Vorstellungen auf uns wirken, ehe sie existiren.

§ 20. Fichte und Fichteaner.

geworden war, in der theoretischen Philosophie volleren Ernst, als durch Kant geschehen war, indem er die von diesem angenommene Entstehung des Stoffs der Vorstellungen durch eine Affection, welche die Dinge an sich auf das Subject üben, negirt und den Stoff ebensowohl wie die Form aus der Thätigkeit des Ich hervorgehen lässt, und zwar aus demselben synthetischen Act, der die Anschauungsformen und Kategorien erzeugt. Das Mannigfaltige der Erfahrung wird ebenso wie die apriorischen Formen von uns durch ein schöpferisches Vermögen producirt. Nicht eine Thatsache, sondern die Thathandlung dieser Production ist der Grund alles Bewusstseins. Das Ich setzt sich selbst und das Nichtich und erkennt sich als eins mit dem Nichtich; der Process der Thesis, Antithesis und Synthesis ist die Form aller Erkenntniss. Dieses schöpferische Ich ist nicht das Individuum, sondern das absolute Ich; aber aus dem absoluten Ich sucht Fichte das Individuum zu deduciren; die sittliche Aufgabe nämlich fordert den Unterschied der Individuen. Die Welt ist das versinnlichte Material der Pflicht. Die ursprünglichen Schranken des Individuums erklärt Fichte ihrer Entstehung nach für unbegreiflich. Gott ist die sittliche Weltordnung. Indem Fichte in seinen späteren Speculationen vom Absoluten ausgeht, nimmt sein Philosophiren immer mehr einen religiösen Charakter an, jedoch ohne die ursprüngliche Basis zu verleugnen. Die Reden an die deutsche Nation schöpfen ihre zündende Kraft aus der Energie des sittlichen Bewusstseins. Der philosophischen Schule Fichte's gehören wenige Männer an; doch ist seine Speculation für den ferneren Entwicklungsgang der deutschen Philosophie theils durch Schelling, theils durch Herbart von entscheidendstem Einfluss geworden.

Joh. Gottlieb Fichte's nachgelassene Werke, hrsg. von Imm. Herm. Fichte, 3 Bände, Bonn 1834; sämmtliche Werke, hrsg. von I. H. Fichte, 8 Bände, Berlin 1845 — 46. Joh. Gottl. Fichte's Leben ist von seinem Sohne Immanuel Hermann Fichte beschrieben und zugleich der litt. Briefwechsel veröffentlicht worden, Sulzbach 1830, 2. Aufl. Leipz. 1862. Interessante Nachträge hat namentlich Karl Hase geliefert im Jenaischen Fichtebüchlein, Leipzig 1856. Vgl. Wilh. Schmidt, Memoir of Joh. G. Fichte, 2. ed, London 1848. Ueber Fichte als Politiker handelt Ed. Zeller in v. Sybel's histor. Zeitschr. IV, S. 1 ff., wieder abgedr. in Zeller's Vorträgen u. Abh., Leipzig 1865, S. 140 — 177. Unter den Darstellungen seines Systems sind besonders die von Wilh. Busse (F. u. s. Beziehung zur Gegenwart des deutschen Volkes, Halle 1848 — 49), Löwe (die Philosophie Fichte's nach dem Gesammtergebniss ihrer Entwicklung und in ihrem Verhältniss zu Kant und Spinoza, Stuttgart 1862), Ludw. Noack (J. G. F. nach s. Leben, Lehren und Wirken, Leipzig 1862), A. Lasson (J. G. Fichte im Verhältniss zu Kirche und Staat, Berlin 1863) zu erwähnen. Aus Anlass der Fichtefeier am 19. Mai 1862 sind zahlreiche Reden und Festschriften erschienen (über welche v. Reichlin-Meldegg in I. H. Fichte's Ztschr. f. Ph. Bd. 43, 1863, S. 247 — 277 eine Uebersicht giebt), insbesondere von Heinr. Ahrens, Hubert Beckers, Karl Biedermann, Chr. Aug. Brandis, Mor. Carriere, O. Dorneck, Ad Drechsler, L. Eckardt, Joh. Ed. Erdmann, Kuno Fischer, L. George, Rud. Gottschall, F. Harms, Hebler, Hellferich, Karl Heyder, Franz Hoffmann, Karl Köstlin, A. L. Kym, Ferd. Lassalle, Lott, J. H. Löwe, Jürgen Bona Meyer (über

§ 20. Fichte und Fichteaner.

die Reden an die D Nat.), Monrad, L. Noack, W. A. Passow, K. A. v. Reichlin-Meldegg, Rud. Reicke (F.'s erster Aufenthalt in Königsberg, im Deutsch. Mus. 1863, No. 21 s. 22), Rosenkranz (in: Gedanke, V, S. 170), E. O. Schellenberg, Robert Schellwien, Ed. Schmidt-Weissenfels, Ad. Stahr, Leopold Stein, Heinr. Sternberg, H. v. Treitschke, Ad. Trendelenburg, Chr. H. Weisse, Tob. Wildauer, R. Zimmermann (dessen Rede auch in s. St. und K. wieder abg. ist), Kuno Fischer, Gesch. der n. Philos., Bd. V.: Fichte u. s. Vorgänger, 1. Abth., Heidelberg 1868.

Johann Gottlieb Fichte wurde am 19. Mai 1762 zu Rammenau in der Oberlausitz geboren. Sein Vater, ein Bandwirker, war ein Abkömmling eines in Sachsen zurückgebliebenen schwedischen Wachtmeisters aus dem Heere Gustav Adolfs. Des talentvollen Knaben nahm der Freiherr von Miltiz sich an. Von 1774—80 besuchte Fichte die Fürstenschule zu Pforta, studirte dann in Jena Theologie, bekleidete seit 1788 eine Hauslehrerstelle in der Schweiz, kam 1791 nach Königsberg, wo er das Manuscript seines ersten, rasch (vom 13. Juli bis 18. August) niedergeschriebenen Werkes: „Versuch einer Kritik aller Offenbarung" Kant vorlegte und dadurch dessen Achtung und Zuneigung gewann. Fichte war damals mit der Kantischen Philosophie erst seit einem Jahre vertraut geworden; vorher hatte er das System des Spinoza kennen gelernt und einem Determinismus gehuldigt, den er aufgab, sobald ihm die Kantische Lehre, dass die Kategorie der Causalität nur auf Erscheinungen Anwendung finde, die Möglichkeit einer Unabhängigkeit des Willensactes vom Causalnexus zu verbürgen schien; zumeist auf die Wahl zwischen deterministischem Dogmatismus und der Freiheitslehre des Kantischen Kriticismus bezieht sich sein Wort (Erste Einl. in die Wissenschaftslehre, 1797, Werke I, S. 434): „Was für eine Philosophie man wähle, hängt davon ab, was man für ein Mensch ist". Nach Reinhold's Abgange von Jena nach Kiel ward Fichte 1794 dessen Nachfolger in der Jenenser Professur, die er bis zu dem Atheismus-Streit 1799 bekleidete. Fichte setzte in einem Aufsatz: „Über den Grund unseres Glaubens an eine göttliche Weltregierung", den er einer Abhandlung Forberg's: „Entwicklung des Begriffs der Religion" einleitend vorausschickte (im philos. Journal, Jena 1798, Heft 1), die Begriffe Gott und moralische Weltordnung einander gleich, was ein anonymer Pamphletist in einer Schrift: „Schreiben eines Vaters an seinen Sohn über den Fichte'schen und Forberg'schen Atheismus" denunciatorisch rügte; die churssächsische Regierung confiscirte jene Aufsätze, verbot das Journal und verlangte die Bestrafung Fichte's und Forberg's unter der Drohung, andernfalls ihren Unterthanen den Besuch der Universität Jena zu verbieten. Die Regierung zu Weimar gab dieser Drohung in soweit nach, als sie beschloss, den Herausgebern des Journals einen Verweis wegen Unbedachtsamkeit durch den akademischen Senat ertheilen zu lassen. Fichte, der davon im Voraus erfuhr, erklärte in einem (privaten, aber auch zu öffentlichem Gebrauch verstatteten) Briefe vom 22. März 1799 an ein Mitglied der Regierung, Geheimrath Voigt, dass er im Fall einer ihm durch den akademischen Senat zu ertheilenden „derben Weisung" seinen Abschied nehmen werde und fügte die Drohung bei, es würden in diesem Fall auch andere Professoren mit ihm die Universität verlassen. Diese Drohung, welche nach Fichte's Absicht die Regierung einschüchtern und von einem öffentlichen Verweise zurückschrecken sollte, in der That aber irritirte und zur sofortigen, formell nngerechtfertigten Entlassung Fichte's bestimmte, beruhte auf Aeusserungen von Collegen, besonders von Paulus, der gesagt zu haben scheint, Fichte dürfe darauf hinweisen, auch er (Paulus) und Andere würden im Fall einer Beschränkung der Lehrfreiheit nicht in Jena bleiben, was Paulus und Andere wohl von einem solchen Verfahren gegen Fichte, wodurch mittelbar auch ihre eigene Lehrfreiheit beschränkt, das Verharren in Jena ihnen

§ 20. Fichte und Fichtenner.

schienen anonym die (in der Schweiz, wo Fichte sich mit einer Schwestertochter Klopstock's vermählte, von ihm verfassten) Schriften: „Zurückforderung der Denkfreiheit von den Fürsten Europa's, die sie bisher unterdrückten", und: „Beiträge zur Berichtigung der Urtheile des Publicums über die französische Revolution", worin Fichte den Gedanken durchführt, dass, obschon die Staaten durch Unterdrückung und nicht durch Vertrag entstanden seien, doch der Staat seiner Idee nach auf einem Vertragsverhältniss beruhe und dieser Idee immer näher geführt werden müsse; alles Positive finde sein Maass und Gesetz an der reinen Form unseres Selbst, dem reinen Ich. Nach dem Antritt der Professur zu Jena erschien die Abhandlung: „über den Begriff der Wissenschaftslehre oder der sogenannten Philosophie", Weimar 1794, und die Schrift: „Grundlage der gesammten Wissenschaftslehre, als Handschrift für seine Zuhörer", Jena und Leipzig 1794; auch die moralischen Vorlesungen „über die Bestimmung des Gelehrten" wurden noch 1794 veröffentlicht; demselben Jahre gehört der für Schiller's „Horen" geschriebene Aufsatz „über Geist und Buchstab in der Philosophie" an. 1795: Grundriss des Eigenthümlichen in der Wissenschaftslehre. 1796: Grundlage des Naturrechts nach Principien der Wissenschaftslehre. 1797: Einleitung in die Wissenschaftslehre, und: Versuch einer neuen Darstellung der W.-L., im philos. Journal. 1798: System der Sittenlehre nach Principien der W.-L.; über den Grund unseres Glaubens an eine göttliche Weltregierung, im philos. Journal. 1799: Appellation an das Publicum gegen die Anklage des Atheismus, eine Schrift, die man zu lesen bittet, ehe man sie confiscirt, und: der Herausgeber des philos. Journals gerichtliche Verantwortungsschreiben gegen die Anklage des Atheismus. 1800: die Bestimmung des Menschen; der geschlossene Handelsstaat. 1801: Friedrich Nicolai's Leben u. sonderbare Meinungen, und: sonnenklarer Bericht an das Publicum über das eigentliche Wesen der neuesten Philosophie, ein Versuch, den Leser zum Verstehen zu zwingen. 1806: Grundzüge des gegenwärtigen Zeitalters, und: Anweisung zum seligen Leben. 1808: Reden an die deutsche Nation. Mehrere seiner Vorlesungen sind später in den „Nachgelassenen Werken" veröffentlicht worden. (In jüngster Zeit hat A. E. Kröger mehrere Schriften Fichte's in's Englische übersetzt, Science of Knowledge, Philadelphia 1868; Science of Rights, ebd. 1869. New Exposition of the Science of Knowledge, St. Louis 1869.)

In der 1792 verfassten, in der Jenaer allg. Litteraturzeitung erschienenen „Recension des Aenesidemus" (der Schrift von Gottlob Ernst Schulze „über die Fundamente der von Reinhold gelieferten Elementarphilosophie, nebst einer Vertheidigung des Skepticismus gegen die Anmassungen der Vernunftkritik") erkennt Fichte mit Reinhold und Schulze an, dass die gesammte philosophische Doctrin aus Einem Grundsatze abgeleitet werden müsse, glaubt aber nicht, dass zu diesem Behuf Reinhold's „Satz des Bewusstseins" (welcher lautet: „im Bewusstsein wird die Vorstellung durch das Subject vom Subject und Object unterschieden und auf beide bezogen") zureiche; denn dieser Satz könne nur die theoretische Philosophie begründen, für die gesammte Philosophie aber müsse es noch einen höheren Begriff, als den der Vorstellung und einen höheren Grundsatz, als jenen, geben. Den wesentlichen Inhalt der kritischen Doctrin setzt Fichte in den Nachweis, dass der Gedanke von einem Dinge, das an sich unabhängig von irgend einem Vorstellungsvermögen Existenz und gewisse Beschaffenheiten haben solle, eine Grille, ein Traum, ein Nichtgedanke sei. Der Skepticismus lasse die Möglichkeit übrig, noch einmal über die Begrenzung des menschlichen Gemüthes hinauszugehen zu können, der Kriticismus aber thue ihm die absolute Unmöglichkeit eines solchen Fortschreitens dar und sei demnach negativ dogmatisch. Dass Kant nicht (wie es zuerst Reinhold versuchte) die Ableitung aus einem einzigen Grundsatz gegeben habe, erklärt Fichte aus seinem „die Wissenschaft bloss vorbereitenden Plane"; doch habe Kant in der Apperception das Fundament für eine solche Ableitung gefunden. Von der Unterscheidung aber zwischen den Dingen, wie sie uns erscheinen, und den Dingen, wie sie an sich sind, meint Fichte, dieselbe solle „gewiss nur vorläufig und für ihren Mann gelten"; dass er in diesem letzteren Betracht über Kant's Denkweise sich täusche, ward ihm später aus Kant's (oben erwähnter) Erklärung vom 7. August 1799 klar, woraufhin er dann (in einem Briefe an Reinhold) Kant einen „Dreiviertelskopf" nannte, aber an der Ueberzeugung festhielt, dass es kein von dem denkenden Subject unabhängiges Ding an sich, kein Nicht-Ich, das keinem Ich entgegengesetzt wäre, gebe, und ebenso auch an der Ueberzeugung, dass nur diese Lehre dem Geiste des Kriticismus entspreche und der „heilige Geist in Kant" wahrer, als Kant's individuelle Persönlichkeit gedacht habe. Uebrigens spricht Fichte bereits in eben jener Recension den Satz aus, dass das Ding wirklich und an sich so beschaffen sei, wie es von jedem denkbaren intelligenten Ich gedacht werden müsse, dass mithin die logische Wahrheit für jede der endlichen Intelligenz denkbare Intelligenz zugleich real sei. (Dieser Satz ist später, jedoch ohne die Einschränkung: „für jede der endlichen Intelligenz denkbare Intelligenz" das Fundament der Schelling'schen und Hegel'schen Doctrin geworden.)

In der „Grundlage der Wissenschaftslehre" sucht Fichte die Aufgabe der Ableitung aller philosophischen Erkenntniss aus einem einzigen Princip zu lösen. Das Princip findet Fichte im Anschluss an Kant's Lehre von der transcendentalen Einheit der Apperception in dem Ichbewusstsein. Er spricht den Inhalt desselben in drei Grundsätzen aus, deren logisches Verhältniss als Thesis, Antithesis und Synthesis sich in der Gliederung des Systems überall wiederholt.

1. Das Ich setzt ursprünglich schlechthin sein eigenes Sein. Diese „Thathandlung" ist der Realgrund des logischen Grundsatzes $A = A$, aus welchem dieselbe zwar nicht erwiesen, aber gefunden werden kann. Wird in dem Satze: Ich bin, von dem bestimmten Gehalt, dem Ich, abstrahirt und die blosse Form der Folgerung vom Gesetztsein auf das Sein übrig gelassen, wie es zum Behuf der Logik geschehen muss, so erhält man als Grundsatz der Logik den Satz $A = A$. Wird in dem Satze $A = A$ auf das erkennende Subject reflectirt, so wird das Ich als das Prius alles Urtheilens gefunden.

2. Das Ich setzt sich entgegen ein Nicht-Ich. (Non-A ist nicht $= A$.)

3. Das Ich setzt dem theilbaren Ich ein theilbares Nicht-Ich entgegen, worin das Doppelte liegt:

a. theoretisch: das Ich setzt sich als beschränkt oder bestimmt durch das Nicht-Ich.

b. praktisch: das Ich setzt das Nicht-Ich als bestimmt durch das Ich.

Der entsprechende logische Satz ist der Satz des Grundes: A ist zum Theil $=$ Non-A, und umgekehrt; jedes Entgegengesetzte ist seinem Entgegengesetzten in Einem Merkmale $= X$ gleich, und jedes Gleiche ist seinem Gleichen in Einem Merkmale $= X$ entgegengesetzt; ein solches Merkmal X heisst der Grund, im ersten Falle der Beziehungs-, im zweiten der Unterscheidungsgrund.

Das Ich, von welchem die Wissenschaftslehre ausgeht, oder das Ich der intellectuellen Anschauung, ist die blosse Identität des Bewusstseienden und Bewussten, die reine Form der Ichheit, welche noch nicht Individuum ist; das Ich als Idee aber ist das Vernunftwesen, wenn es die allgemeine Vernunft in und ausser sich vollkommen dargestellt hat; mit diesem schliesst die Vernunft in ihrem praktischen Theile, indem sie dasselbe als das Endziel des Strebens unserer Vernunft aufstellt, welchem diese jedoch nur in's Unendliche sich annähern vermag; dieses Vernunftwesen ist nicht mehr Individuum, weil durch die Bildung nach allgemeinen Gesetzen die Individualität verschwunden ist (zweite Einleitung in die Wissenschaftslehre, 1797, Werke I, S. 515 f.; vgl. „Sonnenkl. Bericht", 1801, Werke II, S. 382).

Indem Fichte aus jenen drei Sätzen das gesammte theoretische Bewusstsein nach Inhalt und Form und zugleich die Normen des sittlichen Handelns deducirt, so glaubt er hierdurch zu Kant's Kritik das System der reinen Vernunft hinzuzufügen.

Abstrahirt man von allem Urtheilen als bestimmtem Handeln in dem Satze: Ich bin, und sieht dabei bloss auf die Handlungsart des menschlichen Geistes überhaupt, so hat man die Kategorie der Realität. Abstrahirt man in gleicher Art bei dem zweiten Grundsatze von der Handlung des Urtheilens, so hat man die Kategorie der Negation, bei dem dritten Satze die der Limitation. In ähnlicher Weise ergeben sich die übrigen Kategorien, wie auch die Formen und der Stoff der Anschauung mittelst der Abstraction aus der Thätigkeit des Ich.

Nicht in der „Grundlage der Wissenschaftslehre", sondern erst im „Naturrecht" construirt Fichte die Mehrheit der Individuen. Das Ich kann sich nicht als freies Subject denken, ohne sich durch ein Aeusseres auch zur Selbstbestimmung bestimmt zu finden; zur Selbstbestimmung aber kann es nur durch ein Vernunftwesen sollicitirt werden; es muss also nicht nur die Sinnenwelt, sondern auch andere Vernunftwesen ausser sich denken, also sich als ein Ich unter mehreren setzen.

Das „System der Sittenlehre nach den Principien der Wissenschaftslehre" (1798) findet das Princip der Sittlichkeit in dem nothwendigen Gedanken der Intelligenz, dass sie ihre Freiheit nach dem Begriffe der Selbständigkeit schlechthin und ohne Ausnahme bestimmen solle. Die Aeusserung und Darstellung des reinen Ich im individuellen Ich ist das Sittengesetz. Durch die Sittlichkeit geht das empirische Ich vermöge einer unendlichen Annäherung in das reine Ich zurück.

In der „Kritik aller Offenbarung" nimmt Fichte an, dass unter der Voraussetzung totaler Entartung die Empfänglichkeit für Moralität mittelst der Sinnlichkeit vermöge der Religion durch Wunder und Offenbarungen angeregt werden könne (wogegen Kant in seiner Religion innerhalb der Grenzen der Vernunft alle aussermoralischen Elemente als statutarische bezeichnet und nicht als von Gott unmittelbar veranstaltete Heilmittel, sondern nur als menschliche Veranstaltungen der rein moralischen Religion gelten lässt). Auf dem Standpunkte der Wissenschaftslehre lässt Fichte die Religion ganz in den Glauben an eine sittliche Weltordnung aufgehen. So insbesondere in der Abhandlung vom Jahr 1798 über den Grund unseres Glaubens an eine göttliche Weltregierung und in der sich hieran anschliessenden Vertheidigungsschrift gegen die Anklage des Atheismus. Der Gottesglaube ist die ihm praktisch sich bewährende Zuversicht an der absoluten Macht des Guten. „Die lebendige und wirkende moralische Ordnung", sagt Fichte in jener Abhandlung, „ist selbst Gott; wir bedürfen keines andern Gottes und können keinen andern fassen. Es liegt kein Grund in der Vernunft, aus jener moralischen Weltordnung herauszugehen und vermittelst eines Schlusses vom Begründeten auf den Grund noch ein besonderes Wesen als die Ursache derselben anzunehmen." „Es ist gar nicht zweifelhaft, vielmehr das Gewisseste, was es giebt, ja der Grund aller andern Gewissheit, das einzige absolut gültige Objective, dass es eine moralische Weltordnung giebt, dass jedem Individuum seine bestimmte Stelle in dieser Ordnung angewiesen und auf seine Arbeit gerechnet ist, dass jedes seiner Schicksale, inwiefern es nicht etwa durch sein eigenes Betragen vermacht ist. Resultat ist von diesem Plane, dass ohne ihn kein Haar fällt von seinem Haupte und in seiner Wirkungssphäre kein Sperling vom Dache, dass jede wahrhaft gute Handlung gelingt, jede böse misslingt, und dass denen, die nur das Gute recht lieben, alle Dinge zum Besten dienen müssen. Es kann ebensowenig von der andern Seite dem, der nur einen Augenblick nachdenken und das Resultat dieses Nachdenkens sich redlich gestehen will, zweifelhaft bleiben, dass der Begriff von Gott als einer besondern Substanz unmöglich und widersprechend ist, und es ist erlaubt dies aufrichtig zu sagen und das Schulgeschwätz niederzuschlagen, damit die wahre Religion des freudigen Rechtthuns sich erhebe." (Forberg hatte in dem Aufsatz, welchem der Fichte'sche vorangeschickt wurde, es für ungewiss erklärt, ob ein Gott sei, den Polytheismus, falls nur die mythologischen Götter moralisch handelten, für eben so verträglich mit der Religion, wie den Monotheismus und in künstlerischem Betracht für vorzüglicher erklärt, die Religion auf zwei Glaubensartikel beschränkt: den Glauben an die Unsterblichkeit der Tugend, d. h. den Glauben, dass es immer auf Erden Tugend gab und giebt, und den Glauben an ein Reich Gottes auf Erden, d. h. die Maxime, an der Beförderung des Guten wenigstens so lange zu arbeiten, als die Unmöglichkeit des Erfolges nicht klar erwiesen sei; endlich es dem Ermessen eines Jeden anheimgegeben, ob er es rathsamer finde, an einen alten Ausdruck „Religion" einen neuen, verwandten Begriff zu binden und dadurch diesen der Gefahr auszusetzen, von jenem wieder verschlungen zu werden, oder lieber den alten Ausdruck gänzlich beiseite zu legen, aber dann zugleich auch bei sehr Vielen schwerer oder gar nicht Eingang zu finden. Forberg hat auch später noch, in einem Briefe an Paulus, Coburg 1821, in: Paulus u. s. Zeit, von Reichlin-Meldegg, Stuttgart 1853, Bd. II, S. 263 f. vgl. Hase, Fichte-Büchlein, S. 24 f., erklärt: „Ihres Glaubens habe ich in keiner Lage meines Lebens bedurft und gedenke in meinem entschiedenen Unglauben zu verharren bis an's Ende, das für mich ein totales Ende ist" etc., wogegen Fichte über die Unsterblichkeit, obschon er sich zu verschiedenen Zeiten verschieden äussert, doch stets affirmativere Ansichten gehegt hat; kein wirklich gewordenes Ich kann nach Fichte's Doctrin jemals untergehen; wie das Sein ursprünglich sich brach, so bleibt es gebrochen in alle Ewigkeit; wirklich geworden im vollen Sinne ist aber nur das Ich, das sich als Leben des Begriffes erscheint, das also etwas allgemein und ewig Gültiges aus sich entwickelt hat. Vgl. Löwe, die Ph. F.'s, Stuttg. 1862, S. 224—230.)

Die „Bestimmung des Menschen", Berlin 1800, ist eine lebendige exoterische Darstellung des Fichte'schen Idealismus in seinem Gegensatz zum Spinozismus.

Bald nach dem Atheismus-Streit ging Fichte dazu über, den Ausgangspunkt seines Philosophirens im Absoluten zu nehmen, insbesondere bereits in der Darstellung der Wissenschaftslehre aus dem Jahre 1801 (erst in den Werken, Bd. II, 1845 gedruckt), in welche auch einzelne Schleiermacher'sche Begriffe aus den Reden über die Religion eingegangen sind, und in der „Anweisung zum seligen Leben". Er erklärt Gott für das allein wahrhaft Seiende, welches sich durch sein absolutes Denken die äussere Natur als ein unwirkliches Nicht-Ich gegenüberstelle. Zu den beiden früher (im Anschluss an Kant's Ethik) unterschiedenen praktischen Lebensstandpunkten, dem des Genusses und dem des Pflichtbewusstseins in der Form des kategorischen Imperativs, fügt Fichte nunmehr drei andere hinzu, die ihm als höhere gelten: die positive oder schaffende Sittlichkeit, die religiöse Gemeinschaft mit Gott und die philosophische Gotteserkenntniss.

In der Schrift: „Grundzüge des gegenwärtigen Zeitalters", Vorlesungen, geh. zu Berlin 1804—1805, gedr. Berlin 1806, unterscheidet Fichte geschichtsphilosophisch fünf Perioden: 1. diejenige, da die menschlichen Verhältnisse ohne Zwang

§ 20. Fichte und Fichteaner.

und Mühe durch den blossen Vernunftinstinct geordnet werden; 2. diejenige, da dieser Instinct schwächer geworden und nur noch in wenigen Auserwählten sich ausspreschend, durch diese Wenigen in eine zwingende äussere Autorität für Alle verwandelt wird; 3. diejenige, da diese Autorität und mit ihr die Vernunft in der einzigen Gestalt, in der sie bis jetzt vorhanden, abgeworfen wird; 4. diejenige, da die Vernunft in der Gestalt der Wissenschaft in die Gattung eintritt; 5. diejenige, da zu dieser Wissenschaft sich die Kunst gesellt, um das Leben mit sicherer und fester Hand nach der Wissenschaft zu gestalten, und da diese Kunst die vernunftgemässe Einrichtung der menschlichen Verhältnisse frei vollendet, und der Zweck des gesammten Erdenlebens erreicht wird und unsere Gattung die höheren Sphären einer andern Welt betritt. Die letzte Periode ist eine Rückkehr zum Ursprunge, jedoch so, dass die Menschheit sich mit Bewusstsein wieder zu dem macht, was sie ohne ihr Zuthun gewesen ist. Fichte findet, dass seine Zeit in der dritten Epoche stehe. — In den im Sommersemester 1813 gehaltenen Vorlesungen über die Staatslehre erklärt Fichte (Werke, Bd. IV, S. 508) die Geschichte für den Fortgang von der ursprünglichen, auf blossem Glauben beruhenden Ungleichheit zu der Gleichheit, die das Resultat des die menschlichen Verhältnisse durchaus ordnenden Verstandes sei.

Die Energie der sittlichen Gesinnung Fichte's hat sich zumeist in seinen „Reden an die deutsche Nation" bekundet, die eine geistige Wiedergeburt erstreben. „Lasst die Freiheit auf einige Zeit verschwunden sein aus der sichtbaren Welt; geben wir ihr eine Zuflucht im Innersten unserer Gedanken, so lange, bis um uns herum die neue Welt emporwachse, die da Kraft habe, diese Gedanken auch äusserlich darzustellen." Dieses Ziel soll erreicht werden durch eine völlig neue, zur Selbstthätigkeit und Sittlichkeit führende Erziehung, für welche Fichte in Pestalozzi's Pädagogik den Anknüpfungspunkt findet. Nicht durch die einzelnen Vorschläge, die grossentheils überspannt und abenteuerlich sind, wohl aber durch das ethische Princip hat Fichte zur sittlichen Erhebung der deutschen Nation wesentlich mitgewirkt, und zumal die Jugend zum aufopferungsfreudigen Kampfe für die nationale Unabhängigkeit begeistert. Gegen Fichte's früheren Kosmopolitismus, der ihn noch 1804 in dem Staate, der jedesmal auf der Höhe der Cultur stehe, das wahre Vaterland des Gebildeten finden liess, contrastirt scharf die in den Reden sich bekundende warme Liebe zu der deutschen Nation, die sich jedoch bis zu einem überschwenglichen, den Gegensatz des Deutschen und Fremden nahezu mit dem des Guten und Bösen identificirenden Cultus des Deutschthums potenzirt.

Fichte's spätere Lehre ist eine Fortbildung der früheren in der nämlichen Richtung, in welcher Schelling über Fichte hinausging. Die Differenz zwischen Fichte's früherem und späterem Philosophiren ist vielleicht in der Sache geringer, als in der Lehrform. Schelling, der seinen eigenen Einfluss auf Fichte's spätere Gedankenbildung wohl überschätzt hat, mag die Differenz überspannt und vielleicht Fichte's früheren Standpunkt zu subjectivistisch gedeutet haben. Andererseits aber ist nicht zu verkennen, dass Fichte, von Kant's transscendentaler Apperception, welche das reine Selbstbewusstsein jedes Individuums ist, ausgehend, mehr und mehr in dem Begriff des alle Individuen in sich befassenden Absoluten das Princip seines Philosophirens gefunden hat und dass demgemäss sein späteres Lehrgebäude auch materiell von dem früheren gar nicht unbeträchtlich verschieden ist.

Zu der von Fichte in der „Wissenschaftslehre" dargelegten Doctrin hat sich eine Zeit lang auch Reinhold bekannt, der später theils Bardili'sche, theils Jacobi'sche Ansichten annahm; Friedr. Carl Forberg (1770 — 1848) und Friedr.

Immanuel Niethammer (1766—1848) schlossen sich an eben jene Lehre an; Johannes Baptista Schad und G. E. A. Mehmel haben in Schriften und Vorlesungen eben diese Doctrin vertreten.

Von Fichte angeregt, ging Friedrich Schlegel (1772—1829), indem er an die Stelle des reinen Ich das geniale Individuum setzte, zu einem Cultus der Genialität fort. Im Anschluss an Jacobi gegen den Formalismus des kategorischen Imperativs (mit der Wendung, dem Kant sei „die Jurisprudenz auf die inneren Theile geschlagen") polemisirend, findet er in der Kunst die wahre Erhebung über das Gemeine, wozu sich die pflichttreue Arbeit nur wie die getrocknete Pflanze zur frischen Blume verhalte. Indem das Genie sich über jede für das gemeine Bewusstsein geltende Schranke erhebt und über alles, was es selbst anerkennt, sich wiederum erhebt, so ist sein Verhalten das ironische. Eine positive Befriedigung kennt diese „Ironie" nicht, und die Erhebung, durch welche jedesmal das, was früher ein Ziel ernsten Strebens war, zum Object heitern Spieles herabgesetzt wird, besteht ihr nicht in der thatkräftig fortschreitenden Arbeit des Geistes, sondern nur in der stets erneuten Negation, die alle Besonderheit in den Abgrund des Absoluten versenkt. Verwandt mit Schlegel's Denkrichtung ist die von Novalis (Friedrich von Hardenberg, 1772 bis 1801). In's Extrem treibt Schlegel das ironische Verhalten und die Polemik gegen die Sitte in dem Roman: Lucinde, Berlin 1799, durch die Bekämpfung der Schambaftigkeit und das „Lob der Frechheit", wo bei dem Mangel eines positiven sittlichen Gehaltes die berechtigte Polemik gegen einen rigoristischen Formalismus in eine sittenlose Frivolität umschlägt. (Schleiermacher hat seine idealere Auffassung des Rechtes der Individualität in den Roman hineingetragen.) Später fand F. Schlegel im Katholicismus die Befriedigung, die ihm seine Philosophie nicht dauernd zu gewähren vermochte. Trotz der Beziehung zu Fichte's Lehre ist die Schlegel'sche Romantik und Ironie, sofern sie die Willkür des Subjects an die Stelle des Gesetzes im Denken und Wollen treten lässt, nicht eine Consequenz, sondern (wie Lasson in seiner Schrift über Fichte S. 240 sie richtig bezeichnet) „das directe Widerspiel des Fichte'schen Geistes". (Vgl. J. H. Schlegel, die neuere Romantik und ihre Beziehung zur Fichte'schen Philosophie, Rastadt 1862.)

§ 21. Friedrich Wilhelm Joseph Schelling (später von Schelling, geb. 1775, gest. 1854) hat die Fichte'sche Ichlehre, von der er ausging, durch Verschmelzung mit dem Spinozismus zu dem Identitätssystem umgestaltet, aber von den beiden Seiten desselben, der Lehre von der Natur und vom Geist, vorzugsweise die erstere ausgebildet. Object und Subject, Reales und Ideales, Natur und Geist sind identisch im Absoluten. Wir erkennen diese Identität mittelst intellectueller Anschauung. Die ursprüngliche ungeschiedene Einheit oder Indifferenz tritt in die polarischen Gegensätze des positiven oder idealen und des negativen oder realen Seins auseinander. Der negative oder reale Pol ist die Natur. Der Natur wohnt ein Lebensprincip inne, welches die unorganischen und die organischen Wesen vermöge einer allgemeinen Continuität aller Naturursachen zu einem Gesammtorganismus verknüpft. Dieses Princip nennt Schelling die Weltseele. Die Kräfte der unorganischen Natur wiederholen sich in höherer Potenz in der organischen. Der positive oder ideale Pol ist der Geist. Die Stufen seiner Entwicklung sind: das theoretische, das praktische und das künstlerische Verhalten, d. h. die Hineinbildung des Stoffes in die Form, der Form in den Stoff, und die absolute Ineinsbildung von Form und Stoff. Die Kunst ist bewusste Nachbildung der bewusstlosen Naturidealität, Nachbildung der Natur in den Culminationspunkten ihrer Entwicklung; die höchste Stufe der Kunst ist die Aufhebung der Form durch die vollendete Fülle der Form.

Durch successive Mitaufnahme mancher Philosopheme von Plato und Neuplatonikern, Giordano Bruno, Jakob Böhm und Anderen hat Schelling später eine synkretistische Doctrin gebildet, die immer mystischer geworden ist, auf den Entwicklungsgang der Philosophie aber einen weit geringeren Einfluss, als das anfängliche Identitätssystem, gewonnen hat. Schelling hat nach Hegel's Tode das Identitätssystem, das von Hegel nur auf eine logische Form gebracht worden sei, zwar nicht für falsch, aber für einseitig erklärt und als negative Philosophie bezeichnet, welche der Ergänzung durch eine positive Philosophie, nämlich durch die „Philosophie der Mythologie" und „Philosophie der Offenbarung" bedürfe. Diese Theosophie ist eine Speculation über die Potenzen und Personen der Gottheit, wodurch der Gegensatz des petrinischen und paulinischen Christenthums oder des Katholicismus und Protestantismus in einer Johanneskirche der Zukunft aufgehoben werden soll. Der Erfolg ist weit hinter Schelling's grossen Verheissungen zurückgeblieben.

Schelling's Werke hat in einer Gesammtausgabe, welche ausser dem früher Gedruckten auch vieles bis dahin Ungedruckte enthält, sein Sohn K. F. A. Schelling edirt, 1. Abth. 10 Bds., 2. Abth. 4 Bde., Stuttg. und Augsb. 1856 ff. Von G. L. Plitt in Erlangen ist hrsg. worden: Aus Schelling's Leben, in Briefen, Bd. I, 1775—1803, Leipz. 1869, Bd. II, 1803—20, Leipz. 1870. Ueber Schelling handelt insbesondere C. Rosenkranz, Schelling, Vorlesungen gehalten im Sommer 1842 an der Universität zu Königsberg, Danzig 1843; vgl. die Darstellungen seines Systems bei den Historikern Michelet, Erdmann etc., ferner unter den älteren Schriften namentlich die von Jak. Fries über Reinhold, Fichte und Schelling, Leipz. 1803, F. Köppen, Sch.'s Lehre oder das Ganze der Philosophie des absoluten Nichts, nebst drei Briefen von F. H. Jacobi, Hamburg 1803, wie auch Jacobi's Schrift von den göttlichen Dingen, Leipzig 1811 (s. o. § 19, S. 226), von neueren mehrere bei der Eröffnung der Vorlesungen Schelling's in Berlin erschienenen Streitschriften: Schelling und die Offenbarung, Kritik des neuesten Reactionsversuchs gegen die freie Philosophie, Leipz. 1842, (Glaser) Differenz der Schelling'schen und Hegel'schen Philosophie, Leipz. 1842, Marheincke, Kritik der Schelling'schen Offenbarungsphilosophie, Berlin 1843. Salat, Schelling in München, Heidelb. 1845, L. Noack, Schelling und die Philosophie der Romantik, Berlin 1859 Mignet, notice historique sur la vie et les travaux de M. de Schelling, Paris 1858 E. A. Weber, examen critique de la philos. religieuse de Sch., thèse, Strassb. 1860. Abhandlungen von Hubert Beckers in den Abh. der Bayr. Akad. der Wiss. (über die Bedeutung der Schelling'schen Metaphysik, ein Beitrag zum tieferen Verständnis der Potenzen- und Principienlehre Schelling's, im Abh. der philos.-philol. Cl. der Münchener Akademie der Wiss., Bd. IX, München 1863, S. 399—646; über die wahre und bleibende Bedeutung der Naturphilosophie Schelling's, ebd. Bd. X, 2, München 1866, S. 401—449, die Unsterblichkeits-

§ 21. Schelling.

lehre Schelling's im ganzen Zusammenhange ihrer Entwicklung dargestellt, ebd. Bd. XI, 1, München 1866, S. 1—112), von Ehrenfeuchter, Dorner, Hamberger in den Jahrb. f. deutsche Theol., auch in der 1863 erschienenen Abhandlung: Christenthum und modernes Cultur, Hoffmann im Athenaeum, Brandis (Gedächtnissrede) in den Abh. der Berl. Akad. 1855. Böckh, über Sch.'s Verh. zu Leibniz, in den Monatsber. der Berl. Akad. d. Wiss. 1855. kl. Schr. Bd. II. E. v. Hartmann, Sch's positive Philosophie als Einheit von Hegel und Schopenhauer, Berlin 1869.

Sohn eines Würtembergischen Landgeistlichen, geboren zu Leonberg am 27. Januar 1775, trat Schelling, dessen glänzende Anlagen sich früh entwickelten, bereits in seinem sechszehnten Lebensjahre, zu Michaelis 1790, in das theologische Seminar zu Tübingen. Er trieb ausser den theologischen Studien philologische und philosophische, dann 1796 und 1797 zu Leipzig auch naturwissenschaftliche und mathematische. Seit 1798 docirte er in Jena neben Fichte und ebendaselbst auch noch nach dessen Abgange. Schelling erhielt 1803 eine Professur der Philosophie in Würzburg, die er bis 1806 bekleidete, wurde dann Mitglied der Akademie der Wissenschaften in München (später deren beständiger Secretair), las in Erlangen 1820—26, ward 1827, als unter Aufhebung der Universität zu Landshut die zu München gegründet wurde, an derselben Professor; von da 1841 nach Berlin als Mitglied der Akademie der Wissenschaften berufen, hielt er an der dortigen Universität einige Jahre lang Vorlesungen über Mythologie und Offenbarung, gab aber bald diese Lehrthätigkeit auf. Er starb am 20. August 1854 im Badeorte Ragaz in der Schweiz.

In seiner Magisterdissertation, die er 1792 verfasste: „Antiquissimi de prima malorum origine philosophematis explicandi tentamen criticum", gab er der biblischen Erzählung vom Sündenfall eine allegorische Deutung, im Anschluss an Herder'sche Ideen. In gleichem Geiste war die Abhandlung geschrieben, die 1793 in Paulus' Memorabilien (Stück V, S. 1—65) erschien: „Ueber Mythen, historische Sagen und Philosopheme der ältesten Welt". Der neutestamentlichen Kritik und ältesten Kirchengeschichte gehört die Abhandlung an: de Marcione Paulinarum epistolarum emendatore", 1795. Immer mehr aber wandte sich Schelling's Interesse der Philosophie zu. Er las Kant's Vernunftkritik, Reinhold's Elementarphilosophie, Maimon's neue Theorie des Denkens, G. E. Schulze's Aenesidemus und Fichte's Recension dieser Schrift und dessen Schrift über den Begriff der Wissenschaftslehre, und schrieb 1794 die (zu Tübingen 1795 erschienene) Schrift: „Ueber die Möglichkeit einer Form der Philosophie überhaupt", worin er zu zeigen sucht, dass weder ein materialer Grundsatz, wie Reinhold's Satz des Bewusstseins, noch ein bloss formaler, wie der Satz der Identität, sich zum Princip der Philosophie eigne; dieses Princip müsse in dem Ich liegen, in welchem das Setzen und das Gesetzte zusammenfallen. In dem Satze: Ich = Ich, bedingen Form und Inhalt sich gegenseitig.

In der nächstfolgenden Schrift: „Vom Ich als Princip der Philosophie oder über das Unbedingte im menschlichen Wissen", Tüb. 1795 (wiederabgedr. in den „philos. Schriften", Landshut 1809), bezeichnet Schelling als das wahre Princip der Philosophie das absolute Ich. Das Subject ist das durch ein Object bedingte Ich; der Gegensatz zwischen Subject und Object setzt ein absolutes Ich voraus, welches nicht durch ein Object bedingt ist, sondern alles Object ausschliesst. Das Ich ist das Unbedingte im menschlichen Wissen; durch das Ich selbst und durch Entgegensetzung gegen das Ich muss sich der ganze Inhalt alles Wissens bestimmen lassen. Die Kantische Frage: wie sind synthetische Urtheile a priori möglich? ist, in ihrer höchsten Abstraction vorgestellt, keine andere, als diese: wie kommt das absolute Ich dazu, aus sich selbst herauszugehen und sich ein Nicht-Ich schlechthin entgegenzusetzen? Im endlichen Ich ist die

Einheit des Bewusstseins, d. h. Persönlichkeit; das unendliche Ich aber kennt gar kein Object, also auch kein Bewusstsein und keine Einheit des Bewusstseins, keine Persönlichkeit; die Causalität des unendlichen Ich kann nicht als Moralität, Weisheit etc., sondern nur als absolute Macht vorgestellt werden.

In den „philos. Briefen über Dogmatismus und Kriticismus", in Niethammer's philos. Journal 1796 (wiederabgedr. in den „philos. Schriften", Landshut 1809), tritt Schelling den Kantianern entgegen, die er im Begriff findet, „aus den Trophäen des Kriticismus ein neues System des Dogmatismus zu erbauen, an dessen Stelle wohl jeder aufrichtige Denker das alte Gebäude zurückwünschen möchte". Schelling sucht (besonders bei dem moralischen Beweise für das Dasein Gottes) nachzuweisen, dass der Kriticismus in dem Sinne, wie die meisten Kantianer denselben verstehen, nur ein widerspruchsvolles Mittelding von Dogmatismus und Kriticismus sei; recht verstanden, sei die Kritik der reinen Vernunft gerade dazu bestimmt, die Möglichkeit zweier einander entgegengesetzter Systeme, welche beide den Widerstreit zwischen Subject und Object durch Deduction des einen auf das andere aufheben, nämlich des Idealismus und des Realismus, aus dem Wesen der Vernunft abzuleiten. „Uns Allen", sagt Schelling, „wohnt ein geheimes, wunderbares Vermögen bei, uns aus dem Wechsel der Zeit in unser Innerstes, von allem, was von aussenher hinzukam, entkleidetes Selbst zurückzuziehen und da unter der Form der Unwandelbarkeit das Ewige anzuschauen; diese Anschauung ist die innerste, eigenste Erfahrung, von welcher allein alles abhängt, was wir von einer übersinnlichen Welt wissen und glauben". Schelling nennt dieselbe die „intellectuelle Anschauung". (Freilich ist das, was er hier beschreibt, vielmehr eine Abstraction, als eine Anschauung.) Spinoza, meint Schelling, objectivirt dogmatistisch oder realistisch diese Anschauung und glaubt daher (gleich dem Mystiker) sich im Absoluten zu verlieren; der Idealist aber erkennt sie als Anschauung seiner selbst; sofern wir streben, das Absolute in uns zu realisiren, sind nicht wir in der Anschauung der objectiven Welt, sondern ist sie in dieser unserer Anschauung verloren, in welcher Zeit und Dauer für uns dahinschwinden und die reine absolute Ewigkeit in uns ist. — Die Quelle des Selbstbewusstseins ist das Wollen. Im absoluten Willen wird der Geist seiner selbst unmittelbar inne, und er hat eine Intellectuale Anschauung seiner selbst. Obwohl Kant die Möglichkeit einer intellectuellen Anschauung negirt, so glaubt doch Schelling (in den 1796 und 97 geschriebenen, gleichfalls zuerst in dem von Fichte und Niethammer hrsg. philos. Journal erschienenen, in den „philos. Schriften", Landshut 1809, wiederabgedr. „Abhandlungen zur Erläuterung des Idealismus der Wissenschaftslehre") mit dem Geist seiner Lehre sich in Uebereinstimmung zu finden, da Kant selbst das Ich in dem Satze: Ich denke, für eine rein intellectuale Vorstellung erkläre, die allem empirischen Denken nothwendig vorangehe. Die von Reinhold aufgeworfene Frage, ob Fichte durch seine Behauptung, dass das Princip der Vorstellungen lediglich ein inneres sei, von Kant abweiche, beantwortet Schelling, indem er sagt: „Beide Philosophen sind einig in der Behauptung, dass der Grund unserer Vorstellungen nicht im Sinnlichen, sondern im Uebersinnlichen liege. Diesen übersinnlichen Grund muss Kant in der theoretischen Philosophie symbolisiren und spricht daher von Dingen an sich als solchen, die den Stoff zu unseren Vorstellungen geben. Dieser symbolischen Darstellung kann Fichte entbehren, weil er die theoretische Philosophie nicht, wie Kant, getrennt von der praktischen behandelt. Denn eben darin besteht das eigenthümliche Verdienst des Letzteren, dass er das Princip, das Kant an die Spitze der praktischen Philosophie stellt, die Autonomie des Willens, zum Princip der gesammten Philosophie erweitert und dadurch der Stifter einer Philosophie wird, die man mit Recht höhere Philosophie heissen kann, weil sie ihrem Geiste nach weder theoretisch, noch praktisch allein, sondern beides zugleich ist". Von der (historisch richtigen) Auffassung der Kantischen „Dinge an sich" im eigentlichen Sinne redet Schelling mit derselben Verachtung, wie von der (Aristotelischen, im Wesentlichen gleichfalls historisch richtigen) Auffassung der Platonischen Ideen als Substanzen, indem er die (grossentheils allerdings unleugbar vorhandenen, und auch von Anderen bereits aufgezeigten, theilweise jedoch nur vermeintlichen, durch Schelling's eigenes Missverständniss erzeugten) Widersprüche rügirt, in welche jene Auffassung sich verwickle. „Die unendliche Welt ist ja nichts anderes, als unser schaffender Geist selbst in unendlichen Productionen und Reproductionen. Nicht also Kant's Schüler! Ihnen ist die Welt und die ganze Wirklichkeit etwas, das unserm Geiste ursprünglich fremd, mit ihm keine Verwandtschaft hat, als die zufällige, dass sie auf ihn wirkt. Nichtsdestoweniger beherrschen sie eine solche Welt, die für sie doch nur zufällig ist und die eben so gut auch anders sein könnte, mit Gesetzen, die, sie wissen nicht wie und woher, in ihrem Verstande eingegraben sind. Diese Begriffe und diese Gesetze des Verstandes tragen sie, als höchste Gesetzgeber der Natur, mit vollem Bewusstsein, dass die Welt aus Dingen an sich besteht, doch auf diese Dinge an sich über, wenden sie ganz frei und selbstbeliebig an und diese Welt, diese ewige und nothwendige Natur, gehorcht ihrem speculativen Gutdünken? Und dies soll Kant gelehrt haben? — Es hat nie ein System existirt, das lächerlicher oder abenteuerlicher gewesen wäre."*)

Im Jahre 1797 erschien zu Leipzig der erste (und einzige) Theil der „Ideen zu einer Philosophie der Natur" (2. Aufl. Landshut 1803), im Jahre 1798 zu Hamburg die Schrift: „Von der Weltseele, eine Hypothese der höheren Physik zur Erklärung des allgemeinen Organismus" (der zweiten Auflage, welche zu Hamburg 1806 erschien, wie auch der dritten, Hamburg 1809, ist eine Abhandlung „über das Verhältniss des Realen und des Idealen in der Natur oder Entwicklung der ersten Grundsätze der Naturphilosophie an den Principien der

---

*) Diese Kritik trifft nur halb zu, sofern nicht auf die Dinge an sich selbst, sondern auf die durch sie in uns hervorgerufenen Vorstellungen die apriorischen Formen und Gesetze übertragen werden sollen; da aber diese Vorstellungen, sofern sie von Dingen an sich abhängen, auch durch diese mitbestimmt sein müssen, so liegt in der That in der Doctrin Kant's und seiner strengen Anhänger die Ungereimtheit, dass eben diese Vorstellungen doch zugleich auch widerstandslos, als ob sie gar nicht durch die Dinge an sich mitbestimmt wären, den Gesetzen gehorchen sollen, welche das Ich „ganz frei und selbstbeliebig" aus sich erzeugt (vgl. oben S. 192). Wenn übrigens Schelling selbst dafür hält, es gebe für unsere Vorstellung kein Original ausser ihr und es finde zwischen dem vorgestellten und wirklichen Gegenstand gar kein Unterschied statt, so beweist dies nur, dass er — ebenso wie später Hegel und Andere — Kant's erkenntnisstheoretisches Problem nicht gelöst und nicht einmal verstanden hat; ein wesentlich anderes Problem, nämlich das der realen Verhältnisse zwischen Natur und Geist, hat sich, ihm selbst unbewusst, in seinem Philosophiren jenem erkenntnisstheoretischen Probleme untergeschoben und ist von ihm geistvoll und tief in seinen nächstfolgenden Schriften behandelt worden, während jenes ungelöst blieb, aber Schelling selbst und seinen Nachfolgern irrigerweise mit diesem zugleich für gelöst galt. Dass die Natur teleologisch durch den Geist, der uns ihr hervorgehen soll, bedingt sei, wie dieser genetisch durch sie bedingt ist, ist allerdings ein Gedanke von tiefer und bleibender Wahrheit; aber von dem einzelnen Erkenntnissact des Individuums ist doch das jedesmalige Erkenntnissobject nicht abhängig, sondern besteht an sich ausserhalb des individuellen Bewusstseins, und auf diese Ansicht hat Schelling seine Aufmerksamkeit nicht gerichtet.

Schwere und des Lichts" beigefügt). Im folgenden Jahre erschien: „Erster Entwurf eines Systems der Naturphilosophie", Jena u. Leipzig 1799, nebst der kleinen Schrift: Einleitung zu diesem Entwurf, oder: über den Begriff der speculativen Physik und die innere Organisation eines Systems dieser Wissenschaft. Dann folgte das „System des transscendentalen Idealismus", Tübingen 1800. Schelling betrachtet in diesen Schriften das Subjective oder Ideelle und das Objective oder Reelle als zwei Pole, die sich wechselseitig voraussetzen und fordern. Auf der Uebereinstimmung eines Objectiven mit einem Subjectiven beruht alles Wissen. Demgemäss giebt es (wie Schelling namentlich in der Einleitung zu seinem Entwurf eines Systems der Naturphil. und im System des transsc. Idealismus ausführt) nothwendig zwei Grundwissenschaften. Entweder nämlich wird das Objective zum Ersten gemacht und gefragt, wie ein Subjectives zu ihm hinzukomme, das mit ihm übereinstimme, oder das Subjective wird zum Ersten gemacht, und die Aufgabe ist die: wie ein Objectives hinzukomme, das mit ihm übereinstimmt? Die erste Aufgabe ist die der speculativen Physik, die andere die der Transscendentalphilosophie. Die Transscendentalphilosophie betrachtet, indem sie die reelle oder bewusstlose Vernunftthätigkeit auf die ideelle oder bewusste zurückführt, die Natur als den sichtbaren Organismus unseres Verstandes; die Naturphilosophie dagegen zeigt, wie das Ideelle auch hinwiederum aus dem Reellen entspringt und aus ihm erklärt werden muss. Zum Behuf der Erklärung des Fortgangs der Natur von den niedrigsten bis zu den höchsten Gebilden nimmt Schelling eine Weltseele an als ein organisirendes, die Welt zum System bildendes Princip*). Schelling fasst im „System des transscendentalen Idealismus" die Grundgedanken seiner Naturphilosophie (welche, obschon mit Irrigem und Phantastischem untermischt, doch von bleibendem Werthe sind) dahin zusammen: „Die nothwendige Tendenz aller Naturwissenschaft ist, von der Natur aufs Intelligente zu kommen. Dies und nichts Anderes liegt dem Bestreben zu Grunde, in die Naturerscheinungen Theorie zu bringen. — Die vollendete Theorie der Natur würde diejenige sein, kraft welcher die ganze Natur sich in eine Intelligenz auflöste. Die todten und bewusstlosen Producte der Natur sind nur misslungene Versuche der Natur sich selbst zu reflectiren, die sogenannte todte Natur aber überhaupt eine unreife Intelligenz, daher in ihren Phänomenen noch bewusstlos schon der intelligente Charakter durchblickt. Das höchste Ziel, sich selbst ganz Object zu werden, erreicht die Natur erst durch die höchste und letzte Reflexion, welche nichts Anderes, als der Mensch, oder allgemeiner, das ist, was wir Vernunft nennen, durch welche zuerst die Natur vollständig in sich selbst zurückkehrt, und wodurch offenbar wird, dass die Natur ursprünglich identisch ist mit dem, was in uns als Intelligenz und Bewusstes erkannt wird." Aus dem Subjectiven aber das Objective entstehen zu lassen, ist die Aufgabe der

---

*) In der Annahme einer Weltseele ist unter den alten Philosophen namentlich Plato, unter den durch Kant angeregten Denkern aber Sal. Maimon Schelling vorangegangen; Maimon handelt „über die Weltseele, entelechia universi", im Berlinischen Journal für Aufklärung, hrsg. von A. Riem, Bd. VIII, St. 1, Juli 1790, S. 47—02; er bemerkt mit Recht, dass man nach Kant sowenig behaupten dürfe, dass es mehrere Seelen, überhaupt Kräfte, als dass es bloss eine einzige allgemeine gebe, weil Vielheit, Einheit, Existenz etc. Formen des Denkens seien, die ohne ein sinnliches Schema nicht gebraucht werden können, hält aber für eine zulässige und die Naturerkenntniss fördernde Hypothese die Annahme einer Weltseele als des Grundes der anorganischen und organischen Bildungen, des thierischen Lebens und des Verstandes und der Vernunft im Menschen.

§ 21. Schelling.

Transscendentalphilosophie. „Wenn alle Philosophie darauf ausgehen muss, entweder aus der Natur eine Intelligenz oder aus der Intelligenz eine Natur zu machen, so ist die Transscendentalphilosophie, welche diese letztere Aufgabe hat, die andere nothwendige Grundwissenschaft der Philosophie." Schelling theilt die Transscendentalphilosophie, den drei Kantischen Kritiken gemäss, in drei Theile: die theoretische Philosophie, die praktische, und die, welche auf die Einheit des Theoretischen und Praktischen geht und erklärt, wie die Vorstellungen zugleich als sich richtend nach den Gegenständen und diese als sich richtend nach den Vorstellungen gedacht werden können, indem sie die Identität der bewusstlosen und der bewussten Thätigkeit nachweist, d. h. die Lehre von der Naturzweckmässigkeit und von der Kunst. In dem theoretischen Theile der Transscendentalphilosophie betrachtet Schelling die Stufen der Erkenntniss in ihrer Beziehung auf die Stufen der Natur. Die Materie ist der erloschene Geist; die Acte und Epochen des Selbstbewusstseins lassen sich in den Kräften der Materie und in den Momenten ihrer Construction wiederfinden. Alle Kräfte des Universums kommen zuletzt auf Vorstellungskräfte zurück; der Leibnitzsche Idealismus, dem die Materie als der Schlafzustand der Monaden gilt, ist, gehörig verstanden, vom transscendentalen in der That nicht verschieden. Die Organisation ist darum nothwendig, weil die Intelligenz sich selbst in ihrem productiven Uebergehen von Ursache zu Wirkung oder in der Succession ihrer Vorstellungen anschauen muss, insofern diese in sich selbst zurückläuft; diese aber kann sie nicht, ohne jene Succession permanent zu machen oder sie in Ruhe darzustellen; die in sich selbst zurückkehrende, in Ruhe dargestellte Succession ist eben die Organisation. Es ist aber eine Stufenfolge der Organisation nothwendig, weil die Succession, die der Intelligenz zum Object wird, innerhalb ihrer Grenzen wieder endlos, die Intelligenz also ein unendliches Bestreben sich zu organisiren ist. In der Stufenfolge der Organisation muss nothwendig eine vorkommen, welche die Intelligenz als identisch mit sich selbst anzuschauen genöthigt ist. Nur eine nie aufhörende Wechselwirkung des Individuums mit anderen Intelligenzen vollendet das ganze Bewusstsein mit allen seinen Bestimmungen. Nur dadurch, dass Intelligenzen ausser mir sind, wird mir die Welt überhaupt objectiv; die Vorstellung von Objecten ausser mir kann mir gar nicht anders entstehen, als durch Intelligenzen ausser mir, und nur durch Wechselwirkung mit anderen Individuen kann ich zum Bewusstsein meiner Freiheit gelangen. Eine Wechselwirkung von Vernunftwesen durch das Medium der objectiven Welt ist die Bedingung der Freiheit. Ob aber alle Vernunftwesen, der Vernunftforderung gemäss, ihr Handeln durch die Möglichkeit des freien Handelns aller übrigen einschränken oder nicht, darf nicht dem Zufall anvertraut sein; es muss eine zweite und höhere Natur gleichsam über der ersten errichtet werden, nämlich das Rechtsgesetz, welches mit der Unverbrüchlichkeit eines Naturgesetzes herrschen soll zum Behuf der Freiheit. Alle Versuche, die Rechtsordnung in eine moralische umzuwandeln, sind verfehlt und schlagen in Despotismus um. Ursprünglich hat der Trieb zur Reaction gegen Gewaltthätigkeit die Menschen zu einer Rechtsordnung geführt, die für das nächste Bedürfniss eingerichtet war. Die Sicherung guter Verfassung des einzelnen Staates liegt zuhöchst in der Unterordnung der Staaten unter ein gemeinsames, von einem Völkerareopag gehandhabtes Rechtsgesetz. Das allmähliche Realisiren der Rechtsverfassung ist das Object der Geschichte. Die Geschichte als Ganzes ist eine fortgehende, allmählich sich enthüllende Offenbarung des Absoluten. Man kann in der Geschichte nie eine einzelne Stelle bezeichnen, wo die Spur der Vorsehung oder Gott selbst gleichsam sichtbar wäre; nur durch die ganze Geschichte kann der Beweis vom Dasein Gottes vollendet sein. Jede einzelne Intelligenz kann

§ 21. Schelling.

betrachtet werden als ein integrirender Theil Gottes oder der moralischen Weltordnung; diese wird existiren, sobald jene sie errichten. Die Geschichte nähert sich diesem Ziele vermöge einer prästabilirten Harmonie des Objectiven oder Gesetzmässigen und des Bestimmenden oder Freien, welche nur denkbar ist durch etwas Höheres, was über beiden ist als der Grund der Identität zwischen dem absolut Subjectiven und dem absolut Objectiven, dem Bewussten und dem Bewusstlosen, welche eben zum Behuf der Erscheinung im freien Handeln sich trennen. Ist die Erscheinung der Freiheit nothwendig unendlich, so ist auch die Geschichte selbst eine nie ganz geschehene Offenbarung jenes Absoluten, das zum Behuf des Erscheinens in das Bewusste und Bewusstlose sich trennt, selbst aber in dem unzugänglichen Lichte, in welchem es wohnt, die ewige Identität und der ewige Grund der Harmonie zwischen beiden ist. Schelling unterscheidet drei Perioden dieser Offenbarung des Absoluten oder der Geschichte, welche er als die des Schicksals, der Natur und der Vorsehung charakterisirt. In der ersten Periode, welche die tragische genannt werden kann, zerstört das Herrschende als völlig blinde Macht kalt und bewusstlos auch das Grösste und Herrlichste; in sie fällt der Untergang der edelsten Menschheit, die ja geblüht hat und deren Wiederkehr auf die Erde nur ein ewiger Wunsch ist. In der zweiten Periode offenbart sich das als Natur, was in der ersten als Schicksal erschien und führt so allmählich wenigstens eine mechanische Gesetzmässigkeit in der Geschichte herbei; diese Periode lässt Schelling mit der Ausbreitung der römischen Republik beginnen, wodurch die Völker unter einander verbunden wurden und was bis dahin von Sitten und Gesetzen, Künsten und Wissenschaften nur abgesondert unter einzelnen Völkern bewahrt wurde, in wechselseitige Berührung kam. Die dritte Periode der Geschichte wird die sein, wo das, was in den früheren als Schicksal und Natur erschien, sich als Vorsehung entwickeln und offenbar werden wird, dass selbst das, was blosses Werk des Schicksals oder der Natur zu sein schien, schon der Anfang einer auf unvollkommene Weise sich offenbarenden Vorsehung war. Auf nothwendigen Harmonie der bewusstlosen und der bewussten Thätigkeit beruht die Naturzweckmässigkeit und die Kunst. Die Natur ist zweckmässig, ohne einem Zweck gemäss hervorgebracht zu sein. Das Ich selbst aber ist für sich selbst in einer und derselben Anschauung zugleich bewusst und bewusstlos in der Kunstanschauung. Was in der Erscheinung der Freiheit und was in der Anschauung des Naturproducts getrennt existirt, nämlich Identität des Bewussten und Bewusstlosen im Ich und Bewusstsein dieser Identität, das fasst die Anschauung des Kunstproductes in sich zusammen. Jede ästhetische Production geht aus von einer an sich unendlichen Trennung der beiden Thätigkeiten, welche in jedem freien Produciren getrennt sind. Da nun aber diese beiden Thätigkeiten im Product als vereinigt dargestellt werden sollen, so wird durch dasselbe ein Unendliches endlich dargestellt. Das Unendliche endlich dargestellt ist Schönheit. Wo Schönheit ist, ist der unendliche Widerspruch im Object selbst aufgehoben; wo Erhabenheit ist, ist der Widerspruch nicht im Object selbst vereinigt, sondern nur bis zu einer Höhe gesteigert, bei welcher er in der Anschauung unwillkürlich sich aufhebt. Das künstlerische Produciren ist nur durch Genie möglich, weil seine Bedingung ein unendlicher Gegensatz ist. Was die Kunst in ihrer Vollkommenheit hervorbringt, ist für die Beurtheilung der Naturschönheit, die an dem organischen Naturproduct als schlechthin zufällig erscheint, Princip und Norm. Mit der Kunst hat die Wissenschaft in ihrer höchsten Function eine und dieselbe Aufgabe; aber die Art der Lösung ist eine verschiedene, sofern sie in der Wissenschaft mechanisch ist und das Genie in ihr stets problematisch

§ 21. Schelling.

bleibt, während jede künstlerische Aufgabe nur durch Genie aufgelöst werden kann. Die Kunst ist die höchste Vereinigung von Freiheit und Nothwendigkeit.

Die „Zeitschrift für speculative Physik", 2 Bde. hrsg. von Schelling, Jena und Leipzig 1800—1801, enthält im ersten Bande neben Abhandlungen von Steffens namentlich eine „Allgemeine Deduction des dynamischen Processes oder der Kategorien der Physik" von Schelling, an deren Schluss sich die bemerkenswerthe Aeusserung findet: „wir können von der Natur an uns, von uns zu der Natur gehen, aber die wahre Richtung für den, dem das Wissen über alles geht, ist die, welche die Natur selbst genommen hat", ferner „Miscellen", unter welchen ein kurzes naturphilosophisches Gedicht hervorgehoben zu werden verdient, das den Grundgedanken der fortschreitenden Entwicklung des in der Natur gleichsam versteinerten Riesengeistes zum Bewusstsein, welches er im Menschen gewinnt, sehr lebendig und klar darstellt. Der Mensch kann zu sich im Hinblick auf die Welt sprechen: „Ich bin der Gott, den sie im Busen hegt, der Geist, der sich in Allem bewegt. Vom ersten Ringen dunkler Kräfte bis zum Ergus der ersten Lebenssäfte, wo Kraft in Kraft und Stoff in Stoff vermählt, die erste Blüth', die erste Knospe schwillt, zum ersten Strahl von neugebornem Licht, das durch die Nacht wie zweite Schöpfung bricht und aus den tausend Augen der Welt den Himmel so Tag wie Nacht erhellt, ist Eine Kraft, Ein Wechselspiel und Weben, Ein Trieb und Drang nach immer höherm Leben". In der „Darstellung meines Systems" im zweiten Bande dieser Zeitschrift führt Schelling die Nebenordnung der Natur- und Transcendentalphilosophie auf den Grundgedanken zurück, dass nichts ausser der absoluten Vernunft, sondern alles in ihr sei, die absolute Vernunft aber als die totale Indifferenz des Subjectiven und Objectiven gedacht werden müsse. Die Vernunft ist das Wahre an sich; die Dinge an sich erkennen, heisst, sie erkennen, wie sie in der Vernunft sind. Schelling weist unter bildlicher Anwendung mathematischer Formeln die Stufen der Natur als Potenzen des Subject-Objects nach. Die Darstellung der Stufen des Geistes fehlt. Die Differenz, welche Schelling (hypothetisch und mit der Hoffnung auf spätere Einigung) zwischen seinem Standpunkt und dem Fichte'schen findet, bezeichnet er durch den Gegensatz der Formeln: Ich = Alles, und Alles = Ich; auf jenem Satze beruhe Fichte's subjectiver Idealismus, auf diesem sein eigener objectiver Idealismus, den Schelling auch das absolute Identitätssystem nennt.

Im Jahre 1802 erschien das Gespräch: „Bruno oder über das natürliche und göttliche Princip der Dinge", Berlin 1802 (2. Aufl. ebend. 1842), worin Schelling sich theils an Sätze des Giordano Bruno, theils an den Timaeus des Plato anlehnt. Neben der Indifferenz wird hier mitunter das Ideale Gott genannt. Theils an den Bruno, theils an die Darstellung des Systems im zweiten Bande der Zeitschrift für specul. Physik schliessen sich die „Ferneren Darstellungen aus dem Systeme der Philosophie" an, welche die „Neue Zeitschrift für speculative Physik", Tüb. 1802, enthält, die auf einen Band beschränkt blieb. In demselben Jahre verband sich Schelling mit Hegel zur Herausgabe der Zeitschrift: „Kritisches Journal der Philosophie", Tübingen 1802—1803. (Der in diesem Journal enthaltene Aufsatz: „über das Verhältniss der Naturphilosophie zur Philosophie überhaupt" ist nicht von Hegel, der übrigens die meisten Beiträge geliefert hat, sondern von Schelling verfasst worden, was sich nach Erdmann's Bemerkung aus der Nichtunterscheidung der Logik als des allgemeinen Theiles der Philosophie von der Natur- und Transcendental-Philosophie, da doch Hegel nachweisbar damals schon diese Unterscheidung machte, schliessen lässt, obschon Michelet in seiner Schrift: Schelling und Hegel, Berlin 1839, und Rosenkranz, Schelling, Danzig 1843, S. 190—195 das Gegentheil behauptet haben; für Schelling's

§ 21. Schelling.

Autorschaft erklärt sich auch Haym, Hegel u. s. Zeit, S. 156 und 495; doch vgl. andererseits Rosenkranz und Michelet in der Zeitschrift: „der Gedanke", Bd. I, Berlin 1861, S. 72 ff. Auch die Autorschaft der Abhandlungen: über Rückert und Weiss, und: über Construction in der Philosophie, ist streitig; doch scheinen beide Hegel zugeschrieben werden zu müssen.) Die Grundzüge seines gesammten Lehrgebäudes hat Schelling in populärer Form in seine (im Jahre 1802 gehaltenen) „Vorlesungen über die Methode des akademischen Studiums", Stuttgart und Tübingen 1803 (3. Aufl. ebd. 1830) aufgenommen. Schelling definirt hier die Philosophie als die Wissenschaft der absoluten Identität, die Wissenschaft alles Wissens, welche das Urwissen unmittelbar und an sich selbst zum Grund und Gegenstand hat. Ihrer Form nach ist die Philosophie eine unmittelbare Vernunft- oder intellectuelle Anschauung, die mit ihrem Gegenstande, dem Urwissen selbst, schlechthin identisch ist. Darstellung intellectueller Anschauung ist philosophische Construction. In der absoluten Identität oder der allgemeinen Einheit des Allgemeinen und Besondern liegen besondere Einheiten, welche den Uebergang zu den Individuen vermitteln; diese nennt Schelling im Anschluss an Plato Ideen. Diese Ideen können nur in der Vernunftanschauung enthalten sein, und die Philosophie ist demgemäss die Wissenschaft der Ideen oder der ewigen Urbilder der Dinge. Die Staatsverfassung, sagt Schelling, ist ein Bild der Verfassung des Ideenreichs. In diesem ist das Absolute als die Macht, von der alles ausfliesst, der Monarch, die Ideen sind die Freien, die einzelnen wirklichen Dinge sind die Sclaven und Leibeigenen. Schelling nimmt hiermit den Realismus (dieses Wort im scholastischen Sinne verstanden), der seit dem Ausgange des Mittelalters von allen namhaften Philosophen aufgegeben worden war und nur in der Doctrin des Spinoza in Bezug auf die absolute Substanz in gewissem Sinne liegt, durch Verschmelzung dieser letzteren Doctrin mit Plato's Ideenlehre von Neuem auf. Die Philosophie wird in drei positiven Wissenschaften objectiv, welche nach dem Bilde des inneren Typus der Philosophie sich gliedern. Von diesen ist die erste die Theologie, welche als Wissenschaft des absoluten und göttlichen Wesens den absoluten Indifferenzpunkt des Idealen und Realen objectiv darstellt. Die ideelle Seite der Philosophie, in sich getrennt objectivirt, ist die Wissenschaft der Geschichte, und sofern das vorzüglichste Werk der letzteren die Bildung der Rechtsverfassung ist, die Wissenschaft des Rechts oder die Jurisprudenz. Die reelle Seite der Philosophie wird, für sich genommen, äusserlich repräsentirt durch die Wissenschaft der Natur, und wiefern diese sich in der des Organismus concentrirt, die Medicin. Nur durch das historische Element können die positiven oder realen Wissenschaften von der absoluten oder der Philosophie geschieden sein. Da die Theologie als das wahre Centrum des Objectivwerdens der Philosophie vorangewiesen in speculativen Ideen ist, so ist sie überhaupt die höchste Synthese des philosophischen und historischen Wissens. Sofern das Ideale die höhere Potenz des Realen ist, so folgt, dass die juridische Facultät der medicinischen vorangehe. Der Gegensatz des Realen und Idealen wiederholt sich innerhalb der Religionsgeschichte als der des Hellenismus und des Christenthums. Wie in den Sinnbildern der Natur, lag in den griechischen Dichtungen die Intellectualwelt wie in einer Knospe verschlossen, verhüllt im Gegenstand und unausgesprochen im Subject. Das Christenthum dagegen ist das geoffenbarte Mysterium; in der idealen Welt, die sich in ihm erschliesst, legt das Göttliche die Hülle ab, sie ist das laut gewordene Mysterium des göttlichen Reiches. Die geschichtsphilosophische Construction, die Schelling im System des transcendentalen Idealismus gegeben hat, modificirt er jetzt in dem Sinne, dass er die bewusstlose Identität mit der Natur der ersten Periode als der Zeit der schönsten

Blüthe der griechischen Religion und Poesie vindicirt, dann mit dem Abbrechen des Menschen von der Natur das Schicksal herrschen, endlich aber die Einheit als bewusste Versöhnung wiederhergestellt werden lässt; diese letzte Periode, welche die der Vorsehung sei, leite in der Geschichte das Christenthum ein. Die Ideen des Christenthums, die in den Dogmen symbolisirt wurden, sind von speculativer Bedeutung. Schelling deutet die Dreieinigkeit als das Fundamentaldogma des Christenthums dahin, dass der ewige, aus dem Wesen des Vaters aller Dinge geborne Sohn Gottes das Endliche selbst sei, wie es in der ewigen Anschauung Gottes ist und welches als ein leidender und den Verhängnissen der Zeit unterworfener Gott erscheint, der in dem Gipfel seiner Erscheinung, in Christo, die Welt der Endlichkeit schliesst und die der Unendlichkeit oder der Herrschaft des Geistes eröffnet. Die Menschwerdung Gottes ist eine Menschwerdung von Ewigkeit. Das Christenthum als historische Erscheinung ist zunächst aus einem einzelnen religiösen Verein unter den Juden (dem Essäismus) hervorgegangen; seine allgemeinere Wurzel hat es in dem orientalischen Geist, der bereits in der indischen Religion das Intellectualsystem und den ältesten Idealismus geschaffen und, nachdem er durch den ganzen Orient geflossen war, im Christenthum sein bleibendes Bett gefunden hat; von ihm war von alters her die Strömung unterschieden, die in der hellenischen Religion und Kunst die höchste Schönheit geboren hat, während doch auch auf dem Boden des Hellenismus mystische Elemente sich finden und eine der Volksreligion entgegenstehende Philosophie, vornehmlich die platonische, eine Prophezeiung des Christenthums ist. Die Ausbreitung des Christenthums erklärt sich aus dem Unglück der Zeit, welches für eine Religion empfänglich machte, die den Menschen an das Ideale zurückwies, Verleugnung lehrte und zum Glück machte. Die ersten Bücher der Geschichte und Lehre des Christenthums sind nur eine besondere, noch dazu unvollkommene Erscheinung desselben; ihr Werth muss nach dem Maass bestimmt werden, in welchem sie die Idee des Christenthums ausdrücken. Weil diese Idee nicht von dieser Einzelheit abhängig, sondern allgemein und absolut ist, so darf sie die Auslegung dieser für die erste Geschichte des Christenthums wichtigen Urkunden nicht binden. Die Entwicklung der Idee des Christenthums liegt in seiner ganzen Geschichte und in der neuen, von ihm geschaffenen Welt. Die Philosophie hat mit dem wahrhaft speculativen Standpunkt auch den der Religion wiedererrungen und die Wiedergeburt des esoterischen Christenthums, wie die Verkündigung des absoluten Evangeliums, in sich vorbereitet. In den Bemerkungen über das Studium der Geschichte und der Natur geht Schelling von dem Gedanken aus, dass Jene im Idealen ausdrücke, was diese im Realen. Er unterscheidet von der philosophischen Geschichtsconstruction die empirische Aufnahme und Ausmittlung des Geschehenen, die pragmatische Behandlung der Geschichte nach einem bestimmten durch das Subject entworfenen Zweck und die künstlerische Synthesis des Gegebenen und Wirklichen mit dem Idealen, welche die Geschichte als Spiegel des Weltgeistes, als ewiges Gedicht des göttlichen Verstandes darstellt. Der Gegenstand der Historie im engeren Sinne ist die Bildung eines objectiven Organismus der Freiheit oder des Staats. Jeder Staat ist in dem Verhältniss vollkommen, in welchem jedes einzelne Glied, indem es Mittel zum Ganzen, zugleich in sich selbst Zweck ist. Die Natur ist die reale Seite in dem ewigen Act der Subject-Objectivirung. Das Sein jedes Dinges in der Identität als der allgemeinen Seele und das Streben zur Wiedervereinigung mit ihr, wenn es aus der Einheit gesetzt ist, ist der allgemeine Grund der lebendigen Erscheinungen. Die Ideen sind die einzigen Mittler, wodurch die besonderen Dinge in Gott sein können. Die absolute, in Ideen gegründete Wissenschaft der Natur ist die Bedingung für ein methodisches Verfahren der empirischen Naturlehre; in dem Experiment und seinem nothwendigen Correlat, der Theorie, liegt die exoterische Seite, welcher die Naturwissenschaft zu ihrer objectiven Existenz bedarf; die Empirie schliesst sich der Wissenschaft als Leib an, sofern sie reine objective Darstellung der Erscheinung selbst ist und keine Idee anders als durch diese auszusprechen sucht. Es ist Aufgabe der Naturwissenschaft, in den verschiedenen Naturproducten die Denkmäler einer wahren Geschichte der zeugenden Natur zu erkennen. Die Kunst ist vollkommene Ineinsbildung des Realen und Idealen; sie theilt mit der Philosophie die Aufhebung der Gegensätze der Erscheinung; aber sie verhält sich doch wiederum zur Philosophie, mit der sie sich auf dem letzten Gipfel begegnet, wie Reales zu Idealem. Philosophie der Kunst ist nothwendiges Ziel des Philosophen, der in dieser das innere Wesen seiner Wissenschaft wie in einem magischen und symbolischen Spiegel schaut.

Das in den bisher erwähnten Schriften dargelegte Identitätssystem ist Schelling's relativ originale Leistung. Immer mehr wich von nun an die Fülle eigener Productivität einem Synkretismus und Mysticismus, der immer trüber und doch zugleich prätensionsvoller ward. Von Anfang an war Schelling's Philosophiren in seinen einzelnen Schriften nicht eine Systembildung auf dem Grunde vorausgegangener Vertrautheit mit der Gesammtheit der früheren Leistungen, sondern vielmehr eine sofortige modificirende Aneignung von Philosophemen einzelner Denker; je mehr daher sein Studium sich ausbreitete, um so mehr mangelte seinem Denken Princip und System. Einzelne mystische Anklänge finden sich schon in den Vorlesungen über akademisches Studium. Ein an den Neuplatonismus und darnach auch an Sätze des Jakob Böhme anknüpfender Mysticismus beginnt Macht zu gewinnen in der durch Eschenmayer's „Philosophie in ihrem Uebergange zur Nichtphilosophie", Erlangen 1803 (worin Eschenmayer ähnlich wie Jacobi ein Hinausgehen über das philosophische Denken zum religiösen Glauben fordert) provocirten Schrift: „Philosophie und Religion", Tübingen 1804, in welcher Schelling die Endlichkeit und Leiblichkeit für ein Product des Abfalls vom Absoluten, diesen Abfall aber, dessen Versöhnung die Endabsicht der Geschichte sei, für das Mittel zur vollendeten Offenbarung Gottes erklärt. Doch sind nur Anfänge des späteren Standpunkts in dieser Schrift nachzuweisen; die (oben erwähnte, der zweiten Auflage der Schrift von der Weltseele beigegebene) Abhandlung „über das Verhältniss des Realen und Idealen in der Natur", wie auch die Schrift: „Darlegung des wahren Verhältnisses der Naturphilosophie zur verbesserten Fichte'schen Lehre, eine Erläuterungsschrift der ersteren", Tübingen 1806, und die naturphilosophischen Aufsätze in den (von A. F. Marcus und Schelling herausgegebenen) „Jahrbüchern der Medicin als Wissenschaft", Tübingen 1806—1808 zeigen neben theosophischen Elementen doch vorwiegend immer noch den alten Gedankenkreis. Eine treffliche Ausführung und Fortbildung der in früheren Schriften geäusserten Gedanken über Schönheit und Kunst enthält die 1807 gehaltene, in die „philosoph. Schriften", Landshut 1809, aufgenommene Festrede „über das Verhältniss der bildenden Künste zu der Natur", welche als das letzte Ziel der Kunst die Vernichtung der Form durch Vollendung der Form bezeichnet; wie die Natur in ihren elementaren Bildungen zuerst auf Härte und Verschlossenheit hinwirkt und erst in ihrer Vollendung als die höchste Milde erscheint, so soll der Künstler, der der Natur als der ewig schaffenden Urkraft nacheifert und die Producte derselben nach ihrem ewigen, in unendlichen Verstande entworfenen Begriff im Momente ihres vollendetsten Daseins darstellt, erst im Begrenzten treu und wahr sein, um im Ganzen vollendet und schön zu erscheinen und durch immer höhere Verbindung und endliche Verschmelzung mannigfaltiger Formen die äusserste Schönheit in Bildungen von höchster Einfalt bei unendlichem Inhalt zu erreichen.

Die Theosophie prävalirt (zum Theil in Folge des zunehmenden Einflusses des der Lehre Jakob Böhme's und St. Martins huldigenden Franz Baader) in den „philosophischen Untersuchungen über das Wesen der menschlichen Freiheit und die damit zusammenhängenden Gegenstände", welche zuerst in den „philos. Schriften", Landshut 1809, erschienen ist. Schelling hält an dem Grundsatz fest, dass von den höchsten Begriffen eine klare Vernunfteinsicht möglich sein muss, indem sie nur dadurch uns wirklich eigen, in uns selbst aufgenommen und ewig gegründet werden können; er hält auch mit Lessing die Ausbildung geoffenbarter Wahrheiten in Vernunftwahrheiten für schlechterdings nothwendig, wenn dem menschlichen Geschlecht damit geholfen werden soll. Zu diesem Behuf unterscheidet er in Gott drei Momente: 1. die Indifferenz, den Urgrund oder Ungrund, 2 die Entzweiung in Grund und Existenz, 3. die Identität oder die Versöhnung des Entzweiten. Der Ungrund oder die Indifferenz, worin noch keine Persönlichkeit ist, ist nur der Anfangspunkt des göttlichen Wesens, das was in Gott nicht er selbst ist, die unbegreifliche Basis der Realität. In ihm hat das Unvollkommene und Böse, das in den endlichen Dingen ist, seinen Grund. Alle Naturwesen haben ein blosses Sein im Grunde oder in der noch nicht zur Einheit mit dem Verstande gelangten anfänglichen Sehnsucht und sind also in Bezug auf Gott bloss peripherische Wesen. Nur der Mensch ist in Gott und eben durch dieses In-Gott-Sein der Freiheit fähig. Die Freiheit des Menschen liegt in einer intelligiblen, vorzeitlichen That, durch welche er sich zu dem gemacht hat, was er jetzt ist; der empirische Mensch ist in seinem Handeln der Nothwendigkeit unterworfen, aber diese Nothwendigkeit ruht auf seiner zeitlosen Selbstbestimmung*). Wollen ist Ursein. Die Einheit des particularen Willens mit dem universalen Willen ist das Gute, die Trennung das Böse. Der Mensch ist ein Centralwesen und soll darum auch im Centro bleiben. In ihm sind alle Dinge erschaffen, so wie Gott nur durch den Menschen auch die Natur annimmt und mit sich verbindet. Die Natur ist das erste oder alte Testament, da die Dinge noch ausser dem Centro und daher unter dem Gesetze sind. Der Mensch ist der Anfang des neuen Bundes, der Erlöser der Natur, durch welchen als Mittler, da er selbst mit Gott verbunden wird, nach der letzten Scheidung Gott auch die Natur annimmt und zu sich macht.

In der Streitschrift gegen Jacobi: „Denkmal der Schrift Jacobi's von den göttlichen Dingen und der ihm in derselben gemachten Beschuldigung eines absichtlich täuschenden, Lüge redenden Atheismus", Tübingen 1812, weist Schelling die Anschuldigung zurück, seine Philosophie sei Naturalismus, Spinosismus und Atheismus. Er sagt, Gott sei ihm Beides, A und O, Erstes und Letztes, jenes als Deus implicitus, persönliche Indifferenz, dieses als Deus explicitus, Gott als Persönlichkeit, als Subject der Existenz. Ein Theismus, welcher den Grund oder die Natur in Gott nicht anerkenne, sei unkräftig und leer. Gegen die von Jacobi behauptete Identität eines reinen Theismus mit dem Wesentlichen im Christenthum richtet Schelling eine herbe Polemik, welche das Irrationale und Mystische als das wahrhaft Speculative vertheidigt.

---

*) Diese Lehre passt in den Zusammenhang des Kantischen Systems, woraus Schelling sie entnimmt; sie setzt die Unterscheidung der Dinge an sich von den Erscheinungen voraus; Schelling aber adoptirt sie, obschon er diese ihre nothwendige Voraussetzung aufgehoben hat.

§ 21. Schelling.

Die Schrift „über die Gottheiten von Samothrake", Stuttgart und Tübingen 1815, die eine Beilage zu den (nicht mit veröffentlichten) „Weltaltern" bilden sollte, ist eine allegorische Deutung jener Gottheiten auf die Momente des Gottes der Schelling'schen Abhandlung über die Freiheit. Nach langem Schweigen veröffentlichte Schelling 1834 eine Vorrede zu Hubert Beckers' Uebersetzung einer Schrift Victor Cousin's (über französische und deutsche Philosophie, in den Fragments philosophiques, Par. 1833). Schelling bezeichnet hier die Hegel'sche Philosophie als eine bloss negative, die an die Stelle des Lebendigen und Wirklichen unter Beseitigung des empirischen Elementes den logischen Begriff gesetzt und demselben durch die seltsamste Fiction oder Hypostasirung die nur jenem zukommende Selbstbewegung geliehen habe. Im Wesentlichen die gleiche Kritik hat Schelling in seinen zu München gehaltenen Vorlesungen „zur Geschichte der neueren Philosophie" geübt (welche im 10. Bande der I. Abth. der „sämmtl. Werke" aus dem handschriftlichen Nachlass veröffentlicht worden sind), er tadelt die Voranstellung der abstractesten Begriffe (Sein, Nichts, Werden, Dasein, etc.) vor die Natur- und Geistesphilosophie, da doch Abstracta denjenige voraussetzen, wovon sie abstrahirt seien, und Begriffe nur im Bewusstsein, also im Geiste, existiren, und nicht der Natur und dem Geiste als Bedingung vorangehen, sich potenziren und schliesslich zur Natur entäussern können. In seiner Berliner Antrittsvorlesung (Stuttgart und Tübingen 1841) erklärt Schelling, er werde die Erfindung seiner Jugend, das Identitätssystem, das Hegel nur auf eine abstract logische Form gebracht habe, nicht aufgeben, wohl aber als negative Philosophie durch die positive Philosophie ergänzen. Die positive Philosophie soll über die blosse Vernunftwissenschaft durch Mitaufnahme einer die Resultate hypothetischer Deduction bestätigenden, das Sein (das „Dass") des rational erkennbaren Wesens (des „Was") erkennenden Empirie hinausgehen. Sie ist vornehmlich Philosophie der Mythologie und Offenbarung, d. h. der unvollendeten und der vollendeten Religion. In den an der Berliner Universität gehaltenen, nach Schelling's Tode aus seinem Nachlass als zweite Abtheilung der „sämmtl. Werke" herausgegebenen, jedoch ihrem wesentlichen Inhalt nach schon sofort aus nachgeschriebenen Heften theils durch Franenstädt (Schelling's Vorlesungen in Berlin, Berlin 1842), theils durch Paulus (die endlich offenbar gewordene positive Philosophie der Offenbarung, der allgemeinen Prüfung dargelegt von H. E. G. Paulus, Darmstadt 1843) veröffentlichten religionsphilosophischen Vorlesungen führte Schelling im Wesentlichen nur die schon in der Schrift über die Freiheit vorgetragene Speculation weiter aus. Die positive Philosophie will nicht aus dem Begriffe Gottes seine Existenz, sondern umgekehrt, von der Existenz ausgehend, die Göttlichkeit des Existirenden beweisen. In Gott werden von Schelling unterschieden: a. das blind nothwendige oder unvordenkliche Sein, b. die drei Potenzen des göttlichen Wesens: der bewusstlose Wille als die causa materialis der Schöpfung, der besonnene Wille als die causa efficiens, die Einheit beider als die causa finalis, secundum quam omnia fiunt; c. die drei Personen, die aus den drei Potenzen durch Ueberwindung des unvordenklichen Seins vermöge des theogonischen Processes hervorgehen, nämlich: der Vater als die absolute Möglichkeit des Ueberwindens, der Sohn als die überwindende Macht, der Geist als die Vollendung der Ueberwindung. In der Natur wirken nur die Potenzen, im Menschen die Persönlichkeiten. Indem der Mensch vermöge seiner Freiheit die Einheit der Potenzen wieder aufhob, ward die zweite, vermittelnde Potenz entwirklicht, d. h. der Herrschaft über das blendseiende Princip beraubt und zur blossen natürlich wirkenden Potenz erniedrigt. Sie macht sich im Bewusstsein des Menschen wieder zum Herrn jenes Seins und wird zur göttlichen Persönlichkeit vermöge des theogonischen Processes, dessen Momente die Mythologie und die Offenbarung sind. Die zweite Potenz war im mythologischen Bewusstsein in göttlicher Gestalt (ἐν μορφῇ θεοῦ), entäusserte sich aber derselben und ward Mensch, um durch Gehorsam in Einheit mit dem Vater göttliche Persönlichkeit zu werden. Die Epochen der christlichen Zeit bestimmt Schelling (indem er den Fichte'schen Gedanken, dass der Protestantismus den paulinischen Charakter trage, das Johannes-Evangelium aber mit seinem Logos-Begriff den christlichen Geist am reinsten ausdrücke, weiter anbildet) als das petrinische Christenthum oder den Katholicismus, das paulinische oder den Protestantismus, und drittens die „Johanneskirche der Zukunft"*).

§ 23. Unter den zahlreichen Anhängern und Geistesverwandten Schelling's sind für die Geschichte der Philosophie besonders folgende (in deren Nennung wir von Männern, die sich enger an Schelling und besonders an die erste Form seiner Lehre anschlossen, zu solchen fortgehen, die zu ihm in einem freieren Verhältniss standen und zum Theil ihrerseits auf ihn Einfluss geübt haben) von Bedeutung: Georg Michael Klein, der treue Darsteller des Identitätssystems, Johann Jakob Wagner, der den Pantheismus des Identitätssystems gegenüber dem Neuplatonismus und Mysticismus in Schelling's späteren Schriften festhält, an die Stelle des Ternars oder der Trichotomie aber den Quaternar oder die viertheilige Construction setzt, der um die Geschichte der Philosophie und besonders der Platonischen verdiente Georg Anton Friedrich Ast, der durch sein Handbuch der Geschichte der Philosophie bekannte Thaddäus Anselm Rixner, der Naturalist Lorenz Oken, der Pflanzenphysiolog Nees von Esenbeck, der Pädagog und Religionsphilosoph Bernhard Heinrich Blasche, der um die Bearbeitung der Erkenntnisslehre verdiente Ignaz Paul Vital Troxler, welcher in manchem Betracht von Schelling's Lehre abweicht, Adam Karl August Eschenmayer, der die Philosophie schliesslich in Nichtphilosophie oder religiösen Glauben übergehen lässt, der extreme Katholik und Enthusiast Joseph Görres, der mystisch-naturphilosophische Psycholog und Kosmolog Gotthilf Heinrich von Schubert, der die Schelling'sche Naturphilosophie mit besonnenem Empirismus verbindende Physiolog und

---

*) Diese konnte freilich durch Schelling's erneuten Gnosticismus, der gleich dem alten an die Stelle des religionsphilosophischen Begriffs das Phantasma setzte, sicherlich nicht begründet werden; zudem ist die Voraussetzung unhistorisch, dass der Gegensatz der katholischen und protestantischen Kirche sich mit dem der petrinischen und paulinischen Richtung decke. Das „Johannes-Evangelium" hat durch Umformung paulinischer Gedanken eben die Vermittlung angebahnt, welche bereits die altkatholische Kirche auch praktisch darstellt. Die Aufgaben der Zukunft aber können nicht durch eine wirkliche Repristination gelöst und nicht durch ein mit dem Scheine der Repristination sich umkleidendes Analogienspiel zutreffend bezeichnet werden.

Psycholog Karl Friedrich Burdach, der geistvolle Psycholog und Kranioskop Karl Gustav Carus, der Physiker Hans Christian Oersted, der Aesthetiker Karl Wilhelm Ferdinand Solger, der vielseitig gebildete, schliesslich dem strengen Confessionalismus der Altlutheraner huldigende Heinrich Steffens, der mit Steffens befreundete Astronom und Rechtsphilosoph Johann Erich von Berger, der Theosoph Franz von Baader, der allseitige Denker Karl Christian Friedrich Krause. Die beiden letztgenannten sind, wie auch der besonders durch Plato, Spinoza, Kant, Fichte und Schelling philosophisch angeregte Theolog Schleiermacher und der Philosoph Hegel Stifter neuer philosophischer Richtungen geworden. Insbesondere mit gewissen neuschellingschen Principien kommt der antirationalistische, theologisirende Rechtsphilosoph Friedrich Julius Stahl überein (obwohl derselbe gegen die Bezeichnung seiner Gesammtrichtung als „Neuschellingianismus" protestirt).

Für den Zweck des vorliegenden Grundrisses mag es genügen, die philosophischen Hauptschriften der genannten Männer (mit Ausnahme Hegel's und Schleiermacher's, von denen in den nächstfolgenden Paragraphen gehandelt werden soll) anzugeben. Wer genauere Belehrung sucht, sei auf die Werke selbst und auf Specialdarstellungen, daneben aber besonders auf Erdmann's umfassende Gesammtübersicht (im zweiten Theile seiner „Entwicklung der deutschen Speculation seit Kant", Gesch. d. n. Ph. Bd. III, 2. Abth.) verwiesen.

G. M. Klein's (geb. 1776, gest. 1820) ganz auf Schelling'schen Schriften und Vorträgen beruhendes Hauptwerk ist: Beiträge zum Studium der Philosophie als Wissenschaft des All, nebst einer vollständigen und fasslichen Darstellung ihrer Hauptmomente, Würzburg 1805. Speciell hat derselbe die Logik, Ethik und Religionslehre nach den Principien des Identitätssystems bearbeitet in den Schriften: Verstandeslehre, Bamberg 1810, umgearbeitet als: Anschauungs- und Denklehre, Bamberg und Würzburg 1818; Versuch, die Ethik als Wissenschaft zu begründen, Rudolstadt 1811; Darstellung der philosophischen Religions- und Sittenlehre, Bamberg und Würzburg 1818. Eine verwandte, jedoch der Fichte'schen näher stehende Richtung verfolgt Johann Jacob Stutzmann (1777—1816) in seiner Philosophie des Universums, Erlangen 1806, Philosophie der Geschichte der Menschheit, Nürnberg 1808, und anderen Schriften.

Joh. Jak. Wagner (1775—1821), Philosophie der Erziehungskunst, Leipzig 1802. Von der Natur der Dinge, Leipzig 1803. System der Idealphilosophie, Leipzig 1804. Grundriss der Staatswissenschaft und Politik, Leipzig 1805. Theodicee, Bamberg 1809. Mathem. Philosophie, Erl. 1811. Organon der menschl. Erkenntniss, Erl. 1830, Ulm 1851. Nachgelassene Schriften hrsg. von Ph. L. Adam, Ulm 1853 ff. Ueber ihn handelt Leonh. Rabus, J. J. Wagner's Leben, Lehre und Bedeutung, ein Beitrag zur Gesch. des deutschen Geistes, Nürnberg 1862.

F. Ast (1778—1841), Handbuch der Aesthetik, Leipzig 1805. Grundlinien der Philosophie, Landshut 1807, 2. Aufl. 1809. Grundriss einer Geschichte der Philosophie, Landshut 1807, 2. Aufl. 1825. Platon's Leben und Schriften, Leips. 1816.

Th. Aug. Rixner (1766—1838), Aphorismen aus der Philosophie, Landshut 1809, umgearbeitet Sulzbach 1818. Handbuch der Geschichte der Philosophie, Sulzbach 1822—23, 2. Aufl. ebend. 1829; Supplementband, verfasst von Victor Philipp Gumposch, ebend. 1850.

§ 22. Schelling's Anh. und Geistesverw. Oken.

Lor. Oken (1779 — 1851), die Zeugung, Bamberg und Würzburg 1805 (die Saamenbildung ist Zersetzung des Organismus in Infusorien, die Fortpflanzung ist eine Flucht des Bewohners aus der einstürzenden Hütte). Ueber das Universum, Jena 1808. Lehrbuch der Naturphilosophie, Jena 1809, 3. Aufl. Zürich 1843 (das Thierreich ist der in seine Bestandtheile auseinandergelegte Mensch; die auf den niederen Stufen selbständigen Gegensätze kehren auf den höheren als Attribute wieder). Isis, encyclopädische Zeitschrift, Jena 1817 ff.

Nees von Esenbeck (1776 - 1858), das System der speculativen Philosophie, Bd. I.: Naturphilosophie, Glogau und Leipzig 1842.

B. H. Blasche (1776 — 1832), das Böse im Einklang mit der Weltordnung, Leipzig 1827. Handbuch der Erziehungswissenschaft, Giessen 1828. Philosophie der Offenbarung, Leipzig 1829. Philosophische Unsterblichkeitslehre, oder: wie offenbart sich das ewige Leben? Erfurt und Gotha 1831.

Troxler (1780—1866), Naturlehre des menschlichen Erkennens, Aarau 1828. Logik, die Wissenschaft des Denkens und Kritik aller Erkenntnisse, Stuttgart und Tübingen 1829 — 30. Vorlesungen über die Philosophie, als Encyclopädie und Methodologie der philosophischen Wissenschaften, Bern 1835. Vgl. Werber, die Lehre von der menschlichen Erkenntniss, Karlsruhe 1841.

Eschenmayer (1770—1852), die Philosophie in ihrem Uebergange zur Nichtphilosophie, Erlangen 1803. Psychologie, Tübingen 1817, 2. Aufl. ebd. 1822. System der Moralphilosophie, Stuttgart und Tübingen 1818. Normalrecht, ebend. 1819-20. Religionsphilosophie, 1. Theil: Rationalismus, Tübingen 1818, 2. Theil: Mysticismus, ebend. 1822, 3. Theil: Supernaturalismus, ebend. 1824. Mysterien des innern Lebens, erläutert aus der Geschichte der Seherin von Prevorst, Tübingen 1830. Grundriss der Naturphilosophie, ebend. 1832. Die Hegel'sche Religionsphilosophie, Tübingen 1834. Grundzüge einer christlichen Philosophie, Basel 1841.

G. H. Schubert (1780—1860), Ahndungen einer allgemeinen Geschichte des Lebens, Leipz. 1806—1821. Ansichten von der Nachtseite der Naturwissenschaft, Dresden 1808, 4. Aufl. 1840. Die Symbolik des Traumes, Bamberg 1814. Die Urwelt und die Fixsterne, Dresden 1823, 2. Aufl. 1839. Geschichte der Seele, Tübingen 1830, 4. Aufl. 1847. Die Krankheiten und Störungen der menschlichen Seele, Stuttg. 1845.

K. F. Burdach (1776—1847), der Mensch nach den verschiedenen Seiten seiner Natur, Stuttgart 1836, 2. Aufl. a. u. d. T.: Anthropologie für das gebildete Publicum, hrsg. von Ernst Burdach, ebend. 1847. Blicke in's Leben, comparative Psychologie, Leipz. 1843—48.

Dav. Theod. Aug. Suabedissen (1773—1835), ebensosehr durch Kant, Reinhold und Jacobi, wie durch Schelling angeregt), die Betrachtung des Menschen, Cassel und Leipzig 1815—18. Zur Einleitung in die Philosophie, Marburg 1827. Grundzüge der Lehre vom Menschen, ebd. 1829. Grundzüge der philos. Religionslehre, ebd. 1831. Grundzüge der Metaphysik, ebd. 1836.

Karl Gust. Carus (geb. 3. Jan. 1789), Grundzüge der vergleichenden Anatomie und Physiologie, Dresden 1825. Vorlesungen über Psychologie, Leipzig 1831. System der Physiologie, Leipzig 1838—40, 2. Aufl. 1847-49, Grundzüge der Kranioskopie, Stuttgart 1841. Psyche, zur Entwicklungsgeschichte der Seele, Pforzheim 1846, 3. Aufl. Stuttgart 1860. Physis, zur Geschichte des leiblichen Lebens, Stuttgart 1851. Symbolik der menschl. Gestalt, Leipzig 1853, 2. Aufl. 1857. Organon der Erkenntniss der Natur und des Geistes, Leipzig 1856. Vergleichende Psychologie oder Geschichte der Seele in der Reihenfolge der Thierwelt, Wien 1866. Vgl. Carl Gust. Carus, Lebenserinnerungen und Denkwürdigkeiten, Leipz. 1865.

H. Chr. Oersted (1777—1851), der Geist in der Natur, Kopenhagen 1850—51, deutsch von K. L. Kannegiesser, Leipz. 1850, 3. A. ebd. 1858; neue Beiträge zu dem G. i. d. N., deutsch Leipz. 1851, H. Chr. Oersted, gesammelte Schriften, deutsch von Kannegiesser, 6 Bände, Leipz. 1851—53.

K. W. Ferd. Solger (1780—1819), Erwin, vier Gespräche über das Schöne und die Kunst, Berlin 1815. Philosophische Gespräche, Berlin 1817. Nachgelassene Schriften und Briefwechsel, hrsg. von Ludwig Tieck und Friedrich von Raumer, Leipzig 1826. Vorlesungen über Aesthetik, hrsg. von K. W. L. Heyse, Berlin 1829.

H. Steffens (1773—1845), Recension von Schelling's naturphilosophischen Schriften, verfasst 1800, abg. in Schelling's Zeitschrift für speculative Physik, Bd. I, Heft 1, S. 1—48 und Heft 2, S. 68—121. Ueber den Oxydations- und Desoxydationsprocess der Erde, ebd. Heft 1, S. 143—168. Beiträge zur innern Naturgeschichte der Erde, Freiberg 1801. Grundzüge der philosophischen Naturwissenschaft, Berlin 1806. Ueber die Idee der Universitäten, Berlin 1809. Caricaturen des Heiligsten, Leipzig 1819—21. Anthropologie, Breslau 1822. Von der falschen Theologie und dem wahren Glauben, Breslau 1823. Wie ich wieder Lutheraner ward und was mir das Lutherthum ist, ebd. 1831 (gegen die Union). Polemische Blätter zur Beförderung der speculativen Physik, Breslau 1829, 1835. Novellen, Breslau 1837—38. Christl. Religionsphilosophie, Breslau 1839. Was ich erlebte, Breslau 1840—45, 2. Aufl. 1844—46. Nachgelassene Schriften, mit einem Vorwort von Schelling, Berlin 1846. Besonders auf Braniss hat Steffens grossen Einfluss geübt.

J. E. v. Berger (1772—1833), philosophische Darstellung der Harmonie des Weltalls, Altona 1808. Allgemeine Grundzüge der Wissenschaft, 4 Bde. (1. Analyse des Erkenntnissvermögens, 2. zur philos. Naturerkenntniss, 3. Anthropologie, 4. praktische Philosophie), Altona 1817—27. Vgl. H. Ratjen, Joh. Erich von Berger's Leben, Altona 1835.

Franz Baader (geb. 27. März 1765 in München, später geadelt, gest. ebend. 23. Mai 1841; seine Biographie, von Franz Hoffmann verfasst, steht im 15. Bande der Gesammtausgabe seiner Werke und ist auch separat, Lpz. 1857, erschienen), der mit dem Studium der Medicin und Bergwissenschaft das der Philosophie und Mathematik verband, besonders mit Schriften Kant's, später auch Fichte's und Schelling's, wie andererseits Jakob Böhme's und Louis Claude de St. Martin's vertraut (über sein Verhältniss zu Böhme handelt Hamberger im 13., zu St. Martin Fr. v. Osten-Sacken im 12. Bande der Gesammtausgabe der Werke Baader's) hat auf die Ausbildung von Schelling's Naturphilosophie einen nicht unbeträchtlichen, auf die der Schelling'schen Theosophie einen wesentlich mitbestimmenden Einfluss gewonnen, während er andererseits durch Schelling's Doctrin in der Ausbildung seiner eigenen Speculation gefördert worden ist. Mit der Schelling'schen Speculation theilt die Baader'sche den Mangel an strenger Beweisführung und das Prävaliren der Phantasie; Schüler Baader's, wie Hoffmann, haben diesem Mangel in so weit abzuhelfen gesucht, als derselbe in Baader's aphoristischer Schreibart begründet ist, ohne jedoch hierdurch die Gedanken selbst als wissenschaftlich nothwendig erweisen zu können. Unser Wissen ist nach Baader ein Mitwissen (conscientia) des göttlichen Wissens und daher weder ohne dieses zu begreifen, noch auch andererseits mit diesem zu identificiren. Von dem immanenten oder esoterischen oder logischen Lebensprocess Gottes, wodurch Gott sich selbst aus seinem Nichtoffenbarsein hervorbringt, ist der emanente oder exoterische oder reale zu unterscheiden, in welchem Gott durch Ueberwindung der ewigen Natur oder des Princips der Selbstheit zur Dreipersönlichkeit wird, und von beiden Processen wiederum der Creationsact, in welchem Gott sich nicht mit sich selbst, sondern mit seinem Bilde zusammenschliesst. In Folge des Sündenfalls ist der Mensch von Gott in die Zeit und den Raum gesetzt worden, um durch Ergreifung des Heils in Christo die Ewigkeit und Seligkeit wieder zu gewinnen, oder andernfalls der Läuterungsstrafe theils in diesem Leben, theils im Hades, theils im Höllenpfuhl zu verfallen. Aus dem Hades findet noch Erlösung statt, aus der Hölle nicht mehr. Doch involvirt der richtige Satz: „ex infernis nulla redemtio" nicht nothwendig das Nichtaufhören der Höllenpein. Dieser Satz besagt den Nichteingang einer die Schuld erlassenden Hülfe in den wegen Verschmähung der Gnade zur Selbsttilgung seiner Sünde Verdammten, woran das Erlöschen aller Hoffnung eines Endes dieser Qual und der Verlust der Herrlichkeit, die den rechtzeitig die Gnade Annehmenden vorbehalten bleibt, sich anschliesst; hierdurch aber ist eine Endlichkeit der Pein als Strafe der endlichen Missethat eines nicht unendlichen Geschöpfs nach Intensität und Dauer nicht ausgeschlossen. Zeit und Materie wird aufhören; nach dem Aufhören der Zeitregion kann jedoch die Creatur immer noch aus der ewigen Höllenregion in die ewige Himmelsregion (aber nicht umgekehrt) übertreten; nachdem die zur Hölle Verdammten ohne Gottes Hülfe ihre Sünde selbst gebüsst haben, erlischt ihre Widerstandskraft gegen Gott, und sie werden nun, nachdem durch die Peinigung ihr Widerstreben gebrochen worden ist, die untersten und äussersten Glieder des Himmelreichs. Obschon dem Pabstthum abgeneigt, bekennt sich Baader zu der Doctrin der katholischen Kirche im Sinne Anselms, wonach das Erkennen dem Glauben, von welchem es ausgehen muss, in keinem Betracht widerstreiten darf. Er wirft den Begründern des Protestantismus vor, anstatt des reformirenden Princips das revolutionäre ergriffen zu haben, denn revolutionirend sei jede Richtung einer Thätigkeit, welche, anstatt von ihrem Begründenden auszugehen, gegen dasselbe, als ob es ein Hemmendes wäre, sich wende und erhebe (s. Werke I., S. 76). Baader's Beiträge zur Elementarphysiologie, Hamburg 1797, sind von Schelling in seinen naturphilosophischen Schriften benutzt worden, durch Schelling's „Weltseele" ist Baader zu seiner Schrift „über das pythagoreische Quadrat in der Natur oder die vier Weltgegenden", Tübingen 1798, veranlasst worden, woraus Schelling wiederum manches in seinen „ersten Entwurf eines Systems der Naturphilosophie" 1799 und in der „Zeitschrift für speculative Physik" einnommen hat. Demnächst hat Baader, hauptsächlich in mündlichem Verkehr, Schelling auf den Theosophen Jakob Böhme hingelenkt. Eine Sammlung Baader'scher Abhandlungen sind die „Beiträge zur dynamischen Philosophie", Berlin 1809. In den „Fermenta cognitionis" 1822—26 bekämpft Baader die damals herrschenden philosophischen Richtungen und empfiehlt das Studium des Jakob Böhme. Die an der Münchener Universität gehaltenen Vorlesungen über speculative Dogmatik sind in fünf Heften 1827—38 im Druck erschienen. Die zu Baader's Lebzeiten veröffentlichten und die im Manuscript nachgelassenen Schriften hat Baader's bedeutendster Schüler Franz Hoffmann (der Verfasser der speculativen Entwicklung der ewigen Selbsterzeugung Gottes, aus Baader's Schriften zusammengetragen, Amberg 1835, der Vorhalle zur speculativen Theologie Baader's, Aschaffenburg 1836, der Grundzüge der Societätsphilosophie von Franz Baader, Würzburg 1837, Franz von Baader als Begründer der Philosophie der Zukunft, Leipzig 1856, und anderer Schriften) in Verein mit Joh. Hamberger, Emil August von Schaden, Christoph Schlüter, Anton Lutterbeck und Freih. von Osten-Sacken, unter Beifügung von Einleitungen und Erläuterungen in einer Gesammtausgabe zusammengestellt: „Franz von Baader's sämmtliche Werke", 16 Bde. Leipzig 1851 — 60; die Einleitung: Apologie der Naturphilosophie Baader's wider directe und indirecte Angriffe der modernen Philosophie und Naturwissenschaft, ist auch in besonderem Abdruck, Leipz. 1852. erschienen. Ferner hat Hoffmann herausgegeben: die Weltalter, Lichtstrahlen aus Baador's Werken, Erlangen 1868; J. A. B. Lutterbeck, über den philosophischen Standpunkt Baader's. Mainz 1854 (vgl. auch Lutterbeck, die neuest. Lehrbegriffe, Mainz 1862); Hamberger, die Cardinalpunkte der B.'schen Philosophie, Stuttgart 1855. Christenthum und moderne Cultur, Erlangen 1863; Physica sacra oder der Begriff der himmlischen Leiblichkeit, Stuttgart 1869. Theod. Colman, die Principien der Philosophie Franz v. B.'s und K. A. von Schaden's, in: Zeitschrift f. Ph., Bd. 37, 1860, S. 192—226 und Bd. 38, 1861, S. 73—102; Franz Hoffmann, Beleuchtung des Angriffs auf B. in Thilo's Schrift: die theologisirende Rechts- und Staatslehre, Leipz. 1861; über die B.'sche und Herbart'sche Philosophie, im Athenaeum (philos. Zeitschr. hrsg. von Frohschammer), Bd. 2, Heft 1, 1863; über die B.'sche und Schopenhauer'sche Philosophie, ebd. Heft 3, 1863; selbständig verfasst: F. H., philos. Schriften, Erlangen 1868. K. Ph. Fischer, zur hundertjährigen Geburtstagsfeier B.'s: Versuch einer Charakteristik seiner Theosophie und ihres Verhältnisses zu den Systemen Schelling's und Hegel's, Daub's und Schleiermacher's, Erlangen 1865; Lutterbeck, Baader's Lehre vom Weltgebäude, Frankfurt 1866; Hamberger, Versuch einer Charakteristik der Theosophie Franz Baader's, in: theol. Studien u. Kritiken, Jahrg. 1867, 1. Heft, S. 107—128; Alex. Jung, über B.'s Dogmatik als Reform der Societäts-Wissenschaft, Erlangen 1868.

K. Chr. Fr. Krause (1781—1832), der seinen philosophischen Schriften die Verbreitung unter den Deutschen durch seine wunderliche Terminologie, die reindeutsch sein soll, aber nodeutsch ist, selbst beschränkt hat, sucht über den Pantheismus des Identitätssystems zu einer All-in-Gott-Lehre oder einem Panentheismus hinauszugehen. Er hat alle Theile der Philosophie bearbeitet. Grundlage des Naturrechts oder philosophischer Grundriss des Ideales des Rechts, Jena 1803. Entwurf des Systems der Philosophie, 1. Abth.: allgemeine Philosophie und Anleitung zur Naturphilosophie. Jena 1804. System der Sittenlehre, Leipzig 1810. Das Urbild der Menschheit, Dresden 1812, 2. Aufl. Göttingen 1851. Abriss des Systems der Philosophie, 1. Abth.: analytische Philosophie, Göttingen 1825. Abriss des Systems der Logik, Göttingen 1825, 2. Aufl. ebd. 1828. Abriss des Systems der Rechtsphilosophie, ebd. 1828. Vorlesungen über das System der Philosophie, ebd. 1828; 2. Aufl., 1. Theil: der zur Gotteserkenntniss als höchstem Wissenschaftsprincip rückleitende Theil der Philosophie, Prag 1869 (vgl. über den rück- oder emporleitenden Theil der Phil. H. v. Leonhardi und v. Andreae, Prag 1860); 2. Theil: der ableitende Theil der Philosophie, ebd. 1869. Vorlesungen über die Grundwahrheiten der Wissenschaft, ebd. 1829; 2. Aufl., 1. Theil: erneute Vernunftkritik, Prag 1868, 2. Theil: die Grundwahrheiten der Gesch. und die Encycl. der Philos., ebd. 1869. Seine nachgelassenen Werke haben einige seiner Schüler (H. K. von Leonhardi, Lindemann u. A.) herausgegeben. Vgl. H. S. Lindemann, übersichtliche Darstellung des Lebens und der Wissenschaftslehre Karl Christian Friedrich Krause's und dessen Standpunktes zur Freimaurerbruderschaft, München 1839. Seine bedeutendsten Schüler sind: der Rechtsphilosoph Heinrich Ahrens, dessen Cours de droit naturel ou de philos. du droit, Paris 1838, 5. éd. Bruxelles 1860 erschienen ist, Philosophie des Rechts und des Staates, 6. Aufl., Wien 1870; juristische Encyclopädie, Wien 1858: schon früher hat Ahrens einen Cours de philosophie, Paris 1836—38, Cours de ph. de l'histoire,

Brux. 1840 veröffentlicht. Tiberghien, essai théorique et historique sur la génération des connaissances humaines dans ses rapports avec la morale, la politique et la réligion, Paris et Leipz. 1844; esquisse de philosophie morale, précédée d'une introd. à la métaphysique, Bruxelles 1854; la science de l'âme dans les limites de l'observation, ebd. 1862, 2. Aufl. 1868; Logique, la science de la connaissance, Paris 1865. H. S. Lindemann, von dem ausser der erwähnten Schrift über Krause noch Darstellungen der Anthropologie, Zürich 1841 und Erlangen 1848, und der Logik, Solothurn 1846, erschienen sind. Altmeyer, Ronchitté, Duprat, Hermann Freiherr von Leonhardi, Mönnich, Oppermann, Roeder (Grundzüge des Naturrechts oder der Rechtsphilosophie, Leipz. und Heidelberg 1846, 2. Aufl. ebd. 1860—63), Th. Schliephake (die Grundlagen des sittl. Lebens, Wiesbaden 1855; Einl. in das Syst. d. Philos., Wiesbaden 1856). Der Spanier J. S. del Rio (der Krause's „Urbild der Menschheit" übersetzt und erläutert hat, Madrid 1860, ebenso Krause's „Abriss des Syst. der Philos.", ebd 1860). Auch der um die Anwendung der Grundsätze Pestalozzi's auf das frühe Kindesalter und Fortbildung des „Anschauungs-Unterrichts" an einem „Darstellungs-Unterricht" hochverdiente F. Froebel hat von Krause Anregungen empfangen. Vergl. Th. Schliephake über Friedr. Froebel's Erziehungsmethode, in Bergmann's ph. Monatsh. IV, 6, 1870, S. 487—509. Eine Perle des Krauseanismus ist seine Rechtsphilosophie, welche zwischen „formalistischer Sonderung" und „materialistischer Vermischung" der Begriffe Recht und Wohl die Mitte sucht, indem sie das Recht in eine Ordnung der Lebensverhältnisse setzt, in welcher jeder Einzelpersönlichkeit die ihr zukommende Sphäre freier (jedoch an die sittliche Aufgabe gebundener) Willensbethätigung zugewiesen wird.

Friedrich Julius Stahl (1802—1861; die Philosophie des Rechts, nach geschichtlicher Ansicht, Heidelberg 1830—37, 2. Aufl. 1845, 3. Aufl. 1854—56, 1. Band, Geschichte der Rechtsphilos., 4. Aufl. Heidelberg 1870), der theologisirende Rechtsphilosoph, hat durch den Neuschellingianismus nicht unwesentliche Impulse erhalten.

Der neuschellingschen Richtung huldigt auch Wilh. Rosenkrantz, die Wissenschaft des Wissens, München 1860—1869.

§ 23. Georg Wilhelm Friedrich Hegel (1770—1831) hat, indem er das von Schelling vorausgesetzte Identitätsprincip nach der von Fichte geübten Methode dialektischer Entwicklung begründet und durchführt, das System des absoluten Idealismus geschaffen, dem die endlichen Dinge nicht (wie dem subjectiven Idealismus) als Erscheinungen für uns gelten, die nur in unserm Bewusstsein wären, sondern als Erscheinungen an sich, ihrer eigenen Natur nach, d. h. als solches, was den Grund seines Seins nicht in sich, sondern in der allgemeinen göttlichen Idee hat. Die absolute Vernunft offenbart sich in Natur und Geist, indem sie nicht nur als Substanz beiden zum Grunde liegt, sondern auch als Subject vermöge fortschreitender Entwicklung von den niedrigsten zu den höchsten Stufen aus ihrer Entäusserung zu sich zurückkehrt. Die Philosophie ist die Wissenschaft des Absoluten. Als denkende Betrachtung der Selbstentfaltung der absoluten Vernunft hat die Philosophie zu ihrer nothwendigen Form die dialektische Methode, welche im Bewusstsein des denkenden Subjects die Selbstbewegung des gedachten Inhaltes reproducirt. Die absolute Vernunft entäussert sich in der Natur und kehrt aus ihrem Anderssein in sich zurück im Geiste; ihre Selbstentwicklung ist demnach eine dreifache, nämlich 1. im abstracten Elemente des Gedankens, 2 in der Natur, 3. im Geiste, nach dem Schema: Thesis, Antithesis, Synthesis. Demgemäss hat auch die Philosophie drei Theile, nämlich 1. die Logik, welche die Vernunft an sich als das Prius von Natur und Geist betrachtet, 2. die Naturphilosophie, 3. die Philosophie des Geistes. Um das Subject auf den Standpunkt des philosophischen Denkens zu erheben, kann dem System die Phänomenologie des Geistes, d. h. die Lehre von den Entwicklungsstufen des Bewusstseins als Erscheinungsformen des Geistes propädeutisch vorangeschickt werden, die jedoch auch als ein Glied der philosophischen Wissenschaft innerhalb des Systems, nämlich in der Philosophie des Geistes, ihre Stelle findet. Die Logik betrachtet die Selbstbewegung des Absoluten von dem abstractesten Begriff, nämlich dem Begriff des reinen Seins, bis zu dem concretesten derjenigen Begriffe, die der Spaltung in Natur und Geist vorangehen, d. h. bis zur absoluten Idee. Ihre Theile sind: die Lehre vom Sein, vom Wesen und vom Begriff. Die Lehre vom Sein gliedert sich in die Abschnitte: Qualität, Quantität, Maass; in dem ersten werden als Momente des Seins das reine Sein, das Nichts und das Werden betrachtet, dann wird das Dasein dem Sein entgegengesetzt und im Fürsichsein die Vermittlung gefunden, die das Umschlagen der Qualität in die Quantität zur Folge hat. Die Momente der Quantität sind: die reine Quantität, das Quantum und der Grad; die Einheit von Qualität und Quantität ist das Maass. Die Lehre vom Wesen handelt von dem Wesen als Grund der Existenz, dann von der Erscheinung, endlich von der Wirklichkeit als der Einheit von Wesen und Erscheinung; unter den Begriff der Wirklichkeit stellt Hegel die Substantialität, Causalität und Wechselwirkung. Die Lehre vom Begriff handelt vom subjectiven Begriff, welchen Hegel in den Begriff als solchen, das Urtheil und den Schluss eintheilt, von dem Object, worunter Hegel den Mechanismus, Chemismus und die Teleologie begreift, und von der Idee, die sich als Leben, Erkennen und absolute Idee dialektisch entfaltet. Die Idee entlässt aus sich die Natur, indem sie in ihr Anderssein umschlägt. Die Natur strebt die verlorene Einheit wiederzugewinnen; die Erreichung derselben aber ist der Geist als das Ziel und Ende der Natur. Die Stufen des natürlichen Daseins betrachtet Hegel in den drei Abschnitten:

Mechanik, Physik, Organik; die letztere handelt von dem Erdorganismus, von der Pflanze und von dem Thiere. Das Höchste im Leben der Pflanze ist der Gattungsprocess, durch welchen das Einzelne in seiner Unmittelbarkeit für sich negirt, aber in die Gattung aufgehoben wird. Die animalische Natur ist in der Wirklichkeit und Aeusserlichkeit der unmittelbaren Einzelheit zugleich in sich reflectirtes Selbst der Einzelheit, in sich seiende subjective Allgemeinheit; das Aussereinanderbestehen der Räumlichkeit hat keine Wahrheit für die Seele, die eben darum nicht an einem Punkte, sondern in Millionen Pnnkten überall gegenwärtig ist. Aber die thierische Subjectivität ist noch nicht für sich selbst als reine, allgemeine Subjectivität; sie denkt sich nicht, sondern fühlt sich und schaut sich an, sie ist sich nur in einem bestimmten, besondern Zustande gegenständlich. Das Beisichsein der Idee, die Freiheit, oder die Idee, welche aus ihrem Anderssein in sich zurückgekehrt ist, ist der Geist. Die Philosophie des Geistes hat drei Abschnitte: die Lehre vom subjectiven, objectiven und absoluten Geist. Der subjective Geist ist der Geist in der Form der Beziehung auf sich selbst, dem innerhalb seiner die ideelle Totalität der Idee, d. h. das, was sein Begriff ist, für ihn wird; der objective Geist ist der Geist in der Form der Realität als einer von ihm hervorzubringenden und hervorgebrachten Welt, in welcher die Freiheit als vorhandene Nothwendigkeit ist; der absolute Geist ist der Geist in an und für sich seiender und ewig sich hervorbringender Einheit der Objectivität des Geistes und seiner Idealität oder seines Begriffs, der Geist in seiner absoluten Wahrheit. Die Hauptstufen des subjectiven Geistes sind: der Naturgeist oder die Seele, das Bewusstsein und der Geist als solcher; Hegel nennt die betreffenden Abschnitte seiner Doctrin: Anthropologie, Phänomenologie und Psychologie. Der objective Geist realisirt sich in dem Recht, der Moralität und der beides in sich vereinigenden Sittlichkeit, in welcher die Person den Geist der Gemeinschaft oder die sittliche Substanz in Familie, bürgerlicher Gesellschaft und Staat als ihr eigenes Wesen weiss. Der absolute Geist umfasst die Kunst, welche die concrete Anschauung des an sich absoluten Geistes als des Ideals in der aus dem subjectiven Geiste gebornen concreten Gestalt, der Gestalt der Schönheit, gewährt, die Religion, welche das Wahre in der Form der Vorstellung, und die Philosophie welche das Wahre in der Form der Wahrheit ist.

Ueber Hegel's Leben handelt Karl Rosenkranz (Georg Wilh. Friedrich Hegel's Leben, Supplement zu Hegel's Werken, Berlin 1844) und R. Haym (Hegel und seine Zeit, Vorlesungen über Entstehung und Entwicklung, Wesen und Werth der Hegel'schen Philosophie, Berlin 1857), jener mit liebevoller Anhänglichkeit und

§ 23. Hegel.

Verehrung, dieser mit strenger, rücksichtsloser Kritik, die namentlich auch die in Hegel's Charakter und Lehre (besonders in der Rechtsphilosophie) liegenden antiliberalen Elemente tadelnd hervorhebt. Uebrigens vgl. auch Rosenkranz, Apologie Hegel's gegen Haym, Berlin 1858.

Hegel's Werke sind bald nach seinem Tode in einer Gesammtausgabe erschienen: „G. W. F. Hegel's Werke, vollständige Ausgabe durch einen Verein von Freunden des Verewigten". Bd I.—XVIII., Berlin 1832 ff., zum Theil seitdem neu aufgelegt. Bd. I.: Hegel's philos. Abhandlungen, hrsg. von Karl Ludw. Michelet, 1832. Bd. II.: Phänomenologie des Geistes, hrsg. von Joh. Schulze, 1832. Bd. III bis V.: Wissenschaft der Logik, hrsg. von Leopold von Henning, 1833-34. Bd. VI. VII.: Encyclopädie der philosophischen Wissenschaften im Grundrisse, und zwar Bd. VI.: der Encycl. erster Theil, die Logik, hrsg und nach Anleitung der vom Verfasser gehaltenen Vorlesungen mit Erläuterungen und Zusätzen versehen von Leop. von Henning 1840, Bd. VII., 1. Abth.: Vorlesungen über die Naturphilosophie als der Encycl. der philos Wissenschaften zweiter Theil hrsg. von K. L. Michelet 1842, Bd. VII., 2. Abth.: der Encycl. dritter Theil, die Philosophie des Geistes, hrsg. von Ludw. Boumann 1845. Bd. VIII.: Grundlinien der Philosophie des Rechts oder Naturrecht und Staatswissenschaft im Grundrisse, hrsg. von Eduard Gans 1833. Bd. IX.: Vorlesungen über die Philosphie der Geschichte, hrsg. von Ed. Gans 1837 (in zweiter Aufl. hrsg. von Hegel's Sohn Karl H.). Bd. X.: Abth. 1—3; Vorlesungen über die Aesthetik, hrsg. von H G. Hotho 1835—38. Bd XI.—XII.: Vorlesungen über die Philosophie der Religion, nebst einer Schrift über die Beweise vom Dasein Gottes, hrsg. von Philipp Marheincke 1832 (in zweiter Auflage von Bruno Bauer). Bd. XIII.—XV.: Vorlesungen über die Geschichte der Philosophie, hrsg. von Karl Ludw. Michelet 1833 36. Bd. XVI.—XVII.: vermischte Schriften, hrsg. von Friedrich Förster und Ludwig Boumann 1834 35. Bd. XVIII.: philosophische Propädeutik, hrsg. von Karl Rosenkranz 1840. Die im VI Bande der s. Werke enthaltene „Encyclopädie" hat ohne die oben erw. Zusätze Rosenkranz separat Berlin 1845 hrsg und von Neuem in der „Philos. Bibl.", Bd. 30, Berlin 1870, nebst von Ros. verfassten „Erläuterungen", ebd. 1870.

Sachlich geordnete Auszüge aus Hegel's Schriften haben Frantz und Hillert (Hegel's Philosophie in wörtlichen Auszügen, Berlin 1843), ferner mit mannigfachen Erläuterungen Thaulow (Hegel's Aeusserungen über Erziehung und Unterricht, Kiel 1854) geliefert. Kritische Erläuterungen des Hegel'schen Systems hat Rosenkranz Königsberg 1843 erscheinen lassen. Dem gleichen Zweck dienen mehrere von den Vorreden der Herausgeber der Werke, ferner Erdmann's und Michelet's Darstellungen des Hegel'schen Systems in ihren Geschichten der neueren Philosophie, und manche anderen Schriften. Von mehreren Hegel'schen Schriften sind im Ausland Uebersetzungen erschienen, besonders französische und italienische. Ueber die Hegel'sche Logik ist eine genau eingehende Kritik von Trendelenburg in dessen Log. Unters. geübt worden; ferner handeln über dieselbe und über Hegel's gesammte Doctrin in verschiedenem Sinne Hegellauer und Antihegellauer in Schriften und Abhandlungen, die zum Theil unten Erwähnung finden werden Vgl. u. a. auch Theod. Wilh. Danzel, über die Aesthetik der Hegel'schen Philosophie, Hamburg 1844; Ant. H. Springer, die Hegel'sche Geschichtsanschauung, Tübingen 1848; A. L. Kym, Hegel's Dial. in ihrer Anw. auf die Gesch. der Philos. Zürich 1849; Aloys Schmid (in Dillingen, Entwickinngsgesch. der Hegel'schen Logik, Regensburg 1858; P. Janet, études sur la dialectique dans Platon et dans Hégel, Paris 1860; Friedr. Rolff, über die Hegelsche Dialektik, Tübingen 18 6; Ed. von Hartmann, über die dialektische Methode historisch-kritischer Untersuchungen, Berlin 1868 (vgl dessen Artikel über eine solche. Umbildung der H.'schen Philos. in Bergmann's philos. Monatsh. V, 6, Aug. 1870). Eine kritische Darstellung des Systems enthält die Schrift von J, H. Stirling, the secret of Hegel, being the Hegelian system in origin, principle, form and matter. London 1865 Aug. Vera hat Hegel's Logik, Naturphilosophie und Geistesphilos. ins Französ. übersetzt und erklärt (Paris 1859, 63—66, 67) und auch selbst mehrere Schriften im Hegel'schen Sinne verfasst, u. a. Essai de philos. hégélienne, Paris 1864. (Vgl. K. Rosenkranz, Hegel's Naturphilosophie und die Bearbeitung derselben durch den italienischen Philosophen A. Vera, Berlin 1868.) Ferner haben die Italiener A. Galasso (Neapel 1867), G. Prisco (Neapel 1868), Gius. Allievo (Mailand 1868, u. A. über den Hegelianismus geschrieben. G. Biedermann, Kant's Krit. d. r. V. und die Hegel'sche Logik in ihrer Bedeutung für die Begriffswissenschaft, Prag 1869. Karl Rosenkranz. Hegel als deutscher Nationalphilosoph, Leipzig 1870. T. Collyns Simon, Hegel and his connexion with British

§ 23. Hegel.

thought, in: The Contemporary Review, Part L II., Jan. u. Febr. 1870. Einl. und Erläut. zu Hegel's Encyclopädie. von Karl Rosenkranz, in der „philos. Bibl.", Bd. 30 u. 31. Berlin 1870. Karl Köstlin, Hegel in philos., polit. u. nat. Beziehung. Tübingen 1870. M. Schasler, Hegel. populär Ged. aus s. Werken, Berlin 1870. Emil Feuerlein, über die culturgesch. Bed. Hegel's, in: Hist. Zeitschr., 12. Jahrg., 1870, S. 314—364.

Georg Wilhelm Friedrich Hegel, geboren zu Stuttgart am 27. August 1770, war der Sohn eines herzoglichen Verwaltungsbeamten (Rentkammersecretairs, später Expeditionsraths). Er studirte auf der Landesuniversität zu Tübingen als Mitglied des Stifts, indem er von 1788—90 den philosophischen, 1790—93 den theologischen Cursus absolvirte. Zur Erlangung der philosophischen Magisterwürde schrieb er Specimina „über das Urtheil des gemeinen Menschenverstandes über Objectivität und Subjectivität", und „über das Studium der Geschichte der Philosophie" und vertheidigte eine von dem Professor der Philosophie und Eloquenz A. F. Bock verfasste Dissertation „de limite officiorum humanorum seposita animorum immortalitate", deren Thema Hegel auch später noch (wie aus einem im Jahre 1795 von ihm verfassten Manuscript hervorgeht) viel zu denken gab; zur Erlangung der Candidatenwürde vertheidigte er die von dem Kanzler Le Bret verfasste Dissertation „de ecclesiae Wirtembergicae renascentis calamitatibus". (Ueber Hegel's theologische Entwicklung in dieser und der nachfolgenden Zeit handelt Zeller im vierten Bande der theolog. Jahrbücher, Tüb. 1845, S. 206 ff.) Der streng bibelgläubige Supranaturalist Storr trug die Dogmatik vor; neben ihm wirkten der mit ihm gleichgesinnte Flatt und die mehr rationalisirenden Professoren der Exegese und Kirchengeschichte Schnurrer und Rösler. Die Lecture von Schriften Kant's, Jacobi's und anderer Philosophen, auch Herder's, Lessing's, Schiller's, die Freundschaft mit dem für hellenisches Alterthum begeisterten Hölderlin, die Theilnahme, mit welcher er gleich Schelling und anderen Commilitonen die Ereignisse in Frankreich begleitete, scheinen ihn mehr, als die vorgeschriebenen Studien in Anspruch genommen zu haben, was aus dem Abgangszeugniss, das nur seine Anlagen, nicht seine Kenntnisse (und auch nicht die philosophischen) lobt, sich schliessen lässt. Eifrig setzte er seine theologischen und philosophischen Studien während seiner Hauslehrerstellung in Bern fort; zugleich stand er hier in einem lebhaften Briefwechsel mit Schelling, der noch im Tübinger Stift studirte. Von besonderer Wichtigkeit für das Verständniss seines Entwicklungsganges ist das im Frühjahr 1795 von ihm geschriebene „Leben Jesu", das handschriftlich erhalten ist und woraus Rosenkranz und Haym Proben mitgetheilt haben. Die Lessing'sche Unterscheidung der persönlichen Religionsanschauung Jesu von dem Dogma der christlichen Kirche liegt Hegel's Schrift zu Grunde. Dass nicht sowohl rein historische Motive, als vielmehr das Bedürfniss, seinen eigenen damaligen Standpunkt bei Jesu wiederzufinden, ihm diese Unterscheidung werth gemacht haben, geht aus den auf jenen Gedanken gebauten Ausführungen hervor. Das Judenthum repräsentirt den Moralismus der kategorischen Imperative der Kantischen Philosophie, den Jesus durch die Liebe überwindet, welche die „Synthese" ist, „in der das Gesetz seine Allgemeinheit und ebenso das Subject seine Besonderheit, beide ihre Entgegensetzung verlieren, während in der Kantischen Tugend diese Entgegensetzung bleibt". Doch weist Hegel andererseits auch das in der blossen Liebe liegende pathologische Element und dessen Gefahren nach. In der Gebundenheit an eine bestimmte geistige Richtung liegt das Schicksal; Jesus trat nicht zu einzelnen Seiten des jüdischen Schicksals, sondern durch sein Princip der Liebe zu diesem selbst in Gegensatz. Die Aussprüche über die Einheit der göttlichen und menschlichen Natur in Christo führt Hegel auf den Gedanken zurück, dass nur die Reflexion, die das Leben trenne, es in Unendliches und Endliches unterscheide; ausserhalb der Reflexion, in der Wahrheit, finde diese Scheidung nicht statt. Sehr hart redet Hegel gegen diese Scheidung, welche fälschlich die Gottheit objectivire: dieselbe gehe mit der Verdorbenheit und Sclaverei der Menschen in gleichem Schritt und sei nur deren Offenbarung. Den Sieg des dogmatisirten kirchlichen Christenthums, wie es in den letzten Jahrhunderten des Alterthums herrschte, erklärt Hegel aus der Unfreiheit, zu welcher das römische Weltreich die früher selbstständigen Staaten herabgebracht hatte; dem Bürger der alten Staaten war die Republik als seine „Seele" das Ewige; das unfreie, dem allgemeinen Interesse entfremdete Individuum aber beschränkte seinen Blick auf sich selbst; das Recht des Bürgers gab ihm nur ein Recht an Sicherheit des Eigenthums, das jetzt seine ganze Welt ausfüllte; der Tod musste ihm schrecklich sein, der das ganze Gewebe seiner Zwecke niederriss; so sah sich der Mensch durch Unfreiheit und Elend gezwungen, sein Absolutes in die Gottheit zu flüchten, Glückseligkeit im Himmel zu suchen und zu erwarten; eine Religion musste willkommen sein, die dem herrschenden Geist der Zeiten, die moralische Ohnmacht, die Unehre, mit Füssen getreten zu werden, unter dem Namen des leidenden Gehorsams zur Ehre und zur höchsten Tugend stempelte etc. Der Radicalismus dieser jugendlichen Oppositionsgedanken ist in dem Conservatismus der spätern Religionsphilosophie als ein zurückgedrängtes, aber unausgetilgtes Moment mitenthalten, welches durch einen Theil der Schüler (in der schroffsten Weise durch Bruno Bauer) auf's Neue verselbständigt und weiter durchgebildet worden ist.

Nach dreijährigem Aufenthalt in der Schweiz kehrte Hegel nach Deutschland zurück und trat im Januar 1797 eine Hauslehrerstelle in Frankfurt am Main an. Hier trieb er in seinen Musestunden, wie zum Theil schon in Bern, politische Studien neben den theologischen, die auch nicht vernachlässigt wurden. Im Jahr 1798 verfasste Hegel eine kleine, ungedruckt gebliebene Schrift „über die neuesten inneren Verhältnisse Wirtembergs, besonders über die Gebrechen der Magistratsverfassung", woran sich später, nach dem 9. Februar 1801, eine gleichfalls Manuscript gebliebene Schrift über die deutsche Reichsverfassung angeschlossen hat, die demgemäss bereits dem Aufenthalt in Jena angehört, wohin Hegel im Januar 1801 übersiedelte. Ihm hatte sich (wie er am 2. November 1800 an Schelling schrieb) das Ideal des Jünglingsalters zur Reflexionsform umgesetzt und in ein System verwandelt; Hegel hatte die Logik und Metaphysik und theilweise auch die Naturphilosophie handschriftlich ausgearbeitet, woran sich als dritter Theil die Ethik schliessen sollte. In Jena hat Hegel zuerst eine Schrift veröffentlicht: „Differenz des Fichte'schen und Schelling'schen Systeme der Philosophie", Jena 1801. Das Fichte'sche System ist subjectiver Idealismus, das Schelling'sche subjectiv-objectiver und daher absoluter Idealismus. Es beruht auf dem Grundgedanken der absoluten Identität des Subjectiven und Objectiven; in der Naturphilosophie und der Transcendentalphilosophie wird das Absolute in den beiden nothwendigen Formen seiner Existenz constuirt. Zu dem Schelling'schen Standpunkt bekennt Hegel sich selbst. Nachdem Hegel sich durch die Dissertation „de orbitis planetarum" habilitirt hatte, wirkte er in Gemeinschaft mit Schelling für die Verbreitung des Identitätssystems als akademischer Lehrer und (1802 bis 1803) als Mitherausgeber des (schon oben bei der Darstellung der Schelling'schen Philosophie erwähnten) „kritischen Journals der Philosophie", zu welchem er die meisten Beiträge geliefert hat. Daneben arbeitete Hegel den dritten Theil seines Systems, das „System der Sittlichkeit" handschriftlich, zunächst zum Behuf seiner Vorlesungen aus; dieser Theil hat sich später zur „Philosophie des Geistes" er-

§ 23. Hegel.

weitert. Allmählich gewann in Hegel das Bewusstsein seiner Differenz von Schelling Macht, zumal seit dieser (im Sommer 1803) Jena verlassen hatte und der unmittelbare persönliche Verkehr wegfiel. Er bezeichnet diese Differenz scharf und schneidend in dem im Jahr 1806 vollendeten vielumfassenden Werke: „Phänomenologie des Geistes". Bald nachher verliess Hegel in Folge der Kriegsereignisse Jena, gab die ihm dort im Februar 1806 ertheilte ausserordentliche Professur auf und redigirte eine Zeit lang die Bamberger Zeitung, bis er im November 1808 das Directorat des Aegidiengymnasiums zu Nürnberg erhielt. Er bekleidete dasselbe bis zum Jahr 1816. In dieser Stellung schrieb er zum Behuf des Gymnasialvortrags seine philosophische Propädeutik, und verfasste das ausführliche, die früher von Hegel selbst noch unterschiedenen Doctrinen: Logik und Metaphysik, zur Einheit zusammenfassende Werk: „Wissenschaft der Logik", Nürnberg 1812—16. Im Herbst 1816 trat Hegel eine Professur der Philosophie in Heidelberg an, nachdem Fries von dort nach Jena zurückgekehrt war. Während des Aufenthalts in Heidelberg wurde von Hegel neben einer „Beurtheilung der Verhandlungen der Wirtembergischen Landstände im Jahr 1815 und 1816" in den Heidelberger Jahrbüchern 1817 (einer Vertheidigung der von der Regierung erstrebten Reformen) die „Encyclopädie der philosophischen Wissenschaften im Grundrisse", Heidelberg 1817, veröffentlicht (2. sehr erweiterte Aufl. 1827, 3. Aufl. 1830). Am 22. October 1818 eröffnete Hegel seine Vorlesungen in Berlin, die über alle Theile des philosophischen Systems sich erstreckten und zur Begründung der Schule am einflussreichsten gewirkt haben. Während der Berliner Periode hat Hegel nur noch die Rechtsphilosophie herausgegeben: „Grundlinien der Philosophie des Rechts, oder Naturrecht und Staatswissenschaft im Grundrisse", Berlin 1821, und an dem neubegründeten litterarischen Organ des Hegelianismus, den „Jahrbüchern für wissenschaftliche Kritik" mitgearbeitet. Durch die dankenswerthe Redaction der Schüler sind die Vorlesungen über die Philosophie der Geschichte, der Kunst und der Religion, wie auch über die Geschichte der Philosophie, mehr oder minder buchmässig verarbeitet und so veröffentlicht worden, nachdem Hegel selbst am 14. November 1831 der Cholera erlegen war.

Die Philosophie Hegel's ist eine kritische Umgestaltung und Fortbildung des Schelling'schen Identitätssystems. Hegel billigt an der Schelling'schen Philosophie, dass es derselben um einen Inhalt zu thun sei, um die wahre absolute Erkenntniss, und dass das Wahre ihr das Concrete sei, die Einheit des Subjectiven und Objectiven, im Gegensatz zu der Kantischen Lehre von der Unerkennbarkeit der Dinge an sich und zu Fichte's subjectivem Idealismus. Hegel findet aber bei Schelling den zweifachen Mangel: 1. dass das Princip des Systems, die absolute Identität, nicht als ein Nothwendiges erwiesen, sondern nur vorausgesetzt werde (das Absolute sei wie aus der Pistole geschossen), 2. dass der Fortgang vom Princip des Systems zu den einzelnen Sätzen nicht mit wissenschaftlicher Nothwendigkeit begründet sei und darum statt der Aufzeigung der Selbstentfaltung des Absoluten nur ein willkürliches und phantastisches Operiren mit den beiden Begriffen des Idealen und Realen eintrete (wie wenn ein Maler für Thiere und Landschaften nur die beiden Farben roth und grün zu verwenden hätte); es komme aber darauf an, dass das Absolute nicht bloss als die allem Individuellen zu Grunde liegende Substanz, sondern auch als das sich selbst setzende, aus dem Anderswerden sich wiederum zur Gleichheit mit sich selbst herstellende Subject aufgefasst werde. Hegel will demnach seinerseits 1. das Bewusstsein auf den Standpunkt der absoluten Erkenntniss erheben, 2. den gesammten Inhalt dieser Erkenntniss vermittelst der dialektischen Methode systematisch entwickeln. Das

Erste geschieht in der Phänomenologie des Geistes und (kürzer, indem bloss die letzten Stufen der philosophischen Erkenntniss betrachtet werden) in der Einleitung der Encyclopädie, das Andere in dem gesammten System der Logik, Natur- und Geistesphilosophie.

In der Phänomenologie des Geistes stellt Hegel die Entwicklungsformen des menschlichen Bewusstseins dar von der unmittelbaren Gewissheit durch die verschiedenen Formen der Reflexion und Selbstentfremdung hindurch bis zur absoluten Erkenntniss. In der phänomenologischen Darstellung verflicht Hegel miteinander die Bildungsgeschichte des individuellen und des allgemeinen Geistes. Die Hauptstufen sind: Bewusstsein, Selbstbewusstsein, Vernunft, sittlicher Geist, Religion, absolutes Wissen. Der Gegenstand des absoluten Wissens ist die eigene Bewegung des Geistes. Das absolute, begreifende Wissen setzt das Dasein aller früheren Gestalten voraus; daher ist es begriffene Geschichte; in ihr sind alle früheren Gestalten bewahrt: „aus dem Kelche dieses Geisterreiches schäumt ihm die Unendlichkeit" (sagt Hegel, auf Schiller's „Theosophie des Julius" anspielend, am Schluss der Phänomenologie).

In der Einleitung zur Encyclopädie begründet Hegel den Standpunkt des absoluten Wissens durch eine Kritik der Stellungen des philosophischen Gedankens zur Objectivität, welche in der Geschichte der neueren Philosophie hervorgetreten sind, insbesondere des Dogmatismus und Empirismus, des Kriticismus und des unmittelbaren Wissens. Das absolute Wissen erkennt Denken und Sein als identisch oder (wie Hegel in der Vorrede zur Rechtsphilosophie sich ausdrückt) das Vernünftige als wirklich und das Wirkliche als vernünftig.

Das System der Philosophie gliedert sich in drei Haupttheile: die Logik, welche die Wissenschaft der Idee an und für sich ist, die Naturphilosophie als die Wissenschaft der Idee in ihrem Anderssein, die Philosophie des Geistes als die Wissenschaft der Idee, die aus ihrem Anderssein in sich zurückkehrt. Die Methode ist die dialektische, welche das Umschlagen jedes Begriffs in sein Gegentheil und die Vermittlung des Gegensatzes zu der höheren Einheit betrachtet; in ihr ist sowohl der bloss unterscheidende Verstand, wie auch die bloss die Unterschiede aufhebende negative Vernunft oder Skepsis als Moment enthalten.

Die Logik ist die Wissenschaft der reinen Idee, das ist, der Idee im abstracten Elemente des Denkens, die Wissenschaft von Gott oder dem Logos, sofern derselbe nur als das Prius der Natur und des Geistes (gleichsam wie er vor der Weltschöpfung ist) betrachtet wird. Sie zerfällt in drei Theile, nämlich in die Lehre vom Sein als dem Gedanken in seiner Unmittelbarkeit, dem Begriff an sich, die Lehre vom Wesen als dem Gedanken in seiner Reflexion und Vermittlung, dem Fürsichsein und Schein des Begriffs, die Lehre von dem Begriff und der Idee als dem Gedanken in seinem Zurückgekehrtsein in sich selbst und seinem entwickelten Beisichsein, dem Begriff an und für sich.*) In dem grösseren Werke

---

*) Hegel rechnet wohl mit Unrecht diese letzte Lehre noch der Grundwissenschaft oder „Logik" als dritten Theil zu, da sie vielmehr, wie schon aus der Definition hervorgeht, der Wissenschaft des Geistes angehört; einiges von dem aber, was Hegel hineinzieht, würde in der Naturphilosophie seine angemessene Stelle finden. Die Tendenz der Bearbeitung geht freilich dahin, alle diese Formen als metaphysische, sowohl der Natur, als dem Geist immanente zu behandeln; da aber die speciellere Bedeutung, die dem gewöhnlichen Sprachgebrauch gemäss ist, überall mit hineinspielt, so ist die Hegel'sche Ausführung dieser Partien durchweg getrübt durch das Schwanken zwischen dem Charakter einer Doctrin von Formen, die nur dem denkenden Geiste als solchem oder andererseits der Natur als solcher zukommen, und dem Charakter einer Doctrin von Formen aller natürlichen und geistigen Wirklichkeit.

über die Logik hat Hegel diesen letzten Theil als subjective Logik, die beiden ersten zusammen als objective Logik bezeichnet.

Den Ausgangspunkt der dialektischen Entwicklung in der Logik (und damit also zugleich in dem gesammten philosophischen System) bildet das reine Sein als der abstracteste und absolut inhaltsleere, daher mit dem Nichts identische Begriff. Zu dem Nichts steht das Sein in dem Doppelverhältniss der Identität und des, obschon unsagbaren, unangebbaren Unterschieds*). Die Identität im Unterschied von Sein und Nichts ergiebt einen neuen, höheren Begriff, welcher die höhere Einheit jener beiden Begriffe ist, nämlich den des Werdens. Die Arten des Werdens sind das Entstehen und das Vergehen; das Resultat des Werdens ist das Dasein, das mit der Negation identische Sein oder das Sein mit einer Bestimmtheit, die als unmittelbare oder seiende Bestimmtheit ist, oder einer Qualität. Das Dasein als in dieser seiner Bestimmtheit in sich reflectirt, ist Daseiendes, Etwas. Die Grundlage aller Bestimmtheit ist die Negation (wobei sich Hegel auf Spinoza's Satz beruft: omnis determinatio est negatio). Als seiende Bestimmtheit gegenüber der in ihr enthaltenen, aber von ihr unterschiedenen Negation ist die Qualität Realität; die Negation aber ist nicht mehr das abstracte Nichts, sondern das Anderssein. Das Sein der Qualität als solches, gegenüber der Beziehung auf Anderes, ist das Ansichsein. Das Etwas wird ein Anderes, da das Anderssein sein eigenes Moment ist; das Andere als ein neues Etwas wird wieder ein Anderes; dieser Progress in's Unendliche aber bleibt bei dem Widerspruch stehen dass das Endliche sowohl Etwas ist, wie sein Anderes; die Auflösung dieses Widerspruches liegt in dem Gedanken, dass das Etwas in seinem Uebergehen in Anderes nur mit sich selbst zusammengeht oder das Andere des Anderen wird; diese Beziehung im Uebergehen und im Anderen auf sich selbst ist die wahrhafte Unendlichkeit, die Herstellung des Seins als Negation der Negation, oder das Fürsichsein. Im Fürsichsein ist die Bestimmung der Idealität eingetreten. Die Wahrheit des Endlichen ist seine Idealität. Diese Idealität des Endlichen ist der Hauptsatz der Philosophie, und jede wahrhafte Philosophie ist deswegen Idealismus. Die Idealität als die wahrhafte Unendlichkeit ist die Lösung des Gegensatzes zwischen dem Endlichen und dem Verstandes-Unendlichen, welches, neben das Endliche gestellt, selbst nur eins der beiden Endlichen ist. Die Momente des Fürsichseins sind: das Eins, die Vielen und die Beziehung (als Attraction und Repulsion). Die Qualität schlägt wegen der Unterschiedslosigkeit der vielen Eins in ihr Gegentheil, die Quantität, um. In der Kategorie der Quantität wiederholt sich das Verhältniss des Seins, Daseins und Fürsichseins als reine Quantität, Quantum und intensive Grösse oder Grad. Das sich selbst in seiner fürsichseienden Bestimmtheit Aeusserlichsein des Quantums macht seine Qualität aus. Das Quantum an ihm selbst so gesetzt, ist das quantitative Verhältniss. Indem das Quantitative selbst Beziehung auf sich in seiner Aeusserlichkeit ist oder das Fürsichsein und die Gleichgültigkeit der Bestimmtheit vereinigt sind, ist es das Maass.

---

*) In der That aber lässt sich der Unterschied dahin angeben, dass der Begriff des Seins durch Abstraction von allem Unterschied in dem durch gültige Begriffe Gedachten unter Festhaltung des darin Identischen gewonnen wird, der Begriff des Nichts aber dadurch, dass in der Abstraction noch um einen Schritt weiter gegangen und auch noch von diesem Identischen selbst mit abstrahirt wird. In gleicher Art lässt sich auf allen folgenden Stufen durch scharfe und streng festzuhaltende Unterscheidungen die Hegel'sche Dialektik auflösen und die immanente Fortbewegung des reinen Gedankens als illusorisch erkennen, hierfür mag jedoch an dieser Stelle die Verweisung auf Trendelenburg und Andere genügen. Vgl. auch m. Syst. der Logik §§ 31, 76—80, 83.

Das Maass ist das qualitative Quantum, die Einheit der Qualität und der Quantität. In dieser Einheit ist die Unmittelbarkeit des Seins aufgehoben und dadurch das Wesen gesetzt.

Das Wesen ist das aufgehobene Sein oder das durch die Negation mit sich vermittelte, in sich reflectirte Sein. Dem Wesen gehören an die reinen Reflexionsbestimmungen, insbesondere die Identität, der Unterschied und der Grund. Die logischen Grundsätze der Identität und des Unterschieds sind als einseitige Abstractionen, welche blosse Momente der Wahrheit verselbständigen, mit Unwahrheit behaftet; die speculative Wahrheit ist die Identität der Identität und des Unterschieds, welche im Begriffe des Grundes liegt. Das Wesen ist der Grund der Existenz; die Existenz ist die Wiederherstellung der Unmittelbarkeit oder des Seins, insofern es durch das Aufheben der Vermittlung vermittelt ist. Die Totalität als die in Einem gesetzte Entwicklung der Bestimmungen des Grundes und der Existenz ist das Ding. Unter dem „Ding an sich" versteht Hegel die Abstraction der blossen Reflexion des Dinges in sich, an der gegen die Reflexion in Anderes, vermöge deren es Eigenschaften habe, als an der leeren Grundlage derselben festgehalten werde*). Die Existenz des Dinges involvirt den Widerspruch

---

*) Hier wird von Hegel dem Kantischen Terminus ein veränderter Sinn untergelegt, jedoch mit dem Anspruch, den Kantischen Sinn zu treffen. Kant hat nicht das Ding ohne die Eigenschaften und nicht ohne alle Beziehungen überhaupt, sondern nur das Ding, wie es abgesehen von einer bestimmten Beziehung, nämlich von seiner Spiegelung in unserm Bewusstsein (und zwar dem nächsten, vorkritischen, durch Wahrnehmung und dogmatisches Denken bestimmten Bewusstsein) ist, unter jenem Terminus verstanden (vgl. in m. Syst. d. Logik § 40 die Bemerkungen über die Verschiedenheit der Gegensätze: An sich und Erscheinung; Wesen und Wesensäusserung). Das „Ding an sich" im Kantischen Sinne dieses Ausdrucks kann allerdings vor dem denkenden Einzelsubject gegenüber bestehen, wiewohl es diesem nicht nothwendig als etwas ganz Fremdartiges, schlechthin Unerkennbares gegenübersteht, sondern eben nur als etwas zunächst bloss ausserhalb seines Bewusstseins Vorhandenes; nur von dem einzelnen Erkenntnissact ist es unabhängig, bedingt aber genetisch die Erkenntniss, wie es seinerseits für teleologisch durch den der Erkenntniss fähigen Geist als dessen Vorstufe bedingt gelten darf (s. o. S. 244). Gegen dem „Absoluten" gegenüber kein „Ding an sich", so doch dem wahrnehmenden und denkenden Einzelsubject gegenüber. . Hegel will auch für dieses die Dinge an sich aufheben, weil eben in dem Individuen der absolute Geist seine Wirklichkeit habe, unsere Vernunft Gottes Vernunft in uns sei, die nur als identisch gedacht werden könne mit der Vernunft in allen Dingen. Aber selbst wenn dies gelten könnte von dem letzten Erkenntnissziel, so gilt es doch jedenfalls nicht von dem für uns nothwendigen Wege successiver Annäherung an dasselbe. Kant's Lehre verewigt die anfängliche Fremdheit, in der die Aussendinge meinem individuellen Bewusstsein gegenüberstehen; Hegel's Lehre anticipirt das letzte Erkenntnissziel für einen Jeden, der sich entschliesst, nach dem trichotomischen Rhythmus der Dialektik zu denken; sie kennt keine Probleme mehr. Die Phänomenologie hilft keineswegs diesem Mangel ab; denn obschon sie von der Wahrnehmung ausgeht, erörtert sie nicht im wissenschaftlichen Sinne das Verhältniss derselben zu der objectiven Wirklichkeit, nicht das Verhältniss der Vibrationen der Luft und des Aethers zu den Ton- und Farbenempfindungen; durch Anerkennung der Göthe'schen Doctrin hat sich Hegel sogar die Möglichkeit dieser Untersuchung abgeschnitten. Hegel raubt sich die Möglichkeit der erkenntnisstheoretischen Untersuchungen durch eine falsche Objectivirung subjectiver Formen, während doch in der That, selbst wenn das menschliche Erkenntnissziel als erreicht gedacht wird, zwischen dem „System" (der Totalität) der (materiellen und geistigen) Erkenntnissobjecte und dem System der Wissenschaft immer nur eine genaue Uebereinstimmung und nicht eine Identität im vollen Sinne dieses Wortes bestehen würde; nur die Fremdheit der Dinge an sich würde völlig aufgehoben sein, aber nicht die Ver-

zwischen dem Insichbestehen und der Reflexion in Anderes oder der Materie und der Form; in diesem Widerspruch ist die Existenz Erscheinung. Das Wesen muss erscheinen. Das unmittelbare, dem Wesen gegenüberstehende Sein ist der Schein; das entwickelte Scheinen ist die Erscheinung. Das Wesen ist daher nicht hinter oder jenseits der Erscheinung, sondern dadurch, dass das Wesen es ist, welches existirt, ist die Existenz Erscheinung. Die Erscheinung ist die Wahrheit des Seins und eine reichere Bestimmung, als dieses, insofern dieselbe die Momente der Reflexion in sich und in Anderes in sich vereinigt enthält, wohingegen das Sein oder die Unmittelbarkeit noch das einseitig Beziehungslose ist. Der Mangel der Erscheinung aber besteht darin, dass sie noch dieses in sich Gebrochene, seinen Halt nicht in sich selbst Habende ist, welcher Mangel in der nächsthöheren Kategorie, der Wirklichkeit, aufgehoben wird. Kant, sagt Hegel, habe das Verdienst, dasjenige, was dem gemeinen Bewusstsein als ein Seiendes und Selbständiges gelte, als blosse Erscheinung aufgefasst zu haben; er habe aber fälschlich die Erscheinung im blos subjectiven Sinne genommen und ausser derselben „das abstracte Wesen"*) als Ding an sich fixirt; Fichte habe in seinem subjectiven Idealismus irrigerweise den Menschen in einen undurchdringlichen Kreis bloss subjectiver Vorstellungen gebannt; es sei vielmehr die eigene Natur der unmittelbar gegenständlichen Welt selbst, nur Erscheinung und nicht feste und selbständige Existenz zu sein. Die unmittelbar gewordene Einheit des Wesens und der Existenz oder des Innern und des Aeussern ist die Wirklichkeit; ihr gehört das Verhältniss der Substantialität, das der Causalität und das der Wechselwirkung an. Die Wechselwirkung ist unendliche negative Beziehung auf sich. Diese bei sich bleibende Wechselbewegung aber oder das zum Sein als einfacher Unmittelbarkeit zurückgegangene Wesen ist der Begriff.

Der Begriff ist die Einheit des Seins und des Wesens, die Wahrheit der Substanz, das Freie als die für sich seiende substantielle Macht. Der subjective Begriff entwickelt sich als der Begriff als solcher, der die Momente der Allgemeinheit, Besonderheit und Einzelheit in sich fasst, als das Urtheil, welches die gesetzte Besonderheit des Begriffs, die Diremtion des Begriffs in seine Momente, die Beziehung des Einzelnen auf das Allgemeine ist, endlich als der Schluss, der die Einheit des Begriffs und des Urtheiles ist, Begriff als die einfache Identität, in welche die Formunterschiede des Urtheiles zurückgegangen sind, und Urtheil, in sofern er zugleich in Realität, nämlich in dem Unterschiede seiner Bestimmungen gesetzt ist. Der Schluss ist das Vernünftige und alles Vernünftige, der Kreislauf der Vermittlung der Begriffsmomente des Wirklichen. Die Realisirung des Begriffs im Schlusse als die in sich zurückgegangene Totalität ist das Object. Der objective Begriff durchläuft die Momente: Mechanismus, Chemismus und Teleologie (welche hier nicht in speciell naturwissenschaftlichem, sondern in allgemein metaphysischem Sinne verstanden werden müssen). In der Realisirung des Zwecks setzt sich der Begriff als das an sich seiende Wesen des Objects. Die Einheit des Begriffs und seiner Realität, die an sich seiende Einheit des Subjectiven und Objectiven als für sich seiend gesetzt ist die Idee. Die Momente der

---

schiedenheit derselben von unserer (individuell-subjectiven) Erkenntniss. Die Erkenntnisslehre, welche bei Kant als „Vernunftkritik" ein hinsichtlich der „transcendentalen Objecte" schlechthin negatives Resultat ergiebt, wird von Hegel aber durch das Axiom der Identität von Denken und Sein aufgehoben. Zwischen diesen beiden Extremen ist die richtige Mitte zu finden.

*) Was freilich nach dem Obigen Kant's Meinung nicht war.

Idee sind das Leben, das Erkennen und die absolute Idee; die absolute Idee ist die reine Form des Begriffs, die ihren Inhalt als sich selbst anschaut, die sich wissende Wahrheit, die absolute und alle Wahrheit, die sich selbst denkende Idee als denkende oder logische Idee. Die absolute Freiheit der Idee ist, dass sie nicht bloss in's Leben übergeht, noch als endliches Erkennen dasselbe in sich scheinen lässt, sondern in der absoluten Wahrheit ihrer selbst sich entschliesst, das Moment ihrer Besonderheit oder des ersten Bestimmens und Andersseins, die unmittelbare Idee als ihren Widerschein, als Natur, frei aus sich zu entlassen. Die Idee als Sein oder die seiende Idee ist die Natur.

Die Natur ist die Idee in der Form des Andersseins oder der Entäusserung. Sie ist der Reflex des Geistes, das Absolute in seinem unmittelbaren Dasein. Die Idee durchläuft von ihrem abstracten Aussersichsein in Raum und Zeit bis zum Insichsein der Individualität im animalischen Organismus eine Reihe von Stufen, deren Folge auf der fortschreitenden Realisirung der Tendenz zum Fürsichsein oder zur Subjectivität beruht. Doch hat in der Sphäre der Natur auch die Zufälligkeit und Bestimmbarkeit von aussen ihr Recht; die Ausführung des Besondern ist äusserer Bestimmbarkeit ausgesetzt, und hierin liegt eine Obmacht der Natur, die der Philosophie Grenzen setzt: das Particularste lässt sich nicht begrifflich erschöpfen. Die Hauptmomente der Natur sind: der mechanische, physikalische und organische Process. Die Idee ist in der Schwere zu einem Leibe entlassen, dessen Glieder die freien Himmelskörper sind; dann bildet sich die Aussserlichkeit zu Eigenschaften und Qualitäten herein, die, einer individuellen Einheit angehörend, im chemischen Process eine immanente und physikalische Bewegung haben; in der Lebendigkeit endlich ist die Schwere zu Gliedern entlassen, in denen die subjective Einheit bleibt. Hegel erkennt diese Folge nicht als eine zeitliche an, denn nur der Geist habe Geschichte, in der Natur seien alle Gestalten gleichzeitig; das Höhere, in der dialektischen Entwickelung Spätere, aber ideelle Prius des Niederen, sei nur im geistigen Leben auch zeitlich später. Die Natur, sagt Hegel, ist als ein System von Stufen zu betrachten, deren eine aus der andern nothwendig hervorgeht und die nächste Wahrheit derjenigen ist, aus welcher sie resultirt, aber nicht so, dass die eine aus der andern natürlich erzeugt würde, sondern in der inneren, den Grund der Natur ausmachenden Idee. Das sogenannte (hypothetisch von Kant und zuversichtlicher von manchen Naturphilosophen angenommene) Hervorgehen der Pflanzen und Thiere aus dem Wasser und der entwickelteren Thierorganisationen aus den niedrigeren erklärt Hegel für eine nebulose Vorstellung, deren sich die denkende Betrachtung entschlagen müsse.

Der Tod der nur unmittelbaren einzelnen Lebendigkeit ist der Hervorgang des Geistes. Der Geist ist das Beisichsein der Idee oder die Idee, die aus ihrem Anderssein in sich zurückkehrt. Seine Entwicklung ist der stufenweise Fortschritt von der Naturbestimmtheit zur Freiheit. Seine Momente sind: der subjective, der objective und der absolute Geist.

Den subjectiven Geist in seinem unmittelbaren Verflochtensein mit der Naturbestimmtheit oder die Seele in ihrer Beziehung zum Leibe betrachtet die Anthropologie. Die Phänomenologie als der zweite Theil der Lehre vom subjectiven Geiste betrachtet den erscheinenden Geist auf der Stufe der Reflexion als sinnliches Bewusstsein, Wahrnehmung, Verstand, Selbstbewusstsein und Vernunft. Die Psychologie betrachtet den Geist, sofern er theoretisch als Intelligenz, praktisch als Wille, frei als Sittlichkeit ist. Die Intelligenz findet sich bestimmt, weiss aber das Gefundene als ihr Eigenes, indem sie das All als den sich verwirklichenden vernünftigen Zweck erkennt. Zu dieser Einsicht gelangt der Geist auf dem Wege des Handelns, in welchem der Wille das Bestimmende des Inhalts ist. Die Einheit des Wollens und Denkens ist die Energie der sich selbst bestimmenden Freiheit. Das Wesen der Sittlichkeit ist, dass der Wille allgemeinen Vernunftinhalt zu seinen Zwecken habe.

Die Lehre vom **objectiven Geist** geht auf die Objectivirungen des freien Willens. Das Product des freien Willens als eine objective Wirklichkeit ist das Recht. Das Recht ist Verwirklichung der Freiheit und tritt nur der Willkür entgegen. Das Recht als solches oder das formelle und abstracte Recht, worin der freie Wille unmittelbar ist, ist Eigenthums-, Vertrags- und Strafrecht; das Eigenthum ist das Dasein, welches die Person ihrer Freiheit giebt, der Vertrag ist der Zusammenfluss zweier Willen zu einem gemeinsamen Willen, das Strafrecht ist das Recht wider das Unrecht, die Strafe die Wiederherstellung des Rechts als Negation seiner Negation. An das formelle Recht schliesst sich als zweite Stufe die Moralität als der in sich reflectirte Wille, der Wille in seiner Selbstbestimmung als Gewissen, als dritte und höchste Stufe aber die Sittlichkeit, in welcher das Subject sich mit der sittlichen Substanz: der Familie, der bürgerlichen Gesellschaft und dem Staate, eins weiss. Der Staat ist die Wirklichkeit der sittlichen Idee, die selbstbewusste sittliche Substanz, als der zu einer organischen Wirklichkeit entwickelte sittliche Geist, der Geist, der in der Welt steht, der göttliche Wille als gegenwärtiger, sich zur wirklichen Gestalt und Organisation einer Welt entfaltender Geist. In der constitutionellen Monarchie, der Staatsform der neuen Welt, sind die Formen, die in der alten Welt verschiedenen Ganzen angehörten, nämlich Autokratie, Aristokratie, Demokratie, zu Momenten herabgesetzt: der Monarch ist Einer, in seiner Person ist die Persönlichkeit des Staates wirklich, er ist die Spitze der formellen Entscheidung; mit der Regierungsgewalt treten Einige, in der gesetzgebenden Gewalt, sofern die Stände an derselben Antheil haben, die Vielen hinzu. Es bedarf der Institution von Ständen, damit das Moment der formellen Freiheit sein Recht erlange, und so auch der Geschworenengerichte, damit dem Rechte des subjectiven Selbstbewusstseins ein Genüge geschehe. Das Hauptgewicht aber legt Hegel nicht auf die subjective Selbstbestimmung der Einzelnen, sondern auf den gebildeten Bau des Staates, die Architektonik seiner Vernünftigkeit. Seine Rechtsphilosophie ist das Begreifen der Vernunftgemässheit des wirklichen Staats unter scharfer Polemik gegen eine Reflexion und ein Gefühl, welche auf der subjectiven Meinung des Besserwissens beruhen, und sich in der Aufstellung von leeren Idealen gefallen. Die Weltgeschichte, die Hegel wesentlich als Staatengeschichte auffasst, gilt ihm als der Fortschritt im Bewusstsein der Freiheit. Sie ist die Zucht, die von der Unbändigkeit des natürlichen Willens durch die substantielle Freiheit zur subjectiven Freiheit führt. Der Orient wusste und weiss nur, dass Einer frei ist, die griechische und römische Welt, dass Einige frei seien, die germanische Welt weiss, dass Alle frei sind. Im Osten beginnt die Weltgeschichte, im Westen aber geht das Licht des Selbstbewusstseins auf. In den substantiellen Gestaltungen der orientalischen Reiche sind alle vernünftigen Bestimmungen vorhanden, aber so, dass die Subjecte nur Accidentien bleiben. Die orientalische Geschichte ist das Kindesalter der Menschheit. Der griechische Geist ist das Jünglingsalter. Hier ergiebt sich zuerst das Reich der subjectiven Freiheit, aber in die substantielle Freiheit eingebildet. Diese Vereinigung der Sittlichkeit und des subjectiven Willens ist das Reich der schönen Freiheit, denn die Idee ist mit einer plastischen Gestalt vereinigt, wie in einem schönen Kunstwerke das Sinnliche das Gepräge und den Ausdruck des Geistigen trägt. Es ist die Zeit der schönsten, aber schnell vorübergehenden Blüthe. In der natürlichen Einheit des Subjects mit dem allgemeinen Zweck liegt die unbefangene, substantielle Sittlichkeit, welcher Sokrates die Moralität, die auf Reflexion beruhende Selbstbestimmung des Subjects, entgegenstellte; die substantielle Sittlichkeit bedurfte des Kampfes mit der subjectiven Freiheit, um sich zur freien Sittlichkeit zu gestalten. Das römische Reich ist das Mannesalter der Geschichte. Es ist das Reich der abstracten Allgemeinheit. Die Individuen werden dem allgemeinen Staatszwecke aufgeopfert; sie erhalten aber zum Ersatz die Allgemeinheit ihrer selbst, d. h. die Persönlichkeit, vermöge der Ausbildung des Privatrechts. Das gleiche Schicksal trifft die Völker. Der Schmerz über den Verlust der nationalen Selbständigkeit treibt den Geist in seine innersten Tiefen zurück; er verlässt die götterlose Welt und beginnt das Leben seiner Innerlichkeit. Der absolute Wille und der Wille des Subjects werden eins. In der germanischen Welt herrscht das Bewusstsein der Versöhnung. Anfänglich ist der Geist noch abstract in seiner Innerlichkeit befriedigt, das Weltliche ist der Rohheit und Willkür überlassen; endlich aber formirt sich das Princip selbst zu concreter Wirklichkeit, in welcher das Subject sich mit der Substanz des Geistes vereinigt. Die Realisirung des Begriffs der Freiheit ist das Ziel der Weltgeschichte. Ihre Entwicklung ist die wahrhafte Theodicee.

Der absolute Geist oder die Religion im weiteren Sinne als die Einheit des subjectiven und objectiven Geistes realisirt sich in der objectiven Form der Anschauung oder des unmittelbaren sinnlichen Wissens als Kunst, in der subjectiven Form des Gefühls und der Vorstellung als Religion im engeren Sinne, endlich in der subjectiv-objectiven Form des reinen Denkens als Philosophie. Das Schöne ist das Absolute in sinnlicher Existenz, die Wirklichkeit der Idee in der Form begrenzter Erscheinung. Auf dem Verhältniss der Idee zu dem Stoffe beruht der Unterschied der symbolischen, classischen und romantischen Kunst. In der symbolischen Kunst, in welcher namentlich die orientalische Darstellung befangen bleibt, vermag die Form den Stoff nicht völlig zu durchdringen. Im classisch Schönen, vornehmlich in der griechischen Kunst, ist der geistige Inhalt ganz in das sinnliche Dasein ergossen. Die classische Kunst löst sich aus auf: negativ in der Satire, dem Kunstwerke der in sich zerrissenen römischen Welt, positiv in der romantischen Kunst der christlichen Zeit. Die romantische Kunst beruht auf dem Vorwiegen des geistigen Elements, auf der Tiefe des Gemüthes, auf der Unendlichkeit der Subjectivität. Sie ist das Hinausgehen der Kunst über sich selbst, jedoch in der Form der Kunst. Das System der Künste (Architektur; Sculptur; Musik, Malerei und Poesie) ist dem der Kunstformen analog. Die Poesie als die höchste der Künste nimmt die Totalität aller Formen in sich auf. Die Religion ist die Form, wie die absolute Wahrheit für das vorstellende Bewusstsein oder für Gefühl, Vorstellung und reflectirenden Verstand und daher für alle Menschen ist. Die Stufen der Religion in ihrer historischen Entwicklung sind: 1. die Naturreligionen des Orients, welche Gott als Natursubstanz fassen; 2. die Religionen, in denen Gott als Subject angeschaut wird, insbesondere die jüdische Religion oder die Religion der Erhabenheit, die griechische oder die Religion der Schönheit, die römische oder die Religion der Zweckmässigkeit; 3. die absolute Religion, welche Gott zugleich in seiner Entäusserung zur Endlichkeit und in seiner Einheit mit der Endlichkeit oder seinem Leben in der versöhnten Gemeinde erkennt. Die göttliche Idee explicirt sich in drei Formen. Diese sind: 1. das ewige in und bei sich Sein, die Form der Allgemeinheit, Gott in seiner ewigen Idee an sich, oder das Reich des Vaters, 2. die Form der Erscheinung, der Particularisation, das Sein für Anderes in der physischen Natur und dem endlichen Geist, die ewige Idee Gottes im Elemente des Bewusstseins und Vorstellens, oder die Differenz, das Reich des Sohnes, 3. die Form der Rückkehr aus der Erscheinung in sich selbst, der Process der Versöhnung, die Idee im Element der Gemeinde oder das Reich des Geistes. Der wahre Sinn der Beweise vom Dasein Gottes ist, dass sie die Erhebung des Menschengeistes zu Gott enthalten und dieselbe für den Gedanken ausdrücken sollen. Der kosmologische und teleologische Beweis gehen vom Sein zum Begriffe Gottes über, der ontologische vom Begriff zum Sein. Die Philosophie ist das Denken der absoluten Wahrheit oder die sich denkende Idee, die sich wissende Wahrheit, die sich selbst begreifende Vernunft. Das philosophische Wissen ist der denkend erkannte Begriff der Kunst und Religion. Die Entwicklung der Philosophie erfolgt im System und in der Geschichte auf wesentlich gleiche Weise, nämlich durch den Fortschritt vom Abstracteren zu immer reicherer und concreterer Erkenntniss der Wahrheit. Die Philosophie der Eleaten, des Heraklit und der Atomistiker entspricht dem reinen Sein, dem Werden und dem Fürsichsein, die Philosophie Plato's den Kategorien des Wesens, die des Aristoteles dem Begriff, die der Neuplatoniker dem Gedanken als Totalität oder der concreten Idee, die Philosophie der neueren Zeit der Idee als Geist oder der sich wissenden Idee. Die Cartesianische Philosophie steht auf dem Standpunkt des Bewusstseins, die Kantische und Fichte'sche auf dem des Selbstbewusstseins, die neueste (Schelling-Hegel'sche) auf dem der Vernunft oder der mit der Substanz identischen Subjectivität, und zwar in der Form der intellectuellen Anschauung bei Schelling, in der des reinen Denkens oder des absoluten Wissens bei Hegel. Die Principien aller früheren Systeme sind als aufgehobene Momente erhalten in der absoluten Philosophie.*)

§ 24. Ein Zeitgenosse von Fichte, Schelling und Hegel, den ersteren und letzteren überlebend, bildet **Friedrich Ernst Daniel Schleiermacher** (1768—1834), insbesondere durch Kant, Spinoza und Plato angeregt, die Kantische Philosophie in einer solchen Weise um, wodurch er ebensowohl dem in ihr liegenden realistischen, wie dem idealistischen Elemente gerecht zu werden sucht. Raum und Zeit gelten Schleiermacher als Formen der Existenz der Dinge selbst, nicht nur unserer Auffassung der Dinge; ebenso gesteht er den Kategorien Gültigkeit für die Dinge selbst zu. Unsere Auffassung ist durch die Sinnesthätigkeit bedingt, mittelst welcher das Sein der Dinge in unser Bewusstsein aufgenommen wird. Das Afficirtwerden der Sinne als Bedingung der Erkenntniss, welches Kant inconse-

---

*) Was über das Wahre in dem Grundgedanken und das Grosse in der Durchführung neben manchem Ueberspannten, Willkürlichen und Schiefen in Bezug auf Hegel's Ansicht von der Geschichte der Philosophie im ersten Theile dieses Grundrisses unter § 4 gesagt worden ist, lässt sich in wesentlich gleichem Sinne auf das Ganze des Systems beziehen. In seiner Methode huldigt das System, indem es die dialektische Construction gegenüber der Empirie zu einer selbständigen Macht erhebt und das „reine Denken" von seiner empirischen Basis ablöst, einem durch die nachträgliche Beziehung auf die Empirie nicht aufgehobenen Dualismus, wie sehr es auch selbst principiell eines jeden Dualismus verwirft. Die realistische Seite der Kantischen Philosophie ist in der Hegel'schen nicht zu gleichem Rechte mit der idealistischen gelangt. Eben darum ist dieselbe in der nachhegelschen Philosophie um so stärker und bei Vielen in einseitiger Ueberspannung hervorgetreten.

quenterweise angenommen, Fichte vergeblich um der Consequenz willen zu beseitigen versucht hatte, reiht sich bei Schleiermacher in einer consequenten Weise dem Ganzen seiner Doctrin ein, weil ihm Raum, Zeit und Causalität nicht bloss Formen der im Bewusstsein des Subjects allein vorhandenen Erscheinungswelt, sondern auch der dem Subject gegenüberstehenden und seine Erkenntniss bedingenden objectiven Realität selbst sind. In dem Denken, welches den Inhalt der äusseren und inneren Erfahrung verarbeitet, oder in der zu der „organischen Function" hinzutretenden „intellectuellen Function" findet Schleiermacher mit Kant die Spontaneität, welche im Menschen mit der Receptivität der Sinne vereinigt ist, oder das mit dem empirischen Factor zusammenwirkende apriorische Erkenntnisselement. Durch eben diese Theorie der Erkenntniss überwindet Schleiermacher die aprioristische Einseitigkeit der Hegel'schen Dialektik. Die Vielheit der neben einander bestehenden Objecte und nacheinander erfolgenden Processe schliesst sich zu einer nicht etwa bloss von dem denkenden Subjecto hineingetragenen, sondern an und für sich realen, Object und Subject umfassenden Einheit zusammen. Vermöge der realen Einheit bildet das Mannigfaltige ein gegliedertes Ganzes. Die Totalität alles Existirenden ist die Welt; die Einheit des Weltganzen ist die Gottheit. Ueber die Gottheit sind uns nur entweder negative oder bildliche, anthropomorphisirende Aussagen möglich. Jeder Theil der Welt steht mit den übrigen Theilen in Wechselwirkung, worin Wirken und Leiden vereinigt ist. An unser Wirken knüpft sich das Gefühl unserer Freiheit, an unser Erleiden das Gefühl unserer Abhängigkeit. Dem Unendlichen gegenüber als der Einheit des Weltganzen besteht in uns das Gefühl der absoluten Abhängigkeit. In diesem Gefühle wurzelt die Religion. Die religiösen Vorstellungen und Sätze sind Darstellungsweisen des religiösen Gefühls und als solche von der wissenschaftlichen Betrachtung, welche die objective Wirklichkeit im Bewusstsein des Subjectes zu reproduciren strebt, specifisch verschieden. Die Dogmen in Philosopheme umwandeln wollen oder in der Theologie philosophiren, heisst die Grenzen beider Gebiete verkennen; der Philosophie kommt innerhalb der Theologie nur ein formaler Gebrauch zu. Weder soll die Philosophie zu der Theologie, noch diese zu jener in dem Verhältniss der Dienstbarkeit stehen; jede ist frei in den Grenzen ihres Gebietes. Schleiermacher hat neben der bei ihm die Gotteslehre in sich mitbegreifenden Dialektik die christliche Glaubenslehre, neben der philosophischen Ethik die christliche Ethik bearbeitet. Die Einseitigkeit des Kantischen Pflichtbegriffs, der dem Allgemeinen das Eigenthümliche opfert, sucht Schleiermacher durch eine Ethik zu überwinden, welche die jedesmalige Aufgabe durch die Individualität des Handelnden bedingt sein lässt. Schleiermacher's Ethik ist zugleich Güterlehre, Tugendlehre und Pflichtenlehre. In dem höchsten Gute als der obersten Einheit des Realen und Idealen findet Schleiermacher das sittliche Ziel, in der Pflicht das Gesetz der Bewegung zu diesem Ziele hin, in der Tugend die bewegende Kraft. Vorwiegend trägt Schleiermacher's Darstellung der Ethik den Charakter der Güterlehre. Die Art, wie Schleiermacher den Gegensatz und die Einheit des Realen und Idealen in Natur und Geist näher bestimmt und in einer Reihe einzelner Formeln darlegt, ist zumeist durch Schelling's Identitätsphilosophie bedingt. Schleiermacher's Philosophie ist von ihm nicht zu einem allumfassenden und in Gedankengehalt, systematischer Gliederung und Terminologie streng geschlossenen Ganzen fortgebildet worden und steht daher an formeller Vollendung sehr weit dem Hegel'schen und auch dem Herbart'schen Systeme nach, ist aber ebenso auch von mancher mit diesen Systemen unabtrennbar verwachsenen Einseitigkeit frei und in ihrer grossentheils noch unabgeschlossenen Gestalt mehr als jede andere nachkantische Doctrin einer reinen, die verschiedenartigen Einseitigkeiten überwindenden Ausbildung fähig.

Schleiermacher's Werke sind in drei Abtheilungen: I. zur Theologie, II. Predigten, III. zur Philosophie und vermischte Schriften, Berlin 1835—64. herausgegeben worden. Die dritte Abtheilung enthält folgende Bände: I. Grundlinien einer Kritik der bisherigen Sittenlehre; Monologe; vertraute Briefe über F. Schlegel's Lucinde; Gedanken über Universitäten im deutschen Sinne etc. II. philos. v. verm. Schriften. III Reden und Abh., der K. Akademie der Wiss. vorgetragen, aus Schl.'s handschr. Nachl. hrsg. von L. Jonas. IV, 1. Gesch. der Philos. hrsg. von H. Ritter. IV, 2. Dialektik, hrsg. von L. Jonas. V. Entwurf eines Systems der Sittenlehre, hrsg. von A. Schweizer. VI. Psychologie, hrsg. von George. VII. Aesthetik, hrsg. von C. Lommatzsch. VIII die Lehre vom Staat, hrsg. von Chr. A. Brandis. IX. Erziehungslehre, hrsg. von C. Platz. Eine kurze, zur Einführung in Schleiermacher's Gedankenkreis sehr geeignete Zusammenstellung von Kerngedanken enthält die Schrift: Ideen, Reflexionen und Betrachtungen aus Schleiermacher's Werken, hrsg. von L. v. Lancizolle, Berlin 1854. In die „philos. Bibl." sind die „Monologe" aufgenommen worden als Bd. VI, Berlin 1868, und die „philos. Sittenlehre", mit Erl. und Kritik von J. H. v. Kirchmann, als Bd. XXIV, Berlin 1870.

Ueber Schleiermacher's Leben und persönliche Beziehungen giebt sein reicher Briefwechsel den treuesten Aufschluss. Die Briefe von und an J. Chr. Gass hat dessen Sohn W. Gass unter Beifügung einer biographischen Vorrede, Berlin 1852, herausgegeben. Den gesammten Schleiermacher'schen Briefwechsel, soweit derselbe sich erhalten hat und von allgemeinerem Interesse ist, hat Ludwig Jonas und nach dessen Tode Wilhelm Dilthey herausgegeben unter dem Titel: Aus Schleiermacher's Leben. In Briefen. Bd. I.: von Schl's Kindheit bis zu seiner Anstellung in Halle, October 1801, Berlin 1858, 2. Aufl. 1860, Bd. II.: Bis an sein Lebensende, den 12. Febr. 1834, Berlin 1858, 2. Aufl. 1860, Bd. III.: Schl.'s Briefwechsel mit Freunden bis zu seiner Uebersiedelung nach Halle, namentlich mit Friedr. und Aug. Wilh. Schlegel, Berlin 1861, Bd. IV.: Schl.'s Briefe an Brinckmann, Briefwechsel mit seinen Freunden von 1804—34. Denkschriften, Dialog über das Anständige, Recensionen, Berlin 1863. Eine kurze, bis zum April 1794 reichende Selbstbiographie Schleiermacher's ist in Bd. I, S. 3—16 abgedruckt.

§ 24. Schleiermacher.

Ueber Schleiermacher's philosophische und theologische Lehren handeln insbesondere: Chr. Jul. Braniss, über Schl.'s Glaubenslehre, Berlin 1824. C. Rosenkranz, Kritik der Schleiermacher'schen Glaubenslehre, Königsberg 1836. Hartenstein, de ethices a Schl. propositae fundamento, Lips. 1837, auch stellenweise in seiner Ethik. Dav. Friedr. Strauss, Schleierm. und Daub in ihrer Bedeutung für die Theologie unserer Zeit, in den Hallischen Jahrb. für deutsche Wiss. u. Kunst 1839, wiederabg. in den Charakteristiken und Kritiken, Leipz. 1839. J. Schaller, Vorl. über Schl., Halle 1844. G. Weissenborn, Vorlesungen über Schl.'s Dialektik und Dogmatik, Leipz. 1847—49. F. Vorländer, Schleiermacher's Sittenlehre, Marburg 1851. Joh. Wilh. Breuer, de Schleierm. ethices antiquae judice, diss. philos. Bonnensis, Coloniae Agrippinae 1854. Sigwart, über die Bedeutung der Erkenntnisslehre und der psychologischen Voraussetzungen Schleiermacher's für die Grundbegriffe seiner Glaubenslehre, in den Jahrb. für deutsche Theologie, hrsg v. Liebner, Dorner, Ehrenfeuchter, Landerer, Palmer und Weizsäcker, Bd. II, 1857, S. 267—327 u. 829—864 (womit Dorner's Entgegnung ebd S. 499 an vergleichen ist). C. A. Auberlen, Schleiermacher, ein Charakterbild, Basel 1859. A. Immer, Schleiermacher als religiöser Charakter, Bern 1859. Ed. Zeller, Schleiermacher, in den preuss. Jahrb. III, 1859, S. 176—194 (unter dem Titel: „zum 12. Februar"), wiederabg. in Zeller's Vortr. u. Abh. S. 178—201. Karl Schwarz, Schleiermacher, seine Persönlichkeit und seine Theologie, ein Vortrag, geh. im wiss. Verein zu Berlin, Gotha 1861. Bobertag, Schl. als Philosoph, in der prot. Kirchenz. 1861, Nr. 47. Sigwart, Schl. in seinen Beziehungen zu dem Athenaeum der beiden Schlegel, Progr. des Sem. zu Blaubeuren, Tübingen 1861. Schlottmann, drei Gegner des Schleiermacher'schen Religionsbegriffs (Schenkel, Stahl und Philippi), in der deutschen Zeitschrift für christl. Wiss. u. christl. Leben, N. F. IV, 1861, Oct. Wilh. Dilthey, Schl.'s politische Gesinnung und Wirksamkeit, in den preuss. Jahrb. X, 1862. Guil. Dilthey, de principiis ethices Schleiermacheri, diss. inaug., Berol. 1864. Rud. Baxmann, Schl.'s Anfänge im Schriftstellern, Bonn 1864; Schl., sein Leben und Wirken, 1. u. 2. Aufl. Elberfeld 1868. Jacques Lickel, ess. sur la christol. de Schl., Strassb. 1865. W. Beyschlag, Schl. als politischer Charakter, Berlin 1866. Rich. v. Kittlitz, Schl. Bildungsgang, in biographischer Versuch, Leipzig 1867. Franz Hirsch, Schl. in Ostpr. in der altpr. Monatsschr. IV, Heft 8, 1867. A. Baur, Schl.'s christl. Lebensanschauungen, Leipz. 1868. Daniel Schenkel, F. Schleierm., ein Charakterbild, Elberfeld 1868. Emil Schuerer, Schl.'s Religionsbegriff und die philos. Voraussetzungen desselben, Inaug.-Diss., Leipzig 1868. P. Schmidt, Spinoza und Schleierm., die Geschichte ihrer Systeme und ihr gegenseitiges Verhältniss, Berlin 1868. Auf Anlass der Säcularfeier am 21. Nov. 1868 sind Festreden und Festschriften erschienen von M. Baumgarten, R. Benfey, Biedermann (in den „Zeitstimmen"), G. Dreydorff, L. Duncker (in den Jahrb. f. deutsche Th.), Fricke, L. George, R. Hagenbach, Henke, K. F. A. Kahnis, F. Nitzsch, Petersen, Herm. Reuter, A. Ruge, K. G Sack, E. O. Schellenberg, D. Schenkel, L. Schultze, Sigwart (in: J. f. d. Theol.), H. Spörri, Thomas, Thomsen, A. Treblin, Th Woltersdorf, und Anderen. Vgl. ferner Schriften von Carl Beck (Reutlingen 1869), F. Zachler (Breslau 1869), Th. Eisenlohr (die Idee der Volksschule nach Schl., Stuttgart 1852; 1868), Wilh. Beuder (Schl.'s philos. Gotteslehre, Göttinger Dissert., Worms 1868, fortges. in der Zeitschr. f. Philos. N. F., Bd. 57 u. 58, 1870—71), Ernst Dratuscheck und Heilsmann (in den „Philos. Monatshft." II, 1 u. 2), Karl Steffensen (die wiss. Bedeutung Schleierm.'s, in Gelzer's Monatsbl. für innere Zeitgesch., Bd 32, Nov. 1868, S. 259—280), P. Leo, Schl.'s philos. Grundansch. nach dem metaph Theil seiner Dialektik, Diss., Jena 1868. Th. Hossbach, Schl., sein Leben und Wirken, Berlin 1868. A. Twesten, zur Erinnerung an Schl. (akad. Vortrag), Berlin 1869. C. Michelet, der Standp. Schl.'s, in: der Gedanke VIII, 2, Berlin 1868. R. A. Lipsius, Studium über Schl.'s Dialektik, im Zeitschr. f. wiss. Theol. Jahrg. XII, 1869, S. 1 — 62 und S. 113—154. Wilh. Dilthey, Leben Schl.'s, Bd. I, Berlin (1867—)1870. E. Rudolff, Stunden der Weihe u. Sammel. von Ausspr. Schl's, Berlin 1870. Gust. Baur, Schl. als Prediger in d. Zeit von Deutschlands Erniedrigung u. Erhebung, Leipzig 1871.

Friedrich Ernst Daniel Schleiermacher, Sohn eines reformirten Geistlichen, geboren zu Breslau den 21. Novbr. 1768, wurde als Mitglied der Brudergemeinde erzogen, deren Glaubensform auf seine Gemüthsrichtung den tiefsten Einfluss gewonnen hat, welcher seine Macht auch dann noch unverlierbar behauptete, als er (seit seinem 19. Lebensjahre) durch das Bedürfniss selbständiger

§ 24. Schleiermacher.

Prüfung getrieben, der äusseren Gemeinschaft mit ihr entsagt hatte und an dem bestimmten Inhalt ihres Glaubens nicht festzuhalten vermochte. In dem Pädagogium zu Niesky wurde er vom Frühjahr 1783 bis zum Herbst 1785 erzogen, dann in das Seminar der Brüderunität zu Barby aufgenommen, welches er im Mai 1787 verliess. Nachdem er in Halle das theologische Studium absolvirt und sich dann ein Jahr lang (1789/90) in Drossen aufgehalten hatte, bekleidete er (Oct. 1790 bis Mai 1793) eine Hauslehrerstelle in der Familie des Grafen Dohna-Schlobitten, trat bald hernach in das Seminar für gelehrte Schulen zu Berlin, welches Gedike leitete, war 1794—96 Hülfsprediger zu Landsberg an der Warthe, 1796 bis 1802 Prediger am Charité-Hause zu Berlin, 1802—1804 Hofprediger in Stolpe, 1804—1806 ausserordentlicher Professor der Theologie und Philosophie zu Halle an der Saale, lebte, nachdem er diese Stellung in Folge der Kriegsereignisse aufgegeben hatte, in Berlin, mit litterarischen Arbeiten beschäftigt und zugleich an seinem Theil neben Fichte und anderen patriotisch gesinnten Männern an der Kräftigung der Gemüther zum Zweck einer künftigen Befreiung des Vaterlandes von der Fremdherrschaft mitwirkend, seit 1809 als Prediger an der Dreifaltigkeitskirche; bei der Gründung der Berliner Universität erhielt er an derselben eine ordentliche Professur der Theologie, die er bis an seinem Tode, der am 12. Febr. 1834 erfolgte, bekleidet hat. Er hielt neben den theologischen Vorlesungen auch philosophische über verschiedene Doctrinen. Früh mit der Kantischen Philosophie vertraut, insbesondere während des Jahrzehents 1786—96 mit dem Studium und der Kritik derselben eifrig beschäftigt, später auch auf Fichte's und Schelling's Speculationen eingehend, mit Jacobi's Philosophie schon 1787, mit Spinoza's Doctrin zuerst aus Jacobi's Darstellung, dann (spätestens 1799) auch aus Spinoza's eigenen Schriften bekannt geworden, darnach auch für Plato und ältere Philosophen und schon früh, aber in weit geringerem Maasse, für Aristoteles sich interessirend, bildete er zuerst vorwiegend in der Kritik fremder Systeme, allmählich aber mehr und mehr auch constructiv seinen philosophischen Gedankenkreis aus. Seit 1811 war er Mitglied der Akademie der Wissenschaften, was ihm zu einer Reihe von meist auf die griechische Philosophie bezüglichen Abhandlungen Anlass gab. Im Jahr 1817 war er Präses der zu Berlin versammelten Synode, welche über die Union der lutherischen und reformirten Kirche berieth; freilich war der Sinn, in welchem Schleiermacher für die Union als eine freie, jede dem Geiste des Protestantismus gemässe Weise der Lehre und des Cultus dem Gewissen der einzelnen Prediger und Gemeinden anheimgebende Vereinigung wirkte, von der strengeren, an festere Normen gesetzlich bindenden Weise, in welcher später das Unionswerk durchgeführt wurde, principiell verschieden; Schleiermacher's Warnung an den Minister von Altenstein, derselbe möge es nicht dahin kommen lassen, dass die Geschichte seines Namens mit der Depravation der Unionsidee verknüpfe, vermochte nicht, diesen von der betretenen Bahn abzulenken, sondern wurde nur als eine persönliche Beleidigung aufgenommen; Schleiermacher hatte theils in Folge dieses Conflicts, theils und schon früher in Folge seiner freisinnigen politischen Thätigkeit fast ebenso andauernd die Ungunst der Regierung zu erfahren, wie Hegel sich ihrer Gunst und wirksamen Förderung seines Einflusses erfreute; erst in Schleiermacher's letzten Lebensjahren milderte sich die Spannung durch gegenseitiges Entgegenkommen. Als Prediger, Universitätslehrer und Schriftsteller hat Schleiermacher eine äusserst reiche und segensvolle Thätigkeit geübt; auf dem Gebiete der Theologie, Philosophie und Alterthumsforschung hat er vielseitig anregend, geistweckend, neue Bahnen eröffnend gewirkt. „Schleiermacher" (sagt Zeller in den Vortr. u. Abh., Leipzig 1865, S. 179 und 200) „war nicht allein der grösste Theologe, welchen die protestantische Kirche seit der Reformationszeit gehabt hat, nicht allein der Kirchenmann, dessen grosse Gedanken über die Vereinigung der protestantischen Bekenntnisse, über eine freiere Kirchenverfassung, über die Rechte der Wissenschaft und der religiösen Individualität trotz alles Widerstandes sich durchsetzen werden und eben jetzt aus tiefer Verdunkelung sich auf's neue zu erheben begonnen haben, nicht allein der geistvolle Prediger, der hochbegabte, tief wirkende, das Herz durch den Verstand und den Verstand durch das Herz bildende Religionslehrer, Schleiermacher war auch ein Philosoph, der ohne geschlossene Systemsform doch die fruchtbarsten Keime ausgestreut hat, ein Alterthumsforscher, dessen Werke für die Kenntniss der griechischen Philosophie von epochemachender Bedeutung sind, ein Mann endlich, der an der staatlichen Wiedergeburt Preussens und Deutschlands redlich mitgearbeitet, der im persönlichen Verkehr auf Unzählige anregend, erziehend, belehrend eingewirkt, der in Vielen ein ganz neues geistiges Leben wachgerufen hat. — Schleiermacher ist der Erste, welcher das eigenthümliche Wesen der Religion gründlicher erforscht und dadurch auch der praktischen Bestimmung ihres Verhältnisses zu anderen Gebieten einen unberechenbaren Dienst geleistet hat: er ist einer der bedeutendsten unter den Männern, welche seit mehr als einem Jahrhundert daran arbeiten, das allgemein Menschliche aus dem Positiven herauszuarbeiten, das Ueberlieferte im Geist unserer Zeit umzubilden, einer der vordersten unter den Vorkämpfern des modernen Humanismus.*

Unter Schleiermacher's Schriften sind hier folgende hervorzuheben: Ueber die Religion, Reden an die Gebildeten unter ihren Verächtern, Berlin 1799, 2. Ausg. 1806, 3. Ausg. 1821, u. ö. nach Schl.'s Tode. Monologen, eine Neujahrsgabe, 1800 u. ö. Vertraute Briefe über F. Schlegel's Lucinde (anonym) 1800. Predigten, 1. Samml. 1801, 2. S. 1808, 3. S. 1814, 4. S. 1820, Festpredigten 1826 und 33, zur Denkfeier der Augsb. Confession 1831; ferner Sammlungen sind nach Schleiermacher's Tode in den sämmtlichen Werken erschienen. Grundlinien einer Kritik der bisherigen Sittenlehre, Berlin 1803. Platon's Werke, übersetzt und mit Einleitungen und Anmerkungen versehen, I, 1 und 2, II, 1—3, III, 1, Berlin 1804—28 u. ö. Die Weihnachtsfeier, 1806 u. ö. Der christliche Glaube nach den Grundsätzen der evangelischen Kirche, Berlin 1821—22, 2. umgearbeitete Aufl. 1830—31, u. ö. nach Schl.'s Tode. Unter den nachgelassenen Werken sind von philosophischer Bedeutung (ausser der schon oben, Theil I, 4. Aufl. S. 10 citirten Geschichte der Philosophie) insbesondere folgende: Entwurf eines Systems der Sittenlehre, hrsg. von Schweizer 1835, und Grundriss der philos. Ethik mit einleitender Vorrede hrsg. von A. Twesten 1841 (womit zu vergleichen ist: die christliche Sitte, nach den Grundsätzen der evangelischen Kirche im Zusammenhang dargestellt, hrsg. von Jonas 1843). Dialektik hrsg. von Jonas, 1839. Aesthetik, hrsg. von C. Lommatzsch, 1842. Die Lehre vom Staat, hrsg. von Chr. A. Brandis, 1845. Erziehungslehre, hrsg. von C. Platz, 1849. Psychologie, hrsg. von George, 1864. (Die anlängst durch Rütenik hrsg. Vorlesungen über das Leben Jesu haben zu der Zeit, da sie gehalten wurden, nicht unbeträchtlich auf den weiten Kreis der Zuhörer gewirkt und insbesondere der von Dav. Friedr. Strauss geübten Kritik der evangelischen Berichte über das Leben Jesu, welche bald nach Schleiermacher's Tode erschien, theils direct vorgearbeitet, theils indirect auf dieselbe eingewirkt, sofern die particll von Schleiermacher vollzogene Kritik zu einer gleichmässigen Durchführung derselben auch auf den Punkten, wo Schleiermacher Halt machte, einen consequenten Denker provociren musste, der aus der Hegel'schen Philosophie gelernt hatte, ein religiöses Interesse nicht an irgend eine Person, sondern an die Idee selbst zu knüpfen, die, wie Strauss auf Grund der Hegel'schen Principien und schon nach dem Vorgange Kant's in dessen Kritik der reinen Vern., 2. Aufl. S. 597 f. und Religion in den Grenzen der Vernunft erklärte, nicht liebe ihre ganze Fülle in ein Individuum auszuschütten; heute haben diese Vorlesungen für die historische Erkenntnis ihres Objectes kaum noch irgend welche Bedeutung, um so grössere aber für das Verständnis der Theologie Schleiermacher's und des Entwicklungsganges der neueren deutschen Theologie überhaupt.

Gleich sehr beseelt von tiefem religiösen Gefühl, wie durchdrungen von dem Ernste der Wissenschaft, verfolgt Schleiermacher in allen seinen Werken die Tendenz, an der Lösung der Aufgabe mitzuarbeiten, die er als das Ziel der Reformation und insbesondere als Bedürfnis der Gegenwart bezeichnet: „einen ewigen Vertrag zu stiften zwischen dem lebendigen christlichen Glauben und der nach allen Seiten freigelassenen, unabhängig für sich arbeitenden wissenschaftlichen Forschung, so dass jener diese nicht hindere und diese nicht jenen ausschliesse".

In den „Reden über die Religion" (1. Rede: Rechtfertigung, 2. Rede: über das Wesen der Religion, 3. Rede: über die Bildung zur Religion, 4. Rede: über das Gesellige in der Religion oder über Kirche und Priesterthum, 5. Rede: über die Religionen) sucht Schleiermacher das Wesen und die Berechtigung der Religion nachzuweisen. Wie Kant in seiner Vernunftkritik den philosophischen Dogmatismus, der die Realität dessen, was durch die Vernunftideen gedacht wird, theoretisch erweisen will, bekämpft, aber den Glauben an die moralische Geltung der Vernunftideen anerkennt und kräftigt, so spricht Schleiermacher den Lehrsätzen des theologischen Dogmatismus die wissenschaftliche Gültigkeit ab, erkennt aber an, dass der Religion eine besondere und edle Anlage im Menschen zum Grunde liege, nämlich das fromme Gefühl als die Richtung des Gemüthes auf das Unendliche und Ewige, und findet die wahre Bedeutung der theologischen Begriffe und Sätze darin, dass durch sie das religiöse Gefühl zum Ausdruck gelange; wenn aber das, was nur unsere Gefühle bezeichnen und in Worten darstellen solle, für Wissenschaft von dem Gegenstande oder auch für Wissenschaft und Religion zugleich genommen werde, dann sinke es unvermeidlich zurück in Mysticismus und Mythologie. Kant bedurfte, um auf Grund des moralischen Bewusstseins den Objecten der Vernunftideen vermittelst seiner Postulate Realität vindiciren zu dürfen, einer Kritik der theoretischen Vernunft, welche für eben diese Objecte der „Vernunftideen" eine offene Stelle jenseits alles Endlichen, das nur Erscheinung sei, nachweise. Schleiermacher dagegen bedarf, da er nicht die Objecte der religiösen Vorstellungen, sondern die subjectiven Gemüthszustände, welche mittelst dieser Vorstellungen ausgedrückt werden, als berechtigt nachweist, keiner offenen Stelle für das Unendliche jenseits der Endlichkeit, vermag dem Endlichen seine objective Realität, die in unserm Bewusstsein sich wiederspiegele, ungeschmälert zu lassen, und findet, wie Spinoza (von dem er sich jedoch durch seine Anerkennung des Werthes der Individualität wesentlich unterscheidet), inmitten des Endlichen und Vergänglichen selbst das Unendliche und Ewige. Im Gegensatz zu der idealistischen Speculation Kant's und Fichte's fordert Schleiermacher einen Realismus, der freilich nicht auf die Betrachtung des Endlichen in seiner Vereinzelung sich beschränken, sondern ein Jegliches in seiner Einheit mit dem Ganzen und Ewigen (nach Spinoza's Ausdruck: sub specie aeterni) betrachten soll; mit diesem Ewigen sich eins fühlen, ist Religion. „Wenn der Mensch nicht in der unmittelbaren Einheit der Anschauung und des Gefühls Eins wird mit dem Ewigen, bleibt er in der abgeleiteten des Bewusstseins ewig getrennt von ihm. Darum, wie soll es werden mit der höchsten Aeusserung der Speculation unserer Tage, dem vollendeten gerundeten Idealismus, wenn er sich nicht wieder in diese Einheit versenkt, dass die Demuth der Religion seinen Stolz einen andern Realismus ahnen lasse, als den, welchen er so kühn und mit so vollem Rechte sich unterordnet? Er wird das Universum vernichten, indem er es bilden zu wollen scheint, er wird es herabwürdigen zu einer blossen Allegorie, zu einem nichtigen Schattenbilde der einseitigen Beschränktheit seines leeren Bewusstseins. Opfert mit mir ehrerbietig eine Locke den Manen des heiligen verstossenen Spinoza! Ihn durchdrang der hohe Weltgeist, das Unendliche war sein Anfang und sein Ende, das Universum seine einzige und ewige Liebe; in heiliger Unschuld und tiefer Demuth spiegelte er sich in der ewigen Welt und sah an, wie auch er ihr liebenswürdigster Spiegel war; voller Religion war er und voll heiligen Geistes, und darum steht er auch da allein und unerreicht, Meister in seiner Kunst, aber erhaben über die profane Zunft, ohne Jünger und ohne Bürgerrecht."

Die Wissenschaft ist das Sein der Dinge in der menschlichen Vernunft; die Kunst und die Bildung zur Praxis ist das Sein unserer Vernunft in den Dingen, denen sie Maass, Gestalt und Ordnung giebt; die Religion, das nothwendige und unentbehrliche Dritte zu jenen beiden, ist das unmittelbare Bewusstsein der Einheit von Vernunft und Natur, des allgemeinen Seins alles Endlichen im Unendlichen und durch das Unendliche, alles Zeitlichen im Ewigen und durch das Ewige. Die Frömmigkeit ist als die Richtung des Gemüths auf das Ewige, die innere Erregung und Stimmung, auf welche alle Aeusserungen und Thaten gottbegeisterter Männer hindeuten; sie erzeugt nicht, sondern begleitet das Wissen und das sittliche Handeln; aber mit ihr können Unsittlichkeit und Dünkelwissen nicht zusammen bestehen. Alle Förderung echter Kunst und Wissenschaft ist auch Bildung zur Religion. Wahre Wissenschaft ist vollendete Anschauung, wahre Praxis ist selbsterzeugte Bildung und Kunst, wahre Religion ist Sinn und Geschmack für das Unendliche. Eine von jenen haben wollen ohne diese oder sich dünken lassen, man habe sie so, ist frevelnder Irrthum. Das Universum ist in einer ununterbrochenen Thätigkeit und offenbaret sich uns in jedem Augenblick, und in diesen Einwirkungen und dem, was dadurch in uns wird, alles Einzelne nicht für sich, sondern als einen Theil des Ganzen, als eine Darstellung des Unendlichen in unser Leben aufnehmen und uns davon bewegen lassen, das ist Religion.

Die Gemeinschaft derer, welche schon zur Frömmigkeit in sich gereift sind, ist die wahre Kirche. Die Einzelkirchen sind das Bindungsmittel zwischen diesen Frommen und denen, welche die Frömmigkeit noch suchen. Der Unterschied zwischen Priestern und Laien darf nur ein relativer sein. Zum Priester ist berufen, wer eigenthümlich und vollständig und zur Leichtigkeit in irgend einer Art der Darstellung sein Gefühl in sich ausgebildet hat.

Die Idee der Religion umfasst die Gesammtheit aller Verhältnisse des Menschen zur Gottheit; die einzelnen Religionen aber sind die bestimmten Gestalten, unter denen sich die Eine allgemeine Religion darstellen muss und in jenen allein eine wahre individuelle Ausbildung der religiösen Anlage möglich ist; die sogenannte natürliche oder Vernunft-Religion ist eine blosse Abstraction. Die verschiedenen Religionen sind die Religion, wie sie sich ihrer Unendlichkeit entäussert hat und in oft dürftiger Gestalt, gleichsam als fleischgewordener Gott, unter den Menschen erschienen ist, als ein in's Unendliche gehendes Werk des Geistes, der sich in aller menschlichen Geschichte offenbart. Die Art, wie der Mensch die Gottheit im Gefühle gegenwärtig hat, entscheidet über den Werth seiner Religion. Die drei Hauptstufen sind: 1. diejenige, auf welcher die Welt als chaotische Einheit erscheint und die Gottheit theils in der Form der Persönlichkeit als Fetisch, theils unpersönlich als blindes Geschick vorgestellt wird; 2. diejenige, auf welcher in dem Weltbewusstsein die bestimmte Vielheit der heterogenen Elemente und Kräfte hervortritt und das Gottesbewusstsein theils Polytheismus, wie bei den Hellenen, theils Anerkennung der Naturnothwendigkeit, wie bei Lucretius, ist; 3. diejenige, auf welcher das Sein sich als Totalität, als Einheit in der Vielheit oder als System darstellt und das Gottesbewusstsein theils die Form des Monotheismus, theils des Pantheismus annimmt. Im Judenthum ist das eigentlich religiöse Element oder das überall hindurchschimmernde Bewusstsein des Menschen von seiner Stellung in dem Ganzen und seinem Verhältniss zu dem Ewigen das einer unmittelbaren Vergeltung, einer Reaction des Unendlichen gegen jedes einzelne Endliche, das als aus der Willkür hervorgehend angesehen wird. Belohnend, strafend, zuchtigend das Einzelne im Einzelnen, so wird die Gottheit durchaus vorgestellt. Die ursprüngliche Anschauung des Christenthums dagegen ist die des allgemeinen Entgegenstrebens alles Endlichen gegen die Einheit des Ganzen und der Art, wie die Gottheit dieses Entgegenstreben behandelt, wie sie die Feindschaft gegen sich vermittelt durch einzelne Punkte, über das Ganze ausgestreut, welche zugleich Endliches und Unendliches, zugleich Menschliches und Göttliches sind. Das Verderben und die Erlösung, die Feindschaft und die Vermittlung sind die Grundbeziehungen der christlichen Empfindungsweise. Indem alles Wirkliche zugleich als unheilig erscheint, ist eine unendliche Heiligkeit das Ziel des Christenthums. Das Christenthum hat zuerst die Forderung gestellt, dass die Frömmigkeit ein beharrlicher Zustand im Menschen und nicht an einzelne Zeiten und Verhältnisse gebunden sein soll. Der Stifter des Christenthums fordert nicht, dass man um seiner Person willen seine Idee annehme, sondern nur um dieser willen auch jene; die grössere Sünde ist die Sünde wider den Geist. Aus der Idee der Erlösung und Vermittlung das Centrum der Religion bilden, das ist die Religion Christi. Er selbst aber ist aller Vermittlung Mittelpunkt. Es wird eine Zeit kommen, wo der Vater Alles in Allem sein wird, aber diese Zeit liegt ausser aller Zeit.

In den Monologen (1. Betrachtung, 2. Prüfungen, 3. Weltansicht, 4. Aussicht, 5. Jugend und Alter) findet Schleiermacher die höchste Aufgabe darin, dass ein Jeder in sich auf eigenthümliche Weise die Menschheit darstelle. Die Kantische Vernunftforderung der Uniformität des Handelns, der kategorische Imperativ, gilt ihm zwar als eine achtbare Erhebung über die unwürdige Eitelkeit des sinnlich-thierischen Lebens, aber doch nur als ein niederer Standpunkt im Vergleich mit der höheren Eigenheit der Bildung und Sittlichkeit. Das seiner selbst gewisse Ich behauptet in seinem innersten, eigensten Handeln seine freie geistige Selbstbestimmung unabhängig von jeder zufälligen Fügung äusserer Umstände und selbst von der Macht der Zeit, von Jugend und Alter.

Die vertrauten Briefe über Friedrich Schlegel's „Lucinde" (die besser sind, als die commentirte Schrift) fordern die angebliche Einheit des sinnlichen und geistigen Elementes in der Liebe und bekämpfen die Entweihung des Göttlichen in ihr, die durch unverständige Zerlegung in ihre Elemente, in Geist und Fleisch, erfolge.

Die Wissenschaften theilt Schleiermacher ein in die empirische und speculative Betrachtung der Natur und des Geistes oder die Naturkunde und Physik, Geschichtskunde und Ethik. Die Idee der Philosophie geht auf die höchste Einheit des physischen und ethischen Wissens als vollkommene Durchdringung des Beschaulichen und des Erfahrungsmässigen.

Schleiermacher's Dialektik beruht auf dem Begriff des Wissens als der Uebereinstimmung des Denkens mit dem Sein, welche sich zugleich als Uebereinstimmung der Denkenden unter einander erweisen muss. Der „transcendentale Theil" der Dialektik betrachtet die Idee des Wissens an und für sich und gleichsam in der Ruhe, der „technische oder formale Theil" aber betrachtet dieselbe Idee in der Bewegung oder das Werden des Wissens. Mit Kant unterscheidet Schleiermacher Stoff und Form des Wissens und lässt jenen durch die sinnliche Empfindung oder „organische Function" gegeben sein, die aber uns der „intellectuellen Function" oder dem Denken stammen, welchem die Einheitsetzung und Entgegensetzung angehört. Die Formen unserer Erkenntniss entsprechen den Formen des Seins. Raum und Zeit sind die Formen der Existenz der Dinge, nicht nur die Formen unserer Auffassung der Dinge. Die Formen des Wissens sind Begriff und Urtheil; der Begriff entspricht dem Fürsichsein der Dinge oder den „substantiellen Formen": Kraft und Erscheinung (der höhere Begriff entspricht der „Kraft", der niedere der „Erscheinung"), das Urtheil über dem Zusammensein der Dinge, ihrer Wechselwirkung oder ihren Actionen und Passionen. Die Formen des Werdens des Wissens sind die Induction und Deduction. Der Deductionsprocess oder die Ableitung aus den Principien darf immer nur in Beziehung auf die Resultate des Inductionsprocesses, der von den Erscheinungen aus zur Erkenntniss der Principien fortgeht, ausgeführt werden. Schleiermacher bestreitet ausdrücklich *) die Annahme (auf welcher die Hegel'sche Dialektik ruht), dass das reine Denken von allem andern Denken getrennt einen eigenen Anfang nehmen und als ein besonderes für sich ursprünglich entstehen könne.

In der Gottesidee wird die absolute Einheit des Idealen und Realen mit Ausschluss aller Gegensätze gedacht, in dem Begriffe der Welt aber die relative Einheit des Idealen und Realen unter der Form des Gegensatzes. Es ist demnach Gott weder als identisch mit der Welt, noch als getrennt von der Welt zu denken. (Da das Ich die Identität des Subjects in der Differenz der Momente ist, so lässt sich Gottes Verhältniss zur Welt mit dem der Einheit des Ich zu der Totalität seiner zeitlichen Acte vergleichen.) Die Religion beruht auf dem absoluten Abhängigkeitsgefühl, in welchem mit dem eigenen Sein zugleich das unendliche Sein Gottes mitgesetzt ist. Vermittelst des religiösen Gefühls ist der Urgrund ebenso in uns gesetzt, wie in der Wahrnehmung die Aussendinge in uns gesetzt sind. Das Sein der Ideen und das Sein des Gewissens in uns ist das Sein Gottes in uns. Religion und Philosophie sind einander gleichberechtigte Functionen; jene ist die höchste subjective, diese die höchste objective Function des menschlichen Geistes. Die Philosophie ist nicht der Religion untergeordnet. Diese (scholastische) Unterordnung würde darauf beruhen müssen, dass alle Versuche Gott zu denken, nur aus dem Interesse des Gefühls abgeleitet würden. Aber die speculative Thätigkeit, welche sich auf den transscendenten Grund richtet, hat auch in sich selbst Werth und Bedeutung, insbesondere zur Entfernung des Anthropoeidischen. Andererseits ist aber auch die Religion nicht eine untergeordnete Stufe zur Philosophie. Denn das Gefühl kann nie etwas bloss Vergangenes sein; es ist in uns die ursprüngliche Einheit oder Indifferenz des Denkens und Wollens, und diese Einheit ist durch das Denken nicht zu ersetzen **).

---

*) Und zwar mit gutem logischem Recht.
**) Schleiermacher's Auffassung des Verhältnisses zwischen Religion und Philosophie vermeidet den Fehler der Hegel'schen, wonach das Gefühl ebenso, wie die „Vorstellung", eine blosse Vorstufe des Begriffs sein soll; das Gefühl steht zu der Erkenntnissthätigkeit überhaupt, ebenso wie zum Wollen und Handeln, nicht in dem Verhältnisse der Stufenordnung, sondern in dem Verhältnisse einer gleichberechtigten andern Richtung der psychischen Thätigkeit; eine Stufenordnung besteht nur innerhalb einer jeden der drei Hauptrichtungen, also zwischen den sinnlichen und den geistigen Gefühlen, zwischen dem sinnlichen und vernünftigen Begehren, zwischen Wahrnehmung, Vorstellung und Begriff. Aber die Religion

§ 24. Schleiermacher.

Die Ethik betrachtet das Handeln der Vernunft, sofern dasselbe Einheit der Vernunft und Natur hervorbringt. Güterlehre, Tugendlehre und Pflichtenlehre sind Formen der Ethik, deren jede unter einem eigenthümlichen Gesichtspunkte das Ganze enthält. Ein Gut ist jedes Einssein bestimmter Seiten von Vernunft und Natur. In dem Mechanismus und Chemismus, der Vegetation, Animalisation und der Humanisirung bekundet sich die aufsteigende Stufenfolge der Verbindung der Vernunft und Natur. Das Ziel des sittlichen Handelns ist das höchste Gut, d. h.

---

ist nicht bloss Frömmigkeit, d. h. nicht bloss Beziehung des Menschen zur Gottheit mittelst des Gefühls, sondern Beziehung des Menschen in allen seinen psychischen Functionen zur Gottheit; daher ist der Religion das theoretische und ethische Moment ebenso wesentlich, wie das affective. Sofern nun die Religion eine theoretische Seite hat, ist in der That Hegel's Bestimmung, auf das Verhältniss zwischen Dogma und Philosophem, religiöser Vorstellung und wissenschaftlicher Erkenntniss bezogen, zutreffend und die Schleiermacher'sche Nebeneinanderstellung im Verhältniss der Gleichberechtigung unhaltbar. In allen Sphären des Lebens muss das Gefühl, welches sich in Vorstellungen objectivirt, an wirkliche äussere und innere Vorgänge sich knüpfen, z. B. das Gefühl der Siegesfreude, welches in des Aeschylus Drama: „die Perser" sich einen poetischen Ausdruck gegeben hat, an den wirklich errungenen Sieg, das christliche Gefühl, auf welchem christliche Dichtungen beruhen, an Thatsachen des äussern und innern Lebens. Nun ist es Aufgabe der Wissenschaft, diese wirklichen Vorgänge zu ermitteln und darzustellen, so dass in unser Bewusstsein ein treues Abbild derselben eingehe, z. B. die wirklichen Motive und den thatsächlichen Verlauf des Perserkriegs objectiv treu im Ganzen und Einzelnen zu reproduciren, ebenso die Vorgänge im Bewusstsein Jesu gleich wie in seinen Beziehungen zur Aussenwelt und ebenso auch die allgemeineren, zur Entstehung und Ausbreitung des Christenthums zusammenwirkenden Momente mit historischer Treue aufzufassen. Zu dem patriotischen oder religiösen Gefühl und der patriotischen oder religiösen Dichtung als solcher steht diese wissenschaftliche Thätigkeit im Verhältniss der Gleichberechtigung, und sofern ein Einfluss stattfindet, involvirt dieser nicht das Verhältniss der Unterordnung und blosser, einseitiger Dienstbarkeit, sondern das der freien gegenseitigen Förderung; dem Künstler dienen für seine Zwecke wissenschaftliche Kenntnisse als Mittel, und dem Vertreter der Wissenschaft dienen ebenso für seinen Forschungszweck manche Producte der Kunst, und ihm dient als Anregungsmittel zur Forschung sein eigenes, durch die Objecte seiner Forschung bedingtes Gefühl. Sofern aber die Vorstellung, in der das Gefühl sich objectivirt, theils Bestandtheile enthält, welche gewisse Elemente der Wirklichkeit repräsentiren, theils andere, welche im günstigsten Falle eine poetische Berechtigung haben, und beides in ihr ununterschieden als Repräsentation der Wirklichkeit gilt, steht sie der wissenschaftlichen Auffassung, welche die bloss poetisch gültigen Elemente ausscheidet, die objectiv gültigen aber vervollständigt und zu einem kritisch gesicherten Gesammtbilde verknüpft, an Berechtigung nicht gleich, sondern nach. Die Wissenschaft strebt darnach, theils die Einzelvorgänge, theils die denselben sowohl auf dem Gebiete der Natur, als des geistigen Lebens innewohnende Vernunftgemässheit zu erkennen, vermag aber daneben die Dichtung als solche in ihrem Werke zu schätzen und in ihren Motiven zu verstehen. Der religiöse Fortschritt bedingt zwar nicht eine Herabsetzung oder gar eine Austilgung des Gefühls und der Dichtung, nicht eine Einschränkung des religiösen Bewusstseins überhaupt auf wissenschaftlich Richtiges, wohl aber eine Ausscheidung aller nicht wissenschaftlich berechtigten Elemente aus den dogmatischen Sätzen, welche Anspruch auf objective Gültigkeit machen, und eine Anerkennung von Gefühl und Dichtung neben der Wissenschaft und zusammenwirkend mit ihr, gerade so, wie der Fortschritt in historischer Erkenntniss und Dichtung auf der Sonderung und dem Zusammenwirken der ursprünglich in der Sage mit einander verflochtenen historisch-treuen und poetischen Elemente beruht, wie denn auch thatsächlich die historische Dichtung sich mehr und mehr von der Geschichtsüberlieferung und kritischen Forschung abgezweigt und eben dadurch, indem zugleich die historische Erkenntniss reiner und tiefer wurde, sich zu freier und selbständiger Geltung erhoben hat.

die Gesammtheit aller Einheiten von Natur und Vernunft. Die Kraft, aus welcher die sittlichen Handlungen hervorgehen, ist die Tugend; die verschiedenen Tugenden sind die Arten, wie die Vernunft als Kraft der menschlichen Natur innewohnt. In der Bewegung zu dem Ziele hin liegt die Pflicht, d. h. das sittliche Handeln in Bezug auf das sittliche Gesetz oder der Gehalt der einzelnen Handlungen als zusammenstimmend zur Hervorbringung des höchsten Gutes. Das sittliche Gesetz lässt sich mit der algebraischen Formel vergleichen, welche (in der analytischen Geometrie) den Lauf einer Curve bedingt, das höchste Gut mit der Curve selbst, die Tugend als die sittliche Kraft mit einem Instrument, welches auf die Hervorbringung der jener Formel entsprechenden Curve eingerichtet wäre. Die verschiedenen Pflichten bilden ein System von Handlungsweisen, welches hervorgeht aus der Gesammtheit der Tugenden des Subjectes, die sich bethätigen in der Richtung auf die Eine ungetheilte sittliche Aufgabe. Der Begriff des Erlaubten ist vielmehr ein Rechtsbegriff, als ein sittlicher Begriff; denn was innerhalb des sittlichen Gebietes liegt, muss sowohl durch den sittlichen Zielpunkt, wie durch die sittliche Kraft und durch das sittliche Gesetz in jedem einzelnen Falle vollständig bestimmt sein; in berechtigter ethischer Anwendung ist der Begriff des Erlaubten nur ein negativer Begriff, welcher besagt, die Bezeichnung einer Handlung sei zum Behuf ihrer wissenschaftlichen Schätzung noch nicht vollendet (noch nicht zureichend individualisirt); so gefasst, enthält dieser Begriff nicht eine sittliche Bestimmung, sondern nur die Aufgabe der Auffindung der sittlichen Bestimmung.

Das Handeln der Vernunft ist theils ein organisirendes oder bildendes, theils ein symbolisirendes oder bezeichnendes. Organ ist jedes Ineinander von Vernunft und Natur, sofern darin ein Handelnwerden auf die Natur, Symbol jedes, sofern darin ein Gehandeltbaben auf die Natur gesetzt ist. Mit dem Unterschiede des Organisirens und Symbolisirens kreuzt sich der des allgemein gleichen oder identischen und des individuell eigenthümlichen oder differenzirenden Charakters des sittlichen Handelns.

Hieraus ergeben sich vier Gebiete des sittlichen Handelns, nämlich: Verkehr, Eigenthum, Denken, Gefühl. Der Verkehr ist das Gebiet des identischen Organisirens oder das Bildungsgebiet des gemeinschaftlichen Gebrauchs. Das Eigenthum ist das Gebiet des individuellen Organisirens oder das Bildungsgebiet als ein abgeschlossenes Ganzes der Unübertragbarkeit. Das Denken und die Sprache ist das Gebiet des identischen Symbolisirens oder der Gemeinsamkeit des Bewusstseins. Das Gefühl ist das Gebiet des individuellen Symbolisirens oder der ursprünglich verschiedenen Gestaltung des Bewusstseins.

Diesen vier ethischen Gebieten entsprechen vier ethische Verhältnisse: Recht, Geselligkeit, Glaube und Offenbarung. Das Recht ist das sittliche Zusammensein der Einzelnen im Verkehr. Die Geselligkeit ist das sittliche Verhältniss der Einzelnen in der Abgeschlossenheit ihres Eigenthums, das Anerkennen des fremden Eigenthums, um es sich anschliessen zu lassen und umgekehrt. Der Glaube oder das Vertrauen auf die Wahrhaftigkeit ist im allgemeinen ethischen Sinne das Verhältniss der gegenseitigen Abhängigkeit des Lehrens und Lernens in der Gemeinsamkeit der Sprache. Die Offenbarung ist im allgemeinen ethischen Sinne das Verhältniss der Einzelnen unter einander in der Geschiedenheit ihres Gefühls (dessen Inhalt die in dem Einzelnen vorwaltende Idee ist).

Diesen ethischen Verhältnissen entsprechen wiederum vier ethische Organismen oder Güter: Staat, gesellige Gemeinschaft, Schule, Kirche. Der Staat ist die Form der Vereinigung zur identisch bildenden Thätigkeit unter dem Gegensatz von Obrigkeit und Unterthanen. Die gesellige Gemeinschaft ist die Vereinigung zur individuell organisirenden Thätigkeit unter dem Gegensatz der Freundschaft Einzelner und der weiteren persönlichen Verbindungen. Die Schule (im weiteren Sinne, mit Einschluss der Universität und Akademie) ist die Gemeinschaft zur identisch symbolisirenden Thätigkeit oder die Gemeinschaft des Wissens unter dem Gegensatz von Gelehrten und Publicum. Die Kirche ist die Gemeinschaft zur individuell symbolisirenden Thätigkeit, die Form der Vereinigung der unter demselben Typus stehenden Masse zur subjectiven Thätigkeit der erkennenden Function oder die Gemeinschaft der Religion unter dem Gegensatz von Clerus und Laien. Alle diese Organismen finden in der Familie ihre gemeinsame Grundlage.

Die Cardinaltugenden sind: Besonnenheit, Beharrlichkeit (oder Tapferkeit), Weisheit und Liebe; die erste ist Selbstbekämpfung, die zweite Bekämpfung nach aussen, die dritte Belebung in sich, die vierte Belebung nach aussen.

Die Pflichten zerfallen in Rechts- und Liebespflichten und in Berufs- und Gewissenspflichten nach den Gegensätzen des universellen und individuellen Gemeinschaftsbildens und des universellen und individuellen Aneignens. Das allgemeinste Pflichtgesetz ist: Handle in jedem Augenblick mit der ganzen sittlichen Kraft und die ganze sittliche Aufgabe anstrebend. Diejenige Handlung ist jedesmal die pflichtmässige, welche für das ganze sittliche Gebiet die grösste Förderung gewährt. In jedem pflichtmässigen Handeln müssen innere Anregung und äusserer Anlass zusammentreffen.

Die philosophische Sittenlehre verhält sich zur christlich-religiösen oder überhaupt zur theologischen Ethik (in welcher Schleiermacher das wirksame und das darstellende Handeln unterscheidet und jenes in das reinigende und verbreitende, dieses in die Darstellung im Gottesdienst und in der geselligen Sphäre eintheilt), wie die Anschauung zum Gefühl, das Objective zum Subjectiven. Jene wendet sich an die in Allen gleiche menschliche Vernunft und kann das moralische Bewusstsein als Voraussetzung des Gottesbewusstseins betrachten; die theologische Sittenlehre aber setzt immer das religiöse Bewusstsein unter der Form des Antriebs voraus. Die christliche Sittenlehre fragt: was muss werden, weil das christliche Selbstbewusstsein ist? (während die Glaubenslehre fragt: was muss sein, weil das christliche Selbstbewusstsein ist?) *).

---

*) Dass Schleiermacher in der Sittenlehre zu sehr mit Ausdrücken operirt, wie Vernunft, Natur etc., welche sehr vielseitig sind und gleichsam als Abbreviaturen eine Menge verschiedenartiger Verhältnisse umfassen, dass er in Folge hiervon sich oft mit einem abstracten Schematismus begnügt, wo eine concretere Entwicklung an der Stelle gewesen wäre, ist offenbar; man kann v. Kirchmann nicht Unrecht geben, wenn er (in seiner Vorrede zu s. Ausg. der Sittenl. in der „ph. B." Bd. XXIV., Berlin 1870, S. XIV.) Formeln, wie „Ineinander von Natur und Vernunft", „Naturwerden der Vernunft", „Vernunftwerden der Natur" mit solchen hinter der Erkenntniss der wirklichen Gesetze weit zurückbleibenden Aufstellungen vergleicht, wie etwa: „die Ellipse ist das Ineinander von Graden und Kreisrundem", die Bewegung der Planeten ist eine Einheit von Centripetal- und Centrifugalkraft. Dennoch behauptet Schleiermachers Ethik im Vergleich mit der Kantischen und anderen Doctrinen durch ihre Bestimmung des Verhältnisses zwischen Gütern, Tugenden und Pflichten und insbesondere durch ihre ausgeführte Güterlehre einen unbestreitbar hohen und bleibenden Werth. In der Richtung auf das höchste Gut hat Schleiermacher das einheitliche Princip der sittlichen Urtheile über den subjectiven Willensact wirklich gefunden, welches in Hegel's objectivistischer Gestaltung der Ethik sich verbirgt, und bei Herbart in die Mehrheit der bei ihm ohne philosophische Begründung gebliebenen ethischen Ideen auseinanderfällt und ohne Beziehung zur theoretischen Philosophie bleibt; Schopenhauer's Pessimismus lässt keine positive Ethik zu; Beneke hat Schleiermacher's

§ 25. In nahem Anschluss an Kant, die nachkantische Speculation verwerfend, hat Arthur Schopenhauer (1788—1860) eine Lehre ausgebildet, welche sich als eine Uebergangsform von dem Kantischen Idealismus zu dem in der Gegenwart vorherrschenden Realismus bezeichnen lässt, indem er zwar mit Kant dem Raum, der Zeit und den Kategorien (unter denen die der Causalität die fundamentale sei) einen bloss subjectiven Ursprung und eine auf die Erscheinungen, welche blosse Vorstellungen des Subjectes seien, beschränkte Gültigkeit zuschreibt, die von unsern Vorstellen unabhängige Realität aber nicht mit Kant für unerkennbar hält, sondern in dem durch die innere Wahrnehmung uns völlig bekannten Willen findet, sich dabei jedoch in den Widerspruch verwickelt, dass er, wo nicht die Räumlichkeit, so doch mindestens die Zeitlichkeit und die Causalität sammt allen damit zusammenhängenden Kategorien auf den Willen, dem er sie principiell abspricht, in der Ausführung seiner Lehre zu beziehen nicht vermeidet und nicht vermeiden kann, durch welchen Widerspruch seine Doctrin der consequenten systematischen Durchführung unfähig wird und sich selbst widerlegt. Das an sich selbst Reale darf nach Schopenhauer nicht als transscendentales Object bezeichnet werden; denn kein Object ist ohne Subject, alle Objecte sind nur Vorstellungen des Subjects, also Erscheinungen. Den Begriff des Willens nimmt Schopenhauer in einem weit über den Sprachgebrauch hinausgehenden Sinne, indem er darunter nicht nur das bewusste Begehren, sondern auch den unbewussten Trieb bis herab zu den in der unorganischen Natur sich bekundenden Kräften versteht. Zwischen die Einheit des Willens überhaupt und die Individuen, in denen er erscheint, stellt Schopenhauer (gleich wie Schelling zwischen die Einheit der Substanz und die Vielheit der Individuen) im Anschluss an Plato die Ideen als reale Species in die Mitte. Die Ideen sind die Stufen der Objectivirung des Willens. Jeder Organismus zeigt die Idee, deren Abbild er ist, nur nach Abzug des Theiles der Kraft, welcher zur Ueberwindung der niederen Ideen verbraucht wird. Die reine Darstellung der Ideen in individuellen Gestalten ist die Kunst. Erst auf den höchsten Stufen der Objectivirung des Willens tritt das Bewusstsein hervor. Alle Intelligenz dient ursprünglich dem Willen zum Leben. In dem Genie befreit sie sich von dieser Dienstbarkeit und gewinnt die Präponderanz. Indem Schopenhauer in der Negation des niederen, sinnlichen Triebes einen Fortschritt erkennt,

---

fruchtbaren Grundgedanken wiederaufgenommen und unter Ersetzung der abstracten schematischen Formeln durch concrete, auf die innere Erfahrung begründete psychologische Betrachtungen durchzuführen gesucht.

diesen aber, um nicht seinem Princip, welches die wahrhafte Realität auf den Willen beschränkt, untreu zu werden, nicht positiv als die errungene Herrschaft der Vernunft zu bezeichnen vermag, so bleibt ihm nur eine negative Ethik möglich. Er fordert Mitleid mit dem Leid, das sich an alle Objectivirungen des Willens zum Leben knüpfe und zuhöchst Ertödtung — nicht des Lebens, sondern vielmehr — des Willens zum Leben in uns selbst durch Ascese. Die Welt ist nicht die beste, sondern die schlechteste aller möglichen Welten; das Mitleid lindert das Leid, die Ascese hebt es auf durch Aufhebung des Willens zum Leben inmitten des Lebens. Durch die Negation der Sinnlichkeit ohne positive Bestimmung des geistigen Zieles berührt sich Schopenhauer's Doctrin mit der buddhistischen Lehre von Nirwana, dem glückseligen Endzustande der durch Ascese gereinigten und in die Bewusstlosigkeit eingegangenen Heiligen, und mit denjenigen Formen mönchischer Ascese im Christenthum, welche die Neuzeit durch Aufhebung des ethischen Dualismus überwunden hat.

Schopenhauer's Schriften sind: Ueber die vierfache Wurzel des Satzes vom zureichenden Grunde, Rudolstadt 1813, 2. Aufl. Frankfurt a. M. 1847, 3. Aufl. hrsg. von Jul. Frauenstädt, Leipzig 1864. Ueber das Sehen und die Farben, Leipz. 1816, 2. Aufl. 1854. 3. Aufl. hrsg. von J. Frauenstädt, Leipzig 1869; Die Welt als Wille und Vorstellung, vier Bücher, nebst einem Anhange, der die Kritik der Kantischen Philosophie enthält, Leipz. 1819, zweite, durch einen zweiten Band vermehrte Auflage, ebend 1844, 3. Aufl. ebend. 1859. Ueber den Willen in der Natur, Frankf. a. M. 1836, 2. Aufl. ebend. 1854, 3 Aufl. hrsg. von Jul. Frauenstädt, Leipzig 1867. Die beiden Grundprobleme der Ethik (über die Freiheit des Willens, und: über das Fundament der Moral), Frankf. a. M. 1841, 2. Aufl. Leipz. 1860. Parerga und Paralipomena, 2 Bde., Berlin 1851, 2. Aufl. hrsg. von Jul. Frauenstädt, ebend. 1862. Aus Schopenhauer's handschriftlichem Nachlass, Abhandlungen, Anmerkungen, Aphorismen und Fragmente, hrsg. von J. Frauenstädt, Leipz. 1864.
Ueber Schopenhauer's Lehre und Leben handeln: Joh. Friedr. Herbart, Recension von Schop.'s Hauptwerk: die Welt als Wille und Vorstellung, in der Zeitschrift: Hermes, 1820, 3. Stück, S. 131—149, unterzeichnet E. G. Z., wiederabgedr. in Herbart's sämmtl. Werken, Bd. XII, S. 369—391. (Herbart nennt unter den Umbildnern der Kantischen Philosophie Reinhold den ersten, Fichte den tiefsinnigsten, Schelling den umfassendsten, Schopenhauer aber den klarsten, gewandtesten und geselligsten; sein Werk sei höchst lesenswerth, freilich nur zur Uebung im Denken; alle Züge der irrigen idealistisch-spinozistischen Philosophie seien in Schopenhauer's klarem Spiegel vereinigt). F. Ed. Beneke, in der Jenaischen allgem. Litteraturzeitung 1820, December, Nr. 226—229. K. Rosenkranz, in seiner Gesch. der Kantischen Philosophie, Leipz. 1840, S. 476—481, und in der von Karl Gödeke hrsg. Deutschen Wochenschrift, 1854, Heft 22. I. Herm. Fichte, Ethik I, Leipz. 1850, S. 394—415. Karl Fortlage, gen. Gesch. der Philos. seit Kant, S. 407—423. Erdmann, Gesch. der neuern Philos. III, 2, S. 381—471 und: Schopenhauer und Herbart, eine Antithese, in Fichte's Zeitschr. für Philos. N. F., XXI, Halle 1852, S. 209—226. Michelet, A. Sch., Vortrag, gehalten 1854, abgedr. in Fichte's Zeitschrift f Ph.. N. F., Bd. XXVII, 1855, S. 34—59 und S. 227—249. Frauenstädt, Briefe über die Schopenhauer'sche Philosophie, Leipz. 1854, Lichtstrahlen aus Schopenhauer's Werken, Leipz. 1862, 2 Aufl. ebd. 1867, und: Memorabilien, Briefe und Nachlassstücke, in: Arthur Schop., von ihm, über ihn, von Frauenstädt und E. O. Lindner, Berlin 1863. Jul. Frauenstädt, über Schop.'s Pessimismus im Vergleich mit dem Leibnitz'schen Optimismus, über Sch.'s Geschichtsphilos. etc., im Deutschen Mus. 1866, No. 48 u. 49, 1867, No. 22 u. 23 etc. Ad. Cornill, Arth. Schop. als eine Uebergangsformation von einer idealistischen in eine realistische Weltanschauung,

§ 25. Schopenhauer.

Heidelb. 1866. C. G. Bähr, die Sch.'sche Philos., Dresden 1857. Rud. Seydel, Sch.'s System dargestellt und beurtheilt. Leipz. 1857. Lodwig Noack, Arthur Sch. u. s. Weltansicht, in: Psyche II. 1. 1859; die Meister Weiherfeind (Schopenhauer) und Frauenlob (Daumer), ebend. III, 3 und 4. 1860; von Sansara nach Nirwana, in: Deutsche Jahrb. Bd. V, 1861 (wo gegen Schopenhauer's extreme Selbstüberschätzung die Waffe des feinen Spottes gekehrt wird). Trendelenburg, in der 2. Aufl. der log. Untersuchungen, Leipz. 1862. Cap. X. R. Haym, Arthur Schopenhauer, in: Preuss. Jahrb. Bd. XIV, auch besonders abgedr. Berlin 1864. Wilhelm Gwinner, Schopenhauer aus persönlichem Umgang dargestellt, Leipzig 1862. Schopenhauer u. s. Freunde, Leipz. 1863. A. Foucher de Coreil, Hegel et Schop., Paris 1862. A. de Deicho, Renan et Arth. Sch., Odessa (Leipz.) 1870. Alfr. v. Wurzbach, Arth. Sch. in: „Zeitgenossen." 6. Heft. Wien 1871. Ferner David Asher und E. O. Lindner, Nagel, Nahle, Kd. Löwenthal, Spiegel, Robert Springer, Wirth, W. Scheffer u. A. In verschiedenen Abhandlungen. H. L. Korten, quomodo Schopenhauerus etblcam fundamento metaphysico constituere conatus sit, diss. Hal. 1864. Steph. Pawlicki, de Schopenhaueri doctrina et philosophandi ratione, diss. Vratislav. 1865. Alois Schersel, der Char. der Hauptlehren Sch.'s, Pr., Czernowitz 1866. Victor Kiy, der Pessimismus und die Ethik Schopenhauer's, Berlin 1866. Chr. A. Thilo, über Schopenhauer's Atheismus, in: Zeitschr. f. exacte Philosophie, Bd. VII, Heft 4, Leipzig 1867, S. 321—356 und VIII, Heft 1, ebd. 1867, S. 1—85 (auch bes. abg., Leipz. 1868). E. von Hartmann, über eine nothw. Umbildung der Sch.'schen Philos. aus ihrem Grundprincip heraus, in: Bergmann's philos. Monatsheften, II, S. 457—469. Auf die Einwürfe von Seydel, Haym, Trendelenburg, Thilo, Sahle, Kiy und Lichmann antwortet Jul. Frauenstädt in der von Rodolf Gottschall herausg. Zeitschrift „Unsere Zeit", 1869, Heft 21 und 22. Vgl. auch die oben (§ 21) angef. Abh. von Hartmann, Schelling's pos. Ph. als Einh. von Hegel und Schopenhauer, Berlin 1869.

Arthur Schopenhauer wurde am 22. Februar 1788 in Danzig geboren. Sein Vater war Banquier. Seine Mutter ist die als Schriftstellerin bekannte Johanna Schopenhauer (Verfasserin von Reisebeschreibungen und Romanen). Nachdem er in seiner Jugend Reisen durch Frankreich und England mitgemacht hatte, bezog er 1809 die Universität Göttingen, wo er neben Naturwissenschaft und Geschichte besonders Philosophie unter der Leitung des Skeptikers Gottlob Ernst Schulze studirte, nach dessen Rath er vor allen andern Philosophen Plato und Kant las; 1811 hörte er in Berlin Fichte, dessen Doctrin jedoch ihn unbefriedigt liess. Er promovirte 1813 in Jena durch die Abhandlung: über die vierfache Wurzel des Satzes vom zureichenden Grunde, brachte den nächstfolgenden Winter in Weimar im Umgange mit Göthe zu, dessen Farbenlehre er annahm, und machte auch Studien über das Indische Alterthum, lebte dann 1814—1818 in Dresden, mit der Ausarbeitung seiner optischen Abhandlung und besonders seines Hauptwerkes: die Welt als Wille und Vorstellung, beschäftigt; sobald das Manuscript desselben vollendet war, unternahm er eine Reise nach Rom und Neapel, habilitirte sich dann 1820 in Berlin, wo er bis 1831 der Universität als Privatdocent angehörte, ohne jedoch mit Eifer und Erfolg zu lehren; 1822—23 war er wiederum in Italien; 1831 verscheuchte ihn von Berlin die Cholera um so leichter, da ihm bei seinen Misserfolgen die akademische Lehrthätigkeit längst nicht mehr werth war; er hat seitdem in Frankfurt am Main privatisirt, wo er am 21. September 1860 gestorben ist. Seine späteren Schriften enthalten Beiträge zur Ausbildung seines Systems, viel mehr aber noch pikante Aeusserungen gegen die herrschenden theologischen Anschauungen und gegen die philosophischen Rechtfertigungsversuche derselben, zu deren Behuf, wie Schopenhauer (zunächst wohl im Hinblick auf die Erfolge seines glücklicheren Antagonisten Hegel und auf Schelling's Berufung nach Berlin seinem persönlichen Unwillen Luft machend) in unablässiger Wiederholung insinuirt, die „Philosophie-Professoren" von der Regierung besoldet werden. Diese in immer neuen Wendungen nicht ohne Aufwand von Geist und Witz vorgebrachten Insinuationen, die dem Zweifel Nahrung gaben, ob das, was öffentlich gelehrt zu werden pflege, sich durch die Ueberzeugung von seiner Wahrheit behaupte oder durch die Organisation, die Amt und Brod nur dem Zustimmenden gewährt und so den „Willen zum Leben" beherrscht, haben den Schopenhauer'schen Schriften den Weg in's Publikum gebahnt, den das System, das ursprünglich nur von einzelnen Fachgenossen beachtet worden war, durch sich selbst nicht zu finden vermocht hatte; von der Zeit an aber, da ein weiterer Kreis sich für das Exoterische interessirte, hat es, wie es zu geschehen pflegt, auch nicht an Denkern gefehlt, die, theils beistimmend, theils polemisirend, auf das System als solches tiefer eingingen. Eine Zeit lang war, in und nach Schopenhauer's letzten Lebensjahren, der Schopenhauerianismus in einzelnen Kreisen Modesache; um sich aber dauernd zu behaupten, fehlt dieser Doctrin die wesentlichste Bedingung, nämlich die Möglichkeit einer allseitigen und in sich selbst wirklich harmonischen systematischen Durchführung; geistreiche Aphorismen, lose mit einander zu einem anscheinenden Ganzen verknüpft, in der That aber durch kaum verdeckte Widersprüche einander aufhebend, vermögen nur eine rasch vorübergehende Wirkung zu erzielen. Nur als Momente eines befriedigenderen Systems können die in Schopenhauer's Doctrin unleugbar enthaltenen Wahrheiten sich dauernd behaupten.

In der Promotionsschrift: „über die vierfache Wurzel des Satzes vom zureichenden Grunde" unterscheidet Schopenhauer das principium essendi, fiendi, agendi und cognoscendi (welche Ordnung er als die systematische bezeichnet) oder (nach didaktischer Ordnung) fiendi, cognoscendi, essendi und agendi. Der Satz vom zureichenden Grunde drückt, allgemein genommen, die zwischen allen unseren Vorstellungen bestehende gesetzmässige und der Form nach a priori bestimmbare Verbindung aus, vermöge welcher nichts für sich Bestehendes und Unabhängiges, auch nichts Einzelnes und Abgerissenes, Object für uns werden kann. Diese Verbindung ist nach der Verschiedenheit der Art der Objecte auch selbst eine verschiedenartige. Alles nämlich, was für uns Object werden kann, also alle unsere Vorstellungen zerfallen in vier Classen, und demgemäss nimmt auch der Satz vom Grunde eine vierfache Gestalt an. Die erste Classe der möglichen Gegenstände unseres Vorstellungsvermögens ist die der anschaulichen, vollständigen, empirischen Vorstellungen. Die Formen dieser Vorstellungen sind die des innern und äussern Sinnes, Zeit und Raum. In dieser Classe der Objecte tritt der Satz vom zureichenden Grunde auf als Gesetz der Causalität; Schopenhauer nennt ihn als solches den Satz vom zureichenden Grunde des Werdens, principium rationis sufficientis fiendi. Wenn ein neuer Zustand eines oder mehrerer Objecte eintritt, so muss ihm ein anderer vorhergegangen sein, auf welchen der neue regelmässig, d. h. allemal, so oft der erste da ist, folgt; ein solches Folgen heisst ein Erfolgen, und der erstere Zustand die Ursache, der zweite die Wirkung. Als Corollarien ergeben sich aus dem Gesetze der Causalität das Gesetz der Trägheit, weil ohne äussere Einwirkung der frühere Zustand beharren muss, und das der Beharrlichkeit der Substanz, weil das Causalgesetz nur auf Zustände, nicht auf die Substanz selbst geht. Die Formen der Causalität sind: Ursache im engsten Sinne, Reiz und Motiv; nach Ursachen im engsten Sinne, wobei Wirkung und Gegenwirkung einander gleich sind, erfolgen die Veränderungen im anorganischen Reiche, nach Reizen die Veränderungen im organischen Leben, nach Motiven, deren Medium die Erkenntniss ist, erfolgt das Thun, d. h. die äusseren, mit Bewusstsein geschehenden Actionen aller animalischen Wesen. Der Unterschied zwischen Ursache, Reiz und Motiv ist die Folge

§ 25. Schopenhauer.

des Grades der Empfänglichkeit der Wesen*). Die zweite Classe der Objecte für das Subject wird gebildet durch die Begriffe oder die abstracten Vorstellungen. Auf die Begriffe und die aus ihnen gebildeten Urtheile geht der Satz vom zureichenden Grunde des Erkennens, principium rationis sufficientis cognoscendi, welcher besagt, dass, wenn ein Urtheil eine Erkenntniss ausdrücken soll, es einen zureichenden Grund haben muss; wegen dieser Eigenschaft erhält es sodann das Prädicat wahr. Die Wahrheit ist**) entweder eine logische, d. h. formale Richtigkeit der Verknüpfung von Urtheilen, oder eine materiale, auf sinnliche Anschauung gegründete, welche, sofern das Urtheil sich unmittelbar auf die Erfahrung gründet, empirische Wahrheit ist, oder eine transscendentale, die sich auf die im Verstande und in der reinen Sinnlichkeit liegenden Formen der Erkenntniss gründet, oder eine metalogische, worunter Schopenhauer diejenige Wahrheit versteht, welche auf die in der Vernunft gelegenen formalen Bedingungen alles Denkens gegründet sei, nämlich die Wahrheit des Satzes der Identität, des Widerspruchs, des ausgeschlossenen Dritten und des Satzes vom zureichenden Grunde der Urtheile selbst. Die dritte Classe der Gegenstände für das Vorstellungsvermögen bildet der formale Theil der vollständigen Vorstellungen, nämlich die a priori gegebenen Anschauungen der Formen des äussern und innern Sinnes, des Raumes und der Zeit. Als reine Anschauungen sind sie für sich und abgesondert von den vollständigen Vorstellungen Gegenstände des Vorstellungsvermögens. Raum und Zeit haben die Beschaffenheit, dass alle ihre Theile in einem Verhältniss zu einander stehen, in Hinsicht auf welches jeder derselben durch einen andern bestimmt und bedingt ist. Im Raum heisst dieses Verhältniss Lage, in der Zeit Folge. Das Gesetz, nach welchem die Theile des Raumes und der Zeit in Absicht auf jene Verhältnisse einander bestimmen, nennt Schopenhauer den Satz vom zureichenden Grunde des Seins, principium rationis sufficientis essendi. In der Zeit ist jeder Augenblick bedingt durch den vorigen; auf diesem Nexus der Theile der Zeit beruht alles Zählen; jede Zahl setzt die vorhergehenden als Gründe ihres Seins voraus. Ebenso beruht auf dem Nexus der Lage der Theile des Raumes die ganze Geometrie; es ist eine wissenschaftliche Aufgabe, solche Beweise zu finden, welche nicht bloss irgendwie als „Mausefallenbeweise" die Wahrheit des Satzes darthun, sondern dieselbe aus dem Seinsgrunde ableiten***). Die letzte Classe der Gegenstände des Vorstellungs-

---

*) Ueber den Antheil des das Causalgesetz durchführenden Verstandes an der Gestaltung des Wahrnehmungsinhaltes sagt bei diesem Anlass Schopenhauer manches Beachtenswerthe, laborirt dabei jedoch durchgängig an dem Irrthum, als ob es sich um ein freies Schaffen der Ordnung im Bewusstsein und nicht vielmehr um denkende Reproduction der an sich wirklichen Ordnung handle.

**) Nach Schopenhauer's zum Theil sehr willkürlicher Eintheilung.

***) D. h. solche Beweise, die man sonst genetische zu nennen pflegt, denn in der That fehlt nicht, wie Schopenhauer annimmt, bei der mathematischen Nothwendigkeit die genetische und causale Beziehung; werden die Zahlen als entstehend aus der Zusammenfügung und Trennung von Einheiten, die geometrischen Figuren als entstehend durch Bewegung von Punkten, Linien etc. gedacht, so tritt ihre Genesis und die in der Natur der gleichartigen Vielheit und des räumlichen Ausserinanderseins objectiv begründete Causalität in's Bewusstsein. Die Forderung, dass die mathematischen Beweise nach Möglichkeit genetisch seien, ist schon von Vielen gestellt worden (s. mein System der Logik § 135), von Cartesianern, von Herbart, von Trendelenburg; vgl. aus jüngster Zeit auch die Ausführungen von F. C. Fresenius, die psycholog. Grundlagen der Raumwissenschaft, Wiesbaden 1868 (wo freilich die Auffassung der räumlichen Gebilde als bloss psychologischer Thatsachen sehr bestreitbar ist).

§ 25. Schopenhauer.

vermögens wird gebildet durch das unmittelbare Object des inneren Sinnes, das Subject des Wollens, welches für das erkennende Subject Object ist und zwar nur dem innern Sinne gegeben, daher es*) allein in der Zeit, nicht im Raum erscheint**). In Bezug auf das Wollen tritt der Satz vom Grunde auf als Satz vom zureichenden Grunde des Handelns, principium rationis sufficientis agendi, oder als das Gesetz der Motivation. Sofern das Motiv eine äussere Bedingung des Handelns ist, gehört es zu den Ursachen, und ist oben in Bezug auf die erste Classe von Objecten betrachtet worden, welche durch die in der äusseren Anschauung gegebene Körperwelt gebildet wird. Die Einwirkung des Motives wird aber von uns nicht bloss, wie die aller andern Ursachen, von aussen und daher mittelbar, sondern zugleich von innen, ganz unmittelbar und daher ihrer ganzen Wirkungsart erkannt; hier erfahren wir das Geheimniss, wie, dem innersten Wesen nach, die Ursache die Wirkung herbeiführt; die Motivation ist die Causalität von innen gesehen***).

Schopenhauer's Hauptwerk; die Welt als Wille und Vorstellung zerfällt in vier Betrachtungen, deren erste und dritte die Welt als Vorstellung, zweite und vierte die Welt als Willen betreffen. Die erste Betrachtung (Buch I.) geht auf die Vorstellung als unterworfen dem Satze des Grundes und demgemäss als Object der Erfahrung und Wissenschaft, die dritte (Buch III.) auf die Vorstellung als unabhängig vom Satze des Grundes oder als Platonische Idee und demgemäss als Object der Kunst. Die zweite Betrachtung (Buch II.) geht auf die Objectivation des Willens, die vierte (Buch IV.) auf die bei erreichter Selbsterkenntniss statthabende Bejahung und Verneinung des Willens zum Leben. Angehängt ist eine Kritik der Kantischen Philosophie.

Das erste Buch beginnt mit dem Satze: die Welt ist meine Vorstellung. Dieser Satz, sagt Schopenhauer, gilt für jedes lebende und erkennende Wesen, wiewohl der Mensch allein sie in das reflectirte abstracte Bewusstsein bringen kann; er gewinnt dieses Bewusstsein durch die philosophische Betrach-

---

*) Wie Schopenhauer mit Kant irrigerweise annimmt.

**) Dass das Object des inneren Sinnes oder des Selbstbewusstseins ausschliesslich der Wille sei, ist ein fundamentaler Irrthum Schopenhauer's, wovon Kant frei war; das Empfinden und Fühlen, Vorstellen, Denken ist ebensowohl, wie das Begehren und Wollen, unmittelbares Object unserer Selbstanschauung. Das Wollen im eigentlichen Sinne ist ein mit Erkenntniss verknüpftes Begehren und würde daher nicht erkannt werden können, wenn wirklich nicht das Erkennen erkannt werden könnte.

***) In der That aber gehören überall, auch bei mechanischen und organischen Processen, der innere Grund und die äusseren Bedingungen zusammen und bilden in ihrer Vereinigung die Gesammtursache, welche demgemäss niemals einfach sein kann; beide Seiten waren in Einem Gesetz der Causalität zusammenzufassen. Eben dieses Gesetz findet dann, wie oben erwähnt worden ist, auch auf die Objecte der mathematischen Betrachtung Anwendung. Der Causalität steht der Erkenntnissgrund gegenüber, aber nicht als bezüglich auf eine eigenthümliche Classe von Objecten, sondern nur als die subjective Einsicht in einen objectiv realen Nexus, indem wir entweder aus den Ursachen auf die Wirkungen oder umgekehrt von diesen auf jene oder auch von einer Wirkung auf eine zugehörige Wirkung der nämlichen Ursache schliessen. In diesem Sinne sind Schopenhauer's vier Gestalten des Satzes vom Grunde auf die zwei zu redrciren, die schon Kant und Frühere unterschieden haben, nämlich auf den Satz der Ursache, der sich formuliren lässt: jede Veränderung hat eine Ursache, die aus dem innern Grunde und der äussern Bedingung besteht, und auf den Satz des Erkenntnissgrundes, der, wie ich in meinem System der Logik, 2. und 3. Aufl. § 81, vgl. § 101, nachzuweisen suche, besagt, dass die logische Verkettung der Urtheile untereinander im Schliessen dem objectiv-realen Causalnexus entsprechen muss.

§ 25. Schopenhauer.

tung. Das Zerfallen in Object und Subject ist diejenige Form, unter welcher allein irgend eine Vorstellung, welcher Art sie auch sei, abstract oder intuitiv, rein oder empirisch, nur überhaupt möglich und denkbar ist. Alles, was für die Erkenntniss da ist, also diese ganze Welt, ist nur Object in Beziehung auf das Subject, Anschauung des Anschauenden, ist Vorstellung. Alles, was irgend zur Welt gehört und gehören kann, ist unausweichbar mit diesem Bedingtsein durch das Subject behaftet und ist nur für das Subject da*). Die wesentlichen und daher allgemeinen Formen alles Objectes können, wie Schopenhauer mit Kant annimmt, auch ohne die Erkenntniss des Objects selbst, vom Subject ausgehend, gefunden und vollständig erkannt werden, d. h. sie liegen a priori in unserm Bewusstsein. Schopenhauer behauptet aber überdies, dass der Satz vom Grunde der gemeinschaftliche Ausdruck für alle uns a priori bewussten Formen des Objectes sei. Er lehrt, dass das Dasein aller Objecte, sofern sie Objecte, Vorstellungen und nichts anderes seien, ganz und gar in ihrer nothwendigen Beziehung zu einander bestehe, welche der Satz vom Grunde ausdrücke. Für jede Wissenschaft ist der Satz vom Grunde das Organon, ihr besonderes Object aber das Problem. Der Materialismus überspringt das Subject und die Formen des Erkennens, welche doch bei der rohesten Materie, von der er anfangen möchte, schon eben so sehr, als beim Organismus, zu dem er gelangen will, vorausgesetzt sind. „Kein Object ohne Subject" ist der Satz, welcher auf immer allen Materialismus unmöglich macht**). Andererseits, meint Schopenhauer, übersah Fichte, der vom Subject ausging und dadurch an dem vom Object ausgehenden Materialismus den geraden

---

*) Schopenhauer glaubt durch den blossen Satz: „kein Object ohne Subject" (ähnlich wie Fichte durch den Satz: kein Nichtich ohne Ich) die Subjectivität aller unserer Erkenntniss reiner erfasst und klarer erwiesen zu haben, als Kant, der zu seiner subjectivistischen Erkenntnisslehre durch eine in's Einzelne eingehende Betrachtung der Art und Weise gelangte, wie durch das menschliche Subject die Erkenntniss bedingt sei; für Kant sei daher auch noch ein „transcendentales Object" oder „Ding an sich" übrig geblieben, welches Schopenhauer negirt. Aber wenn schon selbstverständlich alle Vorstellungen im Subjecte sind, so kommt doch die Frage, ob und in wieweit sie mit demjenigen, was nicht eben dieses Subject ist und nicht bloss in ihm, sondern an sich selbst existirt, in Uebereinstimmung stehen; diese Frage bleibt bei Schopenhauer's einfacher Bemerkung: „kein Object ohne Subject", unerledigt, oder es wird vielmehr die Nichtübereinstimmung, die er, abgesehen von dem „Willen", durchgängig annimmt, von ihm nur vorausgesetzt, wogegen Kant's eingehende Betrachtung der „Bestandstücke" unserer Erkenntniss, obschon sie ihr Ziel nicht erreicht, doch einen Weg zu demselben gebahnt hat. Das Ding wird erst für das Subject zum Object (oder zum Nichtich); es kann nicht ohne das Subject ein „Object" (oder Nichtich) sein, wohl aber ohne das Subject ein Ding. Dasselbe kann selbstverständlich nicht ohne das Subject erkannt werden; aber das Subject kann dasselbe entweder so auffassen, als ihm die bloss subjectiven Elemente als wären sie objectiv, mit zuschreibt, oder so, dass es abstractiv vermittelst einer Reflexion auf den Erkenntnissprocess selbst das Subjective ausscheidet und nur solche Elemente festhält, von welchen sich — zwar nicht unmittelbar durch Vergleichung mit dem Ding an sich, was ein Ungedanke wäre, wohl aber mittelbar durch wissenschaftliche Betrachtungen — darthun lässt, dass sie auch objectiv gültig, d. h. Eigenschaften der Dinge selbst ähnlich seien. Die letztere Erkenntniss, welche nicht ohne das Subject, aber ohne Verwechselung des Subjectiven mit Objectivem ist, ist Erkenntniss von Dingen an sich. Kant hat sich nicht durch den Paralogismus irre führen lassen, welcher Schopenhauer geblendet hat.

**) Vorausgesetzt nämlich, dass jene Nichtübereinstimmung der subjectiven Anffassungsformen: Raum, Zeit und Causalität, mit der objectiven Realität wirklich durch jenen Satz, wie Schopenhauer annimmt, sofort erwiesen würde, oder dass sie von Kant durch wirklich zwingende Argumente dargethan worden wäre.

Gegensatz ausmacht, dass er mit dem Subject auch schon das Object gesetzt hatte, weil kein Subject ohne Object denkbar ist, und dass seine Ableitung des Objects aus dem Subject, wie alles Deduciren, sich auf den Satz vom Grunde stützt, der doch nichts anderes, als die allgemeine Form des Objectes als solchen ist, mithin das Object schon voraussetzt, nicht aber vor und ausser demselben gilt. Den allein richtigen Ausgangspunkt des Philosophirens findet Schopenhauer in der Vorstellung als der ersten Thatsache des Bewusstseins, deren erste wesentlichste Grundform das Zerfallen in Object und Subject sei; die Form des Objects aber sei der Satz des Grundes in seinen verschiedenen Gestalten. Aus eben dieser gänzlichen und durchgängigen Relativität der Welt als Vorstellung folgert Schopenhauer, dass das innerste Wesen der Welt in einer ganz andern, von der Vorstellung durchaus verschiedenen Seite derselben zu suchen sei. Die Vorstellung bedarf des erkennenden Subjects als des Trägers ihres Daseins. Wie das Dasein der Welt abhängig ist vom erkennenden Wesen, eben so nothwendig ist dieses abhängig von einer langen ihm vorausgegangenen Kette von Ursachen und Wirkungen, in die es selbst als ein kleines Glied eintritt. Diese Antinomie findet darin ihre Auflösung, dass die objective Welt, die Welt als Vorstellung, nur die eine, gleichsam äussere Seite der Welt ist, welche noch eine ganz und gar andere Seite hat, die ihr innerstes Wesen, ihr Kern, das Ding an sich ist, welches nach der unmittelbarsten seiner Objectivationen Wille zu nennen ist.

Von der Objectivation des Willens handelt Schopenhauer im zweiten Buch. Dem Subject des Erkennens ist sein Leib auf zweifache Weise gegeben, einmal als Vorstellung in verstandesmässiger Anschauung, als Object unter Objecten und den Gesetzen dieser unterworfen, sodann aber auch als jenes Jedem unmittelbar Bekannte, welches das Wort Wille bezeichnet. Der Willensact und die Action des Leibes*) sind nicht zwei objectiv erkannte, durch das Band der Causalität mit einander verknüpfte, verschiedene Zustände, sondern sie sind Eins und Dasselbe, nur auf zwei gänzlich verschiedene Weisen gegeben. Die Action des Leibes ist nichts anderes, als der objectivirte, d. h. in die Anschauung getretene Act des Willens. Der ganze Leib ist nichts anderes, als der objectivirte, d. h. zur Vorstellung gewordene Wille, die Objectivität des Willens. Ob die übrigen dem Individuum als Vorstellungen bekannten Objecte gleich seinem eigenen Leibe Erscheinungen eines Willens seien, dies ist der eigentliche Sinn der Frage nach der Realität der Aussenwelt. Die verneinende Antwort wäre der theoretische Egoismus, der sich, wie Schopenhauer lehrt, durch Beweise nimmermehr widerlegen lässt, dennoch aber zuverlässig in der Philosophie niemals anders, denn als skeptisches Sophisma, d. h. zum Schein, gebraucht worden ist, als ernstliche Ueberzeugung aber allein im Tollhause gefunden werden könnte. Da ein Beweis gegen den theoretischen Egoismus hiernach zwar nicht möglich, aber auch nicht erforderlich ist**), so sind wir berechtigt, die doppelte, auf zwei völlig hete-

---

*) Oder etwa die eines Theils des Gehirns?

**) Wenn derselbe geführt werden soll, so muss er sich auf Prämissen stützen, die für Schopenhauer (ebensowohl wie auch für Berkeley) zu viel beweisen, indem dann die Negation der Realität der Aussenwelt im Uebrigen nicht aufrecht erhalten werden kann; soll andererseits diese bestehen, so hebt sie consequentermassen die Anerkennung der Mehrheit beseelter oder wollender Wesen mit auf, weshalb Schopenhauer genöthigt ist, dieser ublen Consequenz durch die blosse Berufung auf die „Tollhäuslerei" zu entgehen. In der That bedürfte es gar sehr eines Beweises, zwar nicht dafür, dass der sogenannte „theoretische Egoismus" oder „So-

rogene Weisen gegebene Erkenntniss, die wir vom Wesen und Wirken unseres eigenen Leibes haben, weiterhin als einen Schlüssel zum Wesen jeder Erscheinung in der Natur zu gebrauchen und alle Objecte, die nicht unser eigener Leib, daher nicht auf doppelte Weise, sondern allein als Vorstellungen unserm Bewusstsein gegeben sind, nach Analogie jenes Leibes zu beurtheilen und daher anzunehmen, dass, wie sie einerseits, ganz so wie er, Vorstellung und darin mit ihm gleichartig sind, auch andererseits, wenn man ihr Dasein als Vorstellungen des Subjects bei Seite setzt, das dann noch übrig Bleibende, seinem inneren Wesen nach, dasselbe sein muss, als was wir an uns Wille nennen. Der Wille als Ding an sich ist von seiner Erscheinung gänzlich verschieden und völlig frei von allen Formen derselben; er geht in dieselbe ein, indem er erscheint, sie betreffen daher nur seine Objectivität. Der Wille als Ding an sich ist Einer, seine Erscheinungen in Raum und Zeit aber sind unzählig. Zeit und Raum ist das **principium individuationis***).

---

lipsismus" (die Annahme irgend eines Menschen, dass er allein existire) eine Tollheit sei, wohl aber dafür, dass nicht die Schopenhauer'sche Subjectivirung aller Kategorien und Aufhebung ihrer Anwendbarkeit auf „Dinge an sich" zu diesem absurden Satze consequentermaassen hindränge. Wie ist eine reale Individualisirung des Einen Willens zu einer Vielheit wollender, wahrnehmender und denkender Subjecte ohne die Annahme der objectiv-realen Gültigkeit der Kategorien Einheit und Vielheit etc. widerspruchslos denkbar?

*) Dass wir unser eigenes Innere (auch „Cogitare" im weitesten Sinne dieses Wortes) unmittelbar so wie es ist, erkennen, ist Cartesianische Doctrin: nachdem Kant dieselbe bekämpft, der praktischen Vernunft aber einen Primat vor der theoretischen zuerkannt hatte, wurde der Cartesianische Grundgedanke, aber nicht in Bezug auf das Denken, sondern auf das Wollen, von Schelling wiederaufgenommen, der in dem Wollen die Quelle des Selbstbewusstseins und das Urcein erkennt, und in Uebereinstimmung hiermit von Schopenhauer. Dass wir das Innere anderer Wesen, die uns äusserlich mittelst unserer Sinne erscheinen, nach der Analogie unseres eigenen Innern auffassen, ist eine zwar auch von Früheren bereits erkannte, ganz besonders aber von Schopenhauer in's Licht gestellte Wahrheit, deren, obzwar unvollkommene, Darlegung ihm einen bleibenden Platz in der Geschichte der Philosophie sichert. Beneke, der sich zunächst an ihn in dieser Doctrin angeschlossen hat, hat die wesentliche Ergänzung hinzugefügt, dass nicht nur unser Wille, sondern ganz eben so unmittelbar und mit eben so voller Wahrheit auch unser Vorstellen selbst innerlich von uns erkannt wird, ohne dass eine dem Gegenstande der Auffassung selbst fremde Form die Auffassung trübt, und im Anschluss an Beneke wird dieselbe Doctrin in meinem System der Logik § 40 ff. entwickelt. Für Schopenhauer, der Kant's Lehre von der Zeit als bloss subjectiver Auffassungsform beistimmt, bleibt übrigens die Inconsequenz unüberwunden, dass der Wille bei der Selbstauffassung sich nur unter der Form der Zeitlichkeit darstellt, und doch an sich ohne diese Form existiren müsste, ohne welche er aber als Wille nicht denkbar ist, ferner der Widerspruch (dem Schopenhauer vergeblich durch die Supposition eines blossen „Miteinander" zu entgehen sucht), dass die Individuation des Willens einerseits die Bedingung des Hervortretens des individuellen Intellects bildet, andererseits aber eben diesen Intellect bereits voraussetzt, da Zeit und Raum, die das Princip der Individuation sind, gleich der Causalität nach der Kantisch-Schopenhauer'schen Doctrin nur für Formen des anschauenden und denkenden Subjects gelten; wie sehr durch diesen Subjectivismus die Durchführung der Schopenhauer'schen Willenstheorie widerspruchsvoll wird, hat am eingehendsten R. Seydel gezeigt. (Von der groben Inconsequenz aber ist Schopenhauer doch wohl frei, welche ihm insbesondere Otto Liebmann vorwirft, dass er, wenn er von „Gehirnfunctionen" redet, seines eigenen Idealismus vergessen hätte; eine Kritik, die nicht ohne Noth „haarsträubende Confusion" dem Denker aufbürden will, wird ihm das Recht zugestehen, den vulgären Ausdruck „Gehirnfunction" unter Vorbehalt der Correctur zu gebrauchen, dass strenggenommen die Function des der Gehirnerscheinung zum Grunde lie-

§ 25. Schopenhauer.

Das einzelne in Raum und Zeit und dem Satze des Grundes gemäss erscheinende Ding ist nur eine mittelbare Objectivation des Dinges an sich oder des Willens; zwischen diesem und dem Einzelobject steht noch die Idee als die alleinige unmittelbare Objectivität des Willens. Die Ideen sind die Stufen der Objectivation des Willens, welche, in zahllosen Individuen ausgedrückt, als die unerreichten Musterbilder dieser oder als die ewigen Formen der Dinge dastehen, nicht selbst in Zeit und Raum, das Medium der Individuen, eintretend, sondern feststehend, keinem Wechsel unterworfen, immer seiend, nie geworden, während jene entstehen und vergehen, immer werden und nie sind. Als die niedrigste Stufe der Objectivation des Willens stellen sich die allgemeinsten Kräfte der Natur dar, welche theils in jeder Materie ohne Ausnahme erscheinen, wie Schwere, Undurchdringlichkeit, theils sich untereinander in die überhaupt vorhandene Materie getheilt haben, so dass einige über diese, andere über jene, eben dadurch specifisch verschiedene Materie herrschen, wie Starrheit, Flüssigkeit, Elasticität, Elektricität, Magnetismus, chemische Eigenschaften und Qualitäten jeder Art. Die oberen Stufen der Objectivation des Willens, auf welchen immer bedeutender die Individualität hervortritt, erscheinen in den Pflanzen und Thieren bis zum Menschen hinauf. Jede Stufe der Objectivation des Willens macht der andern die Materie, den Raum, die Zeit streitig. Ein jeder Organismus stellt die Idee, deren Abbild er ist, nur nach Abzug des Theiles seiner Kraft dar, welcher verwendet wird auf die Ueberwältigung der niederen Ideen, die ihm die Materie streitig machen. Jenachdem dem Organismus die Ueberwältigung jener die tieferen Stufen der Objectivität des Willens ausdrückenden Naturkräfte mehr oder weniger gelingt, wird er zum vollkommeneren oder unvollkommeneren Ausdruck seiner Idee, d. h. er steht näher oder ferner dem Ideal, welchem in seiner Gattung die Schönheit zukommt*).

genden Willens zu verstehen sei.) Schopenhauer vermischt den Begriff „Wille", welcher die Vorstellung des Erstrebten und die Ueberzeugung der Erreichbarkeit desselben involvirt, mit dem Begriffe „Trieb", der ohne solche theoretische Bestandtheile sein kann; wenn unser Vorstellen nicht Object unseres Vorstellens sein könnte, so könnte dies auch der Wille nicht sein, sondern höchstens nur der blinde Trieb, und doch kommt andererseits Schopenhauer in der Durchführung seiner Theorie nicht ohne den Begriff des Willens im vollen Sinne aus; er sagt, er wolle das Ganze nach der vorzüglichsten Species benennen, erzielt aber dadurch den falschen Anschein, als ob die Naturkräfte, indem er dieselben den Willen in der Natur nennt, uns ebensosehr, wie der menschliche Wille, bekannt wären, und als ob die zweckmässige Wirksamkeit derselben eben so verständlich, wie die der bewussten Willen, wäre. Der bildliche und der eigentliche Sinn des Wortes Wille fliessen zusammen. Die Einheit des Willens, die Schopenhauer als real nimmt, ist in der That nur die Hypostase einer Abstraction. Zu dem lässt Schopenhauer ununtersucht, ob nicht alle Kraft und aller Trieb innere Zustände oder Qualitäten voraussetze, welche, mehr unseren Vorstellungen, als unseren Begehrungen analog, an sich nicht Kräfte seien, sondern dies erst durch ihre Beziehungen zu andern werden. An die Beschränkung unseres eigentlichen Wesens auf den Willen knüpft sich ferner in der praktischen Philosophie der Uebelstand, dass Schopenhauer consequentermassen nicht die positive Bedeutung des Vorstellens und Erkennens anzuerkennen vermag, und demgemäss, da der blosse „Wille zum Leben" keine wahrhafte Befriedigung gewährt, nicht, aber denselben hinaus auf ein edleres Ziel, sondern nur von demselben weg auf die Austilgung desselben zu verweisen vermag, wovon unten.

*) Dass Schopenhauer, wie in seiner Lehre von dem Einen Willen als Ding an sich gleich den Eleaten, Megarikern und Spinoza, so in seiner Ideenlehre gleich Plato und Schelling Abstractionen, die wir im Denken vollziehen, fälschlich objectivirt und hypostasirt, ist offenbar. Wie die Ideen objectiv in den Organismen,

§ 25. Schopenhauer.

Auf dieser Ideenlehre ruht Schopenhauers im dritten Buche vorgetragene Kunstlehre. Die Idee ist noch nicht in die untergeordneten, unter dem Satze des Grundes begriffenen Formen des Erkennens eingegangen; aber sie trägt bereits die allgemeinste Form des Erkennens, die der Vorstellung überhaupt, des Objectseins für ein Subject. Als Individuen haben wir keine andere Erkenntniss, als die dem Satze des Grundes unterworfen ist; diese Form aber schliesst die Erkenntniss der Ideen aus. Von der Erkenntniss der einzelnen Dinge können wir uns zu der Erkenntniss der Ideen nur dadurch erheben, dass im Subject eine Veränderung vorgeht, welche jenem grossen Wechsel der ganzen Art des Objectes entspricht und vermöge welcher das Subject, sofern es eine Idee erkennt, nicht mehr Individuum ist. Das Erkennen gehört zur Objectivation des Willens auf ihren höheren Stufen. Ursprünglich und ihrem Wesen nach ist die Erkenntniss dem Willen durchaus dienstbar; bei den Thieren ist diese Dienstbarkeit nie aufzuheben; die Erkenntniss der Idee geschieht, indem die Erkenntniss im Menschen sich vom Dienste des Willens losreisst, wodurch das Subject aufhört, ein bloss individuelles zu sein und in fester Contemplation des dargebotenen Objectes, ausser seinem Zusammenhange mit irgend welchen anderen, ruht und darin aufgeht. Wenn man aufhört den Relationen der Dinge zu einander und zum eigenen Willen am Leitfaden der Gestaltungen des Satzes vom Grunde nachzugehen, also nicht mehr das Wo, das Wann, das Warum und das Wozu an den Dingen betrachtet, sondern einzig und allein das Was, und zwar nicht durch das abstracte Denken, sondern durch die ruhige Contemplation des gerade gegenwärtigen natürlichen Gegenstandes, dann ist, was so erkannt wird, nicht mehr das einzelne Ding als solches, sondern es ist die Idee, die ewige Form, die unmittelbare Objectivität des Willens auf dieser Stufe, und das Subject ist reines, willenloses, schmerzloses, zeitloses Subject der Erkenntniss. Diese Erkenntnissart ist der Ursprung der Kunst. Die Kunst, das Werk des Genies, wiederholt die durch reine Contemplation aufgefassten ewigen Ideen, das Wesentliche und Bleibende aller Erscheinungen der Welt. Ihr einziges Ziel ist die Mittheilung dieser Erkenntniss. Jenachdem der Stoff ist, in welchem sie wiederholt, ist sie bildende Kunst, Poesie und Musik[*]).

Das Ansich des Lebens, der Wille, das Dasein selbst, ist ein stetes Leiden, theils jämmerlich, theils schrecklich; dasselbe hingegen als Vorstellung allein, rein angeschaut oder durch die Kunst wiederholt, gewährt ein bedeutsames Schauspiel, Freiheit von Qual im Genuss des Schönen. Aber diese Erkenntniss erlöst nicht auf immer, sondern nur auf Augenblicke, vom Leben, und ist so noch nicht der Weg aus demselben, nicht ein Quietiv des Willens, dessen es zur dauernden Erlösung bedarf. Der Wille bejaht sich, wenn er, nachdem die Erkenntniss des Lebens eingetreten ist, dasselbe ebenso will, wie er es bis dahin ohne Erkenntniss als blinder Drang gewollt hat. Das Gegentheil hiervon, die Verneinung des Willens zum Leben, zeigt sich, wenn auf jene Erkenntniss das Wollen endet, indem sodann nicht mehr die erkannten einzelnen Erscheinungen als Motive des Wollens wirken, sondern die ganze, durch Auffassung der Ideen

---

die doch wesentlich auf der Form beruhen, raumlos existiren sollen, bleibt schlechthin unklar.

[*]) Schopenhauer rückt die ästhetische Auffassung, um sie von dem „Willen" zu sondern, der theoretischen sehr nahe, ohne doch, da er einen Genuss des Schönen anerkennt, zur gänzlichen Abscheidung von der Beziehung auf den jedes Gefühl bedingenden „Willen" fortgehen zu können. In seiner Ideenlehre schlägt die logische Allgemeinheit in eine ästhetische Vollkommenheit um.

erwachsene Erkenntniss des Wesens der Welt, die den Willen spiegelt, zum Quietiv des Willens wird und so der Wille sich selbst frei aufhebt. Diesen Gedanken führt Schopenhauer im vierten Buche aus, welches seine Ethik enthält. Die nächste Forderung ist das auf dem Bewusstsein der Identität unseres Willens mit allem Willen beruhende Mitleid mit dem von allem Leben unabtrennbaren Leid, die höchste Aufgabe aber die Aufhebung — nicht des Lebens, sondern — des Willens zum Leben durch Ascese*).

§ 26. Im Gegensatz zu Fichte's subjectivem Idealismus und zu Schelling's erneutem Spinozismus hat unter Anknüpfung an das realistische Element in der Kantischen Philosophie, wie auch an Eleatische, Platonische und Leibnizische Lehren Johann Friedrich Herbart (1776—1841) eine philosophische Doctrin ausgebildet, die er selbst nach ihrem vorherrschenden Charakter als Realismus bezeichnet. Die Philosophie definirt er als Bearbeitung der Begriffe. Die Logik zielt auf die Deutlichkeit der Begriffe ab, die Metaphysik auf die Berichtigung derselben, die Aesthetik im weiteren Sinne, welche die Ethik in sich fasst, auf die Ergänzung derselben durch Werthbestimmungen. Herbart's Logik kommt principiell mit der Kantischen überein. Herbart's Metaphysik ruht auf der Voraussetzung, dass in den durch die Erfahrung dargebotenen formalen Begriffen, insbesondere in dem Begriff des Dinges mit mehreren Eigenschaften, in dem Begriff der Veränderung und in dem Begriff des Ich Widersprüche enthalten seien, welche zu einer Umformung derselben nöthigen. In der Hinwegschaffung dieser Widersprüche findet Herbart die eigentliche Aufgabe der Speculation. Das Sein oder die absolute Position kann nicht mit Widersprüchen behaftet gedacht werden, daher dürfen jene Begriffe nicht unverändert bleiben; andererseits ist es so zu denken, dass es den empirisch gegebenen Schein zu erklären vermöge, denn wie viel Schein vorhanden ist, soviel Hinweisung auf Sein liegt vor; also sind jene Begriffe, obschon sie nicht beibehalten werden dürfen, doch auch nicht völlig zu verwerfen, sondern methodisch umzugestalten. Die Widersprüche in dem Begriffe des Dinges mit vielen Eigenschaften nöthigen zu der Annahme, dass viele einfache reale Wesen zusammen seien, deren jedem eine einfache Qualität zukomme. Die Widersprüche im Begriff

---

*) Schopenhauer sympathisirt mit den indischen Büssern, mit der buddhistischen Lehre von der Aufhebung des Leidens durch den Austritt aus der bunten Welt des Lebens (Sansara) und Eingang in die Bewusstlosigkeit (Nirwana) und mit den ascetischen Elementen im Christenthum, aber ohne in seiner greisenhaften Moral ein positives Ziel zu kennen, um desswillen die Aufhebung des Niederen eine sittliche Aufgabe sei; zu diesem Behuf würde es der (von Frauenstädt versuchten) Hervorhebung der dem „Willen" von seinen frühsten Stufen an wesentlichen Beziehung zum „Intellect" bedürfen.

der Veränderung nöthigen zu der Theorie der Selbsterhaltung als des Bestehens wider Störung bei gegenseitiger Durchdringung einfacher realer Wesen. Die Widersprüche im Begriffe des Ich nöthigen zur Unterscheidung von appercipirten und appercipirenden Vorstellungen; die gegenseitige Durchdringung und Einheit der Vorstellungen aber beweist die Einfachheit der Seele als ihres Trägers. Die Seele ist ein einfaches, unräumliches Wesen, dem eine einfache Qualität zukommt. Ihr Sitz ist ein einzelner Punkt inmitten des Gehirns. Werden die Sinne afficirt und setzt die Bewegung mittelst der Nerven zum Gehirn sich fort, so wird die Seele von den einfachen realen Wesen, die in ihrer nächsten Umgebung sind, durchdrungen; ihre Qualität übt dann eine Selbsterhaltung wider die Störung, die sie durch jede der ihrigen partiell oder total entgegengesetzte Qualität eines jeden von jenen anderen einfachen Wesen erleiden würde; eine jede solche Selbsterhaltung der Seele aber ist eine Vorstellung. Alle Vorstellungen beharren, auch nachdem der Anlass, der sie hervorgerufen hat, aufgehört hat zu bestehen. Sind mehrere Vorstellungen gleichzeitig in der Seele und sind dieselben einander partiell oder total entgegengesetzt, so können dieselben nicht ungehemmt zusammenbestehen; es muss so viel von ihnen gehemmt, d. h. unbewusst werden, als die Intensität sämmtlicher Vorstellungen mit Ausnahme der stärksten beträgt. Dieses Hemmungsquantum nennt Herbart die Hemmungssumme. Jede Vorstellung hat um so mehr von der Hemmungssumme zu tragen, je schwächer sie selbst ist. An die Intensitätsverhältnisse der Vorstellungen und an die Gesetze der Aenderung dieser Verhältnisse knüpft sich die Möglichkeit und wissenschaftliche Nothwendigkeit, Mathematik auf die Psychologie anzuwenden. Unabhängig von der theoretischen Philosophie ist Herbart's Aesthetik, deren wichtigster Theil die Ethik ist. Die ästhetischen Urtheile erwachsen aus dem Gefallen und Missfallen, welches sich an gewisse Verhältnisse, die ethischen Urtheile insbesondere aus dem, welches sich an Willensverhältnisse knüpft. Auf die Uebereinstimmung des Willens mit dem über ihn ergebenden sittlichen Urtheil überhaupt bezieht sich die Idee (oder der „Musterbegriff") der innern Freiheit, auf die gegenseitigen Verhältnisse der Willensacte Einer Person die Idee der Vollkommenheit, auf die wohlgefällige Uebereinstimmung des Willens des Einen mit dem Willen des Andern die Idee des Wohlwollens oder der Liebe, auf die Vermeidung des missfallenden Streits, welcher bei der gleichzeitigen Richtung mehrerer Willen auf das nämliche Object entsteht, geht die Idee des Rechts, auf die Aufhebung der missfallenden Ungleichheit bei einseitigem Wohlthun oder Wehethun geht die Idee der

Vergeltung oder Billigkeit. Auf der Ethik, welche die Ziele bestimmt, und auf der Psychologie, welche die Mittel aufzeigt, ruht die Pädagogik, wie auch die Staatslehre. Der Staat, seinem Ursprung nach eine durch Macht geschützte Gesellschaft, ist bestimmt, die sämmtlichen ethischen Ideen als eine von ihnen beseelte Gesellschaft zur Darstellung zu bringen. Der Gottesbegriff, für dessen Gültigkeit Herbart den teleologischen Beweis führt, gewinnt in dem Maasse religiöse Bedeutung, als er durch ethische Prädicate bestimmt wird. Jeder Versuch einer theoretischen Durchbildung der philosophischen Gotteslehre ist mit der Herbart'schen Metaphysik unverträglich.

Herbart's kleinere philos. Schriften und Abh. nebst dessen wiss. Nachlass hat G. Hartenstein in 8 Bden., Leipz. 1842 herausgegeben. Seine sämmtl. Werke hat G. Hartenstein in 12 Bdn. herausg., Lpzg. 1850—52. Herbartische Reliquien. Ein Supplem. zu H.'s sämmtl. Werk., hrsg. v. Zillur, Lpz. 1871 (enth. Briefe u. Abhandl. u. Aphorismen). Ueber Herbart's Leben handelt Hartenstein in der Einleitung zu s. Ausg. der kleineren philos. Schriften u. Abbandl. H.'s, Bd. I., Lpzg. 1842; vgl. auch Voigdt, zur Erinnerung an H., Worte, gesprochen am 28. Oct. 1841 in der öffentl. Sitzung der K. deutsch. Gesellsch. zu Königsberg, Kgsbg. 1841, Joh. Friedr. Herbart, Erinnerung an die Göttingische Katastrophe im Jahr 1837, ein Posthumum (hrsg. von Taute), Kgsbg 1842, F. H. Th. Allihn üb. d. Leb. und die Schriften J. F. Herbart's, nebst e. Zusammenstellung der Litteratur seiner Schule, in: Zeitschr. für exacte Philos., hrsg. von Allihn und Ziller, Bd. I., Heft I, Leipzig 1860, S. 44 ff. Zur Biogr. H.'s u. Sanio, e. Erinnerung an H. als Lehrer d. Kgsbg. Univers. in „Herbartische Reliq." S. 1—19. Ueber Herbart's philosophischen Standpunkt und über einzelne seiner Doctrinen finden sich zahlreiche kritische Bemerkungen in verschiedenen Schriften und Abhandlungen von Beneke, Trendelenburg, Chalybäus, Ulrici, Franz Hoffmann, Lotze, Lange und anderen unten (§ 28) zu erwähnenden Philosophen; in jüngster Zeit sind u. a. erschienen: P. J. H. Leander, über H.'s phil. Standp., Lund 1865. K. Fr. W. L. Schulze, H.'s Stellung zu Kant, entwickelt an den Hauptbegriffen ihrer Philosophie, Göttinger Inaug.-Diss., Luckau 1866. Herm. Langenbeck, die theoretische Philosophie Herbart's und seiner Schule und die darauf bezügliche Kritik, Berlin 1867. Wilh. Schacht, kritisch-philos. Aufsätze, 1. Heft: Herbart und Trendelenburg, Aarau 1868 (vgl. dagegen J. Bergmann in den philos. Monatsheften, Bd. I, 1868. S. 237—242). E. F. Wyneken, das Naturgesetz der Seele, Hannover 1869. E Otto Zacharias, über einige metaphys. Differenzen zwischen Herbart und Kant, Rostocker Promotionsschrift, Leipzig 1869. Rich. Quäbicker, Kant's und Herbart's metaphys. Grundans. über das Wesen der Seele, Berlin 1870.

Johann Friedrich Herbart, geboren zu Oldenburg, wo sein Vater Justizrath war, am 4. Mai 1776, erhielt seine erste Bildung durch Privatunterricht und auf dem Gymnasium seiner Vaterstadt; er ward früh mit der Wolff'schen Philosophie, daneben auch mit Kantischen Lehren bekannt. Im Jahr 1794 bezog er die Universität Jena, wo damals gerade Fichte seine Wissenschaftslehre entwickelte. Lebhaft zu philosophischem Denken angeregt, legte Herbart schriftlich seinem Lehrer Bedenken gegen Sätze der Wissenschaftslehre vor und überreichte ihm auch eine Kritik der beiden ersten Schriften Schelling's: über die Möglichkeit einer Form der Philosophie überhaupt, und: vom Ich oder dem Unbedingten im menschlichen Wissen. Herbart gewann die Ueberzeugung, es komme in der Philosophie nicht darauf an: „da fortzufahren, wo ein zu grosser Berühmtheit gelangter Philosoph zu bauen aufgehört hat", sondern: „auf die Fundamente zu achten, diesen der schärfsten Kritik zu unterwerfen, ob sie auch wirklich tauglich sind ein Gebäude des Wissens zu tragen". Herbart's Streben nach Genauigkeit in der Untersuchung ward durch die Anregung, die er von Fichte empfing, gefördert. Auf den Begriff des Ich ward früh sein Nachdenken gelenkt. In einem

1794 verfassten Aufsatz glaubt er in dem Sichselbstvorstellen einen „unendlichen Cirkel" zu finden, da Ich mich als den setze, der sich selbst, also den sich Vorstellenden u. s. f. vorstellt, meint jedoch, jene Unendlichkeit werde erschöpft, indem das Ich sich die Aufgabe selbst, die ganze Unendlichkeit in Einem Begriffe vorstelle, durch den Begriff des Ich werde also das Umfassen der Unendlichkeit postulirt. Die Keime zu Herbart's späterer Lösung des Ichproblems aber und überhaupt zu seinem späteren „Realismus" sind bereits in seiner 1796 geschriebenen Kritik der Schelling'schen Schrift vom Ich enthalten, indem er hier der Schelling'schen Disjunction: „entweder Wissen ohne Realität oder ein letzter Punkt der Realität" als drittes Glied beifügt: „oder ebenso mannigfaltige Realität des Wissens, als es Mannigfaltigkeit des Wissens giebt", die Möglichkeit mehrerer Gründe für Eine Folge, gleich mehreren Anhängepunkten für Eine Kette, hervorhebt, und den Satz aufstellt: „Jedes Bedingte setzt zwei Bedingungen voraus". In den Jahren 1797 — 1800 war Herbart Hauslehrer in der Berner Familie von Staiger zu Interlaken. Da er vor Allem der Poesie und der Mathematik bildende Kraft zuschrieb, so beschäftigte er seine (drei) Zöglinge zunächst hauptsächlich mit diesen Unterrichtsobjecten (wobei er im Griechischen von Homer ausging) und schob Moral und Geschichte auf eine spätere, wie er glaubte, für das Verständniss derselben geeignetere Zeit hinaus, erfuhr jedoch eine ihn tief schmerzende Störung seines Planes durch ein unvorhergesehenes vorzeitiges Abbrechen des Unterrichts bei dem ältesten der Zöglinge. Mit Moral und Psychologie beschäftigte sich Herbart eifrig in dieser Zeit. Durch einen Besuch bei Pestalozzi lernte er dessen Unterrichtsweise kennen, welcher er stets ein lebendiges Interesse bewahrte und aus der er Manches in seine eigene pädagogische Theorie aufgenommen hat. Im Jahr 1800 ging Herbart über Jena und Göttingen in seine Heimath zurück. Er verweilte bis 1802 in Bremen im Hause seines Freundes Joh. Smidt, mit Philosophie und Pädagogik beschäftigt. In Göttingen habilitirte er sich im October 1802 als Docent der Philosophie und Pädagogik; im Jahr 1805 erhielt er ebendaselbst eine ausserordentliche Professur, ward aber 1809 durch Wilhelm von Humboldt's Vermittlung nach Königsberg als ordentlicher Professor der Philosophie und Pädagogik berufen, nachdem Krug, der Nachfolger Kant's auf dem philosophischen Lehrstuhl, nach Leipzig abgegangen war. Auch leitete Herbart in Königsberg das von ihm daselbst gestiftete pädagogische Seminar. Im Jahr 1833 nahm Herbart einen Ruf nach Göttingen an, wo er, der activen Betheiligung an den politischen Tagesinteressen abhold, um so energischer seiner Aufgabe als Forscher und Lehrer in ununterbrochener Thätigkeit bis an seinem am 14. August 1841 erfolgten Tode sich widmete.

Von Herbart's Schriften (deren chronologisches Verzeichniss Hartenstein am Schluss des zwölften Bandes der sämmtlichen Werke giebt) sind die bemerkenswerthesten folgende:

Ueber Pestalozzi's neueste Schrift: wie Gertrud ihre Kinder lehrte, in: Irene, eine Monatsschrift, hrsg. von G. A. von Halem, Bd. I, Berlin 1802, S. 16 bis 51, wiederabg. (ausser in Herbart's kl. Schr. Bd. III, S. 74 ff.) in den sämmtl. Werken XI, S. 45 ff.

Pestalozzi's Idee eines ABC der Anschauung als ein Cyclus von Vorübungen im Auffassen der Gestalten wissenschaftlich ausgeführt, Göttingen 1802; zweite, durch eine Abh. über die ästhetische Darstellung der Welt als das Hauptgeschäft der Erziehung vermehrte Aufl. 1804. Werke XI, S. 79 ff.

De Platonici systematis fundamento commentatio (zum Antritt des Extraordinariats in Göttingen), Gött. 1805, W. XII, S. 61 ff. Kl. Schr. Bd. I, S. 67 ff.

Allgemeine Pädagogik, aus dem Zweck der Erziehung abgeleitet, Göttingen 1806, W. X. S. 1 ff.

§ 26. Herbart.

Hauptpunkte der Metaphysik, Gött. 1806 u. 1808. Kl. S. I, 199. W. III, S. 1 ff.
Hauptpunkte der Logik (auch als Beilage zur Ausgabe der Hauptp. der Metaph. [808]), Göttingen 1808. Kl. Schr. I, 254. W. I, 465 ff.
Allgemeine praktische Philosophie, Göttingen 1808. W. VIII, S. 1 ff.
Psychologische Bemerkungen zur Tonlehre, in: Königsberger Archiv, Bd. I, St. 2; W. VII, S. 1 ff.; psycholog. Untersuchung über die Stärke einer gegebenen Vorstellung als Function ihrer Dauer betrachtet, ebd. St. 3, W. VII, S. 29 ff. (Kl. Schr. I, S. 331 ff.; S. 361 ff.)
Theoriae de attractione elementorum principia metaphysica, Regiomonti 1812, W. IV, S. 521 ff. Kl. S. I, 409. (Aus dem Lat. durch Karl Thomas übersetzt und eingeleitet ist diese Schrift Berlin 1859 wiederherausgegeben worden.)
Lehrbuch zur Einleitung in die Philosophie, Königsberg 1813, 2. Aufl. 1821, 3. Aufl. 1834, 4. Aufl. 1837, W. I, S. 1 ff.
Lehrbuch zur Psychologie, Königsberg u. Leipzig 1816, 2. verb. Aufl. ebd. 1834, W. V, S. 1 ff.
Gespräch über das Böse, Königsberg 1817, W. IX, S. 49 ff. Kl. S. II, 115.
Ueber den Unterricht in der Philosophie auf Gymnasien, Beil. der 2. Aufl. des Lehrb. zur Einl. in die Philosophie, W. XI, S. 396. Kl. S. III, 98.
De attentionis mensura causisque primariis psychologiae principia statica et mechanica exemplo illustraturas scripsit J. F. Herbart, Regiomonti 1822, W. VII, S. 73 ff. Kl. S. II, S. 353 ff.
Ueber die Möglichkeit und Nothwendigkeit, Mathematik auf Psychologie anzuwenden, Königsberg 1822, W. VII, S. 129 ff. Kl. S. II, 417.
Psychologie als Wissenschaft, neu gegründet auf Erfahrung, Metaphysik und Mathematik, Königsberg 1824—25, W. Bd. V. und VI.
Allgemeine Metaphysik nebst den Anfängen der philosophischen Naturlehre, Königsberg 1828—29, W. Bd. III. und IV.
Kurze Encyclopädie der Philosophie aus praktischen Gesichtspunkten entworfen, Halle 1831, 2. Aufl. 1841, W. Bd. II.
De principio logico exclusi medii inter contradictoria non negligendo commentatio, Gött. 1833, W. I, S. 533 ff. Kl. S. II, 721.
Umriss pädagogischer Vorlesungen, Gött. 1835, 2. Aufl. 1841, W. X, S. 185 ff.
Zur Lehre von der Freiheit des menschlichen Willens, Briefe an Herrn Professor Griepenkerl, Gött. 1836, W. IX, S. 241 ff.
Analytische Beleuchtung des Naturrechts und der Moral, Göttingen 1836, W. VIII, S. 213 ff.
Psychologische Untersuchungen, Heft 1 und 2, Gött. 1839—40, W. VII, S. 181 ff.

Herbart definirt die Philosophie (im zweiten Capitel des ersten Abschnitts seines Lehrbuchs zur Einleitung in die Philosophie) als Bearbeitung der Begriffe. Er knüpft hierbei kritisch an Kant's Erklärung der philosophischen Erkenntniss als der Vernunfterkenntniss aus Begriffen an. Durch das Wort Vernunft werde in diese Erklärung ein Streitpunkt gebracht (sofern der Begriff der Vernunft ein äusserst schwankender ist und nach Herbart eine Vernunft als ein besonderes Seelenvermögen so wenig, wie überhaupt irgend eines der von der aristotelischen und aristotelisirenden Psychologie angenommenen Seelenvermögen existirt). Also bleibe übrig: Erkenntniss aus Begriffen. Diese sei jedoch der Gewinn der vorhandenen Wissenschaft; die Philosophie aber als Wissenschaft erzeugend sei Bearbeitung der Begriffe. Gegen den Vorwurf, diese Definition sei zu weit, weil Bearbeitung der Begriffe in allen Wissenschaften vorkomme, bemerkt Herbart, Philosophie liege wirklich in allen Wissenschaften, wenn dieselben seien, was sie sein sollen*).

---

*) Bearbeitung der Begriffe ist jedenfalls nicht das einzige methodische Mittel der Philosophie, sondern kann nur etwa als das am meisten charakteristische be-

§ 26. Herbart.

Aus den Hauptarten der Bearbeitung der Begriffe, sagt Herbart, ergeben sich die **Haupttheile der Philosophie**. Die erste Aufgabe ist die Klarheit und die Deutlichkeit der Begriffe. Die Klarheit besteht in der Unterscheidung eines Begriffes von anderen Begriffen, die Deutlichkeit in der Unterscheidung der Merkmale eines (zusammengesetzten, nicht einfachen) Begriffs von einander. Deutliche Begriffe können die Form von Urtheilen annehmen, und die Vereinigung der Urtheile ergiebt Schlüsse. Hiervon handelt die Logik. Herbart definirt die Logik als denjenigen Theil der Philosophie, welcher die Deutlichkeit in Begriffen und die daraus entspringende Zusammenstellung der letzteren im Allgemeinen betrachte. Da aber die Auffassung der Welt und unserer selbst manche Begriffe herbeiführe, welche, je deutlicher sie gemacht werden, gerade um so weniger Vereinigung unserer Gedanken zulassen, so erwachse hieraus der Philosophie die wichtige Aufgabe, die derartigen Begriffe durch Ergänzung so zu verändern, dass die in ihnen liegende logische Schwierigkeit verschwinde; diese Berichtigung der Begriffe sei die Aufgabe der allgemeinen Metaphysik, an welche sich als ihre Anwendungen auf die Hauptgegenstände des menschlichen Wissens die Psychologie, die Naturphilosophie und die natürliche Theologie oder philosophische Religionslehre anschliessen. Ferner giebt es Begriffe, die zwar nicht eine Veränderung nothwendig machen, wohl aber einen Zusatz in unseren Vorstellen herbeiführen, der in einem Urtheile des Beifalls oder des Missfallens besteht. Die Wissenschaft von solchen Begriffen ist die **Aesthetik***).

In der Auffassung und Ausführung der Logik kommt Herbart mit dem Kantianismus in dem Maasse überein, dass er, da er selbst nur Grundzüge entwirft, für das eingehendere Studium geradezu auf die logischen Lehrschriften von Kantianern, wie Hoffbauer, Krug und Fries, verweist. Nach Aristoteles ist die Logik die Analysis (zergliedernde Sonderung von Form und Inhalt) des Denkens überhaupt, nach Kant und auch nach Herbart aber eine Lehre von dem zergliedernden und durch Zergliederung erläuternden oder verdeutlichenden Denken. Kant's Eintheilung der Erkenntnisse in analytische und synthetische ist, wie für die Unterscheidung der Logik und Vernunftkritik bei Kant, so auch für die der Logik und Metaphysik bei Herbart maassgebend gewesen. Unsere Gedanken, sagt Herbart, sind Begriffe, sofern wir sie hinsichtlich dessen, was durch sie gedacht wird, betrachten. Verschiedene Begriffe, die mit einander unvereinbar sind, wie der Cirkel und das Viereck, von denen aber jeder unabhängig von dem andern gedacht werden kann, stehen in conträrem Gegensatz. Die bloss verschiedenen,

---

trachtet werden. Die Basirung der Definition der Philosophie auf das methodische Verfahren ist nur dann gerechtfertigt, wenn, was allerdings Herbart nachzuweisen sucht, wirklich nicht ein bestimmtes Object, wie etwa das Universum als solches, oder auch die Realprincipien alles Existirenden, der Philosophie im Unterschiede von den übrigen Wissenschaften, die auf einzelne Gebiete des Existirenden gehen, zukommt.

*) Bei dieser Eintheilung besteht die Ungleichmässigkeit, dass die Logik nicht selbst die Begriffe überhaupt, noch auch einzelne Begriffe, verdeutlicht, sondern die Normen für die Verdeutlichung aller Begriffe aufstellt, was ihr Anlass giebt, eine bestimmte Classe von Begriffen, nämlich die logischen, d. h. den Begriff des Begriffs, den Begriff des Urtheils etc., nicht bloss zu verdeutlichen, sondern überhaupt wissenschaftlich zu entwickeln, die Metaphysik dagegen gewisse Begriffe zu berichtigen selbst übernimmt und von eben diesen berichtigten Begriffen Anwendungen macht, die Aesthetik endlich die bereits vor ihr von dem menschlichen Bewusstsein vollzogene, in der objectiven Betrachtung hinzutretende Bildung von Urtheilen des Beifalls und des Missfallens auf Principien zu bringen sucht.

aber nicht unvereinbaren Begriffe, wie der Cirkel und das Rothe, sind disparat. Die disparaten sowohl, als die conträren Begriffe ergeben noch den contradictorischen Gegensatz zwischen a und non a, b und non b, indem von a und b gesagt wird, jedes sei nicht das andere. Entgegengesetztes ist nicht einerlei. Diese Formel heisst der **Satz des Widerspruchs**. Mit ihm gleichgeltend ist der sogenannte **Satz der Identität**. $A = A$, oder eigentlich: A ist nicht gleich non-A, wo die Negationen einander aufheben und eine Bejahung ergeben, desgleichen das sogenannte **principium exclusi medii**: A ist entweder B oder nicht B. Wo es erlaubt ist, die Einheit einer Summe anzunehmen, da kann diese Summe ein solches und auch ein anderes enthalten, z. B. dieses Kleid ist roth und blau, dieses Ereigniss ist zugleich erfreulich und traurig. Wenn Begriffe einander im Denken begegnen, so kommt in Frage, ob sie eine Verbindung eingehen werden oder nicht; die Entscheidung dieser Frage ist das Urtheil. Der vorausgesetzte Begriff ist das Subject, der angeknüpfte ist das Prädicat. Herbart nimmt an, dass das kategorische Urtheil (z. B. Gott ist allmächtig, die Seele ist unsterblich, Goethe war ein deutscher Dichter) die Behauptung der Existenz des Subjectes nicht involvire und geht von dieser Annahme*) auch in seiner Darstellung der Schlusslehre aus. Herbart bezeichnet die Schlüsse der ersten und zweiten Figur als Subsumtions-, die der dritten als Substitutions-Schlüsse.

Die Aufstellung der metaphysischen Probleme bereitet Herbart durch die Skepsis vor. Jeder tüchtige Anfänger in der Philosophie, sagt Herbart, ist Skeptiker; aber es ist auch jeder Skeptiker als solcher Anfänger. Wer nicht einmal in seinem Leben Skeptiker gewesen ist, der hat diejenige durchdringende Erschütterung aller seiner von früh auf angewöhnten Vorstellungen und Meinungen niemals empfunden, welche allein vermag das Zufällige von dem Nothwendigen, das Hinzugedachte vom Gegebenen zu scheiden. Wer aber in der Skepsis beharrt, dessen Gedanken sind nicht zur Reife gekommen, er weiss nicht, wohin jeder gehört und wieviel aus jedem folgt; von fremden Gedanken und vom Widerstreite derselben gedrückt, werden diejenigen fast immer Skeptiker, welche fleissig waren im Lesen und faul im Denken. Herbart unterscheidet eine niedere und eine höhere Skepsis. Jene geht darauf, dass wir wegen der Bedingtheit unserer Auffassung durch unsere Subjectivität schwerlich ein getreues Bild von dem, was die Dinge sind, durch unsere Sinne erlangen. Die Körper mögen im Raum auf irgend eine Weise gestaltet, in der Zeit irgend welchen Veränderungen unterworfen, die Stoffe durch Kräfte ergriffen und behandelt, die Menschen und Thiere von irgend welchen Wahrnehmungen und Gesinnungen erfüllt sein; aber wir wissen nicht, was für Wahrnehmungen und Gesinnungen und nicht, was für Kräfte, Stoffe, Veränderungen und Gestalten da sind. Der Zweifel aber kann weiter vordringen und zu dem Gedanken fortgehen, dass wir wirklich gar nicht alles daejenige wahrnehmen, was wir wahrzunehmen glauben, dass wir zu dem gegebenen Wahrnehmungsinhalt die Formen, insbesondere die Räumlichkeit, Zeitlichkeit und Causalität, wie auch die Zweckmässigkeit, die wir den Naturobjecten zuschreiben, unwillkürlich hinzugedacht haben. Hierdurch wird zweifelhaft, ob feste Anfangspunkte unseres Wissens irgend zu finden seien, und es kann als eben so zweifelhaft erscheinen, ob im Fall, dass Principien wirklich vorhanden wären, sich Methoden für ein fortschreitendes Denken würden finden lassen, da die Erfahrung als unvollständig, der Analogieschluss als unsicher und ein Rechtsgrund zu einer

---

*) Die wenigstens bei dem affirmativen Urtheil im Allgemeinen falsch und nur in einzelnen Fällen vermöge des Zusammenhangs der Rede zutreffend ist.

Synthesis a priori, wodurch ein Princip sich selbst überschreiten würde, kaum als denkbar erscheint.

Herbart hält dafür, dass wir zwar wegen der Relativität aller Eigenschaften nicht eine Kenntniss von der wahren Beschaffenheit der Dinge durch die Sinne erlangen, dass aber doch die Formen der Erfahrung wirklich gegeben seien, da wir uns in der Auffassung eines bestimmten Objects an die Verbindung des Wahrnehmungsinhaltes mit einer bestimmten Form gebunden fühlen und nicht, wie es bei bloss subjectivem Hinzudenken der Formen der Fall sein müsste, jeden beliebigen Inhalt in der sinnlichen Wahrnehmung selbst mit jeder beliebigen Form verknüpfen können. In welcher Art dieselben gegeben seien, ist ein späteres, psychologisches Problem; auf der Thatsache des Gegebenseins derselben aber beruht die metaphysische Betrachtung.

Die gegebenen Formen der Erfahrung sind von der Art, dass sie widersprechende Begriffe liefern, welche durch das Denken verbessert werden müssen.

Die Ausdehnung im Raum und das Geschehen in der Zeit involviren Widersprüche. Das Ausgedehnte soll sich dehnen durch viele, verschiedene, ausser einander liegende Theile des Raumes; durch die Dehnung aber zerreisst das Eine in Vieles, und doch soll das Eine mit dem Vielen identisch sein. Indem wir Materie denken, beginnen wir eine Theilung, die wir in's Unendliche fortsetzen müssen, weil jeder Theil noch als ein Ausgedehntes gedacht werden soll. Wir kommen nie zu allen Theilen, nie zu den letzten Theilen, weil wir die Unendlichkeit der aufgegebenen Theilung sonst überspringen müssten. Wollen wir versuchen, von dem Einfachen auszugehen und aus ihm die Materie ebenso im Denken zusammenzusetzen, wie sie aus ihm wirklich bestehen mag, so fragt sich, wie viele Einfache wir wohl zusammennehmen müssten, um einen endlichen Raum anzufüllen. Offenbar müsste die vorige Unendlichkeit jetzt rückwärts übersprungen werden. Bei der Theilung verliert sich die Realität im Unendlichkleinen; bei der versuchten Reconstruction können wir dieses nicht als Grundlage der Realität der Materie gebrauchen. Der Erfahrungsbegriff der Materie ist daher einer Veränderung im Denken zu unterwerfen. An die unendliche Theilbarkeit der Zeit knüpfen sich die gleichen Betrachtungen. Die Erfüllung der Zeit durch das Geschehen und durch die Dauer erfordert noch offenbarer, als die Raumerfüllung, dass auf das Erfüllende die Unterscheidung der unendlich vielen Theilchen übertragen werde; denn leere Zwischenzeiten würden Vernichtung und Wiederentstehen dessen bezeichnen, was in der Dauer und dem Geschehen begriffen ist. Was geschieht, nimmt die Zeit ein, es ist in derselben gleichsam ausgedehnt. Was geschehen ist, zeigt sich im Erfolge als ein endliches Quantum der Veränderung. Dieses Endliche soll die unendliche Menge dessen in sich fassen, was in allen Zeittheilen nacheinander geschah. So wenig, wie die einfachen Theile des Ausgedehnten im Raume, ist das wirkliche Geschehen, aus dem der Erfolg sich zusammensetzt, denkbar, denn es zerfliesst, wie hoch wir es fassen mögen, immer wieder in ein Vorher, ein Nachher, eine Mitte zwischen beiden.

Der Begriff der Inhärenz oder des Dinges mit mehreren Eigenschaften involvirt den Widerspruch, dass das Eine Vieles sei. Die Mehrheit der Eigenschaften verträgt sich nicht mit der Einheit des Gegenstandes. Das Ding soll der Eine Besitzer der verschiedenen Merkmale sein. Aber das Besitzen muss doch dem Dinge als etwas seiner Natur Eigenthümliches, als eine Bestimmung seines Was, zugeschrieben werden, folglich ein eben so vielfaches sein, wie die Eigenschaften, die besessen werden. Dadurch aber wird das Ding selbst ein Vielfaches, während es doch zugleich Eines sein soll. Die Frage: was ist das Ding?

erfordert eine einfache Antwort. Der Begriff von dem Dinge, dessen wahre Qualität ein vielfacher Besitz von Merkmalen sei, ist ein widersprechender Begriff, der einer Umarbeitung im Denken entgegensieht, weil er, als aus dem Gegebenen stammend, nicht verworfen werden kann.

Auch der Begriff der Causalität, der, obschon nicht als Begriff gegeben, doch durch ein nothwendiges Denken über das Gegebene entsteht, involvirt Widersprüche. Mit dem Gegebenen dringt sich unmittelbar der Begriff der Veränderung auf; auch macht sich schon im gemeinen Denken ein Bedürfniss fühlbar, zu erklären, warum die Veränderung eingetreten sei, d. h. die Veränderung als Wirkung aufzufassen und zu ihr eine Ursache zu suchen. Aber der Begriff der Veränderung führt auf ein Trilemma. Entweder nämlich müsste die Veränderung eine äussere Ursache oder eine innere Ursache haben oder ursachlos sein, mit anderen Worten: sie müsste sich entweder auf Mechanismus oder auf Selbstbestimmung oder auf absolutes Werden zurückführen lassen. Der gemeine Verstand pflegt sich alle drei Vorstellungsarten zu erlauben, indem er in der Körperwelt äussere Ursachen, bei dem Willen Selbstbestimmung, für den Lauf der Dinge im Allgemeinen aber oft das Schicksal, d. h. absolutes Werden voraussetzt. Allein 1. der Begriff der äusseren Ursache erklärt nicht den ursprünglichen Wechsel, da er auf einen regressus in infinitum zu führen scheint, und er erklärt auch nicht den abgeleiteten Wechsel, da er den Widerspruch in sich trägt, dass das Thätige eine fremde, ihm nicht eigene Bestimmung als Eigenschaft seiner Natur in sich trage, und dass das Leidende nach der Veränderung noch das nämliche Ding, und doch auch nicht mehr das nämliche Ding, wie vorher, sein soll; 2. der Begriff der Selbstbestimmung durch eine innere Ursache vermindert diese Schwierigkeiten nicht und leidet zudem an dem Widerspruch, dass er das Eine Wesen in dem Actus der Selbstbestimmung durch den Gegensatz der Activität und Passivität mit sich entzweit; 3. das absolute Werden, welches den Wechsel selbst als die Qualität dessen, was ihm unterworfen ist, ansieht, leidet an der doppelten Schwierigkeit, dass es eine strenge Gleichförmigkeit des Wechsels fordern würde, die doch in der Natur der Dinge erfahrungsgemäss nicht angetroffen wird, und dass es auch in sich selbst widersprechend ist, da der Begriff des Werdens sich nicht anders denken lässt, als durch die wechselnden Beschaffenheiten, welche in der Umwandlung durchlaufen werden, so dass man, um die Qualität des Werdens zu bestimmen, die einander entgegengesetzten Beschaffenheiten zusammenfassen und in eine Einheit concentriren muss, worin der Widerspruch liegt, dass Entgegengesetzte Eins sein sollen; sagt man, das Wesen sei nur Erscheinung eines nicht wechselnden Grundes, so werden die Widersprüche nicht gemindert, sondern gehäuft, denn es tritt bei dieser Annahme nur um so deutlicher hervor, dass in dem Einen nicht wechselnden Grunde alle Mannigfaltigkeit und aller Widerspruch concentrirt sei, woraus das Viele und Entgegengesetzte der Erscheinung sich entfalten soll.

Der Begriff Ich trägt in sich, wofern das Ich als Urquell aller unserer höchst mannigfaltigen Vorstellungen angesehen wird, den Widerspruch der Inhärenz des Vielen in dem Einen, welcher hier sogar besonders fühlbar ist, weil das Selbstbewusstsein das Ich als ein völliges Eins darzustellen scheint; dann aber tritt der dem Ich eigenthümliche Widerspruch, dass es als das reine, in sich selbst zurückgehende Selbstbewusstsein sich vorstellen muss, d. h. sein Ich vorstellen muss, d. h. sein sich Vorstellen vorstellen muss, und so fort in's Unendliche (indem jedesmal das Sich durch sein Ich und dieses wiederum durch sein sich Vorstellen zu ersetzen ist), so dass der Ichbegriff in der That gar nicht zu Stande kommen zu können scheint.

§ 18. Herbart.

Die Metaphysik, welche die dargelegten Widersprüche aus den Formen der Erfahrung hinwegschaffen und dadurch die Erfahrung begreiflich machen soll, wird von Herbart eingetheilt in die Lehre von den Principien und Methoden (Methodologie), von dem Sein, der Inhärenz und der Veränderung (Ontologie), von dem Statigen (Synechologie) und von den Erscheinungen (Eidolologie). An die allgemeine Metaphysik schliesst sich als angewandte Metaphysik die Naturphilosophie und die Psychologie an.

Die von der Metaphysik zu vollziehende Umbildung der angegebenen Begriffe besteht darin, dass die nothwendigen Ergänzungsbegriffe oder die Beziehungspunkte aufgesucht werden, durch welche allein die Widersprüche, die in denselben enthalten sind, sich auflösen lassen. Die Methode, durch Aufsuchung der nothwendigen Ergänzungsbegriffe die Widersprüche in den durch die Erfahrung dargebotenen formalen Begriffen aufzuheben, nennt Herbart die Methode der Beziehungen. Jeder Begriff jener Art ist ein Grund, aus dem um des in ihm enthaltenen Widerspruchs willen der Ergänzungsbegriff gefolgert werden muss. Nur hierdurch wird nach Herbart Synthesis a priori möglich. Denn, sagt er, sei B dem A durch Synthesis a priori, also nothwendig, zu verbinden, so muss A ohne B unmöglich sein; die Nothwendigkeit liegt in der Unmöglichkeit des Gegentheils; Unmöglichkeit eines Gedankens aber ist Widerspruch (wogegen Kant behauptet hatte, dass synthetische Sätze a priori noch eines andern Princips, als des Satzes der Identität und des Widerspruchs, bedürfen).

Es ist unmöglich anzunehmen, dass nichts sei, denn dann würde auch nichts erscheinen. Leugne man alles Sein, so bleibt zum mindestens das unleugbare Einfache der Empfindung. Das Zurückbleibende, nach aufgehobenem Sein, ist Schein. Dieser Schein, als Schein, ist. Weil der Schein nicht hinwegzuheben ist, so muss irgend ein Sein vorausgesetzt werden.

Erklären, dass A sei, heisst, es solle bei dem einfachen Setzen des A sein Bewenden haben. Sein ist absolute Position*). Der Begriff des Seins schliesst alle Negation und alle Relation aus**). Was als seiend gedacht wird, heisst ein Wesen (ens).

Das Einfache der Empfindung findet sich nie oder höchst selten einzeln, sondern in Complexionen, welche wir Dinge nennen. Wir legen dem Dinge seine einzelnen Merkmale als Eigenschaften bei. Die Widersprüche aber, die in dem Begriffe des Dinges mit mehreren Eigenschaften liegen, nöthigen dazu, diesen Begriff, um ihn von eben diesen Widersprüchen zu befreien, durch die Annahme zu ergänzen, dass eine Mehrheit realer Wesen existire, deren jedes von schlechthin einfacher, durch keine inneren Gegensätze bestimmbarer Qualität sei, deren

---

*) Hiermit zieht Herbart das Setzen des Seins in den Begriff des Seins hinein, woran sich ihm dann u. a. auch die irrige Annahme knüpft, die Zahl der realen Wesen könne nicht unendlich sein, weil wir freilich, vom Endlichen ausgehend, niemals das Unendliche als eine bestimmte Grösse setzen können, sondern bei jeder bestimmten Grenze denken müssen, es könne und solle noch weiter gegangen werden. Das Sein an sich hat aber in der That mit unserer Position nichts zu schaffen. Es ist gerade das von unserm Setzen Unabhängige. Nicht das Sein, sondern unser Denken des Seins ist Position, und was (wie das Unendliche) ausserhalb des Bereichs unserer Position liegt, liegt darum doch keineswegs ausserhalb des Bereichs der Wirklichkeit.

**) In dem Ausschluss aller Negation und Relation liegt ein Sprung; zur die Relation zu dem setzenden Subject und die Wiederaufhebung (Negation) der Setzung in dem Sinne, in welchem sie vollzogen worden ist, ist in der That auszuschliessen.

Zusammen aber die Erscheinung des Einen Dinges mit vielen Eigenschaften bedinge.

In einer Complexion von Merkmalen pflegen einzelne zu beharren, während andere wechseln. Wir schreiben daher den Dingen Veränderungen zu. Aus den Widersprüchen im Begriff der Veränderung aber folgt, dass es im Seienden keinen ursprünglichen innern Wechsel giebt, weil ursprüngliche Selbstbestimmung und absolutes Werden unmöglich ist, und dass es auch keinen abgeleiteten Wechsel geben würde, wofern die Einwirkung von Ursachen nur unter der Voraussetzung einer ursprünglich nach aussen gerichteten Thätigkeit erfolgen könnte. Dann aber würde es gar keinen Wechsel geben, auch nicht in der Erscheinung, was der Erfahrung widerspricht. Mithin muss jene Voraussetzung falsch sein und der Wechsel sich ohne eine ursprünglich nach aussen gerichtete, wie auch ohne eine ursprüngliche innere Thätigkeit erklären lassen. Herbart erklärt denselben mittelst der Theorie der Selbsterhaltungen, welche bei dem Zusammensein der einfachen realen Wesen stattfinden und das einzige wirkliche Geschehen ausmachen. Diese Theorie ruht auf dem Hülfsbegriffe des intelligibeln Raumes nebst der diesem Raume entsprechenden Zeit und Bewegung, und auf dem methodischen Hülfsmittel der zufälligen Ansicht. Unter dem intelligibeln Raume versteht nämlich Herbart denjenigen Raum, in welchem befindlich die einfachen realen Wesen gedacht werden müssen, im Unterschiede von dem phänomenalen Raume, in welchem unsere Empfindungen vorgestellt werden, welcher also in der Seele selbst ist. Der Begriff des intelligibeln Raumes entspringt, indem sowohl das Zusammen, als das Nichtzusammen der nämlichen Wesen gedacht werden soll. Das Aneinander einfacher realer Wesen erzeugt die „starre Linie", der Uebergang der Punkte in einander die stetige Linie, aus der Mischung zweier Richtungen geht die Ebene, aus der Hinzufügung einer neuen Richtung der körperliche Raum hervor. Die Fiction des Ueberganges der Punkte in einander setzt eine Theilbarkeit des Punktes voraus, welche Annahme Herbart durch die geometrische Thatsache irrationaler Verhältnisse zu rechtfertigen sucht. Auch in dem intelligiblen Raume sind, wie in dem phänomenalen, alle Bewegungen relativ; was Bewegung ist in Bezug auf umgebende Objecte, die als ruhend betrachtet werden, ist Ruhe, sofern eben diese Objecte als in der entgegengesetzten Richtung jedesmal mit der gleichen Geschwindigkeit sich bewegend angesehen werden. Jedes Wesen im intelligiblen Raume ist ursprünglich ruhend in Bezug auf sich selbst oder auf den Raum, sofern es selbst als in demselben befindlich betrachtet wird; aber nichts hindert, dass diese Ruhe Bewegung sei in Hinsicht auf andere reale Wesen; die Ruhe in Bezug auf diese wäre nur ein möglicher Fall unter unendlich vielen gleich möglichen. Es ist also vorauszusetzen, dass im Allgemeinen ursprünglich jedes Wesen im Vergleich mit jedem andern in Bewegung sei, nämlich in geradliniger Bewegung mit constanter Geschwindigkeit. Diese Bewegung ist nicht eine wirkliche Veränderung, weil jedes Wesen in Bezug auf sich selbst und auf seinen Raum dabei in Ruhe bleibt, zu andern Wesen aber nicht selbst in Beziehung steht, sondern nur durch ein zusammenfassendes Bewusstsein in Beziehung gesetzt wird. Wenn aber der Fall eintritt, dass in Folge dieser ursprünglichen Bewegung einfache reale Wesen in denselben Punkt gleichzeitig gelangen, so erfolgt eine gegenseitige Durchdringung, die, sofern die Qualitäten dieser Wesen einander gleich sind, keine Störung veranlasst, sofern aber die Qualitäten derselben einander entgegengesetzt sind, eine Störung bedingt, da Entgegengesetztes nach dem Satze des Widerspruches nicht in einem Punkte zusammen sein kann; die Störung würde erfolgen, wenn das Entgegengesetzte der mehreren Wesen sich wirklich aufheben könnte; da dasselbe aber unaufhebbar ist, so erhalten sich die Qualitäten wider

§ 26. Herbart.

die intendirte Störung; Selbsterhaltung ist Bestehen wider eine Negation. Die Störung gleicht einem Druck, die Selbsterhaltung einem Widerstande. In der Seele sind die „Selbsterhaltungen" Vorstellungen; in allen andern realen Wesen sind sie solche innere Zustände, die auch nach den Herbart'schen Principien, gleich wie nach den Leibnitzischen, irgendwie unsern Vorstellungen analog gedacht werden müssen. Das eigentliche und einfache Was der realen Wesen erkennen wir zwar nicht, aber ihre inneren und äusseren Verhältnisse aber können wir eine Summe von Einsichten erlangen, die sich in's Unendliche vergrössern lässt. Die Voraussetzung, dass das einfache Was der Wesen bei verschiedenen nicht bloss verschieden sei, sondern auch conträre Gegensätze bilde, ist nothwendig. Ist der Gegensatz der Qualität ein partieller, so lassen sich die Qualitäten in unserm Denken in solche Componenten zerlegen, zwischen denen einerseits volle Uebereinstimmung, andererseits voller Gegensatz stattfindet; diese Zerlegung, obschon methodisch nothwendig, um das Ergebniss zu verstehen, ist doch in Bezug auf die Qualitäten selbst eine „zufällige Ansicht", weil diese nicht wirklich aus solchen Componenten hervorgegangen, sondern einfach und untheilbar sind und nur in der Betrachtung zerlegt werden.

In unserm Bewusstsein ist die Ichheit gegeben und doch ist der Ichbegriff mit Widersprüchen behaftet. Diese Widersprüche nöthigen zu einer Unterscheidung der im Selbstbewusstsein appercipirten und der appercipirenden Vorstellungsmassen, welche wiederum die Lehre von der Seele als einem einfachen realen Wesen, dem Träger der ganzen Complexion unserer Vorstellungen, die Lehre von den Vorstellungen als den Selbsterhaltungen der Seele, und von den gegenseitigen Verhältnissen der Vorstellungen zur Voraussetzung hat.

An die Theilbarkeit des Punktes knüpft sich die Möglichkeit eines unvollkommenen Zusammen oder einer theilweisen Durchdringung einfacher (aber bei der Fiction der Theilbarkeit als kugelförmig vorzustellender) realer Wesen. Durch die partielle Durchdringung der einfachen Wesen entsteht die Materie. Eine nothwendige Folge theilweiser Durchdringung ist die Attraction der Elemente. Denn die Selbsterhaltung kann sich nicht auf den durchdrungenen Theil eines jeden dieser realen Wesen beschränken; in dem ganzen realen Wesen, in allen fingirten Theilen desselben, befindet sich einerlei Grad der Selbsterhaltung, und zwar darum, weil eben das reale Wesen einfach und seine Theile nur fingirt sind. Dem innern Zustand der totalen Selbsterhaltung aber muss mit Nothwendigkeit auch die äussere Lage der einfachen Wesen entsprechen. Aus dieser Nothwendigkeit, dass zu dem innern Zustande ein ihm angemessener äusserer Zustand hinzutrete, folgt, dass die partielle Durchdringung in ein totales Ineinander übergehen muss. Wenn man sich die Elemente als Kugeln vorstellt und die unendlich kleine Zeit des Eindringens wieder in Unendlichkleine der zweiten Ordnung zerlegt, so verhält sich in jedem Augenblicke die ganze Kugel zu dem noch nicht durchdrungenen Theile, wie die anfängliche Anziehung zu der Beschleunigung in diesem Augenblicke. Bei einer Verbindung mehrerer einfacher realer Wesen tritt die Repulsion oder die Nothwendigkeit des Hinausweichens ein, wenn nämlich das Maass überschritten wird, in welchem der innere Zustand eines mittleren realen Wesens einer Mehrheit eindringender realer Wesen zugleich zu entsprechen vermag. Attraction und Repulsion sind demnach nicht ursprüngliche Kräfte, sondern die nothwendigen äusseren Folgen der inneren Zustände, in welche mehrere verschiedene Substanzen sich gegenseitig versetzen.

Ist zwischen Attraction und Repulsion das Gleichgewicht hergestellt, so bildet die betreffende Verbindung von einfachen realen Wesen ein materielles Element oder ein Atom.

Um die besonderen physikalischen Erscheinungen und Gesetze aus ihren letzten Gründen genetisch zu erklären, unterscheidet Herbart bei den Elementen einerseits nach dem Maasse der Verschiedenheit ihrer Qualitäten den **starken und schwachen Gegensatz**, andererseits nach dem Verhältnisse der Intensität der beiderseitigen Qualitäten den **gleichen und ungleichen Gegensatz**. Aus der Combination beider Unterscheidungen ergeben sich vier Hauptverhältnisse der Elemente zu einander:

1. der starke und gleiche oder nahezu gleiche Gegensatz; auf diesem beruht die Bildung der festen oder starren **Materie**, insbesondere ihre **Cohäsion**, **Elasticität und Configuration**;

2. der starke, aber sehr ungleiche Gegensatz; in diesem Verhältniss stehen die Elemente des (von Herbart zur Erklärung der Wärmeerscheinungen vorausgesetzten) **Wärmestoffs (Caloricum)** zu den Elementen der festen Körper;

3. der schwache und nicht sehr ungleiche Gegensatz; in diesem Verhältniss steht zu den Elementen der festen Körper das **Electricum**;

4. der schwache und sehr ungleiche Gegensatz; in diesem Verhältniss steht zu den Elementen der festen Körper der **Aether** oder das **Medium des Lichtes und der Schwere**.

Auf die Annahme einer inneren Bildsamkeit der Materie gründet Herbart die **Biologie** (oder Physiologie). Zwischen mehreren inneren Zuständen Eines Wesens treten gegenseitige Hemmungen ein (wie in der Seele zwischen Vorstellungen, welche einander im Bewusstsein beschränken); die gehemmten Zustände treten unter begünstigenden Bedingungen wieder hervor und bestimmen dann mit das äussere Geschehen. Durch das einfache Wesen werden in anderen, die mit ihm in Berührung kommen, gleichartige Zustände angeregt; hierauf beruht die Assimilation und Reproduction. Auch die Irritabilität und Sensibilität folgt aus der inneren Bildsamkeit der Materie.

Das zufällige Zusammentreffen einfacher realer Wesen begründet nur die allgemeine Möglichkeit eines organischen Lebens. Die zweckmässige Gestaltung aber, die in den höheren Organismen erscheint, setzt den Einfluss einer **göttlichen Intelligenz** voraus, welche zwar nicht die einfachen realen Wesen selbst, wohl aber die vorhandenen Beziehungen derselben zu einander (und eben hierdurch auch das, was der vulgäre Sprachgebrauch unter der **Substanz** versteht) begründet hat. Der durch teleologische Erwägungen begründete Gottesglaube aber befriedigt das religiöse Bedürfniss nur, sofern der Mensch zu Gott beten oder wenigstens in dem Gedanken an Gott Ruhe finden kann, was die Aufnahme der **ethischen Prädicate in die Gottesidee** (wovon unten) bedingt.

Die **Seele** ist ein einfaches reales Wesen; denn wäre sie ein Complex mehrerer realer Wesen, so würden die Vorstellungen ausser einander liegen und es würden nicht mehrere Vorstellungen zur Einheit des Gedankens und nicht die Gesammtheit meiner Vorstellungen zur Einheit meines Bewusstseins sich verbinden*). Die Selbsterhaltungen der Seele sind **Vorstellungen**. Vorstellungen, die einander gleichartig oder auch disparat sind, verschmelzen mit einander; Vorstellungen aber, die einander partiell oder total entgegengesetzt sind, hemmen ein-

---

*) In der That aber ist nicht eine Punctualität der Seele, sondern die gegenseitige Durchdringung der Vorstellungen in dem Bewusstseinsraume der Grund der Einheit des Bewusstseins.

ander nach dem Maasse ihres Gegensatzes. Durch die Hemmung wird die Intensität, mit welcher die Vorstellungen im Bewusstsein sind, vermindert oder ganz aufgehoben. In der gehemmten Vorstellung ist das Vorstellen zu einem Streben, vorzustellen, geworden. Die Intensitätsverhältnisse der Vorstellungen lassen sich der Rechnung unterwerfen, obschon die einzelnen Intensitäten nicht messbar sind; die Rechnung dient dazu, die Gesetze des Vorstellungslaufs auf ihren exacten Ausdruck zu bringen. Sie ist Statik, sofern sie auf den Endzustand geht, in welchem die Vorstellungen beharren können, Mechanik, sofern sie die jedesmalige Stärke einer Vorstellung in einem bestimmten Zeitpunkte während des Wechsels zu ermitteln sucht.

Es seien gleichzeitig zwei Vorstellungen, A und B, gegeben, deren Intensitäten einander vollkommen gleich seien, so dass jede = 1 sich setzen lässt. Zwischen beiden sei voller Gegensatz (wie z. B. zwischen roth und gelb, gelb und blau, dem Grundton und dem um eine Octave höheren Ton), so dass, wenn die eine derselben ungehemmt bestehen soll, die andere total gehemmt sein muss. Da (nach dem Satze des Widerspruchs) Entgegengesetztes nicht gleichzeitig an demselben Punkte zusammenbestehen kann, so müsste die eine beider Vorstellungen zu Gunsten der andern völlig aufgehoben werden. Aber jede erhält sich; Bestehendes kann nicht ausgetilgt werden. Beide streben mit gleicher Kraft gegen einander. Also sinkt jede auf die Hälfte ihrer ursprünglichen Intensität herab. Dem Gesetze des Widerspruchs würde genügt sein, wenn die eine Vorstellung ganz gehemmt wäre; es wird thatsächlich so viel von beiden Vorstellungen zusammen gehemmt, als die ursprüngliche Intensität der einen von beiden Vorstellungen beträgt. Diese auf beide Vorstellungen sich vertheilende Gesammtheit der Hemmung nennt Herbart die Hemmungssumme. Ist der Gegensatz kein totaler, also nicht durch 1, sondern durch einen echten Bruch zu bezeichnen, so tritt dieser Bruch hier, wie überall, bei der Bestimmung der Hemmungssumme als Factor hinzu.

Sind die Vorstellungen A und B an Stärke ungleich, ist die Intensität der ersten = a, der andern = b, und ist $a > b$, und besteht zwischen A und B voller Gegensatz, so genügt es nach Herbart's Annahme, dass ein Quantum, welches der Intensität (b) der schwächeren Vorstellung gleich ist, an beiden Vorstellungen zusammen gehemmt werde, denn wäre die schwächere aufgehoben, so wäre der „Widerspruch" entfernt*). Die „Hemmungssumme" ist also $= b$. Jede Vorstellung sträubt sich mit ihrer ganzen Intensität gegen die Hemmung. Also trägt sie von derselben um so weniger, je stärker sie ist. Also trägt A von der Hemmungssumme, welche $= b$ ist, $\frac{b^2}{a+b}$, und B trägt $\frac{ab}{a+b}$, so dass A im Bewusstsein bleibt mit der Stärke $a - \frac{b^2}{a+b} = \frac{a^2 + ab - b^2}{a+b}$, und B mit der Intensität $b - \frac{ab}{a+b} = \frac{b^2}{a+b}$.

---

*) Freilich wäre derselbe, falls er überhaupt besteht, nur dann entfernt, wenn B selbst, oder auch, wenn A selbst, aber nicht, wenn nur ein Intensitätsquantum $= b$, das sich auf beide Vorstellungen vertheilt, aufgehoben wäre. Dass die Aufhebung oder „Hemmung" durch das blosse Unbewusstwerden (bei dem Fortbestehen in unbewusstem Zustande) bereits vollzogen sei, ist eine durch die Erfahrung aufgedrängte, aber mit dem logisch-metaphysischen Princip schwerlich vereinbare Annahme.

§ 26. Herbart.

Sind gleichzeitig drei Vorstellungen mit vollem Gegensatz untereinander gegeben, deren Intensitäten a, b, c sind, und ist $a > b$, $b > c$, so ist nach Herbart die Hemmungssumme $= b + c$, überhaupt gleich der Summe der sämmtlichen schwächeren Vorstellungen; denn wären diese alle völlig gehemmt, so könnte die stärkste sich ganz behaupten. Auch diese Hemmungssumme vertheilt sich nach dem umgekehrten Verhältnisse der Intensitäten. Es kann dabei aber der Fall eintreten, dass die schwächste Vorstellung, indem sie ebensoviel oder mehr zu tragen hat, als ihre Intensität beträgt, ganz aus dem Bewusstsein verdrängt wird, in welches sie jedoch unter begünstigenden Umständen wieder eintreten kann. Die Grenze, an welcher die Intensität genau $= 0$ ist, nennt Herbart die Schwelle des Bewusstseins, wobei freilich das Bild des (horizontalen) Hinübertretens über eine Schwelle mit dem Bilde eines (verticalen) Auf- und Niedersteigens sich mischt. Den Werth einer Vorstellung, bei welchem dieselbe gerade auf die Schwelle des Bewusstseins herabgedrückt wird, nennt Herbart den „Schwellenwerth". Ist $a = 1$, $b = 1$, so ist $\sqrt{1/2} = 0{,}707\ldots$ der Schwellenwerth von c.

Ist die Empfänglichkeit für eine Vorstellung bei constanter Stärke des Reizes (welche wir zunächst um der Einfachheit willen $= 1$ setzen) ursprünglich $= a$, so ist dieselbe, nachdem die Vorstellung bereits die Intensität x erlangt hat, nur noch $= a - x$. Die Raschheit, mit welcher die Vorstellung an Intensität zunimmt oder die „Geschwindigkeit ihres Wachsens" ist in jedem Augenblick dem Maasse der Empfänglichkeit proportional. Sie wird also fortwährend geringer. Wir betrachten als Zeiteinheit ($t = 1$) diejenige Zeit, in welcher die Vorstellung zu der vollen Stärke $= a$ anwachsen würde, falls die anfängliche Raschheit der Zunahme unverändert bliebe. In einem ersten sehr kleinen Zeittheil $= \frac{t}{n}$ bleibt diese Geschwindigkeit des Anwachsens nahezu unverändert, in dem ersten unendlich kleinen Zeittheil $= dt$ aber ist sie als unverändert (constant) zu betrachten. Also gelangt in dem ersten Zeittheil $\frac{t}{n}$ die Vorstellung nahezu zu der Stärke $a \cdot \frac{t}{n}$, in dem ersten Zeittheil dt aber gelangt sie zu der Stärke $a \cdot dt$. Ist in einem späteren Augenblick, nach Ablauf einer beliebigen Zeit $= t$, die Vorstellung schon bis zu der Stärke x angewachsen, also die Empfänglichkeit nicht mehr $= a$, sondern nur noch $= a - x$, so muss jetzt in einem sehr kleinen Zeittheil $= \frac{t}{n}$ die Vorstellung nicht um nahezu $a \cdot \frac{t}{n}$, sondern um nahezu $(a-x) \cdot \frac{t}{n}$ und in einem unendlich kleinen Zeittheil $= dt$ nicht um $a \cdot dt$, sondern um $(a-x) dt$ anwachsen. Bezeichnen wir nun durch dx die Zunahme an Stärke, welche die Vorstellung, nachdem sie bis zu x angewachsen war, in einem unendlich kleinen Zeittheil $= dt$ erlangt (oder die Differenz ihrer Stärke nach und vor Ablauf dieses unendlich kleinen Zeittheiles), so ist, dem Obigen gemäss, dieses $dx = (a-x) dt$, also ist $\frac{dx}{a-x} = dt$, aus welcher Gleichung mit Rücksicht auf den Umstand, dass die Vorstellung vom Nullwerthe aus anwächst, dass also für $t = 0$ auch $x = 0$ ist, sich das Resultat ergiebt: $x = a(1 - e^{-t})$, sofern unter e, wie es üblich ist, die Basis der natürlichen Logarithmen verstanden wird. — Wird die Stärke des Reizes zwar als constant angenommen, aber nicht $= 1$, sondern $= \beta$ gesetzt, so ist die Intensität, zu welcher die Vorstellung in dem ersten Zeittheil dt gelangt (statt, wie oben, $= a \cdot dt$), vielmehr $= \beta a \cdot dt$; folglich muss sich

§ 26. Herbart.

In dem nach Ablauf der Zeit t, in welcher die Vorstellung bis zu der Stärke x angewachsen ist, zunächst verfliessenden Zeittheil = dt die Stärke der Vorstellung um β (a — x) dt vermehren, d. h. dx $= \beta$ (a — x) dt, woraus folgt: x = a (1 — $e^{-\beta t}$). Hierin liegt, dass die Vorstellung der vollen Stärke = a zwar ziemlich bald nahe kommt, aber dieselbe in keiner endlichen Zeit ganz erreicht, sondern sich ihr in einer solchen Art, wie der Hyperbelzweig seiner Asymptote, annähert.*)

Mittelst einer ganz analogen Betrachtung bestimmt Herbart das allmähliche Sinken der Hemmungssumme.

Sind mit einer Vorstellung mehrere andere verbunden, aber nicht vollkommen, sondern nach einer gewissen Abstufung durch grössere und kleinere Theile, so wird jene Vorstellung, falls sie, nachdem sie gehemmt war, von dieser Hemmung befreit in's Bewusstsein zurückkehrt, jene anderen Vorstellungen mit sich emporzuheben streben, aber nicht gleichmässig, sondern in einer bestimmten Ordnung und Reihenfolge. Herbart sucht diese Reihenfolge durch mathematische Formeln zu bestimmen. Auf abgestuften Verschmelzungen beruht nach ihm nicht nur der Mechanismus des sogenannten Gedächtnisses, sondern es entstehen daraus auch die räumlichen und zeitlichen Formen unseres Vorstellens, die Herbart nicht mit Kant als Formen a priori, sondern als Resultate des psychischen Mechanismus betrachtet.

In dem einfachen Wesen, welches Seele ist, giebt es ebensowenig, wie eine ursprüngliche Mehrheit von Vorstellungen, eine ursprüngliche Mehrheit von Vermögen. Die sogenannten Seelenvermögen sind nur hypostasirte Classenbegriffe von psychischen Erscheinungen. Die Erklärung der Erscheinungen aus den sogenannten Vermögen ist illusorisch; in den Vorstellungsverhältnissen liegen die wirklichen Ursachen der psychischen Vorgänge. Die Wiedererinnerung geschieht nach den Reproductionsgesetzen. Der Verstand, von dem sich die Namenerklärung geben lässt, er sei das Vermögen unsere Gedanken nach der Beschaffenheit des Gedachten zu verknüpfen, beruht auf der vollständigen Wirkung derjenigen Reihen, welche vermittelst der Einwirkung der äusseren Dinge auf uns sich in unserer Seele gebildet haben. Unter der Vernunft ist die Fähigkeit zu verstehen, Gründe und Gegengründe gegen einander abzuwägen; sie beruht auf der zusammentreffenden Wirksamkeit mehrerer vollständiger Vorstellungsreihen. Der sogenannte innere Sinn ist die Apperception vorgebildeter Vorstellungen durch ältere gleichartige Vorstellungsmassen. Die Gefühle entspringen, wenn verschiedene Kräfte auf die nämliche Vorstellung in gleichem oder in entgegengesetztem Sinne einwirken. Der Wille ist ein Streben, welches mit der Vorstellung der Erreichbarkeit des Erstrebten verbunden ist. Die psychologische Freiheit des Willens ist die gesicherte Herrschaft der stärksten Vorstellungsmassen über einzelne Affectionen. Kant's Lehre von der „transscendentalen Freiheit" ist falsch, und ist auch dem praktischen Interesse zuwider, indem sie die Möglichkeit der Charakterbildung aufhebt.

Die Quelle der ästhetischen Ideen liegt in den unwillkürlichen Geschmacksurtheilen, und insbesondere die Quelle der ethischen Ideen in eben solchen Geschmacksurtheilen über Willensverhältnisse. Die Idee der innern Freiheit beruht auf dem Wohlgefallen, welches die Harmonie zwischen dem Willen und der

---

*) Der Erfahrung scheint jedoch die unabweisbare Consequenz der Formel zu widerstreiten, dass die Schwäche des Reizes durch längere Ausdauer desselben hinsichtlich des Resultats vollständig ersetzt werden könne.

über ihn ergehenden Beurtheilung erweckt. Die Idee der Vollkommenheit erwächst daraus, dass in reinen Grössenverhältnissen durchgängig das Grössere neben dem Kleineren gefällt. Die Grössenbegriffe, nach welchen das Wollen verglichen wird, sind: Intension, Extension (d. h. Mannigfaltigkeit der von dem Wollen umfassten Gegenstände) und Concentration des mannigfachen Wollens zu einer Gesammtwirkung oder die aus der Extension von neuem entspringende Intension. Der Gegenstand der Idee des Wohlwollens ist die Harmonie zwischen dem eigenen und dem vorausgesetzten fremden Willen. Die Idee des Rechtes beruht auf dem Missfallen am Streit; das Recht ist die von den betheiligten Personen festgestellte oder anerkannte Regel zur Vermeidung des Streites. Indem durch absichtliche Einwirkung eines Willens auf einen andern oder durch absichtliche Wohlthat und Wehethat der Zustand, in welchem die Willen sich ohne dieselbe befunden haben würden, abgebrochen oder verletzt wird, so missfällt die That als Störerin des früheren Zustandes; aus diesem Missfallen erwächst die Idee der Vergeltung (Billigkeit) oder der Tilgung der Störung durch den Rückgang des gleichen Quantums an Wohl oder Wehe von dem Empfänger zum Thäter. An diese ursprünglichen Ideen schliessen sich die abgeleiteten oder gesellschaftlichen ethischen Ideen an, insbesondere die Idee der Rechtsgesellschaft, des Lohnsystems, des Verwaltungssystems, des Cultursystems und der beseelten Gesellschaft, die der Reihe nach auf die Ideen des Rechts, der Vergeltung, des Gemeinwohls, der geistigen Vollkommenheit und der innern Freiheit basirt sind. Nur die Vereinigung aller Ideen kann dem Leben in sanfter Führung die befriedigende Richtung anweisen.

Die Grundlage des religiösen Glaubens liegt nach Herbart in der Naturbetrachtung, die Ausbildung desselben aber ist durch die Ethik bedingt. Die Zweckmässigkeit, die sich in den höheren Organismen bekundet, kann weder auf Zufall zurückgeführt, noch auch als eine blosse Form unseres Denkens der Natur selbst abgesprochen werden. Sie findet ihren zureichenden Erklärungsgrund nur in einer göttlichen Intelligenz, von welcher die Ordnung der einfachen realen Wesen herrühren muss. Ein wissenschaftliches Lehrgebäude der natürlichen Theologie ist unerreichbar. Wichtiger, als die theoretische Ausbildung des Gottesbegriffs, ist für das religiöse Bewusstsein die Bestimmung desselben durch die ethischen, mit dem Pantheismus zum Theil unvereinbaren Prädicate der Weisheit, Heiligkeit, Macht, Liebe und Gerechtigkeit*).

---

*) Ob die Widersprüche, welche Herbart in den „durch die Erfahrung uns aufgedrungenen formalen Begriffen" zu finden meint, wirklich in denselben liegen, ist mindestens zweifelhaft. Als Motiv des wissenschaftlichen Fortschritts über die Empirie hinaus bedarf es nicht dieser Widersprüche; dieses Motiv liegt vielmehr darin, dass sich uns nicht bloss die Existenz von Individuen bekundet, sondern auch von Verhältnissen, Werthunterschieden, Zwecken und Gesetzen, woran sich die Bildung unserer logischen Formen, wie auch andererseits unseres ethischen Bewusstseins, knüpft. Trendelenburg sucht in einer Abhandlung über die Herbart'sche Metaphysik (in den Monatsberichten der Berliner Akademie der Wissenschaften, Nov. 1853, S. 654 ff., wiederabg. im zweiten Bande seiner histor. Beitr. zur Philos., Berlin 1855, S. 813—851) und in einem zweiten, gegen Entgegnungen von Drobisch und Strümpell (in der Zeitschr. für Philos. und philos. Kritik 1854 und 1855) gerichteten Artikel (Monatsber. der Berl Akad., Febr. 1856) die drei Sätze zu erweisen: 1. die von Herbart in den allgemeinen Erfahrungsbegriffen bezeichneten Widersprüche sind keine Widersprüche; 2. wären sie Widersprüche, so wären sie in seiner Metaphysik nicht gelöst; 3. wären sie Widersprüche und wären sie gelöst, so blieben andere und grössere ungelöst. Bei der Continuität sind die Vielheit und die Kleinheit der Theile nicht gegen einander zu

§ 26. Herbart. 315

Als ein Versuch, die grosse Förderung, welche der Herbartianismus zumeist dem genetischen Verständnisse von Natur und Geist gewährt, ohne die be-

isoliren; das Product aus ihrer Zahl und Grösse bleibt identisch. „Letzte" Theile giebt es nicht. Bei den Problemen der Inhärenz und des Wechsels möchte die Verschiedenheit und der conträre Gegensatz nur künstlich in den contradictorischen Gegensatz umgesetzt worden sein (vgl. meine Bemerkungen in meinem System der Logik § 77, wie auch die betreffenden Abschnitte in Delbœuf's Essai de logique scientifique, Liegu 1865). Der Satz der Identität und des Widerspruchs ist nicht ein objectives, die Natur der Dinge bestimmendes Gesetz, sondern ein Gesetz, welches das Subjective, unser Vorstellen, wenn schon mit Beziehung zur objectiven Realität betrifft; die Objectivirung desselben zu einem Gesetz der Dinge ist ein Missverständniss, in welches schon Parmenides verfallen ist und von dem auch Plato sich nicht frei erhalten hat, das selbst bei Aristoteles in einzelnen Aeusserungen einen gewissen Nachklang findet, aber doch gerade durch die genauere Reflexion des Aristoteles über das Verhältniss des Subjectiven zum Objectiven principiell überwunden ist, von dem Kant sich frei erhalten hat, in das aber Herbart (und in entgegengesetztem Sinne Hegel) wieder verfallen ist. Die anscheinenden Widersprüche im Ichbegriff hebt Herbart selbst durch die Unterscheidung verschiedener Vorstellungsgruppen; ob aber die gegenseitige Durchdringung der Vorstellungen ein punktuell einfaches Wesen, das an einer einzelnen Stelle innerhalb des Gehirns seinen Sitz habe, voraussetze, und ob ein solches als Seele überhaupt nur denkbar sei, ist zum mindesten höchst problematisch. (Vgl m. Syst. der Logik § 40.) Isolirt gedacht, mag die Einheit als Einfachheit erscheinen, wie andererseits die Vielheit, wenn sie isolirt wird, auf einen exclusiven Atomismus führt; die Thatsachen aber nöthigen vielmehr, eine synthetische Einheit anzunehmen, die nicht ein punktuelles Substrat und nicht eine Vielheit auseinander liegender punktueller Substrate, sondern ein harmonisch gegliedertes Ganzes sei. Der Punkt ist nur als Grenze denkbar und nur in der Abstraction zu verselbständigen; die angenommenen punktuellen Wesen sind hypostasirte Abstractionen. Die Fiction der Kugelgestalt der realen Wesen, die nur didaktische Dienste thun sollte, dient thatsächlich in Herbart's Metaphysik auf widerrechtliche Weise zur Weiterführung der Construction selbst, um wieder abgeworfen zu werden, nachdem sie zu diesem Dienst verwandt worden ist; auf diesem Wechselspiel beruht die Construction des intelligibeln Raumes und der Attraction der Elemente. Die Nothwendigkeit, dass die äussere Lage dem inneren Zustand entspreche, ist ohne eine befriedigende Erklärung geblieben. In einem einfachen realen Wesen würden niemals Bilder entstehen können, die nach dem Zeugniss des inneren Sinnes räumliche Anschauung haben; Herbart's Bemühung, die Bedingungen anzuzeigen, unter denen die Raumvorstellung sich bilde, hebt nicht die Unmöglichkeit auf, dass eine solche in einem raumlosen (punctuellen) Wesen überhaupt entstehe. Die Theorie der Selbsterhaltungen leidet an den Widerspruch, dass nur das Alte erhalten, und doch ein Neues geworden sein soll, welches letztere sogar nach Aufhebung der „Störung", die ihrerseits keine wirkliche Störung war, beharren soll. In dem Gegensatz der Vorstellungen, die nicht zusammenbestehen und einander nicht aufheben können, kämpfen zwei den Principien nach absolute Nothwendigkeiten miteinander, die nicht durch einen Compromiss sich abfinden können. Dass ein Quantum gleich den schwächeren Vorstellungen „gehemmt" werde, genügt nicht; es müsste mindestens die schwächere Vorstellung selbst gehemmt oder vielmehr ausgetilgt werden, und falls sie sich beharrlich widersetzt, der Kampf bis zur gegenseitigen Vernichtung, um dem Gesetz des Widerspruchs zu genügen, fortgehen. Dass es dahin nicht kommen kann und dass die Erfahrung anderes aufzeigt, beweist nur die Falschheit der Ponktualitätshypothese selbst. Alb. Lange (die Grundlegung der mathem. Psychol., Duisb. 1865; doch vgl. Cornelius in der Zeitschr. f. ex. Ph. VI, Heft 3 und 4 und Wittstein ebend. VIII, Heft 4) hat getadelt, dass eine feste Grösse der „Hemmungssumme" der Rechnung zum Grunde gelegt werde; bei naturgesetzlicher Auffassung müsste nach dem Maasse der Beengung der Vorstellungen und nach dem Maasse ihres Gegenstrebens das Resultat bestimmt und nicht dieses letzte vorausgenommen werden; jede Vorstellung (sagt Lange, der aber hiermit keine eigene Theorie aufstellen, sondern nur die Consequenzen des

zeichneten Mängel und insbesondere mit Beseitigung der Fiction einer punktuellen Einfachheit der Seele festzuhalten und zu erweitern, darf Beneke's Lehre gelten.

H'schen Grundgedankens zichen will) hemmt mit ihrer ganzen Kraft die andere und jede widerstrebt mit ihrer ganzen Kraft der Hemmung; also muss das, was (bei vollem Gegensatz) von der Vorstellung a gehemmt wird, sich zu dem, was von ihr im Bewusstsein bleibt, verhalten, wie b : a, oder ihre volle Stärke sich zu dem, was davon restirt, verhalten wie b + a : a; also bleibt von a übrig $\frac{a^2}{a+b}$ und von b bleibt übrig $\frac{b^2}{a+b}$, die Hemmungssumme ist $= \frac{2ab}{a+b}$, also gleich dem harmonischen Mittel aus a und b und nicht stets = b; bei drei Vorstellungen sind die Reste $\frac{a^2}{a+b+c}, \frac{b^2}{a+b+c}, \frac{c^2}{a+b+c}$, und die Hemmungssumme ist $\frac{2(ab+ac+bc)}{a+b+c}$, wonach freilich keine völlige Verdrängung irgend einer Vorstellung aus dem Bewusstsein bei beliebiger Zahl der Vorstellungen, also keine Erklärung der Gedächtnisserscheinungen sich ergiebt (die durch ein anderes Princip bedingt oder mindestens mitbedingt sein müssen, sofern man nicht die gewagte Annahme machen will, dass alle Gedächtnissvorstellungen nur schwach bewusst, nicht unbewusst seien); aber es dürfen eben nicht zum Behuf der Erklärung willkürliche, dem Mechanismus des Gegeneinanderwirkens der Vorstellungen selbst fremdartige Annahmen gemacht werden. (Bei partiellem Gegensatz, dessen Stärke durch m ausgedrückt werde, würde nach der Consequenz dieser Ansicht a sich mit voller Kraft behaupten, während es durch eine Kraft = mb bekämpft wird, also das, was von ihm restirt, sich zu dem, was von ihm gehemmt wird, wie a : mb verhalten, also die volle Stärke (a) zu der restirenden (r) wie a + mb : a, woraus sich ergiebt $r = \frac{a^2}{a+mb}$, und demgemäss wird r', d. h. der Rest, der von b bleibt, $= \frac{b^2}{b+mb}$ sein.) Mit Herbart's Metaphysik steht sein Gottesglaube mehrfach in Widerstreit. Zweckmässige Ordnung der einfachen realen Wesen setzt Realität der Beziehungen im intelligibeln Raume voraus, welche doch von der Metaphysik negirt wird. Als Person muss Gott nach Herbart'schen Principien ein einfaches reales Wesen sein, welches, an sich auf seine einfache Qualität beschränkt, zur Intelligenz nur durch eine zweckmässige Gruppirung der einfachen realen Wesen, mit denen es zusammen ist, gelangen kann; diese zweckmässige Gruppirung aber wäre, da sie als Erklärungsgrund der göttlichen Intelligenz nicht ihrerseits aus dieser erklärt werden kann, eine schlechthin unbegreifliche Voraussetzung, durch welche die Erklärung der Zweckmässigkeit überhaupt nur zurückgeschoben wird; Herbart selbst gesteht, dass seine Metaphysik sich ihm zu entfremden drohe, wenn er sie auf die Gotteslehre anzuwenden versuche (welchen Versuch er freilich einen Missbrauch der Metaphysik schilt) und vergleicht das Verlangen nach einer theoretischen Gotteserkenntniss mit dem Wunsche der Semele, die sich ihr Verderben erbat, hat aber nicht den Vortheil Kant's, durch ein (vermeintlich) erwiesenes Nichtwissen um die Existenzweise der „Dinge an sich" die Abweisung aller theoretischen Versuche begründen zu können. Setzt man die Qualität desjenigen einfachen realen Wesens, welches Gott ist, als unendlich intensiv, so ist nicht nur sehr zweifelhaft, ob nicht consequentermassen von Herbart diese Unendlichkeit aus demselben Grunde negirt werden müsse, aus welchem er eine unendliche Zahl von realen Wesen nicht annimmt, sondern es kommt auch und noch mehr in Frage, ob denn die blosse Unendlichkeit der Intensität schon an sich selbst als ein ordnendes Princip gelten dürfe und die Annahme einer anderweitig schon bestehenden zweckmässigen, die vernünftige Ordnung der Vorstellungen in Gott bedingenden Gruppirung realer Wesen überflüssig machen könne; kann sie es nicht, so ist es eben so leicht, wo nicht leichter, die zweckmässige Weltordnung für ewig zu halten (wobei ein Gott noch möglich, aber unerwiesen wäre), als zwischen einer primitiven Zweckmässigkeit und der gegenwärtigen Weltordnung Gott eine Mittelstellung zu geben.

§ 27. Friedrich Eduard Beneke (1798—1854) hat im Gegensatz besonders zu Hegel's und auch zu Herbart's Speculation, aber im Anschluss an manche Doctrinen englischer und schottischer Philosophen, wie auch Kant's, F. H. Jacobi's, Fries', Schleiermacher's, Schopenhauer's und Herbart's, eine psychologisch-philosophische Doctrin ausgebildet, welche sich ausschliesslich auf die innere Erfahrung stützt, von der Ueberzeugung geleitet, dass wir uns selbst psychisch durch das Selbstbewusstsein mit voller Wahrheit, die Aussenwelt aber mittelst der Sinne nur unvollkommen zu erkennen vermögen, und nur in sofern ihr Wesen erfassen, als wir Analoga unseres psychischen Lebens den sinnlichen Erscheinungen unterlegen. Alle complicirteren psychischen Vorgänge leitet Beneke aus vier elementaren psychischen Vorgängen oder „Grundprocessen" ab, nämlich dem Process der Reizaneignung, dem Process der Bildung neuer psychischer Elementarkräfte oder „Urvermögen", dem Process der Ausgleichung oder Uebertragung von Reizen und von Vermögen, wodurch, sofern gewisse Gebilde einen Theil ihrer Elemente verlieren, diese Gebilde unbewusst werden oder als blosse Spuren fortexistiren, sofern aber eben jene Elemente anderen Gebilden zuflössen, diese letzteren Gebilde, falls sie unbewusst waren, zum Bewusstsein erregt, falls sie bereits bewusst waren, in der Bewusstheit gesteigert werden, endlich dem Process der gegenseitigen Anziehung und Verschmelzung gleichartiger Gebilde. In der Zurückführung der complicirten psychischen Erscheinungen auf diese „Grundprocesse" liegt Beneke's wesentliches Verdienst, welches auch dann einen entschiedenen Werth für die Psychologie und für alle übrigen Zweige der Philosophie, sofern sie auf der Psychologie beruhen, behaupten wird, wenn die Auffassung dieser Grundprocesse selbst einer durchgängigen

---

Herbart's Ethik und Aesthetik überhaupt steht ohne Gemeinsamkeit des Princips neben seiner theoretischen Philosophie; es ist höchst fraglich, ob das vermeintlich im Interesse der Reinheit der sittlichen Auffassung aus seiner Bedingtheit durch die natürlichen Werthunterschiede der geistigen Functionen hinausgehobene, für absolut erklärte Urtheil des Gefallens und Missfallens als letzter Grund des Schönen und des Sittlichen gelten dürfe, und ob es insbesondere die sittliche Verbindlichkeit genügend zu erklären vermöge; eine „Schönheit", die in blossen Verhältnissen als solchen liegt, oder eine Form, zu welcher der Inhalt nur als der unentbehrliche Träger gesucht wird, entspricht dem Princip der sophistischen Rhetorik (z. B. eines Aelius Aristides); wahrhaft befriedigend ist die ästhetische Form nur als adäquater Ausdruck eines werthvollen Inhalts; die nämliche Form oder das nämliche Verhältniss befriedigt oder missfällt je nach der Natur des Inhalts; daher gehört die Beziehung zwischen Inhalt und Form in den Begriff der Schönheit selbst als des objectiven Grundes des subjectiven ästhetischen Wohlgefallens. Vgl. Trendelenburg, H.'s praktische Philosophie und die Ethik der Alten, in den Abhandl. der Berliner Akad. der Wiss. 1856, jetzt auch im 3. Bande von Tr.'s hist. Beitr., Berlin 1867, S. 122—170, und dagegen Allihn in der Zeitschr. f. exacte Philos. VI, 1, 1865.

Umbildung bedarf. Die Moral basirt Beneke auf die ursprünglich in Gefühlen sich kundgebenden natürlichen Werthverhältnisse der psychischen Functionen. Was das diesen Verhältnissen gemäss nicht bloss für den Einzelnen, sondern für die Gesammtheit derer, auf welche unser Verhalten Einfluss haben kann, so weit wir dies zu ermessen vermögen, Werthvollste ist, das ist zugleich das sittlich Gute. Die sittliche Freiheit besteht in einer so entschieden überwiegenden Begründung des Sittlichen im Menschen, dass allein durch dieses das Wollen und Handeln bestimmt wird. Wenn in Beziehung auf unser eigenes Handeln neben eine irgendwie abweichende Schätzung oder Strebung die Vorstellung oder das Gefühl der für alle Menschen gültigen wahren Schätzung tritt, so liegt hierin das Gewissen. Auf die Psychologie und Ethik gründet sich die Erziehungs- und Unterrichts-Lehre, an deren Ausbildung Beneke mit Liebe und Erfolg gearbeitet hat. Seine Religionsphilosophie hat eine strenge Scheidung der Gebiete des Wissens und des Glaubens zur Voraussetzung.

Ueber Beneke's Entwicklungsgang hat er selbst besonders in seiner Schrift: die neue Psychologie, Berlin 1845, 3. Aufsatz, S. 76 ff.; „Ueber das Verhältniss meiner Psychologie zu der Herbart'schen", sich geäussert. In der Vorrede zu seinen „Beitr. zur Seelenkrankheitskunde", 1824, S. VII. ff. erklärt er sich über einige Conflicte. In Diesterweg's pädag. Jahrbuch auf 1856 steht eine Biographie Beneke's von Dr. Schmidt in Berlin, wozu Dressler ebd. einen Nachtrag giebt. Eine kurze Charakteristik der sämmtlichen Schriften Beneke's nach der Zeitfolge ihres Erscheinens giebt Joh. Gottlieb Dressler im Anhang zu der von ihm herausgegebenen dritten Auflage des von Beneke verfassten Lehrbuchs der Psychologie, Berlin 1861 (auch besonders abgedruckt).

Friedrich Eduard Beneke, geboren zu Berlin am 17. Februar 1798, gestorben ebendaselbst am 1. März 1854, erhielt seine Gymnasialbildung in seiner Vaterstadt auf dem damals unter Bernhardi's Leitung stehenden Friedericianum, nahm 1815 am Feldzug Theil, und studirte dann Theologie und Philosophie in Halle und Berlin. Neben de Wette, der ihn auf Fries hinwies, gewann besonderen Einfluss auf ihn Schleiermacher, dem er eine seiner frühesten Schriften gewidmet hat. Privatim studirte Beneke theils die neuere englische Philosophie, theils Schriften Garve's, Platner's, Kant's und Friedrich Heinrich Jacobi's; die sämmtlichen Werke des Letzteren hat Beneke in der Zeitschrift Hermes, Bd. XIV, 1822, S. 255—339 recensirt. Auch Schopenhauer's Schriften hat er früh seine Aufmerksamkeit zugewandt, wovon die oben (§ 25, S. 288) citirte Recension zeugt. Erst als seine drei frühesten Schriftchen (Erkenntnisslehre in ihren Grundzügen, Jena 1820, Erfahrungsseelenlehre als Grundlage alles Wissens, Berlin 1820, und die Doctordiss. de veris philosophiae initiis, Berol. 1820) bereits erschienen waren, lernte Beneke eine Schrift Herbart's kennen, nämlich die zweite Auflage des „Lehrb. zur Einl. in die Philosophie" (1821), nachdem er vorher nur eine oberflächliche Kunde von dessen Ansichten (vielleicht durch S'iedenroth's Theorie des Wissens, Göttingen 1819) erlangt hatte. Von nun an widmete er Herbart's Schriften ein sehr lebhaftes Interesse; viele derselben hat er recensirt; er fand in Herbart den scharfsinnigsten und (nach Jacobi's Tode) tiefsten unter den damals lebenden deutschen Philosophen. Wenn aber Herbart seine Psychologie auf „Erfahrung, Mathematik

§ 27. Beneke.

und Metaphysik" basirt, so wies Beneke ebensowohl die metaphysische Begründung, wie die Anwendung der Mathematik ab und hielt sich ausschliesslich an die innere Erfahrung, die er nur nach derselben Methode, nach welcher die Naturwissenschaften die äussern Erfahrung rationalisiren, wissenschaftlich verwerthen will; er giebt nicht zu, dass sich in den durch die Erfahrung dargebotenen Begriffen Widersprüche finden und dass es einer metaphysischen Speculation bedürfe, welche diese nach der „Methode der Beziehungen" wegschaffe. In der Annahme einer punktuellen Einfachheit der menschlichen Seele findet er den Grundfehler der Herbart'schen Psychologie, in dessen Consequenz eine durchgängige Trübung der aus der innern Erfahrung geschöpften Einsicht liege. Beneke billigt Herbart's Polemik gegen diejenigen „Seelenvermögen", die nur hypostasirte Classenbegriffe psychischer Erscheinungen seien und doch als Erklärungsgründe eben dieser Erscheinungen dienen sollen; aber er hält an der Gültigkeit des Vermögensbegriffs überhaupt und auch an der Annahme einer Mehrheit psychischer Vermögen fest. Er sucht die complicirten psychischen Erscheinungen auf wenige psychische Grundvorgänge zurückzuführen. (Diese Grundvorgänge hat Beneke grösstentheils schon in der 1820, vor seiner Bekanntschaft mit Herbart's Schriften, veröffentlichten „Erfahrungsseelenlehre" bezeichnet, jedoch mehr sporadisch, als in vollständiger wissenschaftlicher Entwicklung; das durchgeführte Lehrgebäude der Psychologie ist nicht ohne einen wesentlichen Herbart'schen Miteinfluss entstanden.) Im Jahr 1822 wurde Beneke nach Veröffentlichung seiner Schrift: „Grundlegung zur Physik (Naturlehre) der Sitten" von einem Verbot seiner Vorlesungen betroffen; Beneke will ermittelt haben, dass Hegel dasselbe bei dem mit ihm befreundeten Minister v. Altenstein ausgewirkt habe, um keine der seinigen feindliche, der Schleiermacher'schen und Fries'schen Doctrin aber näher stehende Philosophie neben seiner eigenen an der Berliner Universität aufkommen zu lassen. In verschärfender Interpretation illiberaler Bundesbeschlüsse fand Altenstein, durch fernere Schritte Beneke's gereizt, das Mittel, die sächsische Regierung, von der Beneke für ein Ordinariat der Philosophie designirt war, zur Nichtanstellung eines — obschon politisch unverdächtigen — Privatdocenten, dem in Preussen die Venia legendi entzogen worden war, zu nöthigen. Beneke fand ein Asyl in Göttingen, wo er von 1824 bis 1827 docirte; dann kehrte er nach erlangter Erlaubniss als Docent nach Berlin zurück und erhielt daselbst 1832, nicht lange nach Hegel's Tode, eine ausserordentliche Professur, die er, als Docent und Schriftsteller unablässig thätig, bis zu seinem Tode bekleidet hat.

Beneke's Schriften und Abhandlungen (abgesehen von den schon erwähnten Recensionen) sind folgende:

Erkenntnisslehre nach dem Bewusstsein der reinen Vernunft in ihren Grundzügen dargelegt, Jena 1820. (Polemisch besonders gegen Kant und Fries. Die von Kant für apriorisch gehaltenen „Formen" der Erkenntniss stammen ebensowohl, wie das Material derselben, aus der Erfahrung.)

Erfahrungsseelenlehre als Grundlage alles Wissens in ihren Hauptzügen dargestellt, Berlin 1820. (Beneke erklärt, es sei in dieser Schrift keineswegs seine Absicht, eine Erfahrungsseelenlehre als vollständige Wissenschaft aufzustellen, sondern nur, zu zeigen, wie und wo in ihr alle menschlichen Erkenntnisse ihre Wurzeln treiben. Dem äussern Reiz zur Thätigkeit, lehrt Beneke, entspricht ein inneres Entgegenstreben. Jede Thätigkeit entsteht aus Reiz und Kraft. Die Grundthätigkeiten setzen eben so viele ursprünglich von einander verschiedene Vermögen oder „Grundvermögen" voraus. Aus den Grundthätigkeiten sind alle übrigen abzuleiten, und zwar hauptsächlich mittelst des Satzes, dass „alle menschlichen Thätigkeiten in uns einen gewissen erregbaren Ansatz zurücklassen". Die Wiedererweckung geschieht theils nach dem Verhältniss der Aehnlichkeit, theils nach dem der früheren unmittelbaren Succession der Vorstellungen. Auf diese beiden subjectiven Verhältnisse sind die gewöhnlich angegebenen objectiven, soweit dieselben wirklich Gültigkeit haben, zurückzuführen.)

Do veris philosophiae initiis diss. inaug. publ. def. die IX. mensis Aug. anni MDCCCXX. (Beneke sucht nachzuweisen: „philosophiae scopum a cognitione per experientiam acquisita attingendum esse", und vergleicht das entgegengesetzte, aus Einem obersten Princip ohne Hülfe der Erfahrung deducirende Verfahren mit dem thörichten Versuch, ein Haus vom Dache aus zu bauen. Die dialektische Methode, die auf der Voraussetzung einer vom Allgemeinen zum Besonderen fortschreitenden Selbstbewegung des Begriffs beruht, ist unmöglich. Gegen Kant's Behauptung, dass der Mensch seine psychischen Functionen ebensowenig, wie die Objecte der Aussenwelt, so, wie dieselben an sich seien, erkenne, sondern nur so, wie der „Innere Sinn" sie ihm erscheinen lasse, stellt Beneke, nachdem er schon in der „Erfahrungsseelenlehre" die Kantische Lehre vom innern Sinn verworfen und denselben auf blosse Associationen zurückgeführt hat, nunmehr den wichtigen Satz auf, dass wir unsere psychischen Functionen mit voller Wahrheit erkennen: „nostras enim actiones, quoniam non aliter quam impulsu quodam ad eas repetendas cogitamus, imagines earum veritatem quasi internam veramque essentiam attingere operam est".)

Neue Grundlegung zur Metaphysik, als Programm zu seinen Vorlesungen über Logik und Metaphysik dem Druck übergeben, Berlin 1822. (Eine treffliche kleine Schrift, worin Beneke mit grosser Präcision die von ihm seitdem stets festgehaltenen Grundzüge der „Metaphysik", worunter er die Bestimmung des Verhältnisses zwischen Vorstellen und Sein versteht, darlegt. Jede Erkenntniss unserer Seelenthätigkeiten, sagt Beneke, über Schopenhauer hinausgehend, der dies fälschlich bloss von der Erkenntniss unseres „Willens" behauptet hatte, ist die Erkenntniss eines Seins an sich, d. h. die Erkenntniss eines Seins, welche dasselbe vorstellt, wie es an und für sich oder unabhängig von seinem Vorgestelltwerden ist, und zwar erkennen wir so unsere Seelenthätigkeiten unmittelbar. Keine Vorstellung vermögen wir unmittelbar als Vorstellung eines Seins ausser unserm eigenen zu erkennen. Durch die Wahrnehmungen von unserm Leibe haben wir die vermittelte Erkenntniss eines Seins, welches wir, wie es an sich ist, unmittelbar, nämlich als unser psychisches Sein, vorstellen. Wir stellen uns, bei der Wahrnehmung eines fremden Leibes, d. h. auf Anlass solcher Sinneswahrnehmungen, die der von unserm Leibe analog sind, eine der unsrigen ähnliche Seele vor, also ein fremdes Sein, welches wir in so weit, als es mit unserm psychischen Sein übereinstimmt, ebenfalls so, wie es an sich ist, denken. Von dem uns ähnlichsten menschlichen Sein aus geht unsere Vorstellungsfähigkeit in ununterbrochener Stufenreihe abwärts; das Sein-an-sich der uns in Temperament, Alter, Bildung unähnlichsten Menschen stellen wir schon sehr unvollkommen vor, noch unvollkommener das Sein an sich der Thiere, und mit jeder Stufe, die wir dann in der Vollkommenheit des Seins hinabsteigen, nimmt auch die Vollkommenheit der Vorstellung ab. Dieses Letztere bemerkt Beneke besonders im Gegensatz zu Schopenhauer, der, indem er eine adäquate Erkenntniss von der Welt als „Willen" behauptet, in Folge seiner Subsumtion aller Kräfte unter den abnorm erweiterten Begriff des „Willens" verkennt, dass sich die Vollkommenheit eben dieser Erkenntniss nach dem Maasse des Abstandes einer jeden Naturkraft von dem menschlichen Willen abstuft; Beneke verweist in diesem Betracht auf seine in der Jen. Allg. Litt.-Zeitung, Dec. 1820, enthaltene Recension von Schopenhauer's „Welt als Wille und Vorstellung". Zwischen dem subjectiven Idealismus und einem unphilosophischen, an eine unmittelbare und volle Erkennbarkeit der Aussenwelt durch die Sinneswahrnehmung glaubenden Realismus nimmt Beneke durch die vorstehenden Sätze eine feste, wohlbegründete Mittelstellung ein.)

Grundlegung zur Physik der Sitten, ein Gegenstück zu Kant's Grundlegung zur Metaphysik der Sitten, nebst einem Anhange über das Wesen und die Erkenntnissgrenzen der Vernunft, Berlin 1822. (Diese Schrift gab an den angeblich in ihr gelehrten „Epikureismus" willen zu der Maassregelung Beneke's den Anlass, weshalb Beneke derselben eine „Schutzschrift für meine Grundlegung zur Physik der Sitten", Leipzig 1823, nachfolgen liess. Im Gegensatz zu Kant's kategorischem Imperativ will Beneke die Moral auf das Gefühl begründet wissen; er polemisirt im Anschluss an Friedr. Heinr. Jacobi gegen den Despotismus der Regel, und in Uebereinstimmung mit Herbart zu Gunsten des Determinismus gegen Kant's Annahme einer „transscendentalen Freiheit".)

Beiträge zu einer rein seelenwissenschaftlichen Bearbeitung der Seelenkrankheitskunde, nebst einem vorgedruckten Sendschreiben an Herbart: „Soll die Psychologie metaphysisch oder physisch begründet werden?", Leipzig 1824.

Psychologische Skizzen. Erster Band: Skizzen zur Naturlehre der Gefühle, in Verbindung mit einer erläuternden Abhandlung über die Bewusstwerdung der Seelenthätigkeiten, Göttingen 1825. („Den Manen unseres unvergesslichen Friedrich Heinrich Jacobi als ein Todtenopfer der dankbarsten Liebe und Verehrung dargebracht.") Zweiter Band: über die Vermögen der menschlichen Seele und deren allmähliche Ausbildung, ebend. 1827. Das Verhältniss von Seele und Leib, ebd. 1826. (In diesen zusammengehörigen Schriften giebt Beneke zuerst eine allseitige Durchführung seiner psychologischen Doctrin. Das leibliche Sein gilt ihm als blosse Erscheinung und Symptom theils des psychischen selbst, theils von Kräften, die unseren psychischen ähnlich seien; nur unser eigenes Seelensein vermögen wir so, wie er in Wahrheit ist, anzuschauen und zu begreifen, die ganze übrige Natur nur in wie weit sie diesem gleich oder ähnlich ist. Die Erklärungen der den psychischen Vorgängen gewöhnlich zum Grunde gelegten Vermögen sind blosse Worterklärungen; diese „Vermögen" sind nur fälschlich substantiirte Aggregate von psychischen Erscheinungen. Beneke sucht klare und bestimmte Unterscheidungen der psychischen Zustände und Thätigkeiten und die genetische Erklärung derselben zu gewinnen.)

Grundsätze der Civil- und Criminal-Gesetzgebung, aus den Handschriften des englischen Rechtsgelehrten Jeremias Bentham herausgegeben von Etienne Dumont, Mitglied des repräsentativen Rates von Genf. Nach der zweiten, verbesserten und vermehrten Auflage bearbeitet und mit Anmerkungen versehen von F. E. Beneke. 2 Bde., Berlin 1830. (Bentham ist „Utilitarier"; sein Moralprincip ist die „Maximisation des Glücks oder Wohls" und die „Minimisation des Uebels": was nicht bloss Einzelnen, sondern der möglichst grossen Anzahl von Menschen das möglichst grosse Glück oder Wohl verschafft, das soll ein Jeder erstreben und eben darauf soll die Gesetzgebung abzwecken. Vgl. unten § 29. Ueber Bentham's Doctrin handeln u. A.: Warnkönig in seiner Rechtsphilos., Ahrens in seiner Rechtsphilos (der insbesondere auch bemerkt, dass schon Ulpian sagt: publicum jus est, quod ad statum rei Romanae spectat, privatum quod ad singulorum utilitatem; sunt enim quaedam publice utilia, quaedam privatim), I. H. Fichte in seiner Gesch. der Ethik und Robert von Mohl in seiner Gesch. a. Lit. der Staatswissenschaften; über Beneke's Bearbeitung urtheilt Warnkönig a. a. O. S. 87 f.: „Beneke bearbeitete die Traités de législation auf eine deutscher Gründlichkeit würdige Weise, so dass erst durch ihn die ganze Theorie eine festere Grundlage, richtige Haltung und die ihr fehlende Genauigkeit erhielt. Die eigenen Ansichten Beneke's, dargelegt in der Vorrede zu Bd. I, S. XIX—XXIV, dürfen mit Bentham's System nicht verwechselt werden.")

Kant und die philosophische Aufgabe unserer Zeit, eine Jubeldenkschrift auf die Kritik der reinen Vernunft, Berlin 1832. (Für das Jahr 1831 bestimmt, da 1781 die erste Ausgabe der Vernunftkritik erschienen war, in Folge einer Verzögerung des Drucks aber erst 1832 ausgegeben. Beneke sucht zu zeigen, dass Kant's Absicht auf die Aufhebung der den Erfahrungskreis überschreitenden Speculation gerichtet gewesen sei, dass aber das von ihm in der Vernunftkritik eingehaltene aprioristische Verfahren eine Mitschuld an der Nichterreichung dieser Absicht und dem Wiederaufkommen der empirielosen Speculation über das „Absolute" trage.)

Lehrbuch der Logik als Kunstlehre des Denkens, Berlin 1832.

Lehrbuch der Psychologie als Naturwissenschaft, Berlin 1833. 2. Aufl. ebd. 1845, 3. Aufl. ebd. 1861. (Dressler, der die dritte Auflage besorgt hat, sagt mit Recht, diese Schrift „bilde gleichsam den Grundstock zu allen sonstigen Werken Beneke's"; sie „führe die Principien der neuen Seelenlehre am präcisesten vor". Nach ihr zumeist soll unten die Darstellung der Doctrin Beneke's gegeben werden.)

Die Philosophie in ihrem Verhältnisse zur Erfahrung, zur Speculation und zum Leben dargestellt. Berlin 1833.

Erziehungs- und Unterrichtslehre, 2 Bde., Berlin 1835—36. Zweite, verm. und verb. Aufl. ebd. 1842, 3. Aufl. besorgt von J. G. Dressler, ebd. 1864. (Der erste Band enthält die Erziehungs-, der zweite die Unterrichts-Lehre. Besonders in Folge der in dieser Schrift vollzogenen Anwendung der Psychologie zur wissenschaftlichen Begründung eines praktischen pädagogischen Systems hat sich die Beneke'sche Doctrin in einem ziemlich zahlreichen Kreise von Schulmännern verbreitet.)

Erläuterungen über die Natur und Bedeutung meiner psychologischen Grundhypothesen, Berlin 1836.

Unsere Universitäten und was ihnen Noth thut, in Briefen an Dr. Diesterweg. Berlin 1836. (Veranlasst durch Diesterweg's Schrift: „die Lebensfrage der Civilisation".)

Grundlinien des natürlichen Systems der praktischen Philosophie. Bd. I.: allgemeine Sittenlehre, Berlin 1837. Bd. II.: specielle Sittenlehre, ebd. 1840. Bd. III.: Grundlinien des Naturrechts, der Politik und des philos. Criminalrechts, allgemeine Begründung, ebd. 1838. (Der ausserdem noch beabsichtigte specielle Theil des Naturrechts ist nicht erschienen. Mit Recht sagt Dressler in der angeführten Uebersicht über Beneke's Schriften: „Beneke selbst erklärte die Sittenlehre für sein gelungenstes, ihn am meisten befriedigendes Werk, und wer es kennt, wird ihm gern hierin beistimmen. Der Reichthum desselben ist ausserordentlich, aber noch lobenswerther die Gründlichkeit und Tiefe, bis zu welcher es bei den schwierigsten Fragen vordringt.")

Syllogismorum analyticorum originem et ordinem naturalem demonstravit Frid. Ed. Beneke, Berol. 1839.

System der Metaphysik und Religionsphilosophie, aus den natürlichen Grundverhältnissen des menschlichen Geistes abgeleitet, Berlin 1840. (Die „Metaphysik", d. h. die Bestimmung des Verhältnisses zwischen Vorstellen und Sein, also die Lösung des fundamentalen Problems der Erkenntnisslehre, ist eine eben so klare, wie gründliche Durchführung der bereits 1822 aufgestellten Principien mit noch strengerer psychologischer Begründung. Die „Religionsphilosophie" will nur die Religion als psychische Erscheinung, aber nicht die Objecte des religiösen Glaubens philosophisch erkennen; was jenseits des Erfahrungskreises liegt, kann nur geglaubt, nicht gewusst werden. Doch soll die Erfahrungsseelenlehre den Glauben an Fortdauer nach dem Tode begünstigen, nicht als ob die Seele ein „einfaches" Wesen wäre, welche Doctrin Beneke vielmehr für ein mit gesunder empirischer Psychologie unverträgliches Vorurtheil hält, sondern wegen der „Kräftigkeit der Urvermögen", worin die geistige Natur der Seele begründet sei.)

System der Logik als Kunstlehre des Denkens, 2 Bde., Berlin 1842. (Eine Ausführung der in dem „Lehrbuch" von 1832 niedergelegten Grundzüge. Beneke sondert die Betrachtung des „analytischen" Denkens von der des „symbolischen" und scheidet die in der „Metaphysik" behandelten erkenntnisstheoretischen Probleme aus; vgl. darüber meine Kritik in § 31 meines „Syst. der Logik".)

Die neue Psychologie. Erläuternde Aufsätze zur zweiten Auflage meines Lehrbuchs der Psychologie als Naturwissenschaft. Berlin 1845.

Die Reform und die Stellung unserer Schulen, ein philosophisches Gutachten, Berlin 1848.

Pragmatische Psychologie oder Seelenlehre in der Anwendung auf das Leben, 2 Bde., Berlin 1850.

Lehrbuch der pragmatischen Psychologie, Berlin 1853.

Archiv für die pragmatische Psychologie, 3 Bde., Berlin 1851—53.

Wie schwierig auch, Beneke in der Einleitung zu seinem „Lehrbuch der Psychologie als Naturwissenschaft", die reale Begrenzung der Seele gegen das Körperliche sein mag, so haben wir doch für die Begründung unserer Wissenschaft eine durchaus klar-bestimmte und scharfe Grenzlinie: Gegenstand der Psychologie ist alles, was wir durch die innere Wahrnehmung und Empfindung auffassen; was wir durch äussere Sinne auffassen, ist wenigstens zunächst und unmittelbar nicht geeignet, von ihr verarbeitet zu werden, sondern muss, wenn es benutzt werden soll, erst auf Auffassungen jener ersteren Art gedeutet werden.

Die Methode der Psychologie muss mit der Methode der Wissenschaften von der äussern Natur übereinkommen. Von Erfahrungen ist auszugehen, und diese sind (durch Induction, Hypothesenbildung etc.) rationell zu verarbeiten.

Die Psychologie ist nicht auf die Metaphysik, sondern umgekehrt die Metaphysik, wie auch alle andern philosophischen Wissenschaften, auf die Psychologie zu basiren.

In der Verbannung der „angebornen Begriffe" (besonders durch Locke) und der angebornen abstracten „Seelenvermögen" (durch Herbart und durch Beneke selbst) findet Beneke die Hauptstadien des Fortschritts der wissenschaftlichen Psychologie. Doch ist nicht der Vermögensbegriff überhaupt zu verwerfen, sondern es sind nur statt der fälschlich als ursprünglich gesetzten „Vermögen" (wie Verstand, Urtheilskraft etc.), welche hypostasirte Classenbegriffe sehr complicirter Erscheinungen sind, die wahrhaft elementaren Vermögen oder „Urvermögen" zu bestimmen. Das Wirkende in dem Geschehen ist die Kraft oder das Vermögen. Die Vermögen sind aber nicht blosse Möglichkeiten, sondern im Innern der Seele in eben dem Maasse wirklich, wie die Entwicklungen, welche durch sie möglich werden, als bewusste Vorgänge wirklich sind. Die Vermögen sind die Bestandtheile der Substanz selbst; sie haben keinen von ihnen selbst verschiedenen Träger. Das Ding ist nur die Gesammtheit der mit einander vereinigten Kräfte.

Die nächste Aufgabe der Wissenschaft ist, die unmittelbar vorliegenden Erfolge in die einfachen zu zerlegen, d. h. auf die Grundprocesse oder Grundgesetze zurückzuführen; sind diese erkannt, so sind dann aus ihnen die Kräfte zu erschliessen.

Die psychischen Grundprocesse, welche Beneke annimmt, sind folgende.

Erster Grundprocess. Von der menschlichen Seele werden, in Folge von Eindrücken oder Reizen, die ihr von aussen kommen, sinnliche Empfindungen und Wahrnehmungen gebildet, und zwar vermittelst innerer Kräfte oder Vermögen, durch welche die Aufnahme und Aneignung der Reize geschieht. Die Vermögen, welche die Reize percipiren, sind die „Urvermögen" der Seele. Beneke schreibt einem jeden der Sinne nicht Ein „Urvermögen", sondern eine Mehrheit von „Urvermögen" zu, die je Ein System ausmachen; er lässt jeden einzelnen sinnlichen Reiz durch je ein „Urvermögen" aufgenommen werden [*)].

[*)] Die „Urvermögen" sind die elementarsten Theile der psychischen Substanz. Es lässt sich die Frage aufwerfen, wie sich diese von Beneke sogenannten „Urvermögen" zu den Ganglienzellen oder den Elementen der Ganglienzellen im Gehirne verhalten. Der Unterschied des Leiblichen und Psychischen überhaupt ist ein Unterschied der Auffassung, nicht des Seins. Das Nämliche kann theils innerlich im Selbstbewusstsein, theils äusserlich durch die Sinne aufgefasst werden; im ersten Falle erkennen wir es als ein solches, wie es an sich ist; im andern Falle aber trägt unsere Auffassung nur einerseits den Charakter des Aufzufassenden an sich, ist aber andererseits durch die Natur des percipirenden Subjectes mitbedingt; die räumliche Ausdehnung im eigentlichen Sinne dieses Wortes als Ausdehnung in drei Dimensionen gehört (nach Beneke's freilich sehr anfechtbarer Doctrin) nur der sinnlichen Erscheinung an, während dem Realen an sich ein Nebeneinander nur in einem solchen Sinne zukomme, wie etwa ein Gedanke neben einem andern Gedanken in uns existire; alle Materialität gehört demnach nur der Erscheinung an. Nun besteht aber sowohl dasjenige, was wir durch die innere Wahrnehmung als etwas Psychisches erkennen, als auch an sich selbst dasjenige, was uns vermöge der Sinne als etwas Materielles erscheint, aus mehreren Systemen von Kräften. Es wäre denkbar, dass diese sämmtlich die zweifache Auffassung zuliessen; aber es wäre ebensowohl auch denkbar, dass ein Theil der Systeme nur äusserlich, ein anderer nur innerlich wahrnehmbar sei, und drittens auch, dass einige, nämlich die niedrigsten Systeme, nur äusserlich, andere, nämlich die höchsten, nur innerlich, gewisse mittlere Systeme aber wenigstens unter Umständen auf beide Weisen wahrgenommen werden könnten. Beneke hält die dritte Annahme für die zutreffende. Demgemäss wäre die Hypothese, dass die einzelnen

§ 27. Beneke.

Zweiter Grundprocess. Der menschlichen Seele bilden sich fortwährend neue Urvermögen an. Beneke schliesst auf diesen Process, der nicht unmittelbar innerlich wahrnehmbar ist, aus dem Umstande, dass von Zeit zu Zeit in Betreff der Urvermögen eine Erschöpfung eintrete, eine Unfähigkeit, sinnliche Wahrnehmungen oder andere Thätigkeiten zu bilden, welche ein Eingehen von freien Urvermögen fordern, und dass diese dann später wieder für einen mehr oder weniger ausgedehnten Verbrauch vorliegen. Beneke vergleicht diesen Process mit der den Lebensprocess der vegetabilischen Organismen ausmachenden Anbildung von Kräften durch Assimilation der Nahrungsstoffe. Er hält die Annahme für wahrscheinlich, dass die neuen Urvermögen vermöge einer eigenthümlichen Umbildung aus den von unseren Sinnen aufgenommenen Reizen hervorgehen, unter Mitwirkung aller der (geistigen und leiblichen) Systeme, welche zu dem Einen menschlichen Sein vereinigt sind*).

Dritter Grundprocess. Die Verbindung von Vermögen und Reizen, wie dieselbe ursprünglich in den sinnlichen Empfindungen und Wahrnehmungen begründet wird und sich in deren Reproductionen erhält, zeigt eine bald festere,

---

„Urvermögen" mit den kleinsten mikroskopisch wahrnehmbaren Theilen des Gehirns, etwa mit den Ganglienzellen, identisch seien, nach Beneke's Principien zwar nicht unmöglich, wird aber von ihm nicht aufgestellt, indem er vielmehr die Ansicht für die richtige zu halten geneigt ist, dass die psychische Substanz von dem Gehirn auch realiter verschieden sei. Zwischen allen höheren und niederen Systemen, mögen dieselben in der einen oder in der andern Form erscheinen, findet ein Causalnexus (vermöge des oben zu erwähnenden Ausgleichungsprocesses) statt, dessen Möglichkeit auf der zwischen ihnen allen nach ihrem Ansichsein bestehenden Gleichartigkeit beruht; in soweit aber, als das Nämliche theils innerlich, theils äusserlich wahrgenommen (oder nach der Analogie des äusserlich oder innerlich Wahrgenommenen vorgestellt) wird, besteht kein Causalnexus und ebensowenig eine prästabilirte Harmonie, sondern ein solcher Parallelismus, wie denselben die zweifache Art der Auffassung bei realer Identität bedingt. Beneke scheint anfangs (im Anschluss an Spinoza, Kant und Schopenhauer) eine reale Identität in einem weiteren, später in einem engeren Umfange angenommen zu haben. Mehr in der Metaphysik, als in der Psychologie, die sich nur auf die innere Wahrnehmung stützen soll, geht Beneke auf diese Fragen ein.

*) Freilich ist die Annahme wunderlich, dass die von aussen kommenden Reize, wie Schall, Licht etc., welche bei der Bildung sinnlicher Empfindungen von den „Urvermögen" „angeeignet" werden, sich zum Theil in Urvermögen „umbilden" sollen. Der Reiz, der das Ohr trifft, besteht, wie die Physik lehrt, in einer vibrirenden Bewegung von Luftheilchen, der Reiz, der das Auge trifft, in einer vibrirenden Bewegung von Aethertheilchen etc.; mag nun auch nicht nur von diesem Vorgang die durch denselben angeregte Empfindung, sondern auch von der physikalischen Auffassung eben dieses Vorgangs das „Ansich" desselben zu unterscheiden sein, so kann doch auch dieses Ansich nur ein Vorgang sein (obschon Beneke, der hier die physikalische Theorie als beruhend auf der „getrübten" sinnlichen Wahrnehmung vernachlässigt, es für etwas Substantielles hält), und es ist doch in keiner Art abzusehen, wie ein blosser Vorgang sich in ein „Urvermögen", in eine Kraft oder Substanz umsetzen könne. Weit naturgemässer und den Beneke'schen Principien nicht widerstreitend wäre die — bei den angeborenen Urvermögen jedenfalls unumgänglich nothwendige — Annahme, dass wie aus den niederen leiblichen Systemen die höheren leiblichen Systeme, so aus diesen wiederum die psychischen durch Assimilation sich stets neue Kräfte anbilden, und dass etwa das Nervensystem und Gehirn der Seele gleichsam als Kräftereservoir diene. Diese „Kräfte" oder Vermögen können dann aber nicht wie leere Gefässe vorgestellt werden, die von aussen erfüllt werden müssten, sondern nur als in sich die Rudimente zu Empfindungen tragend, die nur noch der Anregung, Concentration und mannigfacher Combination mittelst der äussern Reize bedürfen; jede Substanz muss, wie dies von Leibniz und Herbart richtig erkannt ist, als mit „Vorstellungen" (im weitesten Sinne dieses Wortes) begabt gedacht worden.

§ 27. Beneke. 325

bald weniger feste Durchdringung dieser beiden Gattungen von Elementen. Soweit Vermögen und Reize weniger fest verbunden und demgemäss beweglich gegeben sind, können sie in den vielfachsten Verhältnissen von einem Gebilde auf das andere übertragen werden. Alle psychischen Gebilde sind in jedem Augenblick unseres Lebens bestrebt, die in ihnen beweglich gegebenen Elemente gegen einander auszugleichen. Beispiele hiervon liegen vor in der Steigerung unseres gesammten Vorstellungskreises durch die Gemüthsbewegungen der Freude, des Enthusiasmus, der Liebe, des Zornes etc.; aber auch in jedem Wiederauftauchen einer Vorstellung vermöge ihrer Association mit einer andern, die unmittelbar vorher wieder in's Bewusstsein getreten war, etc.*).

Alles, sagt Beneke, was in der menschlichen Seele mit einiger Vollkommenheit gebildet worden ist, erhält sich, auch nachdem es aus dem Bewusstsein oder der erregten Seelenentwicklung verschwunden ist, im unbewussten oder innern Seelensein, aus welchem es dann später wieder in die bewusste Seelenentwicklung eingehoben oder reproducirt werden kann. Beneke nennt dieses unbewusst Beharrende in Bezug auf das früher Bewusste, das unbewusst fortexistirt, eine „Spur" und in Bezug auf das, was vermöge der Reproduction daraus hervorgehen kann, eine „Anlage" (oder auch, um das Gewordensein dieser Anlage auszudrücken, mit einem eigenthümlichen, sprachlich wohl kaum gerechtfertigten Terminus „Angelegtheit"). Von den Spuren wissen wir nur durch die Reproductionen derselben; wir sind derselben aber dadurch, dass diese Reproductionen stets qualitativ und quantitativ den früheren Gebilden angemessen erfolgen, vollkommen gewiss. In der ersten Auflage des Lehrbuchs der Psychologie hat Beneke einen Grundprocess der Spurenbildung angenommen, machte aber bereits bemerklich, dass dabei eigentlich nur das Unbewusstwerden des Bewusstgewesenen als Process zu betrachten sei; das Beharren bedürfe gar keiner Erklärung, da naturgemäss das einmal Gewordene so lange fortexistire, bis es durch besondere Ursachen wieder vernichtet werde. Da nun aber das Unbewusstwerden des früher Bewussten sich durch partielles Reizentschwinden erklären lasse, welches nur die eine Seite des Processes der Uebertragung oder Ausgleichung der beweglichen Elemente sei, so findet er in der zweiten Auflage des Lehrbuchs auch nicht durch das partielle Reizentschwinden die Annahme eines besondern Grundprocesses gerechtfertigt, sondern erwähnt das innere Beharren trotz dessen „zunehmender Wichtigkeit für die Fortbildung der Seele" nur anhangsweise bei Gelegenheit der

---

*) Dem Ausdruck, durch den Beneke diesen Grundprocess bezeichnet, liegt ebenso, wie seiner Annahme einer „Aufnahme" von Reizen und einer Ausbildung neuer Urvermögen durch Umbildung aufgenommener Reize, die Vorstellung von substantiellen Reizen, die in die Seele eintreten, zum Grunde. Wird aber der Reiz in einem Vorgang gefunden, der, falls er selbst angeschaut werden kann, wie z. B. bei der Schwingung von Saiten möglich ist, als Bewegung, insbesondere als Vibration erscheinen muss, so kann die in der Seele entstehende Empfindung nur als eine von innen hervortretende Reaction gedacht werden, die weder ganz, noch partiell von dem „Urvermögen", welches dieselbe übt, ablösbar sein kann. Nur die Bewegung, mit der die Empfindung verbunden ist, aber nicht diese selbst, ist übertragbar. Wie eine Bewegung sich in andere Bewegungen umsetze, ist nach den mechanischen Gesetzen verständlich; wie aber die bei der Uebertragung substantieller Reizelemente auf andere psychische Gebilde (z. B. von der Vorstellung des Rothen auf die nach Associationsgesetzen von ihr angeregte Vorstellung des Blauen, von der eines Namens auf die der Sache etc.) nach der Consequenz der Beneke'schen Annahme unabweisbar erfolgende Umsetzung derselben in Elemente von anderen Qualitäten vor sich gehen möge, ist undenkbar.

§ 27. Beneke.

Angabe des dritten Grundprocesses*). Die Spur, sagt Beneke, ist das, was zwischen der Production einer Seelenthätigkeit, z. B. einer sinnlichen Wahrnehmung, und ihrer Reproduction, z. B. als Erinnerung, in der Mitte liegt. Da diese beiden Acte psychische Acte sind, so dürfen wir auch die Spur nur in psychischer Form vorstellen. Es giebt für diese Spuren kein „Wo". Wie die Seele überhaupt, so sind auch alle ihre Theile nirgend; denn das Selbstbewusstsein, unser einziger Erkenntnisquell, enthält unmittelbar und an sich nicht das Mindeste von räumlicher Beziehung in sich. Die Spuren sind auch an kein leibliches Organ geknüpft; denn die den psychischen Entwicklungen parallelen räumlichen Anschauungen und Veränderungen sind mit jenen nur zugleich, höchstens stets zugleich gegeben und können ihnen auf keine Weise innerlich gemacht oder gar als Grundlage (substantiell) untergelegt werden**).

*) Ob in der That bei der Spurenbildung kein besonderes Geschehen anzunehmen sei, ist sehr zweifelhaft. Ein „partielles Reizentschwinden" scheint nur zu einem Schwächerwerden im Bewusstsein, nicht zu dem Unbewusstwerden, welches doch bei den im „Gedächtniss" aufbewahrten Vorstellungen und psychischen Gebilden überhaupt eingetreten zu können; entschwindet aber der Reiz vollständig bei der Uebertragung der Erregtheit auf andere Gebilde, so wird die entsprechende Vorstellung überhaupt nicht mehr bestehen, und soll dennoch eine „Spur" vorhanden sein, so muss diese eigens gebildet worden sein, gleich wie, wenn ein Körper nicht mehr von gewissen Lichtstrahlen getroffen wird, auf ihm überhaupt kein Bild zurückbleibt, sofern nicht, wie beim Photographiren, gewisse Eindrücke oder „Spuren" eigens erzeugt worden sind.

**) Dass die Räumlichkeit nur der äussern, nicht der innern Wahrnehmung angehöre, dürfte doch nur ein von Beneke getheilter Kantischer Irrthum sein, der, wenn Kant's falsche Auffassung des „inneren Sinnes" aufgegeben wird, mit aufgegeben werden muss. In unseren sinnlichen Wahrnehmungsbildern ist Räumlichkeit: ist nun die „Innere Erfahrung" nichts anderes, als die Association unserer psychischen Gebilde, zu denen auch jene sinnlichen Wahrnehmungen gehören, in subjectiver Richtung nebst der Subsumtion dieser Gebilde unter die entsprechenden psychologischen Begriffe, so ist demgemäss eben auch in dem Gegenstande der innern Wahrnehmung, d. h. in jenen psychischen Gebilden, die Räumlichkeit, und zwar nicht in irgend einem bildlichen, sondern im eigentlichen Sinne. Der Raum, in dem die äusseren Objecte sind, ist nur die über die Grenzen des Sehfeldes hinausgehende Fortsetzung des Raumes, in welchem unsere psychischen Gebilde sind, und zwar eine durchaus gleichartige Fortsetzung, welches letztere aus der Gültigkeit der mathematisch-mechanischen Gesetze für die uns afficirenden äusseren Objecte mit Gewissheit sich folgern lässt, s. mein System der Logik § 44 und die daselbst citirte Abhandlung zur Theorie des Sehens in Henle's und Pfeuffer's Zeitschrift für rationelle Medicin. III, V, 1858, S. 269—282. (Die Bekämpfung meiner Argumentation durch Alb. Lange, Gesch. des Materialismus, Iserlohn 1866, S. 497—99, der jedoch S. 487 ff. meiner Auffassung der Verhältnisses des Bildes von unserm Körper zu den andern Bildern der Aussenwelt beitritt, hat mich nicht überzeugt, weil ich die Frage verneinen muss, die er S. 498 Z. 13 aufwirft, ob nicht für ein Wesen, welches sich etwa den Raum nur in zwei Dimensionen vorstellen könne, auch ein mathematischer Zusammenhang der Erscheinungen gegeben sein würde, obwohl es niemals den Gedanken unserer Stereometrie fassen könnte. Der mathematische Zusammenhang zwischen der die Wahrnehmungen veranlassenden Welt, falls diese in drei Dimensionen existirt, und der Erscheinungswelt dieses Wesens würde kein „angetörter", ihm selbst nach dem auf blosse Planimetrie basirten Gesetzen in dem Sinne begreiflicher sein, in welchem uns z. B. die astronomischen Processe nach mathematisch-mechanischen Gesetzen begreiflich sind.) Gehört demgemäss nicht nur, wie Beneke zugiebt, die Zeitlichkeit, sondern ebensowohl auch die räumliche Ausdehnung in drei Dimensionen zu dem „Ansich" der Dinge, so ist Beneke's Behauptung irrig, dass die Seele überhaupt und alle ihre Theile „nirgend" seien und dass es für die „Spuren" kein „Wo" gebe. Der Satz, dass die Spuren an kein „leibliches" Organ geknüpft

Vierter Grundprocess. Gleiche Gebilde der menschlichen Seele und ähnliche nach Massgabe ihrer Gleichartigkeit ziehen einander an oder streben mit einander nähere Verbindungen einzugehen. Beispiele liegen vor in der witzigen Combination, in der Gleichnissbildung, Urtheilsbildung, dem Zusammenfliessen ähnlicher Gefühle und Bestrebungen etc. Durch alle diese Anziehungen aber wird nur ein Zusammenkommen der gleichen Gebilde bewirkt, eine bleibende Verbindung oder Verschmelzung erfolgt dann, wenn der Ausgleichungsprocess ergänzend hinzutritt*).

Auf Grund der Betrachtung der Grundprocesse bezeichnet Beneke die Seele als „ein durchaus immaterielles Wesen, bestehend aus gewissen Grundsystemen, welche nicht nur in sich, sondern auch mit einander auf das innigste Eins sind oder Ein Wesen bilden". Die menschliche Seele hat im Unterschiede von der thierischen einen geistigen Charakter, welcher in der höheren Kräftigkeit ihrer Urvermögen begründet ist; daneben bedingt die individuellere und bestimmtere Ausprägung und das bestimmtere Auseinandertreten der verschiedenen Grundsysteme, wie auch der Besitz der Hände und der Sprache und die Erziehung während einer langen Kindheit den geistigen Vorzug des Menschen vor den Thieren.

Die Kräfte oder Vermögen der ausgebildeten Seele bestehen aus den Spuren der früher erregten Gebilde. Dies ist der Hauptsatz der Beneke'schen Psychologie. Auf die Beneke'sche Durchführung dieses Satzes im Einzelnen von der Betrachtung der sinnlichen Empfindungen an bis zu der Erklärung der complicirtesten und höchsten psychischen Processe näher einzugehen,

_____

seien, und dass Bewegungen den psychischen Vorgängen nur parallel laufen (nämlich als die entsprechenden sinnlich wahrgenommenen oder nach der Analogie der sinnlichen Wahrnehmung vorgestellten Vorgänge), wird hiernach zu modificiren sein. Richtig ist die Annahme eines Parallelismus, der auf zweifacher Wahrnehmungs- oder Vorstellungsweise Eines realen Vorgangs beruht; richtig ist auch die Lehre, dass die innere Wahrnehmung desselben, so weit sie reicht, der Realität gemäss sei; aber es ist nicht zuzugeben, dass die räumliche Ausdehnung in drei Dimensionen und dass Figur und Bewegung der Realität nicht angehöre und dass nicht auch die sinnliche Wahrnehmung und die auf ihrem Grunde beruhende physikalisch-physiologische Wissenschaft einen sehr wesentlichen Beitrag zur psychologischen Erkenntniss liefere.

*) Da Beneke hier von einer „Anziehung" im eigentlichen, mathematisch-räumlichen Sinne nicht reden kann, noch will, und da jede wirkliche Lagenveränderung der Gebilde bei diesem Process darum, weil die nämliche Vorstellung in die verschiedenartigsten Verbindungen eingehen muss (wie z. B. die Vorstellung Cäsar's als Römers, als Staatsmanns, als Feldherrn, als Geschichtsschreibers, Cicero's als Römers, als Staatsmanns, als Redners, als Philosophen immer wieder mit anderen Gruppen zu combiniren ist), das Nämliche nicht nur an verschiedene Orte bringen, sondern auch an verschiedenen Orten zugleich fixiren musste, sich widerspricht, so möchte der Begriff dieser „Anziehung" auf den einer Miterregung des Gleichartigen zu reduciren sein. Dann aber fällt dieser Process mit dem der „Ausgleichung" oder der Reizübertragung unter den gemeinsamen Begriff einer Affection von innen her, die von erregten psychischen Gebilden auf andere, sei es erregte oder unerregte psychische Gebilde geübt wird; diese innere Affection nimmt eine zweifache Richtung, nämlich theils zu solchen Gebilden hin, die mit dem jetzt wiedererregten früher zusammenbewusst gewesen sind, theils zu gleichartigen Gebilden hin, auch wenn keine Verknüpfung mit diesen durch früheres gleichzeitiges Bewusstsein oder unmittelbare Succession bestanden hat. Somit lassen sich die sämmtlichen Grundprocesse als Vermögenbildung, Affection von aussen her, Spurenbildung und zweifach gerichtete Affection von innen her bezeichnen.

§ 27. Beneke.

würde uns über die Grenzen hinausführen, die in diesem Grundriss eingehalten werden müssen.

Beneke's moralische Grundforderung geht dahin, dass man in jedem Falle dasjenige thun solle, was nach der objectiv und subjectiv wahren Werthschätzung als das Beste oder natürlich Höchste sich ergebe.

Wir schätzen, sagt Beneke, die Werthe aller Dinge nach den (vorübergehenden oder bleibenden) Steigerungen und Herabstimmungen, welche durch dieselben für unsere psychische Entwicklung bedingt werden. Diese Steigerungen und Herabstimmungen aber können sich in dreifacher Weise für unser Bewusstsein ankündigen: 1. in ihrem unmittelbaren Gewirktwerden, 2. in ihren Reproductionen als Riobildungsvorstellungen, wodurch die Werthschätzung der Dinge oder die praktische Weltansicht begründet wird, 3. in ihren Reproductionen als Begehrungen, welche die Gesinnung des Menschen und die Grundlage seines Handelns bilden. In allen drei Formen messen wir die Werthe der Dinge gegen einander unmittelbar in dem Nebeneinandersein der durch sie bedingten Steigerungen und Herabstimmungen. Dies gilt von dem Wohl und Wehe anderer Menschen ebenso, wie von unserm eigenen. Wir messen dasselbe, indem wir die dadurch bedingten Steigerungen und Herabstimmungen in uns nachbilden. Ob dies eigennützig oder uneigennützig geschehe, hängt davon ab, in welcher Gruppenverbindung diese Steigerungen und Herabstimmungen empfunden werden, ob in Verbindung mit der Eigengruppe oder in Verbindung mit den auf Andere sich beziehenden Gruppen. Die Höhe der Steigerungen und Herabstimmungen, welche in uns entstehen, wird bedingt theils durch die Natur unserer Urvermögen, theils durch die Natur der Reize oder Anregungen, theils endlich durch die den Grundgesetzen der psychischen Entwicklung gemäss erfolgenden Aneinanderbildungen der aus den Verbindungen von Vermögen und Reizen hervorgehenden Acte. In wiefern in Kraft dieser allgemein-menschlichen Entwicklungsmomente eine Steigerung als eine höhere bedingt ist, insofern ist auch der Werth, welcher durch sie vorgestellt wird, allgemeingültig ein höherer. Vermöge der hierdurch begründeten Abstufung der Güter und Uebel ist eine für alle Menschen gültige praktische Norm gegeben. Es muss hiernach z. B. jeder bis zu einem gewissen Grade ausgebildete und unverdorbene Mensch einen Genuss der höheren Sinne einem der niederen vorziehen und eine geistige Vervollkommnung einem Genusse, das Wohl einer grösseren Gemeinschaft einer auf ihn selbst beschränkten Förderung etc.*). Was nach der in der menschlichen Natur begründeten Norm als das Höhere empfunden und begehrt wird, ist auch das moralisch Geforderte. Diese objectiv und subjectiv wahre Schätzung der Werthe kann aber durch übermässig vielfache Ansammlungen von Lust- und Unlust-Empfindungen niederer Art gestört werden, und das ihr gemässe Wollen durch übermässig vielfache Ansammlung eben solcher Begehrungen und Widerstrebungen, wodurch das Niedere einen übermässigen „Schätzungsraum" und „Strebungsraum" gewinnt. Im Gegensatz zu der schwebenden Werthschätzung kündigt sich die richtige mit dem Gefühle der Pflicht oder der sittlichen Nothwendigkeit, des Sollens, an, welches seine Begründung eben darin hat, dass diese Nothwendigkeit aus dem innersten Grundwesen der menschlichen Seele stammt. Die sittliche Nothwendigkeit ist eine Nothwendigkeit

---

*) Auf diese Verhältnisse führe ich in der oben auf S. 209 citirten Abhandlung Herbart's ethische Ideen unter wesentlicher Umbildung zurück, insbesondere auf die erstgenannten die Idee der Vollkommenheit, die des Wohlwollens aber auf das Verhältniss des eigenen Wohles zum Wohle Anderer, etc.

der tiefsten Grundnatur der menschlichen Seele. Auf die ursprünglichste und unmittelbarste Weise offenbaren sich uns die sittlichen Verhältnisse in Gefühlen; indem aber sittliche Gefühle von gleicher Form mit einander zusammenfliessen, bilden sich aus ihnen sittliche Begriffe hervor; treten diese Begriffe als Prädicate zu den Schätzungen und Strebungen hinzu, so ergeben sich sittliche Urtheile; aus specielleren sittlichen Urtheilen, welche sich auf die Vergleichung einzelner Werthe beziehen, entsteht erst bei weit vorgeschrittener Entwicklung ein allgemeines moralisches Gesetz. Kant's kategorischer Imperativ ist eine sehr hohe Abstraction, also von sehr abgeleiteter Natur*).

§ 28. Am verbreitetsten war in Deutschland während der letzten Decennien von den philosophischen Schulen die Hegel'sche, demnächst die Herbart'sche; in der jüngsten Zeit hat der umbildende Rückgang theils auf Aristoteles theils auf Kant und die historisch-philosophische Betrachtung mehr Anhänger gefunden, als die nachkantischen Doctrinen. Schleiermacher hat grösseren Einfluss auf die Theologie, als auf die Philosophie gewonnen; doch haben seine Anregungen auch die Richtung der neueren philosophischen Forschung wesentlich mitbedingt. Von Einzelnen werden die Lehren Schopenhauer's, Beneke's, wie auch Krause's, Baader's, Günther's und Anderer reproducirt und modificirt. Den Materialismus vertreten Vogt, Moleschott, Büchner, den Sensualismus Czolbe und Andere. Bei particellem Anschluss an ältere Denker haben Trendelenburg, Fechner, Lotze, von Kirchmann, von Hartmann und Andere sich neue eigenthümliche Wege gebahnt.

Eine Zusammenstellung der aus der Hegel'schen Schule hervorgegangenen Schriften giebt Rosenkranz im ersten Bande der Zeitschrift: „der Gedanke, Organ der philos. Gesellschaft in Berlin", herausg. von C. L. Michelet, Berlin 1861, S. 77, 183, 256 ff. Eben diese Zeitschrift hat in einer Reihe von Artikeln Uebersichten über den gegenwärtigen Stand der Philosophie, insbesondere der Hegel'schen, innerhalb und ausserhalb Deutschlands, veröffentlicht. Im ersten Heft des ersten Bandes der Herbart'schen „Zeitschrift für exacte Philosophie im Sinne des neueren philosophischen Realismus", hrsg. von F. H. Th. Allihn und T. Ziller, Leipzig 1860, giebt Allihn als Anhang zu seiner Biographie Herbart's eine Zusammenstellung der Litteratur der Herbart'schen Schule; spätere Hefte enthalten fortgesetzte Litteraturangaben. Die von I. Herm. Fichte, Ulrici und Wirth herausgegebene „Zeitschrift für Philosophie und philosophische Kritik" giebt ausser kritischen Berichten über philosophische Werke und Richtungen auch regelmässige halbjährige Verzeichnisse der sämmtlichen neu erschienenen philosophischen Schriften und Abhandlungen. Die neuesten philosophischen Erscheinungen finden sich sehr vollständig und genau verzeichnet in den von J. Bergmann herausgegebenen „philosophischen Monatsheften".

---

*) Mehr noch, als durch seinen ernsten Versuch einer durchgängigen genetischen Erklärung der psychischen Functionen, hat sich Beneke durch seine tiefdurchdachte Basirung der Ethik auf die psychischen Werthverhältnisse, die das sittliche Leben nach einer reinen und sichern Norm bestimmt, ein unvergängliches Verdienst um die philosophische Erkenntniss und um das durch sie geleitete Handeln erworben.

§ 24. Der gegenwärtige Zustand der Philosophie in Deutschland.

Der Hegelschen Schule gehören an:

Bruno Bauer, Zeitschrift für speculative Theologie, Berlin 1836—38. Die Posaune des jüngsten Gerichts wider Hegel, den Atheisten und Antichristen (ironisch; anonym), Leipzig 1841. Hegel's Lehre von Religion und Kunst (anonym), Leipzig 1842. Vgl. Bruno Bauer's Kritik der evang. Geschichte des Johannes (1840) und der Synoptiker (1841—42). Auch in der Gesch. der Cultur, Politik und Aufklärung des 18. Jahrhunderts, 4 Bde., 1843 und anderen historischen Schriften legt Br. Bauer seinen philosophischen Standpunkt dar.

Edgar Bauer, der Streit der Kritik mit Kirche und Staat, Bern 1841.

Ferdinand Christian Baur, die christliche Gnosis, Tübingen 1835, die christliche Lehre von der Dreieinigkeit, und andere Schriften, s. o. Grdr. II, § 3 ff. Eine pietätsvolle und gediegene Charakteristik seiner Persönlichkeit und seiner wissenschaftlichen Leistungen giebt Zeller im VII. und VIII. Bande der Preuss. Jahrbücher, wiederabgedruckt in Zeller's Vortr. und Abh. Leipzig 1865, S. 354 bis 434. (Zeller will nicht, dass Baur „geradezu der Hegel'schen Schule zugezählt" werde und macht auf den wesentlichen Einfluss theils Schelling's, theils und besonders Schleiermacher's aufmerksam, erkennt jedoch an, dass die Hegel'sche Philosophie mit seiner Geschichtsbetrachtung nicht nur übereingestimmt, sondern auch auf dieselbe eingewirkt habe vermöge der „Idee einer innerlich nothwendigen, mit immanenter Dialektik sich vollziehenden, alle Momente, welche im Wesen des Geistes liegen, nach einem festen Gesetze zur Erscheinung bringenden Entwicklung der Menschheit".)

Karl Theodor Bayrhoffer, die Idee des Christenthums, Marburg 1836. Die Idee der Philosophie, Marburg 1838. Beiträge zur Naturphilosophie, Leipzig 1839—40. (Bayrhoffer hat sich später von Hegel entfernt, findet in seiner Dialektik ein blosses Gedankenkunststück, worin der wahre Gedanke einer absoluten synthetischen Einheit in den Gedanken eines sich selbst auflösenden Widerspruchs verkehrt sei, und will, dass die abstract Identischen Herbart's und ihr synthetischer Schein, wie die selbstanalytische Identität Hegels sich gleichmässig in die wirkliche synthetische Einheit auflösen, s. philos. Monatshefte, III, 1869, S. 369 f.)

K. M. Besser, System des Naturrechts, Halle 1830.

Gustav Biedermann, die speculative Idee in Humboldt's Kosmos, ein Beitrag zur Vermittelung der Philosophie und der Naturforschung, Prag 1849. Die Wissenschaftslehre, Bd. I.: Lehre vom Bewusstsein, Bd. II.: Lehre des Geistes, Bd. III.: Seelenlehre, Leipzig 1856—60. Die Wiss. des Geistes, 3. Aufl., Prag 1870. Kant's Kr. d. r. Vern. u. die Hegel'sche Logik, Prag 1869. Metaphysik in ihrer Bed. für die Begriffswiss., Prag 1870. Zur log. Frage, ebd. 1870. Fragm. u. begriffswiss. Geschichtsschr. der Philos., ebd. 1870.

Franz Biese, die Philosophie des Aristoteles, Bd. I.: Logik und Metaphysik, Bd. II.: die besonderen Wissenschaften, Berlin 1835—42. Philosophische Propädentik, Berlin 1845.

Joh. Gust. Friedr. Billroth, Vorlesungen über Religionsphilosophie, hrsg. von Erdmann, Leipzig 1837, 2. Aufl. 1844.

Friedr. Wilh. Carové, über alleinseligmachende Kirche, Bd. I. Frankf. a. M. 1826, Bd. II. Göttingen 1827. Kosmorama, Frankf. a. M. 1831. Rückblick auf die Ursachen der französischen Revolution und Andeutung ihrer welthistor. Bestimmung. Hanau 1834. Vorhalle des Christenth. oder die letzten Dinge der alten Welt, Jena 1851.

Moritz Carriere, die Religion in ihrem Begriff, ihrer weltgesch. Entwicklung und Vollendung, ein Beitrag zum Verständnisse der Hegel'schen Philosophie, Weilburg 1841; ferner religionsgeschichtliche und religionsphilosophische und ästhetische Schriften, deren Standpunkt jedoch von dem Hegel'schen wesentlich abweicht, wie namentlich: die philosophische Weltanschauung der Reformationszeit, Stuttgart 1847. relig. Reden und Betrachtungen für das deutsche Volk (anonym), Leipzig 1850, 2. Aufl. 1856, das Wesen und die Formen der Poesie, Leipzig 1856, Aesthetik, Leipzig 1859. Als eine Geschichtsphilosophie aus dem Gesichtspunkte der Aesthetik bezeichnet er sein jüngstes Werk: die Kunst im Zusammenhange der Culturentwicklung und die Idee der Menschheit, 1. Bd.: der Orient, Leipzig 1863, 2. Bd.: Hellas und Rom, ebd. 1865, 3. B.: das Mittelalter, ebd. 1868. (Durch Hegel angeregt, entfernt sich doch Carriere von demselben in ähnlicher Art, wie der jüngere Fichte u. A. durch die von ihm intendirte „Ueberwindung des Pantheismus wie des Deismus in der Anerkennung der Persönlichkeit, wie der Unendlichkeit des der Welt einwohnenden und seiner selbst bewussten Gottes" und, insbesondere in der Aesthetik, durch „Betonung der Bedeutung der Individualität und Sinnlichkeit gegenüber der Allgemeinheit des Gedankens".)

Franz Ohlebik, dialektische Briefe, Berlin 1869. Die Philos. des Bewussten und die Wahrheit des Unbewussten in den dial. Grundlinien des Freiheits- und Rechtsbegriffs nach Hegel und Michelet, Berlin 1870.

August von Cieszkowski, Prolegomena zur Historiosophie, Berlin 1838. Gott und Palingenesie, Berlin 1842. De la pairie et de l'aristocratie moderne, Paris 1844.

Kasimir Conradi, Selbstbewusstsein und Offenbarung. Mainz 1831. Unsterblichkeit und ewiges Leben. Mainz 1837. Kritik der christl. Dogmen, Berlin 1841.

Karl Daub (1765—1836), die dogmatische Theologie jetziger Zeit oder die Selbstsucht in der Wiss. des Glaubens und seiner Artikel, Heidelberg 1833. Ueber den Logos, ein Beitrag zur Logik der göttlichen Namen, in den Studien von Ullmann und Umbreit, 1833, Heft 2. Philosoph. und theolog. Vorlesungen, hrsg. von Marheineke und Dittenberger, 7 Bde., Berlin 1838—44. (Vgl. Wilh. Hermann, die speculative Theologie in ihrer Entwicklung durch Daub, Hamburg und Gotha 1847.)

U. Dellingshausen, Versuch einer speculativen Physik, Leipzig 1851.

J. F. G. Eiselen, Handbuch des Systems der Staatswissenschaften, Breslau 1828.

Joh. Eduard Erdmann, Vorlesungen über Glauben und Wissen, Berlin 1837. Leib und Seele, Halle 1837. 2. Aufl. 1849. Grundriss der Psychologie, Leipzig 1840. 4. Aufl. 1862; psychologische Briefe, Leipz. 1851, 4. Aufl. 1868. Grundriss der Logik und Metaphysik, Halle 1841, 4. Aufl. 1864. Vermischte Aufsätze, Leipz. 1846. Philosophische Vorlesungen über den Staat, Halle 1851. Vorlesungen über akademisches Leben und Studium, Leipzig 1858. Die Schriften zur Geschichte der Philosophie sind bereits oben angeführt worden.

Emil Feuerlein, die philos. Sittenlehre in ihrer gesch. Hauptformen, Tübingen 1857—59. Rousseau'sche Studien, in einer Reihe von Artikeln in der Zeitschrift: der Gedanke, Berlin 1861 ff.

Kuno Fischer, Logik und Metaphysik oder Wissenschaftslehre, Heidelberg 1852, 2. umgearb. Aufl. ebd. 1865. Diotima, die Idee des Schönen, Pforzheim 1849. Geschichte der neueren Philosophie, Mannheim u. Heidelb. 1854 ff., 2. Aufl. 1865 ff. Baco von Verulam, Leipzig 1856. Schiller als Philosoph, Frankfurt a. M. 1858. Shakespeare's Charakterentwicklung Richard's III., Heidelberg 1868.

Constantin Frantz, Philosophie der Mathematik, Leipzig 1842. Die Naturlehre des Staats, als Grundlage aller Staatswissenschaft, Leipzig und Heidelberg 1870.

Ernst Ferd. Friedrich, Beiträge zur Förderung der Logik, Noëtik und Wissenschaftslehre, Bd. I, Leipz. 1864 (schliesst sich in der Behandlung der „eigentlichen Logik" oder Sachvernunftswissenschaft an Hegel und näher an Rosenkranz an, welcht aber principiell von dem Hegellianismus insbesondere durch die Unterscheidung dreier „äquivok-disparater" Doctrinen ab, die unter dem Collectivnamen der Logik vereinigt seien, nämlich der realen, formalen und inductiven Logik oder der „Sachvernunftswissenschaft, Denkungstheorie und Kundigkeitslehre").

Georg Andreas Gabler (1786—1853), Lehrbuch der philos. Propädeutik, erste Abth.: Kritik des Bewusstseins, Erlangen 1827. De verae philosophiae erga religionem christianam pietate, Berol. 1836. Die Hegel'sche Philosophie, Beiträge zu ihrer richtigen Beurtheilung und Würdigung, Heft 1, Berlin 1843.

Eduard Gans (1798—1839), das Erbrecht in weltgesch. Entwicklung. Berlin 1824—35. Vorlesungen über die Gesch. der letzten fünfzig Jahre, in Raumer's hist. Taschenbuch, 1833—31. Vermischte Schriften, Berlin 1834.

Karl Friedr. Göschel (1781—1861), über Göthe's Faust, Leipz. 1824. Aphorismen über Nichtwissen und absolutes Wissen im Verhältniss zum christlichen Glaubensbekenntniss, Berlin 1829. Der Monismus des Gedankens, zur Apologie der gegenwärtigen Philosophie (insbesondere gegen Chr. H. Weisse) an dem Grabe ihres Stifters, Naumburg 1832. Von den Beweisen für die Unsterblichkeit der menschlichen Seele im Licht der speculativen Philosophie, eine Ostergabe, Berlin 1835. Die siebenfältige Osterfrage, Berlin 1837. Beiträge zur speculativen Philosophie von Gott, dem Menschen und dem Gottmenschen, Berlin 1838.

L. J. Hannsch, Handbuch der wissenschaftlichen Denklehre (Logik), Lemberg 1843, 2. umgearb. Aufl. Prag 1850. Grundzüge eines Handbuchs der Metaphysik, Lemberg 1845.

332   § 28. Der gegenwärtige Zustand der Philosophie in Deutschland.

Leop. von Henning (gest. am 6. Oct. 1866), Principien der Ethik in histor. Entwicklung, Berlin 1824. Das einflussreiche Organ des Hegelianismus, die Zeitschrift: „Jahrbücher für wiss. Kritik", ist von 1827 – 47 durch Henning redigirt worden.

Herm. Friedr. Wilh. Hinrichs (1794–1861), die Religion im innern Verhältnisse zur Wissenschaft, nebst einem (gegen Schleiermacher in schroffer Form polemisirenden) Vorwort von Hegel, Heidelberg 1822. Vorlesungen über Göthe's Faust, Halle 1825. Grundlinien der Philosophie der Logik, Halle 1826. Das Wesen der antiken Tragödie, Halle 1827. Schiller's Dichtungen, Halle 1837–38. Geschichte der Rechts- und Staatsprincipien seit der Reformation in hist.-philos. Entwicklung, Leipzig 1848–52. Die Könige, Leipzig 1852.

Heinr. Gust. Hotho, Vorstudien für Leben und Kunst, Stuttgart und Tübingen 1835. Geschichte der deutschen und niederländischen Malerei, Berlin 1842–43. Die Malerschule Hubert's van Eyck, Berlin 1855–58. Gesch. der christl. Malerei, Stuttgart 1869 ff.

Alexander Kapp, die Gymnasialpädagogik im Grundrisse, Aromsberg 1841.

Christian Kapp, Christus und die Weltgeschichte, Heidelberg 1823. Das concrete Allgemeine der Weltgeschichte, Erlangen 1826. F. W. Jos. Schelling, ein Beitrag zur Gesch. des Tages, von einem vieljährigen Beobachter, Leipzig 1843.

Ernst Kapp, philosophische oder vergleichende allgem. Erdkunde als wiss. Darst. der Erdverhältnisse und des Menschenlebens in ihrem innern Zusammenhang, Braunschweig 1845; 2. Aufl.: vergl. allgemeine Erdkunde in wiss. Darstellung, ebd. 1868.

Friedrich Kapp, der wiss. Schulunterricht als ein Ganzes, Hamm 1834. G. W. Fr. Hegel als Gymnasialdirector oder die Höhe der Gymnasialbildung unserer Zeit, Minden 1835. (Friedrich, Ernst und Alexander Kapp sind Brüder, Christian Kapp ist ein Vetter von ihnen.)

Karl Köstlin, Aesthetik, Tübingen 1863–69.

Ferdinand Lassalle, die Philosophie Herakleitos' des Dunkeln von Ephesos, Berlin 1858. Das System der erworbenen Rechte, eine Versöhnung des positiven Rechts und der Rechtsphilosophie, Leipzig 1861.

Ad. Lasson, über Eckhardt, Baco, Fichte (s. o.), Das Culturideal und der Krieg, Berlin 1868. Ueber die Natur des Rechts und des Staats, in Bergmann's philos. Monatsheften VI, 1870. Princip u. Zukunft des Völkerrechts, Berl. 1871.

Gust. Andreas Lautier, philos. Vorlesungen, Berlin 1863.

G. O. Marbach, Lehrbuch der Gesch. der Philosophie, 1. Abth.: Gesch. der griech. Philos., 2. Abth.: Gesch der Philos. im Mittelalter, Leipzig 1838–41.

Friedr. Aug. Märcker, das Princip des Bösen nach den Begriffen der Griechen, Berlin 1842. Die Willensfreiheit im Staatsverbande, Berlin 1845.

Philipp Marheinecke (1780 - 1846), die Grundlehren der christl. Dogmatik, 2. Aufl. Berlin 1827. Theolog. Vorlesungen, hrsg. von St. Matthies und W. Vatke, Berlin 1847 ff.

Carl Ludwig Michelet, System der philos. Moral, mit Rücksicht auf die juridische Imputation, die Geschichte der Moral und das christliche Moralprincip, Berlin 1828. Anthropologie und Psychologie, Berlin 1840. Vorlesungen über die Persönlichkeit Gottes und Unsterblichkeit der Seele oder die ewige Persönlichkeit des Geistes, Berlin 1841. Die Epiphanie der ewigen Persönlichkeit des Geistes, eine philosophische Trilogie, erstes Gespräch: die Persönlichkeit des Absoluten, Nürnberg 1844, zweites Gespräch: der histor. Christus und das neue Christenthum, Darmstadt 1847, drittes Gespräch: die Zukunft der Menschheit und die Unsterblichkeit der Seele oder die Lehre von den letzten Dingen, Berlin 1852. Zur Verfassungsfrage, Frankfurt a. d. O. u. Berlin 1848. Zur Unterrichtsfrage ebd. 1848. Esquisse de Logique, Paris 1856. Die Geschichte der Menschheit in ihrem Entwicklungsgange von 1775 bis auf die neuesten Zeiten, Berlin 1859–60. Naturrecht oder Rechtsphilosophie, Bd. I.: Einleitung, Grundrechte, Privatrecht, Bd. II.: öffentl. Recht, allgem. Rechtsgeschichte, Berlin 1866. Die historischen Schriften Michelet's, bezüglich auf Aristoteles und auf die neueste Philosophie, sind schon oben (I, 4. Aufl., § 46, S. 152 f. und 151, § 50, S. 184, und III, S. 154) angeführt worden. — Hegel, der auwiderlegte Weltphilosoph, eine Jubelschrift, Leipzig 1870.

Ferd. Müller, der Organismus und die Entwicklung der politischen Idee im Alterthum oder die alte Geschichte vom Standpunkte der Philosophie, Berlin 1859.

§ 28. Der gegenwärtige Zustand der Philosophie in Deutschland. 333

Theodor Mundt, Aesthetik, die Idee der Schönheit und des Kunstwerks im Lichte unserer Zeit, Berlin 1845, neue Ausg. Leipz. 1868 (bei aller Polemik gegen Hegel und Hervorhebung des Princips der „Unmittelbarkeit" doch sehr wesentlich durch den Hegel'schen Gedankenkreis bedingt).

Joh. Georg Mussmann, Lehrbuch der Seelenwissenschaft, Berlin 1827. Grundlinien der Logik und Dialektik, Berlin 1828. Grundriss der allgem. Gesch. der christl. Philosophie mit bes. Rücksicht auf die christl. Theologie, Halle 1830.

Ludw. Noack, der Religionsbegriff Hegels, Darmstadt 1845. Mythologie und Offenbarung; die Religion in ihrem Wesen, ihrer gesch. Entwicklung und absoluten Vollendung, Darmstadt 1845—46. Das Buch der Religion, oder der relig. Geist der Menschheit in seiner gesch. Entwicklung, Leipzig 1850. Die Theologie als Religionsphilosophie in ihrem wiss. Organismus, Lübeck 1852. Die christliche Mystik des Mittelalters und seit dem Reformationsalter, Königsberg 1853. Geschichte der Freidenker (Engländer, Franzosen, Deutsche) 1853—55. Ferner manche andere, meist religionsphilosophische Schriften, worin Noack sich theilweise an Reiff und Planck angeschlossen hat. Von 1846 bis 1848 hat Noack die zu Darmstadt erschienenen Jahrbücher für speculative Philosophie und speculative Bearbeitung der empirischen Wissenschaften herausgegeben, in welchen auch die philosophische Gesellschaft zu Berlin ihre damaligen Arbeiten veröffentlicht hat. Noack's „Psyche" (1858—63) ist eine populär wissenschaftliche Zeitschrift für angewandte Psychologie. Von Eden nach Golgatha, bibl.-gesch. Forsch., Leipz. 1868.

Heinrich Bernhard Oppenheim, System des Völkerrechts, Frankf. a M. 1845. Philosophie des Rechts und der Gesellschaft, Stuttgart 1850 (bildet den V. Band der Neuen Encycl. der Wissenschaften und Künste).

Ed. Ph. Pelpers, System der gesammten Naturwissenschaften nach monodynamischem Princip, Köln 1840—41. Die positive Dialektik, Düsseldorf 1845.

K. Prantl (dessen Standpunkt nur theilweise mit dem Hegel'schen übereinkommt), die gegenwärtige Aufgabe der Philosophie, München 1852. Gesch. der Logik, Leipzig 1858 ff. Die geschichtlichen Vorstufen der neuern Rechtsphilosophie, München 1858.

Joh. Friedr. Reiff, der Anfang der Philosophie, Stuttgart 1841. Das System der Willensbestimmungen oder die Grundwissenschaft der Philosophie, Tübingen 1842. Ueber einige Punkte der Philosophie, Tüb. 1843. (Reiff hat sich von Hegel aus Fichte genähert.)

Friedr. Richter (aus Magdeburg), die Lehre von den letzten Dingen, Theil I., Breslau 1833, Theil II., Berlin 1844. Der Gott der Wirklichkeit, Breslau 1854.

Joh. Karl Friedr. Rosenkranz, de Spinozae philosophia diss., Halle und Leipzig 1828. Ueber Calderon's wunderthätigen Magus, ein Beitrag zum Verständniss der Faust'schen Fabel, Halle 1829. Der Zweifel am Glauben. Kritik der Schriften de tribus Impostoribus. Halle 1830. Geschichte der deutschen Poesie, im Mittelalter, Halle 1830. Die Naturreligion, Iserlohn 1831. Encyclopädie der theolog. Wissenschaften, Halle 1831, 2. Aufl. 1845. Allg. Gesch. der Poesie, Halle 1832—33. Das Verdienst der Deutschen um die Philos. der Geschichte, Königsberg 1835. Kritik der Schleiermacher'schen Glaubenslehre, Königsberg 1836. Psychologie, Königsberg 1837, 2. Aufl. 1843, 3. Aufl. 1863. Geschichte der Kant'schen Philosophie (Bd. XII. der Werke Kant's h. v. Ros. u. Schubert), Leipzig 1840. Das Centrum der Speculation, eine Komödie, Königsberg 1840. Studien, 5 Bändchen, Berlin u. Leipzig 1839—48. Ueber Schelling und Hegel, Sendschreiben an Pierre Leroux, Königsberg 1843. Schelling, Danzig 1843. Hegel's Leben, Berlin 1844. Kritik der Principien der Strauss'schen Glaubenslehre, Leipzig 1845, 2. Aufl. 1864. Göthe u. s. Werke, Königsberg 1847, 2. Aufl. 1856. Die Pädagogik als System, Königsberg 1848. System der Wissenschaft, Königsberg 1850. Meine Reform der Hegel'schen Philosophie, Sendschreiben an J. U. Wirth, Königsberg 1852. Aesthetik des Hässlichen, Königsberg 1853. Die Poesie und ihre Geschichte, Entwicklung der poet. Ideale der Völker, Königsberg 1855. Apologie Hegel's gegen Haym, Berlin 1858. Wissenschaft der logischen Idee, Königsb. 1858—59, nebst Epilegomena, ebd. 1862. Diderot's Leben und Werke, Leipz. 1860. Hegel's Naturphilos. und ihre Erläuterung durch den ital. Philosophen A. Vera, Berlin 1868. Hegel als deutscher Nationalphilosoph, Leipz. 1870. Erläuterungen zu Hegel's Encyklopädie der Philos., in der „philos. Bibl.", Bd. 34, Berlin 1870.

Constantin Rössler, System der Staatslehre, Leipzig 1857. (Nur in gewissem Betracht im Hegel'schen Sinne geschrieben.)

§ 26. Der gegenwärtige Zustand der Philosophie in Deutschland.

Heinr. Theod. Rötscher, Aristophanes und sein Zeitalter, Berlin 1827. Abhandlungen zur Philos. der Kunst, Berlin 1837—47. Die Kunst der dramat. Darstellung, Berlin 1841. 2. Aufl. Leipz. 1864.

Arnold Ruge, die Platonische Aesthetik, Halle 1832. Neue Vorschule der Aesthetik, Halle 1837. Ruge und Echtermeyer, Halle'sche Jahrb. für deutsche Wiss. und Kunst, 3 Bde., Leipz. 1838—40; Deutsche Jahrbücher für Wiss. u. Kunst, 2 Bde., Leipzig 1841—42. Ruge, Anecdota zur neuesten deutschen Philosophie und Publicistik, Zürich 1843. Ruge und Marx, deutsch-französische Jahrbücher, 2 Hefte, Paris 1844. Gesammelte Werke, 4 Bde., Mannheim 1846. Uebersetzung von Buckle's Geschichte der Civilisation, Leipz. u. Heidelb. 1860. 4. Aufl. 1871. Ruge's Autobiographie: Aus früherer Zeit, Bd. I – IV, Berlin 1862 – 67. (Der vierte Band enthält auch eine speculative Betrachtung der Geschichte der Philosophie von Thales bis zur Unterdrückung der Ruge'schen Jahrbücher.) Reden über die Religion, ihr Entstehen und Vergehen, an die Gebildeten unter ihren Verehrern (in Opposition zu Schleiermacher), Berlin 1869 (1868).

Jul. Schaller, die Philosophie unserer Zeit, zur Apologie und Erläuterung des Hegel'schen Systems, Leipz. 1837. Der histor. Christus und die Philosophie, Kritik der dogmatischen Grundidee des Lebens Jesu von Strauss, Leipzig 1838. Geschichte der Naturphilosophie von Baco von Verulam bis auf unsere Zeit, Leipzig u. Halle 1841—46. Vorlesungen über Schleiermacher, Halle 1844. Darstellung und Kritik der Philosophie Ludwig Feuerbach's, Leipzig 1847. Briefe über Alexander von Humboldt's Kosmos, Leipzig 1850. Die Phrenologie in ihren Grundzügen und nach ihrem wiss. und prakt. Werthe, Leipzig 1851. Seel' und Leib, Weimar 1856 u. ö. Psychologie, Bd. I. das Seelenleben des Menschen, Weimar 1860.

Max Schasler, die Elemente der philos. Sprachwissenschaft Wilhelm von Humboldt's, Berlin 1847. Populäre Gedanken aus Hegel's Werken, Berlin 1870. Aesthetik als Philos. d. Schön u. d. Kunst, Berl. 1871.

Aloxis Schmidt, Beleuchtung der neuen Schelling'schen Lehre von Seiten der Philosophie und Theologie, nebst Darstellung und Kritik der früheren Schelling'schen Philosophie, und einer Apologie der Metaphysik, besonders der Hegel'schen, gegen Schelling und Trendelenburg, Berlin 1843.

Reinhold Schmidt, christliche Religion und Hegel'sche Philosophie, Berlin 1837. Solgers Philosophie, Berlin 1841.

Heinr. Schwarz, über die wesentlichsten Forderungen an eine Philosophie der Gegenwart und deren Vollziehung, Ulm 1846. Gott, Natur und Mensch, System des substantiellen Theismus, Hannover 1857.

Herm. Schwarz, Versuch einer Philosophie der Mathematik, verbunden mit einer Kritik der Aufstellungen Hegel's über den Zweck und die Natur der höhern Analysis, Halle 1853.

F. K. A. Schwegler, Jahrbücher der Gegenwart, Tübingen 1844—48. Die Metaphysik des Aristoteles, Text, Uebersetzung und Commentar, Tüb. 1846—1848. Geschichte der Philos. im Umriss, Stuttgart 1848, 7. Aufl. 1870. Geschichte der griech. Philos. hrsg. von Carl Koestlin, Tübingen 1859, 2. Aufl. 1870 (69).

G. W. Snellman, Versuch einer speculativen Entwicklung der Idee der Persönlichkeit, Tübingen 1841.

Theod. Sträter, Studien zur Geschichte der Aesthetik, I, Bonn 1861. Die Composition von Shakespeare's Romeo und Julie, Bonn 1861.

David Friedrich Strauss, das Leben Jesu, kritisch bearbeitet, Tübingen 1835—1836, 4. Aufl. 1840. Streitschriften zur Vertheidigung dieser Schrift, ebend. 1837—38. Zwei friedliche Blätter, Altona 1839. Charakteristiken und Kritiken, Leipzig 1839. Die christl. Glaubenslehre in ihrer gesch. Entwicklung und im Kampfe mit der modernen Wissenschaft dargestellt, Tübingen 1840—41. Neue Bearbeitung des Lebens Jesu „für das deutsche Volk", Leipzig 1864 (vgl. über dieselbe und über Renan's Vie de Jésus Zeller in von Sybel's hist. Zeitschr. XII, H. 70 ff., wiederabg. in Zeller's Vortr. u. Abh., Leipz. 1865, S. 435 ff.). Der Christus des Glaubens und der Jesus der Geschichte, Berlin 1865 (eine Kritik der Schleiermacher'schen Vorlesungen über das Leben Jesu). Voltaire, 1. u. 2. Aufl. Leipzig 1870.

Gustav Thaulow, Erhebung der Pädagogik zur philos. Wissenschaft oder Einleitung in die Philosophie der Pädagogik, Berlin 1845. Hegel's Ansichten über Erziehung und Unterricht, aus Hegel's sämmtl. Schriften gesammelt und systematisch geordnet, Bd. I.: Zum Begriff der Erziehung, Kiel 1853. Bd. II.:

§ 28. Der gegenwärtige Zustand der Philosophie in Deutschland.

Gesch. der Erziehung, ebend. 1854, Bd. III.; Zur Gymnasialpädagogik u. Univ. Gehöriges, ebend. 1854. Einleitung in die Philosophie und Encyclopädie der Philos. im Grundrisse, Kiel 1862.
Wilh. Vatke, die menschliche Freiheit in ihrem Verhältniss zur Sünde und zur göttlichen Gnade, Berlin 1841.
Friedr. Theod. Vischer, über das Erhabene und Komische, ein Beitrag zur Philosophie des Schönen, Stuttgart 1837. Kritische Gänge, Tübingen 1844 ff. Aesthetik oder Wissenschaft des Schönen, I.: Metaphysik des Schönen, II. die Kunst, III. die Künste, Reutlingen und Leipzig 1846 — 57. Register, Stuttgart 1858. Ueber das Verhältniss von Inhalt und Form in der Kunst, Zürich 1858.
Georg Weissenborn, Vorlesungen über Schleiermacher's Dialektik und Dogmatik, Leipzig 1847 — 49. Logik und Metaphysik, Halle 1850 — 61. Vorlesungen über Pantheismus und Theismus, Marburg 1859.
Karl Werder, Logik als Commentar und Ergänzung zu Hegel's Wiss. der Logik, 1. Abth. Berlin 1841.
Eduard Zeller, platonische Studien, Tübingen 1839. Die Philosophie der Griechen, Tübingen 1844—52, 2. Aufl. 1855—68, 3. Aufl. 1869 ff. (s. o. Theil I, 4. Aufl., § 7, S. 23). Ueber Bedeutung und Aufgabe der Erkenntnisstheorie, Heidelberg 1862. Die Politik in ihrem Verhältniss zum Recht, in: Preuss. Jahrb., (Bd. 21, Heft 6, Juni 1868. Ueber die Aufgabe der Philos u. ihre Stellung zu den übrigen Wissenschaften, akad. Rede, Heidelb. 1868.

Zum Naturalismus hat die Hegel'sche Doctrin Ludwig Feuerbach ausgebildet; an ihn haben F. Feuerbach und Andere sich angeschlossen.

Ludwig Feuerbach, Gedanken über Tod und Unsterblichkeit. Nürnberg 1830. Philosophie und Christenthum, Leipz. 1839. Das Wesen des Christenthums, Leipzig 1841 u. ö. Grundsätze der Philosophie der Zukunft, Zürich 1843. Das Wesen der Religion, Leipz. 1845, 2. Aufl. ebend. 1849. Vorlesungen über das Wesen der Religion, gehalten 1848 in Heidelberg, gedr. im 8. Bde. der Werke. Das Wesen des Glaubens im Sinne Luther's, Leipz 1855, und andere Schriften. Sämmtliche Werke, 10 Bde., Leipzig 1846 — 66. Friedrich Feuerbach (ein Bruder Ludwigs), Grundzüge der Religion der Zukunft, Zürich und Nürnberg 1843 — 44. Eine ironische Caricatur der Feuerbach'schen Religionskritik war die Negation der Moral zu Gunsten des Egoismus durch Max Stirner (pseudonym), der Einzige und sein Eigenthum, Leipzig 1845.

Einen Realismus hat K. Chr. Planck ausgebildet, die Weltalter: 1. Theil: System des reinen Realismus, Tübingen 1850, 2. Theil: das Reich des Idealismus oder zur Philos. der Geschichte, ebend. 1851, Grundlinien einer Wissenschaft der Natur als Wiederherstellung der reinen Erscheinungsformen, Leipzig 1864.

An den Hegel'schen Standpunkt polemisch sich anlehnend und zum Theil im Anschluss an Schelling's spätere Lehre suchen I. H. Fichte, Weisse, Chalybäus (der auch Herbart's Doctrin eingehend berücksichtigt) und Andere die Speculation durch kritische Umbildung einerseits der Theologie, andererseits der Empirie anzunähern. Verwandter Art sind auch die philosophischen Forschungen Sécrétans, der besonders die Religionsphilosophie und Ethik, Perty's, der die Naturphilosophie und Anthropologie bearbeitet hat, wie auch der Schellingianer Beckers und Huber, der Baaderianer Hoffmann u. A. (s. o. S. 258 f.) etc.

Immanuel Herm. Fichte (geb. 1797), Sätze zur Vorschule der Theologie, Stuttgart 1826. Beiträge zur Charakteristik der neueren Philosophie, Sulzbach 1829, 2. Aufl. 1841. Ueber Gegensatz, Wendepunkt und Ziel heutiger Philosophie, Heidelberg 1832. Das Erkennen als Selbsterkennen, Heidelberg 1833. Ontologie, Heidelberg 1836. Die Idee der Persönlichkeit und der individuellen Fortdauer, Elberfeld 1834, 2 Aufl. Leipzig 1855. Speculative Theologie, Heidelberg 1846 bis 1847. System der Ethik, Leipzig 1850 — 53. Anthropologie, Leipzig 1856, 2. Aufl. 1860. Zur Seelenfrage, eine philos. Confession, Leipzig 1859. Psychologie, die Lehre von dem bewussten Geiste des Menschen, Leipzig 1864. Die Seelenfortdauer und die Weltstellung des Menschen, eine anthropolog. Untersuchung und ein Beitrag zur Religionsphilosophie, wie zu einer Philosophie der Geschichte, Leipz. 1867. (Ueber das Verhältniss seiner philos. Richtung zu der Weisse'schen äussert sich Fichte in der Zeitschr. f. Ph. Bd. 50, Heft 3, Halle 1867, S. 262 ff. dahin, dass Weisse nur eine Fortbildung der Hegel'schen Philosophie erstrebt habe, in welcher letzteren derselbe die früheren Richtungen sämmt-

§ 28. Der gegenwärtige Zustand der Philosophie in Deutschland.

lich aufgehoben glaube, er selbst dagegen dafür halte, dass wesentliche Momente früherer Philosophien, insbesondere der Kantischen, in der Hegel'schen nicht zu ihrem vollen Rechte gelangt seien, und dass der Fortschritt der Philosophie durch ohne Wiederaufnahme dieser Momente und demgemäss auch durch eine volle Mitberücksichtigung der in anderm Sinne, als Schelling und Hegel, philosophirenden Denker der Gegenwart bedingt sei.)

Herm. Ulrici, über Princip und Methode der Hegel'schen Philosophie, Halle 1841. Das Grundprincip der Philosophie, Leipzig 1845–46. System der Logik, Leipzig 1852; Compendium der Logik, ebend. 1860; zur logischen Frage, Halle 1870. Glauben und Wissen, Speculation und exacte Wissenschaft, Leipzig 1858. Gott und die Natur, Leipzig 1861, 2. Aufl. 1866. Gott und der Mensch. Bd. I.: Leib und Seele, Leipz. 1866, und andere antimaterialistische Arbeiten, ferner litteratur-historisch-aesthetische Schriften, insbesondere Charakteristik der antiken Historiographie, Berlin 1833. Geschichte der hellenischen Dichtung, Berlin 1835. über Shakespeare's dramatische Kunst (1839, 1847), 3. Aufl. Leipzig 1868.

Joh. Ulrich Wirth, Theorie des Somnambulismus oder des thierischen Magnetismus, Leipzig u. Stuttgart 1836. System der speculativen Ethik, Heilbronn 1841 bis 1842 (I.: reine Ethik, II.: concrete Ethik). Die speculative Idee Gottes und die damit zusammenhängenden Probleme der Philosophie, Stuttg. u. Tüb. 1845. Philosophische Studien 1851.

Christian Hermann Weisse (10. Aug. 1801 – 19. Sept. 1866; Nekrolog von Rud. Seydel, Leipz. 1866), über den gegenwärtigen Zustand der philos. Wissenschaften, Leipz. 1829. System der Aesthetik als Wissenschaft von der Idee des Schönen, Leipz. 1830. Ueber das Verhältniss des Publicums zur Philosophie in dem Zeitpunkt von Hegel's Abscheiden, nebst einer kurzen Darstellung meiner Ansicht des Systems der Philosophie, Leipzig 1832. Die Idee der Gottheit, Dresden 1833. Grundzüge der Metaphysik, Hamburg 1835. Evangelische Geschichte, Leipzig 1835, und andere auf die biblische und kirchliche Theologie bezügliche und religionsphilosophische Schriften, insbesondere: über die Zukunft der evangelischen Kirche, 2. Aufl., Leipzig 1849, über die Christologie Luthers, Leipzig 1852, philos. Dogmatik oder Philosophie des Christenthums, 3 Bde., Lpzg. 1855, 60, 62. Für Weisse's Stellung zur Philosophie der Gegenwart ist seine akademische Rede charakteristisch: In welchem Sinne die deutsche Philosophie jetzt wieder an Kant sich zu orientiren hat, Leipzig 1847. Kleine Schriften zur Aesthetik und ästhetischen Kritik (über Schiller, Göthe etc.), hrsg. von Rud. Seydel, Leipz. 1867. W.'s Psychologie und Unsterblichkeitslehre, hrsg. von Rud. Seydel, Leipz. 1869. (Ein Verzeichniss der sämmtlichen Schriften und Abhandlungen Weisse's giebt Seydel in der Zeitschr. f. Philos. Bd. 55, 1869.)

Heinr. Mor. Chalybäus (1792 – 1862), Wissenschaftslehre, Leipzig 1846. System der speculativen Ethik, Leipzig 1850. Philosophie und Christenthum, Kiel 1853. Fundamentalphilosophie, Kiel 1861.

Friedr. Harms, Prolegomena zur Philosophie, Braunschweig 1852. Die von Gustav Karsten hrsg. „Allg. Encyclopädie der Physik" enthält im ersten Bande, Leipzig 1856 ff., eine von Harms verfasste philosophische Einleitung. F. Harms, Abhandlungen zur systematischen Philosophie, Berlin 1868.

Karl Philipp Fischer, die Freiheit des menschl. Willens im Fortschritt ihrer Momente, Tübingen 1833. Die Wiss. der Metaphysik im Grundriss, Stuttgart 1834. Die Idee der Gottheit, Tübingen 1839. Speculative Charakteristik und Kritik des Hegel'schen Systems, Erlangen 1845. Grundzüge des Systems der Philosophie oder Encyclopädie der philos. Wiss., Erlangen und Frankf. a. M. 1847–55. Die Unwahrheit des Sensualismus und Materialismus, mit besonderer Rücksicht auf die Schriften von Feuerbach, Vogt und Moleschott, Erlangen 1853.

Jakob Sengler, die Idee Gottes, Heidelberg 1845 – 47. Erkenntnisslehre, Heidelberg 1858.

Leop. Schmid, Grundriss der Einleitung in die Philosophie, Giessen 1860. Das Gesetz der Persönlichkeit, Giessen 1862.

F. X. Schmid (aus Schwarzenberg), Entwurf eines Systems der Philos. auf pneumatologischer Grundlage, 3 Theile (Erkenntnisslehre, Metaph., Ethik). Wien 1863–68.

J. W. Hanne, die Idee der absoluten Persönlichkeit oder Gott und sein Verhältniss zur Welt, insonderheit zur menschlichen Persönlichkeit, Hannover 1861. Geist des Christenthums, Elberfeld 1867.

§ 28. Der gegenwärtige Zustand der Philosophie in Deutschland. 337

Maxim. Perty, anthropologische Vorträge, gehalten im Winter 1862–63 zu Bern, Leipz. u. Heidelberg 1863. Die Natur im Lichte philos. Anschauung, Leipz. u. Heidelberg 1869. Blicke in d. verborg. Leben d. Menschengeister, ebd. 1869.

K Sederholm, der geistige Kosmos, Leipzig 1859. Der Urstoff und der Weltäther, Moskau 1861. Zur Religionsphil. (aus der Zeitschr. f. Philos.), Leipz. 1860.

Conrad Hermann, Philos. der Geschichte, Leipzig 1870. (Hermann sucht die von dem Hegel'schen System aus „nächsthöhere neue allgemeine Wahrheit der philos. Weltanschauung" aufzufinden.)

Rud. Seydel, Logik oder Wissenschaft vom Wissen, Leipzig 1866 (schliesst sich zunächst an Chr. H. Weisse und an Schelling an).

Albert Peip, die Wissenschaft und das gesch. Christenthum, Berlin 1853. Der Beweis des Christenthums, Berlin 1856. Christosophie, Berlin 1858. Jacob Böhme, Leipzig 1860. Die Gesch. der Philosophie als Einleitungswiss., eine Antrittsvorlesung, Göttingen 1863. Zum Beweis des Glaubens, Gütersloh 1867.

Joh. Huber, Studien (über die religiöse Aufklärung im 18. Jahrhundert, zur Christologie, die Statistik der Verbrechen und die Freiheit des Willens), München 1867. Kleine Schriften (Lamennais, Jac. Böhme, Spinoza, Communismus und Socialismus, die Nachtseiten von London, deutsches Studentenleben), Leipzig 1871. Vgl. oben, Grdr. II. § 3 und § 20.

Katholischerseits ward dem Schelling-Hegel'schen „Pantheismus" namentlich durch Anton Günther (1785–1863) ein „Dualismus" entgegengesetzt, den jedoch die kirchliche Autorität verworfen hat. Günther lässt das Schelling-Hegel'sche Entwicklungsprincip für die „Natur" gelten, deren Gebiet er bis zu der empfindenden, vorstellenden und Begriffe bildenden „Seele" ausdehnt, stellt aber über diese „Seele" den „Geist", als ein selbständiges, nicht an den Leib gebundenes Wesen, und stellt ebenso die Gottheit antipantheistisch über die Welt, die von Gott als seine „Contraposition" geschaffen sei.

Anton Günther, Vorschule zur speculativen Theologie des positiven Christenthums, Wien 1828, 2. Aufl. 1846. Thomas a scrupalis, zur Transfiguration der Persönlichkeitspantheismus neuester Zeit, Wien 1835, und viele andere Schriften. Die von A. Günther und J. E. Veith herausgegebene Zeitschrift Lydia, Wien 1849–54, war ein Organ des Güntherianismus. An den Verhandlungen über den Güntherianismus haben sich u. And. J. N. P. Oischinger (die Günther'sche Philos., Schaffhausen 1852), F. J. Clemens (die Günther'sche Philosophie und die kath. Kirche, Köln 1853, wogegen P. Knoodt schrieb: Günther u. Clemens, Wien 1853), Michelis (Kritik der Günther'schen Philosophie, Paderborn 1864) betheiligt. Im Jahre 1857 wurden in Rom nach mehrjährigen Verhandlungen theologische und psychologische Sätze Günthers, der diesem Anspruch „laudabiliter se subjecit", als irrig verurtheilt. Ebenso war früher der gemässigte philosophisch-theologische Rationalismus des Hermes und der Hermesianer der kirchlichen Censur erlegen.

Zu den Philosophen, auf deren Richtung Schleiermacher von beträchtlichem Einfluss gewesen ist, gehören die besonders als Historiker der Philosophie bedeutenden Forscher Christian Aug. Brandis (gest. 1867; vgl. über ihn Trendelenburg, Vortrag am Leibnitztage 1868, in den Abh. der Berl. Akad., auch separat, Berlin 1868) und Heinrich Ritter (gest. 1869). Von Schleiermacher und theilweise auch von Hegel angeregt sind auch die Philosophen Branis (der jedoch auch Steffens sehr vieles verdankt), Romang, Vorländer, Helfferich, George, der speculative Theologe Richard Rothe und Andere.

Die auf die Geschichte der Philosophie bezüglichen umfassenden Werke von Chr. Aug. Brandis und Heinr. Ritter sind oben erwähnt worden. Ritter hat ausserdem besonders noch verfasst: Ueber die Bildung des Philosophen durch die Geschichte der Philos., Berlin 1817. Vorlesungen zur Einleitung in die Logik, Berlin 1823. Abriss der philosophischen Logik, ebend. 1824, 2. Aufl. 1829. Die Halbkantianer und der Pantheismus, Berlin 1827. System der Logik und Metaphysik, Göttingen 1856. Encyclopädie der philos. Wissenschaften, 3 Bde., Göttin-

338 § 28. Der gegenwärtige Zustand der Philosophie in Deutschland.

gen 1862 - 64. Ueber die Unsterblichkeit, 2. Aufl. Leipz 1866. Ernest Renan über die Naturwissenschaften und die Geschichte mit den Randbemerkungen eines deutschen Philosophen. Gotha 1865. Philosophische Paradoxa, Leipzig 1867. Ueber das Böse u. s. Folgen, h. v. D. Peipers, Gotha 1869.

Julius Braniss, die Logik in ihrem Verhältniss zur Philosophie, geschichtlich betrachtet, Berlin 1823. Ueber Schleiermachers Glaubenslehre, Berlin 1824. De notione philosophiae christianae, Breslau 1825. Grundriss der Logik, Breslau 1830. System der Metaphysik, Breslau 1834. Geschichte der Philosophie seit Kant (vielmehr: bis zum Mittelalter), Breslau 1842. Die wissenschaftliche Aufgabe der Gegenwart, Breslau 1848. Ueber die Würde der Philosophie und ihr Recht im Leben der Zeit. Rede beim Breslauer Rectoratsantritt, Berlin 1854. Ueber atomistische und dynamische Naturauffassung, in: Abh. der hist.-phil. Gesellschaft zu Breslau, Bd. I, 1857. Vgl. C. A. Klette, die geschichts-philos. Weltansch. v. Br., Breslau 1849. Einen Einfluss der Speculation von Braniss scheint die Schrift zu bekunden: Jos. Jükel, der Satz des zureichenden Grundes, Breslau 1864.

J. P. Romang, Willensfreiheit und Determinismus, Bern 1835. System der natürlichen Theologie, Zürich 1841. Der neueste Pantheismus, Bern 1848.

Vorländer, Grundlinien einer organischen Wissenschaft der menschlichen Seele, Berlin 1841. Erkenntnisslehre 1847. Geschichte der neuern Moralphilosophie, Marburg 1855 (s. o. § 2).

Adolf Helfferich, die Metaphysik als Grundwissenschaft, Hamburg 1846. Der Organismus der Wissenschaft und die Philosophie der Geschichte, Leipzig 1856. Die Schule des Willens, Berlin 1858.

Leop. George, Mythus und Sage, Berlin 1837. Ueber Princip und Methode der Philosophie, mit Rücksicht auf Hegel und Schleiermacher, Berlin 1842. System der Metaphysik, Berlin 1844. Die fünf Sinne, Berlin 1846. Lehrbuch der Psychologie, Berlin 1854. Die Logik als Wissenschaftslehre, Berlin 1868.

Rich. Rothe (1799 — 1867), die Anfänge der christl. Kirche und ihrer Verfassung, Wittenberg 1837. Theologische Ethik, Wittenberg 1845—48; 2. neu ausgearbeitete Aufl., Bd. I., ebd. 1867 ff.

Einen wesentlichen Einfluss Schleiermacher's bekundet u. A. auch Carl Schwarz, der Verfasser der Schrift: zur Geschichte der neuesten Theologie, 3. Aufl. Leipzig 1864, wie auch des bereits oben (§ 24, S. 277) citirten Vortrags über Schleiermacher und anderer Schriften. Auch auf I. Herm Fichte, Chr. Herm. Weisse u. A. (s. o.) hat neben Hegel besonders Schleiermacher einen wesentlichen Einfluss geübt. Im Schleiermacher'schen Gedankenkreise steht grossentheils auch Felix Eberty, Versuche auf dem Gebiete des Naturrechts, Leipzig 1852; über Gut und Böse, zwei Vorträge, Berlin 1855. Wie viele Anregung Aug. Boeckh seinem Lehrer und Freunde Schleiermacher verdanke, zeigt Brandschek in dem Aufsatze: „Boeckh als Platoniker", in: Philos. Monatshefte, hrsg. v. J. Bergmann, Band I, 1868, S. 257 ff.

Unter Schopenhauer's Anhängern möchte Julius Frauenstädt als der selbständigste und bedeutendste zu bezeichnen sein. Derselbe ist von einem dem Hegelianismus näher liegenden Standpunkte aus zur Schopenhauer'schen Doctrin übergegangen.

Frauenstädt, die Freiheit des Menschen und die Persönlichkeit Gottes (nebst einem Brief des Dr. Gabler an den Verf.), Berlin 1838. Die Menschwerdung Gottes nach ihrer Möglichkeit, Wirklichkeit und Nothwendigkeit, mit Rücksicht auf Strauss, Schaller und Göschel, Berlin 1839. Studien und Kritiken zur Theologie und Philosophie, Berlin 1840. Ueber das wahre Verhältniss der Vernunft zur Offenbarung, Darmstadt 1848. Aesthetische Fragen, Dessau 1853. Frauenstädt's Briefe über die Schopenhauer'sche Philosophie, wie auch Schriften von E. O. Lindner, Asher und Anderen sind oben (§ 25, S. 283 f.) erwähnt worden. Auf Schopenhauer'schem Standpunkt hat Frauenstädt ferner Schriften über die Naturwissenschaft in ihrem Einfluss auf Poesie, Religion, Moral und Philosophie, Leipzig 1855, über den Materialismus, ebend. 1856, Briefe über die natürliche Religion, Leipzig 1858, das sittliche Leben, ethische Studien, Leipzig 1865, Blicke in d. intellect., phys. u. moral. Welt, Lpz. 1869, auch zahlr. Abhandl. in verschiedenen Zeitschr. verfasst. Grossentheils auf Schopenhauer's Doctrin gegründet ist Hippolyt Tauschinski, die Botschaft der Wahrheit, der Freiheit u. d. Liebe, Wien 1864. Nicht sehr fern steht der Weltanschauung Schopenhauer's auch die E. v. Hartmann'sche (s. o. S. 353 f.); noch näher bleibt derselben Jul. Bahnsen, Beiträge

§ 28. Der gegenwärtige Zustand der Philosophie in Deutschland. 339

zur Charakterologie, mit bes. Berücksicht. pädag. Fragen. 2 Bde., Leipzig 1867; zum Verhältniss zwischen Wille und Motiv, eine metaphys. Voruntersuchung zur Charakterologie, Stolp und Lauenburg 1870. Auf Kant und Schopenhauer fusst J. C. Becker, Abh. aus dem Grenzgebiet der Math. u. Philos., Zürich 1870.

Anfangs sehr isolirt, hat später Herbart einen ziemlich zahlreichen Kreis von Schülern gefunden. Die hauptsächlichsten philosophischen Schriften und Abhandlungen der Herbart'schen Schule sind (nach Allihn oben angeführtem Verzeichniss, das durch die bibliographischen Angaben in den späteren Heften der Zeitschr. für exacte Philos. ergänzt wird) folgende.

Friedr. Heinr. Theod. Allihn, Antibarbarus logicus, Halle 1850; erstes Heft: Einleitung in die allgemeine formale Logik. 2. Aufl., Halle 1853 (anonym). Der verderbliche Einfluss der Hegel'schen Philosophie, Leipz. 1852. Die Umkehr der Wissenschaft in Preussen, mit besonderer Beziehung auf Stahl und auf die Erwiderungen seiner Gegner Branies und Erdmann, Berlin 1855. Die Grundlehren der allgemeinen Ethik, nebst einer Abhandlung über das Verhältniss der Religion zur Moral, Leipzig 1861.

Ludw. Ballauf, Abhandlungen meist psychologisch-pädagogischen Inhalts, im Oldenburger Schulblatt, in der pädagog. Revue und dem pädagog. Archiv, und in der Zeitschr. für exacte Philosophie (wo insbesondere in Band IV, Heft 1, S. 63 bis 92 ein von Ballauf verfasster Artikel: „Von Beneke zu Herbart" eine Vergleichung der beiderseitigen Doctrinen vom Herbart'schen Standpunkte aus enthält, die in theoretischem Betracht auf der Voraussetzung ruht, nur durch in der Erfahrung liegende Widersprüche könne ein Antrieb gegeben sein, die Erfahrung zu ergänzen und primitive Annahmen zu corrigiren, und zwar eben durch diejenigen Widersprüche, welche Herbart in partiellem Anschluss an die Eleaten etc. in gewissen Erfahrungsbegriffen gefunden haben will; Ballauf's Einwürfe gegen Beneke's Eudämonismus aber beruhen zum Theil auf einer falschen Isolirung der Elemente des sittlichen Gesammturtheils gegen einander, zum andern Theil auf irrigerweise aus dem Beneke'schen Princip gezogenen Consequenzen, besonders auf einer Unterschätzung des Werthes, den auch nach diesem Princip die gesicherte rechtliche Ordnung haben muss).

Ed. Bobrik, de ideis innatis sive puris pro principiis habitis, Regiomonti 1829. Freie Vorträge über Aesthetik, Zürich 1834. Neues praktisches System der Logik, I, 1.: ursprüngliche Ideenlehre, Zürich 1838 (ist unvollendet geblieben).

Herm. Boultz, dessen Plutonica und Aristotelica oben erwähnt worden sind, ist hier auch als Mitherausgeber (bis 1867) der „Zeitschr. für österr. Gymnasien" und seit 1869 der Berl. „Zeitschr. f. d. Gymnasialwesen" zu nennen, ferner als Verfasser eines Aufsatzes über philosoph. Propädeutik, in der Neuen Jenaischen Allg. Litteraturzeitung, 1846, Nr. 66.

J. G. Brauska, über die Nothwendigkeit pädagogischer Seminare auf der Universität und ihre zweckmässige Einrichtung, Leipzig 1833. Brauska war auch der Herausgeber der „Centralbibliothek für Litteratur, Statistik und Geschichte der Pädagogik und des Unterrichts".

Carl Seb. Cornelius, die Lehre von der Elektricität und dem Magnetismus, Leipzig 1855. Ueber die Bildung der Materie aus einfachen Elementen, Leipzig 1856. Theorie des Sehens und räumlichen Vorstellens, Halle 1861; Ergänzungen dazu, ebend. 1864. Grundzüge einer Molecularphysik, Halle 1866 (zwischen den Realen, die zu einem Massentheilchen mit einander verbunden sind, besteht nach C. nicht, wie bei Herbart, eine directe, sondern nur eine durch Aethersphären vermittelte Gemeinschaft). Ueber die Bedeutung des Causalprincips in der Naturwissenschaft, Halle 1867. Ueber die Entstehung der Welt, mit bes. Rücksicht auf die Frage, ob unserem Sonnensystem ein zeitl. Anfang zugeschrieben werden muss, gekr. Preisschr., Halle 1870, über d. Wechselwirkung zwischen Leib u. Seele, Halle, 1871. Die Zeitschr. f. exacte Phil. enthält manche von Cornelius verf. Abhandl.

Franz Capr, Sein oder Nichtsein der deutschen Philosophie in Böhmen, Prag 1848. Grundriss der empirischen Psychologie, Prag 1852.

Mathias Amos Drbal, über die Ursachen des Verfalls der Philosophie in Deutschland, Prag 1856. Giebt es einen speculativen Syllogismus? (Linzer Gymnasial-Progr. 1857). Ueber das Erhabene (Linzer Gymnasial-Progr. 1858). Ueber die Natur der Sinne, populär-wiss. Vorträge, Linz 1860. Lehrbuch der propädeutischen Logik, Wien 1865, 2. Aufl. ebd. 1868. Empirische Psychologie, Wien 1868.

22*

§ 28. Der gegenwärtige Zustand der Philosophie in Deutschland.

Mor. Wilh. Drobisch, Recension über Herbart's Psychologie als Wissenschaft, im Novemberheft der Leipziger Litteraturzeitung vom Jahr 1828. Recension über Herbart's Metaphysik, in der Jenaischen Litteraturzeitung, Augustheft 1830. Philologie und Mathematik als Gegenstände des Gymnasialunterrichts betrachtet, mit besonderer Beziehung auf Sachs'us Gelehrtenschulen, Leipzig 1832. Ueber mathematische Didaktik, in der Leipziger Litteraturzeitung. 1832. Nr 297. Beiträge zur Orientirung über Herbart's System der Philosophie, Leipzig 1834. Neue Darstellung der Logik nach ihren einfachsten Verhältnissen, nebst einem logisch-mathematischen Anhange, Leipz. 1836, zweite, völlig umgearbeitete Auflage ebend. 1851, dritte, neu bearbeitete Auflage ebend. 1863. Quaestionum mathematico-psychologicarum spec. I—V., Lips. 1836—39. Grundlehren der Religionsphilosophie, Leipzig 1840. Empirische Psychologie nach naturwissenschaftlicher Methode, Leipzig 1842. Ueber die mathemat. Bestimmung der musikalischen Intervalle, in: Abh. der fürstlich Jablonowski'schen Gesellschaft, Leipzig 1846. Disquisitio mathematico-psychologica de perfectis notionum complexibus, Lipsiae 1846. Erste Grundlinien der mathematischen Psychologie, Leipzig 1850. Abhandlungen in der Fichte'schen Zeitschr. für Philos. 1844, 45, 52, 54, 55, 56, 57, 60 und in mehreren Bänden der seit 1860 erscheinenden Zeitschrift für exacte Philosophie. Ueber die Stellung Schillers zur Kantischen Ethik, aus den Berichten der K. S. Gesellschaft der Wiss., besonders abgedruckt, Leipzig 1859. De philosophia scientiae naturali insita, Lips. 1864. Die moral. Statistik und die menschl. Willensfreiheit, Leipzig 1867.

Friedr. Exner, über Nominalismus und Realismus, Prag 1842 (aus den Abh. der Böhm. Ges. d. Wiss.). Die Psychologie der Hegel'schen Schule, Leipzig 1843, zweites Heft, ebend. 1844. Ueber Leibnitzens Universalwissenschaft, Prag 1843 (aus den Abh. der Böhm. Ges. d. Wiss.). Ueber die Lehre von der Einheit des Denkens und Seins, ebend. 1848 (aus den Abh. der Böhm. Ges. d. Wiss.).

Otto Flügel, der Materialismus, Leipzig 1865. Das Wunder und die Erkennbarkeit Gottes, Leipzig 1869. Ferner Aufs. in der Zeitschr. f. ex. Philos., u. a. eine Kritik der Lotze'schen Ansicht vom Zusammenhang der Dinge, VIII, 1867, S. 30—60.

Foss, die Idee des Rechts in Herbart's Ethik, Realschulprogr., Elbing 1862.

Aug. Geyer, Gesch. und System der Rechtsphilosophie, Insbruck 1863. Ueber die neueste Gestaltung des Völkerrechts, Rede, Insbruck 1866. Abhandl. in der Zeitschr. f. ex. Philos.

F. E. Griepenkerl, Lehrbuch der Aesthetik, Braunschweig 1827. Lehrbuch der Logik, 2. Ausg., Helmstädt 1831. Briefe über Philosophie und besonders über Herbart's Lehren, Braunschweig 1832.

H. F. Huccius, kann der Pantheismus eine Reformation der Kirche bilden? Hannover 1851.

Gust. Hartenstein, de methodo philosophiae, log. legibus astringenda, finibus non terminanda, Lips. 1835. Die Probleme und Grundlehren der allg. Metaphysik, Leipzig 1836. De ethices a Schleiermachero propositae fundamento, Lips. 1837. Ueber die neuesten Darstellungen und Beurtheilungen der Herbart'schen Philosophie, Leipzig 1838. De psychologiae vulgaris origine ab Aristotele repetenda, Lipsiae 1840. Die Grundbegriffe der ethischen Wissenschaften, Leipzig 1844. De materiae apud Leibnitium notione et ad monadas relatione, Lipsiae 1846. Ueber die Bedeutung der megarischen Schule für die Gesch. d. metaphysischen Probleme, Leipzig 1847 (aus den Berichten über die Verhandl. der K. Sächs. Ges. der Wiss.). Darstellung der Rechtsphilos. des Grotius (aus Bd. I. der Abh. der phil.-hist. Cl. der K. S. Ges. d. Wiss.), Leipzig 1850. De notionum juris et civilitatis, quas Bened. Spinoza et Thom. Hobbes proponunt, similitudine et dissimilitudine, Lipsiae 1856. Ueber den wiss. Werth der aristotelischen Ethik (in den Berichten der ph.-hist. Cl. der K. G. der Wiss.), Leipzig 1859. Ueber Locke's u. Leibn.'s Lehre von der menschl. Erkenntniss, Leipz. 1861. Historisch-philos. Abhandlungen, Leipzig 1870 (worin acht der angeführten Abh. und neu es eine Abhandl. über Leibnitz's Lehre von dem Verhaltniss der Monaden zur Körperwelt, 1869, enthalten sind).

Carl Ludw. Hendewerk, principia ethica a priori reperta, in libris sacris V. et N. T. obvia. Regiomonti 1839. Herbart und die Bibel, Königsberg 1858. Der Idealismus des Christenthums, Königsberg 1862.

Herm. v. Kayserlingk, Vergleich zwischen Fichte's System und dem System Herbart's, Königsberg 1847. Später ging Kayserlingk von der Herbart'schen

§ 28. Der gegenwärtige Zustand der Philosophie in Deutschland.

Richtung ab. Er hat eine Autobiographie verfasst: Denkwürdigkeiten eines Philosophen, oder Erinnerungen und Begegnisse aus meinem Leben, Altona 1839.
Herm. Kern, de Leibnitii scientia generali commentatio, Progr. des K. Pädag. in Halle 1847. Ein Beitrag zur Rechtfertigung der Herbart'schen Metaphysik, Einladungsschr. zur Stiftungsfeier des herzogl. Gymn. in Coburg, 1849. Pädagogische Blätter, Coburg 1853—56.
Franz L. Kvet, Leibnitzens Logik, nach den Quellen dargestellt, Prag 1857. Leibnitz und Comenius (aus den Abh. der K. Bohm. Ges. d. Wiss.), Prag 1857.
M. Lazarus, das Leben der Seele, in Monographien über seine Erscheinungen und Gesetze, Berlin 1856—57. Ueber den Ursprung der Sitten, ein Vortrag, geh. zu Bern 1860, 2. Aufl., Berl. 1867. Zur Lehre v. d Sinnestäuschungen, Berl. 1867. Lazarus und Steinthal geben seit 1859 die „Zeitschrift für Völkerpsychologie und Sprachwissenschaft" heraus.
Gust. Adolf Lindner, Lehrbuch der empir. Psychologie nach genetischer Methode, Cilli 1858, 2. Aufl Wien 1868, Lehrbuch der formalen Logik nach genetischer Methode, Graz 1861, 2. Aufl. Wien 1867. Einleitung in das Studium der Philosophie, Wien 1866, Lehrbuch der Psychologie als inductiver Wissenschaft, 2. Aufl. Wien 1868. Das Problem des Glücks, psychol. Untersuchungen über die menschl. Glückseligkeit, Wien 1868. Ideen z Psychol. d. Gesellsch. als Grundl. der Socialwiss., ebd. 1871 (70).
Friedr. Lott, Herbarti de animi immortalitate doctr., Gott. 1842. Zur Logik (aus den Gött. Stud. bes. abg.), Gött. 1845
Carl Mager, anfangs Hegelianer, später der Herbart'schen Richtung zugethan, hat die Zeitschrift begründet: Pädagogische Revue, 1840 ff., von 1849—54 hrsg. von Scheibert, Langbein und Kuhn, von 1855—58 von Langbein allein. Statt derselben erscheint seitdem: Pädagogisches Archiv, hrg von W. Langbein, Stettin 1859 ff
F. W. Miquel, Beiträge eines mit der Herbart'schen Pädagogik befreundeten Schulmannes zur Lehre vom biographischen Geschichtsunterricht auf Gymnasien. Aurich und Leer 1847. Beiträge zu einer pädag. psychologischen Lehre vom Gedächtniss, Hannover 1850. Wie wird die deutsche Volksschule national? Lingen 1851. Pädagog. Abh. in den von Kern herausg pädag. Bll. 1853 u 54.
Jos. W. Nahlowsky, das Gefühlsleben, Leipzig 1862. Das Duell, sein Widersinn und seine moral. Verwerflichkeit, Leipzig 1864. Die ethischen Ideen, ebend 1865. Grundzüge zur Lehre von der Gesellschaft und dem Staate, ebend. 1865. Allgem. praktische Philosophie (Ethik), pragmatisch bearbeitet, Leipz. 1870.
Ed. Ohwsky, die Vorstellungen im Geiste des Menschen, Berlin 1868.
L. F. Ostermann, pädagog. Handzeichnungen, Hannover 1850.
Preiss, Analyse der Gefühle, Görz 1854. Analyse der Begehrungen, ebd. 1859.
Aug. Reichs, de Kantii antinomiis quae dicuntur theoreticis, Gott. 1838.
G. L. W. Real, die Bedeutung der Reihenproduction für die Bildung synthetischer Begriffe und ästhetischer Urtheile, Czernowitzer Schulprogr., Wien 1867. Zur Psychologie der subj. Ueberzeugung, Pr., Czernowitz 1868
H. H. E. Röer, über Herbart's Methode der Beziehungen, Braunschweig 1833. Das speculative Denken in seiner Fortbewegung zur Idee, Berlin 1837 (bekundet Röers Fortbewegung zum Hegelianismus).
Gust. Schilling, Lehrbuch der Psychologie, Leipzig 1851. Die verschiedenen Grundansichten über das Wesen des Geistes, Leipzig 1863. Beiträge zur Geschichte und Kritik des Materialismus, Leipzig 1867.
H. Steinthal, Grammatik, Logik und Psychologie, Berlin 1855. Der Ursprung der Sprache, 2. Aufl., Berlin 1858. Gesch. der Sprachwiss. bei den Griechen und Römern mit besonderer Rücksicht auf die Logik, Berlin 1863—64. Abriss der Sprachw. 1. Thl. d. Sprache im Allg. Einl. in d. Psychol. u. Sprachw., ebd. 1871. Seit 1859 giebt Steinthal mit Lazarus die oben erwähnte Zeitschr. heraus.
Stephan, de justi notione quam proposuit Herb., diss. inaug., Gott. 1841. Ueber Wissen und Glauben, skeptische Betrachtungen, Hannover 1846. Ueber das Verhältniss des Naturrechts zur Ethik u. z. positiven Recht, Göttingen 1864.
E. Stiedenroth, Theorie des Wissens, Göttingen 1819. Psychologie zur Erklärung der Seelenerscheinungen, Berlin 1824—25. (Halbherbartianisch.)
K. V. Stoy, Encyclopädie, Methodologie und Litteratur der Pädagogik, Leipz 1861. Philos. Propädeutik, Leipzig 1869 · 70 (1. Log., 2. Psychol.)
Ludw. Strümpell, de methodo philosophica, Regiomonti 1833. Erläuterungen zu Herbart's Philosophie, Gött. 1834. Die Hauptpunkte der Herbart'schen Meta-

342   § 28. Der gegenwärtige Zustand der Philosophie in Deutschland.

physik kritisch beleuchtet, Braunschweig 1840. De summi boni notione qualem
proposuit Schleiermacherus, Dorpat 1843. Die Pädagogik der Philosophen Kant,
Fichte, Herbart, Braunschweig 1843. Vorschule der Ethik, Mitau 1845. Entwurf
der Logik, Mitau und Leipzig 1846. Die Universität und das Universitätsstudium,
Mitau 1849. Geschichte der griech. Philosophie, zur Uebersicht, Repetition und
Orientirung. Erste Abth.: Gesch. der theoret. Philosophie der Griechen, Leipzig
1854. Zweite Abth., 1. Abschnitt: Gesch. der prakt. Ph. d Gr. vor Aristoteles,
ebend. 1861. Der Vortrag der Logik und sein didaktischer Werth für die Uni-
versitätsstudien, mit besonderer Rücksicht auf die Naturwissenschaften (aus der
Päd. Revue bes. abg.), Berlin 1858. Erziehungsfragen, Leipzig 1869.
   G. F. Taute, die Religionsphilosophie vom Standpunkte der Philosophie
Herbart's. Erster Theil: allgem. Religionsph., Elbing 1840. Zweiter Theil: Ph.
des Christenthums. Leipzig 1852. Die Wissenschaften und Universitätsstudien den
Zeitbewegungen gegenüber, Rede, Königsberg 1848. Der Spinozismus als unend-
liches Revolutionsprincip und sein Gegensatz, Rede, ebend. 1848. Pädagogisches
Gutachten über die Verhandlungen der Berliner Conferenz für höheres Schul-
wesen, Königsberg 1849.
   G. Tepe, die praktischen Ideen nach Herbart, im Osterprogr. des Emdener
Gymn. 1854, auch als besondere Schrift, Leer und Emden 1861. Ueber Freiheit
und Unfreiheit des menschlichen Wollens, Bremen 1861. Schiller und die prak-
tischen Ideen, Emden 1863.
   C. A. Thilo, die Wissenschaftlichkeit der modernen specul. Theologie in
ihren Principien beleuchtet, Leipzig 1851. Die Stahl'sche Rechts- und Staatslehre
in ihrer Unwissenschaftlichkeit dargethan, in der krit. Zeitschr. für die gesammte
Rechtswiss., Heidelberg 1857, Bd IV., S. 345—424. Die Grundirrthümer des
Idealismus in ihrer Entwicklung von Kant bis Hegel, in der Zeitschr. f. ex. Ph.,
Bd. I, und viele andere Abh. in eben dieser Zeitschrift. Die theologisirende
Rechts- u. Staatslehre, mit besonderer Rücksicht auf die Rechtsansichten Stahls,
Leipz. 1861. Ueber Schopenhauers eth. Atheismus, Leipz. 1868.
   Carl Thomas, Spinozae syst. philos. delin., Regiom. 1835. Spinoza als Me-
taphysiker, Königsberg 1840. Spinoza's Individualismus und Pantheismus, ebend.
1848. Die Theorie des Verkehrs, erste Abth.: die Grundbegriffe der Güterlehre,
Berlin 1841.
   C. A. D. Unterholzner, juristische Abhandlungen, München 1810. (Die
vierte Abh. entwickelt die philos. Grundsätze eines Strafsystems mit besonderer
Rücksicht auf Herbart's praktische Philosophie.)
   Theodor Vogt, Form und Gehalt in der Aesthetik, Wien 1865.
   Wilh. Fridolin Volkmann, Grundriss der Psychologie vom Standpunkte des
phil. Realismus aus und nach genetischer Methode, Halle 1856. Die Grundzüge
der Aristotelischen Psychologie, aus den Abh. der K. Böhmischen Ges. der Wiss.,
V. Folge. 10. Bd., Prag 1858. Ueber die Principien und Methoden der Psycho-
logie, in: Zeitschr. f. ex. Philos. II, 1861, S. 33—71.
   J. H. W. Walts, die Hauptlehren der Logik, Erfurt 1840.
   Theodor Waitz, Grundlegung der Psychologie, Hamburg und Gotha 1846.
Lehrbuch der Psychologie als Naturwissenschaft, Braunschweig 1849. Allgemeine
Pädagogik, Braunschweig 1852. Der Stand der Parteien auf dem Gebiete der
Psychologie, in der „Allg. Monatsschr. f. Wiss. u. Litt.", Braunschweig 1852, Oct.-
und Nov.-Heft und 1853, Augustheft. Anthropologie der Naturvölker, Leipzig
1859 ff (mit Benutzung der Vorarb. des Verf. fortg. v. G. Gerland).
   W. Wehrenpfennig, die Verschiedenheit der ethischen Principien bei den
Hellenen und ihre Erklärungsgründe, Progr. des Joachimsthal'schen Gymnasiums,
Berlin 1856.
   Theod. Wittstein, neue Behandlung des math.-psychol. Problems von der
Bewegung einfacher Vorstellungen, welche nach einander in die Seele eintreten,
Hannover 1845. Zur Grundlegung der math. Psychologie, Z. f. ex. Philos. VIII,
1869, S. 341—358. Wittstein stellt neben die Herbart'sche und die von A. Lange
(s. o. S. 315) als die wahre Consequenz der Herbart'schen Principien bezeichnete
Hypothese über die gegenseitige Hemmung der Vorstellungen eine dritte, wonach

bei vollem Gegensatz zwischen a und b von a gehemmt wird $\dfrac{b^2}{a+b}$, von b aber

a^2 also von a restirt $\dfrac{a^2 + ab - b^2}{a+b}$ und von b restirt $\dfrac{b^2 + ab - a^2}{a+b}$;

§ 28. Der gegenwärtige Zustand der Philosophie in Deutschland.   343

demgemäss kann auch schon von bloss zwei Vorstellungen, die in vollem (ebenso auch von zwei Vorstellungen, die in geringerem) Gegensatz sind, die stärkere die schwächere ganz aus dem Bewusstsein verdrängen; bei vollem Gegensatz ergiebt sich für die schwächere Vorstellung (b) der Schwellenwerth $1/2$ a $(\sqrt{5} - 1)$ = a . 0,618.

Ernst Friedr. Wyneken, das Naturgesetz der Seele, oder Herbart und Schopenhauer, eine Synthese, Gött. Inaug.-Diss., Hannover 1869.

Tuiscon Ziller, über die von Puchta der Darstellung des römischen Rechts zu Grunde gelegten rechtsphilos. Ansichten, Leipz. 1853. Einl. in die allgem. Pädagogik, Leipz. 1856. Die Regierung der Kinder, Leipz. 1857. Grundl. zur Lehre vom erziehenden Unterricht, Leipz. 1865. Herbartische Reliquien, ebd. 1871.

Rob. Zimmermann, Leibniz' Monadologie, deutsch mit einer Abh. über L.'s und Herbart's Theorie des wirklichen Geschehens, Wien 1847. Leibnitz und Herbart, eine Vergleichung ihrer Monadologien, Wien 1849. Ueber Bolzano's wiss. Charakter und philos. Bedeutung, in den Sitzungsberichten der Akad. d. Wiss. in Wien, philos.-hist. Cl., Oct. 1849. Ueber einige log. Fehler der Spinosistischen Ethik, ebend. Oct. 1850 und April 1851. Der Cardinal Nicolaus Cusanus als Vorläufer Leibnitzens, ebend. April 1852. Ueber Leibnitzens Conceptualismus, ebend. April 1854. Leibnitz und Lessing, eine Studie, ebend. Mai 1855. Das Rechtsprincip bei Leibnitz, Wien 1852. Philosophische Propädeutik, Wien 1852, 2. Aufl. ebd. 1860, 3. Aufl. ebd. 1867 (Prolegomena, Logik, empir. Psychol., zur Einleitung in die Philosophie). Ueber das Tragische und die Tragödie, Wien 1856. Geschichte der Aesthetik als philosophischer Wissenschaft, Wien 1858. Schiller als Denker, ein Vortrag zur Feier seines 100jährigen Geburtstages in den Abh. der K. Böhmischen Gesellschaft der Wissenschaft, V. Folge, 11. Band, Prag 1859. Philosophie und Erfahrung, eine Antrittsrede, Wien 1861. Allgemeine Aesthetik als Formwissenschaft, Wien 1865 (mit der Gesch. der Aesth. zusammen u. d. T. „Aesthetik", hist.-krit. und syst. Theil). Studien und Kritiken zur Philos. und Aesthetik, 2 Bände, Wien 1870.

Von logisch-metaphysischen Betrachtungen ausgehend, die den Herbart'schen verwandt sind, gelangt zu einer der Parmenideischen nahe stehenden Doctrin A. Spir, die Wahrh., Leipz. 1867. Andeutungen zu einem widerspruchl. Denken, ebd. 1869; Forschung nach der Gewissheit in der Erkenntniss der Wirklichkeit, Leipz. 1868; kurze Darst. der Grundzüge einer philos. Anschauungsweise, ebd. 1869; Erörterung einer phil. Grundansicht, ebd. 1869; kleine Schriften, Leipz. 1870.

Der Herbart'schen und noch mehr der Leibnitzischen Richtung unter Mitaufnahme Spinozistischer Gedanken steht Hermann Lotze nahe, wiewohl er mit Recht dagegen protestirt, als ein Herbartianer bezeichnet zu werden, da er die Möglichkeit des Zusammenseins und der erscheinenden Wechselwirkung der vielen Wesen auf die nothwendige Einheit eines substantiellen Weltgrundes, auf die Thätigkeit einer ursprünglichen Wesenseinheit allem Wirklichen zurückführt. Das Unendliche ist die Eine Macht, welche sich in der Gesammtheit der Geisterwelt unzählige zusammenstimmende Welten ihrer Existenz gegeben hat. Alle Monaden sind nur Modificationen des Absoluten. Der Mechanismus ist die Form endlichen Daseins, welche das Wesen sich giebt.

Lotze, Metaphysik, Leipzig 1841. Allg. Pathologie und Therapie als mechanische Naturwissenschaften, Leipzig 1842. Ueber Herbart's Ontologie, in: Fichte's Zeitschr. f. Phil. Bd. XI, Täb. 1843, S. 203 bis 234. Logik, Leipzig 1843. Allg. Physiologie des körperlichen Lebens, Leipzig 1851. Medicinische Psychologie oder Physiologie der Seele, Leipzig 1852. Vgl. Lotze's Artikel über die Lebenskraft in Wagner's Handwörterbuch der Physiologie. Streitschriften, Leipzig 1857. Mikrokosmus, Ideen zur Naturgeschichte und Geschichte der Menschheit, Leipzig 1856—64, 2. Aufl. ebd. 1868 ff. Geschichte der Aesthetik in Deutschland (bildet einen Theil der „Gesch. der Wissenschaften in Deutschland"), München 1868. Auf den Schriften Lotze's und insbesondere auf dem Mikrokosmus beruhen die philosophischen Voraussetzungen von Wilh. Hollenberg's Schrift: zur Religion und Cultur: Vorträge und Aufsätze, Elberfeld 1867, und dessen Logik, Psych. u. Ethik als philos. Propäd., Elberfeld 1869. Auch Hermann Langenbeck (s u S 300) hat an Lotze und zum Theil an Kant sich angeschlossen. Herm. Langenbeck, das Geistige nach seinem ersten Unterschiede vom Physischen im engeren Sinne, Berlin 1868.

344 § 28. Der gegenwärtige Zustand der Philosophie in Deutschland.

Mit der Herbart'schen Aesthetik verwandt ist die Zeising'sche. Ad. Zeising, ästhetische Forschungen, Frankfurt 1855. (Die ästhetische Bedeutung des sog. goldenen Schnitts, welchem gemäss eine Linie, deren Länge = 1, in die beiden Abschnitte μ und m nach dem Verhältniss $\mu : m :: m : 1$ getheilt wird, wo $m = \frac{1}{2}(\sqrt{5} - 1)$ und $\mu = 1 - m = \frac{1}{2}(3 - \sqrt{5})$, findet Zeising darin, dass derselbe die vollkommenste Vermittlung zwischen den beiden extremen Verhältnissen der absoluten Gleichheit 1 : 1 und der absoluten Verschiedenheit 1 : 0 sei, oder zwischen der ausdruckslosen Symmetrie und dem maasslosen Ausdruck, der starren Regelmässigkeit und der ungebundenen Freiheit). Nicht sehr fern steht der Herbart'schen Richtung F. A. von Hartsen's Versuch einer kritischen Umbildung derselben F. A. von Hartsen, Methode der wiss Darst., Halle 1868. Grundlegung von Aesthetik, Moral und Erziehung, ebd. 1869. Untersuchungen über Psychologie, Leipzig 1869. Untersuchungen über Logik, ebd. 1869. Grundzüge der Wiss. des Glücks, Halle 1869.

Den Spinozistisch-Kantischen Gedanken, dass Seele und Leib nur zwei verschiedene Erscheinungsweisen Eines Realen seien (indem nämlich dasselbe von aussen oder von innen, durch die Sinne oder durch das Selbstbewusstsein aufgefasst werde), verbindet mit einer Atomistik, die zu der Auffassung jedes einzelnen Atoms als eines raumlosen oder punktuellen Wesens neigt, aber die „Seele" nicht auf Ein Atom einschränkt, und mit der Annahme einer Beseelung der einzelnen Gestirne und des Universums, unter entschiedener Abweisung des Hegelianismus, der ihm „in gewissem Sinne die Kunst, ein richtiges Schliessen zu verlernen" ist, der Physiker und Philosoph Gustav Theodor Fechner, der in seiner „Psychophysik" die Intensitäten der Empfindungen messen lehrt aus den physikalisch messbaren Stärken der Reize auf Grund des von ihm sogen. „Weber'schen Gesetzes" (welches richtiger das Fechner'sche Gesetz genannt werden mag). Nachdem schon Daniel Bernoulli in seiner Abh. de mensura sortis (Akad.) Petersb. 1738, und Laplace (welcher Letztere dabei die Ausdrücke „fortune physique" und „fortune morale" gebraucht) gelehrt hatten, dass der Zuwachs an Befriedigung durch äussern Erwerb (wenigstens innerhalb gewisser Grenzen) unter übrigens gleichen Bedingungen dem Verhältniss dieses Erwerbs zu dem schon vorhandenen Vermögen entspreche, dass also, wenn der Besitz sich in geometrischer Progression vermehre, die Befriedigung in arithmetischer Progression (oder nach logarithmischem Verhältniss) wachse, Euler das Analoge in Bezug auf die empfundenen Tonhöhen und die zugehörigen Schwingungszahlen ausgesprochen hatte, Delezenne im Recueil des travaux de la soc. de Lille (1827) und in Fechner's Repertorium der Experimentalphysik I, S. 311 (1832) und Ernst Heinrich Weber in Rud. Wagner's Handw. der Physiol. III, 2. Abth., S. 559 ff. in Bezug auf Gewichtsbestimmungen vermöge des Drucksinnes, auf die Vergleichung von Linienlängen und von Tonhöhen die Modification der Empfindung der relativen Reizveränderung (dem Verhältniss des Reizzuwachses oder überhaupt der Reizmodification zu dem jedesmal schon vorhandenen Reiz) proportional gesetzt hatten, behauptete Fechner auf Grund sehr zahlreicher Beobachtungen das Gesetz als ein innerhalb gewisser Grenzen allgemeingültiges, dass constante Differenzen der Empfindungsintensitäten constanten Quotienten der Reizintensitäten entsprechen und insbesondere die eben noch merkbaren Unterschiede von Empfindungsintensitäten (die nach Fechner's Voraussetzung stets die gleiche Grösse haben) innerhalb gewisser Grenzen durchweg an die gleichen relativen Unterschiede der Reizintensitäten (also an die gleichen Quotienten aus dem jedesmaligen Reizzuwachs und der jedesmal schon vorhanden gewesenen Reizstärke) gebunden seien. Wirken auf denselben Sinn verschiedene Reize, deren Intensitäten eine geometrische Reihe bilden, so entstehen Empfindungen, deren Intensitäten eine arithmetische Reihe bilden. Die Intensitäten der Empfindungen verhalten sich, wie die Logarithmen

§ 28. Der gegenwärtige Zustand der Philosophie in Deutschland. 345

der Intensitäten der sie hervorrufenden Reize, wenn als Einheit der Schwellenwerth des Reizes, d. h. diejenige Reizstärke angesehen wird, wobei die Empfindung in der Reihe wachsender Reize zuerst entsteht und in der Reihe abnehmender Reize zuerst verschwindet. Das Empfindungsincrement de ist proportional dem relativen Reizzuwachs $\frac{dr}{r}$. Also gilt die „Fundamentalformel" de $= K \frac{dr}{r}$ (wo K eine Constante ist); durch Integration ergiebt sich die „Maassformel" e $=$ K. log. r — K. log. ϱ (wo ϱ den Schwellenwerth des Reizes bezeichnet) oder e $=$ K. log. $\frac{r}{\varrho}$. Mit Rücksicht darauf aber, dass auch ohne äusseren Reiz der Nerv niemals ganz unerregt ist, ergiebt sich, wenn die Intensität der inneren Reizung $= r_0$ gesetzt wird, die Gleichung de $= K \frac{dr}{r + r_0}$. (Dass jedoch keineswegs durchgängig eine genaue Proportionalität bestehe, sondern statt K eine Function von r zu setzen sei, die bei mässigem Anwachsen von r nahezu constant bleibe, bei stärkerem Anwachsen von r aber dem Nullwerth zustrebe, indem bei sehr heftigem Reiz eine Grenze erreicht wird, jenseits welcher die Empfindung nicht mehr wächst, zeigt Helmholtz, in seiner physiolog. Optik § 21, der die Fechner'schen Formeln nur als eine erste Approximation an die Wahrheit gelten lässt.) Fechner nimmt an, dass der Stärke der äusseren Reizes die Stärke der Nervenerregung innerhalb bestimmter Grenzen proportional sei, und dass das „Weber'sche Gesetz" für das Intensitätsverhältniss zwischen Nervenerregung und Empfindung vielleicht in voller Strenge gelte und dass es sich auf die Beziehungen zwischen den psychischen und den unmittelbar zugehörigen leiblichen Functionen überhaupt anwenden lasse (was freilich sehr hypothetisch ist).

Fechner, das Büchlein vom Leben nach dem Tode, Leipzig 1836, 2. Aufl. 1866. Ueber das höchste Gut, Leipzig 1846. Nanna oder über das Seelenleben der Pflanzen, Leipzig 1848. Zendavesta oder über die Dinge des Himmels und des Jenseits, Leipzig 1851. Ueber die physikalische und philosophische Atomenlehre, Leipzig 1855, 2. Aufl. ebend. 1864. Elemente der Psychophysik, Leipzig 1860. Ueber die Seelenfrage, ein Gang durch die sichtb. Welt, um die unsichtb. zu finden, Leipzig 1861. Die drei Motive und Gründe des Glaubens, Leipzig 1863. Vgl. Otto Caspari, die psycho-physische Bewegung, Leipzig 1869 (der sich zu den Grundgedanken Lotze's unter Polemik gegen Fechner bekennt).

Von wesentlicher Bedeutung für die philosophische Erkenntniss ist die Reduction von Naturgesetzen, die durch positive Forschung ermittelt worden sind, auf gemeinsame Principien.

Joh. Müller (1801—1858), Physiologie (Coblenz 1840). Alex. v. Humboldt (14. Sept. 1769 bis 6. Mai 1859). Kosmos (Stuttgart 1845-62). Jul. Rob. Mayer (in Heilbronn), Abhdlgn. über die Mechanik der Wärme, welche früher einzeln erschienen, gesammelt Stuttgart 1867 herausgegeben worden sind. H. Helmholtz, über die Erhaltung der Kraft, eine physikalische Abhandlung, Berlin 1847, über die Wechselwirkung der Naturkräfte und die darauf bezüglichen neuesten Ermittlungen der Physik, ein populär-wiss. Vortrag, Königsberg 1854, nebst umfassenden Arbeiten zur Optik (Handbuch der physiolog. Optik. Leipz. 1867, als IX Bd. der von Gust. Karsten hrsg. allg. Encykl. der Physik) und zur Akustik. Wilh. Wundt, Vorlesungen über die Menschen- und Thierseele, Leipzig 1863; die physikal. Axiome und ihre Beziehung zum Causalprincip, ein Capitel aus der Philos. der Naturwissenschaften, Erlangen 1866. (Die sechs von Wundt angenommenen Axiome sind: 1. Alle Ursachen in der Natur sind Bewegungsursachen. 2. Jede Bewegungsursache ist ausserhalb des Bewegten. 3. Alle Bewegungsursachen wirken in der Richtung der geraden Verbindungslinie ihres Ausgangs- und Angriffspunktes. 4. Die Wirkung jeder Ursache verharrt. 5. Jeder Wirkung entspricht eine ihr gleiche Gegenwirkung. 6. Jede Wirkung ist äquivalent ihrer Ursache.) Als ein Antiatomistiker ist C. J. Karsten zu nennen (Philosophie der Chemie, Berlin 1843). Vom Standpunkt der mechanischen Wärmetheorie hat Alex. Naumann einen Grundriss der Thermochemie verfasst, Braunschweig 1869. Die beginnende Ausdehnung der astronomischen Erkenntniss auf die chemische Beschaffenheit der Himmelskörper vermöge der Spectral-Analyse (s. Kirchhoff, das Sonnenspectrum, 1862) muss auch auf die philosophischen Untersuchungen über das Universum von maassgebendem Einfluss sein. — Auch Wilh. v. Humboldt's sprachwissenschaftliche und ästhetische, Roscher's, K. Heinr. Rau's u. A. nationalökonomische Forschungen, R. Ihering's Untersuchungen über den Geist des römischen Rechts, Hepp, Darstellung der deutschen Strafrechtssysteme, Chr. Reinh. Köstlin, neue Revision der Grundbegriffe des Strafrechts, Gesch. des deutschen Strafrechts etc., Vassalli, rechtsphilos. Betrachtungen über das Strafverfahren, Erlangen 1869, H. Hetzel, die Todesstrafe in ihrer culturgesch. Entwicklung, Berlin 1869, und manche andere Schriften von Vertretern verschiedener Fachwissenschaften betreffen philosophische Probleme oder stehen doch zu solchen in sehr naher Beziehung.

Unter den Anhängern Beneke's ist der bedeutendste Johann Gottlieb Dressler, der, durch Beneke's Erziehungslehre für dessen Richtung gewonnen, sich um die Erläuterung und Vertheidigung derselben sehr verdient gemacht hat.

J. G. Dressler (gest. 18. Mai 1867), Beiträge zu einer bessern Gestaltung der Psychologie und Pädagogik, u. a. d. T.: Beneke oder die Seelenlehre als Naturwissenschaft, Bautzen 1840—46. Praktische Denklehre, Bautzen 1852. Ist Beneke Materialist? ein Beitrag zur Orientirung über B.'s System der Psychologie, mit Rücksicht auf verschiedene Einwürfe gegen dasselbe, Berlin 1862. Die Grundlehren der Psychologie und Logik, Leipzig 1867, 2. Aufl. von F. Dittes und O. Dressler, Leipzig 1870. Ausserdem hat Dressler zahlreiche Abhandlungen in pädagogischen Zeitschriften (insbesondere auch in Diesterweg's pädagog. Jahrb.) erscheinen lassen. Von ihm ist nach Beneke's Tode Beneke's Lehrbuch der Psychologie in dritter Auflage, Berlin 1861, und Beneke's Erziehungs- und Unterrichtslehre, gleichfalls in dritter Auflage, Berlin 1861, herausgegeben worden. (Von Dressler's Sohn O. Dressler ist ein Grundriss der phys. Anthropologie als Grundlage der Erziehungslehre, Leipz. 1868, erschienen.) Eine populäre Darstellung der Grundzüge der Beneke'schen Psychologie enthält die Schrift: G. Raue, die neue Seelenlehre B.'s nach methodischen Grundsätzen in einfach entwickelnder Weise für Lehrer bearbeitet, Bautzen 1847, 2., 3. u. 4. Aufl., besorgt von Dressler, ebd. 1850 u. 1854, Mainz 1865 (ins Flämische übersetzt durch J. Blockhuys, Gent 1859). Der Pädagog J. R. Wurst hat in seiner Schrift: „die zwei ersten Schuljahre" Beneke's Seelenlehre pädagogisch verwerthet; seine „Sprachdenklehre" beruht ihrem Inhalt nach auf Becker's Grammatik, ihrer didaktischen Form nach zumeist auf Beneke's Lehren. Kämmel hat zu Hergang's „Pädagog. Realencyclopädie" Beiträge geliefert, die auf Beneke's Doctrin beruhen, auch Artikel in Zeitschriften zur Pädagogik und Gesch. der Päd. verfasst (über Herodes Atticus, zur Gesch. des Studienwesens zur Zeit der Antonine, in den Jahrb. f. Ph. u. Päd. 1870 etc). Neben pädagogischen Schriften über die Entwicklung des Bewusstseins von Börner, Dittes, Ueberweg sind aus der Beneke'schen Schule hervorgegangen: Otto Börner, die Willensfreiheit, Zurechnung und Strafe, Freiberg 1857; Friedrich Dittes, das Aesthetische, Leipzig 1854, über Religion und religiöse Menschenbildung, Planen 1856, Naturlehre des Moralischen und Knastlehre der moralischen Erziehung, Leipzig 1856, über die sittliche Freiheit, Leipzig 1860, Grundriss der Erziehungs- und Unterrichtslehre, Leipzig 1868. Von Heinrich Neugeboren und Ludwig Korodi ist eine Vierteljahrsschrift für die Seelenlehre, Kronstadt 1859 bis 1861, herausgegeben worden. F. Schmeding, das Gemüth, G.-Pr., Duisburg 1868.

Beneke's empirischen Standpunkt versetzt mit Kantisch-Fichte'scher Speculation in freier Umbildung Carl Fortlage. System der Psychologie, Leipzig 1855. Psychol. Vorträge, Jena 1868. Philos. Vorträge, ebd. 1869. Einen auf Baco zurückgehenden Empirismus vertritt O. F. Gruppe, Antäus, ein Briefwechsel über speculative Philosophie in ihrem Conflict mit Wissenschaft und Sprache, Berlin 1831; Wendepunkt der Philos. im 19. Jahrh., Berlin 1834; Gegenwart und Zukunft der Philos. in Deutschland, Berlin 1855. Gruppe hält dafür, das System sei die Kindheit der Philosophie, die Mannheit der Philosophie sei die Forschung. Nicht für empiristisch genug hält den Beneke'schen Empirismus Reinhold Hoppe. Zulänglichkeit des Empirismus in der Philosophie, Berlin 1852, der seine Arbeit als Vollführung dessen, was Locke gewollt habe, bezeichnet, nämlich als Aufklä-

§ 28. Der gegenwärtige Zustand der Philosophie in Deutschland.   347

rung über die philosophischen Begriffe zum Zweck der scharfen Bestimmung des Sinnes der philosophischen Fragen, wodurch deren Lösung bedingt sei; in seiner philosophischen Doctrin berührt sich Hoppe zumeist mit Berkeley, will jedoch nur an dessen Grundansicht festhalten, dass das Ding nur in der Idee von Geistern existire, oder dass jedes Object der Erkenntniss Idee eines Subjects sei; tadelt aber, dass Berkeley die Abstraction nicht auf die Perception angewandt habe, wodurch der Begriff des Dinges gewonnen werde. R. Hoppe, über die Bedeutung der psycholog. Begriffsanalyse, in J. Bergmann's philos. Monatsh. IV, Berlin 1869.

Inmitten des Kampfes der philosophischen Parteirichtungen liegt für die philosophische Erkenntniss eine gemeinsame Basis theils in der Geschichte der Philosophie, theils in einzelnen zu bleibender Gültigkeit gelangten philosophischen Doctrinen (zumeist auf dem Gebiet der Logik), theils auch in den zu der Philosophie in nächster Beziehung stehenden Resultaten der positiven Wissenschaften, insbesondere der Naturwissenschaft. Der Rückgang auf diese gemeinsamen Ausgangspunkte philosophischer Forschung, die Kritik einseitiger Doctrinen und die unternommene Reconstruction der Philosophie auf gesichertem Grunde, allerdings unter Mithinzunahme einiger ihm selbst eigenthümlichen Hypothesen ist das wesentliche Verdienst des Aristotelikers Adolf Trendelenburg um die philosophische Wissenschaft und um den philosophischen Unterricht. Unter den Trendelenburg eigenthümlichen Doctrinen ist die beachtungswertheste die Annahme einer constructiven, durch den Zweck geleiteten Bewegung, die der äussern Welt des Seins und der innern Welt des Denkens gemeinsam sei, so dass das Denken, als das Gegenbild der äussern Bewegung, aus sich a priori, aber in nothwendiger Uebereinstimmung mit der objectiven Realität, Raum, Zeit und Kategorien erzeuge. In dem schöpferischen Gedanken ruht nach der „organischen Weltanschauung" (vgl. oben zu § 9, S. 66) das Wesen der Dinge; die sittliche Aufgabe des Menschen ist, die Idee seines Wesens zu erfüllen, indem der Gedanke, der in ihm zum Selbstbewusstsein gelangt, das Begehren und Empfinden erhebt und dieses den Gedanken treibt und belebt. Nur im Staat und in der Geschichte entwickelt der Mensch seine menschliche Natur. Das Recht wahrt die äusseren Bedingungen für die Verwirklichung des Sittlichen mit der Macht des Ganzen; es ist der Inbegriff derjenigen allgemeinen Bestimmungen des Handelns, durch welche es geschieht, dass das sittliche Ganze und seine Gliederung sich erhalten und weiter bilden kann. Die äussere Allgemeinheit der geltenden Rechtsbestimmungen folgt aus der inneren Allgemeinheit der sittlichen Zwecke für deren Bestand das Recht da ist. Trendelenburg führt diesen Begriff des Rechts durch die verschiedenen Sphären vom Privatrecht bis zum Völkerrecht durch. Der Staat ist der universelle Mensch in der individuellen Form des Volkes. Das Ziel aller Staatsverfassung ist die Einheit der Macht. Gesinnung und wachsende Verwirklichung der Idee des Menschen ist der Impuls der Weltgeschichte.

Ausser Trendelenburg's oben erwähnten philologischen und historischen Schriften kommen hier noch insbesondere die didaktisch höchst werthvollen „Elementa logices Aristot.", Berol. 1836, 6. Aufl. 1868, nebst den zugehörigen „Erläuterungen" Berlin 1842, 2. Aufl. 1861, ferner die Hauptwerke: Logische Untersuchungen, Berlin 1840, 2. Aufl. Leipzig 1862, 3. Aufl. 1870, und: Naturrecht auf dem Grunde der Ethik, Leipzig 1860, 2. ausgeführtere Aufl. ebd. 1868, in Betracht; an die logische Untersuchung schliesst sich die Schrift: die logische Frage in Hegels System, Leipzig 1843, und an das „Naturrecht" die Schrift: Lücken im Völkerrecht, Leipzig 1870. An Trendelenburg haben u. A. Carl Heyder, die Arist. und Hegel'sche Dialektik, L. Erlangen 1845 A. L. Kym, Hegel's Dialektik in ihrer Anwendung auf die Gesch. der Philos., Zürich 1849, die Weltanschauungen und deren Consequenzen, Zürich 1854, Trendelenburg's log. Untersuchungen und ihre Gegner, erste Abh., in: Zeitschr. f. Ph. u. ph. Krit., Bd. 54, Heft 2; zweite Abh., in: philos. Monatshefte, IV, 6, März 1870, sich angeschlossen; viele

§ 28. Der gegenwärtige Zustand der Philosophie in Deutschland.

von den geschichtlich-philosophischen Forschern verdanken ihm die wesentlichste Anregung; in der erneuten Basirung der Logik auf Aristotelische Principien kommt mit Trendelenburg auch Fr. Ueberweg, System der Logik und Gesch. der logischen Lehren, Bonn 1857, 2. Aufl. ebend. 1865, 3. Aufl. ebd. 1868, überein. Neben den bezeichneten philosophischen Richtungen gehen manche andere ältern und neuern Ursprungs her.

Auf den meisten katholischen Lehranstalten herrscht ein scholastisch modificirter Aristotelismus, insbesondere die thomistische Doctrin; doch hat in neuester Zeit, besonders in Oesterreich, auch der Herbartianismus einen grossen Einfluss gewonnen. Im Anschluss an Aristoteles und die Scholastiker stellt die Philosophie systematisch dar Georg Hagemann, Elemente der Philosophie (Logik und Noëtik, 2. Aufl., Metaph. Psychologie, 2. Aufl.). Münster 1869, 70; ebenso sind F. J. Clemens (s. o. S. 337), R. P. Kleutgen u. A. der Scholastik befreundet, ferner A. Stöckl, Lehrbuch der Philosophie, 2. Aufl., Mainz 1869. Sporadisch tauchen Versuche selbständiger Umgestaltung der Philosophie auf, wie der von Frohschammmer, dem Herausgeber der Zeitschrift „Athenaeum", mit polemischer Wendung einerseits gegen den Materialismus (s. o.), andererseits gegen die Hierarchie (das Recht der eigenen Ueberzeugung, Leipzig 1869), der von Michelis (dem Verfasser der oben citirten Schriften über Pinto, über Kant, einer Uebersicht über den Entwicklungsgang der Philosophie und anderer Schriften und Abhandlungen) etc. Ueber Bernh. Bolzano (1781–1818; Wissenschaftslehre, Sulzbach 1837, Athanasia ebd. 1838 etc.), der in manchem Betracht der Leibnitz-Wolff'schen Weise des Philosophirens sich anschliesst, s. M. J. Fesl und R. Zimmermann am oben (S. 343) angef. Ort. Oischinger, Grundzüge zum System der christ. Philos., 2. Aufl., Straubing 1852; die Günther'sche Philosophie, Schaffhausen 1852. Mart. Deutinger, der gegenwärtige Zustand der deutschen Philosophie, aus dem handschriftl. Nachlass des Verstorbenen herausgegeben von Lorenz Kastner, München 1866. (Vgl. o. S. 337).

Die Leibnitzische Grundansicht hat in eigenthümlicher Form erneut Michael Petöcz, Ansicht der Welt, Leipzig 1838, der die Welt aus Seelen bestehen lässt; auf Leibnitz als den „eigentlichen Giganten der deutschen Philosophie" weist Joseph Durdik hin, indem er zugleich Newton's Gravitationsgesetz in den Leibnitzischen Gedankenkreis hineinanverarbeiten sucht (Leibn. u. Newton, Halle 1869). Auch M. Drossbach (s. o.) steht in einem verwandten Gedankenkreise. Zahlreiche und zum Theil sehr bedeutende Anhänger hat die Kantische Richtung, obschon eine Zeit lang weniger unter den Philosophen von Profession, als unter Vertretern positiver Wissenschaften und in dem weiteren Kreise der Gebildeten. Zu den Philosophen dieser Richtung gehört ausser den oben (§ 19, S. 221 ff.) Erwähnten insbesondere noch Jürgen Bona Meyer, der Verfasser der bereits erwähnten Schriften: Thierkunde des Aristoteles, über Voltaire und Rousseau, über Kant's Psychologie, über Fichte's Reden an die deutsche Nation, ferner einer Schrift zum Streit über Leib und Seele, Hamburg 1856, über die Idee der Seelenwanderung, Hamburg 1861, philos. Zeitfragen, Bonn 1870, und anderer philosophischer und pädagogischer Schriften und Abhandlungen. Ernst Reinhold (Karl Leonh. R.'s Sohn, 1793–1855; vgl. o. I, § 4) stand dem Kantianismus nahe (vgl. Apelt, Ernst Reinhold und die Kautische Philosophie, Leipzig 1840). Zu Kant's kritischem Grundgedanken bekennt sich auch F. Alb. Lange, der Verfasser der „Geschichte des Materialismus", Iserlohn 1866. Lange nimmt mit Kant angeborne Formen der Anschauung und des Urtheils als die Grundlage der gesammten Erfahrung an, hält aber die Deduction dieser angebornen Formen für unmöglich und darum auch Kant's „zukünftige Metaphysik" für eben so unmöglich, wie die alte Metaphysik; die Entdeckung der obersten Verstandesbegriffe, die, wenn auch erst durch späte Abstraction zum Bewusstsein kommend, in der ursprünglichen und unabänderlichen Entfaltung der Verstandesanlage gegründet sind, kann nur auf dem Wege der Induction erfolgen, unter Beihülfe der Kritik und der psychologischen Beleuchtung. Lange trennt noch entschiedener, als Kant, die sittliche Betrachtung der Ideen von ihrer objectiven Begründung, verweist aber im Unterschied von Kant die sittlichen Ideen, die er mehr in der Schiller'schen, als Kantischen Weise fasst, mit Religion und Dichtung in ein gemeinsames Gebiet. In seiner Schrift über die Arbeiterfrage, Winterthur 1865, 2. Aufl. 1870. sucht Lange den Weg an zeigen, auf welchem der exclusiven Wirkung der im Egoismus begründeten Regeln durch moralische Mächte Schranken gesetzt werden können. Bei lebhafter Polemik gegen Kant's „Ding an sich" erkennt doch that-

§ 28. Der gegenwärtige Zustand der Philosophie in Deutschland. 349

sächlich unter den Bezeichnungen X und Y das, was Kant den Erscheinungen des äussern und innern Sinnes als transscendentales Object oder Ding an sich correspondiren lässt. Otto Liebmann so in seiner Schrift über den objectiven Anblick, Stuttgart 1869. O. Liebmann, über den indiv. Beweis für die Freiheit des Willens, Stuttgart 1868; über eine moderne (die Fechner'sche) Anwendung der Math. auf die Psychologie, in: ph. Monatsh. V, 1870, S. 1—21. (Vgl. oben § 16, S. 177.) Obschon nicht Kantianer und überhaupt keiner philosophischen Partei zugewendet, verehrt doch Kant mehr, als irgend einen andern Philosophen der Neuzeit Karl Alexander Freiherr v. Reichlin-Meldegg; in seiner Psychologie, Heidelberg 1837—38, sucht er dasjenige zu geben, was sich durch die Erfahrung constatiren lässt, d. h. durch die Thatsachen des eigenen Selbstbewusstseins und die Beobachtungen Anderer, unter Benutzung des physiologisch Erforschten. Vgl. auch dessen: Autolatrie, ein Geheimniss der junghegelschen Philosophie, Sendschreiben an L. Feuerbach, Pforzheim 1843, und die anonyme Schrift: der neue Reineke Fuchs, Stuttgart 1844; System der Logik nebst Einleitung in die Philosophie, Wien 1870. In ähnlicher Weise forscht F. H. Gormar, die alte Streitfrage, Glauben oder Wissen, beantwortet aus dem bisher verkannten Verhältniss von Taci und Prüfung, Zürich 1856. Unter den Naturforschern ist neben Apelt, Schleiden etc. namentlich auch Helmholtz zu erwähnen, der die Verwandtschaft zwischen der transscendentalen Aesthetik Kant's und der heutigen physiologisch-psychologischen Theorie der Sinneswahrnehmung hervorhebt, ferner der Physiolog C. Rokitansky u. A. Mit dem Kantischen Kriticismus in gewissem Betracht verwandt, obschon nicht auf dem Kantischen Apriorismus und Subjectivismus ruhend, ist die gegenwärtig bei vielen Naturforschern herrschende Maxime, alles, was jenseits der Grenzen exacter Forschung liegt, von dem Bereiche wissenschaftlicher Erkenntniss schlechthin auszuschliessen und dem blossen „Glauben" völlig anheimzugeben, die philosophischen Versuche hypothetischer Ergänzung des exact Erforschten zu einem Gesammtbilde der natürlichen und geistigen Wirklichkeit aber möglichst abzulehnen, wie z. B. Rud. Virchow principiell „nur von dem, was der wissenschaftlichen Erkenntniss zugänglich ist, Zeugniss ablegen" will und gegenüber dem Wissen, das mehr ein „Fühlen" sei, dem Glauben das (halb ironisch behandelte, aber in seiner unermesslichen socialen Bedeutung unangetastet gelassene) „Vorrecht, in jedem Augenblick stetig zu sein", zugesteht (a. Virchow, vier Reden über Leben und Krankseiin, Berlin 1862, Vorrede), während freilich zugleich Virchow an eben diesen von der Wissenschaft abgetrennten „Glauben" die demselben nicht ohne Inconsequenz erfüllbare Anforderung stellt, mit den Ergebnissen empirischer Forschung sich abzufinden. Ueber die psychologischen Fragen und über das Verhältniss der Naturwissenschaft zu dem Glauben äussert sich Virchow besonders in der Abhandlung über die Einheitsbestrebungen in der wiss. Medicin, verfasst 1849, wiederabgedruckt in Virchow's gesammelten Abh. zur wiss. Medicin, Frankfurt a. M. 1856, S. 1—56, und in dem Aufsatz über Empirie und Transscendens, im Archiv für pathol. Anat. und Phys. VII, Heft 1.

Von den philosophischen Versuchen, die sich an die sog. freireligiöse Bewegung angeschlossen haben, mag hier erwähnt sein: L. Uhlich, der Mensch nach Leib und Seele, Gotha 1870. E. Baltzer, alte und neue Weltanschauung, 4 Bde., Nordhausen 1850—59, 2. Aufl. 1859 ff.; die neuen Fatalisten des Materialismus, ebd. 1859. Von der Arbeit, ebd. 1864. Gott, Welt und Mensch, ebd. 1869. Eine verwandte (pantheistische) Doctrin vertritt der Mathematiker O. Möllinger, die Gottidee der neuen Zeit, 2. Aufl. Zürich 1870.

Am meisten Aufsehen hat während der letzten Jahre der noch gegenwärtig fortgehende Materialismus-Streit erregt.

Durch das Entwicklungsgang der neuesten Philosophie und Naturwissenschaft, insbesondere durch die von Feuerbach und Anderen vollzogene naturalistische Umbildung des Hegelianismus bedingt, kam dieser Streit, nachdem er schon früher besonders zwischen Rudolf Wagner und Carl Vogt und zwischen Liebig und Moleschott geführt worden war, in weiterem Umfange hauptsächlich auf Anlass des Vortrags, den Rud. Wagner auf der Naturforscher-Versammlung zu Göttingen 1854 „über Menschenschöpfung und Seelensubstanz" hielt (gedruckt Göttingen 1854) zum Ausbruch. Der erste Theil dieses Vortrages sucht darzuthun, dass die Frage, ob alle Menschen von Einem Paare abstammen, sich vom Standpunkte exacter Naturforschung eben so wenig bejahen, wie verneinen lasse, dass die Möglichkeit der Abstammung von Einem Paare physiologisch unbestreitbar sei, da wir immer noch physiognomische Eigenthümlichkeiten bei Menschen und Thieren entstehen und beharrlich werden sehen, welche, wenn auch nur entfernt, an die Rassenbildung erinnern, und dass daher die jüngsten Resultate der Naturforschung den biblischen Glauben unangetastet lassen. Der zweite Theil des Vortrags wendet sich gegen den Satz Karl Vogt's: „die Physiologie erklärt sich bestimmt und kategorisch gegen eine individuelle Unsterblichkeit, wie überhaupt gegen alle Vorstellungen, welche sich an diejenige der speciellen Existenz einer „Seele" anschliessen: — sie erkennt in den Seelenthätigkeiten Functionen des Gehirns als des materiellen Substrats". Wagner geht auf den ältesten christlichen Standpunkt zurück, indem er behauptet, aus diesem Satze folge die praktische Consequenz, dass Essen und Trinken die höchste menschliche Function sei; er hält die Naturwissenschaft nicht für reif, um aus ihrem Mittelpunkt heraus die Frage über die Natur der Seele überhaupt zu entscheiden, und will in die Lücke des Wissens den Glauben an eine individuelle, beharrliche Seelensubstanz treten lassen, um nicht „die sittlichen Grundlagen der gesellschaftlichen Ordnung völlig zu zerstören". Als eine „Fortsetzung der Betrachtungen über Menschenschöpfung und Seelensubstanz" liess Wagner bald hernach ein Schgriftchen: „über Wissen und Glauben mit besonderer Beziehung auf die Zukunft der Seelen", Gott. 1854, erscheinen, worin er, wie auch in dem „Kampf um die Seele", Göttingen 1857, aus der Verschiedenheit der Organismen der früheren und der späteren geologischen Perioden successive, in den Naturlauf eingreifende Schöpfungsacte folgert, auf die Lehre von dem zukünftigen Gericht und der Wiedervergeltung die moralische Weltordnung basirt und der Seele, die er sich wie einen Gehirnäther vorstellt, nach dem Tode eine andere locale Existenz vindicirt, indem ihre Ueberpflanzung in einen anderen Weltraum eben so schnell und leicht erfolgen könne, wie die Fortpflanzung des Lichtes von der Sonne zur Erde; eben so könne diese Seele einst zurückkehren und mit einem neuen körperlichen Kleide versehen werden. Gegen Wagner's Auseinanderhaltung des Wissens und Glaubens und gleichsam „doppelte Buchhaltung", die er schon früher in seinen physiologischen Schriften und in Aufsätzen für die Augsburger Allgem. Zeitung bekundet hatte, hatte sich u. A. schon Lotze in seiner „medicinischen Psychologie" erklärt, da eine harmonische Gesammtüberzeugung ein wesentliches Bedürfniss des Geistes sei. Carl Vogt nahm den Fehdehandschuh, den Wagner ihm hinwarf, auf und kämpfte in: Köhlerglaube und Wissenschaft, Giessen 1854 u. ö., hauptsächlich mit der Waffe der Satire gegen dessen Ansichten an. In wissenschaftlichem Zusammenhange geht Vogt in seinen physiolog. Briefen, Stuttgart 1845—47 u. o., Bildern aus dem Thierleben, Frankf. a. M. 1852, und Vorlesungen über den Menschen, seine Stellung in der Schöpfung und in der Geschichte der Erde, (Giessen 1863), auf jene Fragen ein. Die systematische Ausbildung des materialistischen Princips haben sich hauptsächlich Jac. Moleschott und Louis Büchner zur Aufgabe gesetzt. Moleschott, der Kreislauf des Lebens, physiologische Antworten auf Liebig's chemische Briefe, Mainz 1852, 4. Aufl. 1862; die Einheit des Lebens, Vortrag geh. an der Turiner Hochschule, Giessen 1864. L. Büchner, Kraft und Stoff, empirisch-naturphilosophische Studien, in allgemein-verständlicher Darstellung, Frankfurt a. M. 1855, 11. Aufl. 1876 (das eigentliche Grundbuch des heutigen deutschen Materialismus, vielfach in fremde Sprachen übersetzt, auch im Auslande mehrfach bekämpft, in Frankreich von Paul Janet [dessen Schrift K. A. v. Reichlin-Meldegg in's Deutsche übers. hat, mit Vorrede von J. H. v. Fichte, Paris und Leipzig 1866] in Italien von R. Rossi etc). Natur und Geist, Gespräch zweier Freunde über den Materialismus und die realphilosophischen Fragen der Gegenwart, Frankf. a. M. 1857, 2. Aufl. 1865. Physiologische Bilder, Leipzig 1861. Aus Natur und Wissenschaft, Leipzig 1862, ebd. 1869. Sechs Vorlesungen über die Darwin'sche Theorie von der Verwandlung der Arten, und die erste Entstehung der Organismenwelt, Leipzig 1868, 2. Aufl. 1869. (Aus dem Engl. des Sir Charles Lyell hat Büchner in's Deutsche übertragen: das Alter des Menschengeschlechts auf der Erde und der Ursprung der Arten durch Abänderung.) Die Stellung des Menschen in der Natur. Vergangenheit, Gegenwart und Zukunft, Leipzig 1869. Mit dem Materialismus kommt in der Negation einer zweiten, jenseitigen oder „übersinnlichen" Welt und in der „Zufriedenheit mit der Einen natürlichen, alles Wahre, Gute und Schöne umfassenden Welt" überein Heinrich Czolbe (geb. am 30. Decbr. 1819). neue Darstellung des Sensualismus, Leipzig 1855; Entstehung des Selbstbewusstseins, eine Antwort an Herrn Prof. Lotze, ebd. 1856; die Grenzen und der Ursprung der menschlichen Erkenntniss, im Gegensatze zu Kant und

Hegel, naturalistisch-teleologische Durchführung des mechanischen Princips (warum nicht lieber: naturalistische Durchführung des tel.-mech. Pr.?), Jena und Leipzig 1865; die Mathematik als Ideal für alle andere Erkenntniss, in der Zeitschrift f. ex. Philos. Bd VII. 1860. Czolbe's methodisches Princip ist das „sensualistische", dass ein klares Bild von dem innern Zusammenhange der Dinge nur bei voller sinnlicher Anschaulichkeit aller hypothetischen Ergänzungen der Wahrnehmung erreichbar, und dass das Denken selbst nur ein Surrogat der wirklichen Anschauung sei, weshalb er principiell alles Uebersinnliche ausschliesst. Auf der vollen Anschaulichkeit und dem strengen Ausschluss alles Uebersinnlichen beruht der wissenschaftliche Vorzug der Mathematik, welche für alle andere Erkenntniss nicht nur als ein Fundament, sondern auch als ein ideales Vorbild dienen muss. In den beiden ersten der angeführten Schriften nimmt Czolbe neben den physikalischen und chemischen Vorgängen auch die organischen Formen als etwas Elementares an, versucht aber aus gewissen physikalischen Bewegungen der Materie Empfindungen und Gefühle als die Elemente der Seele zu entwickeln; in der Schrift über die Grenzen und den Ursprung der menschlichen Erkenntniss dagegen erklärt er diesen letztern Versuch für verfehlt, stellt der Materie und den zweckmässigen Formen als gleich ursprünglich „die im Raume verborgenen Empfindungen und Gefühle oder die Weltseele" zur Seite, und verbindet mit diesen „drei fundamentalen Grenzen der Erkenntniss" als „ideale Grenze der Erkenntniss" den letzten Zweck der Welt, in dem ihre Einheit bestehe, nämlich das durch die möglichste Vollkommenheit bedingte Glück jedes fühlenden Wesens"; das Streben nach diesem Glück in seinem wesentlichen Unterschiede von dem einseitigen Egoismus ist ihm das Grundprincip der Moral und des Rechts. Die Annahme der Räumlichkeit der Empfindungen und überhaupt aller psychischen Gebilde hält Cz. für nothwendig (so dass seine Psychologie zwar nicht als eine materialistische, wohl aber als eine extensionalistische zu bezeichnen ist). Um im Gegensatz zur punktualistischen Psychologie die Weltordnung als an und für sich zweckmässig denken zu können, betrachtet er sie als ewig und schreibt die gleiche Ewigkeit auch, obschon nicht den menschlichen Individuen, doch den einzelnen Weltkörpern zu, mindestens denjenigen, welche organische und beseelte Wesen tragen, insbesondere der Erde*). Eine Tendenz zu neuer Kirchenbildung (die von der freigemeindlichen sich dadurch zu unterscheiden behauptet, dass sie nicht Richtungslosigkeit oder Neutralität, sondern Anschluss an den „Uebersinnlichkeitsglaubens" fordert, als positive Ziele aber „Vervollkommnung des menschlichen Wissens, der menschlichen Würde oder Moral und des menschlichen Wohlstandes" bezeichnet)

---

*) Diese letztere Annahme möchte jedoch, wie sehr auch Czolbe das Gegentheil darzuthun sich bemüht, mit astronomischen und geologischen Thatsachen streiten, insbesondere mit der allmählichen Abnahme der Drehungsgeschwindigkeit der Erde durch Ebbe und Fluth, mit den Spuren allmählicher Erkaltung, wie auch mit der Wahrscheinlichkeit des Vorhandenseins eines die fortschreitende Bewegung hemmenden und allmählich die Bahnen der sämmtlichen Weltkörper verkleinernden Mediums; falls es ein widerstandleistendes Mittel giebt, so ist die Consequenz unabweisbar, dass im Fortschritt der Zeit sich unablässig, aber in stets wachsenden Zeiträumen, aus kleineren Massen grössere bilden, dass, während kleinere Körper früher, grössere (die Sonnen) später erkalten und erstarren, durch den Sturz der kleineren Körper auf die grösseren, des Mondes auf die Erde, der Erde auf die Sonne etc. der Zustand der Gluthitze von Neuem hervorgerufen werden und der gesammte Lebensprocess in immer grösseren Dimensionen sich erneuern muss, und zwar bis in Ewigkeit, falls die Materie an der Unendlichkeit des Raumes Theil hat, andernfalls nur bis zu einem um eine endliche Zeit von unserer Gegenwart entfernten Zeitpunkte. Die Vibrationen im Gehirn vermögen nach Czolbe Empfindungen und Gefühle zwar nicht zu erzeugen, wohl aber aus der Weltseele, in der dieselben „latent" sind, „auszulösen", wobei jedoch diese „Auslösung" selbst als eine „elementare Thatsache" unerklärt bleibt. Die Verbreitung der Empfindungen und Wahrnehmungen (auch der Vorstellungen und Gedanken?) von den Stellen hinweg, an welchen sie angeregt oder „ausgelöst" werden, über die Grenzen des Leibes hinaus führt zu einer gegenseitigen Durchkreuzung der Empfindungskreise verschiedener Personen, wobei unklar bleibt, warum sich immer nur diejenigen, welche dieselbe Ursprungsstelle haben, zur Einheit des Bewusstseins mit einander associiren, denn setzt auch die letzere in

bekundet der Naturalismus bei Ed. Löwenthal, System und Geschichte des Naturalismus, Leipzig 1861, 5. Aufl. ebd. 1864; eine Religion ohne Bekenntniss. Berl. 1865; Monatsschrift für Forschung und Kritik im Bereiche der drei weltlichen Facultäten, Dresden 1868; der Freidenker, Organ des internationalen Cogitanten- oder Freidenkerbundes, Dresden 1870. In gewissem Sinne gilt das Gleiche noch auch von der anonymen Schrift: das Evangelium der Natur, Frankf. a. M. 1853, 3. Aufl. ebd. 1868. Die Grundzüge einer Natur- und Religionsgeschichte entwirft vom materialistischen Standpunkte aus Karl Wilh. Kunis, Vernunft und Offenbarung, Leipzig 1870. Einen vermittelnden Standpunkt nimmt im Materialismusstreit der Hegelianer Jul. Schaller ein, Leib und Seele, zur Aufklärung über Köhlerglaube und Wissenschaft, Weimar 1855, 3. Aufl. 1858. Vom Schopenhauer'schen Standpunkte aus unterscheidet Frauenstädt (Leipzig 1856) in dem Materialismus Wahrheit und Irrthum. Aus dem Standpunkte des theologischen Glaubens urtheilen über den Materialismus die Katholiken J. Frohschammer, Menschenseele und Physiologie, eine Streitschrift gegen K. Vogt, München 1855, das Christenthum und die moderne Naturwiss., Wien 1867, Friedr. Michelis, der Materialismus als Köhlerglaube, Munster 1856, wie auch Anton Tanner, Vorlesungen über den Materialismus, Luzern 1864, die Protestanten Friedr. Fabri, Briefe gegen den Materialismus, Stuttgart 1856, zweite, mit einer Abhandlung über den Ursprung und das Alter des Menschengeschlechts vermehrte Auflage, ebd. 1864, Otto Woysch, der Materialismus und die christliche Weltanschauung, Berlin 1857, Th. Otto Berger, evang. Glaube, römischer Irrglaube, weltlicher Unglaube, Gotha 1870, der Philosoph K. Ph. Fischer, die Unwahrheit des Sensualismus und Materialismus, mit besonderer Rücksicht auf die Schriften von Feuerbach, Vogt und Moleschott, Erlangen 1853. Eingehende Naturkenntniss bekundet in seinen antimaterialistischen Schriften Herm. Ulrici, Glauben und Wissen, Leipzig 1858, Gott und die Natur, ebd 1861, 2. Aufl. 1866, Gott und der Mensch, Bd. I.: Leib und Seele, ebd. 1866, und Andere. Vgl ferner u. A.: H. G. Ad. Richter, gegen den Mater. der Neuzeit, Gymn.-Progr. Zwickau 1865. Drambach, Köhlerglaube und Materialismus oder die Wahrheit des geistigen Lebens, Frankfurt 1856. J. B. Meyer, zum Streit über Leib und Seele, Worte der Kritik, Hamburg 1856; philos. Zeitfragen, Bonn 1870. Robert Schellwien, Kritik des Materialismus, Berlin 1858; Sein und Bewusstsein, Berlin 1863. Ad. Cornill, Materialismus und Idealismus in ihren gegenwärtigen Entwicklungskrisen, Heidelberg 1858. Karl Snell, die Streitfrage des Materialismus, ein vermittelndes Wort, Jena 1858, wozu als Ergänzung die kurze, von gründlicher Einsicht zeugende Schrift gehört: die Schöpfung des Menschen, Leipzig 1863. Naturforschung und Culturleben, von August Nath. Böhner, Hannover 1859, 2. Aufl. 1864, 3. Aufl. 1870. M. J. Schleiden, über den Materialismus in der neueren Naturwiss., Leipzig 1863. C. Werner, über Wesen und Begriff der Menschenseele, 2. Aufl., Brixen 1867. Eine Verbindung des Atomismus mit dem Unsterblichkeitsglauben hat Max Drossbach herzustellen gesucht: die individuelle Unsterblichkeit, eine monadistisch-metaphysischen Standpunkte, Olmütz 1858; die Harmonie der Ergebnisse der Naturforschung mit den Forderungen des menschlichen Gemüthes oder die persönliche Unsterblichkeit als Folge der atomistischen Verfassung der Natur, Leipzig 1858; die Objecte der sinnl. Wahrn., Halle 1865; über Erkenntniss, Halle 1869 (jedes Atom erfüllt von seinem Centrum aus den ganzen unendlichen Raum, indem es mit allen anderen sich durchdringt). Die Bonnet'sche Tendenz der Vereinigung der Annahme durchgängiger leiblicher Bedingtheit der Seelenthätigkeiten mit dem theologischen Glauben hat in ähnlicher Art bereits O. A. Spiess erneut, der für wahrscheinlich hält, dass sich während des irdischen Lebens und durch dasselbe ein „Keim höherer Ordnung" im Menschen bilde, der — nicht, wie die organischen Keime in den Nachkommen, auch nicht geistig in anderen Menschen, sondern — „in anderen Theilen der unendlichen Schöpfung Gottes zu einer höheren

der That nicht eine punktuelle Einheit der psychischen Substanz voraus, so doch wohl jedenfalls ein in sich abgeschlossenes und nicht mit fremden Empfindungskreisen sich kreuzendes Continuum, nämlich den Bewusstseinsraum, dessen Stelle wohl nur innerhalb des Gehirns sein kann (etwa im Thalamus opticus. In welchem J. Luys, recherches sur le systeme nerveux cérébro-spinal, Paris 1865, das Sensorium commune zu finden glaubt, wie in dem Corpus striatum das Motorium commune).

§ 28. Der gegenwärtige Zustand der Philosophie in Deutschland. 353

Entwickelung gelangend, die persönliche, individuelle Fortdauer ermöglichen würde". G. A. Spiess, Physiologie des Nervensystems, vom ärztlichen Standpunkte dargestellt, Braunschweig 1844; über die Bedeutung der Naturwissenschaften für unsere Zeit, und: über das körperliche Bedingtsein der Seelenthätigkeiten, zwei Festreden, Frankf. a. M. 1854. In Ein Atom verlegt die Gesammtheit der psychischen Functionen des Individuums O. Flügel, der Materialismus vom Standpunkt der atomistisch-mechanischen Naturforschung beleuchtet, Leipzig 1865. Flügel lässt es unentschieden, ob die Seele als ausgedehnt oder als „einfach" (punktuell) zu denken sei, weil kein Theil der Psychologie von der Annahme der Unräumlichkeit der Seele abhänge (was freilich von Herbart's Psychologie keineswegs gilt). Gegen den Materialismus hat in jüngster Zeit Ferd. Westhoff geschrieben, Stoff, Kraft und Gedanke, Münster 1866; besonders gegen ihn richtet sich A. Mayer, zur Seelenfrage, Mainz 1865 (der den Materialismus mit einem gewissen Kantisch-Schopenhauerischen Apriorismus verbindet). Insbesondere gegen Mayer's Doctrin kämpft H. H. Stadt, die materialistische Erkenntnisslehre, Altona 1869. Haffner, der Materialismus, Mainz 1865. L. Flentje, das Leben und die todte Natur, Cassel 1866. Julius Frauenstädt, der Materialismus und die antimaterialistischen Bestrebungen der Gegenwart, in: Unsere Zeit, N. F., 3. Jahrg., 1. Hälfte, Leipz. 1867, S. 253—278; Rosenkranz, der deutsche Materialismus und die Theologie, in: Zeitschr. für histor. Theologie. Bd. VII, Heft 3, 1864. Neue Versuche der Systembildung, die ein Verständniss des natürlichen und geistigen Lebens auf Grund der Ergebnisse der exacten Naturforschung zu gewinnen suchen, sind: Christian Wiener, die Grundzüge der Weltordnung (Atomenlehre und Lehre von der geistigen Welt), Leipzig und Heidelberg 1863, 2. Aufl. 1869, und C. Radenhausen, Isis, der Mensch und die Welt, Hamburg 1863, 2. Aufl. 1870. Durch gleichmässige Vertrautheit mit der Philosophie und mit der positiven Naturforschung ausgezeichnet ist F. Alb. Lange's geistvolle Schrift: Geschichte des Materialismus und Kritik seiner Bedeutung in der Gegenwart, Iserlohn 1866. Vgl. ferner H. A. Rinne, Mater. und ethisches Bedürfniss, Braunschweig 1864. Die Unsterblichkeitsfrage und die neueste deutsche Philosophie: 1. die Gegner, 2. die Vorkämpfer der Unsterblichkeit, in: Unsere Zeit, IV, 12 und 15, Leipz. 1868. M. E. A. Naumann, die Naturwiss. und der Mater., Bonn 1868. C. Scheidemacher, d. Nachtseite des Materialism etc., Cöln 1868. G. H. G. Jahr, die Natur, der Menschengeist und sein Gottesbegriff, Leipzig 1870. Ludwig Weis, Anti-Materialismus. I, Berlin 1871.

In jüngster Zeit hat sich dem mit der Frage nach dem Verhältniss von Kraft und Stoff eng verknüpften, aber der positiven Naturforschung näher liegenden Problem der Entstehung der Arten seit Darwin's on the origin of species (s. u. S. 364) vorzugsweise das naturphilosophische Interesse zugewandt.

Auf dieser Doctrin ruht insbesondere Ernst Häckel's umfassendes Werk: generelle Morphologie der Organismen, allg. Grundzüge der organ. Formenwiss., mechanisch begründet durch die von Charles Darwin reformirte Descendenztheorie, 1. Band: allg. Anatomie der Organismen, 2. Band: allg. Entwicklungsgesch. der Organismen, Berlin 1866; vgl. E. Häckel, natürl. Schöpfungsgeschichte, Berlin 1868, 2. Aufl. 1870; Jäger, die Darwin'sche Theorie und ihre Stellung zu Moral und Religion, Stuttgart 1869; W. Braubach, Religion, Moral und Philos. der Darwin'schen Artlehre, Neuwied 1869.

Mit neuen Versuchen sind unter Andern hervorgetreten:

Friedrich Rohmer (1814—1856), Kritik des Gottesbegriffs in den gegenwärtigen Weltansichten, Nördlingen 1856 (anonym herausgegeben); Gott und seine Schöpfung, ebd. 1857, der natürliche Weg des Menschen zu Gott, ebd. 1858, Wissensch. u. Leben, L. d. Wissensch. v. Gott, ebd. 1871. Anton Rée, Wanderungen auf dem Gebiete der Ethik, Hamburg 1857. F. X. Schmid, Entwurf eines Systems der Philos. auf pneumatol. Grundlage, Wien 1863—65. Heinrich Böhmer, die Bewusstwerdungen, Erlangen 1864 ff. V. A. v. Stägemann, die Theorie des Bewusstseins im Wesen, Berlin 1864. J. H. v. Kirchmann, die Philosophie des Wissens, Berlin 1864, über die Unsterblichkeit, Berlin 1865, Aesthetik auf realistischer Grundlage, Berlin 1868. In der von ihm hrsg. „philos. Bibl.", Berlin 1868 ff., hat K. auch seinen Standpunkt systematisch und kritisch entwickelt. Theilweise gegen v. Kirchmann's Basirung der Ethik auf Autorität ist gerichtet F. W. Struhnneck, Herrschaft und Priesterthum, Berlin 1871. Eugen Dühring, natürliche Dialektik, Berlin 1865; der Werth des Lebens, Breslau 1865; kritische

354   § 28. Der gegenwärtige Zustand der Philosophie in Deutschland.

Grundlegung der Volkswirthschaftslehre, Berlin 1866; krit. Gesch. der Nat.-Oec. u. des Soc., Berlin 1871. Carl Lemcke, populäre Aesthetik, Leipzig 1865, 3. Aufl. ebd 1870. J. Hoppe, die gesammte Logik, I., Paderborn 1868 (1867). Die kleine Logik, Paderborn 1869. A. Bastian, der Mensch in der Geschichte, Berlin 1860. Beiträge zur vergleichenden Psychologie, Berlin 1868. W. Oehlmann, die Erkenntnisslehre als Naturwissenschaft, Cöthen 1868. A. v. Oettingen, die Moralstatistik und die christl. Sittenlehre, Versuch einer Socialethik auf empirischer Grundlage, I., Erlangen 1868 ff. Karl Rob. Eduard von Hartmann (geb. 1842), Philosophie des Unbewussten, Berlin 1869, 2. Auflage 1870, 3. beträchtlich vermehrte Auflage 1871 f. (vgl. dazu mehrere Abhandlungen Hartmann's in Bergmann's Zeitschrift). Ueber die dialektische Methode (s. o. S. 263) Schellings posit. Philos. als Einheit von Hegel u. Schopenh., Berlin 1869. Aphorismen über das Drama, Berlin 1870*). A. Horwicz, Grundlinien eines Systems

*) Hartmann's Philosophie ist ein Monismus des unbewussten Geistes mit den Attributen Wille und Vorstellung (Idee). (Das Gefühl erklärt er aus Willensaffectionen in Verbindung mit bewussten und unbewussten Vorstellungen.) Er behauptet, dass Hegel's logische Idee ebensowenig ohne Willen zur Realität gelangen könne, als es Schopenhauer's blindem vernunftlosem Willen möglich sei, sich zu urbildlichen Ideen zu determiniren, und verlangt deshalb, beide als coordinirte gleichberechtigte Principien zu fassen, die (nach Vorgang Schelling's in seinem letzten System) als Functionen eines und desselben functionirenden Wesens zu denken seien. Der Wille setzt das „Dass" (die reale Existenz), die Idee das „Was" (die ideale Essenz) der Welt und der Dinge. Das „Dass" der Welt ist alogisch wie der Wille, das Was der Welt logisch wie die Idee. Es stellt sich heraus, dass die alogische Existenz der Welt zugleich antilogisch ist, weil aus der Natur des Willens (die wir durch Induction aus der Erfahrung erkennen) das nothwendige Uebergewicht des Schmerzes folgt. Deshalb wäre die Nichtsein der Welt ihrem Sein vorzuziehen (Pessimismus), obwohl die seiende Welt die beste aller möglichen Welten ist (Optimismus), was namentlich aus ihrer von unbewusster Vorsehung geleiteten, möglichst zweckmässigen Entwicklung erhellt. (So ist z. B. nur durch den Kunstgriff, dass der Kindheit und Jugend Alles wegen seiner Neuheit interessant ist, das Leben auszuhalten; partielle Unterbrechung des individuellen Bewusstseins im Schlaf und des historischen Bewusstseins der Menschheit durch Tod und Geburt bewahrt die Natur vor Erschlaffung.) Das Ziel der Entwicklung ist die (nicht, wie bei Schopenhauer, individuell, sondern nur universell mögliche) Zurückwendung des Wollens in's Nichtwollen; das Mittel dazu ist grösstmögliche Steigerung des Bewusstseins, weil nur in diesem die Vorstellung sich in der zu einer Opposition erforderlichen Emancipation vom Willen befindet. Der Entstehung und Steigerung des Bewusstseins dient die kosmische, tellurische, vitale, (biologische) und menschheitliche Entwicklung. — Die Hypothese des Unbewussten sucht Hartmann als fruchtbar zu erweisen zur Aufhellung und Lösung der mannigfachsten Probleme auf physiologischem, zoopsychologischem, anthropopsychologischem, ästhetischem und mystisch-religiösem Gebiete. (Sie erklärt ihm z. B. die Möglichkeit der Liebe: die lockende Ahnung der All-Einheit wird zur Sehnsucht nach Vereinigung; die Liebe ist der in die Täuschung des Bewusstseins hineinblitzende Silberblick der ewigen Wahrheit des all-einigen Wesens.) Von Hegel unterscheidet sich Hartmann ausser dem oben Angeführten hauptsächlich dadurch, dass er die Idee nicht als etwas aus discursiv abstracten Begriffen Coarescirtes, sondern als ein unmittelbar und intuitiv Concretes mit logischem Gestaltungsgesetz ansieht, dass er die dialektische Methode bekämpft, und dafür nach inductiver Methode von einer möglichst breiten empirischen Basis hauptsächlich naturwissenschaftlichen und psychologischen Materials allmählich aufsteigt. Von Schopenhauer unterscheidet er sich ferner durch die Verwerfung der exclusiven Subjectivität von Raum, Zeit und Kategorien (sammt deren Consequenzen), durch die Annahme eines atomistischen Dynamismus zur Erklärung der Materie, und durch die Behauptung, dass dasjenige, was uns als Gehirn erscheint, nicht zureichende Ursache des Intellects überhaupt, sondern nur Bedingung der Form des Bewusstseins sei. — Diese Doctrin hält also, wenn uns dieser Ausdruck erlaubt ist, die Welt gleichsam für das Product einer edlen Mutter, der Idee, und eines schlimmen Vaters, des Willens, der (wie vielleicht ein Gnostiker dichten möchte) von dem Liebreiz der Idee bestrickt,

der Aesthetik, Leipzig 1869. O. Hebler, philos. Aufsätze, Leipzig 1869 (Copernicus und die moderne Weltanschauung; Utilitarianismus; Feindesliebe und Plat. Rep.; Lewingiana; Kantiana; Jeanne d'Arc bei Shakespeare, Voltaire und Schiller). C. S. Barach, die Wiss. als Freiheitsthat, Wien 1869. Wilh. Kaulich, über die Möglichkeit, das Ziel und die Grenzen des Wissens, in den Abh. der k. böhm. Gesellsch. der Wiss. VI, 1, Prag 1868, separat in neuer Aufl., Graz 1870. Handbuch der Logik, Prag 1869; Handbuch der Psychologie, Graz 1870. Alfred Friedmann, des Einzelnen Recht und Pflicht, ein philos. Versuch auf naturalistischer Grundlage, Heidelberg 1870. J. Bergmann, Grundlinien einer Theorie des Bewusstseins, Berlin 1870.

§ 29. Ausserhalb Deutschlands sind seit dem Anfange dieses Jahrhunderts philosophische Systeme von gleich hoher Bedeutung und gleich mächtigem Einfluss, wie im 17. und 18. Jahrhundert, nicht entstanden; doch ward die philosophische Tradition gewahrt und theilweise auch die Forschung weiter geführt. In England und Nordamerika blieb das philosophische Interesse vorwiegend empirisch-psychologischen, methodologischen, moralischen und politischen Untersuchungen zugewandt. In Frankreich trat dem Sensualismus und Materialismus theils die eklektisch-spiritualistische Schule entgegen, die von Royer-Collard im Anschluss an Reid begründet, von Cousin durch Mitaufnahme einzelner deutschen Philosopheme weiter ausgebildet wurde und die Tradition des Cartesianismus wieder aufnahm, theils eine theosophische Richtung; in neuester Zeit gewann der Hegelianismus einzelne Anhänger; einen jedes Hinausgehen über das exact Erforschbare principiell ablehnenden, jedoch zumeist mit dem Materialismus befreundeten „Positivismus" hat Comte begründet. In den von der katholischen Kirche geleiteten

satyrhaft in sinnlicher Lust sich ihr naht; sie vermag sich nicht vor seiner Umarmung zu bewahren und gebiert das Kind, das nicht sein sollte, die Welt; aber sie ertheilt mit mütterlicher Fürsorge dem unglücklichen Wesen alle die edlen Gaben, mit denen sie es sein Loos zu erleichtern vermag, und kann sie es ihm nicht ersparen, durch den harten Kampf der Entwicklung hier durchzugehen, so ist doch eine Erlösung ihm vorbehalten in der Aufhebung des Willens, in der Schmerz- und Lustlosigkeit des Nirwana. Auf die kritische Frage, die auf Grund von Hartmann's eigenen Voraussetzungen gestellt werden mag, warum denn diese Erlösung nur eine negative sei, da sie doch wohl auch eine Rückkehr der Idee in sich, eine Befreiung von dem Andern ihrer selbst (ein Bewusstsein der Idee im Geist, der Hegel'schen Trichotomie gemäss) sein und eine intellectuelle, begierdenfreie Seligkeit gewähren könnte, antwortet Hartmann: die ewige Selbstbespiegelung der Idee würde eher verzweifungsvoll langweilen, als beseligen, wenn der Wille noch betheiligt ist; soll aber der Wille ganz aufgehoben sein, so ist sie interesselos. Aber es lässt sich gegen die obersten Voraussetzungen selbst die Frage richten: wie vermag eine „logische Idee" zu existiren als Prius — sei es auch nur als zeitloses Prius — des Geistes und ein „Wille" als Prius der weltlichen Dinge, die wir allein als Träger desselben kennen? Sind nicht Abstractionen des Subjects hypostasirt worden? (Ueber Hartmann's Philosophie handeln E. Frh. du Prel, das neueste philos. Syst. in d. Zeitschr.: Im neuen Reich, 1871, No. 38; M. Schneidewin, üb. d neue „Philos. des Unbewussten" L, Gymn.-Pr., Hameln 1871; G. C. Stiebeling, Naturwissensch. geg. Philos. Eine Widerlegung d. Hartmannsch. Lehre v. Unbewussten in d. Leiblichk., nebst e. kurz. Beleucht. d. Darwinschen Ansichten üb. d. Instinct, New-York 1871.

Lehranstalten Frankreichs, Spaniens und Italiens herrscht ein modificirter Scholasticismus, insbesondere der Thomismus vor. In Belgien, Holland, Dänemark, Schweden und Norwegen, Russland, Polen und Ungarn haben die verschiedenen Richtungen der deutschen Philosophie nacheinander einen nicht unbeträchtlichen Einfluss gewonnen. In Italien, wo neben dem von der Kirche begünstigten Thomismus besonders die Lehren des Antonio Rosmini und des Vincenzo Gioberti manche Anhänger zählen, findet in jüngster Zeit auch der Hegelianismus eifrige Vertreter.

Im vierten Bande der History of the philosophy of mind von Robert Blakey, London 1848, findet sich eine ausführliche Uebersicht über die von 1800 bis gegen 1848 erschienenen philosophischen Werke in Grossbritannien, Deutschland, Frankreich, Italien, Belgien und Holland, Spanien, Ungarn, Polen, Schweden, Dänemark, Russland und in den nordamerikanischen Freistaaten. Vgl. J. D. Morell, an hist. and critical view of speculative philosophy of Europe in the nineteenth century, London 1846, 2. ed. ebd. 1847; Lectures on the philosophical tendencies of the age, 1848. Ueber neuere psychologische Arbeiten in verschiedenen Ländern handelt Beneke in seiner Schrift: „die neue Psychologie", Berlin 1845, S. 272—350. Artikel über die gegenwärtige Philosophie ausserhalb Deutschlands enthalten die philosophischen Zeitschriften: „Zeitschr. f. Philos.", hrsg. von Fichte, Ulrici und Wirth, und „der Gedanke", hrsg. von Michelet, wie auch die „philos. Monatshefte" and (in Bezug auf den Herbartianismus) die „Zeitschr. für exacte Philosophie".

Ueber die französische Philosophie im 19. Jahrh. handeln: Ph. Damiron, Paris 1828. H. Taine, Paris 1857, 2. éd. 1860, 3. éd. 1867. F. Ravaisson, Paris 1868 (vgl. darüber Etienne Vacherot, la situation ph. en France, in: Revue des deux mondes, Bd. 65, 1868, S. 950—977). P. Janet, le spiritualisme français au XIX. siècle, in: Revue des deux mondes, Bd. 65, 1868, S. 353—385.

Ueber die neuere Philosophie in Gross-Britannien handeln: Dav. Masson, rec. British philosophy, London 1865, 2. ed. 1867. W. Whewell, Lectures on the hist. of moral ph. in England, new ed., London 1868. J. M. Cosh, present state of moral ph. in England, London 1868 (speciell über Hamilton and Mill). Thomas Collyns Simon, über den gegenw. Zustand der metaphys. Forschung in Britannien, in der Zeitschr. f. Philos., Bd. 53, Halle 1868, S. 248—271. Zur Kenntnis des gegenwärt. Zust. der Philos. in Amerika liefert die Zeitschrift „the Journal of speculative Philosophy", St. Louis 1867 ff., werthvolle Beiträge.

Ueber die Philosophie des Rechts in Belgien handelt Warnkönig in der Zeitschr. f. Philos. Bd. XXX., Halle 1857. Ueber die Philos. in den Niederlanden handelt T. Roorda, ebd. Bd. X, Tübingen 1843.

Ueber die neuern Philos. in Italien handeln: Marc Debrit, hist. des doctr. philos. dans l'Italie contemp., Paris 1859. Auguste Conti, la philos. it. cont. (ital. Florens 1864, als Anhang zu Conti's Vorles. über die Gesch. der Philos., franz. von Ern. Naville), Paris 1865. Theod. Sträter, Briefe über die it. Philos., in der Zeitschr. „der Ged.", 1864 u. 65. Raphaël Mariano, la ph. contemp. en Italie, Paris 1867. Franz Bonatelli, die Philos. in Italien seit 1815, in der Zeitschr. f. Philos. Bd. 54, 1869, S. 131—168. Louis Ferri, ess. sur l'hist. de la philos. en Italie au XIX. siècle, Paris 1869.

Die französische Philosophie in den ersten Jahrzehnten des gegenwärtigen Jahrhunderts wird von Damiron auf drei Hauptrichtungen zurückgeführt: die sensualistische, die theologische und die eklektisch-spiritualistische. Die sensualistische Schule, aus dem achtzehnten Jahrhundert in das neunzehnte hinüberragend, ward in den ersten Jahrzehnten des gegenwärtigen Jahrhunderts mehr und mehr durch die beiden andern Schulen verdrängt, doch erhob sich dann auch wieder gegen diese letzteren eine Reaction, die zum Theil, z. B. in Renan und Taine, auch in Charles Dollfus, dem Verfasser der Lettres philosophiques, Paris 1851, 3. éd. 1869, mit Hegel's religions- und geschichtsphilosophischem Grundgedanken sich berührt, zum Theil (und schon früher) sich naturalistisch gestaltete. Ueber

§ 29. Der gegenwärtige Zustand der Philos. ausserhalb Deutschlands.

diesen Entwicklungsgang berichtet Cousin's Schüler Paul Janet folgendermaassen:*)

Die französische Philosophie stand zu der Zeit, als die Revolution zu Ende ging und das neunzehnte Jahrhundert begann, ganz und gar unter dem Einfluss der Condillac'schen Richtung. Die Metaphysik war nichts anderes, als Zergliederung der Sinnesempfindungen. Da diese letzteren unter zwei Gesichtspunkten betrachtet werden konnten, nämlich theils in Beziehung zu den Sinnesorganen, theils in Beziehung zum Geist, so theilte sich die Condillac'sche Schule in zwei Zweige, einen physiologischen und einen ideologischen: Cabanis ist der Hauptvertreter der ersten, Destutt de Tracy der der zweiten Fraction.

Cabanis (1757—1808) ist der erste französische Schriftsteller, der philosophisch und methodisch über die Beziehungen zwischen dem Physischen und Psychischen gehandelt hat und zwar in dem Werke: „Les Rapports du physique et du moral" (erschienen in den beiden ersten Bänden der Memoires de la cinquième classe de l'Institut, welche Classe die Lehre von den Vorstellungen zu bearbeiten hatte, auch separat veröffentlicht im Jahre 1812). Dieses Werk besteht aus zwölf Abschnitten, welche der Reihe nach handeln von dem physiologischen Ursprung der Sinnesempfindungen, von dem Einfluss des Lebensalters, des Geschlechts, des Temperaments, der Krankheiten, der Lebensordnung, des Climas, des Instincts, des Mitgefühls, des Schlafes, von dem Einfluss des Psychischen auf das Physische, von den erworbenen Temperamenten. Es ist eine sehr reiche Fundgrube interessanter Thatsachen. Aber der Geist des Werkes ist ein durchaus materialistischer. Das Psychische ist nichts anderes, als das Physische unter gewissen besonderen Gesichtspunkten. Die Seele ist nicht eine Substanz, sondern eine Fähigkeit. Der Gedanke ist eine Ausscheidung des Gehirns. Später, in seiner an Fauriel gerichteten Lettre sur les causes premieres (Paris 1824) hat Cabanis seine Ansichten wesentlich umgebildet. Er gab jetzt eine mit Verstand und Willen begabte Ursache der Welt zu, und gelangte zu einem gewissen stoischen Pantheismus.

Destutt de Tracy (1754—1836) bildete die Lehre Condillac's dadurch um, dass er versuchte die Vorstellung des Seins von Dingen ausser uns zu erklären, welche die blosse Sinnesempfindung nicht geben könne. Nach ihm lehrt uns nur die freiwillige Bewegung die Existenz von äusseren Objecten. Das Band zwischen dem Ich und Nichtich ist einerseits die gewollte und empfundene Handlung, andererseits der Widerstand. Es geht nicht an, dass die nämliche empfindende Kraft wolle und doch auch sich selbst Widerstand leiste. Eine Materie, die nicht widerstände, würde nicht erkannt werden können. Ein Wesen, das keine Bewegungen machte, oder das zwar Bewegungen machte, aber ohne dieselben zu empfinden, würde nichts anderes, als sich selbst erkennen. Tracy zieht hieraus die Consequenz, dass ein schlechthin immaterielles Wesen nur sich selbst erkennen würde. Die Werke Tracy's sind: 1) Éléments d'idéologie (2 vol. in 8°, Paris 1804), 2) Commentaire sur l'Esprit des lois (Paris 1819).

Reaction gegen die sensualistische Schule. Diese Reaction ist eine zweifache. Sie wurde geübt theils von der theologischen, theils von der psychologischen**) Schule.

In der theologischen Schule sind drei Namen die hervorragendsten: De Bonald. — Der Abt von Lamennais. — Joseph de Maistre.

De Bonald (1754—1840) ist das Haupt der Schule, welche die traditionalistische genannt wird. Ihr Hauptdogma ist die göttliche Erschaffung der Sprache. Die Offenbarung ist das Princip aller Erkenntniss. Es giebt keine angeborenen Vorstellungen. Die gesammte Philosophie Bonald's wird durch eine trinitarische Formel beherrscht: Ursache, Mittel, Wirkung. In der Kosmologie wird Gott als die Ursache bestimmt, die Bewegung als das Mittel, der Körper als die Wirkung. In der Staatslehre gestalten sich diese drei Termini als Regierung, Beamte, Untergebene. In der Familie: Vater, Mutter, Kind. Bonald wandte diese Formeln auf die Theologie an und schloss auf die Nothwendigkeit eines

---

*) Die der zweiten Aufl. dieses Grdr. beigefügte, von Herrn Prof. Janet, Mitglied der Akademie zu Paris, mit dankenswerther Bereitwilligkeit ausgearbeitete Skizze folgt hier in deutscher Uebersetzung.
**) Diesen Namen gebe ich dieser Schule, die im Verlauf der Zeit verschieden bezeichnet worden ist (als eklektische, als spiritualistische Schule). Der Name, den ich vorschlage, scheint mir der zutreffendste zu sein.   Janet.

§ 29. Der gegenwärtige Zustand der Philos. ausserhalb Deutschlands.

Mittlers. Daher dieser Satz: Gott verhält sich zum Gottmenschen, wie der Gottmensch zum Menschen. Die Hauptwerke Donald's sind: Essai analytique sur les lois naturelles de l'ordre social. La législation primitive (2. Aufl. 1821, 3 vol. in 8°). Recherches philosophiques (1818). La théorie du pouvoir social (1796, 2 vol. in 8°). Die Oeuvres complètes sind im Jahr 1818 veröffentlicht worden.

Der Abt de Lamennais (1782-1854) ist der Begründer des theologischen Skepticismus im neunzehnten Jahrhundert. In seinem Buche „Essai sur l'indifférence en matière religieuse" (1817-27, 4 vol. in 8°) entlehnt er, wie Pascal, dem Pyrrhonismus seine Beweisgründe gegen die Zuverlässigkeit der Seelenvermögen. Irrthümer der Sinne, Irrthümer im Schliessen, Widersprüche der menschlichen Meinungen, dieses ganze Arsenal des Skepticismus wird gegen die menschliche Vernunft verwendet. Nach diesem Ruin jeder Gewissheit versucht der Abt von Lamennais das von ihm Zerstörte auf Grund eines neuen Kriteriums, nämlich des „consentement universel" wiederaufzubauen, und so die Gültigkeit des Gottesglaubens, der Offenbarung, des Katholicismus darzuthun.

Joseph de Maistre (1753-1821) ist der Begründer des heutigen Ultramontanismus. Sein Buch über den Papst ist gewissermassen das Evangelium desselben. Er berührt das Gebiet der Philosophie in seinen Soirées de St. Pétersbourg (Paris 1821), wo er von der zeitlichen Herrschaft der Vorsehung in den menschlichen Angelegenheiten handelt. Sehr durchdrungen von der theologischen Idee der Erbsünde neigt er dahin, in dem Uebel nur Sühne und Züchtigung zu sehen. Daher der grausame Charakter seiner Philosophie, seiner Rechtfertigung der Todesstrafe, des Krieges, der Inquisition etc. Er war nicht ohne einen Anflug von Illuminismus und träumte eine umfassende Erneuerung der Religion; daraus erklärt sich, dass die Saint-Simonisten häufig seinen Namen anführen und sich auf ihn berufen.

Die psychologische Schule hat folgende Eigenthümlichkeiten: 1. dass sie vollkommen unabhängig von der (positiven) Theologie ist, 2. dass sie in der Psychologie die Principien aller Philosophie sucht, 3. dass sie die von Cartesius überlieferte idealistische und spiritualistische Richtung erneuert. Ihre vorzüglichsten Vertreter sind: Royer-Collard, Maine de Biran, Cousin und Th. Jouffroy.

Royer-Collard (1763-1845) hat auf dem Gebiet der Politik grössere Bedeutung, als auf dem der Philosophie. Er hat die schottische Philosophie in Frankreich eingeführt. Er legt, wie Reid, das grösste Gewicht auf den Unterschied zwischen Sinnesempfindung und Perception, auf die Principien der Causalität und der Induction. Das Interessanteste bei ihm ist die Analyse des Begriffs der Dauer. Die Dauer wird nach ihm nicht in den Objecten percipirt; sie liegt nur in uns. Sie unterscheidet sich von der Zeitfolge; diese begründet nicht den Begriff der Dauer, sondern hat vielmehr denselben zur Voraussetzung. Der Begriff der Dauer entspringt nur aus der Empfindung unserer beständigen Identität, welche aus der Continuität unseres Handelns hervorgeht. (Fragments de Royer-Collard in Th. Jouffroy's Uebersetzung der Werke Reid's.)

Maine de Biran (1766-1824), den Cousin als den ersten französischen Metaphysiker des neunzehnten Jahrhunderts proclamirt hat, ist durch drei verschiedene philosophische Doctrinen hindurchgegangen oder richtiger: durch drei verschiedene Stadien einer und derselben philosophischen Entwicklung.

Den Charakter der ersten Periode bezeichnet das Werk Mémoire sur l'habitude (1803). In diesem Werke gehört Maine de Biran noch der ideologischen oder Condillac'schen Schule an, oder glaubt doch derselben noch anzugehören, während er in der That sich bereits von ihr entfernt. Indem er die von Tracy schon aufgestellte Ansicht entwickelt, dass in der freiwilligen Bewegung der Ursprung unserer Vorstellung von Dingen ausser uns liege, gründet er auf dieses Princip die in der Reid'schen Schule so unbestimmt gebliebene Unterscheidung der Sinnesempfindung und Perception. Die erstere ist die blosse, durch die äusseren Ursachen hervorgerufene Affection; die Perception dagegen ist das Ergebniss unserer freiwilligen Activität. Maine de Biran zeigt uns, wie diese beiden Vorgänge bei einem Jeden unserer Sinne in verschiedenem Verhältniss sich mit einander verbinden, indem die Perception sich stets an die Beweglichkeit des Organes knüpft. Die Perception ist also nicht eine umgebildete Sinnesempfindung. Von diesem Unterschied hängt auch der zwischen der Einbildungskraft und dem Gedächtniss ab. Ferner unterscheidet Biran zwei Classen von Gewohnheiten, nämlich active und passive Gewohnheiten. Endlich entwickelt er folgendes Grund-

§ 29. Der gegenwärtige Zustand der Philos. ausserhalb Deutschlands. 359

gesetz der Gewöhnung, „dass sie die Sinnesempfindung schwäche und die Perception verstärke".

In der zweiten Periode begründet und entwickelt Biran seine eigene Philosophie. Der Grundgedanke dieser Philosophie ist, dass der Gesichtspunkt eines sich selbst erkennenden Wesens dem Gesichtspunkte einer äusserlich und gegenständlich erkannten Sache nicht gleichgesetzt werden dürfe. Der Grundirrthum der Sensualisten bestand darin, dass sie sich die inneren Ursachen, die psychischen Kräfte nach dem Vorbilde der äusseren und gegenständlichen Ursachen vorstellten. Da diese letzteren aber nicht an sich bekannt sind, so sind sie nur verborgene Eigenschaften, abstracte Namen, welche Gruppen von Erscheinungen repräsentiren; sie lassen sich auf einander reduciren in dem Maasse, wie man zwischen diesen Gruppen neue Aehnlichkeiten entdeckt. Attraction, Affinität, Elektricität, sind nur Namen; also müssen den Sensualisten Empfindungsfähigkeit, Verstand, Wille und im Allgemeinen die subjective Ursächlichkeit für blosse Abstractionen gelten. Aber, wirft Biran ihnen ein, darf denn das Wesen, welches sich seines Handelns bewusst und Zeuge seiner eigenen Activität ist, sich wie ein äusseres Object behandeln? Zwar ist die Seele, im Absoluten betrachtet, uns unerfasslich, ein X. Aber zwischen dem Gesichtspunkte des reinen Metaphysikers, die sich in's Absolute versetzen, und dem der blossen Empiristen, die nichts als Erscheinungen und Verbindungen von Sinneswahrnehmungen erblicken, liegt in der Mitte der Gesichtspunkt der Reflexion auf unser Inneres, wodurch das Einzelsubject sich als solches empfindet und sich demgemäss von den verborgenen Ursachen unterscheidet, die wir immer uns vormachen; zugleich unterscheidet es sich auch von allen seinen Modis, anstatt sich in dieselben aufzulösen, wie dies Condillac wollte, der in dem Ich nur einen Complex oder eine Aufeinanderfolge von Sinnesempfindungen sah. Die erste Thatsache des Bewusstseins ist die gewollte Anstrengung, worin ein Zweifaches untrennbar vereinigt liegt: Wille und Widerstand (und zwar Widerstand des eigenen, nicht des fremden Körpers). Vermittelst des Widerstandes empfindet sich das Ich als begrenzt und gewinnt dadurch das Selbstbewusstsein, während es zugleich mit Nothwendigkeit ein Nichtich erkennt. Durch das innere Bewusstsein an seine Thätigkeit erlangt das Ich den Begriff der Ursache, der weder angeboren, noch eine blosse Gewohnheit, noch eine Form a priori ist. Biran unterscheidet mit Kant Materie und Form in der Erkenntniss. Aber die Form besteht nicht in leeren und hohlen Kategorien, die vor aller Erfahrung vorhanden wären. Die Kategorien sind nur die verschiedenen Gesichtspunkte in der inneren Erfahrung, in der Reflexion. Die Materie der Erkenntniss ist durch das Widerstandleistende gegeben, welches die Verschiedenheit und die Localisation liefert. Es giebt nach Biran auch einen inneren Raum, der von dem äussern und gegenständlichen Raume verschieden ist; dieser ist der unmittelbare Ort des Ich, der durch die Verschiedenheit der Punkte des Widerstandes gebildet wird, den die verschiedenen Organe dem Willensact entgegensetzen. Der über gesammte Philosophie Biran's beherrschende Gesichtspunkt ist der der Persönlichkeit. Die hauptsächlichsten Schriften dieser zweiten Periode sind: Rapports du physique et du moral (verfasst 1811 und gekrönt durch die Akademie zu Kopenhagen, jedoch erst 1834, nach dem Tode des Verfassers, durch Cousin veröffentlicht) und besonders Essai sur les fondemens de la psychologie (veröffentlicht durch Naville im Jahr 1859).

Die dritte Periode Biran's ist unvollendet geblieben und seine letzte Philosophie ist nur skizzirt. Von der stoischen Betrachtungsweise, welche seine zweite Periode charakterisirt, ist er zu einer mystisch-christlichen übergegangen. In seinem letzten, unvollendet gebliebenen Werke, der Anthropologie, unterscheidet er in dem Menschen drei Arten des Lebens: die Sinnesempfindung als das animalische, den Willen als das menschliche, die Liebe als das göttliche Leben. Die Persönlichkeit, die ihm früher als die höchste Stufe des menschlichen Lebens galt, ist nur noch eine Uebergangsstufe zu einer noch höheren Stufe, auf welcher sie sich verlieren und aufheben wird in Gott. — Biran's Werke bestehen aus vier von Cousin 1840 und drei nachträglich von Naville 1859 veröffentlichten Bänden.

Victor Cousin (1792—1867), ein Schüler von Royer-Collard und Maine de Biran, gründete selbst eine Schule, welche die eklektische genannt worden ist. Der Leibnitz entlehnte Grundsatz war: die Systeme sind wahr in dem, was sie behaupten, falsch in dem, was sie leugnen. Da Cousin dem, was man früher bereits gefunden hatte, einen grossen Werth beilegte, so musste er viel auf die Erforschung der Geschichte der Philosophie halten, deren wahrer Begründer in

360 § 29. Der gegenwärtige Zustand der Philos. ausserhalb Deutschlands.

Frankreich er ist, wennschon man de Gérando nicht vergessen darf. Cousin theilte die Systeme nach vier Hauptrichtungen ein: Idealismus, Sensualismus, Skepticismus, Mysticismus. Wie sehr er auch den Eklekticismus empfahl, so suchte er doch aus dem Studium der Systeme eine persönliche Ueberzeugung zu gewinnen. Sein Bemühen war hauptsächlich darauf gerichtet, eine Mitte zwischen Schottland, welches mit Hume, Brown und Hamilton alle Metaphysik negirte, und Deutschland, welches eine Metaphysik a priori auf den Begriff des Absoluten gründete, zu gewinnen. Er glaubte, dass es einen Mittelweg gebe, nämlich die Begründung der Metaphysik auf die Psychologie. In der Psychologie bediente er sich der Argumente Kant's gegen den Locke'schen Empirismus. Um aber dem Kantischen Subjectivismus zu entgehen, stellte er selbst die Theorie der unpersönlichen Vernunft auf. Er hielt dafür, die Vernunft sei subjectiv nur im Zustande der Reflexion; im spontanen Zustande aber ergreife sie unmittelbar das Absolute, indem sie mit ihm zusammenfliesse. Alle Subjectivität erlischt in dem unmittelbaren spontanen Acte der reinen Vernunft. Diese Theorie erinnerte an die Schelling'sche der intellectuellen Anschauung, suchte sich aber von dieser dadurch zu unterscheiden, dass sie immer den psychologischen Ausgangspunkt festhielt. Doch war Cousin damals auf der Bahn des absoluten Idealismus. Er ging auf dieser Bahn noch weiter in seinen Vorlesungen aus dem Jahre 1828, worin sich augenscheinlich der Einfluss Hegel's bekundet, mit dem er in Deutschland vielen Verkehr gehabt hatte und dessen Namen er zuerst in Frankreich nannte. In diesem Lehrgang führt er alles Wissen auf die Ideen zurück, aus denen nach ihm alles zu begreifen ist. Es giebt drei fundamentale Ideen: das Unendliche, das Endliche und die Beziehung zwischen Unendlichem und Endlichem. Diese drei Ideen finden sich überall wieder vor; sie sind von einander untrennbar; ein Gott ohne Welt ist eben so unbegreiflich, wie eine Welt ohne Gott. Die Schöpfung ist nicht nur möglich, sondern nothwendig. Die Geschichte ist nur die Entwicklung der Ideen. Ein Volk, ein Jahrhundert, ein grosser Mann sind die Offenbarung einer Idee. Der Lehrgang von 1828 ist der Culminationspunkt der speculativen Forschung Cousin's gewesen. Seit dieser Zeit hat er sich von dem deutschen Idealismus entfernt und seine Philosophie in einem Cartesianischen Sinne neugegründet, indem er stets die psychologische Methode als Basis der Philosophie festhielt. Dies ist der Charakter seines Buches Le Vrai, le Beau et le Bien (Lehrgang von 1817, umgearbeitet und veröffentlicht 1845), einem Werke, das besonders in dem ästhetischen Abschnitt eine grosse Beredsamkeit bekundet. Von nun an war ihm die Philosophie mehr ein Kampf gegen die schlechten Doctrinen, als eine reine Wissenschaft. Er empfahl die Allianz mit der Religion, und räumte mehr und mehr dem „sens commun" ein. Mit Einem Wort: er kehrte von Deutschland nach Schottland zurück. Im Allgemeinen erklärt sich die grosse Bedeutung Cousin's in Frankreich und selbst in Europa weniger aus seiner philosophischen, als aus seiner hervorragenden persönlichen Eigenthümlichkeit, aus seinen Einfluss auf eine sehr grosse Zahl von Geistern, aus seiner unbegrenzten und allseitigen Forschbegier. Zudem sind seine Arbeiten über die Geschichte der Philosophie und insbesondere über das Mittelalter sehr verdienstlich gewesen. — Cousin's philosophische Werke bestehen hauptsächlich aus seinem Cours, 2 séries, 1815—20 und 1828—30, und seinen Fragmens philosophiques, 5 vol. in 8°. 5. Aufl. 1866.

Théodore Jouffroy (1796—1842), der berühmteste unter Cousin's Schülern, unterschied sich von seinem Lehrer durch einen Sinn für Methode und Genauigkeit, der diesem niemals eigen gewesen war. Jouffroy ist niemals von dem psychologischen Gesichtspunkte abgegangen, und seine vorzüglichste Leistung bestand darin, mit grosser Kraft den in der Schule von Cabanis und Broussais verwischten Unterschied zwischen Physiologie und Psychologie aufrechtzuerhalten. Er hat die psychologische Methode vorzüglich auf die Aesthetik und Moral angewandt. In der Aesthetik kam er zu dem Resultat, das Schöne sei der Ausdruck des Unsichtbaren durch das Sichtbare; in der Moral behauptete er, das Gute sei die Neben- und Unterordnung der Zwecke. — Jouffroy's Hauptwerke sind: seine Vorrede zu der Uebersetzung der moral. Skizzen Dug. Stewart's (1826) und der Werke Reid's (1835); Mélanges (1833 und 1842), Cours d'esthétique (1843), Cours de droit naturel (1835).

Vielfacher Widerspruch ward gegen die Cousin'sche Philosophie erhoben, die seit 1830 fast ausschliesslich im öffentlichen Unterricht galt. Ohne von den noch

§ 29. Der gegenwärtige Zustand der Philos. ausserhalb Deutschlands. 361

lebenden Schriftstellern zu reden, wollen wir nur zwei Männer nennen, die neue philosophische Schulen zu gründen versucht haben: Lamennais und Aug. Comte.

Lamennais (s. oben). Nachdem dieser Philosoph, den wir schon oben unter dem Namen Abt de Lamennais erwähnt haben, mit der Kirche durch die berühmte Schrift „Paroles d'un croyant" gebrochen hatte, versuchte er eine neue rein rationelle Philosophie zu begründen. Diese Lehre, enthalten in „Esquisse d'une philosophie (1841—46, auch in's Deutsche übersetzt), ist vielleicht die umfassendste Synthese, die in Frankreich im neunzehnten Jahrhundert unternommen worden ist. Aber sie blieb ein individueller und isolirter Versuch und fand ungeachtet ihres Werthes keinen Adepten. Lamennais geht, im Gegensatz zur psychologischen Schule, von dem Sein überhaupt aus und betrachtet als eine ursprüngliche Thatsache das Zusammenbestehen der beiden Formen des Seins: Unendliches und Endliches, die sich nicht aus einander ableiten lassen. Gott und das Universum sind unbeweisbar. Das Ziel der Philosophie ist nicht, sie zu beweisen, sondern sie zu erkennen. Gott oder die Substanz wird durch drei fundamentale Eigenschaften gebildet, deren jede das ganze Sein ist und die sich dennoch von einander unterscheiden, so dass das Dogma von dem dreipersönlichen Gott philosophisch wahr ist. Es giebt zudem in Gott ein Princip des Unterschieds, τὸ ἕτερον, wie Plato sagen würde, welches ihm möglich macht, zugleich einheitlich und vielfach zu sein. Lamennais versucht die drei wesentlichen Eigenschaften Gottes a priori zu deduciren. Um zu sein, sagt er, muss man zu sein vermögen, daher die Macht. Ausserdem muss man etwas Bestimmtes sein, eine Form haben, mit Einem Wort, intelligibel sein. Im Absoluten aber unterscheidet sich das Intelligible nicht von der Intelligenz. Endlich bedarf es eines Einheitsprincips, welches die Liebe ist. Die Macht ist der Vater, die durch die Macht erzeugte Intelligenz ist der Sohn, die Liebe ist der Geist. Die Schöpfung ist die Verwirklichung der göttlichen Ideen ausser Gott. Dieselbe ist weder eine Emanation, noch eine Schöpfung aus nichts. Sie ist eine Participation. Gott zieht alle Wesen aus der Substanz, und man kann nicht voraussetzen, dass es darin etwas ausser der Substanz geben könne; aber dies ist nicht eine nothwendige Emanation, sondern ein freier Act des Willens. In dem geschaffenen Universum muss man die Materie und den Körper unterscheiden. Die Materie ist nur die Grenze; sie ist das göttliche Princip des Unterschieds äusserlich verwirklicht. Alles Positive in den Körpern ist Geist. Der Geist aber ist gerade darum, weil er geschaffen ist, begrenzt. Was blosser Unterschied ist, wird in der Wirklichkeit ein wahres Hinderniss. Die Materie ist jedoch nicht ein Nichtsein, sondern eine thatsächliche, an sich unbegreifliche Realität, die sich uns nur als Schranke des Geistes bekundet. Darum ist ein jedes geschaffene Wesen zugleich Geist und Materie; nur Gott ist schlechthin immateriell. Ebenso wie das Universum Gott von Seiten der Substanz als Geist, von Seiten der Begrenzung als Materie darstellt, stellt es ihn auch nach seiner dreifachen Persönlichkeit dar. Die drei göttlichen Personen, die sich im Menschen psychologisch, physisch aber in der Elektricität, dem Licht und der Wärme bekundet, offenbaren sich auf allen Stufen des Daseins zuerst unter den unentwickeltsten, dann unter immer reicheren Formen, indem sie stets vom Einfachen zum Zusammengesetzten fortgehen. Lamennais hat also auf die Natur das Entwicklungsprincip angewandt, und hierdurch nähert sich seine Philosophie der Schelling'schen an.

Auguste Comte (1794—1857) ist der Gründer der positivistischen Schule. Die Lehre Comte's, theils aus den mathematischen und positiven Wissenschaften, theils aus dem St. Simonismus hervorgegangen, ist eine Verbindung von Empirismus und Socialismus, wobei der wissenschaftliche Gesichtspunkt mehr und mehr über den socialistischen gesiegt hat. Der Positivismus hat, wie jede Doctrin, zwei Theile, eine pars destruens und eine pars construens. Die erstere besteht in der Negation jeder Metaphysik, jeder Erforschung der ersten Ursachen und der Zweckursachen. Die beiden Enden der Dinge sind uns unzugänglich; die Mitte allein gehört uns. In jenen unlösbaren Fragen ist man seit dem ersten Tage nicht um einen Schritt vorwärts gelangt. Der Positivismus verwirft alle metaphysischen Hypothesen. Er erkennt den Atheismus ebensowenig wie den Theismus an: der Atheist ist immer noch ein Theolog. Er nimmt auch nicht den Pantheismus an, der ihm nur als eine Form des Atheismus gilt. Der Kampf zwischen der Transcendenz und Immanenz naht sich seinem Ende. Die Transcendenz ist die Theologie oder die Metaphysik, die das Universum durch Ursachen, welche ausser ihm liegen, erklärt. Die Immanenz ist die Wissenschaft, die das Universum

362 § 29. Der gegenwärtige Zustand der Philos. ausserhalb Deutschlands.

durch Ursachen, welche in ihm liegen, erklärt. — In der pars construens besteht der Positivismus kaum aus mehr als zwei Gedanken: 1. einer gewissen geschichtlichen Annahme, 2. einer gewissen Anordnung der Wissenschaften.

Die geschichtliche Annahme ist die, dass der menschliche Geist nothwendig durch drei Stadien hindurchgeht, das theologische, metaphysische, positive. Im ersten erklärt der Mensch die Naturerscheinungen durch übernatürliche Ursachen, durch persönliches oder willkürliches Eingreifen, durch Wunder etc. In der zweiten Periode ersetzt man die übernatürlichen und menschenähnlichen Ursachen durch abstracte, verborgene Ursachen, scholastische Wesenheiten, realisirte Abstractionen, und man erklärt die Natur a priori; man sucht sie subjectiv zu construiren. In dem dritten Stadium begnügt man sich, Verbindungen der Erscheinungen durch Beobachtung festzustellen und durch Experimente hervorzurufen in der Weise, dass man jede Thatsache mit den ihr vorausgehenden Bedingungen verknüpft. Diese Methode hat die heutige Wissenschaft begründet und muss die Metaphysik ersetzen. In dem Maasse, wie jede Frage der Experimentation fähig wird, geht sie aus dem Gebiete der Metaphysik in das der positiven Wissenschaft über. Alles, was nicht der experimentellen Bewahrheitung fähig ist, muss streng von der Wissenschaft ausgeschlossen werden.

Der zweite Gedanke des Positivismus ist die Eintheilung und Anordnung der Wissenschaften. Diese Theorie besteht in dem Fortgang vom Einfachen zum Zusammengesetzten. Die Basis bildet die Mathematik; dann folgt die Astronomie, die Physik, die Chemie, die Biologie und die Societätswissenschaft. Dies sind die sechs fundamentalen Wissenschaften, deren jede eine nothwendige Vorstufe für die folgende ausmacht. Die Societätswissenschaft ist unmöglich ohne die Wissenschaft vom Leben, diese ohne die Chemie, die Chemie ihrerseits setzt die Physik, diese die Astronomie (man weiss freilich nicht recht, warum) und die Mathematik voraus. Die Geschichte rechtfertigt gleichfalls diese durch die Logik bezeichnete Ordnung. Man sieht, dass die positivistischen Theorien hauptsächlich auf Gesichtspunkte der Methode und Classification hinauslaufen. Man darf keine Metaphysik von dieser Schule fordern, welche die Möglichkeit derselben ausdrücklich verneint. Ihre Psychologie ist ein Theil der Physiologie. Ihre Moral hat nichts Originelles; sie verwirft die Lehre des persönlichen Interesses. Wir wollen noch hinzufügen, dass Comte in einem Abschnitt seines Lebens, den man die subjective Periode nennt, zu einer religiösen Anschauung und zu einem wirklichen Cultus, dessen Gegenstand die Menschheit ist, gelangt war. Dieser Theil seiner Philosophie ist durch den bedeutendsten seiner Schüler, Littré, verworfen worden. der seit 1867 eine vollständige Ausgabe der Werke Comte's veröffentlicht. Das wichtigste dieser Werke ist der „Cours de philosophie positive" (Paris 1839).

Wir fügen diesem Janet'schen Bericht noch folgende litterarische Notizen bei. Ueber Lamennais handeln: Blaize, essai biogr., 1858; Binaut in: Revue des deux mondes, 1860 und 1861. O. Bordage, la phil. de L., Strassb. 1869. Ueber Royer-Collard handeln: A. Philippo, Par. 1858, und Damiron, Par. 1861. Cousin's Werke sind in 5 séries Paris 1846—50 erschienen: I.—II.: Cours de l'histoire de la philosophie moderne, Par. 1846—48, III.: Fragmens philosophiques, 1847—48, IV.: Littérature, 1849, V.: Instruction publique, 1850. Ueber Cousin handeln: C. F. Fuchs, die Philosophie V. C.'s, Berlin 1847, A. Aulard, études sur la philosophie contemporaine: M. Victor Cousin, Nantes 1859, und J. E. Alaux, la philosophie de M. Cousin (bildet einen Theil der Bibliothèque de philosophie contemporaine), Par. 1861; öfters nimmt auf seine Doctrin J. B. Meyer Bezug in Referaten in der Fichte'schen Zeitschrift, insbesondere auch in Bd. XXXII, 1858, S. 276—90: Cousin's philos. Thätigkeit seit 1853; Paul Janet, Victor Cousin, in: Revue des deux mondes, XXXVII. année, 2 pér., t. 67, 1867, p. 737—751. M. Secrétan, la philos. de V. Cousin, Paris 1858. Mignet, V. Cousin, Paris 1869.

Cousin's Schüler Théodore Simon Jouffroy (1796—1842) hat Mélanges philosophiques, Paris 1833—42, und Cours de droit naturel, Par. 1831—35, verfasst, auch Reid's Oeuvres, Par. 1836, und Stewart's Esquisses de philosophie morale, 3 éd. 1841, in französischer Uebersetzung herausgegeben. Zu Cousin's Schülern gehört Bouillier (s. o. S. 47), der sich durch seine umfassende und genaue Darstellung der Geschichte des Cartesianismus verdient gemacht hat. Andere, wie Ravaisson, Hauréau, Rémusat, Damiron, Saisset, Janet, J. Simon, sind durch Cousin besonders zu kritischen Studien auf dem Gebiete der Geschichte der Philosophie angeregt worden. Emile Saisset, der Uebersetzer des Spinoza (s. o. S. 63), hat auch einen Essai de philosophie religieuse, Paris 1859, ferner:

§ 29. Der gegenwärtige Zustand der Philos. ausserhalb Deutschlands. 363

le scepticisme, Aenesidème, Pascal, Kant, Paris 1865, 2. éd. Par. 1867 (s. o. § 16), erscheinen lassen. Paul Janet hat den Büchner'schen Materialismus einer Kritik unterworfen: le matérialisme contemporain (bildet einen Theil der Bibliothèque de philos. contemporaine), Paris 1861 (engl. von G. Masson, London 1866, deutsch von K. A. von Reichlin-Meldegg, mit einem Vorwort von I. Herm Fichte, Paris und Leipzig 1866), auch eine philosophie du bonheur, Paris 1864, verfasst, ferner: le cerveau et la pensée, Paris 1867. E. Caro, der über Gothe's philosophie geschrieben hat (s. o. S. 65) hat auch verfasst: le matérialisme et la science, Paris 1867; vgl. Caro's Vortrag: la dualité instinctive dans la nature, in der Zeitschrift: Annuaire philosophique, hrsg. von L. A. Martin, Paris 1869, S. 253 - 262. Um die Kenntniss der Geschichte der alten Philosophie haben sich Ravaisson, Thurot und Jules Simon (der auch le devoir, Paris 1854, la religion naturelle, 1856, la liberté de conscience, 1857, und anderes geschrieben hat), um die Geschichte der mittelalterlichen Philosophie Rémusat und Hauréau, um die der neueren unter Anderen Damiron und Chr. Bartholmess (1815–1856) verdient gemacht; ausser den oben (S. 24 und 114) citirten Schriften des Letzteren sei hier noch erwähnt die (im theistischen Sinne verfasste) Histoire critique des doctrines religieuses de la philosophie moderne, Strassb. 1855. Von dem um die Erklärung des Plat. Timaeus verdienten Th. H. Martin ist die Schrift: les sciences et la philosophie. Paris 1869, verfasst worden. Besonderen durch den Kantischen Kriticismus ist der Standpunkt von Charles Renouvier bedingt, Essai de critique générale, Paris 1854, science de la morale, St. Cloud 1869. Pierre Leroux, der eine Réfutation de l'éclecticisme, Paris 1839, und eine Schrift de l'humanité, Paris 1840, verfasst hat, hat (wie auch Proudhon, 1809–1865) in seine socialistische Doctrin manche aus der deutschen Philosophie, insbesondere aus dem Hegelianismus stammenden Gedanken aufgenommen. Mit den philosophischen Problemen berühren sich vielfach die nationalökonomischen Untersuchungen Bastiat's und Anderer. Der Einfluss deutscher Speculation bekundet sich in mehrfachem Betracht bei Ernest Renan (dem Verfasser der Vie de Jesus, Paris 1863, wie auch werthvoller Schriften zur mittelalterlichen Philosophie, s. o. Bd. II, § 25 und 26), H. Taine (Philos. der Kunst, deutsch Leipz. 1866), Jules Michelet (Bible de l'humanité, Paris 1864) und anderen französischen Denkern der Gegenwart, auch bei E. Vacherot, la métaphysique et la science, Paris 1858, 2. éd. Paris 1862. Ueber Comte handelt Littré, Paris 1863, ferner J. St. Mill, Comte und Positivism, 2. ed. revised, London 1866, Ch. Pellarin, essai crit. sur la philos. positive, Paris 1866. Vgl. La philosophie positive, Revue dirigée par E. Littré et G. Wyrouboff, Paris 1867; la philos. posit. d'Aug. Comte condensée par Miss Harriet Martineau, traduction franç., Bordeaux 1871 ff. Unter den der Schweiz angehörenden in französischer Sprache schreibenden Philosophen zählen zu den namhaftesten der reformirte Theolog Alexandre Vinet (1797–1847), der u. a. Essais de philosophie morale et de morale religieuse, Par. 1837, Etudes sur Blaise Pascal, 2. éd. Par. 1856, Moralisten du 16. et 17. siècle, Par. 1859, Hist. de la litt. franç. au 18. siècle, Par. 1853, au 19. siècle, 2. éd. Par. 1857 geschrieben hat, und Sécrétan (s. o. S. 313), der eine Philos. de la liberté, eine Philos. de Leibnitz, Recherche de la méthode und Précis de philosophie verfasst hat.

In England und Schottland sind die psychologischen Untersuchungen von Reid, Steward, Brown und Anderen (s. o. S. 152) fortgesetzt worden von James Mill, Analysis of human mind, 2 voll, London 1829, James Abercromby, Inquiries concerning the intellectual powers and the investigation of truth, Edinb. 1830 u. ö., auch London 1869, on the moral feelings, zuletzt London 1869. Chenevix, an essay upon national character, London 1832, John Young, Lectures on the intellectual philosophy, Glasgow 1835, J. Douglas, on the philosophy of the mind, Edinburg 1839, Will Hamilton (1788–1856), discussions on philosophy and literature, education etc., London 1852, 3. ed. ebd. 1869, on truth and error, Cambridge 1856, lectures on the logic edited by Mansel and Veitch, London 1860 (H. L. Mansel, the philosophy of the Conditioned; Sir W. Hamilton und J. St. Mill, London 1865, M. Veitch, Memoir of Sir W. Hamilton, London 1869), J. M'Cosh, the intuitions of the mind, new edition, London 1860. H. L. Mansel, Metaphysics or the philos. of consciousness, 2. ed. Edinb. 1870. Auch in Nordamerika haben Stewart und Brown Einfluss gewonnen. Thomas C. Uphard, Elements of mental philosophy, Portland and Boston 1831. Ueber die Methode der wissenschaftlichen Forschung, insbesondere der Naturforschung, handeln: der Astronom John Herschel, a preliminary discourse on the study of natoral philosophy, London 1851 (deutsch von Weinlig, Lpz. 1836), ferner Will. Whewell, der kantianisirende Verfasser einer trefflichen History of the inductive sciences, 1837 u. ö. (deutsch von Littrow, 1839—42), in seiner Philosophy of the inductive sciences, founded upon their history, London 1840, 3. ed. 1858, mit dem entschiedensten Erfolge aber John Stuart Mill, a System of Logic, ratiocinative and inductive, being a connected view of the principles of evidence and the methods of scientific investigation, London 1843 u. ö. (in's Deutsche übertragen von J. Schiel, Braunschweig 1849, zweite deutsche, nach der fünften des Originals erweiterte Auflage, ebd. 1862—63, 3. Auflage ebd. 1868). Ges. Werke, hrsg. von Theodor Gomperz (deutsch), Leipz. 1869 ff. Vgl. ausser Mansel's oben erwähnter Schrift J. M'Cosh, an examination of J. St. Mill's philosophy, being a defence of fundamental truth, London 1866; W. Stebbing, analysis of Mill's System of Logic, 2. ed. London 1867; H. Taine, le positivisme anglais, étude sur Stuart Mill (in der Bibl. de philos. contemporaine), Paris 1864. John Stuart Mill, an Examination of Sir William Hamilton's philosophy, third edition, London 1867. Vgl. darüber u. a. George Grote, Review of the work of John Stuart Mill etc., London 1868, besonders abgedr. aus Westminster Review, Jan. 1868; Herbert Spencer, Mill versus Hamilton, in the Fortnightly Review for July 15, 1865; vom Berkeley'schen Standpunkte aus ist (durch T. Collyns Simon) verfasst; Hamilton versus Mill, a thorough discussion of each chapter in Mr. Mill's Exam. etc., 3 Hefte, Edinb. 1866—1864. Die Aristotelische Schullogik hat insbesondere der Erzbischof Whately (1787—1863) dargestellt. Auf dem Gebiete der Phrenologie hat George Combe (1788—1858), auf dem der Logik und Psychologie u. A. auch Sam. Bailey (s. o. S. 86) gearbeitet. Zu den bedeutendsten psychologischen Leistungen gehören die Schriften von Alexander Bain (Professor an der Universität zu Aberdeen): the Senses and the intellect, London 1855, 2. Aufl. ebd. 1864, the Emotions and the will, ebd. 1859, 2. Aufl. ebd. 1865, on the study of Character, 1861. An einem alle philosophischen Doctrinen umfassenden System, das eine strenge Unterscheidung des Erkennbaren und des Unerkennbaren zur Voraussetzung hat, arbeitet Herbert Spencer, der Verfasser der Schriften: Social statics 1851, Principles of psychology 1855, Essays, reprinted from periodicals, 2 vls. 1858—63, Education 1861, First principles 1862. Auf Comte's Principien (dessen Cours de philosophie positive durch Miss Harriet Martineau in's Engl. übersetzt 1853 erschienen ist) beruhen die Letters on man's nature and development von Miss Harriet Martineau and Mr. Atkinson, 1851, welche die Annahme zu rechtfertigen suchen, dass die Materie zu wirken und zu empfinden vermöge. Der Comte'schen Aufhebung der Metaphysik zollt George Henry Lewes (dessen Gesch. der Philos. oben, Grundr. I, § 4, 3. Aufl. S. 12 erwähnt worden ist) in seiner Schrift: Comte's philosophy of the positive sciences, 1847, den entschiedensten Beifall. John G. Macvicar, a Sketch of a Philosophy, p. L: Mind, p. II.: Matter, London 1868. Für die Rechtslehre und Gesetzgebungspolitik sind von hervorragender Bedeutung die Arbeiten des (an Priestley sich anschliessenden) Jerem Bentham (1748 —1832): Introduction to the principles of moral and legislation, 1789; Traité de législation civile et pénale précédé des principes généraux de législation (nach sporadischen Aufzeichnungen des Verfassers französisch bearbeitet von Etienne Dumont), Paris 1801, 2. ed. 1820, in's Englische übersetzt von R. Hildreth, London 1864, in's Deutsche übersetzt und mit Anmerkungen begleitet von Beneke, Berlin 1830; Théorie des peines et des récompenses, 1812; Essai sur la tactique des assemblées législatives, 1815; Traité des preuves judiciaires, 1823; Deontology or the science of morality, edited by John Bowring, 2 voll. 1834, franz. von Laroche. (Vgl. oben S. 321.) In jüngster Zeit hat auch deutsche Speculation einigen Einfluss gewonnen, der sich namentlich bekundet bei J. H. Stirling, the secret of Hegel, being the Hegelian system in origin, principle, form and matter, London 1865; dorselbe hat Schwegler's Umriss der Gesch. der Philosophie in's Englische übersetzt und eigene kritische Abhandlungen beigefügt, 2. verm. Aufl. ebd. 1868. Andere, wie Collyns Simon, theilen Berkeley's Ansicht, dass nur Geister und Phaenomene existiren, indem die körperlichen Dinge nichts anderes als Ideen (Vorstellungen, Erscheinungen) seien; Hamilton's Relativismus nicht derselben nahe, ebenso auch Ferrier's Doctrin (s. o. S. 91. 152) für die wahrscheinlichste Ansicht hält die Berkeley'sche Lehre auch Hamilton's Nachfolger in Edinburg, der Herausgeber der Werke Berkeley's, Alexander Campbell Fraser (Essays in philosophy, 1856, rational philosophy in history and in system, 1858). Durch Arbeiten zur Geschichte der Philosophie haben ausser dem oben (S. 152) erwähnten

§ 29. Der gegenwärtige Zustand der Philos. ausserhalb Deutschlands. 365

Mackintosh besonders Whewell in seinen Lectures on the history of moral philos. in England, London 1852, 2. ed. ebd. 1868, und Elements of Morality, including Polity, London 1854 a. ö., Blakey, Lewes, Geo. Grote and Andere sich verdient gemacht; eine Kritik englischer Moralsysteme hat Simon S. Laurie geliefert: Notes expository and critical on certain British theories of morals. Edinburgh 1868, im Anschluss an den analytischen Versuch on the philosophy of ethics, by Simon S. Laurie, Edinburgh 1866. F. D. Maurice, lectures on social morality, London 1870. Sehr beachtenswerth ist Buckle, History of civilisation in England, London 1857—60 (aus dem Engl. übers. von Arnold Rage, Leipzig 1860, von J. H. Ritter, in der bei L. Heimann erscheinenden „histor.-polit. Bibl"., Berlin 1869—70), wie auch John William Draper, History of the intellectual development of Europe, New-York 1863 (die geistige Entwicklung Europa's, und: Gedanken über die zukünftige Politik Amerikas, deutsch von A. Bartels, Leips. 1866); auch haben eine über ihren nächsten praktischen Zweck weit hinausreichende philosophische Bedeutung national-ökonomische Untersuchungen, wie die von Thomas Robert Malthus, Essay on the principles of population, London 1798 u. ö., David Ricardo, principles of political economy and taxation, London 1817, wie auch von dem Amerikaner H. C. Carey, principles of social science, 3 vls., Philadelphia 1859, deutsch von Carl Adler, München 1866 (nach deutsch Berlin 1866). Von amerikanischen Schriften aus der jüngsten Zeit mögen hier erwähnt sein: Noah Porter, the human Intellect, New-York 1869 (im Anschluss an Trendelenburg's log. Unters. verfasst), John Bascom, the principles of psychology, ebd. 1869. Charles Carroll Everett, the science of thought, a System of Logik, Boston 1869. A. Bierbower, Principles of a System of Philosophy, New-York 1870. In jüngster Zeit erscheint eine philosophische Zeitschrift: the Journal of speculative philosophy, vol. I—IV, 1867—70, St. Louis, Cincinnati, New-York, Boston, London, die insbesondere auf deutsche Speculation eingehend Rücksicht nimmt durch Artikel über Leibnitz, Kant, Fichte, Schelling, Hegel, Baader und Schopenhauer; sie enthält auch Artikel über Parmenides, Berkeley, Descartes, Herbart, Spencer und andere Denker. Eine auch in Deutschland und Frankreich lebhaft geführte naturphilosophische Controverse hat die Schrift von Charles Darwin: On the origin of species by means of natural selection, or the preservation of favoured races in the struggle of life, London 1862, hervorgerufen (deutsch von H. G. Bronn: über die Entstehung der Arten durch natürliche Zuchtwahl oder die Erhaltung der begünstigten Rassen im Kampfe um's Dasein, Stuttgart 1860, 3. Aufl. ebd. 1867, 4. Aufl. nach der 5. engl. Aufl. durchgesehen u. hrsg. v. J. V. Carus, ebd. 1870. Vgl. auch Charles Lyell, das Alter des Menschengeschlechts, deutsch von L. Büchner 1867.

In Belgien herrscht an der Universität zu Brüssel der Krauseanismus, früher durch Ahrens, jetzt durch Tiberghien u. A. vertreten. Leroy in Lüttich hat eine Schrift über die Philosophie im Lütticher Lande während des 17. und 18. Jahrhunderts verfasst, Liége 1860. Alphons Kersten in Lüttich (gest. 1863) hat gegen Bonald's Lehre von dem Geoffenbartsein der Sprache den natürlichen Ursprung derselben behauptet. In Gent vertrat früher Huet, ein Schüler von Bordas-Dumoulin in Paris (der, an der Lehre von der Schöpfung, dem Sündenfall und der Erlösung festhaltend, doch zugleich auch eine philosophische „rénovation du christianisme", einen Fortschritt der Völker zu der christlichen Brüderlichkeit und Einheit unter der Herrschaft der Wahrheit und Vernunft erstrebte) einen modernisirten Cartesianismus (le Cartésianisme ou la véritable rénovation des sciences, ouvrage couronné de l'Institut, suivi de la théorie de la substance et de celle de l'infini, par Bordas-Dumoulin, précédé d'un discours sur la réformation de la philosophie au 19e siècle, pour servir d'introduction générale, par F. Huet, Paris 1843; vgl. Huet, la science de l'esprit, Paris 1864; Huet, la révolution religieuse au XIX. siècle, Paris 1867, deutsch von M. Heas, Leipzig 1868); ebenso Huet's Schüler Callier (gest. 1863); der von 1864—66 in Gent lehrende Joseph Delboeuf hat sich mit Untersuchungen zur Philosophie der Mathematik, zur Logik und zur Theorie der Sinneswahrnehmung beschäftigt (Prolégomenes philosophiques de la géométrie et solution des postulats, Liége 1860; Essai de logique scientifique, prolégomenes, suivis d'une étude sur la question du mouvement considérée dans ses rapports avec le principe de contradiction, Liége 1865; Abhandlungen in den Bulletins der Brüsseler Akademie über Sinnestäuschungen, über die Tonscala; Delboeuf's Nachfolger Osccar Merten, ein Schüler Leroy, hat eine Schrift de la génération des systemes philosophiques sur l'homme, Bruxelles 1867, verfaast. In Löwen vertrat Ubaghs im Anschluss an Bonald einen supranaturalistischen „Ontologismus", der jedoch, wie in Deutschland der Güntherianismus, in gewissen Beziehungen der Kirche Anstoss gab und besonders durch die Jesuiten bekämpft wurde, welche Letzteren auch in Namur und Gent philosophischen Unterricht ertheilen; nach Ubaghs' Abgange lehrt der Abt Cartuyvels Philosophie in Löwen. Von grosser philosophischer Bedeutung sind Laurent's völkerrechtliche und culturhistorische und A. Quételet's criminal- und überhaupt moralstatistische Untersuchungen; A. Quételet, Physique sociale; Naturgesch. der Gesellschaft, deutsch von Karl Adler, Hamburg 1856. In Holland herrscht das durch Franz Hemsterhuys (1720—90) und Daniel Wyttenbach (1746—1820) empfohlene populäre Philosophiren im Anschluss an die Alten vor. (Vgl. über Hemsterhuys G. Ottens, comm. de philos. Fr. Hemsterhusii, Lovanii 1827, Emile Grucker, Paris 1866, und Groneman, Utrecht 1867.) In Utrecht hat der Platoniker Philipp Wilhelm van Heusde (geb. 1778, gest. 1839) gelehrt. Ausser Arbeiten zur Geschichte der Philosophie von Roorda und Anderen sind besonders noch die Untersuchungen zur Logik, Aesthetik und Religionsphilosophie von C. W. Opzoomer zu erwähnen. Opzoomer's logisches Handbuch: die Methode der Wiss., ist aus dem Holländischen in's Deutsche von G. Schwindt übersetzt worden (Utr. 1852) und seine Schrift „die Religion" von F. Mook, Elberfeld 1869. In Dänemark hat, wie früher der Kantianismus und Schellingianismus, so neuerdings auch der Hegelianismus Anhänger gewonnen; auch Feuerbach's Richtung hat Einfluss gewonnen, ist jedoch (durch Sören Kierkegaard, gest. 1854, und Rasmus Nielsen (in Kopenhagen) dahin umgebildet worden, dass neben der objectiven Wahrheit, die dem Denken entspreche, als mindestens gleichberechtigt die subjective Wahrheit anerkannt wird, die dem persönlichen Affect und dem Wollen entspreche; der Glaube darf nicht nach den Gesetzen des Wissens und die Wissenschaft nicht nach den Gesetzen des Glaubens beurtheilt werden; im Gegensatz zu dieser Sonderung hält an der Hegel'schen Auffassung des Verhältnisses von Religion und Philosophie insbesondere Bröchner (in Kopenhagen) fest. In Norwegen vertritt M. J. Mourad (in Christiania) einen Hegelianismus; auf Grund des Gedankens, dass das Leben in steter Ueberwindung und Versöhnung der Gegensätze bestehe, bekämpft er die vermittlungslose Trennung zwischen Glauben und Wissen und sucht eine Ausgleichung im kirchlichen Sinne durch die Annahme zu gewinnen, der Glaube anticipire das unendliche Ziel, welchem die stets im Werden begriffene, niemals vollendete Wissenschaft zustrebe. In Schweden wurde die Kantische Philosophie durch D. Boethius vertreten, die Fichte'sche und Schelling'sche durch Benjamin Höijer, dessen Abhandlung „om den philosophiska constructionen". Stockholm 1799, deutsch „über die philos. Construction" ebd. 1801 erschienen ist. Höijer bekämpft Kant's Meinung, Construction der Begriffe sei nur in der Mathematik und nicht in der Philosophie möglich; er sagt, Kant selbst habe in den „metaph. Anfangsgr. der Naturwiss." die Materie philosophisch construirt; eine reine Handlung, d. h. eine absolute unendliche Thätigkeit, die dem Ich, ihrem Product, noch vorausliege, bilde den Ausgangspunkt aller Construction; diese selbst geschieht durch Einschränkung. Christoph Jakob Boström (über den Ed. Matzner, philos. Monatsh. III, 3, 1869 handelt und dessen Ansichten dem Aufsatz von Leander ebd. Heft 2, S. 111 im Grunde liegen) schliesst sich in wesentlichen Beziehungen an Leibnitz an, dessen Geduanken er mit Platonischen combinirt und in dem Sinne umbildet, dass die niederen Monaden oder Ideen in den höheren so enthalten seien, wie die kleineren Zahlen in den grösseren. Zu den Schülern Boström's gehört Ribbing, der über Plato geschrieben hat (s. o. I, § 40). Die Hegel'sche Richtung vertritt J. Borelius (früher in Calmar, seit 1866 Professor in Lund). In Siebenbürgen hat Beneke's Psychologie und Pädagogik, in Polen und Ungarn der Hegelianismus Einfluss gewonnen. Auch in Russland hat sporadisch die deutsche Philosophie Eingang gefunden. Von neugriechischen Schriften verdient u. a. Erwähnung: Νεωτερικής καὶ προαντικής φιλοσοφίας στοιχεῖα, ὑπὸ Ἀμιλκα Ἀρμένη, καθηγητοῦ τῆς φιλοσοφίας ἐν τῇ Ἰονίῳ ἀκαδημίᾳ (damals Senatssecretair der ionischen Inseln), ἐν Κερκύρᾳ 1863. In Spanien herrscht ein gemilderter Scholasticismus, der mit der abstrusen Form zugleich vieles von der alten Strenge und Tiefe verloren hat. Zu den bedeutendsten Vertretern desselben gehört Balmes, von dessen Schriften Lorinser mehrere in's Deutsche übersetzt hat. Als Opposition gegen denselben hat insbesondere der Krausianismus einigen Eingang gefunden. Der oben (§ 22) erwähnte Vertreter desselben, Julio Sanz del Rio, ist am 12. Oct. 1869 gestorben.

§ 29. Der gegenwärtige Zustand der Philos. ausserhalb Deutschlands. 367

Eine rege philosophische Thätigkeit bekundet sich in jüngster Zeit in Italien. Nachdem bereits im achtzehnten Jahrhundert Antonio Genovesi (s. über ihn Bobba, Benevent 1867) besonders über Nationalökonomie gearbeitet, Cesare Beccaria (1735—93; dei delitti e delle pene, Monaco 1764, deutsch von M. Waldeck in der bei L. Heimann ersch. hist.-pol. Bibl., Berl. 1870, und Gaetano Filangieri (1752 bis 1788; la scienza della legislazione. Napoli 1781—88) die Forderung einer Reform der Gesetzgebung in liberalem Sinne auf philosophische Gründe gestützt hatten, hat sich theils noch gegen Ende des 18. Jahrh. durch die Schrift über den Ursprung des Strafrechts (1791 u. ä.), theils im gegenwärtigen Jahrhundert an die Rechtsphilosophie besonders Giovanni Domenico Romagnosi (1761—1835; über ihn handelt Jos. Ferrari, Mailand 1835, auch Cantù und Sacchi, Prato 1840) verdient gemacht, der auch auf dem Gebiete der Psychologie, der Erkenntnislehre und der Geschichte der Philosophie erfolgreich gearbeitet hat. Genesi del diritto penale, Pavia 1791, 4. Aufl. Florenz 1832. Introduzione allo studio del diritto pubblico, 1805. Che cosa è la mente sana, Mailand 1827. Della suprema economia dell' umano sapere in relazione alla mente sana, Mailand 1828. Opere, Florenz 1832—35; Mailand 1836—45. Romagnosi bekämpft nicht nur die Voraussetzung angeborner Ideen, sondern auch die der angebornen abstracten Seelenvermögen: erklärt es (che cosa etc., Milano 1827, p. 79, citirt von Beneke a. a. O. S. 296) für einen enormen Missgriff, die abstracten Allgemeinheiten der Wirkungen als reale wirkende Ursachen eben dieser Wirkungen anzunehmen. Den Werth der Statistik für moralische und nationalökonomische Forschung hat Melchior Gioja (1761—1829) hervorgehoben. Den in der zweiten Hälfte des 18. und am Anfang des 19. Jahrhunderts vorherrschenden Sensualismus und Empirismus, den u. A. auch der am die Pädagogik verdiente Pater Soave, ein Anhänger Locke's vertrat, wie auch anfangs der später zum Kriticismus sich bekennende Alf Testa (über den Vincent Molinari, Parma 1864 handelt), haben u. A. der an Descartes und besonders an Malebranche sich anschliessende Cardinal Sigism Gerdill, der auch eine Schrift gegen Rousseau's Emile verfasst hat, und Ermenegildo Pini (1739—1825), der pythagoraisirende Verfasser einer „Protologia", Mailand 1803, bekämpft. Der Neapolitauer Pasquale Galluppi (1771—1846) hat hauptsächlich die Erkenntnislehre mit kritischer Rücksicht auf Kant, wie andrerseits französische und schottische Philosophen (besonders auf Reid) bearbeitet. Sein eigner Standpunkt liegt dem Leibnitzischen nahe. Gallappi, Saggio filosofico sulla critica delle conoscenze, Napoli 1819—32; Elementi di filosofia, Messina 1820—27; Lettere filosofiche sulle vicende della filosofia, relativamente a' principj delle conoscenze umano da Cartesio sino a Kant inclusivamente, Messina 1827, auch Lezioni di logica e metafisica, Napoli 1832—36, und Filosofia della volontà, ebd. 1832—40. Eklektisch philosophirt Salvator Mancino, elem. di filos. 1835—36, 13. ed. 1857. Anknüpfend an den Platonismus hat Antonio Rosmini-Serbati aus Roveredo (1797—1855; vgl. über ihn Niccolò Tommaseo, Turin 1855; Vincenzo Garelli, Turin 1861; Vinc. Lilla, Kant e Rosmini, Turin 1869) einen dem Sensualismus und den skeptischen Elementen des Kriticismus feindlichen, auf erkenntnisstheoretischen Betrachtungen ruhenden, objectiven, religiös-philosophischen Idealismus ausgebildet. Er nimmt an, dass die Idee des Seins überhaupt oder des möglichen Seins dem Menschen angeboren sei, die sich, wenn wir sie analysiren, in eine Vielheit einzelner Ideen zerlege. Rosmini, nuovo saggio sull' origine delle idee, Rom 1830, 6. ed. Turin 1855; filosofia del diritto, ebd. 1839—41; teosofia, opera postuma vol. I—III, Torino 1859—65; princ. della scienza morale, Mailand 1831 und 1837, Turin 1868. Zu seinen Anhängern gehört Ruggiero Bonghi, der die Metaphysik des Aristoteles und Schriften Plato's übersetzt, auch Briefe über die italienische Literatur verfasst und (auf Rosmini's Landsitz und Kloster Stresa am Lago maggiore gehaltene) philosophische Gespräche (Le Stresiane) in freier Darstellung veröffentlicht, auch einen Abriss der Logik, Mailand 1860, und Dissertationen in den Abh. der Akad. ital. publ. Genua 1852—55 verfasst hat, ferner u. A. auch der Dichter Manzoni; verwandter Art ist wohl auch die philosophische Richtung des mit den Forschungen Lotze's, Trendelenburg's und anderer deutschen Philosophen vertrauten Francesco Bonatelli, dessen Hauptschrift ist: Pensiero e conoscenza, Bologna 1864. Auf Rosmini's Doctrin fusst auch P. Pagnami, dello spacio, saggio cosmologico, Pisa 1862. Auf der Grundlage der Geschichte der Philosophie philosophirt Epifanio Fagnani (delle intime relazioni in cui sono e con cui progrediscono la filosofia, la religione e la libertà, Torino 1863). An Royer-Collard schliesst sich der Rechtsphilosoph P. E. Imbriani an. Der jüngere

§ 29. Der gegenwärtige Zustand der Philos. ausserhalb Deutschlands.

Imbriani, Vittorio, ist Literaturhistoriker, er hat u. a. geschrieben: sul Fausto di Goethe, Napoli 1865; dell' organismo poetico e della poesia popolare Italiana, Napoli 1866. Simone Corleo, filosofia universale, Palermo 1860—63, erstrebt eine kritische Synthesis der philosophischen Systeme. Unter dem Einfluss Kant's, Jacobi's und Pascal's steht Bonav. Mazzarella, Critica della scienza, Genua 1860. Della critica libri tre, Genua 1867—68. Vincenzo Gioberti (1801—1852; über seine Doctrin handelt Spaventa, la filosofia di Gioberti, Neapel 1868, auch stellenweise in: Prolusione ed introduzione alle lezioni di filosofia nella università di Napoli 1861, doch vgl. dagegen insbesondere den betreffenden Abschnitt in Ferri's oben erwähnter Schrift), der durch Vertretung der nationalen Idee einflussreich gewordene Politiker, hat in seiner Schrift: Introduzione allo studio della filosofia. Brüssel 1840, in seiner Protologia, veröffentlicht Turin 1857 durch Gius. Massari, Filosofia della rivelazione, Turin 1856. Riforma cattolica della chiesa, ebd. 1856, eine freie Allianz zwischen dem kirchlichen Glauben und der durch Intuition das Göttliche erfassenden Vernunft erstrebt; er will in der Philosophie einen „Ontologismus", der auf dem Grundgedanken beruht, dass wir das absolute Sein oder Gott als schöpferische Ursache unmittelbar schauen, an die Stelle des von der innern Wahrnehmung ausgehenden „Psychologismus" setzen. Sein Fundamentalsatz ist: das Sein schafft die Existenzen (l'Ente crea le esistenze), und das Existirende kehrt zum Sein zurück. (Gioberti fusst auf Plato's Ideenlehre. Mit Gioberti's Richtung ist die des Metaphysikers und Geschichtsphilosophen Terenzio Mamiani (vgl. über ihn F. Lavarino, la logica e la filosofia del conte Terenzio Mamiani, Flor. 1870) verwandt, della philosofia italiana, Paris 1834 u. Flor. 1836; Ontologia, Paris 1841 u. Flor. 1843; Dialoghi di scienza prima, Par. 1846; Confessioni di un metafisico, Florenz 1865; vgl. dazu u. a. due opuscoli filos. cine Entgegnung Rosatelli's nebst der Antwort Mamiani's, Pernicete, bei Bologna 1867. Auf den kirchlichen Lehranstalten herrscht der Thomismus, unter dessen Vertretern der Pater Matth. Liberatore (s. o. Ordr. II. 3. Aufl. § 31, S. 191), institutiones philos. ad triennium accommodatae, Neap. 1851, ed. III., Romae 1864; Ethica et jus naturale, Neap. 1858; Log. et metaph. Romae 1868, hervorragte. Sanseverino (philosophia christiana cum antiqua et nova comparata, Neap 1862 ff., ed. II., 2 voll. Neapoli 1863), Cav. de Crescenzio (scuole di filosofia, Florenz 1866), Filippo Capozza (sulla filos. dei Padri e Dottori della chiesa o in specialità di S. Tommaso in oppos. alla filos. moderna, Napoli 1868), die Rechtsphilosophen Prosper Taparelli und Audisio und Andere sind Thomisten. Auch der kirchliche Demagog Pater Ventura, der die Demokratie eine wilde Heldin genannt und getauft hat, ist Thomist. Eine antikirchliche Richtung vertreten insbesondere Giuseppe Ferrari, der Vico's Werke herausgegeben und u. a. eine Schrift: la filosofia della rivoluzione London 1851, verfasst, auch über die katholische Philosophie in Italien in der Rev. des deux mondes 1844 geschrieben hat, und Ausonio Franchi, der Verfasser der Schriften: la filosofia delle scuole italiane (Capolago) 1852, 2. ed. Flor. 1863; il razionalismo del popolo, Genf 1856, seconda edizione, Losanna 1862, le rationalisme, Bruxelles 1858; la religione del secolo XIX., Losanna 1863, 2. ed. 1860, su la teorica del Giudizio, Lettere di Ausonio Franchi a Nicola Mameli, Milano 1871, auch einer Wochenschrift la Ragione, Turin 1854 ff. An Comte schliesst sich an A. Angiulli la filos. e la ricerca positiva, Napoli 1869. Die annehmungslose Gesetzlichkeit des Geschehens behauptet Seb. Turbiglio, l'empirie de la logique, Turin 1870. Anhänger der Hegel'schen Philosophie sind Dusanctis, Marselli, d'Ercole, Delzio, Raph. Mariano, Mar. Floreani, Cam. de Meis, der Rechtsphilosoph Salretti, der Aesthetiker Trani (Estetica ideale, Napoli 1863) u. A., namentlich auch Aug. Vera (über den Rosenkranz Berlin 1868 handelt), der Hegel's Hauptwerke in's Französische übersetzt und (besonders durch die Schrift: Introduction à la philos. de Hégel, Paris 1855, 2. éd. 1864, ferner durch Vorlesungen über Hegel's Geschichtsphilosophie, von Raffaele Mariano, Florenz 1869 herausgegeben) erläutert hat, und Bertr. Spaventa, der u. a. über die ital. Philosophie seit dem 16. Jahrh., Modena 1860, auch philos. Versuche (Saggi), Bd. I. Neapel 1867 geschrieben hat.

Berichtigungen und Zusätze.

S. 7, Z. 13 v. u. st. L. l. M. (Michel) und st. 1850 l. 1580.
S. 16, Z. 12 v. o. st. 1632 l. 1532.
S. 22, Z. 22 v. u. f. h.: Göttingen 1754.
S. 23, Z. 2 v. o. f. h.: Frz. Ant. Scharpff, der Cardinal und Bischof Nicolaus v. Cusa als Reformator in Kirche, Reich und Philosophie des 15. Jahrh., Tübing. 1871.
S. 24, Z. 31 v. u. f. h.: Hugo Wernekke, Giord. Bruno's Polemik gegen die Aristotelische Kosmologie (Leipz. Prom.-Abhdlg.), Dresd. 1871.
S. 26, Z. 3 v. o. f. h.: C. Broere, Hugo Grotius Rückkehr z. kathol. Glauben. Aus d. Holländ. v. Ldw Clarus; hrsg. v. Frz. Xav. Schulte, Trier 1871.
S. 38, Z. 24 v. u. f. h.: a harmony of Lord Bacon's essays etc. (1597—1639) arranged by Edw. Arber, Lond. 1871.
S. 48, Z. 18 v. u. f. h.: Alex. Vinet, études sur Pascal, Paris 1848; 2. édit., 1860.
— — Z. 17 v. u. hinter Cousin statt . setze ,
— — Z. 13. v. u. f. h.: C. F. Schwarts, Pascals Gedanken, Fragmente und Briefe. 2. Aufl., Leipz. 1865.
S. 49, Z. 16 v. o. st. Bouillier l. Bouillier.
S. 57, Z. 10 v. o. hinter nibil fit statt , setze;
— — Z. 12 v. u. hinter Ausdehnung statt , setze ;
S. 61, Z. 23 v. u. st. ausgedehntesten l. ausgedehnten.
S. 63, Z. 25 v. u. f. h.: Die sorgfältig durchgeseh. u. mit d. neu aufgefund. Schriften verm. Aufl. 2 Bde., Stuttg. 1871. Eine Uebersetzung sämmtl. philos. Werke von v. Kirchmann u. Schwarschmidt in 2 Bdn. od. 16 Hftn. erscheint aus der Kirchmann'schen philosoph. Bibliothek. In derselben sind übersetzt u. erläut. von v. Kirchmann: Descartes' Principien der Phil. 1. u. 2. Thl. Berl. 1871. Hft. 119. 120. 124. 125; von dems.: Abhdlg üb. d. Verbesserung des Verstandes etc., ebd. 1871. Hft. 128. 129. 134. 135.
S. 65, Z. 28—26 v. u. die Worte: „und in dem Concept eines Briefes an F. H. Jacobi, veröffentlicht in Westermanns Monatsheften, März 1870, u. in Bergmanns Monatsheften, März 1870" sind zu tilgen; denn das vermeintliche Göthefragment ist nur eine von Göthe vielleicht zum Zweck eigener Belehrung angefertigte Copie von einem (bei Düntzer u. F. G. v. Herder „aus Herders Nachlass" II., 251—256 abgedruckten) Briefe Herders an Jacobi, wie Bernh. Suphan, Jacobi's Fehde üb. den Spinozismus I., ein vermeintlicher Brief Göthe's in der Zeitschrift f. deutsche Philologie II., 478 bis 484 schlagend nachweist; s. auch die Berichtigung im Maiheft d. Westermannsch. Monatshfte.
S. 66, Z. 11 v. o. f. h.: E. Bratuschek, worin bestehen die unzähligen Attribute der Substanz bei Sp.? in Bergmanns phil. Monatshft. VII., 193—214; M. Joël, zur Genesis der Lehre Sp. mit besond. Berücksichtigung d. kurzen Tractats „von Gott, dem Menschen und dessen Glückseligkeit", Bresl 1871; Heinr. Kraiz, Sp. Ansicht üb. d. Zweckbegriff dargestellt u. beurtheilt,

Neuwied 1871; Reinhold Walter, üb. d. Verhältniss der Substanz zu ihren Attributen in d. Lehre Sp. m. besond. Berücksichtigung der Auffassung desselb. bei Kuno Fischer, Erdmann u. Trendelenburg. Erlang. Inaug.-Diss. Nürnberg 1871; S. E. Löwenhardt, B. v. Sp. in seinem Verhältniss z. Philosoph. u. Naturforschung der neueren Zeit, Berlin 1872(71).

S. 80, Z. 26 v. u. (in der Anmerkung) ist zu ändern in: Herder sagt in einem (bei Düntzer u. Herder, „aus Herders Nachlass" II., 251-256 abgedruckten) Briefe etc.

— — Z. 25 u. 24 v. u. ist das in Parenthese gesetzte Citat aus dem oben Zusatz zu S. 65, Z. 28—26 angegebenen Grunde zu tilgen.

S. 89, Z. 12 v. u st. der l. oder.

S. 92, Z. 7 v. o. f. h.: F. Frederichs, der phänomenale Idealismus Berkeley's u. Kants. Progr. ebd. 1871.

— — Z. 27 v. u. f. h.: aus den Denkschriften der k. Akad. d. Wiss. phil.-hist. Cl. 19. Bd. S. 249—316.

S. 103, Z. 5 st. Howe l. Home.

S. 107, Z. 12 v. u. st. Pelisson l. Pellisson.

S. 109, Z. 3 v. o. st. Biron l. Biran.

S. 110, Z. 10 v. o. f. h.: Adler, d. Versöhnung von Gott, Religion u. Menschenthum durch M. Mendelssohn. Berl. 1871.

S. 131, Z. 6 v o. ist zu tilgen: der Philosophie.

S. 139, Z. 16 v. u. st. Condillao l. Condillac.

— — Z. 6 v. u. f. h.: Ueber Condorcet handelt John Morley in The Fornightly Review 1870, XIII. 16-40. 129—151.

S. 144, Z. 22 v. o. st. Substractes l. Substrates.

S. 146, Z. 15 v. o. an Volney's Ruinen deutsch von Forster f. h.: 12 Aufl., Braunschweig 1872(71).

S. 150, Z. 17 v. o. st. 1786 l. 1787.

S. 156, Z. 24 v. o. f. h.: Demnächst werden auch Kants sämmtl. Werke hrsg. v. J. H. v. Kirchmann in 8 Bdn. od. 5? Hftn. u. Erläuterungen dazu von dems. in 2 Bdn. od 16 Hftn. erscheinen.

S. 178, Z. 21 v. o f. h.: F. Lengfchlner, d. Princip der Philosophie, der Wendepunkt in Kants Dogmatism. u. Kriticism. Progr., Landshut 1870; F. Frederichs, der phänomenale Idealismus Berkeley's u. Kants. Berl. 1871; Herm. Cohen, Kants Theorie der Erfahrung, Berl. 1871; C. Grapengiesser, Erklärung und Vertheidigung von Kants Krit. d. r. Vernunft wider die „sogenannten" Erläuterungen des Herrn J. H. v. Kirchmann. Eine Bekämpfung des modernen Realismus in der Philosophie, Jena 1871.

— — Z. 8 v. u st. fiude l. finde.

S. 185, Z. 16 v. u. st. meist l. wohl.

S. 193, Z. 6 v. u. st. Kant, Fischer l. Kuno Fischer.

S. 205, Z. 23 v. o. f. h.: Otto, Verh. der philos. Religionslehre Kants zu den Lehren der Kritik der reinen Vft., Realsch.-Pr., Nordhausen 1870.

— — Z. 22 v. u. f. h.: J. Rowland, an essay intended to interpret and develop unsolved ethical questions in Kants „Groundwork of the Metaphysics of Ethics", Lond. 1871.

S. 260, Z. 11 v. o. zu Schliephake f. h.: († 1871. 8. Sept.).

S. 263, Z. 14 v. u. st. Methode historisch-kritischer Untersuchungen l. Methode, historisch-kritische Untersuchungen.

S. 264, Z. 6 v o. f. h.: Fr. Harms, z. Erinnerung an Hegel in Bergmanns phil. Monatshft. VII., 1871, S. 145—161, auch separat.

S. 277, Z. 6 v. u. f. h.: Rich Quäbicker, ub. Schleiermachers erkenntniss-theor. Grundansicht, ein Beitrag z. Kritik der Identitätsphilos., Berlin 1871.

S. 288, Z. 25 v. o f. h.: Dav. Asher, Arth. Schopenhauer, Neues von ihm und über ihn, Berl. 1871.

S. 289, Z. 27 v. o. f. h : L. Chevalier, die Philos. A. Schopenh. in ihren Uebereinstimmungs- und Differenzpunkten mit d. Kant'schen Phil., Progr., Prag, 1870; Jul. Frauenstädt, Schopenh.-Lexikon, 2 Bde., Leipz. 1871.

S. 292, Z. 12 v. o. hinter Wirkungsart f. h.: nach.

S. 310, Z. 5. v. u. zu Carriere, die Kunst in Zusammenh. der Culturentwickelung etc. 2. Bd. f. h.: 2. verm. Aufl., ebd. 1872(71); 4. Bd.: Renaissance u. Reformation, ebd. 1871.

Berichtigungen und Zusätze.

S. 331, Z. 26 v. o. f. h.: Ernste Spiele, Berl. 1871; sehr Verschiedenes je nach Zeit und Ort, ebd. 1871.
S. 331, Z. 29 v. u, f. h.: üb. d. Entstehung u. die Entwicklungsformen des Witzes, 2 Vorträge, Heidelb. 1871.
S. 336, Z. 9 v. o. zu Compendium der Logik f. h.: 2. neu bearb. u. verm. Aufl., ebd. 1872(71).
— — Z. 25 v. u. f. h.: Chr. H. Weisse's Syst. der Aesthetik nach dem Collegienhufte letzter Hand hrsg. v. Rud. Seydel. Leipz. 1872(71).
S. 339, Z. 3 v. o. zu Bahnsen f. h.: zur Philos. der Gesch., eine kritische Besprechung d. Hegel-Hartmann'schen Evolutionismus aus Schopenhauer'schen Principien, Berl. 1871.
S. 341, Z. 15 v. o. f. h.: 3. Aufl. ebd. 1872(71).
— — Z. 3 v. u. f. h.: Die Psychologie in gedrängter Darstellung, ebd. 1871.
S. 342, Z. 2 v. o. f. h.: Der Causalitätsbegriff und sein metaphys. Gebrauch in der Naturwissenschaft, Leipz 1871.
S. 346, Z. 15 v. o. f. h.: 3. Aufl., ebd. 1871.
S. 348, Z. 30 v. u. st. Drossboch l. Drossbach.
S. 358, Z. 15 v. o. st. contury l. century.
S. 363, Z. 17 v. u. st. Steward l. Stewart.
S. 365, Z. 34 v. u. zwischen Herbart und Spencer tilge das .
S. 367, Z. 19 v. o. st. cora l. cosa.

Register.*)

A.

Abbt, Thomas * 134.
von Abel, Jacob Friedr. 226.
Abercomby, James * 361.
Abicht, Joh. Heinr. 109 *223 224.
Abraham Jbn-Eara 67 69.
Achillini, Alex. 14.
Adam, Ph. L. 255.
Adelung 25.
Adler 370.
Adler, Karl 365 366.
Aelius Aristides 317.
Aeneas Sylvius Piccolomini 2.
Aenesidemus, s. G. E. Schulze.
Aeschylus 284.
Agricola, Rud. 7 12 19.
Agrippa von Nettesheim, Heinr. Cornelius 7 10 27 129.
d'Aguesseau 140.
Ahrens, Heinr. 232 *259 f. 321 365.
Alardus 7.
Alanz, J. F. 362.
Albericus Gentilis 22 *34.
Albert der Grosse 12.
Aldus Manutius 9.
d'Alembert, Jean 138 * 144 f. 160.
Alexander von Aphrodisias 5 6 14 14 15.
Alexandre, C. 7.
Alexandristen 13. 31.
Algernon Sidneys 81.
Allatius, Leo 6.

Allievo, Gius. 263.
Alliba, Friedr. Heinr. Theod. 317 328 *339.
Alpakhar, Jehuda 69.
Altmeyer *260.
Ambrosius 12.
Amerbach 20.
Ancillon, J. J. F. 109 *228.
d'Ancona, Alessandro 24.
Andala, Ruardus 64 f.
v. Andreae 259.
Angelus Silesius * 130.
Angiulli, A. * 368.
Anselm von Canterbury 31 55 72 165 258.
Apelt, E. F. 92 177 *230 348 349.
Apostolius, Michael 10.
Arber, Edw. 369.
Arbuthnot 91.
Aretinus, Leonardus 2.
Argyropulos, Johannes 12.
Aristophanes 314.
Aristoteles 3 4 5 6 8 9 10 11 12 13 14 15 17 18 19 20 21 23 28 31 33 42 45 51 59 60 71 75 77 81 83 84 97 109 110 116 117 f. 119 120 129 131 134 135 177 179 181 182 183 184 186 205 207 208 212 223 241 274 278 302 303 315 329 330 332 334 340 342 347 348 361 367 369.
Aristoteliker 5 f. 11—15 17 22 28 58 75 90 131 347 348.
Arnold, Anton 47 *58 107 111 121 128.

---

*) Dieses Register zum 3. Bande des Grundrisses enthält sowohl die Namen der in dem Bande erwähnten Philosophen, als auch die der darin vorkommenden Historiker der Philosophie und Litteraturen. Die arabischen Zahlen bezeichnen die Seiten der gegenwärtigen 3. Auflage. Bei den Philosophen sind die Hauptstellen mit einem Sternchen (*) bezeichnet.

Arnobius 141.
Arnold, Emil 177.
Ascherson, Ferd. 108.
Asher, Dav. 280 338 370.
Assézat 143.
Ast, Geo. Ant. Friedr. *254 *255.
Astié, J. F. 48.
Atkinson 364.
Atomisten, Atomistiker 45 271.
Auberlen, C. A. 277.
Aubert de Versé 64.
Audisio *324.
Auerbach, Berthold 63 64.
Augusti 17.
Augustinisten 50.
Augustinus 12 31 52 100 136.
Aulard, A. 352.
Aureolus, Petrus 117.
Avenarius, Rich. 62 f. 68.
Avenfeld, C. 110.
Averroës 5 6 9 12 13 14 15 68.

B.

Baader, Franz von 22 25 32 65 67 252 *255 *257—259 329 365.
Baaderianer 329 345.
Baboeuf 145.
Bach, Heinr. 177.
Baco von Verulam, Francis 1 *16.— 42 43 70 111 117 144 301 352 354 346 363.
Bader, F. E. 66.
Bahr, C. C. 289.
Bagreen 168.
Bahnsen, Jul. 334 f. 371.
Bahrdt, Karl Friedr. 135.
Bailey, Sam. 364.
Baillet, A. 47.
Bailly 108.
Bain, Alex. *364.
Balche, A. de 280.
Baldachini 24.
Ballauf, Ludw. *330.
Balling, Peter 63.
Balmes *366.
Baltzer, E. *319.
von Bamberger, H. 39.
Bandini, Al. 7.
Barach, Karl Sigm. 47 48 130 *355.
Barante 362.
Barbarus, Franciscus 9 12.
Barbarus, Hermolaus 12.
Barchon de l'enhoen 1 176.
Bardili, Christoph Gottfr. 7 *222 *231 239.
Baring 108.
Barkhausen, H. 7.
Barrlam, Bernh. H.
Barrow 111 113.
Barsotti, Jos. 108.
Bartels, A. 365.

Hartholdy, G. W. 38.
Bartholmess, Chr. 24 48 114 139 *363.
Bartholomai, F. 110.
Bascom, John *365.
Basedow, Joh. Bernh. *135 168.
Basso, Sebastian 23 24.
Bastian, A. *354.
Bastiat *363.
Bathurst, Radolph 39.
Batteux, Charles 134 *142.
Baudrillart, H. 25.
Bauer, Bruno 263 265 *330.
Bauer, Edgar *330.
Baumann, Jul. 2 47 48.
Baumeister, Fr. Chr. 108 *132.
Baumgarten, Alex. Gotth. 131 *132 138 163 182.
Baumgarten, M. 277.
Baur, A. 277.
Baur, Christian Ferd. 25 *324.
Baur, Gust. 277.
de Beauregard, Claude Guillermet 23 28.
Baxmann, Rud. 277.
Bayer, Jos. 65.
Bayle, Pierre 16 35 48 f. *60 64 65 115 121 128 129 138.
Bayrhoffer, Karl Theod. *330.
Beattie, James *152 344.
Beausaire, Emil 146.
Beccaria, Cesare *367.
Beck 171.
Beck, Carl 277.
Beck, F. 25.
Beck, Jacob Sigism. *211 *280 f.
Becker 341.
Becker, J. C. 339.
Beckers, Hub. 232 241 f. 259 *335.
Bekker, Balthasar *59.
Bellarmin 34.
Benamozegh, Elias 66.
Bendavid, Lazarus 178.
Bender, Wilh. 277.
Beneke, Friedr. Ed. 176 205 222 230 286 f. 288 295 300 315 *317—329 339 346 356 364 366 367.
Benekeaner 329 *346.
Benfey, R. 277.
Benoit, Geo von 91.
Benson, Rob. 92.
Bentham, Jerem. 321 *364.
von Berger, Joh. Erich *255 *257.
Berger, Th. O. *352.
Bergmann, Jos. 115 300 320 *355.
de Berigard, Claude Guillermet 23 28.
Berkeley, George 72 *90 *91 f. 97 *110 f. 169 195 199 223 294 347 344 365.
Bernays, Jac. 65 66 68.
Bernhardi 319.
Bernhardt 17 f.
Bernhardt, Theod. 25.
Bernoulli, Daniel 344.
Bernoulli, Jac. 109 113.

374 Register.

Bernouilli, Joh. 109 113.
Bernot, F. 139.
Berti. Domenico 24.
Bertrand, J. 111.
Berona, A. 64.
Bessarion 6 7 10 11 12.
Besser, K. M. *310.
St-Beuve 59.
Beyschlag, W. 277.
v. Bianco, F. J. Z.
Biedermann, Friedr. Karl 154 176 177 232 277.
Bierbower, A. *365.
Bierling 124 126.
Biese, Franz 222 *330.
Bilfinger, Geo. Bernh. s. a. Büllfinger 108 *139.
Billroth, Joh. Gust. Friedr. *330.
Bimbenet, Eugene Z.
Binaut 362.
Bindseil 17.
Biot 113 f.
de Biran, Maine 109 *358-359.
Blaize 362.
Blakey, Robert 356 *365.
Blampignon 49.
Blankenburg 135.
Blasche, Bernh. Heinr. *254 *255.
Blockhuys, J. 346.
Blumsteugel, K. G. 108.
Bluntschli, J. C. 2.
Blyenbergh, Wilh. van 63.
Blyenburg 64.
Bobba 367.
Bobertag 277.
Bobrik, Ed. *339.
Boccaccio, Giovanni Mf.
Bodek, Arn. 110.
Bodin. Jean *22 25 31.
Böck, Aug. Friedr. 133.
Boeckh, Aug. 108 242 *358.
Böcking Z.
Böhme, Jakob *22 24 25 *32 45 241 251 252 257 258 337.
Böhmer, Ed. 62 64 66 67.
Böhmer, Heinr. 39 *353.
Böhmisten 25.
Böhner, August Nathanael *362.
Boek, A. F. 261.
Boerhave 113.
Borner, Otto *340.
Boethlos, D., in Upsala *358.
Bohn, Henry G. 38.
Boileau 145.
von Bolneberg, Joh. Christian 107 111 113.
du Bois-Reymond, E. 139.
Boissonade Z.
Boivin G.
Bolin, W. 205.
Bolton, M. P. W. 176.
Bolzano, Bernh. 343 *348.

de Bonald, L. G. A. Vicomte *357 f. 365 366.
Bonatelli, Francesco 356 *367 368.
Bonghi, Ruggiero *367.
Bonieux, B. 49.
Bonifas, J. 8 109.
Bonitz, Herm *339.
Bonnel, Charles 138 139 144 352.
Bordage, O. 362.
Bordas-Demoulin *365.
Borelius *366.
Born, F. G. 171.
Borowski, Ludw. Ernst 155 166 170 223.
Boström, C. J. *346.
Bossuet 50 107 115.
Bosaut 44.
Bonchitté *260.
Bouillier, Francisque 47 48 49 65 *362.
Boulainvilliers, Graf 64.
Bopmann, Ludw. 65 263.
Bourdin 47 *50.
Bourguet 102 122.
Bouterwek, Friedr. 155 222 *224.
Bovillus, Carolus 19 22 24.
Bowring, John 364.
Boyle 112.
Brailas *368.
Brandis, Chr. Aug. 252 242 276 279 *337.
Branias, Chr. Jul *257 277 337 *338 339.
Brasch, Mor. 67.
Bratuschek, E. 177 277 338 369.
Braubach 352 353.
Braune, A. Th. R 178.
Bredenborg, Johannes 64.
Brennecke 102.
Breslau, IL 130.
Brasser, Joh. G3.
Le Bret 264.
Brener, Joh. Wilh. 277.
Bretschneider 17.
Brewster, David 39 92 113.
Brinckmann 276.
Brockerhoff, P. 139.
Brockhaus, Clem. Frid. 21.
Bröchner 356.
Broere, G. 369.
Bromley, Thomas *45.
Bronn, IL G. 365.
Broussais 360.
Brown, J. 91.
Brown, Peter *101 152.
Brown, Thom. *152 360 363.
Brucker 1 64.
Bruder, Karl Herm. 62.
Bruck 38.
Brückner 205.
Bruno, Giordano 21 24 25 *29 f. 70 81 121 162 228 241 248 369.
la Bruyère 49.
Brzoska, II. G. *239.

Bock 157.
Buckle 114 * 365.
Budé, E. de 47.
Büchner, Louis 329 * 350 363 365.
Bulan 84.
Bulffinger, Geo. Bernh. s. Bilfinger.
Buffon * 147.
Buhle, Joh. Gottl. I 17 39 45 68 * 221.
Bungener, L. J. 139.
Burckhardt, Jacob 6.
Burdach, Ernst 236.
Burdach, Karl Friedr. * 255 * 256.
Burgersdijk 81.
Burgh, Alb. 64.
Burnet, Thomas 116.
Burridge 90 f.
Burton, J. H. 118.
Buss, E. 48 139.
Busse, Fr. Gottlieb 178.
Busse, Wilh. 252.
Butler, Charles 25.
Butler, J. * 103.

C (vgl. auch K).

Cabanis * 147 * 357 360.
Caesalpinus, Andreas 15 22 23 28.
Calderon 333.
Calderwood, Henry 172.
van Calker, F. * 250.
Callier * 365.
Calov, Abr. 25.
Camerarius, Joach. 17 20.
Campanella, Thomas 22 24 30 31 62.
Campbell, John 31.
Campo, Joach. Heinr. * 135.
Cantoni 102.
Cantor, M. Z.
Cantu 367.
Capozza, F. * 368.
Cardanus, Hieronymus 21 23 * 27 29.
de Careil, Graf A. Foucher s. Foucher.
Carey, H. C. * 365.
Caro, E. 65 * 363.
Carové, Friedr. Wilh. * 330.
Carpentarius, Jac. s. a Charpentier 13 28.
Carron, Ludovio 48.
Carriere, Mo. 24 25 232 * 330 f. 370.
Cartesianer 34 * 45 48 49 51 * 59 f. 64
102 116 117 201 358 360 365.
Cartesius, s. a. Descartes 1 20 31 36
38 * 45 — 60 61 62 64 65 67 68 70
71 72 80 86 92 96 97 100 104 109
114 116 117 118 119 121 122 123
124 129 130 131 132 140 143 147
159 165 196 274 295 355 358 360
362 365 367 369.
Cartuyvels * 366.
Carus, J. V. 29 365.
Carus, Karl Gust. * 255 * 256 f.
Caspari, Otto 102 345.
Castro, Ja. Or. de 65.

Osterus 47 55.
Cavallieri 113.
Centofanti, Silvestro 21.
Chagnard, Bnj. Z.
Chaignet, Ed. 30.
Chajes, Ad. 68.
Chalcocondylas, Demetrius 12.
Chalybäus, Heinr. Mor. 154 176 300
335 * 336.
Charpentier, s. a Carpentarius 13 28.
Charron, Pierre G 7 16 62.
Chenevix * 363.
Cherbuliez, Victor 110.
von Cherbury, Edward Herbert 38
41 f. 63.
Chevalier, L. 370.
Chlebik, Frans 331.
Christensen, Alb. 139.
Chrysoloras, Joh. 9.
Chrysoloras, Manuel 9.
Cicero 8 9 11 13 134.
von Cieszkowski, Aug. * 331.
Clairaut 140.
Clarke, Samuel * 90 * 92 * 103 108 115.
Clauss, Ludw. 369.
Clauberg, Joh. * 59 60.
Clemm 62.
Clemens, F. J. 22 24 * 337 * 348.
le Clerc, Juan (Clericus) 91 182. —
le Clerc, M. J. V. Z.
Clerselier, Claude de 47.
von Cocceji, Heinrich 25 * 130.
von Cocceji, Samuel 25 * 130.
Cohen, Herm. 177 370.
Colerus 63 64.
Collard. Royer- s. Royer.
Collegianten 64.
Collier, Arthur 91 92 * 101.
Collins, Anthony * 104.
Collins, J. 111 112 113.
Collyns-Simon, Th. 91 f. 263 f. 358 364.
Combe, Georg 364.
Comenius 100 341.
Commentatoren des Aristoteles, arabische 5 – griechische 5.
Comte, Auguste 355 * 361 — 362 363
364 368.
Condillac, Etienne Bonart 134 139
* 143 f. 145 146 147 357 358.
Condorcet 139 * 146 370.
Conrad, Christoph (Pseud. Henr. Kunrath
62 63.
Cornell, Kasimir * 331.
Conring 102.
Contarini, Casp. 13 15.
Conti, Auguste 356.
Conz, C. Ph. 63.
Copernicus 20 26 29 41 43 58 140 190 f.
355.
Cordemoy 60.
Corleo, Simone * 368.
Cornelius, Carl Seb. 315 * 339.
Cornill, Ad. 288 f. * 352.

Cosh, J. M'. 152 356 *363 364.
Coste 90 91.
Cotes, Rogerus 102.
de Courcelles, Etienne 47.
Cousin, Victor 47 48 59 65 91 109 147 176 253 355 357 358 *359—360 362.
Craik, G. L. 39.
von Cramer, L. U. *132.
Cremonini, Cesaro 15.
de Crescenzio, Ces. *368.
Cresha, Don Chasdai 86 f.
von Creuz, Friedr. Carl Casimir *135.
Creuzer, Friedr. 25.
Crichton 168.
de Crousaz, Jean Pierre *132.
Crousle, L. 110.
Crusius, Christian August *182 162 193.
Cudworth, Ralph (Rudolph) *45 *59 93 122.
Cuffel(a)er, Abrah. Joh. 65.
Colman, Theod. 259.
Cumberland, Rich. *103.
Cuper, Franz 64.
Cupr, Frans *339.
Cusanus, Nicolaus 12 21 *22—23 24 *26 27 29 30 32 342 369.
Cuvier 220.
Czolbe, Heinr. 329 *350—351.

D.

von Dalberg, Karl Theod. Ant. Maria *135.
Dalgarn. Geo. 119.
Damin, Aug. 49.
Damilaville 140.
Damiron, Ph. 7 80 f. 48 60 139 147 356 *362 363.
Daniel *59.
Dante, Alighieri 5 8.
Danzel, Theod. Wilh. 65 110 132 222 263.
Darius *132 163.
Darwin, Charles 221 350 *353 *365.
Daub, Karl 259 277 *331.
Daumer 269.
Davies, Thomas 176.
Deao, H. 2.
Debrit, Marc. 356.
Degenkolb, Heinr. 141.
Degérando 360.
Delboeuf, Joseph 315.
Delezenne 344.
Delff, Hugo 6.
Dellingshausen, U. *331.
Delzio *368.
Demaistre, Graf Jos. 357 *358.
Demetrius Chalcocondylas 12.
Demokrit 4 28 97 105 116.

Desanctis *368.
Descartes, René s. Cartesius.
Deschamps, Dom. *146.
Desjardins, Alb. 4 39.
Desmaze, Charles 7.
Dessauer, Mor. 62.
Destutt de Tracy *147 *357 354.
Deutinger, Mart. *344.
Deycks, F. 223.
Dezeimeris. R. 7.
Diderot, Denis 92 138 139 142 *144 f. 145 333.
Diesterweg, 322.
Dietsch 110.
v. Dietz, H. F. 64.
Dilthey, Wilh. 110 276 277.
Diogenes von Laerte 7.
Ps.-Dionysius 26.
Dippel, Joseph 24.
Dittenberger 331.
Dittes, Friedr. *346.
Dixon, H. 39.
Dogmatisten *35 36 45 59 60 104 154 159 168 170 174 175 178.
Dollfus, Charles 356.
Dorneck, O. 232.
Dorner, 242 277.
Dorner, Aug. 32.
Dorow, 61.
Douglas, J. *363.
Dove 163.
Draper, John William *365.
Drbal, Mathias Amos *339.
Drechsler, Ad. 154 282.
Drechsler, J. M. 92.
Dressler, Joh. Gottlieb 318 321 322 346.
Dressler, O. 346.
Dreydorff, Georg 7 48 277.
Drobisch, Mor. Wilh. 91 222 314 *340.
Drossbach, Max *348 *352.
Dubos, Jean Bapt. *142.
Dühring, Eugen *353 f.
Düntzer, H. 222 370.
Dux, J. M. 92.
Dumont, Étienne 321 354.
Duncker, L. 277.
Dupral *260.
Durandus 117.
Durdik, Jos. 92 109 *348.
Duteus, Ludw. 106 107.
Dyk 135.

E.

Eberhard, Alfr. 25.
Eberhard, J. Aug. 104 *133 163 170 175 179 *209 227.
von Eberstein, W. L. G. Frhr. 16 109 222 *231.
Elourty, Felix 339.
Echtermeyer 354.

Eckardt, L. 212.
Eckhart, Jo. Geo. von 108.
Eckhardt, Meister 21 26 32 332.
Ecklin, Th. W. 48.
Edelmann, Joh. Chr. * 133.
Ebinger 11.
Ehrenfenchter 242 277.
Eleelen, J. F. G. * 331.
Eisenlohr, Th. 277.
Eklektiker 131 133—136 222 357 bis 358.
Eleaten 274 296 298 339.
Ellis, R. L. 38.
Ellissen, A. 7.
ab Elswich, J. H. 18.
Elvenich, P. J. 42.
Emery 80.
Empedokles 28.
Empiristen * 35 36 45 90 f. 146 154 159 172 178 179 360 361 367.
Encyclopädisten 1 138 142 * 144 f.
van den Ende, Frans 68.
Engel, Joh. Jac. * 136.
Epiktet 12.
Epikur 15 28 30.
Epikureer 4 6 15 f. 18 209 360.
Erasmus Francisci 25.
Erasmus von Rotterdam, Desiderius 12 13 19.
d'Ercole * 368.
Erdmann, Heinr. 221.
Erdmann, Joh. Ed. 1 45 66 68 70 102 107 108 116 121 122 123 124 125 126 127 136 182 215 222 232 241 248 255 263 288 * 331 339 369.
Erhard, Ernst Aug. 6.
Ernst, Landgraf von Hessen - Rheinfels 107.
Ernst, W. 48.
Eschenbach, Joh. Christ. 91 92.
Eschenburg * 136.
Eschenmayer, Adam Karl Aug. 251 * 254 * 256.
von Esenbeck, Nees * 254 * 256.
Esser 250.
Euklid 71 107.
Euler 50 113 159 161 166 167 344.
Everett, Ch. C. * 365.
Ewald, S. H. 63.
Exner, Friedr. * 340.

F.

Faber Stapulensis, Jac. 12 22 23.
Fabri, Friedr. * 352.
Fabricius 6.
Fabritius, Ludw. 63.
Fagnuoli, Epifanio * 367.
Falkson 24 29.
Faugere 44.
Fanriel 357.
Favre, Guillaume 6 9.

Fechner, Gust. Theod. 84 329 * 344 f. 349.
Fechner, H. A. 25.
Fedé, René 47.
Feder, Joh. Geo. Heinr. 102 * 135 169 * 223.
Feder, der Sohn 135.
Feller, Joach. Friedr. 106 108.
de Fénélon 61.
Ferguson, Adam 92 * 103 f.
Fermat 113.
Ferrari, Giuseppe 109 367 * 368.
Ferri, Louis 356 368.
Ferrier, J. F. 91 152 * 364.
Fesl, M. J. 342.
Feuerbach, Friedr. * 335.
Feuerbach, Ludw. 35 48 f. 64 68 109 334 * 335 336 349 352 366.
Feuerlein, Emil 139 188 264 * 331.
Feuerlin, Jac. Wilh. 9 24.
Fichte, Imm. Herm. 1 2 68 176 252 283 321 329 330 * 335 f. 338 350 343 366.
Fichte, Joh. Gottlieb 4 5 66 67 76 153 159 190 193 205 222 223 224 225 226 * 231 — 240 241 242 243 248 251 254 255 257 260 265 266 270 274 275 276 280 288 289 290 298 300 332 333 340 342 346 348 365.
Ficinus, Marsilius 6 7 10 13.
Filangieri, Gaëtano * 367.
Filmer, Rob. 93.
Florentino, Francesco Z.
Fischer, Karl Philipp 259 * 336 * 352.
Fischer, Kuno 1 3 38 39 46 64 68 108 110 156 176 177 179 193 215 222 232 233 * 331 369.
Flatt 264.
Fleutje, I. * 351.
Florensi * 368.
Floltes, A. 48.
Fludd, Robert 23 27.
Flügel, O. * 340 * 351.
Förster, Friedr. 263.
Förster, L. B. 25.
Fontanes, K. 110.
Fontenelle 106 108 * 140.
Forberg, Friedr. Karl 233 * 238 * 239.
de la Forge, Louis 47 60.
Forsberg, N. A. 66.
Forster 362.
Fortlage, Karl 154 176 288 * 346.
Foss * 340.
Foucher, Sim. 7 f. 16.
Foucher de Careil, Graf A. 47 65 107 108 109 112 144 289.
Franchi, Ausonio * 368.
Franck, Ad. 26.
Francke, G. S. 65.
Frank, A 119.
Frank, S. G. 109 250.

378 Register.

Frantz 263.
Frantz, Constantin * 331.
Fraser, A. C. 91 * 364.
Frauenstädt, Jul. 253 288 289 290
    * 338 * 352 * 353 370.
Fraysse, E. Alb. 67.
Frederichs. F. 22 369 370.
Fréret, Nic. 146 f.
Fresenius, F. C. 201.
Fricke 277.
Fricker, H. 223.
Friedländer, Ludw. 215. 344.
Friedmann. Alfr. * 355.
Friedrich der Grosse 25 131 134 143.
Friedrich, Ernst Ferd. * 311.
Fries, Jakob Friedr. * 222 223 224
    * 229 f. 241 266 303 317 318 319.
Fritsche, E. 91.
Fröbel. F. * 260.
Frohschammer, J. 259 * 348 * 352.
Fuchs, C. E. 302.
Fuhrmann, Dar. Wilh. 24.

G.

Gabler, Geo. Andreas * 311 338.
Gaillard 17.
Galasso. A. 261.
Gale, Theophilus * 45.
Gale, Thomas * 45.
Galiani * 145.
Galilei 24 30 43 47 58.
Galle. Friedr. 17.
Galluppi, Pasquale 167 * 367.
Gans, Ed. 273 * 331.
Garelli, Vinc. 367.
Garnier 17.
Garve, Christian 92 101 * 131 f. 160
    205 * 223 318.
Gass, J. Chr. 276.
Gass, W. 7 276.
Gassendi 6 7 * 15 f. 28 42 47 56 58 59
    117 121.
Gataker, Thom. 15.
Gaume 169.
Gaza, Theodor 10 12.
Ibn Gebirol 67.
Gedike 228.
Geiger, L. 2.
Gellert, Christian Fürchtegott * 134.
Gemistus Pletho, Georgius 5 7 * 9 10
    11 12.
Gennadius 10 11.
Genovesi, Ant. 367.
Gentilis, Albericus 22 * 31.
George, Leop. 232 276 277 279 337
    * 338.
Georgius Scholarius Gennadius 7 * 11.
Georgius von Trapezunt 10 * 11.
de Gerando 360.
Gerdill, Sigism. * 367.
Gerhardt, C. L. 107 114.

Gerkrath, Ludw. 7 48 175.
Gerland, G. 342.
St. Germain, Bertr. de 48.
Germar, F. H. * 349.
Gersonides 67 68.
Gervinus 2.
Geulinx, Arnold * 46 49 * 60 70.
Geyer, Aug. * 340.
Gfrörer, A. F. 24 62.
Giambelli, G. 25.
Gichtel 24 25.
Giesel 102.
Gilbertus Porretanus 11.
Gildemeister, C. H. 222 f.
Gloscher 171.
Gioberti, Vincenzo 356 * 368.
Gioja, Melchior * 367.
del Giudice, G. 102.
St. Glain 62 63.
Glanville, Jos. 10 * 38 * 45 120 f.
Glaser, J. C. 176 241.
Glisson 122.
Gnostiker 254.
Goclenius. Rudolf 20 29.
Görres, Jos. * 254.
Göschel, Karl Friedr. * 311 338.
Goethe 65 80 116 129 161 240 222 223
    226 269 289 331 332 333 336 353
    362 363.
Goldberg 92.
v. d. Goltz, Al. 228.
Gomperts, Theod. 364.
Gottschall, Rud. 252.
Gottsched, Joh. Chr. 106 109 * 132.
Gourand, M. C. 139.
Grant 91 152.
Grapengiesser, C. 177 370.
Gravemann, J. F. T. 110.
Griepenkerl, F. E. 302 * 340.
Grimm 139 144.
Groneman 366.
Grote, Georg 364 365.
Grote, Ludw. 100.
Grotefend, Karl Ludw. 107.
Grotius, Hugo 22 25 f. * 31 f. 130 310
    369.
Gruber 131.
Gruber, Joh. Dan. 107.
Grucker, E. 366.
Grün 222.
Gröninger, Karl 32.
Gruppe, O. F. * 346.
Grützmacher, W. 25.
Guarinus von Verona 9 12.
Günther, Anton 329 * 337 348 365.
Guntherianer 329 337 365.
Guhrauer, Gottschalk Ed. 23 25 106 107
    108 109 110 112 116 129.
Guion, E. 131.
Gumposch, Vict. Phil. 2 255.
Guttmann, Jac. 48.
Gwinner, Wilh. 289.

H.

Haas, Karl 102.
Haccius, H. F. *340.
Haeke 7.
Hadley 163.
Haffner *353.
Hagemann, Georg *348.
Hagen, Karl 6.
Hagenbach 277.
Halbkantianer 68 176 337.
von Haller, Albrecht 110.
Halley 163.
Hallier, Ernst *220.
Hamann, Joh. Geo. 154 *222 *225 221.
Hamberger 25 242 257 258 259.
Hamilton W. 152 356 360 *363 364.
Hanne, J. W. 68 *336.
Hansch(e), Mich. Gottfr. 106 *132.
Hanneeh L. J. *341.
v. Hardenberg, Friedr. (Novalis) *210.
v. Harless, Adolf 25 32.
Harms, F. 282 *326 370.
Hartenstein, Gust. 26 91 109 127 156 163 168 234 277 300 301 *340.
Hartley, David *90 *92 *101.
Hartman, E. v. 178 242 263 289 319 345f. 371.
Hartmann, J. J. G. 48.
Hartsen 314.
Hartung 234.
Hartwig, Jos. 67.
Harvey 43.
Harsheim 22.
Hase, Karl 282 288.
Hauréau *362 365.
Havet, M. E. 48.
Hay, E. 161.
Haydnck, Waldem. 67.
Haym, R. 39 154 248 262 f. 264 289 333.
Heath, D. D. 38.
Hebler, C. 66 110 177 232 *355.
Hecker, Paul 134.
Heerebord 59 81.
Heeren, Arn. Herm. Ludw. 6 8.
Hegel, Geo. Wilh. Friedr. 1 4 52 67 68 72 76 97 100 146 153 154 176 178 190 200 205 215 222 231 236 241 244 248 249 253 *255 256 259 *269—274 275 276 279 283 284 286 269 315 317 319 320 330 331 332 333 334 335 336 337 338 339 340 341 342 344 347 319 351 354 355 356 360 363 364 365 366 368 371.
Hegel, Karl 261.
Hegelianer 4 263 *329—337 338 341 347 349 362 355 356.
Heidanus 59.
Heidemann, Jul. 177.

Heilsberg 171.
Heineccius J. G. *132.
Helmsius, Dan. 15.
Hellferich, Ad. 3 65 282 337 *338.
Helmholtz, H. 58 102 181 181 *245 *349.
van Helmont, Franc. Mercur. 23 27.
van Helmont, Joh. Bapt. 23 27.
Helvetius, Claude Adrien 128 *145 f. 147.
Hemming, Nic. 83 f.
Hemsen, Wilh. 222.
Hemsterhuis, Frans *365.
Henderson, A. G. 176.
Hendewerk, Karl Ludw. *340.
Henke, Ernst Ludw. Theod. 221 277.
v. Henning, Leop. 203 *332.
Hepp 346.
Heraklit 274 332.
Herbart, Joh. Friedr. 67f. 72 119 129 163 162 179 197 201 205 208 222 231 242 258 276 286 288 291 *298—316 317 318 319 320 323 324 328 329 330 335 339 340 341 342 343 344 354.
Herbartianer 349 *339—343 348.
Herbert von Cherbury, Edward *38 *44 f. 83.
Herbst, Frdr. 51 178.
Herder 31 65 170 215 222 223 *228 f. 242 254 269.
v. Herder, F. G. 369.
Hergang 346.
Hermann, Conr. 4 *337.
Hermann, Wilh. 331.
Hermes *317.
Hermesianer *337.
Hermes trismegistus 23.
Hermolaus Barbarus 12.
Herodes Atticus 340.
Herschel, John 161 *365 f.
Hess M. 365.
v. Hessen-Rheinfels, Landgraf Ernst 92.
Hettner, Herm 2 139.
Hetzel, H. 316.
Heumann 91.
van Heusde, Phil. Wilh. *366.
Heydenreich 221.
Heydenreich, Joh. Friedr. 156.
Heyder, Karl 65 232 *317.
Heyer 124.
Heyse, K. W. L. 257.
Hieronymus 12.
St. Hilaire, Geoffroy 230.
Hilarius 12.
Hildreth, J. 364.
Hillebrand 2.
Hillert 263.
Hinrichs, Herm. Friedr. Wilh. 2 22 *332.
Hipler, Franz 25.
Hippel 158.
Hippenmeyer, Rud. 178.
Hirnhaym, Hieronymus 15 *132.

Hirsch, Franz 277.
Hissmann, Mich. G 65 104.
Hobbes, Thomas 36 37 *38 89 *42
bis 44 47 55 59 65 60 95 103 117
120 340.
Hodgson 177.
Hohener, Philippus Theophrastus Bombastus s. a. Paracelsus *27.
Höijer, Benjamin *306.
Hölderlin 264.
Hoffbauer *224 303.
Hoffmann, Ad. Fried. 132.
Hoffmann, Franz 232 257 *258 f. 300
*335.
Hoffmann, Fred. 121.
Hoffmann, Theod. 242.
Hoffmeister 222.
Hohenberg, Oscar 177.
v. Hohenheim, Philippus Theophrastus
Bombastus s. a. Paracelsus 27.
von Holbach, Paul Heinr. Dietr. 138
139 142 144 *146 f.
Hollenberg, Wilh. *343.
Home, Henry 92 *103.
Hoppe *354.
Hoppe, Reinh. 92 *346 f.
Horaz 145.
Horn, J. E 66.
Horsley 91.
Hosenbach, Th. 277.
Hotho, Heinr. Gust. 48 263 *332.
Hulsmann 277.
Huber, Joh. N. 48 177 *335 337.
Huet, F. in Gent *365.
Huet, Pierre Daniel, 16 48 *60.
Hufeland, C. W. 171.
Hufeland, Gottl. 170 224.
v. Humboldt, Alex. 330 334 *315.
v. Humboldt, Wilh. 331 *346.
Home, David 14 16 36 97 104 *117
bis 152 169 178 179 180 181 226
227 360.
Hunt, John 104.
Hutcheson, Francis *90 *92 *103.
Huth, J. C. 106.
v. Hutten, Ulrich 7 11.
Huygens 50 102 111.

L. J.

Jablonski, D. E. 107.
Jachmann, Reinhold Bernh 155 171.
Jacob 170.
Jacobi, Friedr. Heinr. 24 65 72 80 110
131 136 205 *221 f. 223 224 *226
bis 228 229 239 240 241 251 252
253 254 278 317 318 320 321 368
369.
Jacobi, J. L. 48.
Jacobi, Max 222.

Jacoby, Dan. 169.
Jacoby, Joh. 110 176.
Jacques, N. A. 107.
Jäger 353.
Jäger 22.
Jaekel, Jos. 177. *319.
Jäsche, J. B. 68 171.
Jahr, G. H. G. 353.
Jakob, Ludw. Heinr. 148 *224.
Janet, Paul 48 62 67 107 166 263 350
356 357 *362 363.
Janin, J. 139.
Jansenisten 39 143 148.
de Jariges 65.
de Jaucourt, s. a. de Neufville 108 144.
Ibn Esra 67 69.
von Ickstadt, J. A. 132.
Jesnmaire, E. 19.
Jeannel, Ch. Jul. 44.
Jellia, Jarrig 62 63.
Ihering *346.
Imbriani, P. E. 367.
Imbriani, Vittorio 367 f.
Immer, A. 277.
Joël, M. 66 f. 369.
St. John 91.
Johnson, Edvard 139.
Jolowicz, Heinr. 2.
Joly, Jules 4.
Jonas, Ludw. 276 279.
Jouffroy, Théodore Simon 358 *360
362.
Irira, Rabbi Abraham Cohen 82.
Jung, Alex. 259.
Jungius, Joachim 129.
de Justi 108.

K. (vgl. auch C.)

Kämmel *346.
Kästner, Abrah. Gotthelf 107 108.
Kahle, Karl Moritz 109.
Kahler 63 91.
Kahola, K. T. A. 277.
Kalb, J. A. 63.
Kalich, G. 205.
v. Kaltenborn, C. 22 25 31.
Kannegiesser, K. L. 257.
Kanngiesser, Gost. 110 216.
Kant, Immanuel 1 3 4 5 35 36 42 50
53 71 77 80 82 97 100 103 106
108 f. 119 120 127 128 129 130 131
134 136 137 139 148 151 153 154
*155—221 222 223 224 225 226
227 228 229 230 231 232 233 234
235 236 237 238 239 240 241 243
244 245 246 252 255 256 257 264
265 268 270 271 274 275 278 279.
282 283 286 287 288 289 292 293
295 298 300 301 302 307 313 315
316 317 318 319 320 321 324 326.

329 330 333 336 338 339 340 342
343 344 346 348 349 350 359 360
363 365 366 367 368 360 370.
Kant, Joh. Heinr. 156.
Kantsauer 176 221 222 *223—226 248
303 329 *348—340.
Kapp, Alexander *332.
Kapp, Christian *332.
Kapp, Ernst *332.
Kapp, Friedr. *332.
Kapp, J. E. 107.
Karsten 336 345.
Karsten, C. J. *345.
Kastner, Lorenz 318.
Kaulich, Wilh. *355.
Keyserling 110.
von Kaiserlingk, Herm. *340 f.
Keller, Franz 66.
Keppler 43.
Kern, Franz 130.
Kern, Herm. *341.
Kersten, A. F. C. 176.
Kersten, Alfons *365.
Kierkegaard, Sören *366.
Kiesewetter *221.
King, Lord 91.
Kirchhoff 316.
v. Kirchmann, J. H. 26 36 39 42 47 63
67 148 156 215 276 286 328 *353
369 370.
Hirchner, Karl Herm. 151.
Kissel, Maxim. 91.
v. Kittlitz, Rich. 277.
Kiy, Victor 251.
Klein, Geo. Michael *251 *355.
Klein, Jos. 22.
Kletke, C. A. 318.
Kleutgen, H. P. 318.
Klingberg 176.
Klopp, Onno 107 108 112.
Klose 133.
Kluge, F. W. 109.
Knauer, Gust. 177.
Knies, Karl 31.
Knoodt, P. 48 *337.
Kuntzen, Martin *132 156 157 187.
Koberstein, Aug. 2.
Köhler, Joh. Heinr. 106 115.
Köppen, Friedr. *228 241.
Körner 225.
Köstlin, Ch. Reinh. 346.
Köstlin, Karl 232 264 *332 334.
Kohl, Otto 205.
Kohut, A. Ad. 220.
Korodi, Ludw. 346.
Korten, H. L. 280.
Kortholt, Christian 63 107.
Kramer, P. 66.
Kratz, Heinr. 369.
Kraus 155 158.
Kraus 22.
Krause, Christ. Friedr. *255 *259 bis
269 329 365 366.

Krausenaer 329 365 366.
Kröger, A. E. 235.
v. Kronland, Joh. Marcus Marci 23 27.
Krug, Wilh. Trang. *224 f. 301 303.
Kuhn 341.
Kuhn, A. 222.
Kuhn, J. 223.
Kunis, K. W. 352.
Kvet, Franz L. 109 *341.
Kym, A. L. 177 232 263 *347.

L.

Lactantius 156.
Lagrange 113.
Lamarck 220.
de Lamartine, A. 139.
de St Lambert, Charles François *146.
Lambert, Joh. Heinr. *133 181.
de Lamennais 337 *357 *368 *361
362.
de Lamettrie, Julien Offroy 138 *143
146.
Lami 64.
Lamprecht 108.
v. Lancizolle, L. 276.
Laudinus, Christoph 12.
Laufrey 139.
Langbein, W. 311.
Lange, F. Alb. 16 109 143 310 315 f.
326 342 *345 *350.
Lange, Johann Joachim *131.
Langenbeck, Herm. 300 *349.
Laplace 50 113 161 314.
Laroche 364.
Laromiguiere *147.
Lascaris, Constantinus 9.
Lascaris, Johannes 9.
Lassalle, Ferd. 232 *342.
Lasser, Herm. Andr. 111.
Lasson, Adolf 39 232 240 *332.
Latour, A. de 139.
Launoy 18.
Laurent *365.
Laurie, Sim. S. 2 365.
Lautier, Gust. Andreas *332.
Lavarino, F. 368.
Lazarus, M. 341.
Leander, P. J. H. 300 360.
Lechler, Victor 45 104.
Lecky, Will. Edw. Hartpole 2.
Leclerc, Jean 91 93.
Leclerc, M. J. V. L.
Lederhose 17.
Lefranc, Em. 47.
Lehmann, J. H. 64 66.
Leibniz, Friedrich, der Vater 110.
Leibniz (Lubeniecz), Geo. Wilh. 13
20 29 36 58 60 63 65 66 72 79 84
89 91 97 100 102 103 *104—129
130 131 132 133 134 135 136 137
143 145 159 161 162 167 169 170

179 182 188 193 196 199 199 221
222 223 225 231 242 246 253 254
321 324 340 341 345 318 359 363
365 366 367.
Leibnizianer 109 128 *139 139 243
348.
Lemcke, Karl *354.
Lemoine, Alb. 182.
Lengfehlner, F. 370.
Lenz, Reinhold 157.
Leo, P. 277.
von Leonhardi, Herm., Frhr. *259 260.
Leonicus Thomaeus, Nic 11.
Leontius Pilatius 8 f.
Lerminier 139.
Leroux, Pierre 333 *363.
Leroy *365.
Lesage 178 226.
Lessing, Gotthold Ephraim 9 65 110 133 134 *136 f. 139 159 177 226 252 264 343 355.
Lessing, M. D. 23.
Leveau, A. 7.
Levy, Siegm 177.
Lewes, Georg Henry 39 *364 365.
Leyser, J. 135.
Liberatore, Matth *368.
Lichtenberg 62 f. * 136.
Lickel, Jacques 277.
von Liebig, Justus 39 319 350.
Liebmann, O 154 177 295 *348 f.
Liebrich, Wilh. 62.
Liess, J. 205.
Lilla, Visc. 176 367.
van der Linde Antonius 61 62 64.
Lindemann, H. S. *259 260.
Lindner, E. O., der Schopenhauerianer 288 289 338.
Lindner, Gust. Ad., der Herbartianer *341.
Lipsius, Justus G 15.
Lipsius, R. A. 277.
Littré, E. 362 363.
Littrow 163 364.
Livius, Titus 33.
Locke, John 31 36 44 45 48 *89 bis 101 103 104 107 115 120 f. 129 133 134 136 138 141 143 147 154 178 179 241 243 323 340 346 360 367.
Locke, John, der Vater 92.
Löwe, John Heinr. 48 66 232 234.
Löwenthal, Ed. 280 *351 f.
Löwenthal, S. E. 369.
Lommatzsch, C. 276 279.
Loos, J. J. 23.
Lorinser 366.
Lorriaux, Th. 48.
Lossius, Joh. Christ. *185.
Lott, Friedr. 232 *341.
Lotze, Herm. 2 215 300 329 340 *343 345 350 367.
Lucas 61.
Lucretius 30 282.

Luden, H. 25 130.
Ludovici, Karl Günther 104 109.
Lull, Reymund 11 24 30 51 116.
Lushington 91 152.
Luther 15 17 * 18 * 19 20 21 33 34 335 336.
Lutterbeck, J. A. H. 258 259.
von Luynen, Herzog 47.
Luys, J. 352.
Lyell, Charles 350 365.

M.

M., J. von 63.
Maas 134 *224.
Mably * 145.
Macaulay 38.
Macchiavelli, Nicolo 22 25 *32 f.
M'Cosh, J. 152 356 *363 364.
Mackl 108.
Mackintosh, James 25 *152 364 f.
Macvicar, John G. 364.
Mähly, Jac. 7.
Märcker, Friedr. Aug. 48 * 332.
Mätzner, Ed. 366.
Mager, Karl *341.
Maggiolo 8.
Magnenus 23 28.
Maignan 23 28.
Maimon, Salomon 224 *226 231 f. 242 245.
Maimonides, Mose 66 67 68 69 80 131.
Malue de Biran 119 *358 f.
de Maistro, Graf Jos. 39 357 *358.
Maizeaux, des 48 105.
Malebranche, Nic. 16 *46 49 *60 66 101 107 124 143 167 367.
Mallet 34.
Malpighi, Johannes 2.
Malthus, Thomas Rob. *365.
Mamiani, Terenzio 24 *068.
Mancino, Salv. 367.
Mandeville 91.
Mansel, H. L. *363 364.
Mantovani 172.
Manutius, Aldus 2.
Manzoni 367.
Marbach, G. O. *332.
Marcion 212.
Marcus, A. F. 251.
Marcus Marci von Kronland, Joh. 23 27.
Marheineke, Phil. 241 263 331 * 332.
Mariana 11.
Mariano, Raphael 356 *364.
Marselli *363.
Marsilius Ficinus 5 7 10 11.
Maria, J. A. 11.
de St. Martin, Louis Claude 22 24 25 252 257.
Martin, Th. H. 363.
Martineau, Harriet 363 364.
Martini 22.

Marx 334
Marx, K. F. 11, 31,
Masham, Francis 91,
Masham, Frau, Cudworths Tochter 91, 93,
Massari, G. 368,
Masson, Dav. 356,
Masson, G. 361,
Mastier, A. 205,
Materialisten, deutsche, des 19. Jahrh. 329 334 338 310 316 * 349 — 353 363,
Materialisten, englische, s. Hobbes, Hartley, Priestley.
Materialisten, französische, d. 18. u. 19. Jahrh. 36 138 139 f. 142 144 146 355,
Matter, J. 2 95 105,
Matthes, Karl 17,
Matthiae, St. 332,
Maupertuis 138 * 140,
Maurial, E. 176,
Maurice, F. D. 365,
Mayer, A * 353,
Mayer, J. R. * 345,
Maynard 48,
Maywald, Max G.
Mazzarella, B. * 368,
von Medici, Cosmus 9 10 12,
Meerschmann, Friedr. 48,
Megariker 256 340,
Mehmel, G. E. A. * 240,
Meyer, Geo. Friedr s. a. Meyer * 132 f. 131 163,
Meiklejohn 176,
Meiners, Christoph * 111,
Meis, Cam de * 368,
Melanchthon 12 * 17—20 27 131,
Mellin, G. S. A. 176,
Mencken, Otto 101,
Mendelssohn, Georg Benjamin 110,
Mendelssohn, Moses 65 68 110 * 133 136 157 165 168 197 216 224 226 360,
Mercier 47,
Merlin 172,
Mersenne 42 47,
Merten, Oscar * 365 f.
Merz, Theod. 30 177,
de la Mettrie, Julien Offroy 138 * 143 146,
Meyer, Geo. Friedr. s. a. Meier * 132 f. 144 163,
Meyer, Jürgen Bona 28 f. 132 171 f. 176 178 212 f. * 348 352 362,
Meyer, Ludwig 62 63 64,
Meyer, W. 221,
Meyerhoff 7,
Michel Apostolius 10,
Michelet, Jules * 361,
Michelet, Karl Ludw. 154 168 169 176 199 215 241 248 249 253 277 298 329 311 * 332,
Michelis 168 170 f. 337 * 342 * 352,

Mielke 171,
Mignet 211,
Mignet 362,
Mill, James * 361,
Mill, John Stuart 356 363 * 364,
Millet, J. 48,
Minus, M. 11,
Miquel, F. W. * 341,
Mirabaud 146,
rou Mirandola, Joh. Pico 7 10 21,
von Mirandola, Joh. Franz Pico 7 10,
Mirbt, E. S. 176 * 230,
Misses, ls. 67,
Moerbecke 9,
Moilinger, O. 349,
Möuckeberg, K. 199,
Münnich * 260,
von Mohl, Rob. 2 22 25 26 321,
Molanus 107 114,
Moleschott, Jac. 329 336 * 349 * 350 352,
Molina, Lud. 31,
Molinari, Vinc. 367,
Monrad, M. J. 253 * 366,
Montague 32,
de Montaigne, Michel 6 7 16 42,
Montesquieu (Charles de Secondat, baron de la Brede et de M.) 138 139 * 141 f. 145 147,
Montgomery, Edm. 178,
Montmort, Remond de 108 116 126,
Montucla 114 160,
Mook, F. 325,
More, Henry 22 * 45 * 50 f. 102 122,
Morcom, L. 181,
Morell, J. D. 356,
Morelly * 145,
Morin 132,
Moritz, Karl Phil. * 135,
Morley, John 369,
Morteira, Saul Levi 63,
Morus, Thom. 22 26 * 33 34,
Moscati 168,
Moses Mendelssohn s. Mendelssohn,
Mosheim, Joh. Laur. 45,
Müller, Ang. 177,
Müller, Ferd. * 332,
Müller, Johannes 87 * 346,
Muggenthaler, Ludw. 7,
Mundt, Th. * 333,
von Murr, Christ. Gottl. 62 108,
Musäus 64,
Musset-Pathay 139,
Mussmann, Joh. Geo. * 333,
Musurus, Marcus 9,
Mystiker 26 45 * 59 130 243 251 252 254 256 333 359 360,

N.

Nahlowski, Jos. W. * 341.
Nagel 289.
Naigeon 139 140.
Napier, M. 38.
Naumann, Alex. * 345 f.
Naumann, M. E. A. 353.
Naville, Ernesto 356 359.
Neander, A. 48.
Neeb, Joh. 222.
Nees von Esenbeck * 254 * 256.
Nettelbladt, Dan. * 182.
von Nettesheim, Heinr. Cornelius Agrippa 7 11 27 129.
de Neufville, M. L. (Jaucourt) 108 144.
Neugeboren, Heinr. 346.
Neumann, C. 82.
Neuplatoniker 4 10 18 21 26 28 45 67 70 80 241 261 274.
Neuschellingianer * 255 260.
Neuwied, W. K. v. 176.
Newton, Isaak 50 91 * 92 101 f. 111 112 113 114 115 125 138 140 141 155 156 159 161 163 166 178 182 341.
Newtonianer 50 102.
Nicolai, Friedr. * 134 236.
Nicolaus aus Cues (Cusanus) 12 21 * 22 bis 23 24 * 25 27 29 30 32 343 361.
Nicole, Pierre * 359.
Nielsen, Rasmus * 366.
Niethammer, Friedr. Immanuel * 239 f. 243.
Niphus, Augustinus 15.
Nisard 139.
Nitsch, F. A. 176 277.
Nizolius, Marius 13 111 117 118.
Noack, Ludw. 2 25 176 232 235 241 260 * 333.
Nominalisten 26 31 42 67 75 80 110 116 f.
Norris, John 101.
Nourrisson 66 108.
Novalis (Friedr. v. Hardenberg) * 240.
Nuscheler, Hulnr. 89.

O.

Occam 52.
Occasionalisten 46 49 * 60 70 124 162.
Oehlmann, W. * 354.
Oersted, Hans Christian * 255 * 257.
v. Oettingen, A. 66 205 * 354.
Oettinger 31.
Oischinger, J. N. P. 1 317 * 348.
Oken, Lorenz 230 * 254 * 255.
Olawsky, Ed. * 341.
Oldenburg 63 80 112 113.

Oldendorp, Joh. 33 34.
Ompteda 25.
Oncken 2.
Opel, Jul. Otto 32.
Oppenheim, Heinr. Bernh. * 333.
Oppermann * 260.
Opzoomer, C. W. * 365.
Oratorianer 59.
von Orelli, Conr. 64.
Osiander 20.
v. Osten-Sacken, Fr. 25 257 258.
Ostermann, L. F. * 341.
Oswald, James * 152.
Ort, A. 154 176.
Ottens, G. 356.
Otto 370.
Oxenford, John 38.
Oxanam, A. F. 6.

P.

Paganini, P. * 367.
Paley, William * 104.
Palleske 222.
Paasch 18.
Papillon, F. 144.
Pappo, V. C. 64.
Paracelsos (Philippus Theophrastus Bombastus Höhener od. v. Hohenheim) 21 23 * 27 32.
Parchappe, Max 24.
Parker, Sam. * 45.
Parmenides 28 315 343 365.
Parr, Sam. 92.
Pascal, Blaise 48 * 69 176 358 363 364 361.
Passow, W. A. 231.
Patritius, Franciscus 21 f. 23 * 24.
Paul, L. 205.
Paulus, der Apostel 139 242.
Paulus, Heinr. Eberh. Gottlob 62 * 224 233 234 238 242 253.
Pawlicki, Steph. 259.
Pelp, Alb. 25 * 317.
Peipers, Ed. Ph. * 333 338.
Pellarin, Ch. 363.
Pellissier, A. Z.
Pellisson 107 115.
de Penhoën, Barchou 1 176.
Peripatetiker 18 20 29 49 50.
Perty 335 * 347.
Perts, Georg Heinr. 107 114.
Pestalozzi * 135 f. 239 240 301.
Petoreca 277.
Petöcz, Michael * 342.
Petrarca, Francesco 6 8 9.
Petrasi, A. 176.
Petrus Hispanus 11 81.
Petrus Pomponatius 6 7 14 15 27 31.
Peucer 17.
Pfleiderer, Edm. 102.
Pfingsten, Joh. Herm. 32.

Pflüger, W. 177.
Pseudo-Phalaris 117.
Philelphus, Franz 9.
Philelphus, Marius 9.
Philippe, A. 362.
Philippi 277.
Philipson, M. 64.
Philo 82.
Philoponus 21.
Philosophen, ausserdeutsche, des 19. Jahrh. * 355—366.
Philosophen, belgische, des 19. Jahrh. 356 * 365—366.
Philosophen, dänische, des 19. Jahrh. 356 * 366.
Philosophen, englische, des 19. Jahrh. 355 * 363—365.
Philosophen, französische, des 19. Jahrh. 355 356 * 357—363.
Philosophen, holländische, des 19. Jahrh. 356 366.
Philosophen, italienische, des 19. Jahrh. 356 * 367—368.
Philosophen, neugriechische, des 19. Jahrh. 366.
Philosophen, nordamerikanische, des 19. Jahr. 355 363 * 365.
Philosophen, norwegische, des 19. Jahrh. 356.
Philosophen, polnische 356 366.
Philosophen, russische 356 366.
Philosophen, schottische 103 f. 147 * 162.
Philosophen, schottische, des 19. Jahrh. * 363.
Philosophen, schwedische, des 19. Jahrh. 356 366.
Philosophen, spanische, des 19. Jahrh. 356 * 366.
Philosophen, ungarische 356.
Piccolomini, Franz 15 23.
Pichler, A. 102.
Pico von Mirandola, Johann Franz 7 10.
Pico von Mirandola, Johann 7 10 27.
Picot 47.
Pierson, A. 139.
Pilatus, Leontius 8 f.
Pini, Erm. * 367.
Plauchemail, N. 25.
Planck, Adv. 17.
Planck, K. Chr. 333 * 335.
Planudes, Maximus 11.
Plath, C. 11. 109.
Platner, Ernst 133 * 134 148 318.
Plato 4 5 7 8 9 10 11 12 19 20 26 31 33 34 80 102 110 118 129 131 133 134 136 145 176 177 195 241 244 245 248 249 250 251 253 263 274 278 279 287 289 296 298 301 315 333 334 335 348 355 361 363 366 367 368.
Platoniker, englische 88 46 60 102 f. 122.

Platoniker, florentinische 5 18 27 28.
Plato, G. 276 279.
Plotho, Georgius Gemistus 5 7 * 9 10 11 12.
Pitt, G. L. 241.
Plotin 5 7 10 13 82 110.
Ploucquet, Gottfried 108 * 131.
Podestà, B. 7.
Poiret, Pierre 22 43 * 63 64.
Poley, H. E. 91.
Politianus, Angelus 7 12.
Pomponatius, Petrus 6 7 14 15 27 31.
Pordage, John 22 * 45.
Poret, H. 162.
Porphyrius 9 10 11 19.
Porretanus, Gilbertus 11.
Porta, Giambattista 15.
Porta, Simon 15.
Porter, Noah 365.
Prantl, K. 7 * 371.
Prai, J. G. 93.
Preiss * 341.
du Prel, Karl Frhr. 355.
Prevost-Amédée 47.
Prevost-Paradol 7.
Price, Richard 92.
Priestley, Jos. * 90 * 92 * 101 144 364.
Prisco, G. 263.
Proudhon * 361.
Psellus 11.
Ptolemaeus 20.
Puchta 341.
von Pufendorf, Samuel 121 * 181.
Pyrrhonianer 59 358.
Pythagoreer 21 26.

Q.

Quantz, J. 205.
Quäbicker, Rich. 91 110 177 178 340 370.
Quesnay * 145.
Quételet * 366.
Quintilian 12 13.

R.

Rabbe, F. 8.
Rabbinen 344.
Rabus, Leonh. 365.
Radenhausen, C. * 353.
v. Raesfeld, Alphons 66.
Rätze, J. G. 25.
Racy 59.
Raggi, O. 7.
Ramius, Petrus 7 12 13 20 * 28 29 343.
Ranke 32.
Rappolt 64.
Raspe, R. E. 107.
Rationalisten 45 128.
Ratjen, H. 257.

Rau, K. Heinr. * 346.
Raue, G. * 346.
v. Raumer, Friedr. 257.
v. Raumer, Karl 2 148.
Ravaisson 356 * 362 363.
Rawlay, William 38.
Raynal * 145.
Realisten, mittelalterliche 71 117 243.
Rée, Anton * 353.
Regis, Pierre Sylvain * 59.
Reglas 59 64.
Regner a Mansfelt 64.
Rehberg 108.
Reiche, Aug. 176 300 * 311.
von Reichlin-Meldegg, Karl Alexander 244 232 238 258 * 349 350 363.
von Reichlin-Meldegg, Kuno 4.
Reicke, Rud. 155 168 171 203 222 223 231.
Reid, Rhomas 147 * 152 355 358 360 362 363 367.
Reiff, Jak. Friedr. 261 * 333.
Helmarus, Herm. Sam. * 138 197.
Reinbeck, Joh. Gust. * 132.
Reinhard 108.
Reinhold, Ernst 1 222 * 318.
Reinhold, Karl Leonh. 109 148 * 221 222 223 * 224 226 233 235 236 * 239 241 242 243 256 258 348.
Rémusat, Charles de 38 39 45 * 362 363.
Renan, Ernest 6 334 338 356 * 361.
Reneri 59.
Renouard 2.
Renouvier, Charles * 363.
Rest, G. L. W. * 341.
Rétoré, F. 130.
Reuchlin, Herm. 48 59.
Reuchlin, Johann 7 10 12 19 27.
Reumont 82.
Reusch, Chr. Friedr. 155.
Reuschle, G. 139 160 161 163 171 178.
Reuter, Herm. 277.
Riaux, F. 38.
Ribbing * 361.
Ricardo, David * 365.
Richter, Arthur 18 305.
Richter, Friedr. (aus Magdeburg) * 333.
Richter, H. G. Ad. * 352.
Richter, Joa. 177 300.
Riedel, Karl 62.
Riem, A. 245.
Riemann 181.
Rientwerts, Joh. 60.
Riek, F. Theod. 155 170 171.
Rinne, H. A. 353.
Rio, J. S. del * 260 366.
Ritter, Helnr. 1 48 62 65 68 154 276 * 337 f.
Ritter, J. H. 365.
Rixner, Thadd. Ans. 22 23 24 * 254 * 255.
Robinet, Jean Baptiste 138 139 * 146.

Röder * 260.
Röder, Ed. 171.
Röer, H. H. E. * 341.
Rösler 264.
Rössler, Constantin 110 223 * 333.
Rötscher, Heinr. Theod. * 334.
Roggero, G. N. 36.
Rohmer, Friedr. * 353.
Rokitansky, C. * 349.
Romagnosi, Giov. D. * 367.
Romang, L. P. 337 * 338.
Rommelaere, M. 23.
Roorda, T. 356 360.
Roschor * 346.
Rosenkranz, W. * 260.
Rosenkrans, Karl 65 139 155 156 165 171 176 178 186 193 194 198 199 201 208 211 215 222 226 233 241 248 249 262 263 264 277 288 342 331 * 333 353 364.
Rosmini, Serbati Antonio 356 * 367.
Rossi, E. 300.
Roth, Friedr. von 222 228.
Rothe, Rich. 337 * 338.
Rousseau, Jean Jacques 44 69 135 138 * 142 f. 139 144 149 157 166 226 331 348 367.
Rowland, J. 370.
Royer-Collard, Pierre Paul 147 355 * 358 359 362 367.
Rnardus Aadals 61 f.
Rubin, Salom. 67.
Rudhart 25.
Rudolphi 91.
Rudorff, E. 277.
Rückert 249.
Rüdiger, Andreas * 131 f.
Rütenik 273.
Ruge, Arnold 277 * 334 365.
Ruhnken, David 156.
Rupp, Jul. 176.

S.

Sacchi 367.
Sack, K. G. 277.
Saintes, Amand 64 176.
Saisset, Emile 48 63 66 109 176 * 362 f.
Salat, Jak. * 228 241.
Salvetti * 368.
Sanchez (Sanctius), Franz 6 7 16.
de Sanctis * 368.
Sanseverinos * 368.
Saraguer, Aug. 25.
Sayous, A. 130.
Scaliger, Julius Caesar 23 27 29.
Scartazzini, Joh. Andr. 6 24.
Schaarschmidt, Karl 2 24 48 63 66 68 369.
Schacht, Wilh. 300.
Schad, Johannes Baptista * 240.
v. Schaden, Emil Aug. 258 259.

Schärer, Emanuel 91.
Schaller, Jul. 2 277 * 334 338 * 352.
Scharpff, F. A. 22 369.
Schasler, Max 261 * 314.
Schedlin, Gust. Theod. 48.
Schäffer, W. 289.
Scheffler, Joh. * 130.
Schegk, Jac. 20 22.
Scheibert 341.
Scheidemacher, G. 353.
Schellenberg, E. O. 213 277.
v. Schelling, Friedr. Wilh. Jos. 4 5
22 24 32 67 68 129 137 138 153
154 205 215 221 222 225 226 227
231 236 239 * 240—254 255 256
257 258 259 260 264 265 266 274
276 278 287 288 289 295 296 298
300 301 310 312 333 334 335 336
337 354 361 365 366.
Schelling, K. F. A. 241.
Schellingianer * 254—260.
Schellwien, Rob. 213 * 352.
Schenkel 277.
Scherbius, Phil. 20 29.
Scherzel, Alois 289.
Scherzer 117.
Schiebler, K. W. 24.
Schiel, J. 364.
Schiller, Friedr. 215 * 221 222 * 225 f.—
235 264 267 331 332 336 340 342
348 355.
Schilling, Gust. 102 * 311.
Schlegel, Ad. 134.
Schlegel, Aug. Wilh. 276.
Schlegel, Friedr. 234 * 240 276 279
282.
Schlegel, J. H. 240.
Schleiden, M. J. * 230 349 * 352.
Schleiermacher, Friedr. Ernst Dan.
67 69 72 108 137 153 154 162 205
234 240 * 255 259 * 274—285 317
318 319 329 330 332 333 334 335
337 338 340 342 370.
Schleiermacherianer 329 * 337—338.
Schlichtegroll 223.
Schliephake 260 1970.
Schlömlich * 230.
Schlosser 35 103 139.
Schlosser, Joh. Geo. 171.
Schluttmann, Constantin 17 20 277.
Schlüter, Christoph 258.
Schlüter, C. B. 65.
Schmauss, Joh. Jac. 22.
Schmeding, F. 346.
Schmeisser, Emil 23.
Schmid, Aloys (in Dillingen) 283.
Schmid, F. X., aus Schwarzenberg 18
24 48 * 330 * 353.
Schmid, Karl Christian Erhard, der Kantianer * 224.
Schmid, Leop. * 316.
Schmidt, Joh. Lor. 61.
Schmidt, Dr. in Berlin 018.

Schmidt, der Friesianer * 230.
Schmidt, Alexis, der Hegelianer * 334.
Schmidt, F. W. V. 61.
Schmidt, Gust 222.
Schmidt, Julian 2 222 271.
Schmidt, Karl 2.
Schmidt, Paul 64 67 277.
Schmidt, Reinhold, der Hegelianer * 334.
Schmidt, Wilh. 232.
Schmidt-Weissenfels, Ed.
Schmitz, W. Z.
Schneider, K. 139.
Schneidewin, M. 355.
Schnurrer 264.
Scholarius, Georgius Gennadius 7 * 11.
Scholastiker 6 10 16 17 19 21 30 33 37
42 45 54 81 92 100 102 110 116
117 118 249 283 348 356 362 366.
Schooten, van 47.
Schopenhauer, Arthur 84 154 168
199 200 215 221 224 259 286 * 287
bis 298 317 318 320 324 329 349
352 353 354 365 371.
Schopenhauer, Johanna 289.
Schopenhauerianer 289 329 338 f. 354.
Schoppo (Scioppius), Casp. 15.
Schottische Philosophen 36 103 f. 147 f.
* 152 358 360 367.
Schreiter 148.
Schröder, Joh. Friedr. 6.
von Schubert, Gottbilf Heinr. * 254 * 256.
Schubert, Friedr. Wilh. 155 156 157
158 161 171 179 192 194 208 211
226 333.
Schütz 135 224.
Schoerer, Emil 277.
Schulte, Fr. Xav. 369.
Schulz (Schulz, Schulze), Joh. 158
* 221 * 223 f.
Schultze, L. 277.
Schultze, W. F. 148 178.
Schulz, Prediger zu Gielsdorf 169.
Schulz, Franz Alb. 156.
Schulze, Gottlob Ernst (Aenesidemus)
176 * 221 * 223 235 242 250.
Schulze, Johannes 263.
Schulze, K. Fr. W. L. 300.
Schwab, Joh. Christoph 102 178 * 220.
Schwab, Moses 110.
Schwartz. C. F. 369.
Schwarz, Heinr. * 334.
Schwarz, Herm. * 314.
Schwarz, Karl 110 277 * 338.
Schwegler, F. K. A. * 334 364.
Schweizer, A. 276 279.
Schwenckfeld(t), Caspar 22 32.
Schwindt. G. 366.
Scioppius (Schoppe) 15.
Scotisten 117.
Scotus, Joh. Duns 117.
Secretan * 335 362 361.
Sedull, Ch. 39.
Sederholm, K. * 337.

25*

Selle, Christian Gottlieb * 223.
Semple, J. W. 172.
Seneca 8 118.
Sengler, Jak. 69 * 336.
Sennert 23 28.
Sensualisten, deutsche, des 19. Jahrh. 323 351.
Sensualisten, französische, des 18 u 19. Jahrh. 35 138 139 143 144 146 356 357 358 359 360.
Servet 20.
Sextus, Empiricus 16.
Seydel, Rud. 289 295 316 371.
Seyffarth, L. W. 136.
von Shaftesbury, Lord Ashley, Graf 60 91 92 93.
von Shaftesbury, Graf Anton Ashley Cooper, der Jüngere *10 *92 *103 145.
Shakespeare 331 334 335 355.
Siber, Thadd. 22 23 24.
Siegfried, Karl 67.
Sieveking, R. 67.
Siegwart, H. Christoph W. 24 30 45 62 63 65 67 70 82 109 277.
Silesius, Angelus * 110.
Simon, Jules 47 * 362 363.
Simon Porta 15.
Simon, Rich. 64.
St. Simonisten 358 361.
Sirmond, Anton 13.
Sjöbolm, Lars Albert 115 176.
Skeptiker 4 6 16 60 172 128 174 215 358.
Skeptiker, neuere 35 36 88 45 129 (...) 139 141 147—152 154 159 169 172 178 179 241 273 235 358 360.
Slomann, H. 114.
Smart, Benj. H. 91.
Smith, Adam 92 * 101 148.
Such, Karl 82 * 352.
Snellmann, G. W. * 334.
Soave * 367.
Sömmering 171.
Sokrates 4 5 134 278.
Sokratiker 4.
Solger, Karl Wilh. Ferd. * 226 * 257 334.
Sommer, Albio 222.
Sommer, Hugo 109.
Sophie Charlotte, Königin von Preussen 114.
Sophisten 4 5 134.
Sorbière, Sam. 16 41.
Spedding, James 38.
Speeth, Joh. Pet 65.
Spencer, Herb. * 361 365.
Spicker, G. 7.
Spiegel 289.
Spiess, G. A. 23 * 352 f.
Spinola, Royes de 107 111 115 f.
Spinoza, Baruch de 4 24 35 36 44

45 57 58 59 * 80—89 100 104 107 109 111 112 117 118 120 121 122 123 124 130 131 133 134 136 143 146 175 221 225 226 227 228 231 232 233 238 240 243 249 252 253 274 278 280 281 286 297 324 339 337 340 342 343 344 369.
Spir, A * 343
Spizellius 111 117.
Spörri, H. 277.
Spoo, Karl 21.
Sprengel, Karl 23.
Springer, Ant. H. 263.
Springer, Rob. 289.
Stäckel, O. 177.
v. Stägemann, V. A. * 353.
Stahl, Friedr. Julius 25 * 255 * 260 277 342.
Stahr, Ad. 110 231.
Stapfer, R. 92.
Steffens, W. 364.
Steffens, Heinr. 24 248 * 255 * 257 337.
Steffensen, Karl 277.
von Stein, Heinr. 221.
Stein, Leop. 213.
Steinbart, Gotthilf Samuel * 136.
Steinthal, H. 341.
Stenhammar, E. H. Theod. 177.
Stephan * 311.
Sternberg, H. 233.
Stewart, Dugald 92 * 172 360 362 363.
Stiebeling, G. C. 355.
Stiedenroth, E. 318 * 341.
Stirling, J. H. 263 * 364.
Stirner, Max 315.
Stöckel, A. * 341.
Stoiker 4 6 15 18 45 202.
Storr 264.
Stoy, K. V. * 341.
Sträter, Theod. 24 176 * 314 356.
Strauss, Dav. Friedr. 7 110 133 135 143 277 279 313 * 314 339.
Streckeisen-Moulton 130.
Strubel, Geo. Theod. 17.
Strötzel, Emil 91.
Strümpell, Ludw. 206 314 * 311 f.
Strubaneck 353.
Struve, A. 152.
Studt, H. H. * 351.
Stumpf, T. 22.
Sturm * 69.
Suess, J. H. 17.
Stutzmann, Joh. Josua * 255.
Susbedissen, Dav. Theod. Aug. 176 258.
Suarez 34.
Suhle, R. 289.
Sulzer, Joh. Geo. 134 * 135 148.
Suphan 360.
Svahn, Oscar 109.
Sydenham 91.

T.

Tabulski, Aug 2.
Tagart 91.
Taine, H. 356 * 363 361.
Tanner, Anton * 362.
Taparelli * 358.
Taurellus, Nic. 21 22 23 24 28.
Tauschinski 324.
Taute, G. F. 300 * 342.
Taupe, Charles, R. 72.
Telesinus, Bernadinus 6 21 23 * 27 f. 30 31 42.
Tennemann, W. G. 1 49 68 91 148 171 * 224.
Tepe, C. 342.
Tesche 156.
Testa, Alfonso 176 * 362.
Tetens, Joh. Nic. * 135.
Thales 4 68 334.
Thanlow, Gust. 263 * 334 f.
Themistius 12.
Theodorus Gaza 10 12.
Theophilos 17.
Theophrast 10 12.
Theophrastus Bombastus Paracelsus 21 * 27 32.
Thiele, O. H. 91.
Thielo, Günther 177.
Thiersch 221.
Thilo, Chr. 8 46 49 66 92 109 205 221 250 280 * 342.
Thomas 17.
Thomas, Karl, der Herbartianer 15 217 302 * 342.
Thomas von Aquino 9 11 12 14 55.
Thomasius, Christian 110 * 130 131.
Thomasius, Jac. 110 117 121 182.
Thomisten 356 368.
Thomsen 277.
Thucydides 42.
Thümming, Ludw. Phil. * 132.
Thurot 363.
Tiberghien * 200 * 365.
Tieck, Ludw. 267.
Tiedemann, Dietrich 1 * 135 * 221.
Tieftrunk 121 * 224.
Tindal * 104.
Timboschi, Girolamo 6.
Tissot, J. 48 172 224.
Tittel, G. A. 91 * 223.
Toland, John * 104.
Tomaschek, Karl 222.
Tombo, Rud. 178.
Tommaseo, Nic. 367.
Toulan, J. 24.
de Tracy, Destutt * 147 * 357 358.
Trahndorff, K. F. H. 177.
Trani * 362.
Trebbin, A. 277.
Trede, Ludw. Bened. 121.

v. Treitschke, H. 222.
Trendelenburg, Adolf 19 25 62 65 74 81 83 108 109 114 118 119 130 177 193 205 238 263 268 289 291 300 314 316 323 334 337 * 347 f. 365 367 369.
Troxler, Ignaz Paul Vital * 254 * 256.
Tschirnhausen 63.
von Tschirnhausen, Walter 111 129 * 130.
Tschischwitz 29.
Tugini, Salvator 24.
Turbiglio 48 91 * 368.
Twesten, A. 277.
Twesten, Karl 25 222 278.
Tydemann, W. 61.

U.

Ubaghs * 365.
Ueberweg, Friedr. 53 72 91 99 119 161 164 168 f. 177 179 182 188 190 193 190 208 222 223 268 269 291 292 295 316 322 326 328 344 * 348.
Ublich, L. * 319.
Ulbrich, Oscar 48.
Ule, O. 176.
Ulpian 120 321.
Ulrich 107.
Ulrich, J. H. F. 107.
Ulrici, Herm. 1 68 92 176 340 329 * 350 * 362.
Umbreit, A. K. 25.
Unterholzner, C. A. D. * 312.
Uphard, Thomas C. 361.
Urtel, F. 67.

V.

Vacherot, E. 356 * 363.
Vahlen, Job. 7.
Valla, Laurentius 7 12 19.
Valleains 23.
Vanini, Lucilio 22 24 31.
Vaperean, G. 47.
Varro 9.
Vasquez, Ferd. 34.
Vassalli 346.
Vateler, Jacob 64.
Vatke, Wilh. 324 * 335.
Vanzelles, J. B. de 38.
Le Vayer, François de la Mothe 6 7 16 130.
Veitch, M. 363.
Veith, J. E. 317.
Velthuysen, Lambert van 63 64.
Venetus, Franciscus Georgius 27.
Ventura * 368.
Vera, August, 263 353 * 362.
Vernias, Nicoletto 41.
de Verné, Aubert 64.
Vico, Giovanni Battista 109 * 130 368.

Vieta 112.
Villers, Charles 176.
Vinet, Alex. * 363 369.
Virchow, Rud. * 349.
Vischer, Friedr. Theod. 215 * 335.
Vives, Joh. Lud. 13.
van Vloten, J. 62 63 64.
Voetius, Gisbertus 47 50.
Vogel, E. G. 25.
Vogt, Karl 329 336 * 349 f. 352.
Vogt, R. C. 11. 177.
Vogt, Theod. 139 * 342.
Voigdt 300.
Voigt, Georg 6 8.
Voigtländer, J. A. 60.
Volger, Otto 161.
Volkmann, Wilh. Fridolin * 342.
Volkmar 160.
Volkmer, F. 48.
Volkmuth, J. 68.
Volney, Constantin François de Chasseboeuf * 146 369.
Voltaire 138 139 144 304 349 355.
Vorländer, F. 2 277 337 * 338.
Vries, Simonde 63.

W.

Wachler 135.
Wachter, Joh. Geo. 85.
Waddington, Ch. 7 48.
Wagner, Ad. 21.
Wagner, Joh. Jak. * 254 * 255.
Wagner, Rud. * 349 f.
Waitz, J. H. W. * 342.
Waitz, Theod. * 342.
Walch 17 19.
Wald 155.
Waldeck, M. 367.
Wallis 113.
Walter, M. Jos. 25.
Walter, Ruinh. 360.
Warnkönig, L. A. 22 321 356.
Was, H. 8.
Wasianski, Ehregott Andreas Christoph 155.
Wassmannsdorf, C. 205.
Webb, Th. E. 91.
Weber, E. A. 241.
Weber, Ernst Heinr. 344.
Weber, Theod. 166.
Weber, Theod. Hub. 60.
Weber, W. E. 131.
Wegele 6.
Wegscheider 205 224.
Wehrenpfennig, W. * 342.
Weigel, Erhard 110.
Weigel, Valentin 22 * 32.
Weigelt, G. 154 176.
v. Weiller, Cajetan 223 * 224.

Weinling 364.
Weis, Ludw. * 353.
Weishaupt, Adam 223.
Weiss, Chr. * 228 249.
Weisse, Chr. Herm. 17 68 178 233 311 335 * 336 347 359 371.
Weissenborn, Geo. 277 * 335.
Weissenborn, H. 114 130.
Werber * 256.
Werder, Karl * 335.
Wernekke, Hugo 369.
Werner, Aug. 229.
Werner, C. * 352.
Werry, Ferd. 134.
Werther 161.
Westhoff, Ferd. * 353.
de Wette 18 * 230 318.
Whately 364.
Whately, Rich. 88.
Wheaton 22.
Whewell, Will. 89 152 163 356 * 364 365.
White, W. 166.
Wickenhagen, Ernst 177.
Wiener, Christian * 353.
Wiegand, W. 221.
Wildauer, Tob. 233.
Wilhelmine Charlotte, Prinzessin von Wales 118.
Wilkins, John 119.
Willich, A. F. M. 176.
Willis, R. 67.
Willm, A. S. 154 176.
Winkler, Benedict 33 34.
Wirth, Joh. Ulrich 289 329 333 * 336.
Wissowatius 111.
Wittich, Christoph 64.
Wittstein, Theod. 315 * 342.
Wizenmann, Thomas * 228.
Wocquier, L. 154.
Wohlwill, E. 24 89.
von Wolff, Christian Frhr. 53 65 * 105 107 108 109 126 129 * 131 132 133 155 156 169 170 178 179 182 188 221 223 225 300 348.
Wolff, H. 178.
Wolff, S. Jos. 222.
Wolffauer * 132—133 221.
Wollaston, William 92 * 101.
Woltersdorf, Th. 277.
Woysch, Otto * 352.
Wright, W. A. 38.
Wullen, Wilh. Ludw. 25.
Wundt, Wilh. * 345.
Wurst, J. R. * 346.
Wurzbach, Alfr. von 280.
Wuttke 169.
Wyneken, E. F. 400 * 343.
Wyttenbach, Daniel * 366.

X.

Xenophon 10 20.

Y.

Young, John * 351.

Z.

Zabarella, Jac. 15.
Zacharias, E. Otto 341.
Zachler, F. 217.

Zeising * 344.
Zelle, F. R. E. 178.
Zeller, Ed. 2 109 110 232 261 277 278 f.
  330 331 * 335.
Zeno 68.
Ziegler 25.
Ziemba, T. 91.
Ziller, Tuiscon 300 329 * 343.
Zimara 15.
Zimmermann, K. 178.
Zimmermann, Rob. 22 66 92 109 110
  116 216 224 233 * 343 348.
Zirngiebl, Fborh. 110 224.
Zoeppritz, Rud. 224.
Zoroaster 10 21.
Zorzi, Franz Georg Venetus 27.

www.ingramcontent.com/pod-product-compliance
Lightning Source LLC
Chambersburg PA
CBHW051745300426
44115CB00007B/693